THE BARBOUR COLLECTION OF CONNECTICUT TOWN VITAL RECORDS

THE BARBOUR COLLECTION OF CONNECTICUT TOWN VITAL RECORDS

SAYBROOK 1635–1850

SHARON 1739–1865

Compiled by
Nancy E. Schott

General Editor
Lorraine Cook White

Copyright © 2000
Genealogical Publishing Co., Inc.
Baltimore, Maryland
All Rights Reserved
Library of Congress Catalogue Card Number 94-76197
International Standard Book Number 0-8063-1653-5
Made in the United States of America

INTRODUCTION

As early as 1640 the Connecticut Court of Election ordered all magistrates to keep a record of the marriages they performed. In 1644 the registration of births and marriages became the official responsibility of town clerks and registrars, with deaths added to their duties in 1650. From 1660 until the close of the Revolutionary War these vital records of birth, marriage, and death were generally well kept, but then for a period of about two generations until the mid-nineteenth century, the faithful recording of vital records declined in some towns.

General Lucius Barnes Barbour was the Connecticut Examiner of Public Records from 1911 to 1934 and in that capacity directed a project in which the vital records kept by the towns up to about 1850 were copied and abstracted. Barbour previously had directed the publication of the Bolton and Vernon vital records for the Connecticut Historical Society. For this new project he hired several individuals who were experienced in copying old records and familiar with the old script.

Barbour presented the completed transcriptions of town vital records to the Connecticut State Library where the information was typed onto printed forms. The form sheets were then cut, producing twelve small slips from each sheet. The slips for most towns were then alphabetized and the information was then typed a second time on large sheets of rag paper, which were subsequently bound into separate volumes for each town. The slips for all towns were then interfiled, forming a statewide alphabetized slip index for most surviving town vital records.

The dates of coverage vary from town to town, and of course the records of some towns are more complete than others. There are many cases in which an entry may appear two or three times, apparently because that entry was entered by one or more persons. Altogether the entire Barbour Collection--one of the great genealogical manuscript collections and one of the last to be published--covers 137 towns and comprises 14,333 typed pages.

TABLE OF CONTENTS

SAYBROOK 1

SHARON 181

ABBREVIATIONS

ae. -------------- age
b. ----------------born, both
bd.----------------buried
B.G.--------------Burying Ground
d.------------------died, day, or daughter
decd.-------------deceased
f.------------------ father
h.------------------hour
J.P.---------------Justice of Peace
m.----------------married or month
res.---------------resident
s. -----------------son
st. ----------------stillborn
w. ----------------wife
wid. -------------widow
wk. -------------week
y. ----------------year

THE BARBOUR COLLECTION OF CONNECTICUT TOWN VITAL RECORDS

SAYBROOK VITAL RECORDS
1635 - 1850

	Vol.	Page
AARON, Henry, of Stonington, m. Luzette CYUT, of Narragansett, May 31, 1829, by Sylvester Selden	1	76
ABBEY, David, of Chatham, m. Sarah SNOW, of Saybrook, July 26, 1831, by William Case	1	98
ABERNETHY, George H., M.D., m. Mary C. COLT, May 29, 1833, by William Case	1	100
ACHISON, Sarah, m. Josiah FARNHAM, May 10, 1725	2	428
ACTON, Thomas O., of New York, m. Sarah E. KELSEY, of Saybrook, May 31, 1846, by Rev. Harvey Bushnell	2	119
ADAMS, Ben W., m. Hannah D. WARNER, Aug. 24, 1824, by Rev. Isaac Dwinnel	1	48
ADGATE, Elizabeth, [d. Thomas], b. Oct. 10, 1651	1	16
Hanna[h], [d. Thomas], b. Oct. 6, 1653	1	16
ALBEE, Mary A., m. Lozelle J. PLATTS, b. of Saybrook, Feb. 26, 1844, by F. W. Chapman, Deep River	2	108
ANDERSON, Rufus, Rev., of Boston, m. Eliza HILL, of Saybrook, Jan. 8, 1827, by Aaron Hovey	1	62
ANDREWS, [see also ANDRUS], Asa, m. Hannah K. DICKINSON, Mar. 7, 1832, by Ashbel Steele, Rector	1	91
David, m. Eliza LORD, b. of Saybrook, Aug. 13, 1840, by Rev. Ira Abbott	2	96
Edwin, m. Jane E. GILBERT, of [Deep River], May 3, 1846, by Rev. Lawson Muzzy	2	118
George, of Saybrook, m. Mary COOK, of Hartford, May 24, 1840, by Rev. Eli M. Kirkum	2	94
Jannett, of Essex, m. William R. ROYCE, of Thompsonville, May 21, 1837, by Rev. Henry R. Knapp	2	78
Lucretia D., of Essex, m. William H. PHELPS, of Lyme, June 20, 1847, by Rev. W. G. Howard	2	121
Mary, m. Edward SHIPTON, July 1, 1663	1	32
Mary, m. John PRATT, tailor, Aug. 10, 1676	1	83
Mary B., of Saybrook, m. William HURD, of Killingworth, Sept. 27, 1832, by Rev. Pierpont Brockett	1	93
Sarah A., of Essex, m. William H. HEAFFORD, of New York, June 2, 1844, by Rev. Wm. George Miller	2	113
ANDRUS, [see also ANDREWS], Hannah, m. Israel WILLIAMS, b. of Saybrook, Apr. 1, 1823, by Rev. Peter G. Clark	1	35
Jerusha, d. Abraham & Hannah, b. June 22, 1718	2	361
ARNOLD, Adela H., m. Eli DENISON, b. of Deep River, Oct. 13, 1850, by Rev. Elisha Cushman	2	134
Edgar H., of Haddam., m. Susan M. GLADWIN, of [Deep River], Oct. 6, 1848, by Rev. E. Cushman	2	126
Justus, m. T[h]eresa Jennette SHIPMAN, b. of Chester, Sept. 1, 1844, by Rev. W[illia]m George Miller, Essex	2	113

	Vol.	Page
ARNOLD (cont.)		
Leicester S., of Haddam, m. Hannah **HERRIN**, of Saybrook, Feb. 22, 1831, by Rev. Simon Shailer	1	86
Mat[t]hew, of Haddam, m. Sally **CLARK**, of Saybrook, Oct. 16, 1822, by Aaron Hovey	1	43
Robert C., of Haddam, m. Cynthia M. **CLARK**, of Saybrook, Apr. 25, 1822, by Nehemiah B. Beardsley	1	29
ATWELL, Annah, d. Joseph & Annah, b. Feb. 15, 1735/6	2	313
Hezekiah, s. [Joseph & Annah], b. July 25, 1735	2	313
John, m. Margaret **CROWFOOT**, Apr. 7, 1708	2	83
John, s. [John & Margaret], b. Dec. 15, 1708	2	83
Joseph, s. John & Margaret, b. Mar. 21, 1710/11	2	83
Joseph, m. Annah **HULBURD**, Jan. 9, 1731/2	2	313
Margarett, d. [John & Margaret], b. Sept. 8, 1714	2	83
Margarett, w. of John, d. Jan. 27, 1715/16	2	83
Mary, d. [Joseph & Annah], b. Aug. 14, 1740	2	313
Naomi, d. Joseph & Anna, b. June 14, 1743	2	313
AUGUR, AUGER, Esther Ann, of [Saybrook], m. David B. **COOK**, of Haddam, Dec. 24, 1833, by W[illia]m Case	2	60
Joseph P., m. Hannah **CLARK**, b. of Saybrook, Apr. 26, 1827, by William Case	1	65
Zimri, m. Rebecca L. **LEWIS**, of Saybrook, July 3, 1823, by Nehemiah B. Beardsley	1	35
AUSTIN, Ansel, m. Nancy **SIZER**, of New Haven, May 20, 1832, by Rev. Allen C. Morgan, at Grace Church	1	91
AVERY, Ransford, s. [Samuel & Elizabeth], b. June 26, 1703	2	74
Samuel, m. Elizabeth **RANSFORD**, June 23, 1702, by Capt. Daniell Witherell, at New London	2	74
AYER, AYERS, Amelia, [d. Travis & Loiza], b. Mar. 15, 1835; m. F. J. Harvey	2	1
Andrew, [s. William Travis & Lovisa], b. Nov. 5, 1837	2	1
Andrew, b. Nov. 5, 1837. Affidavit of his sister, widow Lydia A. **INGHAM**, in 1901 or 1907. She was 5 years his senior	2	0
Charles, s. Travis & Loiza, b. Jan. 8, 1832	2	1
Daniel, s. John & Sarah, b. July 13, 1716	2	59
Edwin, s. Travis & Loiza, b. Oct. 15, 1824	1	126
Elisha, s. John & Sarah, b. Sept. 29, 1725; d. Dec. 6, 1751	2	59
Elizabeth, d. John & Sarah, b. Mar. 26, 1735	2	59
Ezra Clark, [s. William Travis & Lovisa], b. Feb. 9, 1829	2	1
Hannah, d. John & Sarah, b. Jan. 26, 1739/40	2	59
Hannah, d. [John & Jemima], b. July 16, 1787	1	11
Harriet Angeline, [d. Travis & Loiza], b. Apr. 20, 1841	2	1
Isabel, [d. Travis & Loiza], b. June 9, 1836	2	1
John, m. Sarah **COLT**, June 16, 1715	2	59
John, s. John & Sarah, b. Nov. 1, 1718	2	59
John, m. Jemima **YOUNGS**, of L.I., Apr. 6, 1786	1	11
Joseph, s. John & Sarah, b. Mar. 23, 1720	2	59
Laura, d. [John & Jemima], b. Sept. 28, 1789	1	11

SAYBROOK VITAL RECORDS 3

	Vol.	Page
AYER, AYERS (cont.)		
Laura, m. William **WILLARD**, May 24, 1831, by Fred W. Hotchkiss	1	87
Lydia, [d. William Travis & Lovisa], b. Oct. 18, 1833	2	1
Maria L., m. Corydon M. **WHITTELSEY**, b. of [Saybrook], Jan. 1, 1849, by Rev. E. B. Crane	2	128
Maria Loiza, d. Travis & Loiza, b. Mar. 18, 1826	2	1
Mary, d. John & Sarah, b. at Stonington, d. in Saybrook, July 9, 1739	2	59
Mary Jane, [d. William Travis & Lovisa], b. June 24, 1830	2	1
Rhuama, of Saybrook, m. John E. **ROCKWELL**, of Essex, July 13, 1841, by Rev. Ethan B. Crane	2	101
Ruhamah, d. Travis & Ruhamah, b. Dec. 18, 1757	2	80
Thomas, m. Abigail **WHITTLESEY**, Aug. 22, 1821, by Frederic W. Hotchkiss	1	24
Travis, s. John & Sarah, b. Mar. 16, 1723	2	59
Travis, m. Ruhamah **MATSON**, Jan. 14, 1747/8	2	80
Travis, alias W[illia]m Travis Ayer, b. Dec. 11, 1791	2	1
Travis, m. Loisa **CLARK**, b. of Saybrook, Dec. 24, 1823, by Frederic W. Hotchkiss	1	38
William, [s. William Travis & Lovisa], b. July 5, 1827	2	1
W[illia]m Travis, alias Travis Ayer, b. Dec. 11, 1791	2	1
William Travis, s. [John & Jemima], b. Dec. 11, 1791	1	11
Zipporah, m. Richard **SILL**, June 10, 1753	2	482
BABCOCK, Adeline, m. Roswell **BUCKINGHAM**, Feb. 18, 1840, by Rev. H. R. Knapp	2	93
Charles W., m. Lucretia H. **HUBBARD**, of Salem, Apr. 19, 1831, by Samuel Carter, J.P.	1	89
Rachel Ann, b. Jan. 23, 1822	1	121
BAILEY, BAILY, BAYLEY, Abigail, m. Elijah **STEVENS**, Oct. 6, 1766	1	3
Chaunc[e]y, m. Wealthy S. **PRATT**, b. of Deep River, Dec. 31, 1837, by Rev. Z. Rogers Ely	2	84
Daniel, s. [James & Lydia], b. Aug. 3, 1740; d. [ ]	4	234
Daniel, s. [James & Lydia], b. Sept. 24, 1751	4	187
David, s. [James & Lydia], b. Aug. 3, 1740	4	187
Elizabeth, d. James, b. Aug. 2, 1746	2	494
Elizabeth, d. [James & Lydia], b. Aug. 2, 1746	4	187
Elizabeth, d. [James & Lydia], b. Aug. 2, 1746; d. [ ]	4	234
Elizabeth, d. [James & Lydia], d. Sept. 28, 1751	4	187
Ely, of East Haven, m. Sally M. **CARTER**, (colored people), Jan. 30, 1826, by Frederic W. Hotchkiss	1	56
Ely, of Guilford, m. Mary Ann **ROBINSON**, of Hartford, Aug. 5, 1830, by Fred W. Hotchkiss	1	83
Frederick, of Guilford, m. Clary **EXITER**, of Saybrook, Oct. 30, 1822, by Frederic W. Hotchkiss	1	31
George E., Jr., m. Mary A. **SHIPMAN**, b. of [Deep River], Jan. 17, 1849, by Rev. E. Cushman	2	127
Hannah, d. [James & Lydia], b. July 27, 1742	4	187

	Vol.	Page
BAILEY, BAILY, BAYLEY (cont.)		
Hannah, d. [James & Lydia], b. July 27, 1742; d. [ ]	4	234
Hannah, d. [James & Lydia], d. Sept. 25, 1751	4	187
Hannah S., m. George A. **READ**, b. of Deep River, Jan. 3, 1848, by Rev. E. Cushman	2	124
Isaac, s. [James & Lydia], b. June 19, 1744	4	187
Isaac, s. [James & Lydia], b. June 19, 1744; d. [ ]	4	234
Isaac, s. James, b. June 19, 1744	2	494
Isaac, s. [James & Lydia], d. Oct. 6, 1751	4	187
Isaac, m. Eliza **DENISON**, b. of [Deep River], Jan. 29, 1837, by Rev. H. Wooster	2	78
James, m. Lydia **STEUENS**, Jan. 16, 1737/8	4	187
James, m. Lydia **STEVENS**, Jan. 16, 1738	4	234
James, s. [James & Lydia], b. Mar. 7, 1739	4	187
James, s. [James & Lydia], b. Mar. 7, 1739	4	234
James, s. John & Hannah, [ ]	7	30
John S., of Palmer, Mass., m. Betsey S. **PETERS**, of Saybrook, Apr. 28, 1845, by F. W. Chapman, Deep River	2	114
Maria, of Guilford, m. Henry **THOMSON**, of Brooklyn, N.Y., Aug. 5, 1826	1	58
Martin E., m. Sarah M. Stevens, b. of Deep River, Mar. 31, 1844, by Rev. Russell Jennings	2	108
Mary, m. Joseph **DAYTON**, Jr., Mar. 4, 1756	5	338
Mary, m. Joseph **DAYTON**, Jr., Mar. 4, 1756	5	388
Nathan, s. [James & Lydia], b. Oct. 18, 1749	4	187
Nathan, s. [James & Lydia], b. Oct. 18, 1749; d. [ ]	4	234
Nathan, s. [James & Lydia], d. Sept. 29, 1751	4	187
William C., of Middletown, m. Harriet **WORTHINGTON**, of Deep River, Nov. 13, 1849, by Rev. E. Cushman	2	130
Wilson, of Wethersfield, m. Lucy D. **BROOKS**, of Saybrook, June 21, 1835, by Rev. W[illia]m Palmer, at her father's house	2	13
BALDWIN, [see also **BOLDEN**], Bets[e]y, of Saybrook, m. Truxton **MINER**, of Lyme, Feb. 13, 1822, by Asa Wilcox, Elder	1	27
B[e]ulah, m. Zacariah **CLARK**, Jr., Apr. 3, 1833, by William Case	1	98
Charles J., of Meriden, m. Maryette **MAGNE**, of Saybrook, Nov. 28, 1833, by Sylvester Selden	2	52
Cynthia, m. Elice (?) **BARKER**, b. of [Saybrook], Dec. 24, 1833, by W[illia]m Case	2	61
James N., m. Susan **CLARK**, b. of Saybrook, Nov. 1, 1826, by William Case	1	65
Lucy, m. Elihu **MEIGS**, b. of Saybrook, Nov. 2, 1826, by William Case	1	65
Martha, wid., m. Elder William **HILL**, Nov. 12, 1821, by Asa Wilcox, Elder	1	27
Mary Ann, of Saybrook, m. Selden **WATROUS**, Aug. 26, 1832, by William Case	1	101

SAYBROOK VITAL RECORDS

	Vol.	Page
BALL, Thomas, servant of Thomas DUNK, drowned in one of his tan fats, July 17, 1675	Reg-4	21
BANKS, David, m. Deborah FOSTER, b. of New York City, Oct. 4, 1843, by Rev. W[illia]m George Miller, Essex	2	113
BANNING, Charlotte, m. Phineas P. DOWD, Oct. 30, 1843, by Giles Shattuck, J.P. [Certificate dated Marlborough, Jan. 18, 1865]	2	141
Joseph L., m. Sylvia M. POST, b. of Saybrook, Aug. 16, 1835, by Rev. Jeremiah Miller	2	72
BARBER, Deborah, m. Abraham CHALKER, Nov. 19, 1691	2	77
Martha, m. George LEES, May 20, 1719	2	397
BARDO, Eliakim, of Saybrook, m. Irene SMITH, of Haddam, May 13, 1843, by Rev. Fred[eric] W[illia]m Hotchkis	2	107
BARKER, Betsey, of Saybrook, m. Zebulon JONES, of Madison, Feb. 9, 1836, by Rev. W[illia]m Palmer, at D. Barker's	2	55
Elice (?), m. Cynthia BALDWIN, b. of [Saybrook], Dec. 24, 1833, by W[illia]m Case	2	61
Hannah, Ann, m. William LORD, Jr., June 22, 1823, by Frederic W. Hotchkiss	1	35
Horatio, m. Laura BARKER, b. of Saybrook, Mar. 27, 1828, by William Case	1	82
Jonathan P., m. Esther M. DOUGLASS, b. of Saybrook, at D. Douglass, in Saybrook, Nov. 13, 1834, by Rev. W[illiam] Palmer	2	69
Laura, m. Horatio BARKER, b. of Saybrook, Mar. 27, 1828, by William Case	1	82
Lucy A., m. Reuben DENISON, Nov. 20, 1832, by William Case	1	99
Mary D., of Saybrook, m. William C. DUDLEY, of Guilford, Sept. 27, 1827, by William Case	1	82
Richard D., m. Harriet Louisa GRAVES, b. of Saybrook, Apr. 7, 1828, by William Case	1	82
Sylva Ann, of Saybrook, m. William H. CRANE, of Killingworth, Dec. 3, 1828, by William Case	1	80
William, Dr., of N. Y., m. Dency B. BUTLER, of New Durham, N.Y., Apr. 22, 1829, by Fred W. Hotchkiss	1	76
BARNES, Abigail, m. Stephen CHAMPION, July 18, 1743	4	358
Hannah, m. Nathan POST, Nov. 19, 1733	2	158
Sarah, m. Paybody GREENELL, Mar. 20, 1733	2	182
BARRELL, James, of Saybrook, m. Mary BRACY, of East Lyme, Nov. 21, 1847, by Rev. E. B. Crane	2	125
BARTHOLOMEW, Hannah, m. Gideon JONES, 2d, Apr. 23, 1775	1	6
Hannah, had s. John WHITTELSEY, b. Sept. 1, 1780	1	6
BARTLETT, Stephen R., of Guilford, m. Susan A. CHALKER, of Saybrook, June 5, 1838, by Rev. Fred[eric] W[illia]m Hotchkiss	2	85
BATE, BATES, Ann, d. Samuel, b. Sept. 19, 1678	1	88
Anna, m. Benjamin PRATT, Nov. 12, 1702	2	4

6 BARBOUR COLLECTION

	Vol.	Page
BATE, BATES (cont.)		
Anna, [d. Robert & Mary], b. Nov. 29, 1723	2	318
Daniel, [s. Samuel], b. Aug. 18, 1697	1	88
Daniel, [s. Robert & Mary], b. Aug. 31, 1731; d. July 27, 1760	2	318
Deborah, [d. Robert & Mary], b. Aug. 21, 1718	2	318
Elishama, [d. Robert & Mary], b. Oct. 17, 1721; d. Oct. 6, 1741	2	318
Epaphroditus, of Haddam, m. Betsey **SOUTHWORTH**, of Saybrook, Nov. 20, 1826, by Aaron Hovey	1	62
Ephraim, [s. Samuel], b. May 29, 1692	1	88
Ephraim, [s. Robert & Mary], b. Jan. 16, 1720	2	318
Hannah, m. Nathaniel **CHAPMAN**, July 26, 1698	2	75
Hannah, m. Dea. Nathaniel **CHAPMAN**, July [ ], 1698	2	125
Hannah, d. [Samuel & Hannah], b. July 12, 1710	2	85
Hannah, m. John **STANNARD**, Aug. 17, 1717	2	225
Hannah, wid. of Samuel, m. John **STANNARD**, [ ]	4	1
Hannah, m. Ephraim **JONES**, Mar. 16, 1727	2	182
Isaac, s. Robert & 2d w. Mary, b. Mar. 20, 1736	2	318
Isaac, m. Temperance **KIRTLAND**, July 8, 1762	2	112
Isaac, s. [Isaac & Temperance], b. July 30, 1765	2	112
James, [s. Samuel], b. Dec. 16, 1683	1	88
James, m. Hannah **BULL**, Sept. 18, 1707	2	242
John Henry, m. Elizabeth **CHAPMAN**, b. late of Hastings, England, Feb. 2, 1840, by Frederick W. Chapman	2	93
Joseph W., m. Mary **LANE**, b. of [Saybrook], Oct. 20, [1834], by W[illia]m Case	2	71
Katherine, d. [Samuel & Hannah], b. May 19, 1715	2	85
Keziah, d. [Samuel & Hannah], b. Nov. 20, 1712	2	85
Keziah, d. [Samuel & Hannah], d. Oct. 2, 1715	2	85
Mary, d. of James, of Haddam, m. Samuel **HOUGH**, Aug. 18, 1685	2	32
Mary, d. [Samuel & Hannah], b. Mar. 31, 1708	2	85
Mary, m. William **BUSHNELL**, Jr., Mar. 4, 1729/30	2	384
Mary, d. Robert & 2d w. Mary, b. Nov. 27, 1733	2	318
Mary, widow of Robert, d. May 26, 1761	2	318
Mary Ann, b. June 25, 1799; m. Daniel **PARKER**, Dec. 18, 1820	2	26
Mary Ann, m. Daniel **PARKER**, Dec. 18, 1821	1	36
Mary C., m. William **DENISON**, Jan. 1, 1833, by Aaron Hovey	1	95
Mirriam, of Haddam, m. Stephen **JENNINGS**, of Saybrook, May 10, 1840, by Rev. Russell Jennings	2	96
Oliver, m. Harriett N. **PRATT**, b. of Saybrook, Jan. 26, 1845, by Frederick W. Chapman, Deep River	2	111
Patience, d. Robert & 2d w. Mary, b. May 14, 1738	2	318
Robert, [s. Samuel], b. Dec. 22, 1686	1	88
Robert, m. Deborah **CHALKER**, Dec. 4, 1712	2	243
Robert, [s. Robert & Mary], b. June 6, 1727; d. Sept. 7, 1740	2	318

SAYBROOK VITAL RECORDS 7

	Vol.	Page
BATE, BATES (cont.)		
Samuel, m. Mary **CHAPMAN**, May 2, 1676	1	14
Samuel, s. Samuel [& Mary], b. Apr. 4, 1677	1	14
Samuel, [s. Samuel], b. Nov. 8, 1682	1	88
Samuel, Sr., d. Dec. 28, 1699	1	88
Samuel, m. Hannah **JORDAN**, Apr. 5, 1705	2	85
Samuel, s. [Samuel & Hannah], b. Sept. 12, 1706; d. Sept. 29, 1706	2	85
Silence, [d. Samuel], b. July 27, 1680	1	88
Silence, m. Jonathan **HOUGH**, Apr. 10, 1707	2	322
Stephen, [s. Samuel], b. June 1, 1689	1	88
Temperance, d. [Isaac & Temperance], b. May 14, 1763	2	112
BAYLEY, [see under **BAILEY**]		
BEACH, Thaddeus, m. Mary **HOUGH**, b. of [Saybrook], Dec. 7, 1834, by W[illia]m Case	2	71
BEAMON, BEAMONT, BEMAN, BEAUMONT, Abygail, d. Will[iam] & Lidia, b. Feb. 20, 1654	1	3
Abigail, d. Sept. 29, 1683	1	3
Abigail, d. [Samuell & Abigail], b. Mar. 27, 1717	2	318
Anne, m. William **TULLY**, Jan. 9, 1745/6	2	2
Charles, m. Harriet Maltby **KIRKHAM**, of Guilford, Apr. 19, 1831, by Orson Spencer	1	87
Charles, of Saybrook, m. Rebecca S. **MATHER**, of Lyme, Nov. 20, 1842, by Rev. Russell Jennings, Deep River	2	104
Debora[h], d. Will[iam] & Lidia, b. Nov. 29, 165[2]	1	3
Deborah, m. Thomas **GILBERT**, Sept. 27, 1681	1	3
Edgar F., s. Charles, b. Jan. 27, 1834	2	6
Elizabeth, d. Will[iam] & Lidia, b. Mar. 2, 1649	1	3
Elizabeth, m. John **CHAPMAN**, Mar. 26, 1677	1	98
Emiline, m. Thomas **RUSSEL[L]**, [, 1828], by Rev. Tubal Wakefield	1	72
Frederick C., m. Emily **CULVER**, b. of Deep River, Nov. 28, 1845, by Rev. Lawson Muzzy	2	115
Hester, m. Benjamin **DOTY**, b. of Saybrook, Oct. 2, 1716	2	417
John, s. [Samuel & Thankful], b. June 12, 1760	2	540
John R., of East Hartford, m. Lydia **CHALKER**, of Saybrook, Dec. 27, 1837, by Rev. Fred[eric] W[illia]m Hotchkiss	2	80
Louisa, widow, m. Robert **GRIFFIN**, b. of New Haven, Oct. 8, 1834, by Rev. Orson Spencer	2	65
Lidia, [d. Will[iam] & Lidia], b. Mar. 9, 1644	1	3
Lidia, m. Samuel **BOYCE**, Feb. 3, 1667	1	45
Lydia, w. of William, d. Aug. 16, 1686	1	3
Mary, d. Will[iam] & Lidia, b. Nov. 12, 1647	1	3
Mary, m. John **TULLY**, Jan. 3, 1671	1	14
Mary M., of Deep River, m. Dr. David A. **FOX**, of Colchester, Feb. 29, 1852, by Rev. R. Russell	2	137
Rebecka, d. Will[iam] & Lidia, b. Sept. 7, 1659	1	3
Rebeckah, m. John **CLARK**, Sept. 17, 1684	2	21
Samuel, d. Will[iam] & Lidia, b. Feb. 28, 1656	1	3

BARBOUR COLLECTION

	Vol.	Page
BEAMON, BEAMONT, BEMAN, BEAUMONT (cont.)		
Samuell, m. Abigail **DEMMON**, of Wethersfield, June 27, 1716	2	318
Samuel, m. Thankful **TOWNER**, Feb. 24, 1757	2	540
Samuel, s. [Samuel & Thankful], b. Feb. 23, 1758, in Haddam	2	540
Samuel Harrison, s. Charles, b. May 12, 1832; d. Jan. 25, 1833	2	18
Sarah, m. Nathaniel **PRATT**, May 2, 1688	1	223
Will[iam], m. Lidia **DANFORD**, Dec. 9, 1643	1	3
William, d. Feb. 4, 1698/9	1	3
BEAUMONT, [see under **BEAMON**]		
BECKWITH, Baruch M., of Lyme, m. Henrietta **PRATT**, of Saybrook, Nov. 5, 1827, by Asa Wilcox, Rector	1	68
Caroline E., m. William N. **LORD**, b. of Saybrook, June 8, 1847, by Rev. Levi H. Wakeman	2	122
Hepzibah, of Lyme, m. Rufus **FORDHAM**, of Saybrook, Feb. 1, 1828, by Samuel Carter, J.P.	1	71
Jerusha, m. Thomas **PRATT**, Apr. 25, 1728	2	515
Jerusha, m. Thomas **PRATT**, Apr. 25, 1728	4	471
Lucy A., m. Heman **WEBB**, b. of Saybrook, Jan. 1, 1835, by Rev. William Palmer, at Mr. Samuel Webb's	2	20
Prudence, d. Jonathan & Mary, b. Apr. 20, 1741	2	74
Wilson, of Chester, m. Eunice P. **BEBEE**, of Millington, Jan. 3, 1847, by Rev. E. B. Crane	2	124
BEEBE, BEBEE, Abigail, d. Peter, b. Apr. 21, 1756	2	1
Agnas, m. Azariah **PRATT**, Jan. 18, 1737/8	4	598
Christiana, d. Peter, b. Mar. 21, 1762	2	344
Clarene, d. Peter, b. May 10, 1770	2	1
Edward, m. Hannah **PRATT**, Sept. 15, 1737	4	633
Edward, s. [Edward & Hannah], b. Sept. 3, 1738	4	633
Elizabeth, d. Ephraim & Thankfull, b. Jan. 17, 1739/40	4	447
Ephraim, m. Thankfull **SCONE**, Dec. 4, 1733	4	447
Ephraim, s. [Ephraim & Thankful], b. Mar. 19, 1743	4	447
Eunice, d. [Ephraim & Thankful], b. May 4, 1738	4	447
Eunice P., of Millington, m. Wilson **BECKWITH**, of Chester, Jan. 3, 1847, by Rev. E. B. Crane	2	124
Hannah, d. [Edward & Hannah], b. July 4, 1746	4	633
Hopson, s. Peter, b. Feb. 17, 1748/9	2	1
Hopson, s. Peter, b. Feb. 17, 1748/9	2	344
John, s. [Edward & Hannah], b. Mar. 20, 1741	4	633
Joseph, s. Peter, b. Jan. 16, 1746/7	2	1
Joseph, s. Peter, b. Jan. 16, 1746/7	2	344
Lydia, [d. Peter], b. Apr. 6, 1767	2	1
Mehetable, d. Ephraim & Thankfull, b. Nov. 23, 1734	4	447
Peter, s. Peter, b. Feb. 10, 1754	2	1
Pri[s]cilla, [d. Peter], b. Mar. 25, 1751; d. May 12, 1751	2	1
Priscilla, [d. Peter], b. Oct. 3, 1758	2	1
Rebeckah, [d. Peter], b. Nov. 11, 1752	2	1
Samuel, s. Edward & Hannah, b. Jan. 15, 1749; d. Feb. 27, 1751	4	633
Samuel, s. [Edward & Hannah], b. Feb. 15, 1752	4	633

SAYBROOK VITAL RECORDS 9

	Vol.	Page
BEEBE, BEBEE (cont.)		
Surviah, d. Peter, b. July 30, 1764	2	1
Thomas, b. Sept. 6, 1743	2	548
Thomas, s. [Edward & Hannah], b. Sept. 6, 1743	4	633
BEERS, Harriet, m. James T. **ROSS,** b. of Saybrook Point, May 30, 1847, by Rev. John M. Guion	2	121
BELDEN, [see also **BALDWIN**], Louisa, m. Ralph **PRATT,** Dec. 8, 1825, by Aaron Hovey	1	59
Lydia, m. John **KIRTLAND,** Aug. 19, 1716	2	6
Lydia, m. John **KIRTLAND,** Aug. 29, 1716	2	3
Lydia, m. John **KIRTLAND,** Aug. 29, 1716	2	400
BEMAN, [see under **BEAMON**]		
BENNETT, BENNET, Elizabeth, d. Arthur & Repentance, b. late of Plimouth, Mass., b. in Saybrook, Sept. 4, 1747	2	452
Elizabeth, d. Arthur & Repentence, late of Plymouth, b. Sept. 4, 1747	2	531
Joseph, s. Arthur & Repentance, b. late of Plymouth, Mass., b. Jan. 9, 1748/9	2	531
BENTON, Bethiah, m. Zachariah **SANFORD,** Oct. 9, 1694	2	306
Parmel, b. July 2, 1792; m. Asa **PARKER,** Dec. 25, 1816	2	43
BILLARD, John D., m. Emeline E. **SPENCER,** b. of Saybrook, Sept. 8, 1841, by Rev. Samuel Hoyt, Methuen, Mass.	2	100
Joseph D., m. Lydia B. **WHITTLESEY,** b. of Saybrook, June 23, 1841, by Rev. Fred[eric] W[illia]m Hotchkiss	2	100
BISHOP, Caroline M., m. Levi **HULL,** b. of Essex, May 5, 1843, by Rev. W[illia]m George Miller	2	113
Catherine, m. Frederick W. **DOLPH,** b. of [Essex], Mar. 26, 1851, by Jas. McGregor Bertram	2	134
Chloe, m. Handley **BUSHNELL,** Feb. 19, 1752	2	1
Jonathan, m. Fanny Maria **DENISON,** May 4, 1840, by Aaron Hovey	2	95
Theophilus, of Madison, m. Susan A. **PRATT,** of Saybrook, June 20, 1842, by Rev. E. B. Crane	2	104
BLAGUE, BLAUGE, Elijah, s. [Joseph & Mary], b. Apr. 26, 1730	2	222
Elizabeth, d. [Joseph & Martha], b. May 26, 1687	1	52
Giles, s. [Joseph & Mary], b. Mar. 2, 1727/8	2	222
Hamlin, s. [Joseph & Mary], b. Dec. 15, 1725	2	222
Joseph, m. Martha **KIRTLAND,** Feb. 10, 1685	1	52
Joseph, s. Joseph [& Martha], b. Nov. 17, 1689; d. Oct 4, 1691	1	52
Joseph, [s. Joseph & Martha], b. Oct. 7, 1694	1	52
Joseph, m. Mary **HAMLIN,** Apr. 18, 1717	2	222
Joseph, m. Mary **HAMLIN,** Apr. 18, 1717	2	225
Joseph, s. [Joseph & Mary], b. Apr. 30, 1722	2	222
Martha, of Saybrook, m. Capt. William **SOUTHWORTH,** of Little Compton, Nov. 15, 1705	2	95
Mary, [d. Joseph & Martha], b. Apr. 27, 1692	1	52

10 BARBOUR COLLECTION

	Vol.	Page
BLAGUE, BLAUGE (cont.)		
Mary, d. [Joseph & Mary], b. June 30, 1720	2	222
Mary, m. William **HART**, Jan. 7, 1741/2	4	286
Samuel, s. Samuel, b. Nov. 25, 1701	2	141
Temperance, m. Daniel **BUCKINGHAM**, Jan. 3, 1784	1	9
-----, s. [Joseph & Mary], b. Mar. 25, 1732	2	222
BLAKE, Alvin, of Madison, m. Sarah A. **DENISON**, of [Saybrook], Nov. 17, [1850], by Rev. J. H. Pettingill	2	136
Samuel, of Guilford, m. Mary Elizabeth **SMITH**, of Saybrook, Dec. 7, 1830, by William Case	1	86
BLISS, Deliverance, [child of] Thomas & Elizabeth, b. the beginning of August, 1655	1	27
Elizabeth, [d. Thomas & Elizabeth], b. Nov. 20, 1645	1	27
Eunice, m. Dr. Richard **ELY**, 2d, Sept. 4, 1791	1	14
Mary, [d. Thomas & Elizabeth], b. Feb. 7, 1649	1	27
Samuel, [s. Thomas & Elizabeth], b. Dec. 9, 1657	1	27
Sarah, [d. Thomas & Elizabeth], b. Aug. 26, 1656	1	27
Thomas, m. Elizabeth [ ], Oct. latter end, 1644	1	27
Tho[ma]s, [s. Thomas & Elizabeth], b. Mar. 3, 1652	1	27
BLITH, Ann, m. Robert **CHAPMAN**, Apr. 29, 1642	1	20
BOARDMAN, William Augustine, of Middletown, m. Elviza **STANNARD**, of Saybrook, May 24, 1824, by Sylvester Selden	1	47
BOGART, William H., m. Abby L. **LANE**, b. of Saybrook, Sept. 22, 1849, by Frederick W. Chapman, Deep River	2	130
BOGUE, Jabez H., m. Zeviah **CONGDEN**, Jan. 16, 1839, by Rev. H. R. Knapp	2	81
BOLDEN, [see also **BALDWIN** and **BELDEN**], Hannah, d. July 14, 1713	2	548
BOOMEE (?), Nolan, m. Mary **PARKER**, b. of [Deep River], Oct. 25, 1851, by Rev. E. Cushman	2	135
BOOTHE, Mehetable, of Long Island, m. Capt. John **BURROWS**, Oct. 4, 1722	2	408
BOYCE, BOYES, Joseph, s. Samuel [& Lidia], b. [ ], in Barbadoes; d. Mar. 21, 1683	1	45
Lydia, wid. of Samuel, m. Alexander **PYGAN**, Apr. 15, 1684	1	112
Michael, [s. Samuel & Lidia], b. May 26, 1683; d. June 21, 1683	1	45
Samuel, m. Lidia **BEMONT**, Feb. 3, 1667	1	45
Samuel, d. Oct. 4, 1683, in 49th y.	1	115
BRACKET, Hannah, m. Joseph [**STANNARD**], Apr. 4, 1692, in Boston	2	17
BRACY, Mary, of East Lyme, m. James **BARRELL**, of Saybrook, Nov. 21, 1847, by Rev. E. B. Crane	2	125
BRADDICK, Asahel C., m. Eliza J. **TUCKER**, of Essex, Dec. 1, 1840, by [W. Geo[rge] Miller]	2	98
BRADLEY, Talcott, m. Margaret Azubah **KELSEY**, b. of Madison, June 7, 1829, by Fred W. Hotchkiss	1	77
William, of Chatham, m. Sarah M. **DeANGELIS**, of Saybrook, Apr. 17, 1828, by Rev. Simon Shailer	1	71

SAYBROOK VITAL RECORDS 11

	Vol.	Page
BRAINARD, Amanda M., of Groton, m. Benjamin WILLIAMS, Jr., of Essex, Jan. 3, 1838, by Rev. H. R. Knapp	2	81
Chaunc[e]y, of East Haddam, m. Narissa POST, of Saybrook, Feb. 7, 1822, by Aaron Hovey	1	43
Frederic, of East Haddam, m. Lucretia SMITH, of Lyme, Apr. 26, 1826, by Sylvester Selden	1	58
BRAMBLE, Benjamin, of Lyme, m. Elizabeth MACK, of Essex, Nov. 26, 1828, by Rev. Pierpont Brocket	1	74
BREWSTER, Abel, m. Jane A. MACK, of Saybrook, June 1, 1845, by Rev. Lawson Muzzy	2	115
Almira, m. Horace RISELEY, b. of Essex, Aug. 19, 1835, by Rev. Stephen Beach	2	76
Betsey, m. Gideon TRIPP, b. of Saybrook, Dec. 1, 1841, by Aaron Hovey	2	102
Charles W., m. Harriet A. PARKER, Aug. 11, 1845, by Jos[eph] D. Hull	2	117
Mehitabel, of Saybrook, 2d Soc., m. David MILLER, of Philadelphia, Apr. 6, 1835, in Essex, by Rev. Pierpont Brocket	2	20
BRIDGES, Mary E., of Haddam, m. Wells B. SMITH, of [Deep River], Dec. 21, 1845, by Rev. Lawson Muzzy	2	116
BROCKET, Edward P., [s. Pierpont], b. Mar. 7, 1833	2	10
Linus P., [s. Pierpont], b. Oct. 16, 1820	2	10
BROCKWAY, Annah, [wid. Jesse], m. Daniel COMSTOCK, as 2d w., June 11, 1749	4	460
Catherine N., m. Ralph BUCKINGHAM, b. of Saybrook, Nov. 24, 1833, by Rev. Pierpont Brocket	2	12
Charles E. L., of Lyme, m. Emeline CLARK, of Saybroook, Sept. 3, 1834, by Rev. Fred W[illia]m Hotchkiss	2	65
Ebenezer, m. Sarah BUCKINGHAM, Feb. 11, 1734/5	2	3
Ebenezer, s. Ebenezer & Sarah, b. Jan. 6, 1735/6	2	3
Elijah, s. [Ebenezer & Sarah], b. Nov. 29, 1744	2	3
Eliphalet L., m. Harriet N. KINGSLEY, b. of Saybrook, Nov. 23, 1840, by Rev. Russell Jennings	2	98
Elizabeth, of Saybrook, m. Dea. Timothy PECK, of Lyme, Dec. 12, 1844, by Jos[eph] D. Hall	2	111
George, m. Emily POST, b. of Saybrook, Sept. 21, 1823, by Aaron Hovey	1	44
Jesse, s. Jesse & Anna, b. May 2, 1747	4	460
Joseph, of Lyme, m. Rebeckah JOHNSTON, of Saybrook, May 18, 1835, by Rev. Stephen Beach, Essex	2	76
Leb[b]eus, s. [Ebenezer & Sarah], b. Dec. 29, 1738	2	3
Martha J., m. Oliver C. CARTER, Oct. 3, 1835, by Orson Spencer	2	3
Minerva, m. Jesse KINGSLEY, b. of Deep River, Jan. 3, 1842, by Rev. W[illia]m George Miller, Essex	2	112
Seth B., of New London, m. S. Jenette SHIPMAN, of Deep River, Nov. 28, 1849, by Rev. E. Cushman	2	131

	Vol.	Page
BROCKWAY (cont.)		
Susan Spellman, b. Feb. 22, 1790; m. William Clark **BULL**, Dec. 11, 1817	2	1
BRONSON, Mary E., m. Orlando H. **KINGSLEY**, b. of Saybrook, Jan. 17, 1842, by Rev. Russell Jennings	2	102
BROOKER, Edward, s. John & Sarah, b. Mar. 22, 1728/9 d. June [ ], 1729	2	410
John, m. Sarah **GREENELL**, Apr. 29, 1717	2	410
John, s. John & Sarah, b. July 21, 1718	1	125
John, s. [John & Sarah], b. July 21, 1718	2	410
John, d. Nov. 14, 1731	2	410
Mary, [twin with Sarah], d. [John & Sarah], b. Mar. 22, 1723	2	410
Patience, d. John & Sarah, b. May 10, 1732	2	410
Samuel, s. [John & Sarah], b. May 28, 1720	2	410
Sarah, [twin with Mary], bd. [John & Sarah], b. Mar. 23, 1723; d. Mar. 28, 1723	2	410
Sarah, d. [John & Sarah], b. Aug. 14, 1726	2	410
BROOKS, Betsey, m. John **BULL**, Jr., Nov. 20, 1817	1	58
Elizabeth, m. Julian **BULLIAR**, Jan. 15, 1665	1	69
Harriet, m. Luther **WEBB**, b. of Saybrook, June 9, 1822, by Simon Shailer, J.P.	1	30
Laura Ann, m. Gilbert **SELDEN**, of Chatham, Nov. 29, 1832, by William Case	1	100
Lucy D., of Saybrook, m. Wilson **BAILEY**, of Wethersfield, June 21, 1835, by Rev. W[illia]m Palmer, at her father's house	2	13
Mary, of Middle Haddam, m. John E. **WATROUS**, of Saybrook, Jan. 1, 1834, by Rev. W[illia]m Denison	2	40
Mary A., of Westbrook, m. Benjamin D. **BUSHNELL**, of Fair Haven, Apr. 11, 1852, by Rev. R. H. Main	2	137
Nancy, m. Enos **WATROUS**, b. of [Saybrook], Oct. 16, 1834, by W[illia]m Case	2	71
Phebe, of Saybrook, m. Samuel **WARNER**, of Bridgewater, Pa., Nov. 4, 1821, by Samuel West	1	27
Simeon, m. Lydia **WATROUS**, June 15, 1823, by Simon Shailer, J.P.	1	35
BROUGHTON, Mat[t]hew C., of Durham, N.Y., m. Rubina (Rebecca?) **CHAPMAN**, of Saybrook, May 28, 1822, by Sylvester Selden	1	29
BROWN, Aaron, m. Lucy Ann **BUSHNELL**, Sept. 20, 1846, by Jos[eph] D. Hull	2	119
Betsey, of Saybrook, m. William **BROWN**, of North Yarmouth, Gt. Britain, May 29, 1826, by Frederic W. Hotchkiss	1	57
Charles, s. [Samuel & Mary], b. May 2, 1766	2	83
David, m. Mary Ann **TOOKER**, b. of Saybrook, May 24, 1828, by Aaron Hovey	1	72
Edward L., of Hartford, m. Susan Amelia **CARTER**, of Saybrook, Aug. 24, 1834, by Rev. Fred[eric]k W[illia]m Hotchkiss	2	21

	Vol.	Page
BROWN (cont.)		
Edward L., of Hartford, m. Susan Amelia **CARTER**, of Saybrook, Aug. 24, 1834, by Fred W[illia]m Hotckhiss	2	64
Hannah, m. Jeremiah **WRIGHT**, Feb. 26, 1766	2	218
Jerusha, m. Sylvanus **TYLER**, both of Essex, Dec. 24, 1837, by Rev. H. R. Knapp	2	81
Lucretia R., m. Horace P. **PARKER**, Apr. 14, 1850, by Rev. Marvin Eastwood	2	132
Lydia, m. William **PARKER**, Sept. 7, 1676	2	95
Mary M., of Lyme, m. John L. **PERRY**, of Block Island, July 3, 1836, by Rev. Fred W[illia]m Hotchkiss	2	74
Samuel, s. [Samuel & Mary], b. Mar. 13, 1769	2	83
Solomon, of Lyme, m. Betsey **DOLPH**, of Saybrook, July 7, 1828, by Fred. W. Hotchkiss	1	72
Solomon, m. Freelove **GRUMLEY**, of Saybrook, July 3, 1836, by Rev. Fred W[illia]m Hotchkiss	2	74
William, of North Yarmouth, Gt. Britain, m. Betsey **BROWN**, of Saybrook, May 29, 1826, by Frederick W. Hotchkiss	1	57
BROWNELL, James H., m. Louisa Melinda **CANFIELD**, b. of East Haddam, Dec. 9, 1828, by Fred W. Hotchkiss	1	74
BRUCE, Lydia, m. John **INGRAHAM**, Jr., Apr. 12, 1725	2	153
BRUCH, Joseph, m. Addia **TEMEERMAN**, Aug. 17, 1851 by Rev. S. Nash	2	135
BUCKINGHAM, Abigail, d. [Joseph & Sarah], b. Apr. 29, 1751	2	243
Adonijah, s. [Daniel & Lydia], b. Oct. 11, 1733	2	140
Almus Woolcott, [s. Nathan & Mary Eliza], b. May 8, 1832	2	6
Andrew, s. [Daniel & Lydia], b. Mar. 31, 1744	2	140
Andrew, m. Margaret **BUCKINGHAM**, Nov. 10, 1772	1	2
Ann, d. [Joseph & Sarah], b. Aug. 4, 1753	2	243
Ann, m. John **TUCKER**, Nov. 29, 1757	2	460
Anne, [d. Thomas & Hestor], b. Aug. 2, 1687	1	75
Anne, m. Samuel **DOTY**, Dec. 3, 1706	2	242
Anne, d. Daniel, d. Oct. 11, 1725	2	85
Anne, d. [Daniel & Lydia], b. Sept. 11, 1728	2	140
Benjamin, s. [Hezekiah & Elizabeth], b. Nov. 11, 1768	2	2
Daniel, [s. Thomas & Hestor], b. Oct. 2, 1672	1	75
Daniel, m. Sarah **LEE**, May 24, 1693	1	225
Daniel, m. Sarah **LEE**, May 24, 1693	2	85
Daniel, s. Daniel & Sarah, b. Apr. 9, 1698	2	85
Daniel, d. Mar. 25, 1725	2	85
Daniel, m. Lydia **LORD**, Mar. 24, 1726	2	140
Daniel, s. [Daniel & Lydia], b. June 21, 1730; d. May 4, 1731	2	140
Daniel, s. [Daniel & Lydia], b. Dec. 28, 1731	2	140
Daniel, m. Temperence **BLAGUE**, Jan. 3, 1784	1	9
Eliza, m. Charles **MANSFIELD**, b. of New York City, Sept. 17, 1838, by Rev. E. B. Crane	2	87

14 BARBOUR COLLECTION

	Vol.	Page
BUCKINGHAM		
Elizabeth, b. Nov. 27, 1776; m. Reuben **POST**, Dec. 31, 1797	2	59
Esther, d. [Joseph & Sarah], b. Mar. 8, 1745	2	243
Frederic Eugene, s. Nathan & Mary Eliza, b. Oct. 19, 1829	2	6
George, s. [Hezekiah & Elizabeth], b. Nov. 16, 1764	2	2
Gideon, s. Hezekiah & Sarah, b. Feb. 22, 1707/8	2	168
Gideon, m. Jemima **PELTON**, Jan. [ ], 1732/3	2	495
Gideon, s. [Gideon & Jemima], b. Apr. 19, 1737	2	495
Gideon, s. Hezekiah & Elizabeth, b. Oct. 22, 1760	2	2
Giles, s. Daniel & Lydia, b. Feb. 3, 1741/2	2	140
Hamlin Blague, s. [Daniel & Temperence], b. Feb. 15, 1789	1	9
Hestor, [d. Thomas & Hestor], b. June 10, 1668	1	75
Hester, d. [Daniel & Sarah], b. Apr. 16, 1701	2	85
Hester, m. Andrew **LORD**, Dec. 13, 1721	2	455
Hezekiah, [s. Thomas & Hester], b. June 21, 1682	1	75
Hezekiah, m. Sarah **LAY**, Dec. 12, 1703	2	168
Hezekiah, m. Elizabeth **CHATFIELD**, Apr. 22, 1756	2	2
Hezekiah, [s. Hezekiah & Elizabeth], b. July 3, 1757	2	2
Hosmer, m. Adelia Adelaide **PRATT**, Feb. 10, 1830, by Aaron Hovey	1	78
Jared, s. Gideon & Jemima, b. Mar. 9, 1743/4	2	495
Jedediah, s. [Thomas & Margarett], b. Oct. 2, 1696	2	85
Jedidiah, s. [Hezekiah & Sarah], b. Apr. 30, 1725	2	168
Jedidiah, s. Thomas, Jr. & Mary, b. Feb. 20, 1726/7	3	53
Jedidiah, s. [Hezekiah & Elizabeth], b. Oct. 16, 1758	2	2
Jemima, d. Gideon & Jemima, b. Jan. 10, 1734/5	2	495
John, s. [Daniel & Lydia], b. Sept. 2, 1735	2	140
John, m. Sarah **BUCKINGHAM**, Nov. 18, 1762	2	109
John, s. [Andrew & Margaret], b. Nov. 5, 1773	1	2
Joseph, s. [Thomas & Margarett], b. June 20, 1707	2	85
Joseph, m. Sarah **TULLY**, Sept. 24, 1741	2	243
Joseph, s. [John & Sarah], b. Oct. 8, 1765	2	109
Joseph, [s. Hezekiah & Elizabeth], b. Sept. 28, 1766	2	2
Keturah, d. [Gideon & Jemima], b. Apr. 7, 1747	2	495
Louisa, d. [Joseph & Sarah], b. Apr. 5, 1749	2	243
Lucinda, d. [John & Sarah], b. Nov. 6, 1763	2	109
Lydia, d. [Daniel & Lydia], b. Apr. 27, 1738	2	140
Margarett, d. [Thomas & Margarett], b. Aug. 14, 1699	2	85
Marg[ar]et, d. Joseph & Sarah, b. May 25, 1747	2	243
Margaret, m. Andrew **BUCKINGHAM**, Nov. 10, 1772	1	2
Mary, m. John **PARKER**, Dec. 24, 1666	1	45
Mary, d. Thomas & Margarett, b. Feb. 12, 1701/2; d. June 16, 1703	2	85
Mary, d. [Thomas & Margarett], b. June 5, 1705	2	85
Mary, d. [Thomas & Mary], b. June 27, 1732	3	53
Nathan, s. [Hezekiah & Sarah], b. May 7, 1714	2	168
Nathan, b. July 3, 1798; m. Mary Eliza **PRATT**, Jan. 26, 1829	2	6

SAYBROOK VITAL RECORDS 15

	Vol.	Page
BUCKINGHAM (cont.)		
Nathan, m. Mary E. **PRATT**, Jan. 26, 1829, by Rev. Pierpont Brocket	1	75
Peggy, d. [Daniel & Lydia], b. June 10, 1746; d. July 18, 1746	2	140
Phebe, d. [Hezekiah & Sarah], b. Nov. 28, 1718	2	168
Phebe, d. [Hezekiah & Elizabeth], b. May 13, 1772	2	2
Ralph, m. Catherine N. **BROCKWAY**, b. of Saybrook, Nov. 24, 1833, by Rev. Pierpont Brocket	2	12
Reuben, s. [Gideon & Jemima], b. Aug. 29, 1745	2	495
Roswell, m. Adeline **BABCOCK**, Feb. 18, 1840, by Rev. H. R. Knapp	2	93
Samuel, [s. Thomas & Hestor], b. May 26, 1678; d. June 10, 1678	1	75
Samuel, [s. Thomas & Hestor], b. July 24, 1679	1	75
Samuel, d. Jan. 5, 1684	1	75
Samuel, s. [Thomas & Margarett], b. Sept. 26, 1694	2	85
Samuel, s. [Daniel & Lydia], b. May 4, 1740	2	140
Samuel, s. [Gideon & Jemima], b. July 28, 1740	2	495
Sarah, d. [Daniel & Sarah], b. Sept. 21, 1695	2	85
Sarah, d. Thomas & Margarett, b. Jan. 30, 1709/10	2	85
Sarah, d. Hezekiah & Sarah, b. Jan. 4, 1711/12	2	168
Sarah, m. Ebenezer **BROCKWAY**, Feb. 11, 1734/5	2	3
Sarah, d. Gideon & Jemima, b. Mar. 16, 1741/2	2	495
Sarah, d. [Joseph & Sarah], b. Mar. 15, 1743	2	243
Sarah, d. [Hezekiah & Elizabeth], b. July 28, 1762	2	2
Sarah, m. John **BUCKINGHAM**, Nov. 18, 1762	2	109
Sarah, [w. of Joseph], d. Oct. 19, 1764	2	243
Stephen, [s. Thomas & Hestor], b. Sept. 4, 1675	1	75
Stephen, s. [Daniel & Sarah], b. Aug. 4, 1703	2	85
Stephen, s. [Thomas & Mary], b. Sept. 20, 1729	3	53
Temperance, [d. Thomas & Hestor], b. Jan. 6, 1684	1	75
Temperance, m. John **KIRTLAND**, Jr., Mar. 3, 1702/3	2	6
Temperance, m. Jonathan **BUTLER**, Dec. 8, 1726	2	510
Thomas, m. Hestor **HOSMER**, Sept. 20, 1666	1	75
Thomas, [s. Thomas & Hester], b. Sept. 29, 1670	1	75
Thomas, Jr., m. Margaret **GRISWOLD**, Dec. 16, 1691	1	161
Thomas, m. Margarett **GRISWOLD**, Dec. 16, 1691	2	85
Thomas, s. Thomas & Margarett, b. Jan. 24, 1692/3	2	85
Thomas, s. Thomas, Jr., b. Jan. 24, 1692/3	1	161
Thomas, Rev., d. Apr. 1, 1709	2	548
Thomas, Jr., m. Mary **PARKER**, Apr. 5, 1722	3	53
Thomas, Sr., d. Sept. 12, 1739	2	85
Thomas, d. Dec. 13, 1760	3	53
William, grandson [of Thomas & Margarett], & s. of Jedidiah & Mary, b. Oct. 14, 1719, in Newark in East Jersey	2	85
William, s. [Hezekiah & Elizabeth], b. Aug. 8, 1770	2	2
William Francis, [twin with Francis Eugene], [s. Nathan & Mary Eliza], b. Oct. 19, 1829	2	6

BUCKLEY, BUCKLY, [see also BULKLEY], Abisha

	Vol.	Page
Chapman, s. [William & Mary], b. Dec. 28, 1784; d. Aug. 24, 1785	1	17
Abisha Chapman, s. [William & Mary], b. Aug. 15, 1790	1	17
Abraham, s. [Job & Dorcas], b. Aug. 5, 1749	4	680
Amme, d. Job & Dorcas, b. May 24, 1745	4	680
Ann Conklin, d. [William & Mary], b. Feb. 12, 1775	1	17
Betsey Saba, [d. William & Mary], b. Feb. 16, 1783	1	17
Chloe, d. [Job & Jemima], b. Apr. 8, 1784	1	6
Clary Dorcas, d. [William & Mary], b. Apr. 6, 1777	1	17
Concklin, s. Job & Dorcas, b. June 17, 1741 (Conkling)	4	680
Daniel, s. [Job & Dorcas], b. Sept. 14, 1751	4	680
Dorcas, d. Job & Dorcas, b. Jan. 24, 1757	4	680
Dorcas, d. [Job & Jemima], b. Sept. 6, 1776	1	6
Dorcas, [d. Job], b. Sept. 13, 1776	1	3
Ezra, s. [Job & Jemima], b. Oct. 7, 1774	1	6
Ezra, [s. Job], b. Oct. 13, 1774	1	3
Jemima, d. [Job & Jemima], b. Sept. 6, 1770	1	6
Jemima, d. [Job & Jemima], b. Sept. 6, 1770	4	682
Job, s. John & Deborah, b. Feb. 23, 1718/9	2	182
Job, m. Dorcas CONKLING, Feb. [ ], 1738/9	4	680
Job, s. [Job & Dorcas], b. July 18, 1739	4	680
Job, m. Jemima UTTER, Nov. 30, 1769	4	682
Job, s. [Job & Jemima], b. Jan. 5, 1772	1	6
Job, s. [Job & Jemima], b. Jan. 5, 1772	4	682
Joel, s. [Job & Dorcas], b. Aug. 8, 1754	4	680
Joel, m. Hannah BUSHNELL, b. of Saybrook, Feb. 12, 1824, by Aaron Hovey	1	44-5
John, m. Deborah SHIPMAN, May [ ], 1714	2	187
John, s. John & Deborah, b. Mar. 5, 1714/5	2	182
John Ely, s. [Willam & Mary], b. May 13, 1794	1	17
Joseph, s. Job & Jemima, b. Jan. 5, 1780	1	6
Lotty Marshons, d. [William & Mary], b. Sept. 8, 1788	1	17
Lucy Marrana, d. [William & Mary], b. July 31, 1796	1	17
Mary, d. [Job & Dorcas], b. June 5, 1743	4	680
Mary, d. [Job & Jemima], b. Apr. 28, 1773	1	6
Mary Marcy, d. [William & Mary], b. Aug. 2 1773	1	17
Phebe Anne, [twin with Polly Fanna], d. [William & Mary], b. Feb. 26, 1779	1	17
Polly Fanna, [twin with Phebe Anne], d. [William & Mary], b. Feb. 26, 1779	1	17
Stephen, s. [Job & Jemima], b. June 11, 1781	1	6
Temperence, d. [Job & Jemima], b. Dec. 9, 1778	1	6
Vasta Yoma, d. [William & Mary], b. June 18, 1786	1	17
Washington, s. [Job & Jemima], b. Sept. 26, 1785	1	6
William, s. [Job & Dorcas], b. June 22, 1747	4	680
William, m. Mary CHAPMAN, Sept. 3, 1772	1	17
William Worthington, s. [William & Mary], b. Mar. 22, 1781; d. Aug. 12, 1802	1	17
William Worthington, [s. William & Mary], b. June 3, 1792	1	17

SAYBROOK VITAL RECORDS 17

	Vol.	Page
BUEL, BUELL, Daniel, m. Phebe FENNER, d. of John & Sarah, [ ]	4	696
Deborah, m. Daniel DUDLEY, Sept. 2, 1714	2	132
Emeline A., of Westbrook, m. Charles F. BULKLEY, of Winthrop, July 10, 1853; by Rev. R. H. Maine	2	140
Frederick, m. Marynett STEPHENS, Apr. 15, 1830, by Rev. Luman Andrus	1	81
Isaac K., of Haddam, m. Julia J. STANNARD, of Westbrook, Nov. 3, 1839, by Rev. W[illia]m Albert Hyde	2	92
John, of Killingworth, m. Abinah WATROUS, of Saybrook, June 1, 1834, by Aaron Hovey	2	63
Martha, of Saybrook, m. George BUSHNELL, Feb. 4, 1827, by Frederic W. Hotchkiss	1	63
Mary, m. Joseph WATROUS, at Killingworth, Feb. 3, 1713/4	2	502
Meriah E., of Killingworth, m. David WATROUS, of Deep River, Sept. 25, 1836, by Rev. H. Wooster	2	76
Oliver, of Clinton, m. Hannah A. WATROUS, of Chester, May 10, 1846, by F. W. Chapman, Deep River	2	118
Sarah, of Killingworth, m. Jeremiah GLADDING, of Saybrook, Mar. 12, 1832, by Orson Spencer	1	91
Susan, b. Apr. [ ], 1810; m. Josiah A. WRIGHT	2	22
William A., m. Rosetta STEPHENS, July 12, 1832, by Rev. Asa Bushnell	1	93
BULKLEY, [se also BUCKLEY], Charles F., m. Louisa A. PLATTS, b. of Saybrook, May 23, 1847, by Frederick W. Chapman, Deep River	2	121
Charles F., of Winthrop, m. Emeline BUELL, of Westbrook, July 10, 1853, by Rev. R. H. Maine	2	140
Temperance Aurelia, m. Ezra MOORE, Dec. 15, 1840, by Rev. Pierpont Brockett	2	99
BULL, BULLS, Abigail, [d. David & Hannah], b. Mar. 16, [1683]; d. June 11, 1683	1	98
Asher, s. [John & Elizabeth], b. Dec. 1, 1790	1	1
Betsey Kirtland, d. John, Jr. & Betsey, b. May 9, 1821	1	58
David, m. Hannah CHAPMAN, Dec. 27, 1677	1	98
Edward, s. John, b. Sept. 12, 1682, at Dunnington, Eng.	1	170
Edward, m. Mary POST, Nov. 16, 1704	2	30
Edward, s. John, m. Mary POST, Nov. 16, 1704	2	4
Edward, s. [Edward & Mary], b. Aug. 16, 1717	2	30
Edward, d. Aug. 30, 1717	2	30
Edward, m. Temperence CLARK, May 24, 1739	2	261
Edward, s. [Edward & Temperence], b. June 20, 1748	2	261
Edward, d. July 1, 1782	2	261
Edward, m. Rosanna TURNER, Mar. 18, 1784	1	13
Edward, s. [Edward & Rosanna], b. Nov. 26, 1791	1	13
Edward, d. Sept. 21, 1824, ae 76	2	1
Edward, [s. William Clark & Susan Spellman], b. June 21, 1830	2	1

BARBOUR COLLECTION

BULL, BULLS (cont.)

	Vol.	Page
Egbert B., m. Fanny C. **CLARK**, b. of Saybrook, Nov. 17, 1845, by Frederick W. Chapman, Deep River	2	117
Egbert Benson, [s. William & Temperence], b. Dec. 4, 1819	2	29
Elizabeth, d. [John & Elizabeth], b. Dec. 11, 1775	1	1
Elizabeth, d. William & Temperance, b. June 15, 1815; d. Jan. 26, 1833	2	29
Elizabeth, w. of John, d. Dec. 25, 1818	1	1
Ellen M., m. John R. **FREEMAN**, Apr. 10, 1843, by Aaron Hovey	2	106
Ellen Maria, [d. William & Temperence], b. Sept. 18, 1822	2	29
Eunice W., m. Gustavus **PRATT**, Jan. 8, 1835, by Aaron Hovey	2	42
Eunice Williams, d. William & Temperance, b. Sept. 22, 1811	2	29
Ezra, s. [John & Elizabeth], b. Mar. 12, 1783	1	1
Frances, d. [John & Elizabeth], b. Feb. 17, 1779	1	1
Geo[rge] A., of Saybrook, m. S. Irene **WILLIAMS**, of Deep River, Sept. 9, 1844, by Rev. Lawson Muzzy	2	109
Hannah, d. John b. Dunnington, Parish of Stow, County of Glossester, England, Feb. 3, 1679	1	170
Hannah, [d. David & Hannah], b. Apr. 30, 1681	1	98
Hannah, m. James **BATE**, Sept. 18, 1707	2	242
Hannah, d. Edward & Mary, b. Mar. 11, 1712/13	2	30
Hannah, d. [Edward & Temperence], b. Apr. 23, 1743	2	261
Jane, m. Bela **COMSTOCK**, b. of Saybrook, Aug. 23, 1821, by Aaron Hovey	1	43
Jane Woodworth, d. [Edward & Rosanna], b. Oct. 8, 1797	1	13
Jannette P., m. Charles E. **SILL**, b. of Saybrook, Mar. 13, 1843, by Rev. E. B. Crane	2	106
John, [s. Robert & Phebe], b. Mar. 10, 1653	1	29
John, d. Apr. 19, 1703	2	4
John, s. [Edward & Mary], b. Apr. 3, 1706	2	30
John, s. [Edward & Temperence], b. Dec. 16, 1745	2	261
John, m. Elizabeth **KIRTLAND**, Dec. 20, 1772	1	1
John, s. [John & Elizabeth], b. Feb. 14, 1774	1	1
John, Jr., m. Betsey **BROOKS**, Nov. 20, 1817	1	58
John A., m. Cynthia A. **CLARKE**, Aug. 7, 1837, by Rev. Fred W[illia]m Hotchkiss	2	79
John A., m. Maria **CLARK**, b. of Saybrook, Oct. 24, 1841, by Rev. Ethan B. Crane	2	101
Louisa C., m. Roderick W. **SILL**, Aug. 9, 1835	2	44
Mary, [d. Robert & Phebe], b. Dec. 7, 1651	1	29
Mary, widow, m. Nicholas **MARSON**, of Saybrook, May 6, 1701	2	127
Mary, d. [Edward & Mary], b. Apr. 22, 1708	2	30
Mary, m. George **GREENELL**, Jan. 31, 1725/6	2	112
Mary, d. [John & Elizabeth], b. Sept. 7, 1777	1	1
Phebe, [d. Robert & Phebe], b. beginning of Aug. 1655	1	29

SAYBROOK VITAL RECORDS   19

	Vol.	Page
BULL, BULLS (cont.)		
Phebe, d. of Robert, m. Samuel **CHALKER**, Oct. 31, 1676	1	123
Phebe, m. Samuel **CHALKER**, Nov. 7, 1676	1	14
Rachel, m. Henry **REEVES**, May 3, 1716	2	446
Reuben, s. [Edward & Temperence], b. Nov. 2, 1750	2	261
Reuben, [s. William & Temperence], b. July 3, 1827	2	29
Rhoda J., m. Josiah **NOTT**, 2d, b. of Saybrook, Nov. 8, 1847, by Jos[eph] D. Hull	2	122
Rhoda Jane, d. John, Jr. & Betsey, b. July 9, 1825	1	58
Richard Brockway, [s. William Clark & Susan Spellman], b. Sept. 22, 1820	2	1
Robert, m. Phebe **JOSE**, Dec. 15, 1649	1	29
Robert, [s. Robert & Phebe], b. Mar. 1, 1662/3	1	29
Rosanna, d. [Edward & Rosanna], b. Aug. 25, 1788	1	13
Sarah, wid., m. William **BUSHNELL**, June 7, 1705	1	143
Sarah, d. [Edward & Mary], b. Mar. 25, 1711; d. Jan. 25, 1716	2	30
Susanna, [d. David & Hannah], b. July 4, 1679	1	98
Tabitha, d. Edward & Temperance, b. Jan. 6, 1740/1	2	261
Temperance, d. Edward & Temperance, b. Apr. 6, 1754	2	261
Temperence, wid. of Capt. Edward, d. Apr. 13, 1786, in the 72nd year of her age	1	1
Temperence, d. [John & Elizabeth], b. Apr. 26, 1786	1	1
Temperence, [d. John & Elizabeth], d. Aug. 3, 1788	1	1
Temperence, d. Edward & Rosanna, b. Aug. 5, 1794	1	13
William, s. [John & Elizabeth], b. Apr. 12, 1781	1	1
William, s. [John & Elizabeth], b. Dec. 27, 1784	1	1
William, s. [John & Elizabeth], b. Feb. 21, 1789	1	1
William, s. William & Temperance, b. May 15, 1817	2	29
William Clark, s. [Edward & Rosanna], b. Jan. 11, 1785	1	13
William C[lark], b. Jan. 11, 1785; m. Susan S. **BROCKWAY**, Dec. 11, 1817	2	1
William Clark, [s. William Clark & Susan Spellman], b. July 26, 1827	2	1
-----, twin d. [William Clark & Susan Spellman], b. Oct. 16, 1818; d. same day	2	1
-----, d. John, Jr. & Betsey, b. and d. Aug. 23, 1819	1	58
-----, s. & d. [William Clark & Susan Spellman], b. Aug. 17, 1824; d. same day	2	1
BULLIAR, Elizabeth, m. James **FITZGARRALD**, Apr. 28, 1678	1	69
Julian, m. Elizabeth **BROOKS**, Jan. 15, 1665	1	69
Julian, d. Jan. 14, 1677	1	69
BUNNER, Charles F., Jr., of New York, m. Elisabeth L. **CONKLIN**, of Essex, Aug. 13, 1850, by Rev. P. Brockett	2	133
BURDICK, Christopher, of Saybrook, m. Amelia **PARKER**, Sept. 21, 1824, by Sylvester Selden	1	49
Horatio N., of Charlestown, R.I., m. Mercy D. **CHAPMAN**, of Saybrook, Dec. 1, 1833, by Sylvester Selden	2	53

	Vol.	Page
BULL, BULLS (cont.)		
Sidney E., m. Elizabeth **CHAPMAN**, in Westbrook, Dec. 21, 1836, by Rev. David Osborn	2	77
BURR, Charles, of Haddam, m. Rebecca Ann **FORDHAM**, of Saybrook, May 12, 1840, by Rev. Eli M. Kirkham	2	94
Jonathan A., of Haddam, m. Margarett **DENISON**, of Saybrook, Apr. 26, 1840, by Frederick W. Chapman, Deep River	2	94
Martin L., of Haddam, m. Lucretia M. **KELSEY**, of North Killingworth, Oct. 8, 1835, by F. W. Chapman	2	73
BURROWS, Constant, [d. Capt. John & Mehetable], b. Apr. 21, 1731	2	408
D[e]Witt, of Clinton, m. Sarah Ann **TUCKER**, of Essex, Mar. 14, 1847, by Rev. Nath'l C. Lewis	2	121
Elizabeth, [d. Capt. John & Mehetable], b. Nov. 28, 1723	2	408
John, Capt., m. Mehetable **BOOTHE**, of Long Island, Oct. 4, 1722	2	408
John, s. [Capt. John & Mehetable], b. Jan. 21, 1727	2	408
Mary, [d. Capt. John & Mehetable], b. June 21, 1733	2	408
Mehetable, [d. Capt. John & Mehetable], b. May 19, 1725	2	408
William, [s. Capt. John & Mehetable], b. Feb. 12, 1729	2	408
BURT, Samuel C., of New Haven, m. Ann Maria **INGRAHAM**, of Saybrook, Nov. 27, 1826, by Rev. Peter G. Clark	1	61
BUSH, Fenner, m. Eunice **KIRTLAND**, May 15, 1816	1	21
Temperence Jennette, d. [Fenner & Eunice], b. July 2, 1817	1	21
BUSHNELL, Abigail, [d. William], b. Feb. [ ], 1659	1	6
Abigail, [d. Samuel & Patience], b. July 27, 1677	1	14
Abigail, d. [Jeremiah & Abigail], b. Dec. 31, 1748	2	418
Abigail, m. Orson **KELSEY**, b. of Saybrook, Dec. 14, 1836, by Rev. Orlando Starr	2	4
Abigail B., m. Richard **BUSHNELL**, b. of Saybrook, July 2, 1837, by Aaron Hovey	2	82
Abner, b. Oct. 19, 1737; m. Rachel **CHAPMAN**, Aug. 29, 1765	1	3
Abner, s. [Abner & Rachel], b. May 20, 1766	1	3
Abner, s. [Abner & Rachel], d. Sept. 18, 1772	1	3
Abner, s. [Abner & Rachel], b. July 27, 1776	1	3
Abraham, s. [Stephen & Temperence], b. Dec. 27, 1744	4	117
Abraham, m. Mary **JONES**, Jan. 3, 1830, by Rev. Simon Shailer	1	82
Amos, s. John & Rebeckah, b. Jan. 18, 1701/2	2	37
Ann, m. Moses **DUDLEY**, Dec. 22, 1743	2	461
Ann, d. [Thomas & Dorothy], b. Apr. 4, 1758	2	456
Ann Amelia, d. [Samuel, 3rd & Phebe], b. Dec. 12, 1812	1	127
Ann Augusta, m. Horatio **PRATT**, b. of Saybrook, Apr. 13, 1834, by Rev. Fred[eric]k W[illia]m Hotchkiss	2	56
Anne, d. [Ephraim & Anne], b .Oct. 24, 1720	2	149
Anne, d. [Samuel & Anne], b. Oct. 24, 1729	2	47
Anne, w. of Samuel, d. Jan. 21, 1731/2	2	47

SAYBROOK VITAL RECORDS 21

	Vol.	Page
BUSHNELL (cont.)		
Anne, d. [Jonathan & Elisabeth], b. Oct. 5, 1758	2	3
Annett P., of Winthrop, m. Levi O. **CURTIS**, of New Haven, Sept. 5, 1852, by Rev. James A. Clark	2	140
Ansel, m. Hannah E. **CHITTENDEN**, b. of Saybrook, Oct. 3, 1841, by Aaron Hovey	2	102
Asa, s. Hezekiah & Jemima, b. Feb. 20, 1750/1	2	2
Asa, m. Hannah A. **INGHAM**, Mar. 22, 1827, by Sylvester Selden	1	64
Asa L., m. Margaret **TOOCKER**, Dec. 14, 1834, by Aaron Hovey	2	42
Augustus, Jr., m. Electa **KIRTLAND**, Nov. 21, 1838, by W[illia]m A. Hyde	2	87
Benjamin D., of Fair Haven, m. Mary A. **BROOKS**, of Westbrook, Apr. 11, 1852, by Rev. R. H. Main	2	137
Bishop, [s. Handley & Chloe], b. July 23, 1754	1	1
Calvin, m. Mary A. **STOKES**, b. of Saybrook, Dec. 24, 1835, by Rev. Jeremiah Miller	2	3
Catherine, [d. Samuel, 3rd, & Phebe], b. Mar. 16, 1817	1	127
Catherine, d. [John & Mary Ann], b. Nov. 29, 1818	1	128
Catharine, m. Rufus C. **DENISON**, b. of Saybrook, Sept. 18, 1838, by Rev. E. B. Crane	2	87
Charles, m. Ellen M. **BUSHNELL**, b. of Saybrook, Aug. 17, 1834, by Aaron Hovey	2	50
Charles A., of Westbrook, m. Lydia **GRIFFING**, Oct. 28, 1844, by Rev. E. B. Crane	2	110
Charles Edward, s. [John & Mary Ann], b. Apr. 3, 1829	1	128
Christopher L., m. Sylvia **CHAPMAN**, b. of Saybrook, Feb. 22, 1837, by Rev. Jeremiah Miller, Westbrook	2	66
Constant, s. [Jonathan & Elisabeth], b. May 12, 1751	2	3
Cornelia, of Saybrook, m. Samuel H. **BUSHNELL**, of Westbrook, Oct. 19, 1834, by Rev. Fred W[illia]m Hotchkiss	2	67
Daniel, [s. Samuel & Patience], b. Feb. 20, 1687	1	14
Daniel, s. [Ephraim & Mary], b. Nov. 8, 1699	2	2
Daniel, s. [Ephraim & Mary], b. Nov. 8, 1699	2	4
Daniel, s. Nathaniel & Rebeckah, b. Aug. 7, 1760; d. Jan. 19, 1764	1	7
Daniel, s. Nathaniel & Rebeckah, b. May 3, 1767	1	7
Daniel, s. [Nathaniel & Rebeckah], b. May 3, 1767	1	7
Daniel, s. Nathaniel, m. Eley **BUSHNELL**, July 16, 1788	1	8
Daniel, m. Polly S. **JONES**, Feb. 15, 1835, by Aaron Hovey	2	72
David, s. [Nehemiah & Sarah], b. Aug. 30, 1740	4	281
Deborah, d. [Nathaniel & Temperence], b. Apr. 20, 1737	2	211
Deborah, m. George **DIBBLE**, Mar. 3, 1757	2	339
Dorothy, d. [Ebenezer & Dorothy], b. July 29, 1732	2	253
Ebenezer, [twin with Hepzibeth], s. [Samuel & Pricilla], b. Aug. 19, 1701	1	115
Ebenezer, m. Dorothy **INGHAM**, Nov. 17, 1730	2	253
Electa Ann, m. Asa H. **ROSE**, b. of Saybrook, Jan. 1, 1838, by Aaron Hovey	2	83

22 BARBOUR COLLECTION

	Vol.	Page
BUSHNELL (cont.)		
Eley, m. Daniel **BUSHNELL**, s. of Nathaniel, July 16, 1788	1	8
Elias, s. [Jonathan & Elisabeth], b. Nov. 17, 1748	2	3
Elihu, s. Nathan & Hester, b. Mar. 15, 1784	1	5
Elisha, s. Samuel & Sarah, b. Nov. 12, 1734	2	47
Elisha, s. [Nathaniel & Rebeckah], b. Apr. 24, 1758	1	7
Elisha, m. Lydia **CHALKER**, July 13, 1788	1	7
Eliza Maria, [d. Samuel, 3rd, & Phebe], b. Mar. 23, 1819	1	127
Eliza P., m. John **POST**, 2d, b. of Saybrook, Jan. 23, 1833, by Sylvester Selden	1	101
Elizabeth, d. John, b. Sept. 23, 1674	1	75
Elizabeth, d. Jonathan & Elizabeth, b. Sept. 24, 1742	2	3
Elizabeth, d. [Jonathan & Elizabeth], b. Sept. 24, 1742	3	489
Elizabeth, d. [John & Mary Ann], b. Sept. 7, 1813	1	128
Elizabeth, of Saybrook, m. Samuel E. **HERVEY**, of Lyme, Dec. 10, 1827, by Frederic W. Hotchkiss	1	68
Elizabeth, m. William J. **CLARK**, b. of Saybrook, Sept. 29, 1835, by Rev. Fred[eric]k W[illia]m Hotchkiss	2	11
Elizabeth Beulah, m. Alvah Chapman **GLADWIN**, b. of Saybrook, Aug. 31, 1845, by Jos[eph] D. Hull	2	115
Elizabeth P., of Saybrook, m. William **HULL**, of Killingworth, Mar. 1, 1831, by Sylvester Selden	1	86
Ellen M., m. Charles **BUSHNELL**, b. of Saybrook, Aug. 17, 1834, by Aaron Hovey	2	50
Ephraim, [s. William & Rebecka], b. Feb. 14, 1675	1	143
Ephraim, m. Mary **LONG**, Nov. 9, 1697	2	2
Ephraim, m. Mary **LONG**, Nov. 9, 1697	2	4
Ephraim, s. [Ephraim & Mary], b. Sept. 27, 1702	2	2
Ephraim, s. [Ephraim & Mary], b. Sept. 27, 1702	2	4
Ephraim, m. Anne **HILL**, Oct. 16, 1712	2	149
Ephraim, s. [Thomas & Dorothy], b. Aug. 24, 1760	2	456
Esther, [d. William & Rebecka], b. Nov. 2, 1683	1	143
Eunice, m. Martin **KIRTLAND**, Nov. 30, 1780	1	9
Eunice R., of Saybrook, m. Asa P. M. **KELSEY**, of Middleburgh, N.Y., July 4, 1838, by Rev. Z. Rogers Ely	2	86
Ezra, s. [Nehemiah & Sarah], b. June 29, 1746	4	281
Francis, [s. William], b. Jan. 6, 1649	1	6
Francis, Dea., d. Dec. 4, 1681	1	8
Francis, s. [John & Rebeckah], b. Nov. 17, 1697	2	37
Francis, m. Mary **SCRANTON**, July 7, 1725	2	100
Frederic W., m. Charlotte P. **WILLIAMS**, of Saybrook, June 28, 1835, at Rev. P. Brockett's, Essex, by Rev. Davis T. Shaler	2	73
George, m. Martha **BUEL**, of Saybrook, Feb. 4, 1827, by Frederic W. Hotckhiss	1	63
George W., m. Eunice M. **JONES**, b. of Saybrook, at John Jones', in Saybroook, Sept. 10, 1834, by Rev. W[illia]m Denison	2	68
Gilbert E., of Westbrook, m. Mary E. **DURYEA**, of [Saybrook], Feb. 5, 1849, by Rev. E. B. Crane	2	128

SAYBROOK VITAL RECORDS 23

	Vol.	Page
BUSHNELL (cont.)		
Handley, m. Chloe **BISHOP**, Feb. 19, 1752	2	1
Hannah, d. John, b. Nov. 10, 1670	1	75
Hannah, d. [Joshua & Mary], b. Nov. 16, 1693	2	125
Hannah, d. [Samuell, Jr. & Hannah], b. Dec. 8, 1719	2	418
Hannah, d. Jonathan & Elizabeth, b. Feb. 15, 1756	2	3
Hannah, d. [Thomas & Dorothy], b. Apr. 24, 1765	2	456
Hannah, m. Joel **BUCKLEY**, b. of Saybrook, Feb. 12, 1824, by Aaron Hovey	1	44-5
Harriet E., m. Richard N. **PRATT**, b. of [Saybrook], June 11, 1850, by Rev. J. H. Pettingill	2	136
Harvey, s. Nathan & Hester, b. Mar. 25, 1794	1	5
Henry Augustus, s. [John & Mary Ann], b. July 26, 1834	1	128
Henry Lord, s. Nathan & Hester, b. Jan. 15, 1792	1	5
Hepzibeth, [twin with Ebenezer], d. [Samuel & Pri[s]cilla], b. Aug. 19, 1701	1	115
Hester, m. Samuel **WILLCOCKS**, May 14, 1707	1	143
Hezekiah, m. Jemima **CHALKER**, June 3, 1747	2	2
Hezekiah, s. [Hezekiah & Jemima], b. Aug. 30, 1749	2	2
Ichabod, s. [Abner & Rachel], b. Feb. 6, 1769	1	3
Ichabod, s. [Abner & Rachel], d. Feb. 12, 1769	1	3
Ira, s. [John & Katherine], b. Oct. 19, 1727	3	408
Ira, s. [John & Katheren], b. Oct. 19, 1727	3	489
Jabez, m. Harriet **SOUTHWORTH**, b. of Saybrook, May 13, 1827, by Aaron Hovey	1	66
James, s. Ephraim & Anne, b. Mar. 12, 1716	2	149
James, s. [Ephraim & Mary], b. Mar. 12, 1716	2	4
James, s. [Thomas & Dorothy], b. Nov. 21, 1762	2	456
Jane, m. John **HILL**, Apr. 14, 1670	1	42
Jane, d. [William, Jr. & Mary], b. June 2, 1735	2	384
Jedidiah, s. Ephraim & Mary, b. Mar. 5, 1705/6	2	2
Jedadiah, s. [Ephraim & Mary], b. Mar. 5, 1708	2	4
Jedadiah, s. [Ephraim & Mary], b. Mar. 23, 1714	2	4
Jedediah, s. [Ephraim & Anne], b. May 23, 1714	2	149
Jemima, d. Samuel, Jr. & Hannah, b. Feb. 19, 1712/13	2	418
Jemima, [d. Hezekiah & Jemima], b. Apr. 10, 1754	2	2
Jeremiah, s. [Samuel, Jr. & Hannah], b. Sept. 27, 1710	2	418
Jeremiah, m. Abigail **CURTICE**, of Hebron, June 30, 1747	2	418
Jerusha, m. Jonathan **UNDERHILL**, Dec. 2, 1821, by Sylvester Selden	1	27
Jesse, s. William, Jr. & Mary, b. Jan. 24, 1738/9	2	384
John, s. John, b. Mar 5, 1665	1	75
John, m. Rebeckah **COALE**, May 10, 1692	2	37
John, s. [John & Rebeckah], b. Nov. 2, 1695	2	37
John, m. Kathern **KELSEY**, June 18, 1724	3	408
John, s. [John & Katherine], b. Mar. 4, 1725; d. Nov. 20, 1731	3	408
John, s. [Samuel & Sarah], b. Aug. 17, 1733	2	47
John, m. Mary Ann **NEWELL**, Dec. 6, 1812	1	128
John B., m. Anner **HOLMES**, b. of Saybrook, Oct. 18, 1821, by Jedidiah Post, J.P.	1	27

BARBOUR COLLECTION

	Vol.	Page
BUSHNELL (cont.)		
John C., m .Cornelia **POST**, b. of Saybrook, Jan. 22, 1833, by Sylvester Selden	1	101
John Frederic, s. [John & Mary Ann], b. May 11, 1823	1	128
John H., m. Louisa A. **DOANE**, b. of Saybrook, Mar. 15, 1840, by Frederick W. Chapman, Deep River	2	94
John Handly, d. Feb. 3, 1828, ae 84	1	127
John S., m. Temperence **POST**, b. of Saybrook, Sept. 12, 1832, by Sylvester Selden	1	101
Jonathan, [s. Samuel & Patience], b. Apr. 10, 1685	1	14
Jonathan, m. Elisabeth **SHIPMAN**, Dec. 9, 1741	2	3
Jonathan, m. Elizabeth **SHIPMAN**, Dec. 9, 1741	3	489
Jonathan, s. [Jonathan & Elisabeth], b. Sept. 11, 1744	2	3
Jonathan, s. [Jonathan & Elizabeth], b. Sept. 11, 1744	3	489
Joseph, s. [Ebenezer & Dorothy], b. Sept. 7, 1733	2	253
Joshua, [s. William], b. May 6, 1644	1	6
Joshua, m. Mary **SEAMER**, May [ ], 1682	2	125
Joshua, s. Joshua & Mary, b. Nov. 18, 1690	2	125
Joshua, m. Margarett **CHAPMAN**, Jan. 21, 1712/13	2	418
Joshua, m. Elizabeth **HANLEY**, Feb. 23, 1717	2	418
Josiah, s. Samuel & Priscilla, b. June 9, 1706	1	115
Judah*, m. James **WRIGHT**, Dec. 10, 1707 *(Judah crossed out and "Judith" written in the margin)	2	263
Judith, [d. William], b. Jan. [ ], 1655	1	6
Judith, [d. Samuel & Patience], b. Sept. 14, 1679	1	14
Julia, of Saybrook, m. Andrus **NEVILL**, of Durham, N.Y., June 3, 1822, by Sylvester Selden	1	29
Lavina, m. Nathaniel J. **PRATT**, b. of Saybrook, May 22, 1831, by Fred W. Hotchkiss	1	92
Lavinea Augusta, d. John & Mary Ann, b. June 12, 1832	1	128
Looxea, of Westbrook, m. Marvin **ROOT**, of Coventry, Sept. 24, 1834, by Rev. Fred[eric]k W[illia]m Hotchkiss	2	21
Louisa, m. Chauncey **CHAPMAN**, b. of Saybrook, Mar. 30, 1829, by Sylvester Selden	1	76
Lucinda Amelia, m. James **TUCKER**, b. of Saybrook, Nov. 10, 1835, by Orlando Starr	2	61
Lucy Ann, m. Aaron **BROWN**, Sept. 20, 1846, by Rev. Jos[eph] D. Hull	2	119
Lydia, d. [William & Katherine], b. July 6, 1712	2	540
Lydia, m. John **POST**, Sept. 2, 1733	2	552
Lydia, d. [Nehemiah & Sarah], b. Aug. 26, 1750	4	281
Lydia, d. [Nathan & Hester], b. Apr. 3, 1788	1	5
Lydia, d. Elisha & Lydia, b. Oct. 3, 1792	1	7
Lydia Chapman, d. [John & Mary Ann], b. May 23, 1827	1	128
Margarett, w. of Joshua, d. Feb. 14, 1716	2	418
Margaret, m. John **SHIPMAN**, Oct. 17, 1742	4	614
Martha, m. Jonathan **SMITH**, Jan. 1, 1663	1	45
Martha, d. [Ephraim & Mary], b. May 16, 1701	2	2
Martha, d. [Ephraim & Mary], b. May 16, 1701	2	4
Martha, d. July 11, 1713	2	548
Martha, d. [Ephraim & Anne], b. Aug. 12, 1718	2	149

	Vol.	Page
BUSHNELL (cont.)		
Martha, m. Elijah STANNARD, [ ]	5	682
Mary, m. Samuel JONES, Jan. 1, 1663	1	45
Mary, d. John, b. Feb. 20, 1672	1	75
Mary, m. William MILLER, Apr. 19, 1693	1	143
Mary, d. [Ephraim & Mary], b. Aug. 8, 1698	2	2
Mary, d. [Ephraim & Mary], b. Aug. 8, 1698	2	4
Mary, d. Joshua & Margarett, b. Aug. 27, 1714	2	418
Mary, d. William, Jr. & Mary, b. Oct. 15, 1732	2	384
Mary, m. William PARKER, June 21, 1733	2	127
Mary, m. William PARKER, June 21, 1733	2	257
Mary, of Saybrook, m. Erastus B. DENISON, of Cayahoga Falls, O., Apr. 27, 1835, by Fred W[illia]m Hotckhiss	2	60
Mary, m. Charles CHAPMAN, 3d, b. of Westbrook, Nov. 28, 1839, by Rev. W[illia]m Albert Hyde	2	92
Mary Ann, [d. John & Mary Ann], b. July 28, 1817	1	128
Mary Ann, of Saybrook, m. George HOPKINS, at New Haven, Jan. 15, 1832, by William Case	1	99
Mary Ann, m. Rufus C. SHEPARD, b. of Saybrook, Sept. 11, 1837, by Rev. Fred W[illia]m Hotchkiss	2	79
Mehetable, [d. Hezekiah & Jemima], b. Sept. 20, 1759	2	2
Mehetable, m. Ezra SPENCER, Feb. 9, 1806	1	16
Mindwell, d. William, Jr. & Mary, b. Mar. 10, 1731	2	384
Miriam, m. Michael SPENCER, Jr., Sept. 16, 1821, by Samuel West	1	25
Nancy, d. [Abner & Rachel], b. Jan. 6, 1774	1	3
Nancy Maria, d. [John & Mary Ann], b. Nov. 16, 1820	1	128
Nathan, s. [Jonathan & Elisabeth], b. July 18, 1753	2	3
Nathan, m. Rhoda BUSHNELL, Oct. 20, 1774	1	5
Nathan, m. Hester LORD, Nov. 16, 1777	1	5
Nathan, s. [Nathan & Hester], b. Aug. 31, 1779	1	5
Nathaniel, [s. Samuel & Patience], b. Feb. 8, 1690	1	83
Nathaniel, m. Temperence SEWARD, Apr. 8, 1725	2	211
Nathaniel, s. [Nathaniel & Temperence], b. June 27, 1727	2	211
Nathaniel, b. June 26, 1727; m. Rebeckah CHALKER, June 19, 1750	1	7
Nathaniel, s. Nathaniel & Rebeckah, b. Sept. 19, 1755; d. Jan. 7, 1764	1	7
Nathaniel, s. Nathaniel & Rebeckah, b. July 8, 1764	1	7
Nehemiah, s. [William & Katherine], b. Apr. 22, 1710	2	540
Nehemiah, m. Sarah INGHAM, Nov. 28, 1739	4	281
Nehemiah, m. Orphana BUSHNELL, b. of Saybrook, Apr. 1, 1822, by Sylvester Selden	1	29
Nehemiah, m. Lydia MAGNEY, b. of Westbrook, Oct. 16, 1834, by Fred W[illia]m Hotchkiss	2	62
Orphana, m. Nehemiah BUSHNELL, b. of Saybrook, Apr. 1, 1822, by Sylvester Selden	1	29
Parnell, d. Jonathan & Elizabeth, b. Sept. 15, 1746	2	3
Phebe, d. Francis, b. Mar. 13, 1790; m. Samuel BUSHNELL, 3rd, s. of John H., Jan. 3, 1809	1	127

26 BARBOUR COLLECTION

	Vol.	Page
BUSHNELL (cont.)		
Phebe, of Saybrook, m. Justus MILLER, of Middletown, Aug. 24, 1838, by Rev. E. B. Crane	2	87
Phebe Annette, d. Samuel, 3d, & Phebe, b. [ ]	1	127
Phebe M., of Killingworth, m. Henry DOANE, of Saybrook, Feb. 25, 1830, by William Case	1	78
Phineas, s. Joshua & Elizabeth, b. Apr. 23, 1718	2	418
Pri[s]cilla, [d. Samuel & Pri[s]cilla], b. Dec. 19, 1703	1	115
Rachel, d. [Abner & Rachel], b. Nov. 5, 1770	1	3
Rebecca, [d. William], b. Oct. [ ], 1646	1	6
Rebecka, w. of William, d. May 14, 1703	1	143
Rebeckah, d. John & Rebeckah, b. Sept. 16, 1704	2	37
Rebeckah, d. [Ephraim & Anne], b. June 2, 1728	2	149
Rebeckah, m. John MATHER, Apr. 15, 1729	2	495
Rebeckah, d. [Daniel & Eley], b. Jan. 14, 1789	1	8
Reuben, s. [Samuel & Sarah], b. Feb. 16, 1741	2	47
Reuben, m. Hannah WRIGHT, of New London, Feb. 4, 1781	1	8
Rhoda, d. [Nathaniel & Rebeckah], b. Dec. 25, 1752	1	7
Rhoda, m. Nathan BUSHNELL, Oct. 20, 1774	1	5
Rhoda, [w. of Nathan], d. May 16, 1775	1	5
Rhoda, d. [Nathan & Hester], b. June 13, 1781	1	5
Richard, d. 1681	Reg-4	20
Richard, m. Abigail B. BUSHNELL, b. of Saybrook, July 2, 1837, by Aaron Hovey	2	82
Richard, of Westbrook, m. Mary Ann DOAN, of Saybrook, Sayville, Oct. 6, 1841, by Rev. Pierpont Brockett	2	101
Richard H., m. Mary Ann KIRTLAND, b. of [Saybrook], Nov. 4, 1846, by Rev. E. B. Crane	2	124
Richard Kirtland, s. Nathan & Hester, b. Dec. 8, 1796	1	5
Richard Montgomery, s. [John & Mary Ann], b. Oct. 16, 1825	1	128
Samuel, [s. William], b. Sept. middle, 1645	1	6
Samuel, m. Patience RUDD, Oct. 7, 1675	1	14
Samuel, [s. Samuel & Patience], b. Aug. 21, 1682	1	14
Samuel, s. Francis, m. Ruth SANFORD, Apr. 17, 1684	1	89
Samuel, s. John & Rebeckah, b. Mar. 12, 1699/1700	2	37
Samuel, m. Pricilla PRATT, Apr. 19, 1700	1	115
Samuel, Jr., m. Hannah HILL, Mar. 3, 1709/10	2	418
Samuel, m. Anne COGSWELL, Jan. 22, 1728/9	2	47
Samuel, m. Sarah LANE, Aug. 2, 1732	2	47
Samuel, 3rd, s. John H., b. May 14, 1785; m. Phebe BUSHNELL, d. of Francis, Jan. 3, 1809	1	127
Samuel, 2d, m. Hannah PELTON, Aug. 12, 1809	1	16
Samuel H., of Westbrook, m. Cornelia BUSHNELL, of Saybrook, Oct. 19, 1834, by Rev. Fred W[illia]m Hotchkiss	2	67
Samuel Willard, [s. Samuel, 3rd, & Phebe], b. May 17, 1824	1	127
Sarah, m. Joseph INGHAM, June 20, 1655	1	29
Sarah, d. John, b. Sept. 17, 1668	1	75

SAYBROOK VITAL RECORDS

	Vol.	Page
BUSHNELL (cont.)		
Sarah, [d. William & Rebecka], b. Mar. 1, 1674	1	143
Sarah, d. [Ephraim & Mary], b. Apr. 21, 1704	2	2
Sarah, d. [Ephraim & Mary], b. Apr. 21, 1704	2	4
Sarah, d. [John & Rebeckah], b. Dec. 9, 1706	2	37
Sarah, [d. Ephraim & Anne], b. July 26, 1713	2	149
Sarah, m. Jonathan PARKER, Apr. 18, 1732	4	322
Sarah, d. [Nehemiah & Sarah], b. Oct. 18, 1743	4	281
Sarah, m. Jedediah KELCY, Oct. 11, 1750	4	181
Sarah, w. of John H., d. Aug. 5, 1824, ae 72	1	127
Sarah L., of [Saybrook], m. David M.STEVENS, Oct. 28, 1849, by J. H. Pettingill	2	130
Sarah W., of Saybrook, m. Jared REDFIELD, of Killingworth, Apr. 20, 1845, by F. W. Chapman, Deep River	2	116
Stephen, twin with Thomas, [s. William], b. Jan. 4, 1653	1	6
Stephen, s. [William & Katherine], b. Apr. 29, 1708	2	540
Stephen, d. Aug. 1, 1727	2	548
Stephen, s. Stephen & Temperence, b. Sept. 15, 1743	4	117
Tamzin, of Saybrook, m. Daniel MERWIN, of Haddam, Oct. 26, 1826, by William Case	1	65
Thankfull, d. Joshua & Mary, b. Jan. 3, 1686	2	125
Thankfull, m. Joseph SCONE, Apr. 24, 1707	2	143
Thankfull, m. Samuell KIRTLAND, May 7, 1755	2	225
Thomas, twin with Stephen, s. [William], b. Jan. 4, 1653	1	6
Thomas, s. [Ephraim & Anne], b. Aug. 24, 1722	2	149
Thomas, m. Dorothy D[o]uglas, June 24, 1756	2	456
Ulys[s]es, [s. Samuel, 3rd, & Phebe], b. Jan. 25, 1822	1	127
William, [s. William], b. Feb. 15, 1648	1	6
William, [s. William & Rebecka], b. Apr. 3, 1680	1	143
William, Lieut., d. Nov. 12, 1683	1	116
William, s. John, Sr., late of Boston, d. Aug. 31, 1684	1	42
William, m. Katherine JURDAN, Apr. 10, 1701	2	540
William, s. [William & Katherine], b. Oct. 26, 1703	2	540
William, m. Sarah BULL, June 7, 1705	1	143
William, Jr., m. Mary BATE, Mar. 4, 1729/30	2	384
William, s. William, Jr. & Mary, b. Feb. 22, 1736/7	2	384
William, m. Juliette POST, b. of Saybrook, May 10, 1832, by Sylvester Selden	1	92
William, m. Eliza WINSHIP, b. of Saybrook, Oct. 23, 1832, by Rev. Pierpont Brockett	2	66
William, m. Prudence L. POST, Mar. 3, 1839, by Rev. H. R. Knapp	2	81
William Jabez, [s. John & Mary Ann], b. Apr. 17, 1815	1	128
William Socrates, [s. Samuel, 3rd, & Phebe], b. July 1, 1826	1	127
BUTLER, Dency B., of New Dorham, N.Y., m. Dr. William BARKER, of N.Y., Apr. 22, 1829, by Fred W. Hotchkiss	1	76
Elnathan, s. Jonathan & Temperance, b. Apr. 18, 1728	2	510
Ezekiel, s. [Jonathan & Temperence], b. Apr. 12, 1734	2	510
Jonathan, m. Temperence BUCKINGHAM, Dec. 8, 1726	2	510

	Vol.	Page
BUTLER (cont.)		
Jonathan, s. [Jonathan & Temperence], b. Mar. 28, 1730	2	510
Jonathan, d. Mar. 30, 1760	2	510
Lemuel, of N.Y., m. Olive **ROCKWELL**, of Saybrook, June 13, 1830, by Rev. Pierpont Brocket	1	82
Mary, m. Richard **STEVENS**, b. of Saybrook, Apr. 17, 1823, by Jedidiah Post, J.P.	1	35
Morris, m. Sarah H. **LATIMER**, Apr. 20, 1840, by Aaron Hovey	2	95
Phebe, of Saybrook, m. Austin **KELSEY**, of Killingworth, Feb. 5, 1824	1	41
Ruth, m. Abraham **SHIPMAN**, May 9, 1722	2	204
Stephen, s. [Jonathan & Temperence], b. Feb. 26, 1732	2	510
Temperance, d. Jonathan & Temperance, b. Mar. 24, 1737	2	510
CADWELL, Caroline A., of Saybrook, m. Horatio **WILLCOX**, of Madison, Sept. 5, 1844, by Rev. E. B. Crane	2	110
CAMPBELL, William S., m. Jane **CRAWFORD**, b. of New York City, Aug. 30, 1842, by Rev. H. Stanley, Grace Church, Saybrook	2	103
CANFIELD, Belinda, of East Haddam, m. Amasa **INGHAM**, of Saybrook, Feb. 6, 1822, by Frederic W. Hotchkiss	1	27
Hezekiah, s. [Joel], b. Dec. 29, 1748	2	314
Isaiah, s. Joel, b. Feb. 11, 1750/1	2	314
Jane E., m. Henry **KIRTLAND**, b. of Saybrook, Mar. 20, 1838, by Rev. Fred W[illia]m Hotchkiss	2	81
Joel, father of Hezekiah & Isaiah, was b. Feb. 7, 1712; d. Dec. 24, 1760	2	314
Louisa Melinda, m. James H. **BROWNELL**, b. of East Haddam, Dec. 9, 1828, by Fred W. Hotchkiss	1	74
Samuel P., m. Sally **WATROUS**, Oct. 11, 1821, by Simon Shailer, J.P.	1	25
Sarah, of Saybrook, m. Henry **WARNER**, of Lyme, Nov. 2, 1826, by William Case	1	65
CANNON, Aaron V., m. Mary Jane **KIRTLAND**, June 6, 1842, by Rev. E. B. Crane	2	104
Eliza, m. Daniel D. **STANNARD**, b. of Saybrook, Oct. 30, 1833, by Sylvester Selden	2	52
CARTER, Abigail, d. [Joseph & Abigail], b. June 1, 1741	2	243
Amos, s. [Joseph & Abigail], b. July 1, 1739	2	243
Amos, m. Amye **WILLCOCKS**, Jan. 10, 1765	2	546
Asa, s. Samuel, b. June 13, 1744	2	548
Carolio Matilda, [d. Dr. Samuel & Betsey], b. Aug. 13, 1813	1	39
Charles, of Killingworth, m. Jerusha **DOANE**, of Saybrook, Nov. 3, 1825, by Sylvester Selden	1	55
Daniel, Jr., m. Betsey **SPENCER**, Jan. 4, 1824	1	39
Elizabeth M., of Saybrook, m. Charles Augustus **DOWD**, of East Guilford, Sept. 12, 1825, by Frederic W. Hotchkiss	1	53

	Vol.	Page
CARTER (cont.)		
Elizabeth Maria, [d. Dr. Samuel & Bets[e]y], b. [ ], 1805	1	39
Elizabeth Maria, b. Feb. 7, 1805; m. Charles A. **DOWD**, Sept. 12, 1825	2	7
Eunice, m. Lyman **KELSEY**, b. of Killingworth, at L. E. Denison's, Saybrook, Aug. 3, 1834, by Rev. W[illia]m Denison	2	68
Grace Redfield, [d. Dr. Samuel & Bets[e]y], b. Aug. 6, 1810	1	39
Grace Redfield, m. George **PRATT**, Jr., July 5, 1830, by Fred W. Hotchkiss	1	83
Harriet Augusta, [d. Dr. Samuel & Bets[e]y], b. July 31, 1819	1	39
Horrace, m. Lorinda **WRIGHT**, b. of Saybrook, Mar. 10, 1839, by Jedediah Post, J.P.	2	87
Joel M., of Clinton, m. Harriet A. **JONES**, of Winthrop, Sept. 26, 1853, by Rev. R. H. Maine	2	141
Joseph, s. Joseph & Abigail, b. Jan. 28, 1737	2	243
Liman, s. [Amos & Annah], b. Oct. 11, 1765	2	546
Lucy, d. Joseph & Abigail, b. Aug. 1, 1746 (First written "Lydia")	2	243
Lydia, d. Joseph & Abigail, b. Aug. 1, 1746 (Overwritten to read "Lucy")	2	243
Mary, d. [Joseph & Abigail], b. Jan. 15, 1748	2	243
Mary Jennette, [d. Dr. Samuel & Bets[e]y], b. Aug. 13, 1815	1	39
Nancy, m. James **SPENCER**, Jan. 4, 1824, by Asa Wilcox, Elder	1	39
Oliver C., m. Martha J. **BROCKWAY**, Oct. 3, 1835, by Orson Spencer	2	3
Phebe Aurelia, d. Samuel & Bets[e]y, b. Jan. 7, 1822	1	22
Robert, s. [Joseph & Abigail], b. May 19, 1744	2	243
Sally m., m. Ely **BAILEY**, of East Haven, (colored people) Jan. 30, 1826, by Frederic W. Hotchkiss	1	56
Samuel, Dr., of Saybrook, s. Dea. Benjamin, of Killingworth, m. Bets[e]y **REDFIELD**, d. Capt. Samuel & Martha, Oct. 3, 1804, at Killingworth; b. July 11, 1779	1	22
Susan Amelia, [d. Dr. Samuel & Betsey], b. Oct. 31, 1808	1	39
Susan Amelia, of Saybrook, m. Edward L. **BROWN**, of Hartford, Aug. 24, 1834, by Rev. Fredk. W[illia]m Hotchkiss	2	21
Susan Amelia, of Saybrook, m. Edward L. **BROWN**, of Hartford, Aug. 24, 1834, by Fred. W[illia]m Hotchkiss	2	64
Wealthy Ann, [d. Dr. Samuel & Bets[e]y], b. Dec. 26, 1806	1	39
Wealthy Ann, m. Ambrose **WHITTELSEY**, b. of Saybrook, Sept. 8, 1834, by Rev. Fred W[illia]m Hotchkiss	2	65
William, s. [Joseph & Abigail], b. Sept. 2, 1750	2	243

BARBOUR COLLECTION

	Vol.	Page
CASE, John, of Greenport, L.I., m. Martha S. TUCKER, of Essex, Oct. 6, 1846, by Rev. N. C. Lewis	2	119
CAULKINS, Reubin, of East Lyme, m. Sarah L. PARKER, of Essex, Mar. 19, 1838, by Rev. H. R. Knapp	2	81
CHALKER, Abram, [s. Alexander & Kateren], b. Oct. 19, 1655	1	96
Abraham, m. Hannah SANFORD, Jan. 16, 1679	1	187
Abraham, m. Sarah INGHAM, Sept. 23, 1686	1	187
Abraham, [s. Abraham & Sarah], b. Sept. 1, 1687	1	187
Abraham, s. Abraham, d. Sept. 16, 1687	1	187
Abraham, m. Deborah BARBER, Nov. 19, 1691	2	77
Abraham, s. [Abraham & Deborah], b. May 1, 1699	2	77
Abraham, m. Jemima GREENELL, Mar. 4, 1724	2	439
Abraham, s. [Abraham & Jemima], b. Dec. last day, 1724	2	439
Abraham, Lt, d. Feb. 17, 1730/1	2	77
Alexander, m. Kateren POST, Sept. 29, 1649	1	96
Alexander, [s. Alexander & Kateren], b. Feb. 24, 1666	1	96
Alexander, d. May 25, 1727	2	548
Amelia, of Saybrook, m. Lewis HUTCHINS, of New York, May 14, 1826, by Frederick W. Hotchkiss	1	59
Ann Augusta, d. Richard, d. Feb. 10, 1822, ae 2 m.	1	75
Ann Augusta, m. Edwin SPENCER, b. of Saybrook, Apr. 12, 1846, by Rev. J. M. Willey	2	118
Daniel, s. [Samuel, Jr. & Rebeckah], b. Mar. 17, 1717	2	143
Deborah, d. Abraham & Deborah, b. Oct. 3, 1694	2	77
Deborah, m. Robert BATE, Dec. 4, 1712	2	243
Deborah, d. [Stephen & Elizabeth], b. May 2, 1718	2	124
Deborah, d. [Abraham & Jemima], b. May 16, 1731	2	439
Deborah, [w. of Abraham], d. Oct. [ ], 1753	2	77
Elizabeth, d. Stephen & Elizabeth, b. Mar. 12, 1703/4; d. July 4, 1707	2	124
Elizabeth, d. [Abraham & Deborah], b. Apr. 17, 1710	2	77
Elizabeth, d. [Stephen & Mehetable], b. May 22, 1730	2	215
Elizabeth, m. Gideon JONES, Aug. 6, 1730	2	552
Elizabeth, d. [Abraham & Jemima], b. Apr. 21, 1733	2	439
Elizabeth M., m. Henry C. WALKER, July 13, 1829, by Aaron Hovey	1	78
Ezra, m. Deborah JONES, Nov. 7, 1788	1	8
Ezra, s. [Ezra & Deborah], b. Nov. 7, 1790	1	8
Fanny, b. Apr. 4, 1787; m. William SPENCER, Jan. 19, 1807	2	50
George H., m. Sylvia SPENCER, b. of Saybrook, Nov. 6, 1828, by Sylvester Selden	1	74
Gideon, s. Stephen & Mehitabel, b. Jan. 9, 1734/5	2	215
Hannah, [d. Abraham & Hannah], b. Mar. 25, 1682	1	187
Hannah, w. of Abraham, d. Dec. 7, 1683	1	187
Hannah, d. [Abraham & Deborah], b. July 19, 1703	2	77
Harvey, of Saybrook, m. Lydia B. STANNARD, of Westbrook, Sept. 30, 1838, by W[illia]m Albert Hyde	2	86
Isaac, s. [Abraham & Deborah], b. Sept. 12, 1707	2	77
Isaac, s. Abraham & Jemima, b. June 1, 1736	2	439

SAYBROOK VITAL RECORDS 31

	Vol.	Page
CHALKER (cont.)		
Jabez, s. [Stephen & Mehetable], b. Mar. 24, 1732	2	215
Jabez, s. [Jabez & Sarah], b. Aug. 21, 1757	2	128
Jabez, m. Sarah COE, May 29, 1759(sic)	2	128
Jacob, s. Abraham & Jemima, b. Oct. 7, 1742	2	439
Jane, [d. Alexander & Kateren], b. Mar. 25, 1662	1	96
Jane, d. Abraham & Jemima, b. Sept. 10, 1738	2	439
Jedidiah, s. Stephen, b. Apr. 15, 1821; d. Dec. 30, 1825	2	37
Jemima, d. [Abraham & Jemima], b. Aug. 2, 1726	2	439
Jemima, m. Hezekiah BUSHNELL, June 3, 1747	2	2
Jemima, [w. of Abraham], d. Feb. 3, 1762	2	439
Jeremiah, s. [Stephen & Mehetable], b. July 20, 1736; d. Dec. 31, 1736	2	215
Jerusha, d. [Abraham & Jemima], b. Sept. 4, 1728	2	439
John, s. [Jabez & Sarah], b. Oct. 3, 1758	2	128
Katern, [d. Alexander & Kateren], b. Sept. 8, 1657	1	96
Katren, m. John HILL, of Guilford, Dec. 23, 1673	1	14
Lovina, m. William LORD, Feb. 20, 1826, by Frederick W. Hotchkiss	1	57
Lydia, d. [Stephen & Elizabeth], b. July 30, 1713	2	124
Lydia, m. Levi CHAPMAN, Jan. 16, 1735	2	223
Lydia, d. Abraham & Jemima, b. Oct. 19, 1744; d. Sept. 27, 1752	2	439
Lydia, b. May 9, 1761	1	7
Lydia, m. Elisha BUSHNELL, July 13, 1788	1	7
Lydia, of Saybrook, m. John R. BEAUMONT, of East Hartford, Dec. 27, 1837, by Rev. Fred W[illia]m Hotchkiss	2	80
Mary, [d. Alexander & Kateren], b. Apr. 27, 1653	1	96
Mary, m. Richard COOSENS, Mar. 7, 1677/8	1	45
Mary, m. Richard COZENS, Mar. 7, 1677/8	1	144
Mary, d. [Stephen & Elizabeth], b. May 30, 1710	2	124
Mary Ann, m. Samuel B. DICKINSON, May 20, 1824, by Frederic W. Hotchkiss	1	47
Mary Jane, [d. Stephen], b. Jan. 4, 1814	2	37
Mary Matilda, of Saybrook, m. John MARTIN, of Durham, Nov. 17, 1833, by Fred W[illia]m Hotchkiss	2	3
Mehetable, d. Stephen & Elizabeth, b. Aug. 13, 1715; d. Mar. 7, 1730	2	124
Mehetable, d. [Stephen & Mehetable], b. Sept. 9, 1733	2	215
Phebe, d. Samuel & Phebe, b. Mar. 29, 1682; d. July 14, 1683	1	123
Phebe, [d. Samuel & Phebe], b. May 9, 1685	1	123
Phebe, d. [Stephen & Elizabeth], b. Aug. 11, 1705	2	124
Rebeckah, d. [Samuel, Jr. & Rebeckah], b. Aug. 30, 1719	2	143
Rebeckah, b. June 20, 1728; m. Nathaniel BUSHNELL, June 19, 1750	1	7
Robert B., [s. Stephen], b. Oct. 31, 1833	2	37
Ruth, m. Samuel INGHAM, Aug. 7, 1718	2	79
Samuel, m. Phebe BULL, d. of Robert, Oct. 31, 1676	1	123
Samuel, m. Phebe BULL, Nov. 7, 1676	1	14

	Vol.	Page
CHALKER (cont.)		
Samuel, [s. Samuel & Phebe], b. Oct. 6, 1679	1	123
Samuel, Jr., m. Rebeckah **INGHAM**, June 21, 1711	2	143
Samuel, Sr., d. July 1, 1711	2	548
Samuel, s. Samuel, Jr. & Rebeckah, b. Jan. 30, 1714/15	2	143
Sarah, [d. Alexander & Kateren], b. Oct. 19, 1659	1	96
Sarah, w. of Abraham, d. Sept. 11, 1687	1	187
Sarah, d. Abraham & Deborah, b. Jan. "last", 1696/7	2	77
Sarah, m. David **PRATT**, May 30, 1717	2	255
Sarah, d. Abraham & Jemima, b. Jan. 19, 1741; d. Dec. 15, 1761	2	439
Steuen, s. Alexander, b. Sept. 8, 1650 (Stephen)	1	96
Stephen, [s. Samuel & Phebe], b. Sept. 11, 1677	1	123
Stephen, m. Elizabeth **CHA[P]MAN**, June 3, 1703	2	124
Stephen, s. [Stephen & Elizabeth], b. July 19, 1707	2	124
Stephen, d. June 2, 1727	2	124
Stephen, m. Mehetable **CHAPMAN**, Dec. 14, 1727	2	215
Stephen, s. [Stephen & Mehetable], b. Oct. 24, 1728	2	215
Stephen, s. Stephen, b. Jan. 15, 1816; d. July 28, 1835	2	37
Susan A., [d. Stephen], b. Mar. 20, 1817	2	37
Susan A., of Saybrook, m. Stephen R. **BARTLETT**, of Guilford, June 5, 1838, by Rev. Fred W[illia]m Hotchkiss	2	85
Susan M., of Saybrook, m. Calvin **RIPLEY**, of West Springfield, Sept. 21, 1829, by Fred W. Hotchkiss	1	77
William, Jr., m. Susan **KELSEY**, b. of Saybrook, Aug. 18, 1842, by Rev. Fred W[illia]m Hotchkiss	2	103
CHAMPION, CHAMPEN, Azubah, d. [Reuben & Lydia], b. May 6, 1768	4	730
Betty, d. [Thomas], d. Mar. 13, 1750	4	729
Elizabeth, m. John **PELTON**, Dec. 9, 1731	4	543
Elizabeth, m. John **PELTON**, Dec. 9, 1731	6	326
Elizabeth, d. [Thomas], d. Mar. 16, 1750	4	729
Eunice, m. Isaac **JONES**, 2d, Dec. 1, 1806	1	16
Hannah, d. [Thomas], d. Mar. 2, 1750	4	729
Henry, m. [ ], Aug. [ ], 1647	1	24
Henry, [s. Henry], b. [ ], 1654	1	24
Jane, d. [Thomas], d. Mar. 12, 1750	4	729
Jerusha, d. Stephen & Abigail, b. June 21, 1746	4	358
Lucy, d. [Thomas], b. Aug. 26, 1754	4	729
Lucy, m. John Pi[e]rce **DIBBELL**, Dec. 31, 1772	2	485
Lydia, d. [Reuben & Lydia], b. Jan. 5, 1756	4	730
Mary, [d. Henry], b. [ ], 1651	1	24
Mary, d. [Thomas], b. Jan. 12, 1751	4	729
Meads, s. [Reuben & Lydia], b. Aug. 18, 1764	4	730
Parnell, d. [Thomas], d. Mar. 14, 1750	4	729
Phebe, d. [Thomas], d. Dec. 11, 1752	4	729
Reuben, m. Lydia **DUNK**, Feb. 6, 1755	4	730
Reuben, s. [Reuben & Lydia], b. July 30, 1760	4	730
Richard, m. Ruth **TOOKER**, Apr. 21, 1852, by Rev. James A. Clark, Deep River	2	138
Sarah, [d. Henry], b. [ ], 1649	1	24

SAYBROOK VITAL RECORDS 33

	Vol.	Page
CHAMPION, CHAMPEN (cont.)		
Sarah, [d. Henry], b. [ ], 1649	2	2
Sarah, d. [Reuben & Lydia], b. Dec. 12, 1757	4	730
Steuen, [s. Henry], b. [ ], 1653; d. beginning of May 1660 (Stephen)	1	24
Stephen, m. Abigail **BARNES**, July 18, 1743	4	358
Stephen, s. Stephen & Abigail, b. Aug. 24, 1744	4	358
Thomas, [s. Henry], b. Apr. [ ], 1656	1	24
CHAMPLIN, Elizabeth P., m. Eben S. **STEPHENSON**, Apr. 29, 1845, by Joseph D. Hull	2	114
Julia, wid., m. Samuel **SANFORD**, 3d, wife, Jan. 6, 1819	1	56
Loise, m. John **WATERHOUSE**, b. of Essex, Feb. 1, 1838, by Rev. H. R. Knapp	2	81
Lura, m. Justus **DOANE**, Dec. 31, 1823, by Rev. Peter G. Clark	2	40
Mary, m. Daniel **SMITH**, b. of East Lyme, Nov. 25, 1830, by Fred W. Hotchkiss	1	85
William Edward, m. Harriett Ann **DOWD**, May 9, 1842, by Rev. Frederick W[illia]m Hotchkiss	2	114
CHAPMAN, CHAMAN, Aaron, s. [Samuel & Margaret], b. Aug. 13, 1713	2	71
Aaron P., of Colchester, m. Mitty J. **WILLIAMS**, of [Saybrook] Oct. 5, 1849, by J. H. Pettingill	2	130
Abaline S., d. Nathan & Lucretia, b. June 19, 1819	1	125
Abigail, d. Robert & Mary, b. Mar. 20, 1700/1	2	24
Abigail, m. Joseph **WHITTLESEY**, Jan. 28, 1719	2	376
Abigail, d. [Benjamin & Lydia], b. Sept. 3, 1736	2	165
Abigail, [d. Caleb & Deborah], b. Dec. 29, 1743	2	1
Abigail, m. Elisha **PLATTS**, Jan. 31, 1770	2	401
Abisha, s. [Nathaniel & Mary], b. Nov. 26, 1748	4	185
Adelia, m. Richard **LORD**, b. of Saybrook, Jan. 26, 1823, by Frederic W. Hotchkiss	1	33
Allen Armstrong, [s. Nathan & Lucretia], b. Dec. 23, 1813	1	125
Almira, d. [Lebbeus & Sibyll], b. July 9, 1783	1	6
Alvin, s. William, Jr., b. May 16, 1824	1	125
Ambrose, of Kindel, O., m. Eliza H. **LYNDE**, of Saybrook, July 22, 1823, by Frederic W. Hotchkiss	1	36
Andrew, [s. John & Elizabeth], b. Apr. 24, 1678	1	98
Andrew, [s. John & Elizabeth], d. May 16, 1683	1	98
Andrew, [s. John & Elizabeth], b. Oct. 1, 1685; d. Jan. 23, 1686	1	98
Ann, w. of Capt. Robert, d. Nov. 20, 1685	1	20
Ann, d. [Nathaniel & Hannah], b. Oct. 26, 1709	2	75
Ann, d. Jedediah & Hester, b. Mar. 22, 1731	4	693
Ann, m. Abiel **LORD**, Aug. 11, 1737	2	109
Anna, d. Robert [& Ann], b. Sept. 12, 1648; d. about the same time the year following	1	20
Anna, d. Elisha & Huldah, b. June 22, 1769	1	5
Anne, [d. John & Elizabeth], b. Nov. 5, 1684	1	98
Anne, d. [Benjamin & Lydia], b. Nov. 9, 1723	2	165
Anne, d. [Jedidiah & Hester], b. Mar. 22, 1731	4	693

CHAPMAN, CHAMAN (cont.)

	Vol.	Page
Anne, of Saybrook, m. John H. WILCOX, of Killingworth, Sept. 26, 1822, by Sylvester Selden	1	31
Benjamin, [s. Robert, Sr. & Mary], b. Jan. 1, 1695	1	144
Benjamin, s. [Robert & Mary], b. Jan. 1, 1695	2	24
Benjamin, s. [Benjamin & Lydia], b. Nov. 8, 1725	2	165
Betty, d. [Levi & Elizabeth], b. Mar. 8, 1776	1	4
Caleb, s. [Nathaniel & Hannah], b. Oct. 6, 1706	2	75
Caleb, s. Samuel & Margaret, b. Jan. 15, 1707/8	2	71
Caleb, m. Thankful LORD, July 2, 1729	2	148
Caleb, s. [Caleb & Thankful], b. Dec. 5, 1738	2	148
Caleb, 2d, m. Deborah JONES, Dec. 7, 1738	2	1
Caleb, [s. Caleb & Deborah], b. Feb. 13, 1740	2	1
Caleb, m. 2d, w. Abigail LEE, Jan. 11, 1748/9	2	148
Caleb, s. [Elisha & Huldah], b. July 23, 1764	1	5
Cecelia Jennette, d. Horace, b. Apr. 6, 1822	1	122
Charity, d. [Jedidiah & Hester], b. Mar. 2 ,1736	4	693
Charles, m. Clarinda WRIGHT, b. of Westbrook, June 2, 1834, by Rev. Orlando Starr	2	59
Charles, 3d, m. Mary BUSHNELL, b. of Westbrook, Nov. 28, 1839, by Rev. W[illia]m Albert Hyde	2	92
Charlotte, of Saybrook, m. Elisha A. ELY, of Lyme, Oct. 1, 1828, by Sylvester Selden	1	73
Chaunc[e]y, m. Louisa BUSHNELL, b. of Saybrook, Mar. 30, 1829, by Sylvester Selden	1	76
Chloe, d. [Elisha & Huldah], b. Feb. 14, 1783	1	5
Claris[s]a, d. [Elisha & Huldah], b. Apr. 17, 1767	1	5
Collins, s. [John & Sarah], b. Sept. 6, 1732	2	278
Cybill, see under Sybil		
Dan, s. John & Sarah, b. Jan. 26, 1744/5	2	278
Daniel, [s. Nathaniel & Mary], b. Mar. 14, 1689/90	1	89
Daniel, s. [Simeon & Mary], b. Apr. 22, 1739	2	521
Deborah, [d. Caleb & Deborah], b. Dec. 9, 1741	2	1
Dorkis, [d. Robert & Sarah], b. Aug. 26, [1680]; d. Sept. following	1	98
Edward, m. Sarah G. JONES, Feb. 24, 1840, by Rev. W[illia]m Albert Hyde	2	93
Edward D., of Vermilion, O., m. Ann SHAILER, of Deep River, Apr. 30, 1838, by Rev. Z. Rogers Ely	2	84
Elihu, s. William, Jr., b. Jan. 4, 1818	1	125
Elisha, s. [Caleb & Thankful], b Nov. 10, 1740	2	148
Elisha, m. Huldah LORD, Mar. 9, 1762	1	5
Elisha, s. [Elisha & Huldah], b. Aug. 8, 1776; d. Jan. [ ], 1777	1	5
Elisha, s. [Elisha & Huldah], b. Dec. 3, 1777	1	5
Elisha, m. Susan MILLER, b. of Saybrook, Apr. 1, 1844, by Rev. E. B. Crane	2	110
Elizabeth, [d. John & Elizabeth], b. Feb. 10, 1675; d. June 27, 1676	1	98
Elizabeth, w. of John, d. May 10, 1676	1	98
Elizabeth, [d. John & Elizabeth], b. Sept. 26, 1679	1	98
Elizabeth, w. of Capt. John, d. Oct. 30, 1694	1	99

SAYBROOK VITAL RECORDS 35

	Vol.	Page
CHAPMAN, CHAMAN (cont.)		
Elizabeth, m. Stephen **CHALKER**, June 3, 1703	2	124
Elizabeth, d. [Simeon & Mary], b. Nov. 13, 1731	2	521
Elizabeth, m. Sidney E. **BURDICK**, in Westbrook, Dec. 21, 1836, by Rev. David Osborn	2	77
Elizabeth, m. John Henry **BATE**, b. late of Hastings, England, Feb. 2, 1840, by Frederick W. Chapman	2	93
Emily, d. [Lebbeus & Sibyll], b. Dec. 22, 1789	1	6
Emily Ann, [d. William], b. Aug. 25, 1820	1	125
Ezra, s. [Levi & Lydia], b. Jan. 6, 1745	2	223
Ezra, s. [Levi & Lydia], b. Oct. 4, 1752	2	223
Ezra, s. Levi & Lydia], d. Dec. 30, 1752	2	223
Ezra, s. [Levi & Elizabeth], b. Jan. 29, 1774	1	4
Fanny Amelia, of Saybrook, m. Acmon **POST**, of Canaan, Aug. 5, 1827, by Frederic W. Hotchkiss	1	67
Francis, [s. Robert & Sarah], b. Aug. 1, 1678	1	98
Gideon, s. [Nathaniel & Mary], b. Dec. 22, 1746	4	185
Gideon, s. Lebbeus & Sibyll, b. Mar. 4, 1792	1	6
Hannah, [d. Robert & Ann], b. Oct. 4, 1650	1	20
Hannah, m. David **BULL**, Dec. 27, 1677	1	98
Hannah, d. Nathaniel & Hannah, b. Aug. 29, 1702	2	75
Hannah, d. [Nathaniel & Hannah], b. Aug. 29, 1702	2	125
Hannah, d. [Caleb & Thankful], b. July 20, 1734	2	148
Hannah, d. [John & Sarah], b. Apr. 5, 1742	2	278
Hannah, d. [Elisha & Huldah], b. Aug. 2, 1771; d. May 8, 1777	1	5
Hannah, d. [Elisha & Huldah], b. July 30, 1780	1	5
Hariett, of Saybrook, m. Amos S. **CHESEBROUGH**, of Chester, Nov. 16, 1841, by Rev. Fred W[illia]m Hotchkiss	2	101
Harvey, s. [Levi & Elizabeth], b. Apr. 14, 1788	1	4
Henry B., m. Maria L. **STOKES**, b. of Westbrook, Sept. 2, 1840, by F. W. Chapman, Deep River	2	97
Henry S., m. Azubah C. **SHEPHARD**, b. of Saybrook, Aug. 24, 1840, by Rev. E. B. Crane	2	96
Hephzibah, [twin with Jerusha], d. [Levi & Elizabeth], b. Nov. 7, 1790	1	4
Hester, d. [Jedidiah & Hester], b. Apr. 30, 1724	4	693
Hester, m. William **KELCEY**, Jr., Feb. 6, 1745/6	2	381
Hester, m. Benjamin **WRIGHT**, Apr. 19, 1781	1	4
Hezekiah, s. [Caleb & Thankful], b Aug. 31, 1747	2	148
Hezekiah, s. [Levi & Elizabeth], b. Jan. 21, 1781	1	4
Huldah, d. [Elisha & Huldah], b. Dec. 1, 1762	1	5
Ic[h]abod, s. [Nathaniel, Jr. & Elizabeth], b. Oct. latter end, 1710	2	27
Isaac, s. Levi & Lydia, b. May 19, 1747	2	223
Isaac, s. [Levi & Elizabeth], b. June 4, 1778	1	4
James, s. Caleb & Thankful, b. Jan. 13, 1743/4	2	148
James A., of Westbrook, m. Harriet **KELSEY**, of Saybrook, Nov. 11, 1840, by Rev. Fred W[illia]m Hotchkiss	2	98

CHAPMAN, CHAMAN (cont.)

	Vol.	Page
Jane Eliza, of Saybrook, m. Abel **KELSEY**, of Killingworth, Apr. 20, 1826, by Rev. Pierpont Brocket	1	57
Jedidiah, s. [Samuel & Margaret], b. Oct. 19, 1703	2	71
Jedidiah, m. Hester **KIRTLAND**, June 6, 1723	4	693
Jedidiah, s. [Jedidiah & Hester], b. Dec. 15, 1726	4	693
Jedidiah, of New Haven, m. Martha **FARNHAM**, of Killingworth, Oct. 11, 1831, by Rev. Pierpont Brocket	1	89
Jerusha, [twin with Hephzibah], d. [Levi & Elizabeth], b. Nov. 7, 1790	1	4
John, [s. Robert & Ann], b. July beginning, 1644	1	20
John, m. Elizabeth **HALLY**, of Stratford, June 7, 1670	1	98
John, [s. John & Elizabeth], b. Sept. 8, 1671	1	98
John, m. Elizabeth **BEAMON**, Mar. 26, 1677	1	98
John, [s. Nathaniel & Mary], b. May 18, 1694	1	89
John, m. Sarah **JONES**, Apr. 15, 1730	2	278
John, s. [John & Sarah], b. Apr. 28, 1731	2	278
John, s. [Lebbeus & Sibyll], b. Dec. 27, 1800	1	6
John S., of Westbrook, m. Eliza A. **HAYDEN**, of Essex, Jan. 28, 1847, by Rev. Henry Bromley	2	120
John Sherrill, s. John S., b. Oct. 9, 1822	1	123
John W., of Lyme, m. Lucy Ann **ROSS**, of Saybrook, Apr. 16, 1824, by William Lynde, J.P.	1	48
Jonathan, s. [Joseph & Sarah], b. Aug. 14, 1703	2	9
Jonathan, m. Mary **INGHAM**, Nov., latter end, 1735	2	243
Jonathan, s. [Jonathan & Mary], b. May 26, 1747	2	243
Joseph, [s. John & Elizabeth], b. July the last, 1673	1	98
Joseph, s. [Joseph & Sarah], b. Mar. 2, 1701	2	9
Joseph, s. [Levi & Lydia], b. Dec. 9, 1735	2	223
Joseph, s. [Levi & Elizabeth], b. May 12, 1770	1	4
Julianna, [d. Caleb & Deborah], b. Oct. 16, 1753	2	1
Leb[b]eus, s. [Nathaniel & Mary], b. June 1, 1751; d. Sept. 23, 1751	4	185
Leb[b]eus, s. [Nathaniel & Mary], b. June 12, 1751; d. [ ]	4	185
Lebbeus, s. [Nathaniel & Mary], b. Nov. 21, 1752	4	185
Lebbeus, m. Sibyll **KIRTLAND**, Mar. 7, 1776	1	6
Lebbeus, s. [Lebbeus & Sibyll], b. Aug. 22, 1785	1	6
Levi, s. Joseph & Sarah, b. Mar. 19, 1707/8	2	7
Levi, m. Lydia **CHALKER**, Jan. 16, 1735	2	223
Levi, s. [Levi & Lydia], b. Oct. 9, 1740	2	223
Levi, m. Elizabeth **HULL**, Sept. 15, 1767	1	4
Levi, s. [Levi & Elizabeth], b. Feb. 23, 1772	1	4
Linus E., m. Une **JONES**, Sept. 22, 1839, by Rev. W[illia]m Albert Hyde	2	90
Lovisa, [d. Caleb & Deborah], b. Feb. 18, 1748	2	1
Lucretia, d. [Caleb & Thankful], b. Nov. 2, 1736	2	148
Lucretia, d. [Elisha & Huldah], b. Mar. 29, 1774	1	5
Lucretia, m. Samuel [**SANFORD**], Aug. 20, 1797	1	56
Lucy, d. [Samuel & Margaret], b. Dec. 28, 1709	2	71

SAYBROOK VITAL RECORDS 37

	Vol.	Page
CHAPMAN, CHAMAN (cont.)		
Lucy, m. Zebulon DUDL[E]Y, Oct. 31, 1732	2	548
Lydia, [d. John & Elizabeth], b. Feb. 13, 1682	1	98
Lydia, d. Benjamin & Lydia, b. Nov. 9, 1721	2	165
Lydia, d. [Levi & Lydia], b. Jan. 31, 1743	2	223
Mabel, d. [Benjamin & Lydia], b. Aug. 10, 1730	2	165
Marcy, d. [Nathaniel & Mary], b. Nov. 23, 1737; d. Mar. 27, 1739	4	185
Margarett, d. [Samuel & Margaret], b. Apr. 6, 1697	2	71
Margarett, m. Joshua BUSHNELL, Jan. 21, 1712/13	2	418
Margaret, w. of Capt. Samuel, d. Feb. 21, 1749/50	2	548
Maria, m. Alanson INGHAM, Sept. 18, 1823, by Sylvester Selden	1	37
Martha, d. [Samuel & Margaret], b. Apr. 2, 1700	2	71
Mary, [d. Robert & Ann], b. Apr. 15, 1655	1	20
Mary, m. Samuel BATE, May 2, 1676	1	14
Mary, d. [Samuel & Margaret], b. Dec. 26, 1695	2	71
Mary, d. [Nathaniel & Hannah], b. Aug. 30, 1700	2	75
Mary, d. [Nathaniel & Hannah], b. Aug. 30, 1700	2	125
Mary, d. [Benjamin & Lydia], b. Oct. 28, 1727	2	165
Mary, d. John & Sarah, b. Jan. 28, 1735/6; d. [ ]	2	278
Mary, d. John & Sarah, b. June 28, 1737	2	278
Mary, d. [Jonathan & Mary], b. Oct. 12, 1736	2	243
Mary, d. [Nathaniel & Mary], b. Sept. 18, 1739; d. Oct. 22, 1739	4	185
Mary, d. [Nathaniel & Mary], b. Dec. 21, 1754	4	185
Mary, m. William BUCKLEY, Sept. 3, 1772	1	17
Mary, of Saybrook, m. Clark NOTT, of Essex, Nov. 1, 1847, by Rev. E. B. Crane	2	125
Mehetable, d. Justice John, b. Sept. 29, 1688	1	43
Mehetable, d. Robert & Mary, b. May 15, 1697; d. Mar. 1, 1697/8	2	24
Mehetable, [d. Robert, Sr. & Mary], b. May 15, 1697; d. Mar. 1, 1698	1	144
Mehetable, d. [Samuel & Margaret], b. Nov. 17, 1705	2	71
Mehetable, m. Stephen CHALKER, Dec. 14, 1727	2	215
Mehetable, d. [Levi & Lydia], b. Mar. 8, 1738	2	223
Mehetable, d. Benjamin & Lydia, b. Feb. 8, 1738/9	2	165
Mercy, d. [Nathaniel & Mary], b. Dec. 27, 1742	4	185
Mercy, m. Gamaliel KELC[E]Y, Mar. 25, 1762	4	110
Mercy, d. Lebbeus & Sibyll, b. Apr. 8, 1779	1	6
Mercy D., of Saybrook, m. Horatio N. BURDICK, of Charlestown, R.I., Dec. 1, 1833, by Sylvester Selden	2	53
Nancy, d. Charles, d. July 20, 1833, ae 31	2	49
Nancy, w. of Charles, d. Aug. 5, 1833, ae 54 y	2	50
Nathan, s. [John & Sarah], b. May 20, 1734	2	278
Nathan, s. [Lebbeus & Sibyll], b. Apr. 8, 1787	1	6
Nathan Farnham, [s. Nathan & Lucretia], b. Aug. 17, 1811	1	125
Nathaniel, [s. Robert & Ann], b. Feb. 16, 1653	1	20
Nathaniel, m. Mary COLLINS, of Guilford, June 29, 1681	1	89

CHAPMAN, CHAMAN (cont.)

	Vol.	Page
Nathaniel, Jr., [s. Nathaniel & Mary], b. May 13, [1682]; d. Oct. 2, 1682	1	89
Nathaniel, Jr., [s. Nathaniel & Mary], b. July 19, 1686	1	89
Nathaniel, m. Hannah **BATE**, July 26, 1698	2	75
Nathaniel, Dea., m. Hannah **BATE**, July [ ], 1698	2	125
Nathaniel, Jr., m. Elizabeth **SPENCER**, Aug. middle, 1710	2	27
Nathaniel, s. [Nathaniel, Jr. & Elizabeth], b. Oct. latter end, 1714	2	27
Nathaniel, m. Marcy **DENISON**, Feb. 17, 1736/7	4	185
Nathaniel, s. [Nathaniel & Mary], b. Sept. 18, 1740	4	185
Nathaniel, m. Elizabeth S. **PRATT**, May 9, 1833, by Rev. Ashbel Steele	1	97
Phineas, s. [Nathaniel & Hannah], b. Aug. 10, 1704	2	75
Phineas, s. [Nathaniel & Hannah], b. Aug. 10, 1704	2	125
Phineas, s. [Caleb & Thankful], b. Aug. 13, 1732	2	148
Rachel, b. Feb. 6, 1744; m. Abner **BUSHNELL**, Aug. 29, 1765	1	3
Rebecca (Rubina?), of Saybrook, m. Mat[t]hew C. **BROUGHTON**, of Durham, N.Y., May 28, 1822, by Sylvester Selden	1	29
Reuben, s. [Jedidiah & Hester], b. Oct. 29, 1733	4	693
Robert, m. Ann **BLITH**, Apr. 29, 1642	1	20
Robert, [s. Robert & Ann], b. Sept. middle, 1646	1	20
Robert, m. Sarah **GRISWOLD**, of Norwich, June 27, 1671	1	98
Robert, s. Robert, Jr., b. Apr. 19, 1675	1	98
Robert, Capt., d. Oct. 13, 1687	1	82
Robert, m. Wid. Mary **SHEATHER**, Oct. 29, 1694	1	99
Robert, Sr., m. Mary **SHEATHER**, Oct. 29, 1694	1	144
Robert, m. Mary **SHEATHER**, of Kenellworth, Oct. 29, 1694	2	24
Robert W., of East Haddam, m. Betsey D. **LAY**, of Saybrook, May 5, 1824, by Sylvester Selden	1	47
Roderick U., of East Haddam, m. Amelia **DOAN**, of Saybrook, Feb. 15, 1835, by Rev. Stephen Beach, of Essex	2	57
Roxana, m. Rufus **GLADDING**, Nov. 10, 1825, by Frederic W. Hotchkiss	1	55
Rubins (Rebecca?), of Saybrook, m. Mat[t]hew C. **BROUGHTON**, of Durham, N.Y., May 28, 1822, by Sylvester Selden	1	29
Ruth, d. Joseph & Sarah, b. Sept. 12, 1709; d. in December, aged 3 mo.	2	7
Ruth, d. [Joseph & Sarah], b. Mar. 16, 1711	2	9
Ruth, m. John **LOVELAND**, Nov. 18, 1730	3	537
Ruth, d. [Jonathan & Mary], b. May 30, 1744	2	243
Salathiel, s. Jonathan & Mary, b. May 21, 1760	2	128
Sally, of Saybrook, m. Jeremiah **DUDLEY**, of Killingworth, Aug. 30, 1824, by Sylvester Selden	1	48

SAYBROOK VITAL RECORDS

CHAPMAN, CHAMAN (cont.)

	Vol.	Page
Sally B., m. Albert **DIBBLE**, b. of Saybrook, Jan. 22, 1837, by Rev. David Osborn, Westbrook	2	77
Samuel, [s. Robert & Sarah], b. Sept. 12, 1672	1	98
Samuel, m. Margaret **GRISWOLD**, Dec. 6, 1693	2	71
Samuel, s. [Samuel & Margaret], b. June 10, 1698	2	71
Samuel, [s. Caleb & Deborah], b. Apr. 20, 1751	2	1
Samuel, s. [Levi & Elizabeth], b. Mar. 4, 1786	1	4
Sarah, [d. Robert & Ann], b. Sept. 25, 1657	1	20
Sarah, [d. Robert & Sarah], b. Sept. 12, 1677; d. Oct. 15, 1677	1	98
Sarah, m. Joseph **PRATT**, Sept. [ ], 1686	2	10
Sarah, [d. Robert & Sarah], b. Dec. 19, 1686; d. Jan. 23, following	1	98
Sarah, w. of Robert, d. Apr. 7, 1692	1	98
Sarah, d. [Samuel & Margaret], b. Aug. 27, 1694	2	71
Sarah, m. Nathaniel **KIRTLAND**, Nov. 26, 1713	2	418
Sarah, d. [John & Sarah], b. Sept. 5, 1739	2	278
Sarah, d. [Jonathan & Mary], b. June 16, 1742	2	243
Sarah, [d. Caleb & Deborah], b. Mar. 29, 1746	2	1
Simeon, s. Joseph & Sarah, b. Mar. 7, 1705/6	2	7
Simeon, m. Mary **SCONE**, Oct. 22, 1729	2	290
Simeon, m. Mary **SCONE**, Oct. 22, 1729	2	521
Simeon, s. [Simeon & Mary], b. July 18, 1734	2	521
Solomon, of Lyme, m. Clarissa **WALES**, of Essex, Sept. 17, 1837, by Rev. H. R. Knapp	2	80
Stephen, [s. Robert & Sarah], b. Nov. 24, 1681	1	98
Stephen, [s. Robert & Sarah], d. May 14, 1686	1	98
Stephen, s. Robert & Mary, b. May 5, 1698/9; d. Feb. 3, 1707/8	2	24
Stephen, [s. Robert, Sr. & Mary], b. Mar. 5, 1699	1	144
Stephen, s. [Levi & Elizabeth], b. Apr. 24, 1783	1	4
Susan Amelia, m. Edwin **WILCOX**, of Guilford, July 3, 1825, by Sylvester Selden	1	53
Susan Maria, m. Aaron **PLATTS**, Nov. 11, 1832, by Rev. Asa Bushnell	1	94
Cybill, d. [Levi & Lydia], b. July 10, 1749 (Sybil)	2	223
Sibbell, d. Levi & Elizabeth, b. Aug. 14, 1768	1	4
Sybill, d. [Lebbeus & Sibyll], b. Mar. 26, 1781	1	6
Sylvia, m. Christopher L. **BUSHNELL**, b. of Saybrook, Feb. 22, 1837, by Rev. Jeremiah Miller, Westbrook	2	66
Temperance, d. [Samuel & Margaret], b. Dec. 17, 1701	2	71
Temperance, d. Jedidiah & Hester, b. Feb. 1, 1728/9	4	693
Temperence, d. [Jonathan & Mary], b. May 13, 1740	2	243
Thankful, d. [Caleb & Thankful], b. Apr. 18, 1730	2	148
Thankfull, [w. of Caleb], d. Aug. 31, 1747	2	148
Thomas, [s. John & Elizabeth], b. Oct. 7, 1680; d. Dec. 8, 1680	1	98
Thomas, [s. John & Elizabeth], b. Jan. 23, 1681/2; d. Nov. 27, 1682	1	98
Titus, s. [Nathaniel & Mary], b. Sept. 30, 1744	4	185
William, 3rd, [s. William], b. Jan. 14, 1816	1	125

BARBOUR COLLECTION

	Vol.	Page
CHAPMAN, CHAMAN (cont.)		
-----, s. [Robert & Sarah], b. Mar. 6, [1684]; d. Mar. 10, 1684	1	98
-----, 6th s. & 9th child of Robert & Sarah, b. Nov. 6, 1689; d. Nov. 9, 1689	1	98
-----, d. William, Jr., b. Oct. 29, 1822; d. Nov. 29, 1822	1	123
CHASE, Amelia H., of Philadelphia, m. Charles E. **FISK**, of Saybrook, Jan. 1, 1827, by Rev. William Jarvis	1	62
CHATFIELD, Elizabeth, m. Hezekiah **BUCKINGHAM**, Apr. 22, 1756	2	2
Susannah, of Killingworth, m. Daniel **DUDL[E]Y**, Jr., Nov. 5, 1741	4	543
CHEENEE, Ebenezer, Rev., of Stillwater, N.Y., m. Abby Maria **MITCHELL**, of Saybrook, Oct. 12, 1830, by William Case	1	86
CHESEBROUGH, Amos S., of Chester, m. Harriett **CHAPMAN**, of Saybrook, Nov. 16, 1841, by Rev. Fred W[illia]m Hotchkiss	2	101
CHESTER, Isaac, of Hadlyme, m. Azubah **CLARK**, of Saybrook, Apr. 5, 1843, by Rev. E. B. Crane	2	109
CHILD, CHILDS, Chloe Mehetable, [d. Oliver & Nancy **NORRIS**], b. June 25, 1833	2	45
Mary A., m. Ezekiel S. **CLARK**, b. of Haddam, May 2, 1848, by Rev. E. Cushman	2	125
CHITTENDEN, Albert C., m. Patience L. **JONES**, b. of Westbrook, July 10, 1835, by Rev. Jeremiah Miller, Westbrook	2	12
Alfred, m. Ann **PLATTS**, b. of Saybrook, Oct. 30, 1822, by Sylvester Selden	1	31
Hannah E., m. Ansel **BUSHNELL**, b. of Saybrook, Oct. 3, 1841, by Aaron Hovey	2	102
Joseph, of Guilford, m. Hannah **PLATTS**, of Saybrook, Mar. 28, 1822, by Sylvester Selden	1	27
Mehetable, m. Oliver **NORRIS**, Sept. 17, 1829, by Rev. Luman Andrus	1	77
Phebe, m. Benjamin **JONES**, Jan. 12, 1743/4	2	552
Polly, b. Nov. 6, 1803; m. Edmund **JONES**, Nov. 25, 1822	2	15
CHRYSTAL, Thomas, m. Levia L. **HULL**, b. of Essex, Nov. 3, 1850, by Rev. Marvin Eastwood	2	134
CLAFLIN, W[illia]m B., of Hartford, m. Ann M. **SMITH**, of [Saybrook], Nov. 27, 1851, by Rev. J. H. Pettingill	2	136
CLAPP, Ela H., Dr., of Farmington, Ill, m. Amelia E. **PRATT**, of [Saybrook], Sept. 22, [1850], by Rev. J. H. Pettingill	2	136
CLARK, CLARKE, Abigail, [d. John & Rebekah], b. Sept. 23, 1685; d. Feb. 6, 1688/9	1	25
Abigail, d. [John & Sarah], b. Apr. 21, 1720	2	243
Abigail, of Saybrook, m. Benjamin **MERRIL[L]S**, of Killingworth, Nov. 19, 1837, by Aaron Hovey	2	83
Allen, m. Amanda M. **POST**, Jan. 26, 1829, by Rev. Pierpont Brocket	1	75

SAYBROOK VITAL RECORDS

	Vol.	Page
CLARK, CLARKE (cont.)		
Andrew, s. [Nathaniel & Mary], b. July 23, 1721	2	27
Ann, d. Jan. 3, 1672 (Perhaps Ann **POST**?)	1	50
Ann, d. Jan. 3, 1684	1	50
Ann, of Saybrook, m. Milton **LEWIS**, of Haddam, Nov. 29, 1821, by Simon Shailer, J.P.	1	27
Ann Bushnell, of Saybrook, m. Harlow **ISBELL**, of Guilford, May 4, 1828, by William Case	1	82
Ann Eliza, [d. Closson & Eliza], b. Sept. 11, 1832	2	6
Annah, m. George **CLARK**, 2nd, Oct. 12, 1824, by Aaron Hovey	1	54
Ansel G., m. Amelia L. **TURNER**, Nov. 15, 1846, by Rev. W. G. Howard	2	119
Ansel G., m. Susan M. **GLADWIN**, b. of Saybrook, Apr. 9, 1854, by Rev. R. H. Maine	2	141
Azubah, of Saybrook, m. Isaac **CHESTER**, of Hadlyme, Apr. 5, 1843, by Rev. E. B. Crane	2	109
Azubah J., d. William R., b. Jan. 23, 1823	1	124
Celina Matilda, [d. Closson & Eliza], b. Apr. 19, 1827	2	6
Chapman, of Saybrook, m. Roxana **CLARK**, of Hartford, Nov. 9, 1834, by Rev. Fred W[illia]m Hotchkiss	2	67
Charles Henry, s. Capt. William, b. June 11, 1817	1	123
Charlotte A., m. Charles **TYLER**, b. of Saybrook, Nov. 12, 1826, by William Case	1	65
Chloe, d. [Danforth & Elizabeth], b. Oct. 2, 1785	1	18
C[h]loe, b. Oct. 2, 1785; m. Ezra S. **MATHER**, Nov. 7, 1813	1	21
Chloe Amelia, d. [Capt. William], b. Feb. 19, 1822	1	123
Clarissa A., m. Joseph C. **POST**, b. of [Deep River], Aug. 28, 1848, by Rev. E. Cushman	2	126
Clossan, b. Oct. 17, 1800; m. Eliza **HOUGH**, Apr. 27, 1824	2	6
Clossen, m. Eliza **HOUGH**, Apr. 28, 1824, by Samuel Hough, J.P.	1	46
Cynthia A., m. John A. **BULL**, Aug. 7, 1837, by Rev. Fred W[illia]m Hotchkiss	2	79
Cynthia Amanda, [d. Allen], b. June 18, 1832; d. Mar. 1 1832	2	55
Cynthia Amanda, [d. Allen], b. July 22, 1833	2	55
Cynthia M., of Saybrook, m. Robert C. **ARNOLD**, of Haddam, Apr. 25, 1822, by Nehemiah B. Beardsley	1	29
Danforth, m. Elizabeth **WILLIAMS**, [ ], 1770	1	18
Daniel, s. Samuel & Mary, b. Mar. 14, 1702/3; d. Nov 11, 1713	2	306
Daniel, of Haddam, m. Mercy Ann **SMITH**, of Saybrook, Apr. 2, 1828, by William Case	1	82
David, s. [Peter & Thankfull], b. May 13, 1764	2	434
Deborah, m. Thomas B. **FLEETHAM**, b. of Saybrook, Apr. 26, 1840, by Rev. Russell Jennings	2	96
Edwin, s. Capt. William, b. Sept. 17, 1819	1	123
Elizabeth, m. Joseph **STANNARD**, Nov. [ ], 1718	2	89
Elizabeth, d. [Danforth & Elizabeth], b. Apr. 27, 1771	1	18

CLARK, CLARKE (cont.)

	Vol.	Page
Elizabeth, d. [Danforth & Elizabeth], d. Dec. 6, 1780	1	18
Elizabeth, d. [Danforth & Elizabeth], b. Aug. 13, 1782	1	18
Elizabeth, m. Samuel **SANFORD**, Sept. 17, 1794	1	56
Elizabeth, of Saybrook, m. Sylvester **SPENCER**, of New York, Sept. 25, 1823. Int. pub.	1	38
Elizabeth, of Saybrook, m. Samuel **LORD**, of North Lyme, Apr. 14, 1847, by Rev. E. B. Crane	2	125
Elizabeth Meigs, [d. Danforth & Elizabeth], d. Dec. 5, 1806	1	18
Emeline, of Saybrook, m. Charles E. L. **BROCKWAY**, of Lyme, Sept. 3, 1834, by Rev. Fred W[illia]m Hotchkiss	2	65
Erastus, m. Amelia **SHEPARD**, b. of Saybrook, Oct. 7, 1830, by Fred W. Hotchkiss	1	84
Ermina L., of Saybrook, m. Noah H. **WARD**, of Madison, May 24, 1835, by Rev. W[illia]m Palmer, at her mother's, Widow Clark	2	22
Eunice, d. [Danforth & Elizabeth], b. May 24, 1779	1	18
Eunice Amelia, d. Clossan & Eliza, b. Oct. 25, 1834	2	6
Ezekiel S., m. Mary A. **CHILDS**, b. of Haddam, May 2, 1848, by Rev. E. Cushman	2	125
Fanny C., m. Egbert B. **BULL**, b. of Saybrook, Nov. 17, 1845, by Frederick W. Chapman, Deep River	2	117
Fanny Marian, d. Capt. William, b. Jan. 4, 1815	1	123
George, 2d, m. Annah **CLARK**, Oct. 12, 1824, by Aaron Hovey	1	54
Giles O., m. Cherilla **GRISWOLD**, Nov. 24, 1825, by Aaron Hovey	1	59
Giles O., m. Elizabeth L. **SANFORD**, Feb. 8, 1832, by Fred W. Hotchkiss	1	91
Hannah, m. Joseph P. **AUGUR**, b. of Saybrook, Apr. 26, 1827, by William Case	1	65
Harriet C., m. Charles **GREGORY**, of Wilton, Oct. 11, 1831, by William Case	1	98
Hephzibah, d. [Peter & Thankfull], b. July 19, 1762	2	434
Hester Maria, m. Timothy T. **STEVENS**, b. of [Saybrook], Jan. 28, 1834, by W[illia]m Case	2	61
Horace, m. Philena **CLARK**, Apr. 18, 1833, by Rev. Pierpont Brockett	1	97
Horatio D., of Salina, N.Y., m. Lucy W. **LAY**, Oct. 30, 1823, by Sylvester Selden	1	38
James, [s. John, Jr. & Rebecca], b. Sept. 29, 1657; d. Aug. [ ], 1659	1	26
James, s. [Samuel & Mary], b. Aug. 20, 1708	2	306
James, m. Sarah **POST**, Mar. 6, 1734/5	4	238
Jane S., of Hartford, m. Walter D. **COUCH**, of Glastonbury, May 27, 1852, by Rev. E. Cushman, Deep River	2	138
Joanna, d. Samuel & Mary, b. Jan. 30, 1724/5	2	218
John, Jr., m. Rebecca **PARKER**, Oct. 16, 1650	1	26
Johns, [s. John, Jr. & Rebecca], b. Nov. 17, 1655	1	26

SAYBROOK VITAL RECORDS 43

	Vol.	Page
CLARK, CLARKE (cont.)		
John, d. Sept. 21, 1677	1	26
John, m. Rebeckah **BEAMONT**, Sept. 17, 1684	2	21
John, m. Rebe[c]kah **BEAMONT**, Dec. 17, 1684	1	26
John, [s. John & Rebe[c]kah], b. June 1, 1689	1	25
John, [s. John & Rebeckah], b. June 11, 1689	2	21
John, m. Sarah **JONES**, May 6, 1712	2	243
John, s. [John & Sarah], b. July 20, 1713	2	243
John, s. [John & Sarah], d. Jan. 27, 1716	2	243
John, s. [Nathaniel & Mary], b. Jan. 30, 1719	2	27
John, Major, d. Feb. 17, 1735/6	2	21
Joseph, [s. John & Reb[c]kah], b. Jan. 16, 1690/1; d. Mar. 12, 1691	1	25
Joseph, [s. John & Rebe[c]kah], b. Jan. 23, 1691/2	1	25
Joseph, m. Lydia **GREENELL**, Sept. 25, 1712	2	540
Joseph, s. Joseph & Lydia, b. Jan. 25, 1713/14	2	540
Joseph, s. Hannah **WEBB**, b. Feb. 14, 1726/7	2	548
Laura, m. Jared **JONES**, b. of Winthrop, Nov. 27, 1837, by Rev. Z. Rogers Ely	2	84
Lewis, of Springfield, O., m. Mary **CLARKE**, of Saybrook, Aug. 11, 1839, by Rev. E. B. Crane	2	90
Loiza, b. Apr. 26, 1796; m. Travis **AYER**, sometimes called W[illia]m Travis Ayer	2	1
Loisa, m. Travis **AYER**, b. of Saybrook, Dec. 24, 1823, by Frederic W. Hotchkiss	1	38
Lucy, m. Joseph A. **COMSTOCK**, b. of Saybrook, July 4, 1827, by Aaron Hovey	1	66
Lydia, d. [Joseph & Lydia], b. May 4, 1718	2	540
Lydia, of Saybrook, m. Charles **WATROUS**, of Clinton, Nov. 9, 1845, at Winthrop, by Frederick W. Chapman	2	117
Maria, m. Gilbert **STEVENS**, Aug. 8, 1826, by Frederic W. Hotchkiss	1	58
Maria, m. John A. **BULL**, b. of Saybrook, Oct. 24, 1841, by Rev. Ethan B. Crane	2	101
Martha, d. [Peter & Thankfull], b. Oct. 7, 1761	2	434
Mary, d. [Samuel & Mary], b. Nov. 14, 1702; d. Dec. 7, 1702	2	306
Mary, d. [Samuel & Mary], b. Oct. 15, 1712	2	306
Mary, m. Henry E. **SANFORD**, Jan. 15, 1728, by Frederic W. Hotchkiss	1	69
Mary, m. James **POST**, Nov. 26, 1735	2	212
Mary, d. [Danforth & Elizabeth], b. Aug. 13, 1776	1	18
Mary, m. Stephen L. L'Hommedieu, b. of Saybrook, Aug. 24, 1835, by Rev. Baruch Beckwith, at her house in Saybrook	2	36
Mary, of Saybrook, m. Lewis **CLARKE**, of Springfield, O., Aug. 11, 1839, by Rev. E. B. Crane	2	90
Mary Ann, d. [Capt. William], b. Feb. 21, 1808	1	123
Mary C., of Saybrook, m. Abner **HILLS**, of Lebanon, Aug. 24, 1826, by Aaron Hovey	1	60

44 BARBOUR COLLECTION

	Vol.	Page
CLARK, CLARKE (cont.)		
Mary Parmelee, of Saybrook, m. Erastus **HASKELL**, of Lyme, N.H., July 22, 1827, by Rev. Frederic W. Hotchkiss	1	66
Mehetable, m. John **MALTBIE**, Nov. 12, 1724	2	313
Miriam, d. Peter & Thankfull, b. Oct. 22, 1759	2	434
Nathaniel, [s. John & Rebe[c]kah], b. July 19, 1694	1	25
Nathaniel, [s. John & Rebeckah], b. July 19, 1694	2	21
Nathaniel, of Saybrook, m. Mary **VRENNE**, of Norwich, May 10, 1715	2	27
Nathaniel, s. [Nathaniel & Mary], b. Dec. 23, 1716	2	27
Oliver Allen, [s. Allen], b. Mar. 25, 1831	2	55
Parnel, Mrs. m. Samuel **HOUGH**, b. of Saybrook, Nov. 10, 1822, by Asa King	1	32
Philena, m. Horace **CLARK**, Apr. 18, 1833, by Rev. Pierpont Brockett	1	97
Pleades Rebecca, d. Allen, b. Dec. 25, 1829	2	55
Rachel, of Farmington, m. Caleb **JONES**, of Saybrook, May 23, 1705	2	5
Rachel, m. Caleb **JONES**, May 23, 1705	2	30
Rebecca, [d. John, Jr. & Rebecca], b. Jan. 26, 1652	1	26
Rebe[c]kah, [d. John & Rebe[c]kah], b. May 25, 1687	1	25
Rebeckah, d. [John & Rebeckah], b. May 25, 1687	2	21
Rebeckah, m. Samuel **LYNDE**, Apr. 4, 1710	2	27
Rebeckah, d. [Joseph & Lydia], b. June 5, 1716	2	540
Rebeckah, d. [Danforth & Elizabeth], b. Nov. [ ], 1773	1	18
Rebeckah, see Rebeckah Spencer	1	26
Roxana, of Saybrook, m. Augustus **GRANT**, of Torringford, Aug. 29, 1826, by Aaron Hovey	1	60
Roxana, of Hartford, m. Chapman **CLARK**, of Saybrook, Nov. 9, 1834, by Rev. Fred W[illia]m Hotchkiss	2	67
Sally, of Saybrook, m. Mat[t]hew **ARNOLD**, of Haddam, Oct. 16, 1822, by Aaron Hovey	1	43
Samuel, s. John & Rebeckah, b. Apr. 25, 1675; m. Mary **KIRTLAND**, d. of Nathaniel & Mary, Dec. 14, 1699	2	306
Samuel, m. Mary **KIRTLAND**, Dec. 14, 1699	1	258
Samuel, s. Samuel & Mary, b. Aug. 19, 1700; d. Jan. 23, 1700/1	2	306
Samuel, s. John & Rebeckah, b. June 26, 1702	2	21
Samuel, m. Mary **MINOR**, July 19, 1722	2	218
Samuel, s. [Samuel & Mary], b. July 11, 1723	2	218
Samuel Elisha, s. [Capt. William], b. May 28, 1806	1	123
Sarah, m. Samuel **WILLARD**, June 6, 1683	1	115
Sarah, m. Samuel **WILLARD**, June 6, 1683	2	45
Sarah, d. [Samuel & Mary], b Dec. 10, 1710; d. Oct. 2, 1711	2	306
Sarah, w. of James, d. Dec. [2]5, 1735	4	238
Sarah S., of [Saybrook], m. Benjamin C. **EASTMAN**, of North Haven, May 12, 1834, by W[illia]m Case	2	62

SAYBROOK VITAL RECORDS

	Vol.	Page
CLARK, CLARKE (cont.)		
Susan, m. James N. **BALDWIN**, b. of Saybrook, Nov. 1, 1826, by William Case	1	65
Susan Melissa, [d. Closson & Eliza], b. Apr. 28, 1829	2	6
Sylvia Maria, [d. Closson & Eliza], b. Mar. 2 ,1825	2	6
Temperance, d. John & Rebeckah, b. July 20, 1698; d. Mar. 17, 1705/6	2	21
Temperence, d. [John & Sarah], b. Mar. 30, 1715	2	243
Temperence, m. Edward **BULL**, May 24, 1739	2	261
Tertius, m. Wealthy **CLARK**, b. of Saybrook, Feb. 17, 1830, by Aaron Hovey	1	83
Thankfull, d. [Peter & Thankfull], b. Feb. 23, 1757	2	434
Titus, s. [Danforth & Elizabeth], b. Jan. 4, 1789	1	18
Wealthy, m. Tertius **CLARK**, b. of Saybrook, Feb. 17, 1830, by Aaron Hovey	1	83
Will, m. Hannah **GRISWOLD**, Mar. 7, 1677	1	45
William J., m. Elizabeth **BUSHNELL**, b. of Saybrook, Sept. 29, 1835, by Rev. Fred[eric]k W[illia]m Hotchkiss	2	11
William Jedidiah, s. [Capt. William], b. Apr. 11, 1812	1	123
William N., m. Locasta **DOANE**, Mar. 17, 1824, by Aaron Hovey	1	54
William Rufus, m. Lydia **TULLY**, Apr. 3, 1822, by Frederic W. Hotchkiss	1	27
Zachariah, s. [Samuel & Mary], b. Oct. 24, 1705; d. Sept. [ ], 1726	2	306
Zacariah, Jr., m. B[e]ulah **BALDWIN**, Apr. 3, 1833, by William Case	1	98
Zelotes, of Twinsburg, O., m. Huldah L **TRYON**, of Saybrook, June 18, 1828, by Frederic William Hotchkiss	1	72
Zerviah, m. Josiah **NOTT**, Nov. 17, 1757	1	14
-----, d. [James & Sarah], st. b. Dec. 24, 1735	4	238
-----, s. [Closson & Eliza], b. May 6, 1831; d. May 11, 1831	2	6
CLEAVES, Abraham, m. Currence M. **PRATT**, Mar. 22, 1827, by Asa Wilcox, Pastor	1	64
COAL, [see under **COLE**]		
COBB, Czarina, of Saybrook, m. Jonathan L. **LAPLASS**, of Lyme, Apr. 6, 1833, by Sylvester Selden	1	101
COE, Sarah, m. Jabez **CHALKER**, May 29, 1759 (sic)	2	128
COGSWELL, Anne, d. [Samuel & Anne], b. Dec. 22, 1703	2	124
Anne, m. Samuel **BUSHNELL**, Jan. 22, 1728/9	2	47
Hannah, [d. Samuel & Susannah], b. June 4, 1670	1	76
Hannah, m. Josiah **DIBBELL**, Jan. 20, 1691/2	1	144
Hannah, m. Josiah **DIB[B]LE**, Jan. 20, 1691/2	2	53
Hezekiah, s. [Samuel & Anne], b. Feb. 1, 1706	2	124
John, [s. Samuel], b. Aug. 7, 1688	1	132
Joseph, [s. Samuel & Susannah], b. Apr. 10, 1682	1	76
Nathaniel, s. Samuel, b. Dec. 16, 1684	1	132
Robard, [s. Samuel & Susannah], b. July 7, 1679	1	76

	Vol.	Page
COGSWELL (cont.)		
Samuel, m. Susannah **HEARN***, Oct. 27, 1668		
*Probably should be **HAVEN**	1	76
Samuel, [s. Samuel & Susannah], b. Aug. 7, 1677	1	76
Samuel, m. Anne **DENISON**, Mar. 3, 1701	2	124
Samuel, s. [Samuel & Anne], b. Dec. 25, 1701	2	124
Susannah, [d. Samuel & Susannah], b. Nov. 23, 1672	1	76
Westal, [s. Samuel & Susannah], b. Feb. 17, 1674	1	76
[**COLE**], **COAL, COALLE**, [see also **COWLES**], Mercy, m. Daniel **INGHAM**, Oct. 4, 1760	1	3
Rebeckah, m. John **BUSHNELL**, May 10, 1692	2	37
COLLINS, Almena T., m. W[illia]m M. **POST**, June 30, 1847, in Essex, by Rev. Joseph S. Covell	2	122
Charles E., m. Amanda F. **GILLETT**, Nov. 29, 1832	1	95
Harriet A., m. John S. **DICKINSON**, June 27, 1830, by Rev. Fred W. Hotchkiss	1	82
Joseph, m. Cecelia **HAYDEN**, Nov. 16, 1822, by Asa Wilcox, Elder	1	32
Mary, of Guilford, m. Nathaniel **CHAPMAN**, June 29, 1681	1	89
Sam[ue]l, m. Eliza A. **GRISWOLD**, b. of Saybrook, Jan. 21, 1852, by Rev. J. H. Pettingill	2	139
COLT, Mabel, m. Jonathan **DUNK**, Nov. 24, 1743	2	380
Mary C., m. George H. **ABERNETHY**, M.D., May 29, 1833, by William Case	1	100
Sarah, m. John **AYER**, June 16, 1715	2	59
COMSTOCK, COMESTOCK, Abigail, d. [Samuell & Martha], b. Mar. 11, 1718	2	318
Alphonso, of [Saybrook], m. Caroline C. **DeWOLF**, of Westbrook, Aug. 26, 1849, by J. H. Pettingill	2	130
Asa, s. Daniel & Sarah, b. Mar. 6, 1742/3	4	460
Asa, of Lyme, m. Sophia M. **WILLIAMS**, of Saybrook, Sept. 8, 1829, by Aaron Hovey	1	78
Bela, m. Jane **BULL**, b. of Saybrook, Aug. 23, 1821, by Aaron Hovey	1	43
Daniell, s. [Samuell & Martha], b. Sept. 20, 1713	2	318
Daniel, m. Sarah **PELTON**, Jan. 18, 1738/9	4	460
Daniel, s. [Daniel & Sarah], b. Sept. 30, 1740	4	460
Daniel, m. Anna **BROCKWAY**, June 11, 1749	4	460
Deiadamia, d. Daniel & Anna, b. Feb. 23, 1749/50	4	460
Elisha, s. [Daniel & Anna], b. Aug. 7, 1759	4	460
Elizabeth, m. Edward **SHIPTON**, beginning of Jan. 1651	1	32
Elmira S., of Saybrook, m. John **CULVER**, of New Haven, May 1, 1842, by Aaron Hovey	2	103
John, s. [Daniel & Anna], b. Apr. 9, 1754	4	460
Joseph A., m. Lucy **CLARK**, b. of Saybrook, July 4, 1827, by Aaron Hovey	1	66
Martha, d. [Samuell & Martha], b. June 2, 1706	2	318
Martha, m. John **CORBITT**, Feb. 12, 1723/4	2	165
Mary Jane, m. Henry H. **PRATT**, b. of Saybrook, Sept. 30, 1844, by F. W. Chapman, Deep River	2	110

SAYBROOK VITAL RECORDS

	Vol.	Page
COMSTOCK, COMESTOCK (cont.)		
Nancy, of Saybrook, m. Oreb TURNER, of New Haven, Jan. 1, 1829, by William Jarvis	1	75
Samuell, m. Martha PRATT, July 5, 1705	2	318
Samuell, s. [Samuell & Martha], b. Oct. 14, 1709; d. Dec. 1, 1709	2	318
Samuell, s. [Samuell & Martha], b. Mar. 4, 1711	2	318
Sarah, d. [Daniel & Sarah], b. Sept. 8, 1745	4	460
Sarah, [w. of Daniel], d. Sept. 20, 1745	4	460
-----, d. [Daniel & Sarah], b. Sept. 1, 1739; d. Sept. 3, 1739	4	460
-----, d. [Daniel & Sarah], b. Sept. 1, 1739; d. Sept. 20, 1739	4	460
CONE, James H., of Higganum, m. Olive T. SHIPMAN, of Deep River, Mar. 9, 1852, by Rev. James A. Clark	2	137
Oliver, of Lyme, m. Mary H. MILLER, of L.I., Sept. 25, 1823, Int. pub.	1	38
Robert, of Millington, m. Harriet TYLER, of Haddam, June 5, 1834, by William Case	2	60
CONGDEN, Azubah, m. Austin STARKEY, b. of [Saybrook], Oct. 22, 1849, by J. H. Pettingtill	2	130
Zeviah, m. Jabez H. BOGUE, Jan. 16, 1839, by Rev. H. R. Knapp	2	81
CONKLIN, CONKLING, CONKLYNG, Abigail, m. Samuel DENISON, Dec. 9, 1736	2	3
Dorcas, m. Job BUCKL[E]Y, Feb. [ ], 1739/9	4	680
Elisabeth L., of Essex, m. Charles F. BUNNER, Jr. ,of New York, Aug. 13, 1850, by Rev. P. Brockett	2	133
Frances, m. John MURDOCK, Apr. 11, 1732	4	451
Gamaliel, Jr., of Essex, m. Betsey Amanda WHITTLESEY, of Saybrook, Nov. 28, 1833, by Fred W[illia]m Hotchkiss	2	4
Gamaliel, Jr., m. Jane N. SNOW, b. of Saybrook, Nov. 29, 1835, by Darius Mead	2	61
George, m. Mary S. GRISWOLD, b. of Saybrook, Aug. 25, 1837, by Aaron Hovey	2	82
Hervey, m. Cynthia POST, b. of Saybrook, Dec. 5, 1821, by Aaron Hovey	1	43
Maria, m. George POST, b. of Saybrook, Jan. 30, 1828, by Aaron Hovey	1	70
Nancy, m. Eben PRATT, b. of Saybrook, Mar. 8, 1842, by Aaron Hovey	2	102
Nancy M., m. Richard H. HUNTLEY, Oct. 17, 1844, by Rev. Jos. D. Hall, Essex	2	110
Rachel, m. John STANNARD, Jr., Jan. 10, 1721/2	2	201
COOK, David B., of Haddam, m. Esther Ann AUGER, of [Saybrook], Dec. 24, 1833, by W[illia]m Case	2	60
Maria, m. Henry A. FITCH, b. of Hartford, June 8, 1845, by Rev. Nathaniel C. Lewis, at Essex	2	115
Mary, of Hartford, m. George ANDREWS, of Saybrook, May 24, 1840, by Rev. Eli M. Kirkum	2	94

	Vol.	Page
COOK (cont.)		
Polly, Mrs., m. Capt. Amasa **HAYDEN**, b. of Saybrook, Oct. 10, 1824, by Rev. Peter G. Clark	1	49
COOSENS, [see under **COZENS**]		
CORBEE, Samuel, m. Mary **CRIPPIN**, of Haddam, Jan. 28, 1691/2	1	144
CORBITT, John, m. Martha **COMSTOCK**, Feb. 12, 1723/4	2	165
John, s. [John & Martha], b. Sept. 20, 1724	2	165
Samuel, s. [John & Martha], b. Mar. 4, 1727	2	165
CORY, Margaret, m. Willoughby **LYNDE**, Nov. 19, 1735	4	571
COUCH, Walter D., of Glastonbury, m. Jane S. **CLARK**, of Hartford, May 27, 1852, by Rev. E. Cushman, Deep River	2	138
COWLES, [see also **COLE**], Roswell, of Meriden, m. Harriet **PRATT**, of Saybrook, Feb. 27, 1828, by Aaron Hovey	1	70
COZENS, COOSENS, Bethiah, [d. Richard & Mary], b. Nov. 4, 1685	1	144
Hannah, [d. Richard & Mary], b. Mar. 17, 1678/9	1	144
Richard, m. Mary **CHALKER**, Mar. 7, 1677/8	1	45
Richard, m. Mary **CHALKER**, Mar. 7, 1677/8	1	144
Sarah, [d. Richard & Mary], b. May 10, 1683, at Block Island	1	144
CRAMPTON, Jonathan R., of Madison, m. Susan A. **STARKEY**, of Essex, Oct. 23, 1843, by Rev. W[illia]m George Miller	2	113
Ralf S., m. Tirza **INGHAM**, Aug. 16, 1826, by Frederic W. Hotchkiss	1	58
CRANE, Ethan B., Rev., m. Deborah E. **PRATT**, b. of [Saybrook], Oct. 8, 1839, by Rev. Fred W[illia]m Hotchkiss	2	90
Phebe, b. Aug. 24, 1796; m. Abel **JONES**, July 3, 1817	2	32
William H., of Killingworth, m. Sylva Ann **BARKER**, of Saybrook, Dec. 3, 1828, by William Case	1	80
CRAWFORD, Jane, m. William S. **CAMPBELL**, b. of New York City, Aug. 30, 1842, by Rev. H. Stanley, Grace Church, Saybrook	2	103
CRIPPIN, Mary, of Haddam, m. Samuel **CORBEE**, Jan. 28, 1691/2	1	144
CRITTENTON, Margaret, m. Jedidiah **KELSEY**, Aug. 19, 1827, by Samuel Carter	1	68
CROCKER, Griswold A., of Saybrook, m. Eliza I. **HUNTLEY**, of Lyme, Nov. 22, 1840, by W. Geo[rge] Miller, Essex	2	98
Levi, m. Betsey B. **PARMELEE**, Apr. 20, 1824, by Aaron Hovey	1	54
CROWELL, Sylvanus S., of Sag Harbor, L.I., m. Asenath **INGHAM**, of Saybrook, June 9, 1842, by Rev. W[illia]m Albert Hyde, Westbrook	2	103
CROWFOOT, Margaret, m. John **ATWELL**, Apr. 7, 1708	2	83
CULVER, Emily, m. Frederick C. **BEMAN**, b. of Deep River, Nov. 28, 1845, by Rev. Lawson Muzzy	2	115

SAYBROOK VITAL RECORDS 49

	Vol.	Page
CULVER (cont.)		
John, of New Haven, m. Elmira S. **COMSTOCK**, of Saybrook, May 1, 1842, by Aaron Hovey	2	103
CURTIS, CURTICE, Abigail, of Hebron, m. Jeremiah **BUSHNELL**, June 30, 1747	2	418
Levi O., of New Haven, m. Annett P. **BUSHNELL**, of Winthrop, Sept. 5, 1852, by Rev. James A. Clark	2	140
CYUT, Luzette, of Narragansett, m. Henry **AARON**, of Stonington, May 31, 1829, by Sylvester Selden	1	76
DANFORD, Lidia, m. Will[iam] **BEAMON[T]**, Dec. 9, 1643	1	3
DANIELS, Charles, m. Ann S. **GILBERT**, b. of Saybrook, Dec. 2, 1821, by Nehemiah B. Beardsley	1	27
Harriet C., of Saybrook, m. Norton **RICHARDS**, of Farmington, June 4, 1832, by William Case	1	99
DAVIS, Lemuel Canfield, m. Eunice **DOANE**, Dec. 10, 1823, by Asa Wilcox, Elder	1	39
Seth, of Chatham, m. Zerviah **MARSH**, of East Haddam, Dec. 20, 1829, by Sylvester Selden	1	78
DAVISON, Janett L., of Saybrook, m. Richard Nelson **DOWD**, of Meriden, Oct. 6, 1833, by Fred W. Hotchkiss	1	102
Levi, m. Fanny **STRONG**, b. of Saybrook, Oct. 11, 1829, by Fred W. Hotchkiss	1	78
DAY, Joseph, of Hudson, N.Y., m. Hannah A. **HEFLON**, of Lisbon, Sept. 8, 1839, by Rev. Fred W[illia]m Hotchkiss	2	89
DAYTON, Joseph, Jr., s. Joseph & Temperence, b. Feb. 4, 1734/5; m. Mary **BAYLEY**, Mar. 4, 1756	5	388
DeANGELIS, Charles L., m. Julia M. **WARNER**, b. of Saybrook, Oct. 3, 1822, by Simon Shailer, J.P.	1	31
Sarah M., of Saybrook, m. William **BRADLEY**, of Chatham, Apr. 17, 1828, by Rev. Simon Shailer	1	71
DeCALA, Manuel, Dr., m. Rebeckah **MURRAY**, July 31, 1823, by Asa Wilcox, Elder	1	36
DEE, Betsey, of Saybrook, m. Richard **RYON**, of Lyme, Nov. 24, 1825, by Sylvester Selden	1	55
Julius Selden, s. Simeon, 2d, b. Feb. 28, 1823	1	124
Louisa, of Saybrook, m. John **WRIGHT**, of Killingworth, Jan. 10, 1827, by Sylvester Selden	1	62
Russel[l] A., m. Maria **JONES**, b. of Saybrook, Mar. 6, 1836, by Rev. Jeremiah Miller	2	75
DEMMON, Abigail, of Wethersfield, m. Samuell **BEAMONT**, June 27, 1716	2	318
DENISON, Abigail, [d. John], b. Aug. 25, 1696	1	142
Abigail, m. Ebenezer **PRATT**, b. of Saybrook, Mar. 13, [1717], by Daniel Buckingham, J.P.	2	313
Abigail, d. [Samuel & Abigail], b. June 9, 1744	2	3
Abraham, m. Abby **POST**, June 16, 1825, by Aaron Hovey	1	54
Almira, of Saybrook, m. William L. **DENISON**, of Pittsburg, Mar. 13, 1841, by Aaron Hovey	2	100

	Vol.	Page
DENISON (cont.)		
Almira A., of Saybrook, m. William L. **DENISON**, of Pittsburg, Mar. 13, 1841, by Aaron Hovey	2	99
Almira L., of [Saybrook], m. Hezekiah C. **KIRTLAND**, at her father's Sept. 21, 1835, by Rev. W[illia]m Palmer	2	75
Anne, m. Samuel **COGSWELL**, Mar. 3, 1701	2	124
Bani, m. Lydia **SILLIMAN**, Jan. 1, 1825 (sic) [1805?]	1	52
Betsey, of Saybrook, m. Isaac **SCHELLENGER**, of Easthampton, L.I., Sept. 12, 1841, by Frederick W. Chapman, Deep River	2	100
Charles, m. Azubah **TOWNER**, b. of Westbrook, Oct. 15, 1835, by Rev. Jeremiah Miller	2	73
Charles Carrol, [s. Zina & Lucy], b. Apr. 23, 1833	2	37
Charles S., m. Amelia E. **WILLIAMS**, b. of [Deep River], Oct. 6, 1839, by Rev. Henry Wooster	2	91
Charlotte, m. Ezra **WRIGHT**, Aug. 25, 1830, by Aaron Hovey	1	84
Christopher, m. Elizabeth **KELC[E]Y**, Mar. 1, 1744	5	324
Cynthia M., m. George B. **WRIGHT**, b. of Saybrook, Oct. 17, 1833, by Sylvester Selden	2	52
Dan, s. [John & Mary], b. Oct. 11, 1771	1	2
Daniel, [s. John], b. Oct. 13, 1693	1	142
Daniel Silliman, s. [Bani & Lydia], b. Dec. 23, 1815	1	52
Desire, d. Gideon, b. May 5, 1755	2	204
Edmund, s. George & Jemima, b. Aug. 10, 1753	2	446
Edmund, m. Mrs. Betsey **MINER**, Feb. 21, 1826, by Jedidiah Post, J.P.	1	56
Eli, of Deep River, m. Adela H. **ARNOLD**, of Deep River, Oct. 13, 1850, by Rev. Elisha Cushman	2	134
Eliphalet L., m. Maria **WATROUS**, b. of Saybrook, Nov. 27, 1827, by Rev. Simon Shailer	1	69
Eliza, m. Samuel **STEVENS**, 2d, b. of Saybrook, June 24, 1824, by Jedidiah Post, J.P.	1	42
Eliza, m. Isaac **BAILEY**, b. of [Deep River], Jan. 29, 1837, by Rev. H. Wooster	2	78
Elizabeth, d. Gideon, b. Aug. 21, 1756	2	204
Elizabeth C., of Saybrook, m. Lorenzo **REDFIELD**, of Killingworth, Nov. 20, 1836, by Rev. Fred W[illia]m Hotchkiss	2	74
Erastus B., of Cayahoga Falls, O., m. Mary **BUSHNELL**, of Saybrook, Apr. 27, 1835, by Fred W[illia]m Hotchkiss	2	60
Erastus Bani, s. Bani & Lydia, b. Feb. 5, 1811	1	52
Eunice Prout, d. [Bani & Lydia], b. Apr. 2, 1818	1	52
Ezekiel, s. George & Jemima, b. Mar. 21, 1750	2	446
Fanny Maria, m. Jonathan **BISHOP**, May 4, 1840, by Aaron Hovey	2	95
George, twin with Mary, s. Samuel & Mary, b. Jan. 6, 1718	2	384
George, s. George & Jemima, b. May 13, 1742	2	446
Hannah, d. George & Jemima, b. Oct. 25, 1758	2	446

SAYBROOK VITAL RECORDS 51

	Vol.	Page
DENISON (cont.)		
Hetty, m. Simeon LAY, May 24, 1786	1	10
Huldah Ann, d. Bani & Lydia, b. Apr. 16, 1825	1	52
James, s. John, b. Feb. 16, 1694/5	1	142
James, s. [John & Mary], b. Dec. 3, 1761	1	2
Jedidah, 2d, of Saybrook, m. David B. VENTRIS, of Haddam, Aug. 29, 1836, by Aaron Hovey	2	82
Jemima, d. George & Jemima, b. Nov. 12, 1755	2	446
Joanna, d. Samuel & Mary, b. Dec. 13, 1715	2	384
John, s. John, b. Mar. 30, 1692	1	142
John, s. [Christopher & Elizabeth], b. Nov. 22, 1744	5	324
John, m. Mary POST, Feb. 25, 1761	1	2
John, s. [John & Mary], b. June 20, 1763	1	2
John, m. Temperance A. PLATTS, b. of Saybrook, June 1, 1835, by Rev. Darius Mead	2	7
John Thomas, s. [Bani & Lydia], b. Aug. 7, 1820	1	52
Joseph, s. George & Jemima, b. Oct. 13, 1744	2	446
Linus S., m. Julietta S. GLADWIN, b. of Saybrook, July 3, 1853, by Rev. R. H. Maine, Winthrop	2	140
Lydia Minerva, d. [Bani & Lydia], b. Jan. 18,. 1809	1	52
Marcy, m. Nathaniel CHAPMAN, Feb. 17, 1736/7	4	185
Margarett, of Saybrook, m. Jonathan A. BURR, of Haddam, Apr. 26, 1840, by Frederick W. Chapman, Deep River	2	94
Martha, of Essex, m. W[illia]m S. WILLIAMS, of Haddam, Aug. 27, 1852, by Rev. James A. Clark	2	139
Mary, twin with George, d. Samuel & Mary, b. Jan. 6, 1718	2	384
Mary, d. [Samuel & Abigail], b. Apr. 14, 1742	2	3
Mary, d. [John & Mary], b. Sept. 25, 1768	1	2
Mary, of Saybrook, m. John HARRIS, of Killingworth, Aug. 19, 1828, by Asa King	1	72
Mary C., m. Henry A. WRIGHT, b. of Westbrook, Feb. 24, 1839, by W[illia]m Albert Hyde	2	88
Mary Elizabeth, d. Bani & Lydia, b. July 9, 1822	1	52
Mason, s. [John & Mary], b. May 11, 1765	1	2
Mehetable, d. [John & Mary], b. Jan. 7, 1774	1	2
Mercy, d. George & Jemima, b. May 25, 1761	2	446
Rachel, m. Alexander H. STEVENS, b. of Saybrook, June 22, 1833, by Sylvester Selden	1	101
Reuben, m. Lucy A. BARKER, Nov. 20, 1832, by William Case	1	99
Robert T., m. Fanny M. GRISWOLD, b. of Saybrook, Nov. 27, 1823, by Aaron Hovey	1	44-5
Rufus C., m. Catharine BUSHNELL, b. of Saybrook, Sept. 18, 1838, by Rev. E. B. Crane	2	87
Samuel, m. Abigail CONKLING, Dec. 9, 1736	2	3
Samuel, s. [Samuel & Abigail], b. May 4, 1738	2	3
Samuel, Jr., m. Temperance POST, Apr. 22, 1762	2	255
Samuel, s. [Samuel, Jr. & Temperence] b. Feb. 19, 1763	2	255
Sarah, d. Samuel & Abigail, b. Apr. 20, 1747	2	3

BARBOUR COLLECTION

	Vol.	Page
DENISON (cont.)		
Sarah A., of [Saybrook], m. Alvin **BLAKE**, of Madison, Nov. 17, [1850], by Rev. J. H. Pettingill	2	136
Sarah Selina, d. [Bani & Lydia], b. Aug. 23, 1813	1	52
Socrates, s. [Bani & Lydia], b. Nov. 12, 1805	1	52
Stephen, s. Samuel & Mary, b. Feb. 8, 1721/2	2	384
Stephen, s. George & Jemima, b. Oct. 12, 1746	2	446
Thomas, m. Charlotte **SPENCER**, b. of Saybrook, Jan. 8, 1823, by Aaron Hovey	1	44
Thomas, m. Mary Ann **SOUTHWORTH**, b. of Saybrook, June 14, 1827, by Aaron Hovey	1	66
William, m. Mary C. **BATES**, Jan. 1, 1833, by Aaron Hovey	1	95
William L., of Pittsburg, m. Almira A. **DENISON**, of Saybrook, Mar. 13, 1841, by Aaron Hovey	2	99
William L., of Pittsburg, m. Almira **DENISON**, of Saybrook, Mar. 13, 1841, by Aaron Hovey	2	100
DeWOLF, [see also **DOLPH**], Benjamin, m. Mary C. **MURDOCK**, Jan. 15, 1832, by Rev. Asa Bushnell	1	91
Caroline C., of Westbrook, m. Alphonso **COMSTOCK**, of [Saybrook], Aug. 26, 1849, by J. H. Pettingill	2	130
David, m. Sarah L. **PLATTS**, b. of Westbrook, Dec. 10, 1838, by W[illia]m A. Hyde	2	87
John, m. Caroline **MEIGS**, July 4, 1826, by Sylvester Selden	1	58
Phebe, m. Nathaniel **KIRTLAND**, Aug. 22, 1716	2	418
DIBBLE, DIBLE, DIBBELL, Albert, m. Sally B. **CHAPMAN**, b. of Saybrook, Jan. 22, 1837, by Rev. David Osborn, Westbrook	2	77
Aminda, m. Henry T. **SPENCER**, b. of Saybrook, Jan. 13, 1833, by Sylvester Selden	1	101
Ann, twin with Charry, [d. Josiah, Jr. & Ruth], b. July 5, 1758	2	1
Ann Amanda, d. Asa, b. May 10, 1818	1	123
Asa, s. [George & Deborah], b. May 25, 1774	2	339
Betsey, d. [John Pierce & Lucy], b. July 15, 1780	2	485
Caleb C., m. Harriett A. **WALES**, b. of Saybrook, Nov. 12, 1842, by Rev. W[illia]m George Miller, Essex	2	113
Carlos, s. Asa, b. Apr. 27, 1822	1	123
Champion P., m. Olive **JONES**, b. of Saybrook, June 20, 1830, by Sylvester Selden	1	84
Charles, m. Patty **PARMELEE**, b. of Saybrook, Apr. 11, 1822, by Sylvester Selden	1	29
Charles A., s. of Caleb C., b. Jan. 23, 1844. Certified by the father, June 29, 1896	2	144
Charles William, s. [Charles & Patty], b. Apr. 25, 1823	1	29
Charlotte, d. [George & Deborah], b. Oct. 20, 1770	2	339
Charry, twin with Ann, [d. Josiah, Jr. & Ruth], b. July 5, 1758	2	1
Deborah, [w. of George], d. Oct. 10, 1777	2	339
Elizabeth, [d. Josiah & Hannah], b. May 8, 1693	1	144
Elizabeth, d. [Josiah & Hannah], b. May 8, 1693	2	53

SAYBROOK VITAL RECORDS 53

	Vol.	Page
DIBBLE, DIBLE, DIBBELL (cont.)		
Fannie, d. [John Pierce & Lucy], b. Feb. 4, 1786	2	485
George, m. Deborah **BUSHNELL**, Mar. 3, 1757	2	339
George, m. Betsey **UNDERHILL**, Oct. 30, 1826, by Jedidiah Post, J.P.	1	62
Hannah, d. Josiah & Hannah, b. Jan. 28, 1695/6	2	53
Hannah, m. John **HILL**, Sept. 10, 1716	2	350
Henry, m. Eliza Maria **SPENCER**, b. of Saybrook, Sept. 6, 1832, by Sylvester Selden	1	101
Horatio Warrinton, s. [Asa], b. Mar. 12, 1814	1	123
Huldah, d. [George & Deborah], b. Apr. 2, 1758	2	339
Huldah, d. [George & Deborah], b. Aug. 11, 1772	2	339
James Andrew, s. [Asa], b. [ ], 1820	1	123
Jennette, b. Dec. 30, 1796; m. Charles **EVARTS**, Jan. 10, 1816	2	19
John, s. [Josiah & Hannah], b. Dec. 15, 1702	2	53
John Pierce, s. [Josiah, Jr. & Ruth], b. Mar. 18, 1754	2	1
John Pi[e]rce, m. Lucy **CHAMPEN**, Dec. 31, 1772	2	485
John Pi[e]rce, s. John Pierce & Lucy, b. Sept. 21, 1788	2	485
Josiah, m. Hannah **COGSWELL**, Jan. 20, 1691/2	1	144
Josiah, m. Hannah **COGSWELL**, Jan. 20, 1691/2	2	53
Josiah, s. [Josiah & Hannah], b. Dec. last day, 1699	2	53
Josiah, m. Ruth **WHITTLESEY**, Apr. 8, 1723	2	103
Josiah, Jr., m. Ruth **PIERCE**, Oct. 15, 1752	2	1
Josiah, s. [Josiah, Jr. & Ruth], b. Oct. 28, 1760	2	1
Lewellin A., of Old Saybrook, m. Ann M. **STEVENS**, of Westbrook, Nov. 24, 1853, by Rev. Ralph H. Maine	2	141
Lucy, m. Enoch **SIZER**, Jr., Nov. 7, 1827, by Sylvester Selden	1	68
Lydia, d. [George & Deborah], b. Sept. 25, 1765	2	339
Martha, d. Josiah & Hannah, b. Nov. 14, 1697	2	53
Martin, s. [George & Deborah], b. Sept. 4, 1760	2	339
Mary, m. John **WILLOUGHBY**, Oct. 2, 1728	4	381
Mary, [d. Josiah, Jr. & Ruth], b. Feb. 18, 1756	2	1
Mary Elizabeth, d. [Asa], b. July 27, 1816	1	123
Rachel, d. [George & Deborah], b. July 19, 1768	2	339
Richard, s. [John Pierce & Lucy], b. Dec. 23, 1782	2	485
Ruth, d. Josiah & Ruth, b. Jan. 9, 1723/4	2	103
Sabeth, d. [George & Deborah], b. June 4, 1763	2	339
Susanna, d. [Josiah & Hannah], b. Nov. 14, 1697	2	53
William, m. Louisa **JONES**, Aug. 27, 1826, by Sylvester Selden	1	60
DICKINSON, Anne, d. Richard & Mary, b. Sept. 2, 1723	4	397
Caroline V., m. Noah **TOOKER**, b. of Saybrook, June 1, 1845, by F. W. Chapman, Deep River	2	114
Charles, s. [Richard & Mary], b. Nov. 15, 1721	4	397
Clarissa M., m. William **PARKER**, b. of Chester, Apr. 20, 1846, by Rev. Lawson Muzzy	2	118
Elizabeth, d. [Richard & Mary], b. Feb. 17, 1729	4	397
Ely, of Haddam, m. Roxanna **WARNER**, of Saybrook, Sept. 24, 1822, by Simon Shailer, J.P.	1	30
Esther, d. [Richard & Mary], b. Mar. 9, 1735	4	397

54 BARBOUR COLLECTION

	Vol.	Page
DICKINSON (cont.)		
Gardner K., of Chatham, m. Ann **PRATT**, of Saybrook, Nov. 3, 1822, by Aaron Hovey	1	44
George, s. Richard & Mary, b. Feb. 14, 1836/7	4	397
Hannah K., m. Asa **ANDREWS**, Mar. 7, 1832, by Rev. Ashbel Steele	1	91
Harriet Maria, of [Saybrook], m. Stephen **STRICKLAND**, of Lyme, Oct. 27, 1833, by W[illia]m Case	2	60
Jane, d. [Richard & Mary], b. Oct. 2, 1715	4	397
John, s. [Richard & Mary], b. Feb. 24, 1717	4	397
John S., m. Harriet A. **COLLINS**, June 27, 1830, by Rev. Fred W. Hotchkiss	1	82
Maria, m. Walter **PRATT**, Sept. 1, 1824, by Asa Wilcox, Elder	1	49
Maria S., of Saybrook, m. William E. **THAYER**, of Williamsburg, Mass., Oct. 20, 1840, by Rev. Fred W[illia]m Hotchkiss	2	97
Mary, d. [Richard & Mary], b. Jan. 6, 1719	4	397
Mary, of Saybrook, m. Ezra **THAYER**, of Williamsburg, Mass., June 10, 1833, by Fred W. Hotchkiss	1	97
Moses, of Middletown, m. Julia Ann **HUBBARD**, of Saybrook, Dec. 9, 1827, by Fred W[illia]m Hotchkiss	1	68
Nancy, m. William **LANE**, b. of Saybrook, Oct. 14, 1835, by Rev. Darius Mead	2	7
Obadiah, Jr., m. Henrietta **SHIPMAN**, b. of Saybrook, Oct. 14, 1835, by Rev. Darius Mead	2	7
Philenda, m. Augustus S. **SHAILER**, b. of East Haddam, Mar. 18, 1828, by Aaron Hovey	1	70
Phillipia, d. [Richard & Mary], b. Jan. 8, 1726	4	397
Richard, m. Mary **GOLDSMITH**, Mar. 2, 1715	4	397
Richard, s. Richard & Mary, b. Mar. 4, 1731	4	397
Samuel B., m. Mary Ann **CHALKER**, May 20, 1824, by Frederic W. Hotchkiss	1	47
Sarah, d. [Richard & Mary], b. Dec. 23, 1727	4	397
Temperence, d. Richard & Mary, b. Mar. 4, 1733	4	397
DIVAL, Luse, d. Daniel, b. Nov. 25, 1765	2	296
Mercy, d. [Daniel], b. Dec. 5, 1767	2	296
DIXON, William, of Burton, Eng., m. Mariah **REYNOLDS**, of Lyme, July 25, 1824, by Asa Wilcox, Elder	1	49
DOAN, DOANE, Amelia, of Saybrook, m. Roderick U. **CHAPMAN**, of East Haddam, Feb. 15, 1835, by Rev. Stephen Beach, of Essex	2	57
Cornelius R., m. Minerva **PRATT**, June 28, 1826, by Aaron Hovey	1	59
Delecta, m. Alva **GLADDING**, b. of Saybrook, Apr. 21, 1825, by Asa Wilcox, Elder	1	52
Edmund, Jr., m. Elizabeth **WHITE**, b. of Saybrook, Sept. 14, 1828, by Rev. Russell Jennings	1	72
Eliza Ann, m. Asahel P. **GRISWOLD**, Mar. 24, 1842, by William C. Bull, J.P.	2	103

SAYBROOK VITAL RECORDS

	Vol.	Page
DOAN, DOANE (cont.)		
Eunice, m. Lemuel Canfield **DAVIS**, Dec. 10, 1823, by Asa Wilcox, Elder	1	39
Henry, of Saybrook, m. Phebe M. **BUSHNELL**, of Killingworth, Feb. 25, 1830, by William Case	1	78
Hester, b. May 30, 1800; m. Roswell **MORGAN**, [ ]	2	20
Hester, m. Roswell **MORGAN**, b. of Saybrook, Nov. 16, 1826, by Aaron Hovey	1	61
Israel S., m. Dolly B. **POST**, b. of Saybrook, Aug. 28, 1834, by Aaron Hovey	2	50
Jared, m. Mary **WILLIAMS**, b. of Essex, Mar. 14, 1852, by Rev. S. J. Evans	2	138
Jerusha, of Saybrook, m. Charles **CARTER**, of Killingworth, Nov. 3, 1825, by Sylvester Selden	1	55
Joel, 2d, m. Fanny **STANNARD**, b. of Saybrook, Apr. 28, 1825, by Sylvester Selden	1	52
Juliet C., of Saybrook, m. Ezra **STAN[N]ARD**, of Westbrook, Jan. 24, 1833, by Rev. Pierpont Brocket	1	96
Justus, m. Lura **CHAMPLIN**, Dec. 31, 1823, by Rev. Peter G. Clark	1	40
Linus W., of Essex, m. Eliza **WRIGHT**, of Killingworth, Nov. 30, 1834, by Rev. Orlando Starr	2	70
Locasta, m. William N. **CLARK**, Mar. 17, 1824, by Aaron Hovey	1	54
Louisa A., m. John H. **BUSHNELL**, b. of Saybrook, Mar. 15, 1840, by Frederick W. Chapman, Deep River	2	94
Lovina, of Saybrook, m. Charles **HARRIS**, of Killingworth, Dec. 27, 1820, by Aaron Hovey	1	43
Mary Ann, of Saybrook, Sayville, m. Richard **BUSHNELL**, of Westbrook, Oct. 6, 1841, by Rev. Pierpont Brockett	2	101
Nancy D., of Saybrook, m. Erastus **DOWNING**, of East Haddam, Apr. 23, 1829, by Rev. William Jarvis	1	76
Nancy E., of Winthrop, m. Benjamin **TURNER**, of Troy, N.Y., May 6, 1850, by Rev. E. Cushman	2	132
Pri[s]cilla P., m. Ulysses **MATHER**, Dec. 3, 1822, by Rev. Peter G. Clark	1	32
Russell, m. Eliza **HILL**, b. of Saybrook, Oct. 14, 1822, by William Case	1	50
Susan H., m. Elihu **KINGLSEY**, b. of Saybrook, Apr. 15, 1839, by Herman S. Haven	2	88
William H., m. Alvira **TOOCKER**, b. of Saybrook, Mar. 23, 1834, by Rev. Pierpont Brockett	2	55
DOLPH, [see also **DeWOLF**], Betsey, of Saybrook, m. Solomon **BROWN**, of Lyme, July 7, 1828, by Fred W. Hotchkiss	1	72
Frederick W., m. Catherine **BISHOP**, b. of [Essex], Mar. 26, 1851, by Ja[me]s McGregor Bertram	2	134
William, m. Rhoda B. **WATROUS**, b. of Saybrook, Mar. 29, 1827, by Joseph Glazier, Elder	1	63

	Vol.	Page
DORRANCE, DORANCE, Anne, d. Samuel & Anne, b. Mar. 27, 1781	1	6
George, s. [Samuel & Anne], b. Apr. 20, 1786	1	6
Joseph, s. [Samuel & Anne], b. Sept. 17, 1777	1	6
Mary, b. Feb. 28, 1755; m. Humphrey **PRATT**, 2d, 2d wife, Jan. 16, 1777	2	372
Samuel, m. Anne **TULLY**, Nov. 16, 1775	1	6
Samuel, s. [Samuel & Anne], b. Jan. 15, 1779	1	6
Sarah, d. [Samuel & Anne], b. Oct. 26, 1782	1	6
Tully, s. [Samuel & Anne], b. Sept. 18, 1784	1	6
William, s. [Samuel & Anne], b. Aug. 14, 1776	1	6
DOTY, Anne, d. Benjamin & Hester, b. June 5, 1720	2	417
Benjamin, m. Hester **BEAMONT**, b. of Saybrook, Oct. 2, 1716	2	417
Hester, d. [Benjamin & Hester], b. Aug. 11, 1717	2	417
Mercy, m. Daniel **PRATT**, Nov. 24, 1713	2	21
Samuel, m. Anne **BUCKINGHAM**, Dec. 3, 1706	2	242
Samuel, s. [Samuel & Anne], b. June 17, 1712	2	242
Samuel, Jr., m. Margery **PARKER**, Apr. 3, 1733	4	405
Samuel, m. Margary **PARKER**, Apr. 3, 1733	4	447
Sarah, d. [Samuel & Anne], b. Nov. 18, 1708	2	242
Sarah, d. Samuel, Jr. & Margery, b. Dec. 20, 1733	4	405
Sarah, d. [Samuel & Margary], b. Dec. 20, 1735	4	447
Sarah, d. of Margary, m. Elijah **LORD**, [ ]	7	559
William, s. [Benjamin & Hester], b. Mar. 18, 1723	2	417
DOUGLAS, DOUGLASS, Anna, m. Thomas **SPENCER**, Sept. 2, 1702	2	4
Dorothy, m. Thomas **BUSHNELL**, June 24, 1756	2	456
Emily, m. Wright **WHITE**, formerly of Savanna, Oct. 1, 1829, by Asa Wilcox, Elder	1	22
Esther M., m. Jonathan P. **BARKER**, b. of Saybrook, at D. Douglass, in Saybrook, Nov. 13, 1834, by Rev. W[illia]m Palmer	2	69
Sarah, m. James **POST**, Jan. 29, 1700	2	243
Sarah, m. Garrard **SPENCER**, Aug. 20, 1702	2	75
DOWD, DOUD, DOUDE, Abner H., of Madison, m. Cynthia A. **WILCOX**, of Westbrook, Oct. 4, 1835, by Rev. Jeremiah Miller	2	75
Augustus William, [s. Charles A. & Elizabeth Maria], b. June 20, 1832	2	7
Charles A., b. Mar. 4, 1795, in East Guilford; m. Elizabeth Maria **CARTER**, Sept. 12, 1825	2	7
Charles Augustus, of East Guilford, m. Elizabeth M. **CARTER**, of Saybrook, Sept. 12, 1825, by Frederic W. Hotchkiss	1	53
Edwin, of Meriden, m. Delia **MURDOCK**, of Saybrook, May 22, 1831, by Sylvester Selden	1	88
Elizabeth Ann, [d Charles A. & Elizabeth Maria], b. Nov. 19, 1826	2	7
Galen, m. Catharine **KIRTLAND**, b. of Saybrook, Jan. 18, 1835, by Rev. Fredk. W[illia]m Hotchkiss	2	39

SAYBROOK VITAL RECORDS 57

	Vol.	Page
DOWD, DOUD, DOUDE (cont.)		
Harriett Ann, m. William Edward CHAMPLIN, May 9, 1842, by Rev. Frederick W[illia]m Hotchkiss	2	114
Jane Louisa, [d. Charles A. & Elizabeth Maria], b. Sept. 16, 1828	2	7
Martin L., of Madison, m. Maryette SPENCER, of Saybrook, May 8, 1833, by Sylvester Selden	1	101
Phineas P., m. Charlotte BANNING, Oct. 30, 1843, by Giles Shattuck, J.P. [Certificate dated Marlborough, Jan. 18, 1865]	2	141
Rhoda, m. Josiah WRIGHT, June 5, 1735	4	748
Richard Nelson, of Meriden, m. Janett L. DAVISON, of Saybrook, Oct. 6, 1833, by Fred W. Hotchkiss	1	102
Samuel Carter, [s. Charles A. & Elizabeth Maria], b. Feb. 23, 1830, in Meriden	2	7
DOWNING, Erastus, of East Haddam, m. Nancy D. DOAN, of Saybrook, Apr. 23, 1829, by Rev. William Jarvis	1	76
DOWRY, Joseph, m. Sylvia EXITER, b. of Saybrook, Apr. 9, 1822	1	28
Katherine, of Saybrook, m. John ROBINSON, of Madison, Nov. 27, 1828, by Fred W. Hotchkiss	1	74
DRAKE, Anne, d. Hannah WEBB, b. Mar. 18, 1725	2	548
DUDLEY, DUDLY, Abia, d. [William & Mary], b. Dec. 27, 1701	2	85
Abiell, [s. Joseph & Sarah], b. May 11, 1710	2	74
Abigail, [d. William & Mary], b. May 24, 1667	1	109
Abigail, d. Joseph & Sarah, b. Feb. 2, 1707/8	2	74
Abigail, [d. William & Mary], b. Aug. 5, 1745	2	476
Abigail, d. [William & Mary], b. Aug. 7, 1745	4	733
Abigail, d. [William & Elizabeth], b. Aug. 7, 1745	4	738
Anne, d. [William & Mary], b. June 17, 1709	2	85
Anne, d. [William & Mary], b. Oct. 11, 1751	2	476
Anne, m. Charles WILLIAMS, Jan. 2, 1843, by Rev. H. Stanley	2	105
Barzillai, s. Joseph & Sarah, b. Apr. 9, 1727	2	74
Chloe, d. [Daniel, Jr. & Susannah], b. Dec. 9, 1752	4	543
Cybill, see under Sybil		
Cyprian, s. Joseph & Sarah, b. Mar. 16, 1715	2	74
Daniel, m. Deborah BUELL, Sept. 2, 1714	2	132
Daniel, s. [Daniel & Deborah], b. July 29, 1719	2	132
Daniel, Jr., m. Susannah CHATFIELD, of Killingworth, Nov. 5, 1741	4	543
Daniel, s. [Daniel, Jr. & Susannah], b. Apr. 9, 1754	4	543
Deborah, [d. William & Mary], b. Nov. 11, 1670	1	109
Deborah, d. [Joseph & Sarah], b. Nov. 15, 1701	2	74
Deborah, d. [Daniel & Deborah], b. Mar. 27, 1725	2	132
Deborah, d. Daniel & Susanna, b. June 15, 1739; d. Feb. 23, 1752	4	543
Elias, s. [Daniel, Jr. & Susannah], b. Aug. 12, 1761	4	543
Elisha, twin with Sarah, [s. Moses & Ann], b. Apr. 30, 1763	2	461
Elizabeth, [d. William & Mary], b. Mar. 4, 1678	1	109

DUDLEY, DUDLY (cont.)

	Vol.	Page
Elizabeth, m. Robert **EARLE**, Nov. 29, 1726	2	67
Esther, d. [Joseph & Sarah], b. May 3, 1723	2	74
Eustatia, d. [Zebulon & Lucy], b. Sept. 6, 1735; d. Sept. 6, 1738	2	548
Ezra, s. [Daniel, Jr. & Susannah], b. Mar. 23, 1754	4	543
Gideon, s. Joseph & Sarah, b. Feb. 14, 1705/6	2	74
Hester, m. Benjamin **EUEREST**, Feb. 23, 1741/2	4	16
Hester, d. of Joseph, m. Benjamin **EVEREST**, Feb. 23, 1742	5	16
Hester, d. of Joseph, m. Benjamin **EVEREST**, Feb. 23, 1742	6	243
Isaac, s. Joseph & Sarah, b. Mar. 24, 1703/4	2	74
Isacher, s. [Zebulon & Lucy], b. Sept. 1, 1746	2	548
Jedidiah, s. [William & Mary], b. Oct. 12, 1699	2	85
Jedidiah, m. Mary **MARSON**, Feb. 23, 1721/2	2	372
Jemima, d. [Joseph & Sarah], b. May 28, 1720	2	74
Jeremiah, of Killingworth, m. Sally **CHAPMAN**, of Saybrook, Aug. 30, 1824, by Sylvester Selden	1	48
John, s. [Daniel, Jr. & Susannah], b. Jan. 25, 1758	4	543
John, s. [Daniel, Jr. & Susan], b. Feb. 25, 1758	4	543
Joseph, [s. William & Mary], b. Mar. 3, 1668/9; d. July 26, 1670	1	109
Joseph, [s. William & Mary], b. Sept. 14, 1674	1	109
Joseph, m. Sarah **PRATT**, Dec. 10, 1697	2	74
Joseph, s. [Joseph & Sarah], b. Nov. 3, 1712	2	74
Josiah, s. [Daniel, Jr. & Susannah], b. Dec. 27, 1745	4	543
Lucia, d. [Daniel & Deborah], b. Aug. 19, 1715	2	132
Lucy, d. [Daniel & Deborah], b. June 29, 1730	2	132
Lucy, d. Daniel & Deborah, b. Jan. 24, 1731/2	2	132
Lucy, d. [Zebulon & Lucy], b. July 28, 1733; d. Sept. 4, 1738	2	548
Lucy, d. [Zebulon & Lucy], b. May 5, 1740	2	548
Lydia, d. [William & Mary], b. Apr. 7, 1711	2	85
Martha, [d. William & Mary], b. Nov. 1, 1749	2	476
Mary, [d. William & Mary], b. Sept. 6, 1662	1	109
Mary, m. Nic[h]olas **MASON**, Mar. 11, 1686	1	167
Mary, d. [William & Mary], b. Mar. 24, 1696	2	85
Mary, d. [Jedidah & Mary], b. Aug. 9, 1723	2	372
Mary, wid. of Dea. William, d. Sept. 23, 1727	2	548
Mary, [d. William & Mary], b. Nov. 5, 1739	2	476
Mary, d. [William & Mary], b. Nov. 5, 1739	4	733
Mary, d. [William & Elizabeth], b. Nov. 5, 1739	4	738
Mary, w. [William], d. June 10, 1755	2	476
Mat[t]hew, s. [William & Mary], b. Nov. 27, 1749	4	733
Mat[t]hew, s. [William & Elizabeth], b. Nov. 27, 1749	4	738
Mehetable, d. [Joseph & Sarah], b. Apr. 7, 1718	2	74
Moses, b. July 29, 1714	2	461
Moses, m. Ann **BUSHNELL**, Dec. 22, 1743	2	461
Moses, [s. Moses & Ann], b. May 30, 1745	2	461
Ruth, m. John **WHITTLESEY**, June 20, 1664	1	110

SAYBROOK VITAL RECORDS 59

	Vol.	Page
DUDLEY, DUDLY (cont.)		
Saba, d. [Zebulon & Lucy], b. May 5, 1737; d. Sept. 4, 1738	2	548
Samuel, [s. William & Mary], b. Nov. 4, 1672	1	109
Samuel, d. Apr. 7, 1713	2	548
Sarah, [d. William & Mary], b. Jan. 3, 1676	1	109
Sarah, d. [Joseph & Sarah], b. Mar. 26, 1699	2	74
Sarah, twin with Elisha, [d. Moses & Ann], b. Apr. 30, 1763	2	461
Susanna, d. [Daniel, Jr. & Susan], b. Mar. 12, 1743	4	543
Sibill, [d. William & Mary], b. Oct. 30, 1741	2	476
Cybill, d. [William & Mary], b. Oct. 30, 1741 (Sybill)	4	733
Cibell, d. [William & Elizabeth], b. Oct. 30, 1741	4	738
Thomas, s. [William & Mary], b. Apr. 25, 1707	2	85
Thomas, s. [Zebulon & Lucy], b. Feb. 22, 1751	2	548
Warren, s. [Zebulon & Lucy], b. Sept. 12, 1753	2	548
William, m. Mary **ROE**, Nov. 4, 1661	1	109
William, [s. William & Mary], b. Aug. 8, 1665	1	109
William, m. Mary **HILL**, Apr. 18, 1695	2	85
William, s. [William & Mary], b. Oct. 31, 1697	2	85
William, m. Mary **PETTY**, Nov. 23, 1738	4	738
William, [s. Moses & Ann], b. Oct. 12, 1747	2	461
William, d. Jan. 17, 1754	2	476
William C., of Guilford, m. Mary D. **BARKER**, of Saybrook, Sept. 27, 1827, by William Case	1	82
Zacha, s. Zebulon & Lucy, b. June 24, 1748	2	548
Zebulon, s. [William & Mary], b. Oct. 25, 1704	2	85
Zebulon, m. Lucy **CHAPMAN**, Oct. 31, 1732	2	548
Zebulon, s. Zebulon & Lucy, b. July 2, 1742; d. Oct. 12, 1742	2	548
Zebulon, s. [Zebulon & Lucy], b. July 26, 1744	2	548
DUKES, Sarah Louisa, of Essex, m. John **ROBINSON**, of Hartford, May 18, 1842, by Rev. W[illia]m George Miller	2	112
DUNK, Abijah, s. [Jonathan & Mabel], b. June 3, 1754	2	380
Anna, d. [Thomas & Anna], b. Dec. 1, 1713	2	124
Daniel, s. [Thomas & Anna], b. Mar. last, 1718	2	124
Daniell, s. [Jonathan & Mabel], b. Dec. 31, 1744	2	380
Daniel, s. [Jonathan & Mabel], d. Feb. 19, 1760	2	380
Elizabeth, w. of Thomas, d. Oct. 1, 1678	1	14
Elizabeth, d. Thomas & Hannah, b. Feb. 26, 1703/4	2	124
Esther, d. [Jonathan & Mabel], b. Feb. 25, 1756	2	380
Hannah, [w. of Thomas], d. Nov. 26, 1711	2	124
Hannah, d. [Samuel & Sarah], b. Apr. 24, 1735	3	247
Huldah, d. [Jonathan & Mabel], b. May 23, 1752	2	380
Huldah, m. Thomas **SILLIMAN**, Oct. 22, 1789	1	10
Jemima, d. [Thomas & Anna], b. June 4, 1719	2	124
Jonathan, s. [Thomas & Hannah], b. July 3, 1711	2	124
Jonathan, m. Mabel **COLT**, Nov. 24, 1743	2	380
Jonathan, s. [Jonathan & Mabel], b. June 3, 1758	2	380
Lydia, d. [Samuel & Sarah], b. Sept. 22, 1730	3	247

	Vol.	Page
DUNK (cont.)		
Lydia, d. [Samuel & Sarah], b. Sept. 22, 1733 (Crossed out with note written, "not in original records")	3	247
Lydia, m. Reuben **CHAMPION**, Feb. 6, 1755	4	730
Mabel, d. Jonathan & Mabel, b. Feb. 20, 1749/50	2	380
Martin, s. Jonathan & Mabel, b. Feb. 3, 1746/7	2	380
Mary, d. [Thomas & Anna], b. Apr. 15, 1715	2	124
Samuel, s. [Thomas & Hannah], b. July 23, 1706	2	124
Samuel, m. Sarah **INGRAM**, June 22, 1729	3	247
Sarah, d. Thomas & Anna, b. Feb. 3, 1715/16	2	124
Sarah, d. [Samuel & Sarah], b. May 29, 1733	3	247
Susannah, d. [Thomas & Hannah], b. Apr. 22, 1702	2	124
Thomas had a servant, Thomas **BALL**, who drowned in one of his tan fats July 17, 1675	Reg-4	21
Thomas, m. Elizabeth **STEADMAN**, July 10, 1677	1	14
Thomas, s. Thomas [& Elizabeth], b. Aug. 6, 1678	1	14
Thomas, d. Aug. 9, 1683	1	14
Thomas, Jr., s. Thomas & Hannah, b. Mar. 9, 1709/10	2	124
Thomas, m. Anna **RAY**, Sept. 24, 1712	2	124
DURYEA, Mary E., of [Saybrook], m. Gilbert E. **BUSHNELL**, of Westbrook, Feb. 5, 1849, by Rev. E. B. Crane	2	128
DYER, Charles, of Middletown, m. Jennette **KIRTLAND**, of Saybrook, Sept. 19, 1843, by Rev. E. B. Crane	2	109
EARLE, Mary, d. [Robert & Elizabeth], b. Aug. 7, 1727	2	67
Mary, m. William **LENNARD**, Aug. 26, 1759	2	67
Robert, m. Elizabeth **DUDLEY**, Nov. 29, 1726	2	67
Robert, d. May 8, 1727	2	67
EASTMAN, Benjamin C., of North Haven, m. Sarah S. **CLARK**, of [Saybrook], May 12, 1834, by W[illia]m Case	2	62
EDGERTON, Elizabeth, [d. Richard], b. Dec. 24, 1656	1	23
Hannah, [d. Richard], b. Sept. 24, 1659	1	23
Mary, [d. Richard], b. Feb. 3, 1654	1	23
Richard, m [ ], Apr. 8, 1653	1	23
EDWARDS, Benjamin, s. Daniel, Jr. & Mary, b. Dec. 5, 1738	4	389
Lucy, d. [Daniel, Jr. & Mary], b. Mar. 5, 1740	4	389
ELDERT, S., of Hempstead, N.Y., m. Harriet A., d. of David **SPENCER**, of Saybrook, June 20, 1849, by Rev. Charles R. Fisher, Grace Church, Saybrook	2	129
ELLIOT, ELLIOTT, Alexander M.G., of Durham, m. Julia A. **TYLER**, of [Saybrook], Jan. 1, 1835, by W[illia]m Case	2	71
Mary D., of Killingworth, m. Seth D. **PLUMB**, of Meriden, Mar. 7, 1827, by Rev. Pierpont Brocket, of Killingworth	1	63
ELLSWORTH, Joseph, of East Windsor, m. Mary Ann **STARKEY**, of Saybrook, Nov. 10, 1831, by Orson Spencer	1	89
ELY, Ansel R., of Lyme, m. May Ann **McGRERY**, of Essex, June 7, 1840, by W[illia[]m Geo[rge] Miller	2	95

SAYBROOK VITAL RECORDS 61

	Vol.	Page
ELY (cont.)		
Catharine Bliss, d. Richard, 2d, & Eunice, b. July 24, 1803	1	14
Charlotte, w. of E[lisha] A., d. July 9, 1833	2	30
Charlotte Chapman, [d. Elisha], b. June 29, 1833; d. Aug. 22, 1833	2	30
Claris[s]a, d. [Richard & Eunice], b. May 1, 1801	1	15
Elias, of Haddam, m. Betsey **MILLER**, of Saybrook, Sept. 4, 1822, by Simon Shailer, J.P.	1	30
Elias S., of Madison, m. Hester M. **WRIGHT**, of Saybrook, Oct. 1, 1833, by Sylvester Selden	1	101
Elisha A., of Lyme, m. Charlotte **CHAPMAN**, of Saybrook, Oct. 1, 1828, by Sylvester Selden	1	73
Eliza Mariah, d. [Richard & Eunice], b. May 8, 1794, in Killingworth	1	15
Elizabeth H., m. William J. **ELY**, b. of Lyme, Mar. 15, 1835, by Rev. Stephen Beach, of Essex	2	57
Harriet Chapman, [d. Elisha], b. Apr. 5, 1830	2	30
Henry Chapman, [s. Elisha], b. Mar. 17, 1832	2	30
Huldah, m. Uriah **HAYDEN**, 2d, Nov. 4, 1792	1	15
Jerusha A., m. Horace C. **SCOTT**, of New York City, Nov. 7, 1843, by Rev. E. B. Crane	2	109
Joseph M., m. Mary Ann **SOUTHWORTH**, Nov. 7, 1832, by William Case	1	99
Richard, 2d, Dr., m. Eunice **BLISS**, Sept. 4, 1791	1	14
Richard, s. [Richard & Eunice], b. Aug. 5, 1798	1	15
Robert, m. Jerusha **LAY**, Apr. 28, 1768	2	225
William, s. [Richard & Eunice], b. June 27, 1792	1	15
William Horace, of Lyme, m. Harriet Plinny **HAMMET**, of [Essex], Oct. 30, 1849, by Rev. S. Nash	2	129
William J., m. Elizabeth H. **ELY**, b. of Lyme, Mar. 15, 1835, by Rev. Stephen Beach, of Essex	2	57
EMMONS, Daniel O., of East Haddam, m. Sarah M. **PETERS**, of [Deep River], Apr. 15, 1838, by Rev. Henry Wooster	2	83
ENO, Augustus W., of Middletown, m. Sylvia K. **LAY**, of Saybrook, Jan. 5, 1825, by William Case	1	50
ENSIGN, Roxey E., of Hartford, m. Henry **TRIPP**, of Saybrook, May 22, 1832, by Rev. Rapheal Gilbert	1	93
EVARTS, EVEARTS, Ann Maria, [d. Charles & Jennette], b. Mar. 5, 1824	2	19
Charles, b. Nov. 15, 1794; m. Jennette **DIBBLE**, Jan. 10, 1816	2	19
Charles W., [s. Charles & Jennette], b. Mar. 4, 1817	2	19
Emily Matilda, [d. Charles & Jennette], b. Sept. 24, 1828	2	19
Jennette Eliza, [d. Charles & Jennette], b. July 30, 1821	2	19
Lucy Melissa, d. Charles & Jennette, b. Aug. 12, 1833	2	19
Mary Jane, [d. Charles & Jennette], b. July 17, 1819	2	19
Sally Louisa, d. Charles & Jennette, b. Jan. 12, 1831	2	19
Susan Hester, d. Charles & Jennette, b. June 12, 1826	2	19
EVEREST, EUEREST, Benjamin, m. Hester **DUDLEY**, Feb. 23, 1741/2	4	16

	Vol.	Page
EVEREST, EUEREST (cont.)		
Elisha, m. Lydia **PRATT**, Jan. 2, 1752	2	270
Elisha, s. Elisha & Lydia, b. Nov. 8, 1752	2	270
EXITER, Clary, of Saybrook, m. Frederick **BAILEY**, of Guilford, Oct. 30, 1822, by Frederic W. Hotchkiss	1	31
Sylvia, m. Joseph **DOWRY**, b. of Saybrook, Apr. 9, 1822	1	28
FARGO, Asa W., of Chester, m. Lucinda W. **PARKER**, of Chester, Nov. 25, 1849, by Rev. E. Cushman	2	131
Aurelia, of Chester, m. Norman **WADSWORTH**, of East Hartford, May 5, 1838, by Rev. Z. Rogers Ely	2	84
Joseph C., Jr., of Chester, m. Charlotte M. **SHIPMAN**, of Deep River, Dec. 5, 1847, by Rev. E. Cushman	2	124
M. Cordelia, of Chester, m. Russell L. **GROVER**, of [Deep River], June 27, 1849, by Rev. E. Cushman	2	128
FARNHAM, Elisha, s. Josiah & Sarah, b. Mar. 16, 1730; d. Feb. 24, 1747/8	2	428
Hannah, d. Josiah & Sarah, b. May 16, 1736	2	428
John, s. [Josiah & Sarah], b. Mar. 10, 1732	2	428
Josiah, m. Sarah **ACHISON**, May 10, 1725	2	428
Josiah, s. Josiah & Sarah, b. Feb. 6, 1725/6	2	428
Martha, of Killingworth, m. Jedediah **CHAPMAN**, of New Haven, Oct. 11, 1831, by Rev. Pierpont Brocket	1	89
Noah, s. Josiah & Sarah, b. Jan. 24, 1727/8	2	428
Sarah, d. [Josiah & Sarah], b. Mar. 4, 1734	2	428
FENNER, Hannah, d. [John & Sarah], b. [ ]; m. Thomas **STARKIE**, [ ]	4	696
Hannah, m. Thomas **STARKEY**, Sept. [ ], 1709	2	306
John, m. Sarah [ ]	4	696
John, s. [John & Sarah], b. [ ]; m. Elizabeth [ ]	4	696
Phebe, d. Capt. John, b. Sept. 6, 1673	1	88
Phebe, d. [John & Sarah], b. Sept. 6, 1673; m. Daniel **BUELL**, [ ]	4	696
Sarah, d. [John & Sarah], b. [ ]; m. Gershom **PALMER**	4	696
FERGUSON, Erastus B., of East Haddam, m. Eunice **PARKER**, of Saybrook, Mar. 6, 1848, by Joseph D. Hull	2	125
FERNAND, Mary Ann Charlotte Henrietta, of N.Y., m. Theophile Arestidie **VATBLE**, of Martinico, Apr. 25, 1830, by Rev. William Jarvis	1	81
FINCH, Frederick, of England, m. Eliza **ROACH**, of Saybrook, Sept. 13, 1835, by Rev. Fred[eric]k W[illia]m Hotchkiss	2	32
FISK, FISKE, Charles E., of Saybrook, m. Amelia H. **CHASE**, of Philadelphia, Jan. 1, 1827, by Rev. William Jarvis	1	62
Lydia, d. [Phineas & Lydia], b. Sept. 28, 1711	2	278
Mary, Mrs., d. Mar. 24, 1708/9	2	548
Mary, d. Phineas & Lydia, b. Mar. 22, 1712/13	2	278
Phineas, m. Lydia **PRATT**, July 27, 1710	2	278

SAYBROOK VITAL RECORDS 63

	Vol.	Page
FITCH, Abigail, [d. James], b. Aug. 6, [16]50	1	12
Abigail, w. of James, d. Sept. 9, 1659	1	12
Dorathy, [d. James], b. Apr. [ ], [16]58	1	12
Elizabeth, [d. James], b. Jan. 2, [16]51	1	12
Hanna[h], d. James & [Abigail], b. Dec. 17, 1653	1	12
Henry A., m. Maria COOK, b. of Hartford, June 8, 1845, at Essex, by Rev. Nathaniel C. Lewis	2	115
James, [s. James], b. Aug. 2, [16]49	1	12
Samuel, [s. James], b. Mar. beginning, [16]55	1	12
FITHIN, Susanna, m. Samuel PLATTS, Jan. 2, 1722/3	2	496
FITZGARRALD, James, m. Elizabeth BULLIAR, Apr. 28, 1678	1	69
FLEETHAM, Thomas B., m. Deborah CLARK, b. of Saybrook, Apr. 26, 1840, by Rev. Russell Jennings	2	96
FORD, James L., m. Elizabeth C. SMITH, Apr. 16, 1821, by Simon Shailer, J.P.	1	24
Sarah, m. Ebenezer INGHAM, Sept. 16, 1772	1	2
FORDHAM, Charlotte, of Sag Harbor, m .Jabez STOW, 2d, July 15, 1782	1	12
Rebecca Ann, of Saybrook, m. Charles BURR, of Haddam, May 12, 1840, by Rev. Eli M. Kirkam	2	94
Rufus, of Saybrook, m. Hepzibah BECKWITH, of Lyme, Feb. 1, 1828, by Samuel Carter, J.P.	1	71
FORBES, W[illia]m, m. Catharine A. SMITH, Apr. 3, 1852, by Rev. James A. Clark, Deep River	2	137
FOSTER, Ann, m. Elihu SOUTHWORTH, Sept. 11, 1830, by Aaron Hovey	1	84
Asa, of Chester, m. Elizabeth STANNARD, of Saybrook, Apr. 15, 1828, by Rev. Fred W. Hotchkiss	1	71
Augustus J., principal of Hill Academy, m. Tirzah PECK, b. of Essex, Feb. 18, 1845, by Rev. W[illia]m George Miller	2	113
Charles, m. Ruth STANNARD, b. of Saybrook, Dec. 12, 1822, by Aaron Hovey	1	44
Deborah, m. David BANKS, b. of New York City, Oct. 4, 1843, by Rev. W[illia]m George Miller, Essex	2	113
John, m. Thriphene LOWRY, b. of Saybrook, Feb. 9, 1821, by Aaron Hovey	1	43
Roxana, m. Elihu B. SOUTHWORTH, b. of Saybrook, Apr. 16, 1824, by Simon Shailer	1	46
FOWLER, Abby C., m. Alfred SNOW, b. of Meriden, Sept. 2, 1834, by W[illia]m Case	2	71
Catherine, of Saybrook, m. Columbus SHUMWAY, of Sidney Plains, N.Y., Sept. 2, 1833, by Sylvester Selden	1	101
Elisha, of Guilford, m. Mary Ann PARMELEE, of Saybrook, Dec. 20, 1820	1	23
FOX, David A., Dr., of Colchester, m. Mary M. BEAMAN, of Deep River, Feb. 29, 1852, by Rev. R. Russell	2	137
FRANCIS, Diany, of Saybrook, m. Hyram, GARDENER, of N.Y., Dec. 26, 1820, by Frederic W[illia]m Hotchkiss	1	24

	Vol.	Page
FREEMAN, Claris[s]a, [d. Sarny], b. Oct. 12, 1800	1	17
James, [s. Sarny], b. June 15, 1798	1	17
John R., m. Ellen M. **BULL**, Apr. 10, 1843, by Aaron Hovey	2	106
Julia, m. William **ROBINSON** (colored), formerly of Colchester, Dec. 11, 1828, by Jedidiah Post, J.P.	1	75
Mason, s. Sawny, b. Jan. 31, 1803	1	17
Nancy, [d. Sarny], b. Aug. 10, 1796	1	17
Polly, [d. Sarny], b. Sept. 17, 1794	1	17
Sarah A., [d. Sarny], b. May 19, 1815	1	17
William, [s. Sarny], b. June 21, 1805	1	17
FRENCH, Justus M., of Derby, m. Polly **INGHAM**, of Saybrook, July 22, 1827, by Rev. Frederic W. Hotchkiss	1	66
GALE, Azubah Ann, of Guilford, m. Thomas **LANE**, of Boston, Oct. 30, 1831, by Fred W. Hotchkiss	1	89
GALLUP, John C., of Brooklyn, Ct., m. Susan M. **INGHAM**, of Saybrook, Sept. 9, 1834, by Rev. Fred W[illia]m Hotchkiss	2	65
GARDNER, GARDENER, George, of Killingworth, m. Dianna **STEVENS**, of Westbrook, Sept. 11, 1831, by Rev. Rapheal Gilbert	1	89
Hyram, of N.Y., m. Diany **FRANCIS**, of Saybrook, Dec. 26, 1820, by Frederic Hotchkiss	1	24
Orin, of East Haddam, m. Cordelia **PRATT**, of Saybrook, Jan. 3, 1836, by Darius Mead	2	73
William, m. Lucy L. **STEPHENS**, July 5, 1830, by Rev. Luman Andrus	1	83
GATES, Bazaleel, of East Haddam, m. Sarah A. **PRATT**, of Saybrook, Jan. 1, 1833, by R. S. Crampton. U.D.M.	1	98
GILBERT, GILBERTS, GILBORD, Ann S., m. Charles **DANIELS**, b. of Saybrook, Dec. 2, 1821, by Nehemiah B. Beardsley	1	27
Deborah, d. June 17, 1683	1	3
Hannah, m. Joseph **PARKER**, June 3, 1673	1	45
Jane E., of [Deep River], m. Edwin **ANDREWS**, May 3, 1846, by Rev. Lawson Muzzy	2	118
Lydia, d. William & Lydia, b. Mar. 29, 1713	2	147
Lydia, w. [William], d. Mar. 8, 1715	2	147
Olive, m. Charles W. **SNOW**, b. of Deep River, Sept. 29, 1850, by Rev. Elisha Cushman	2	134
Richard B., of Haddam, m. Harriet A. **GLADWIN**, of Saybrook, July 4, 1847, by Rev. E. Cushman	2	122
Thomas, m. Deborah **BEAMON**, Sept. 27, 1681	1	3
William, m. Lydia **PARKER**, d. Dea. William, Dec. 1, 1709	2	147
William, m. Frances **WOODHOUSE**, Jan. 9, 1717	2	147
-----, s. Thomas & Deborah, b. June 17, 1683; d. June 19, 1683	1	3
GILLAM, Charles, s. Cartret & Mary, b. Mar. 7, 1707/8, in Saybrook	2	59

SAYBROOK VITAL RECORDS 65

	Vol.	Page
GILLETT, Amanda F., m. Charles E. COLLINS, Nov. 29, 1832	1	95
GLADDING, GLADDEN, GLADING, [see also GLADWIN], Alva, m. Delecta DOANE, b. of Saybrook, Apr. 21, 1825, by Asa Wilcox, Elder	1	52
Ann, d. [Silas], b. Aug. 29, 1764	2	516
Betsey B., m. Joseph C. WRIGHT, Nov. 2, 1845, by Rev. W[illia]m H. Card	2	116
Caroline T., m. Frederick W. GLADDING, b. of Essex, Nov. 26, 1849, by Rev. E. Cushman	2	131
Catherine Janette, [d. John], b. Oct. 3, 1825	2	37
Catherine Jennette, m. Felix STARKEY, 2d, b. of Saybrook, Jan. 3, 1847, by F. W. Chapman, Deep River	2	120
Daniel, s. [Joshua & Mary], b. Mar. 31, 1716	2	418
Eliza M., m. David P. PLATTS, b. of Saybrook, Nov. 10, 1839, by Rev. Pierpont Brockett	2	91
Ellen Maria, [d. John], b. Jan. 15, 1831	2	37
Emily M., m. George STARKEY, b. of Essex, Nov. 21, 1841, by Rev. W[illia]m George Miller	2	112
Ezra, m. Lorinda GLADDING, Sept. 20, 1820, by Aaron Hovey	1	23
Felix, of Essex, m. Maria S. PRATT, of Somerset, Niagara Co., N.Y., Oct. 10, 1842, by Rev. Charles Stearns	2	104
Frederick W., of Essex, m. Caroline T. GLADDING, of Essex, Nov. 26, 1849, by Rev. E. Cushman	2	131
Hannah, d. Silas, b. Nov. 16, 1762	2	516
Jane M., of Essex, m. Alpheus H. WRIGHT, of Westbrook, Nov. 25, 1849, by Rev. E. Cushman	2	131
Jeremiah, of Saybrook, m. Sarah BUEL, of Killingworth, Mar. 12, 1832, by Orson Spencer	1	91
John, Jr., [s. John], b. July 1, 1819	2	37
Joshua, m. Mary HAIDEN, Oct. 8, 1713	2	418
Joshua, s. [Joshua & Mary], b. Sept. 5, 1714	2	418
Josiah, 2d, m. Lodiska PRATT, b. of Saybrook, Nov. 4, 1821, by Aaron Hovey	1	43
Laura A., m. Israel H. SOUTHWORTH, b. of [Saybrook], July 25, 1847, by Rev. E. Cushman	2	122
Lorinda, m. Ezra GLADDING, Sept. 20, 1820, by Aaron Hovey	1	23
Lucy L., of [Deep River], m. Philander R. JENNINGS, of Sag Harbor, L.I., July 21, 1850, by Rev. E. Cushman	2	133
Mary Elizabeth, [d. John], b. Jan. 3, 1823	2	37
Noah, m. Charlotte WATEROUS, b. of Saybrook, Jan. 17, 1822, by Simon Shailer, J.P.	1	27
Noah, 2d, s. Noah, b. Dec. 17, 1824	2	18
Phebe C., m. Ansel D. PLATT, Apr. 16, 1851, by James A. Clark, Essex	2	135

	Vol.	Page

GLADDING, GLADDEN, GLADING (cont.)
Porter A., of [Deep River], m. Dolly S. **HAVEN**, of
    Pittsfield, N.H., Sept. 1, 1839, by Rev. Henry
    Wooster   2   89
Richard W., [s. Noah], b. Nov. 8, 1827   2   18
Rufus, m. Roxana **CHAPMAN**, Nov. 10, 1825, by
    Frederic W. Hotchkiss   1   55
Samuel C., m. Elizabeth A. **PRATT**, b. of Saybrook, Jan.
    8, 1850, by F. W. Chapman, Deep River   2   132
Samuel Clark, [s. John], b. Apr. 3, 1828   2   37
T[h]eresa Ann, [d. Noah], b. June 13, 1823   2   18
William, m. Mabel **TOOKER**, June 14, 1830, by Rev.
    Rapheal Gilbert   1   82
GLADWIN, [see also **GLADDING**], Alvah Chapman, m.
    Elizabeth Beulah **BUSHNELL**, b. of Saybrook,
    Aug. 31, 1845, by Jos. D. Hull   2   115
Emeline A., m. William L. **JONES**, Sept. 24, 1843, by
    Rev. W[illia]m Albert Hyde, Westbrook   2   107
Gilbert A., m. Marietta E. **JONES**, Nov. 6, 1848, at Deep
    River, by Frederick W. Chapman   2   127
Harriet A., of Saybrook, m. Richard B. **GILBERT**, of
    Haddam, July 4, 1847, by Rev. E. Cushman   2   122
Julietta S., m. Linus S. **DENISON**, b. of Saybrook, July
    3, 1853, by Rev. R. H. Maine, Winthrop   2   140
Susan A., of Saybrook, m. Julius P. **POST**, Oct. 13, 1840,
    by W. George Miller   2   97
Susan M., of [Deep River], m. Edgar H. **ARNOLD**, of
    Haddam, Oct. 6, 1848, by Rev. E. Cushman   2   126
Susan M., m. Ansel G. **CLARK**, b. of Saybrook, Apr. 9,
    1854, by Rev. R. H. Maine   2   141
GOLDSMITH, Mary, m. Richard **DICKINSON**, Mar. 2, 1715   4   397
GOODRICH, Sarah, m. James **LORD**, Dec. 21, 1725   2   451
GOULD, William, Jr., of Branford, m. Mary **LORD**, of
    Saybrook, June 21, 1749   2   336
GRANT, Augustus, of Torringford, m. Roxana **CLARK**, of
    Saybrook, Aug. 29, 1826, by Aaron Hovey   1   60
GRAVES, Louisa, m. Richard D. **BARKER**, b. of Saybrook,
    Apr. 7, 1828, by William Case   1   82
Rebecca, m. Abel **SNOW**, June 7, 1825, by William Case   1   53
Ruth, m. John **WEBB**, Jan. 25, 1699/1700. Witness:
    Tho[ma]s Buckingham, Sr.   2   5
GRAY, Mary, m. Gamaliel **KELC[E]Y**, Jan. 11, 1738/9   4   110
GREEN, Benjamin N., of N.Y., m. Catherine N. **HAYDEN**, of
    Essex, Sept. 22, 1833, by Stephen Beach Rector   1   100
GREENEL, [see under **GRINNELL**]
GREENFIELD, Elisha C., of Lyme, m. Amanda G.
    PARKER, of Essex, Apr. 4, 1841, by Rev. W.
    George Miller   2   99
GREGORY, Charles, of Wilton, m. Harriet C. **CLARK**, Oct.
    11, 1831, by William Case   1   98
GRIFFIN, GRIFFING, Amanda, m. Elisha **PARKER**, July 6,
    1821, by Asa Wilcox, Elder   1   24

SAYBROOK VITAL RECORDS 67

	Vol.	Page
GRIFFIN, GRIFFING (cont.)		
Amanda W., of Saybrook, m. Elial **PARKER**, of Philadelphia, July 21, 1852, by Rev. James A. Clark, Deep River	2	138
John, m. Harriet H. **ROGERS**, b. of Lyme, Dec. 24, 1829, by Rev. Pierpont Brocket	1	78
Lydia, wid. of William, m. Charles **STARKEY**, b. of Saybrook, Mar. 8, 1827, by Frederic W. Hotchkiss	1	63
Lydia, m. Charles A. **BUSHNELL**, of Westbrook, Oct. 28, 1844, by Rev. E. B. Crane	2	110
Robert, m. Widow Louisa **BEMAN**, b. of New Haven, Oct. 8, 1834, by Rev. Orson Spencer	2	65
William, of Saybrook, m. Lydia **KING**, of Lyme, Apr. 7, 1823, by Rev. Peter G. Clark	1	34
[GRINNELL], GRINEL, GREENELL, GREENALL, GRENNELL, GRENEL, GRENAL, Abel, s. Jasper & Sarah, b. Feb. 22, 1763 (sic) [1773?]	2	552
Barber, s. Paybody & Ruth, b. Feb. 19, 1728/9	2	172
B[e]ulah, d. Jasper & Sarah, b. Feb. 11, 1749/50	2	552
Charity, d. Pabody & Charity, b. Sept. 14, 1758	7	551
Daniel, s. Daniel & Lydia, b. Jan. 11, 1707/8	2	91
Daniel, s. Paybody & Ruth, b. Feb. 18, 1718/9, with deformed ear; d. May 7, 1727	2	172
Daniel, d. Jan. 7. 1740/1	2	548
David, s. [Jasper & Sarah], b. Sept. 28, 1763	2	552
Elizabeth, d. [Paybody & Sarah], b. Sept. 16, 1741	2	182
George, m. Mary **BULL**, Jan. 31, 1725/6	2	112
Hannah, d. [Paybody & Ruth], b. Mar. 19, 1732	2	182
Hannah, d. Pabody & Charity, b. Oct. 14, 1760	7	551
Jasper, s. [Paybody & Ruth], b. Jan. 29, 1727	2	182
Jasper, m. Sarah **HILL**, May 31, 1749	2	552
Jasper, s. [Jasper & Sarah], b. Sept. 28, 1754	2	552
Jemima, d. Daniel & Lydia, b. Jan. 26, 1704/5	2	91
Jemima, m. Abraham **CHALKER**, Mar. 4, 1724	2	439
Jemima, d. [Paybody & Sarah], b. Oct. 16, 1747	2	182
John, of South Kingston, R.I., m. Caroline **YOUNG**, of Lyme, Sept. 16, 1827, by Samuel Carter, J.P.	1	67
Jonathan, s. Paybody & Sarah, b. Mar. 6, 1742/3	2	172
Lydia, m. Joseph **CLARK**, Sept. 25, 1712	2	540
Lydia, d. [Paybody & Ruth], b. Aug. 28, 1723	2	182
Lydia, [w. of Daniel], d. July 13, 1748, in the 83rd y. of her age	2	91
Mary, m. Robert **LAY**, Jr., Dec. 12, 1703	2	168
Michael, s. [Jasper & Sarah], b. Mar. 21, 1752	2	552
Noah, s. [Jasper & Sarah], b. Aug. 5, 1757; d. May 22, 1759	2	552
Noah, s. [Jasper & Sarah], b. Dec. 8, 1760	2	552
Paybody, m. Ruth **NETTLETON**, Apr. 8, 1718	2	182
Paybody, m. Sarah **BARNES**, Mar. 20, 1733	2	182
Paybody, s. Paybody & Sarah, b. Feb. 12, 1733/4	2	172
P[e]abody, Jr., m. Charity **CHAPMAN**, Mar. 8, 1758	7	551
Ruth, d. Paybody & Ruth, b. Feb. 8, 1721/2	2	172

[GRINNELL], GRINEL, GREENELL, GREENALL,
GRENNELL, GRENEL, GRENAL (cont.)

	Vol.	Page
Ruth, d. Oct. 9, 1732	2	182
Ruth, m. Lemuel **STANNARD**, Mar. 23, 1739	2	11
Samuel, s. Paybody & Sarah, b. Feb. 14, 1735/6	2	172
Sarah, m. John **BROOKER**, Apr. 29, 1717	2	410
Sarah, d. [Paybody & Sarah], b. Oct. 7, 1738	2	182
Seth, s. [Jasper & Sarah], b. Dec. 31, 1767	2	552
Sylvester, s. Paybody & Sarah, b. Mar. 16, 1744/5	2	172
William, s. George & Mary, b. Feb. 26, 1726/7	2	112
William B., of Killingworth, m. Lucretia **TOOKER**, of Saybrook, Nov. 5, 1820, by Asa Wilcox, Elder	1	23
GRISILL, Hannah, d. Francis, b. Dec. 11, 1658	1	14
Joseph, s. Francis, b. June 4, 1655; d. latter end of July	1	14
Mary, d. Francis, b. Aug. 26, 1656	1	14
Sarah, d. Francis, b. Mar. 28, 1653	1	14
GRISWOLD, Alfred, [s. Daniel], b. Nov. 28, 1805	2	29
Asahel P., m. Eliza Ann **DOAN**, Mar. 24, 1842, by William C. Bull, J.P.	2	103
Charilla, [d. Daniel], b. Jan. 18, 1808; d. same day	2	29
Cherilla, m. Giles O. **CLARK**, Nov. 24, 1825, by Aaron Hovey	1	59
Charles Augustus, s. Selah, Jr., b. 1829	1	125
Edward, s. [Walter & Sarah], b. Oct. 19, 1739	2	242
Edward Bull, s. Selah, Jr., b. Oct. 18, 1824	1	125
Edwin, [s. Daniel], b. Mar. 12, 1813	2	29
Edwin, m. Elizabeth Ann **GRISWOLD**, b. of Saybrook, Oct. 26, 1837, by Aaron Hovey	2	83
Eliza A., m. Sam[ue]l **COLLINS**, b. of Saybrook, Jan. 21, 1852, by Rev. J. H. Pettingill	2	139
Elizabeth Ann, m. Edwin **GRISWOLD**, b. of Saybrook, Oct. 26, 1837, by Aaron Hovey	2	83
Fanny M., m. Robert T. **DENISON**, b. of Saybrook, Nov. 27, 1823, by Aaron Hovey	1	44-5
Fanny Maria, [d. Daniel], b. Nov. 1, 1803	2	29
Frederic, [s. Alfred], b. Oct. 13, 1831; d. Mar. 12, 1832	2	54
Hannah, m. Will **CLARK**, Mar. 7, 1677	1	45
Henry, [s. Alfred], b. Apr. 7, 1828; d. Jan. 6, 1830	2	54
James, s. [Walter & Sarah], b. Mar. 28, 1737	2	242
James, s. Walter, b. Mar. 28, 1737	2	548
John Starkey, s. Selah, Jr., b. Sept. 12, 1820	1	125
Lucinda, of Killingworth, m. Benjamin **LYNDE**, Jr., of Saybrook, May 12, 1827, by William Case	1	65
Margarett, m. Thomas **BUCKINGHAM**, Dec. 16, 1691	2	85
Margaret, m. Thomas **BUCKINGHAM**, Jr., Dec. 16, 1691	1	161
Margaret, m. Samuel **CHAPMAN**, Dec. 6, 1693	2	71
Mariett Augusta, d. Selah, Jr., b. July 12, 1811	1	125
Martha, of Killingworth, m. Samuel **PRATT**, Jr., June 13, 1722	2	482
Mary, [d. Daniel], b. Mar. 15, 1815	2	29

SAYBROOK VITAL RECORDS 69

	Vol.	Page
GRISWOLD (cont.)		
Mary S., m. George **CONKLIN**, b. of Saybrook, Aug. 25, 1837, by Aaron Hovey	2	82
Patience, d. Walter & Sarah, b. Apr. 22, 1734	2	242
Patience, d. Walter, b. Apr. 22, 1734	2	548
Rachel C., m. Albert **PRATT**, Jan. 5, 1840, by Aaron Hovey	2	95
Rachel Conklin, [d. Daniel], b. May 17, 1817	2	29
Russel[l] B., of Guilford, m. Polly **JONES**, of Saybrook, Dec. 9, 1835, by Rev. Orlando Starr	2	72
Samuel, [s. Daniel], b. Aug. 20, 1821	2	29
Sarah, of Norwich, m. Robert **CHAPMAN**, June 27, 1671	1	98
Sarah M., m. Lyman **SPENCER**, b. of Saybrook, June 4, 1837, by Aaron Hovey	2	82
Susan P., m. Ansel F. **PRATT**, b. of Saybrook, Sept. 10, 1837, by Aaron Hovey	2	82
Temperance, d. Selah, Jr., b. Jan. 1, 1814	1	125
Temperance, m. Henry G. **SMITH**, b. of Saybrook, Mar. 24, 1842, by Aaron Hovey	2	102
William, m. Laura **TOOCKER**, b. of Essex, Mar. 25, 1832, by Rev. Raphael Gilbert	1	92
William D., [s. Daniel], b. Mar. 4, 1811	2	29
GROVER, Russell L., of [Deep River], m. M. Cordelia **FARGO**, of Chester, June 27, 1849, by Rev. E. Cushman	2	128
GRUMLEY, GRUMLY, Eliza, of Saybrook, m. Edward James **WOOD**, of Beaufort, N.C., June 12, 1831, by Fred W. Hotchkiss	1	87
Freelove, of Saybrook, m. Solomon **BROWN**, July 3, 1836, by Rev. Fred W[illia]m Hotchkiss	2	74
Lucy, wid. of Saybrook, m. Enos **SPARKS**, of Baltimore, June 19, 1831, by Fred W. Hotchkiss	1	88
HADSDELL, James, s. James who married Lydia **POST**, of Saybrook, b. June 5, 1736	2	158
HALL, Nelson, of Killingworth, m. Susan A. **PRATT**, of Deep River, Sept. 8, 1839, by Frederick W. Chapman	2	89
HALLY, Elizabeth, of Straford, m. John **CHAPMAN**, June 7, 1670	1	98
HAMILTON, John W., m. Mary M. **KIRTLAND**, b. of Westbrook, Mar. 6, 1839, by W[illia]m Albert Hyde	2	88
Mercy, of Chatham, m. George **MILLER**, of Long Island, Sept. 25, 1823	1	38
HAMLIN, Mary, m. Joseph **BLAGUE**, Apr. 18, 1717	2	222
Mary, m. Joseph **BLAGUE**, Apr. 18, 1717	2	225
HAMMET, Harriet Plinny, of [Essex], m. William Horace **ELY**, of Lyme, Oct. 30, 1849, by Rev. S. Nash	2	129
HAND, Alice, m. William **SHIPMAN**, Nov. 26, 1690	1	144
HANDY, Jairus, of Manlius, N.Y., m. Polly **TURNER**, of Guilford, Oct. 2, 1823, by Sylvester Selden	1	37
HANLEY, Elizabeth, m. Joshua **BUSHNELL**, 2d wife, Feb. 23, 1717	2	418

	Vol.	Page
HARRINGTON, George, m. Aurelia H. **SHIPMAN**, b. of Essex, Apr. 10, 1842, by Rev. W[illia] George Miller	2	112
James Redfield, [s. Calvin], b. June 12, 1833	2	49
Mary Farrington, [d. Calvin], b. Jan. 3, 1830	2	49
Sarah Jane, [d. Calvin], b. Oct. 18, 1831	2	49
Sarah L., m. Jacob E. **LATIMER**, Apr. 29, 1824, by Simon Shailer	1	46
HARRIS, Abner, s. Thomas & Eliz., b. Feb. 2, 1736/7	2	548
Charles, of Killingworth, m. Lavina **DOANE**, of Saybrook, Dec. 27, 1820, by Aaron Hovey	1	43
Desire, d. [Thomas & Eliza], b. Mar. 12, 1735	2	548
Elizabeth, d. [Thomas & Eliza], b. June 10, 1738	2	548
Henry H., m. Catherine A. **SMITH**, of Deep River, Oct. 4, 1835, by Rev. Henry Wooster	2	17
John, s. Thomas & Eliza, b. Apr. 9, 1733	2	548
John, of Killingworth, m. Mary **DENISON**, of Saybrook, Aug. 19, 1828, by Asa King	1	72
HART, Elizabeth M., m. Rev. William **JARVIS**, Dec. 22, 1825, by Bishop Tho[ma]s C. Brownell	1	56
Lucy, m. Dr. Matson Smith, of New Rochelle, N.Y., Dec. 6, 1827, by Frederic Hotchkiss	1	68
Nathaniel L., m. Emeline E. **INGRAHAM**, Feb. 17, 1822, by Frederick W. Hotchkiss	1	27
Polly, m. Elisha **SILL**, Apr. 4, 1798	1	18
Rebeckah, Mrs., m. William **LYNDE**, Sept. 3, 1765	2	471
William, m. Mary **BLAGUE**, Jan. 7, 1741/2	4	286
HARVEY, Lucretia M., m. Charles C. **SPENCER**, Jan. 7, 1838, by Rev. Fred W[illia]m Hotchkiss	2	80
HASKELL, Erastus, of Lyme, N.H., m. Mary Parmelee, **CLARK**, of Saybrook, July 22, 1827, by Rev. Frederic W. Hotchkiss	1	66
HASWELL, Joseph, of Hoosick, N.Y., m. Adeline Eliza **LEET**, of Saybrook, Sept. 20, 1830, by William Case	1	86
HATHAWAY, Keyes S., of Springfield, Mass., m. Harriett E. **STEVENS**, of Deep River, Jan. 2, 1843, by Rev. Russell Jennings	2	105
HAVEN, HAVENS, Dolly S., of Pittsfield, N.H., m. Porter A. **GLADDING**, of [Deep River], Sept. 1, 1839, by Rev. Henry Wooster	2	89
George, m. Sarah Ann **PLATTS**, b. of Saybrook, Mar. 29, 1827, by Elder Joseph Glazier	1	63
Nancy, m. Samuel **WARNER**, b. of Saybrook, Feb. 25, 1829, by Rev. Russell Jennings	1	76
Sarah, of Saybrook, m. Bela **STAN[N]ARD**, of Madison, Sept. 23, 1834, by Rev. W[illia]m Denison, at his residence	2	68
Ursula, of Lyme, m. John **MILLER**, of Middletown, Oct. 27, 1828, by Rev. Pierpont Brocket	1	73

SAYBROOK VITAL RECORDS 71

	Vol.	Page
HAWKINS, William George, of Baltimore, Md., m. Narcissa Brainerd SIMMONS, of Essex, Oct. 1, 1851, by Rev. S. Nash	2	135
HAYDEN, HAIDEN, Abby Ann, m. Richard N. POWERS, Dec. 14, 1826, by Peter Clark, Rector	1	62
Abbey Maria, [d. Joseph H. & Elizabeth], b. Feb. 17, 1827; d. Mar. 12, 1827	2	17
Adaline, of Saybrook, m. David B. TREADWELL, of New York, Jan. 6, 1833, by Rev. Ashbel Steele	1	94
Amasa, Capt., m. Polly COOK, b. of Saybrook, Oct. 10, 1824, by Rev. Peter G. Clark	1	49
Amelia, [d. J. H. & Laura], b. Dec. 29, 1828	2	17
Barnabas, m. Rachel SMITH, b. of Saybrook, Jan. 29, 1824, by Sylvester Selden	1	41
Barney A., of Westbrook, m. Jennet C. WATROUS, of Saybrook, Nov. 7, 1847, by F. W. Chapman, Deep River	2	122
Betsey, m. Joseph SPENCER, Jr., Jan. 22, 1824, by Sylvester Selden	1	40
Calvin, 2d, of Saybrook, m. Mary E. REDFIELD, of Meriden, Mar. 8, 1829, by Sylvester Selden	1	76
Catherine N., of Essex, m. Benjamin N. GREEN, of N.Y., Sept. 22, 1833, by Stephen Beach, Rector	1	100
Cecelia, m. Joseph COLLINS, Nov. 16, 1822, by Asa Wilcox, Elder	1	32
Charles B., s. Uriah & Eunice B., b. Sept. 24, 1846	2	139
Charles M., m. Martha S. HAYDEN, b. of Essex, May 27, 1845, by Rev. J. M. Willey	2	114
Charles S., [s. Meritt], b. Oct. 8, 1822	2	14
Cornelia, of Saybrook, m. James J. LORD, of Lyme, June 26, 1833, by Ashbel Steele	1	98
Cotton M., m. Esther L. HAYDEN, Aug. 1, 1821, by Rev. Solomon Blakesly	1	25
Eldredge, of Saybrook, m. Eliza WALKER, of Guilford, Sept. 21, 1826, by Sylvester Selden	1	60
Electa, [d. Uriah & Huldah], b. Oct. 14, 1793	1	15
Electa, d. [Uriah & Huldah], d. Sept. 11, 1802	1	15
Electa Amelia, m. Nathaniel Alpheus STARKEY, Sept. 18, 1844, by Solomon G. Hitchcock, Essex	2	109
Elias Edgar, s. Elias, b. Sept. 21, 1833	2	38
Eliza, m. Capt. Joseph TOOKER, b. of Saybrook, Jan. 29, 1824, by Rev. Peter G. Clark	1	41
Eliza A., of Essex, m. John S. CHAPMAN, of Westbrook, Jan. 28, 1847, by Rev. Henry Bromley	2	120
Eliza Ann, m. George T. HAYDEN, Dec. 7, 1822, at Essex, by Rev. Peter G. Clark	1	32
Elizabeth, d. [Samuel M. & Elizabeth], b. Jan. 22, 1804	1	129
Elizabeth, [w. of Joseph H.], d. Feb. 24, 1827	2	17
Elizabeth, w. of Samuel M., d. Sept. 1, 1830	1	129
Elizabeth Amelia, [d. Joseph H. & Elizabeth], b. Jan. 19, 1823	2	17
Elizabeth Amelia, d. [Joseph H.], b. Jan. 19, 1823	1	126

	Vol.	Page

HAYDEN, HAIDEN (cont.)

	Vol.	Page
Emily, m. Stephen W. **STARKEY**, b. of Saybrook, Feb. 5, 1824, by Rev. Peter Clark	1	41
Esther L., m. Cotton M. **HAYDEN**, Aug. 1, 1821, by Rev. Solomon Blakesly	1	25
Frederick W., m. Emele **WHEAT**, b. of Saybrook, June 24, 1826, by Asa Wilcox, Rector	1	58
George T., m. Eliza Ann **HAYDEN**, Dec. 7, 1822, at Essex, by Rev. Peter G. Clark	1	32
Georgian Maria, d. Elias, b. June 23, 1831	2	38
Hannah, m. Samuel **LAY**, June 1, 1726	2	2
Hannah G., m. Thomas **TRIPP**, b. of Saybrook, Apr. 24, 1836, by Aaron Hovey	2	82
Henry, s. [Samuel M. & Elizabeth], b. Apr. 28, 1810; d. Apr. 25, 1811	1	129
Henry, s. [Samuel M. & Elizabeth], b. Feb. 19, 1819	1	129
Henry C., [s. Meritt], b. Feb. 23, 1820	2	14
J.H., m. Laura **PRATT**, Mar. 31, 1828	2	17
James Redfield, s. Calvin, 2d, b. June 12, 1833	2	39
Jerusha H., m. Hugh Miller **THOMPSON**, b. of Essex, Feb. 20, 1845, by Rev. W[illia]m George Miller	2	113
Jerusha Hill, d. Joseph H., b. Jan. 5, 1821; d. Oct. 16, 1824	1	126
Jerusha Hill, d. Joseph H., b. Apr. 5, 1825	1	126
John G., of Essex, m. Sophia S. **HAYDEN**, of Westbrook, Jan. 4, 1846, by Rev. J. M. Willey	2	116
Joseph H., b. Jan. 23, 1799; m. Elizabeth **PRATT**, June 2, 1819	2	17
Joseph H., m. Laura **PRATT**, b. of Saybrook, Mar. 31, 1828, by Asa Wilcox, Elder	1	70
Joseph Hill, [s. J. H. & Laura], b. Jan. 16, 1831	2	17
Laura, d. [Samuel M. & Elizabeth], b. Nov. 3, 1811	1	129
Loisa Cecelia, [d. Uriah & Huldah], b. Apr. 3, 1801	1	15
Margaret P., d. Uriah & Eunice B., b. Dec. 5, 1847	2	139
Maria, m. Chester S. **WOODWARD**, Apr. 23, 1826, by Aaron Hovey	1	59
Martha, m. Joel **PLATTS**, b. of Saybrook, Feb. 13, 1822, by [Sylvester Selden]	1	27
Martha Elizabeth, m. Samuel Owen **WILLIAMS**, b. of Essex, July 30, 1849, by Rev. S. Nash	2	129
Martha S., d. Samuel M. & Elizabeth, b. Aug. 27, 1821	1	129
Martha S., m. Charles M. **HAYDEN**, b. of Essex, May 27, 1845, by Rev. J. M. Willey	2	114
Mary, m. Joshua **GLADDEN**, Oct. 8, 1713	2	418
Mary, d. [Samuel M. & Elizabeth], b. Feb. 3, 1805	1	129
Mary, m. Stephen W. **STARKEY**, Esq., b. of Essex, Jan. 5, 1842*, by Rev. Thomas H. Vail *(1843?)	2	105
Mary Ann, m. Elias F. **PARMELE**, b. of Essex, Oct. 30, 1843, by Rev. Thomas H. Vail	2	107
Mary Farrington, d. Calvin, 2d, b. Jan. 3, 1830	2	39
Nancy, d. [Samuel M. & Elizabeth], b. July 28, 1808	1	129
Nehemiah, s. [Samuel M. & Elizabeth], b. Nov. 28, 1806	1	129

SAYBROOK VITAL RECORDS 73

	Vol.	Page
HAYDEN, HAIDEN (cont.)		
Phebe, of Saybrook, m. Stephen **RANDALL**, of Southold, N.Y., Aug. 26, 1821, by Sylvester Selden	1	25
Prudence Amelia, [d. Uriah & Huldah], b. Oct. 15, 1795	1	15
Rebecca A., of Saybrook, m. Mason H. **POST**, Jan. 25, 1829, [by Rev. Pierpont Brocket]	1	75
Richard A., m. Jennette **STARKEY**, Aug. 10, 1826, by Rev. Peter G. Clark	1	59
Richard S., m. Eliza M. **RUST**, b. of Essex, Jan. 3, 1844, by Rev. Thomas H. Vail	2	108
Samuel M., m. Elizabeth **MATHER**, July 16, 1800	1	129
Samuel M., s. [Samuel M. & Elizabeth], b. Oct. 25, 1801	1	129
Sarah Jane, d. Calvin, 2d, b. Oct. 18, 1831	2	39
Sophia S., of Westbrook, m. John G. **HAYDEN**, of Essex, Jan. 4, 1846, by Rev. J. M. Willey	2	116
Ulysses, s. [Samuel M. & Elizabeth], b. Dec. 28, 1802	1	129
Uriah, 2d, m. Huldah **ELY**, Nov. 4, 1792	1	15
Uriah, d. Oct. 9, 1801	1	15
Uriah, Capt. of Saybrook, m. Martha **HUBBARD**, of Middletown, Oct. 23, 1824, by Rev. Peter G. Clark	1	50
Uriah, m. Eunice B. **SKAATS**, at Wethersfield, [ ], 1845	2	139
Uriah Charles, [s. Uriah & Huldah], b. Jan. 18, 1799	1	15
William Shelden, [s. Uriah, 2d, & Huldah], b. Oct. 8, 1797	1	15
HAYS, Benjamin F., of Pittsfield, Mass., m. Ann **INGHAM**, of Saybrook, Sept. 8, 1823, by Frederic W. Hotchkiss	1	37
Benjamin Franklin, of Pittsfield, m. Julia Ann **INGHAM**, of Saybrook, Aug. 5, 1827, by Frederic W. Hotchkiss	1	67
HEAFFORD, William H., of New York, m. Sarah A. **ANDREWS**, of Essex, June 2, 1844, by Rev. W[illia]m George Miller	2	113
HEARN*, Susannah, m. Samuel **COGSWELL**, Oct. 27, 1668 *("Probably should be **HAVEN**" written in margin)	1	76
HEFLON, HEFFLON, Hannah A., of Lisbon, m. Joseph **DAY**, of Hudson, N.Y., Sept. 8, 1839, by Rev. Fred W[illia]m Hotchkiss	2	89
James S., m. Mary Ann **JONES**, b. of Saybrook, Nov. 13, 1836, by Rev. Fred W[illia]m Hotchkiss	2	64
William, of Preston, m. Sally **WALES**, of Saybrook, Mar. 18, 1827, by Aaron Hovey	1	66
HENDERSON, HINDERSON, Caroline, m. Henry **MILLER**, May 6, 1821	1	24
Sarah Jane, of Saybrook, m. John S. **PARKS**, of Hebron, Dec. 12, 1830, by Fred W. Hotchkiss	1	86
HERRIN, Hannah, of Saybrook, m. Leicester S. **ARNOLD**, of Haddam, Feb. 22, 1831, by Rev. Simon Shailer	1	86
HERVEY, Samuel E., of Lyme, m. Elizabeth **BUSHNELL**, of Saybrook, Dec. 10, 1827, by Frederic W. Hotchkiss	1	68
HIDE, Hester, m. John **POST**, Mar. the last, [16]52	1	19

	Vol.	Page
HIGGINS, George, of East Haddam, m. Keturah LAY, of Saybrook, Feb. 5, 1824, by Aaron Hovey	1	45
Heman Alanson, s. Abisha, b. Nov. 4, 1822; d. Dec. 19, 1822	1	124
HILDRETH, James, m. Azuba Shipman WHITTLESEY, Aug. 1, 1837, by Rev. Fred W[illia]m Hotchkiss	2	79
HILL, [see also HILLS], Aaron, s. Michael, b. Apr. 1, 1752	2	29
Anne, m. Ephraim BUSHNELL, Oct. 16, 1712	2	149
Asa, s. [William & Hannah], b. July 29, 1768	2	437
Elijah, s. John & Hannah, b. Feb. 18, 1722/3	2	350
Eliza, m. Russell DOANE, b. of Saybrook, Oct. 14, 1822, by William Case	1	50
Eliza, of Saybrook, m. Rev. Rufus ANDERSON, of Boston, Jan. 8, 1827, by Aaron Hovey	1	62
Elizabeth, of Guilford, m. James LORD, Dec. 13, 1693	2	34
Elizabeth, d. John & Hannah, b. Dec. 20, 1725	2	350
Hannah, d. Trehan & Hannah, b. at Guilford, Nov. 16, 1689	2	15
Hannah, m. Thomas MERRILL, May 25, 1693	2	10
Hannah, m. Samuel BUSHNELL, Jr., Mar. 3, 1709/10	2	418
Hannah, d. John & Hannah, b. Oct. 12, 1717	2	350
Hannah, w. of John, d. Apr. 12, 1734	2	350
Hannah, d. [William & Hannah], b. Sept. 25, 1771	2	437
Hiland, s. [Peleg & Dorcas], b. Nov. 8, 1759	2	503
James, s. [Peleg & Dorcas], b. Sept. 12, 1761	2	503
John, m. Jane BUSHNELL, Apr. 14, 1670	1	42
John, of Guilford, m. Katren CHALKER, Dec. 23, 1673	1	14
John, m. Hannah DIBBLE, Sept. 10, 1716	2	350
John, s. John & Hannah, b. Oct. 20, 1719	2	350
Joseph, s. [William & Hannah], b. Jan. 23, 1766	2	437
Maria, of Saybrook, m. William Peleg HILL, of Gainsborough, Vt., Feb. 15, 1825, by Sylvester Selden	1	51
Mary, m. William DUDLEY, Apr. 18, 1695	2	85
Mary, d. John & Hannah, b. Mar. 1, 1732	2	350
Michael, d. June 23, 1752	2	29
Peleg, m. Dorcas TOOKER, Dec. 15, 1754	2	503
Peleg, s. [Peleg & Dorcas], b. Dec. 5, 1757	2	503
Phebe, m. Frederic H. PRATT, b. of Saybrook, Oct. 17, 1826, by Sylvester Selden	1	61
Richard, s. [Peleg & Dorcas], b. Nov. 27, 1763	2	503
Samuel, [s. John & Jane], b. May 29, 1671	1	42
Sarah, m. Jasper GREENALL, May 31, 1749	2	552
Sarah, d. [Peleg & Dorcas], b. Nov. 26, 1755	2	503
Susanna, d. John & Hannah, b. Mar. 29, 1729	2	350
William, m. Hannah PLATTS, Apr. 15, 1765	2	437
William, Elder, m. wid. Martha BALDWIN, Nov. 12, 1821, by Asa Wilcox, Elder	1	27
William Peleg, of Gainsborough, Vt., m. Maria HILL, of Saybrook, Feb. 15, 1825, by Sylvester Selden	1	51

SAYBROOK VITAL RECORDS 75

	Vol.	Page
HILLS, [see also HILL], Abner, of Lebanon, m. Mary C. CLARK, of Saybrook, Aug. 24, 1826, by Aaron Hovey	1	60
HINKLEY, John, of Killingworth, m. Hannah HULL, of Saybrook, Mar. 11, 1827, by Sylvester Selden	1	64
HOADLEY, Alvina, m. Asa SOUTHWORTH, b. of Saybrook, Jan. 10, 1822, by Aaron Hovey	1	43
Miles L., s. L. M., b. Apr. 17, 1820	1	121
Miles L., m. Philomela PRATT, b. of Saybrook, [Dec.] 22, 1844, by F. W. Chapman, Deep River	2	111
HOBSON, John, m. Elizabeth SHIPTON, Dec. 3, 1672	1	83
HOLENBECK, Henry, of Green Bush, N.Y., m. Allace Ann TYLER, of Essex, Apr. 16, 1837, by Rev. Henry R. Knapp	2	78
HOLMES, Anne had negro Prince, s. of Rose, b. Apr. 9, 1786	1	8
Annet, m. John B. BUSHNELL, b. of Saybrook, Oct. 18, 1821, by Jedidiah Post, J.P.	1	27
Richard J., of New York, m. Nancy PARMELEE, of Saybrook, Aug. 16, 1826, by Frederic W. Hotchkiss	1	58
HOLT, Charles H., of Chester, m. Dency C. JONES, of Saybrook, Oct. 30, 1842, by F. W. Chapman, Deep River	2	104
Gideon I., m. Frances TYLER, b. of Saybrook, Sept. 12, 1830, by William Case	1	86
HOPKINS, Elizabeth, m. William WILLIAMS, Oct. 6, 1730	2	159
George, of New Haven, m. Mary Ann BUSHNELL, of Saybrook, Jan. 15, 1832, by William Case	1	99
Hew, s. [William & Hannah], b. Aug. 10, 1735	2	548
John, s. William & Hannah, b. Apr. 3, 1731	2	548
Sarah, d. [William & Hannah], b. Mar. 30, 1733	2	548
HORSFORD, Daniel, of Hebron, m. Elizabeth STANNARD, d. of Samuel, of Saybrook, [ ]	3	451
HOSMER, Hannah, m. Stephen POST, June 14, 1692	2	74
Hestor, m. Thomas BUCKINGHAM, Sept. 20, 1666	1	75
HOTCHKISS, Amelia Hart, m. Amos SHEFFIELD, May 20, 1824, by Frederick W. Hotchkiss	1	47
HOUGH, Alanson H., m. Susan E. WILLIAMS, b. of Saybrook, 2d Soc., Aug. 12, 1834, by Rev. Pierpont Brockett	2	63
Eliza, b. Mar. 1, 1803; m. Clossan CLARK, Apr. 27, 1824	2	6
Eliza, m. Clossen CLARK, Apr. 28, 1824, by Samuel Hough, J.P.	1	46
Hannah, d. Samuel & Mary, b. Nov. 8, 1691	2	32
Hannah, m. William PRATT, Oct. 8, 1700	2	153
James, s. [Samuel & Mary], b. Dec. 15, 1688	2	32
Jonathan, m. Silence BATE, Apr. 10, 1707	2	322
Jonathan, s. [Jonathan & Silence], b. Nov. 28, 1709	2	322
Mary, m. Thaddeus BEACH, b. of [Saybrook], Dec. 7, 1834, by W[illia]m Case	2	71
Mehetable, d. [Jonathan & Silence], b. Dec. 8, 1711	2	322

HOUGH (cont.)

	Vol.	Page
Samuel, s. William, gr. s. Edward, of Westchester, Cheshier, b. in New London, Mar. 9, 1652/3; m. Susanna, d. of Simon **WROTHAM**, of Farmington, Nov. 25, 1679	2	32
Samuel, s. Samuel & Susanna, b. at Wallingford, Feb. 16, 1681/2	2	32
Samuel, m. Mary **BATE**, d. of James, of Haddam, Aug. 18, 1685	2	32
Samuel, s. Samuel, d. Nov. 30, 1702	2	32
Samuel, m. Mrs. Parnel **CLARK**, b. of Saybrook, Nov. 10, 1822, by Asa King	1	32
Samuel W., m. Mary M. **SHIPMAN**, b. of Saybrook, Nov. 28, 1822, by Aaron Hovey	1	44
Susanna, d. [Samuel & Susanna], b. Nov. 27, 1683, at Wallingford	2	32
Susanna, w. [of Samuel], d. Sept. 5, 1684, at Wallingford	2	32
Temperence, d. [Jonathan & Silence], b. Apr. 8, 1708	2	322
William, s. [Samuel & Susanna], b. Aug. 22, 1680, at Norwich	2	32

HOWELL,

	Vol.	Page
Augustus, of New York, m. Phebe **ROGERS**, of Deep River, Feb. 4, 1852, by Rev. E. Cushman	2	136
Sylvester, of Sag Harbor, m. Azuba **SHIPMAN**, of Saybrook, June 29, 1836, by Aaron Hovey	2	82

HUBBARD,

	Vol.	Page
Albert, [s. Alfred], b. Feb. 13, 1828	2	23
Alfred, m. Rachel **STANNARD**, b. of Saybrook, Sept. 8, 1825, by Frederic W. Hotchkiss	1	53
Catherine C., [d. Alfred], b. Oct. 2, 1826	2	23
Colman S., m. Mary P. **READ**, Jan. 13, 1845, by Rev. Lawson Muzzy	2	111
Julia Ann, of Saybrook, m. Moses **DICKINSON**, of Middletown, Dec. 9, 1827, by Frederic W[illia]m Hotchkiss	1	68
Lucretia H., of Salem, m. Charles W. **BABCOCK**, Apr. 19, 1831, by Samuel Carter, J.P.	1	89
Martha, of Middletown, m. Capt. Uriah **HAYDEN**, of Saybrook, Oct. 23, 1824, by Rev. Peter G. Clark	1	50
Rachel A., [d. Alfred], b. Dec. 21, 1829	2	23

HULBURD,

	Vol.	Page
Annah, m. Joseph **ATWELL**, Jan. 9, 1731/2	2	313

HULL,

	Vol.	Page
Abijah, m. Ann Maria **WATROUS**, Mar. 5, 1827, by Elder Joseph Glazier	1	64
Elizabeth, m. Levi **CHAPMAN**, Sept. 15, 1767	1	4
Hannah, of Saybrook, m. John **HINKLEY**, of Killingworth, Mar. 11, 1827, by Sylvester Selden	1	64
Henry, of Killingworth, m. Emeline **POST**, of Westbrook, May 21, 1835, by Rev. Jeremiah Miller	2	4
Levi, m. Caroline M. **BISHOP**, b. of Essex, May 5, 1843, by Rev. W[illia]m George Miller, Essex	2	113
Levia L., m. Thomas **CHRYSTAL**, b. of Essex, Nov. 3, 1850, by Rev. Marvin Eastwood	2	134
Nancy, of Madison, m. Lewis **PLATTS**, of Saybrook, [ ], 1828, by Sylvester Selden	1	74

SAYBROOK VITAL RECORDS 77

	Vol.	Page
HULL (cont.)		
Rachel, of Killingworth, m. William C. **NORRIS**, of Saybrook, Jan. 5, 1842, by F. W. Chapman, Deep River	2	101
William, of Killingworth, m. Elizabeth P. **BUSHNELL**, of Saybrook, Mar. 1, 1831, by Sylvester Selden	1	86
HUMPHRIES, Martha, m. John **SHIPMAN**, May [ ], 1686	2	7
HUNT, Julia F., m. W[illia]m L. **TOOKER**, Apr. 21, 1852, by Rev. James A. Clark, Deep River	2	138
Samuel, of Vermont, m. Hannah **MANWARING**, of Essex, Apr. 13, 1846, by Rev. N. C. Lewis	2	117
HUNTER, Robert, s. Robert & Deborah, b. Oct. 1, 1733	2	393
HUNTINGTON, HUNTINGDON, William W., of New Haven, m. Susan M. **KIRTLAND**, of [Saybrook], May 9, 1848, by Rev. E. B. Crane	2	125
William W., of New Haven, m. Sarah M. **KIRTLAND**, of [Saybrook], May 9, 1848, by Rev. E. B. Crane	2	128
HUNTLEY, HUNTLY, Eliza I., of Lyme, m. Griswold A. **CROCKER**, of Saybrook, Nov. 22, 1840, by W. Geo[rge] Miller, Essex	2	98
Phidelia, of Saybrook, m. Horace **WATROUS**, of Chester, July 31, 1831, by Rev. Pierpont Brocket	1	88
Richard H., m. Nancy M. **CONKLIN**, Oct. 17, 1844, by Rev. Jos[eph] D. Hall, Essex	2	110
Stephen, of Lyme, m. Mary M. **SMITH**, of Saybrook, May 30, 1824, by Frederic W. Hotchkiss	1	47
HURD, Josiah, of Newport, N.H., m. Mary Ann **WRIGHT**, of Saybrook, Jan. 10, 1831, by Sylvester Selden	1	86
Mary B., of Essex, m. William W. **KERR**, of Eastport, Me., May 26, 1850, by Rev. E. Cushman	2	133
Mindwell, m. Nathan **POST**, Jr., May 2, 1758	2	487
Philander, of Killingworth, m. Mary **ROGERS**, of Saybrook, Sept. 22, 1833, by William Denison	1	102
Rebeckah, m. Benjamin **JONES**, Nov. 11, 1750	2	133
William, of Killingworth, m. Mary B. **ANDREWS**, of Saybrook, Sept. 27, 1832, by Rev. Pierpont Brockett	1	93
William, m. Amanda **PARKER**, Jan. 28, 1835, by Aaron Hovey	2	72
HUTCHINS, Lewis, of New York, m. Amelia **CHALKER**, of Saybrook, May 14, 1826, by Frederick W. Hotchkiss	1	59
INGHAM, [see also **INGRAHAM**], Abigail, [d. Samuel & Rebeckah], b. Sept. 17, 1705	1	256
Abigail I., of Saybrook, m. Elias **TUTTLE**, of North Haven, Nov. 30, 1837, by Ref. Fred W. Hotchkiss	2	80
Abigail Tirza, [d. Ebenezer & Harriet], b. Mar. 22, 1817	2	27
Alanson, m. Maria **CHAPMAN**, Sept. 18, 1823, by Sylvester Selden	1	37
Alfred, s. Ebenezer & Harriet, b. June 1, 1810	2	27
Alfred, m. Emily H. **JONES**, b. of Saybrook, Feb. 24, 1835, by Rev. Orlando Starr, Westbrook	2	36
Amasa, s. [Daniel & Mercy], b. Oct. 13, 1768	1	3

BARBOUR COLLECTION

	Vol.	Page
INGHAM (cont.)		
Amasa, of Saybrook, m. Belinda **CANFIELD**, of East Haddam, Feb. 6, 1822, by Frederic W. Hotchkiss	1	27
Amelia, [d. Ebenezer & Harriet], b. Mar. 2, 1808	2	27
Ann, of Saybrook, m. Benjamin F. **HAYS**, of Pittsfield, Mass., Sept. 8, 1823, by Frederic W. Hotchkiss	1	37
Assinath, [d. Ebenezer & Harriet], b. June 10, 1820	2	27
Asenath, of Saybrook, m. Sylvanus S. **CROWELL**, of Sag Harbor, L.I., June 9, 1842, by Rev. W[illia]m Albert Hyde, Westbrook	2	103
Benjamin, s. Ebenezer & Dorothy, b. May 23, 1715; d. Mar. 25, 1715/16	2	242
Benjamin, s. [Ebenezer & Dorothy], b. Apr. [ ], 1720	2	242
Betsey M., of Saybrook, m. Francis B. **LOOMIS**, of Lyme, Dec. 20, 1836, by Rev. Fred W[illia]m Hotchkiss	2	67
Daniel, [s. Samuel & Rebeckah], b. May 4, 1710	1	256
Daniel, d. July 8, 1713	2	548
Daniel, s. [Ebenezer & Dorothy], b. June 1, 1723	2	242
Daniel, m. Mercy **COAL**, Oct. 4, 1760	1	3
Daniel, s. [Daniel & Mercy], b. Aug. 16, 1761	1	3
Dorothy, d. Ebenezer & Dorothy, b. Jan. 1, 1702/3	2	242
Dorothy, m. Ebenezer **BUSHNELL**, Nov. 17, 1730	2	253
Ebenezer, m. Dorothy **STONE**, July 9, 1701	2	242
Ebenezer, s. [Ebenezer & Dorothy], b. Nov. 12, 1712; d. Aug. 8, 1783	2	242
Ebenezer, Jr., m. Elizabeth **STANNARD**, Aug. 17, 1737	4	269
Ebenezer, s. [Ebenezer & Elizabeth], b. June 17, 1738	4	269
Ebenezer, Jr., b. June 18, 1738; m. Sarah **FORD**, Sept. 16, 1772	1	2
Ebenezer, d. May 20, 1749	2	242
Ebenezer, s. Ebenezer, Jr. & Sarah, b. Feb. 17, 1780	1	2
Ebenezer, b. Feb. 17, 1780; m. Harriet **INGHAM**, [ ]	2	27
Ezra, s. Ebenezer, Jr. & Sarah, b. July 4, 1773	1	2
Ezra, [s. Ebenezer & Harriet], b. Oct. 8, 1803	2	27
Frederick Henry, s. Ebenezer & Harriet, b. Dec. 17, 1816	2	27
Hannah, [d. Samuel & Rebeckah], b. Feb. last day, 1700	1	256
Hannah A., m. Asa **BUSHNELL**, Mar. 22, 1827, by Sylvester Selden	1	64
Harriet, b. Sept. 30, 1783; m. Ebenezer **INGHAM**, [ ]	2	27
Jeremiah, [s. Ebenezer & Harriet], b. Oct. 31, 1805	2	27
Jesse, s. [Daniel & Mercy], b. Apr. 28, 1771	1	3
John, m. Mary **JORDAN**, Mar. 2, 1716	2	401
Joseph, m. Sarah **BUSHNELL**, June 20, 1655	1	29
Joseph, [s. Joseph & Sarah], b. Aug. 30, 1656	1	29
Joseph, s. Samuel & Rebeckah, b. June 19, 1696; d. June 29, 1696	1	256
Joseph, s. [Ebenezer & Dorothy], b. Oct. 8, 1705	2	242
Joseph, Sr., d. Dec. 28, 1710	2	548

SAYBROOK VITAL RECORDS

	Vol.	Page
INGHAM (cont.)		
Julia Ann, of Saybrook, m. Benjamin Franklin **HAYS**, of Pittsfield, Aug. 5, 1827, by Frederic W. Hotchkiss	1	67
Lydia A., widow, testified that her brother, five years younger, Andrew Ayer, was born Nov. 5, 1837. Certificate dated 1901 or 1907	2	0
Lydia Ann, of Essex, m. James **PHELPS**, Esq., Sept. 30, 1845, by Rev. Joseph Scott	2	117
Mary d. Ebenezer & Dorothy, b. Nov. 15, 1707	2	242
Mary, d. [John & Mary], b. Apr. 16, 1717	2	401
Mary, m. Jonathan **CHAPMAN**, Nov. latter end, 1735	2	243
Mary Louisa*, d. of the late Asa, m. John E. **ROCKWELL**, b. of Saybrook, Aug. 6, 1848, by Rev. John M. Guion *(First written "**KIRTLAND**")	2	125
Mary W., m. Edward C. **WILLIAMS**, b. of Essex, June 22, 1846, by Rev. Joseph S. Covell	2	119
Mercy, d. [Daniel & Mercy], b. Feb. 12, 1764	1	3
Polly, of Saybrook, m. Justus M. **FRENCH**, of Derby, July 22, 1827, by Rev. Frederic W. Hotchkiss	1	66
Rebeckah, [d. Samuel & Rebeckah], b. Dec. 13, 1689	1	256
Rebeckah, m. Samuel **CHALKER**, Jr., June 21, 1711	2	143
Richard, [s. Ebenezer & Harriet], b. Sept. 27, 1827	2	27
Samuel, m Rebeckah **WILLIAMS**, Nov. 3, 1686	1	256
Samuel, s. Samuel & Rebeckah, b. Mar. 14, 1688; d. Apr. 14, 1688	1	256
Samuel, [s. Samuel & Rebeckah], b. July 28, 1697	1	256
Samuel, m. Ruth **CHALKER**, Aug. 7, 1718	2	79
Samuel, d. Jan. 23, 1733/4	2	548
Samuel, s. [Daniel & Mercy], b. Jan. 4, 1766	1	3
Samuel Coal, s. Daniel & Mercy, b. Jan. 4, 1766	1	3
Sarah, [d. Joseph & Sarah], b. June 11, 1658	1	29
Sarah, m. Abraham **CHALKER**, Sept. 23, 1686	1	187
Sarah, [d. Samuel & Rebeckah], b. Dec. 14, 1692	1	256
Sarah, d. [Ebenezer & Dorothy], b. Mar. 10, 1717	2	242
Sarah, m. Nehemiah **BUSHNELL**, Nov. 28, 1739	4	281
Sarah F., [d. Ebenezer & Harriet], b. Sept. 22, 1812	2	27
Sene, d. Ebenezer, Jr. & Sarah, b. Feb. 5, 1777	1	2
Susan M., of Saybrook, m. John C. **GALLUP**, of Brooklyn, Conn., Sept. 9, 1834, by Rev. Fred W[illia]m Hotchkiss	2	65
Susanna, d. Nov. 17, 1707	2	206
Susanna, d. [Ebenezer & Dorothy], b. May 8, 1710	2	242
Thomas, [s. Samuel & Rebeckah], b. Sept. 24, 1702	1	256
Tirza, m. Ralf S. **CRAMPTON**, Aug. 16, 1826, by Frederic W. Hotchkiss	1	58
INGRAHAM, INGRAM, [see also **INGHAM**], Ann Maria, of Saybrook, m. Samuel C. **BURT**, of New Haven, Nov. 27, 1826, by Rev. Peter G. Clark	1	61
Daniel, s. [John & Sarah], b. July last day, 1720	2	140
Elijah, s. [John, Jr. & Lydia], b. Mar. 24, 1742	2	153

	Vol.	Page
INGRAHAM, INGRAM (cont.)		
Emeline E., m. Nathaniel L. **HART**, Feb. 17, 1822, by Frederic W. Hotchkiss	1	27
John, Jr., m. Lydia **BRUCE**, Apr. 12, 1725	2	153
John, b. Jan. 28, 1725	2	59
John, s. John, Jr. & Lydia, b. Jan. 28, 1725/6	2	153
John D., m. Almira W. **MATHER**, May 13, 1833, by Fred W. Hotchkiss	1	97
Joseph, s. [John, Jr. & Lydia], b. Apr. 17, 1737	2	153
Josiah, s. [John, Jr. & Lydia], b. Sept. 18, 1734	2	153
Louisa, m. John E. **WHITTLESY**, Sept. 14, 1830, by Fred W. Hotchkiss	1	84
Meeds, s. [John, Jr. & Lydia], b. Nov. 23, 1731	2	153
Reuben, s. [John, Jr. & Lydia], b. July 1, 1744	2	153
Samuel, s. John & Sarah, b. July 25, 1717	2	140
Sarah, d. John, Jr. & Lydia, b. Dec. 18, 1728	2	153
Sarah, m. Samuel **DUNK**, June 22, 1729	3	247
Stephen, s. [John, Jr. & Lydia], b. May 31, 1739	2	153
ISBELL, Harlow, of Guilford, m. Ann Bushnell **CLARK**, of Saybrook, May 4, 1828, by William Case	1	82
ISLEP, Ann, m. Daniell **LORD**, Dec. 31, 1741	2	277
JAMES, Henry B., of Lyme, m. Phebe A. **SPENCER**, of Saybrook, July 14, 1836, by Aaron Hovey	2	82
JARVIS, William, Rev., m. Elizabeth M. **HART**, Dec. 22, 1825, by Bishop Tho[ma]s C. Brownell	1	56
JENNINGS, Philander R., of Sag Harbor, L.I., m. Lucy L. **GLADDING**, of [Deep River], July 21, 1850, by Rev. E. Cushman	2	133
Stephen, of Saybrook, m. Mirriam **BATES**, of Haddam, May 10, 1840, by Rev. Russell Jennings	2	96
JOHNSON, Elizabeth P., of Saybrook, m. David **WARNER**, of Lyme, Jan. 16, 1825, by Asa Wilcox, Elder	1	51
George D., of Bristol, m. Eliza **PARKER**, of Say[brook], Feb. 13, 1845, by Jos. D. Hull	2	111
Hubbard, of Orange, m. Mary A **PARMELEE**, of Saybrook, Aug. 18, 1835, by Rev. Samuel T. Mills, of Chester	2	60
Thomas, of Lemstin, N.H., m. Esther **SIZER**, of Saybrook, Sept. 15, 1821, by Rev. Joseph Vail, of Hadlyme	1	25
JOHNSTON, Rebeckah, of Saybrook, m. Joseph **BROCKWAY**, of Lyme, May 18, 1835, by Rev. Stephen Beach, Essex	2	76
JONES, Abel, b. Aug. 2, 1793; m. Phebe **CRANE**, July 3, 1817	2	32
Almira C., of Saybrook, m. Francis H. **WEEKS**, of Montville, Aug. 15, 1841, by Rev. Fred W[illia]m Hotchkiss	2	100
Amelia, m. Charles **KELSEY**, Feb. 26, 1824, by Sylvester Selden	1	41
Angelina A., m. John S. **LANE**, b. of Saybrook, Jan. 3, 1847, by Joseph D. Hull	2	120

SAYBROOK VITAL RECORDS 81

	Vol.	Page
JONES (cont.)		
Ann Almyra, m. Jeremiah KELSEY, b. of Saybrook, Mar. 28, 1830, by Sylvester Selden	1	84
Ann E., m. Samuel WILLIAMS, b. of Saybrook, Dec. 22, 1833, by Rev. Stephen Martindale	2	33
Ann M., m. Harrison C. SMITH, b. of [Deep River], Feb. 4, 1849, by Rev. E. Cushman	2	127
Anne, d. [Christopher & Ann], b. Mar. 31, 1760	2	237
Austin, of Madison, m. Julian STEVENS, of Saybrook, Nov. 28, 1833, by Rev. W[illia]m Denison	2	4
Benjamin, s. [Samuell], b. Feb. 12, 1716	2	395
Benjamin, m. Phebe CHITTENDEN, Jan. 12, 1743/4	2	552
Benjamin, m. Rebeckah HURD, Nov. 11, 1750	2	133
Benjamin, s. [Benjamin & Rebeckah], b. Oct. 16, 1753	2	133
Caleb, of Saybrook, m. Rachel CLARK, of Farmington, May 23, 1705	2	5
Caleb, s. Caleb & Rachel, b. Mar. 23, 1705/6	2	30
Caleb, s. [Gideon & Elizabeth], b. Apr. 15, 1747	2	552
Caroline A., m. Lyman POST, b. of Westbrook, Apr. 3, 1839, by W[illia]m Albert Hyde	2	88
Charles, 2d, m. Sally Towner JONES, b. of Saybrook, Nov. 29, 1827, by Sylvester Selden	1	69
Chloe, d. [Eliakim & Hannah], b. Mar. 11, 1767	1	4
Christopher, m. Ann POST, Mar. 17, 1757; d. Mar. 20, 1765	2	237
Claris[s]a, d. [Eliakim & Hannah], b. May 13, 1777	1	4
Cornelius, s. [Samuel, Jr. & Deborah], b. Sept. 11, 1701	2	15
Daniel, s. [Samuel, Jr. & Deborah], b. Mar. 18, 1697	2	15
Daniel, s. Ens. Samuel, of Saybrook, m. Hannah, formerly STANNARD, Oct. 24, 1716, by Azariah Mather	2	471
Deborah, d. [Samuel, Jr. & Deborah], b. Aug. 17, 1691	2	15
Deborah, d. [Samuel, Jr. & Deborah], b. Dec. 19, 1695	2	15
Deborah, d. [Samuel & Mary], b. Nov. 8, 1701	2	75
Deborah, d. [Daniel & Hannah], b. July 26, 1718	2	296
Deborah, m. Caleb CHAPMAN, 2d, Dec. 7, 1738	2	1
Deborah, m. Ezra CHALKER, Nov. 7, 1788	1	8
Dency C., [s. Edmund & Polly], b. Jan. 7, 1824	2	15
Dency C., of Saybrook, m. Charles H. HOLD, of Chester, Oct. 30, 1842, by F. W. Chapman, Deep River	2	104
Edmund, b. Mar. 27, 1796; m. Polly CHITTENDEN, Nov. 25, 1822	2	15
Edmund A., [s. Edmund & Polly], b. June 30, 1827	2	15
Eliakim, s. [Gideon & Elizabeth], b. Apr. 17, 1740	2	552
Eliakim, m. Hannah WHITTLESEY, Aug. 23, 1766	1	4
Eliakim, s. [Eliakim & Hannah], b July 11, 1770	1	4
Elizabeth, d. [Gideon & Elizabeth], b. Nov. 5, 1733	2	552
Emily H., m. Alfred INGHAM, b. of Saybrook, Feb. 24, 1835, by Rev. Orlando Starr, Westbrook	2	36
Ephraim, [s. Lewis], b. May 1, 1685	1	51
Ephraim, s. Samuell, b. Oct. 26, 1704	2	395
Ephraim, m. Hannah BATE, Mar. 16, 1727	2	182
Ephraim, s. [Ephraim & Hannah], b. Sept. 10, 1729	2	182

	Vol.	Page
JONES (cont.)		
Erastus, m. Elizabeth A. **SPENCER**, b. of Saybrook, Nov. 26, 1837, by Aaron Hovey	2	83
Eunice M., m. George W. **BUSHNELL**, b. of Saybrook, at John Jones, in Saybrook, Sept. 10, 1834, by Rev. W[illia]m Denison	2	68
Ezra, s. [Christopher & Ann], b. Oct. 1, 1762	2	237
George, s. [James & Sarah], b. Feb. 14, 1759	2	276
Gideon, s. [Samuel, Jr. & Deborah], b. Sept. 25, 1699; d. May 5, 1701	2	15
Gideon, m. Elizabeth **CHALKER**, Aug. 6, 1730	2	552
Gideon, s. [Gideon & Elizabeth], b. June 15, 1736	2	552
Gideon, 2d, m. Hannah **BARTHOLOMEW**, Apr. 23, 1775	1	6
Gideon, s. Gideon, 2d, & Hannah, b. Nov. 28, 1775	1	6
Grace Amelia, [d. Abel & Phebe], b. June 3, 1828	2	32
Hannah, m. Mat[t]hew **RANSOME**, Mar. 7, 1682/3	1	51
Hannah, d. [Samuel], b. Jan. 14, 1712	2	395
Hannah, d. [Eliakim & Hannah], b. Aug. 23, 1772	1	4
Harriet A., of Winthrop, m. Joel M. **CARTER**, of Clinton, Sept. 26, 1853, by Rev. R. H. Maine	2	141
Hester, d. Isaac & Deborah, b. Oct. 11, 1726	2	316
Hezekiah, s. [Caleb & Rachel], b. Apr. 17, 1711	2	30
Hezekiah, s. [Gideon & Elizabeth], b. Nov. 4, 1750	2	552
Isaac, m. Deborah **PARKER**, May 19, 1725	2	316
Isaac, s. Isaac & Deborah, b. July 7, 1730	2	316
Isaac, 2d, m. Eunice **CHAMPION**, Dec. 1, 1806	1	16
James, s. James & Sarah, b. Jan. 29, 1743/4	2	276
Jared, m. Laura **CLARK**, b. of Winthrop, Nov. 27, 1837, by Rev. Z. Rogers Ely	2	84
John, s. [Samuell], b. Jan. 19, 1714	2	395
John, m. Cynthia **STANNARD**, Apr. 5, 1831, by Rev. Luman Andrus	1	86
Jonathan, [s. Lewis], b. Nov. 2nd, Wed. 1673	1	51
Joseph, s. [Samuell], b. Mar. 24, 1717	2	395
Julia A., m. Asa **PLATTS**, b. of Saybrook, Jan. 17, 1840, by Frederick W. Chapman, Deep River	2	92
Jul[i]ette, d. [Christopher & Ann], b. Nov. 6, 1764	2	237
Justus J., m. Temperance R. **PRATT**, Feb. 6, 1842, by Aaron Hovey	2	102
Katharine, [d. Lewis], b. May 28, 1671	1	51
Laura Ann, m. Henry L. **POST**, b. of Saybrook, Jan. 7, 1836, by Rev. Orlando Starr	2	72
Lewis, s. [Benjamin & Rebeckah], b. Aug. 9, 1751	2	133
Louisa, m. William **DIBBLE**, Aug. 27, 1826, by Sylvester Selden	1	60
Louisa, of Saybrook, m. Benjamin **WEEKS**, of New London, May 18, 1845, by Rev. E. B. Crane	2	124
Lydia, d. Gideon & Elizabeth, b. Feb. 24, 1743/4	2	552
Margaret, [d. Lewis], b. Aug., middle, 1667	1	51
Maria, m. Russel[l] A. **DEE**, b. of Saybrook, Mar. 6, 1836, by Rev. Jeremiah Miller	2	75

	Vol.	Page

JONES(cont.)
Mariam, of Saybrook, m. Frederic **KELSEY**, of
    Killingworth, Sept. 1, 1831, by Sylvester Selden   1   92
Marietta E., m. Gilbert A. **GLADWIN**, Nov. 6, 1848, at
    Deep River, by Frederick W. Chapman   2   127
Martha, [d. Samuel & Mary], b. Jan, 18, 1672   1   45
Mary, [d. Samuel], b. Dec. 3, 1670   1   45
Mary, m. Jonathan **TILLETSON**, Jan. 10, 1683   1   24
Mary, d. Lieut. Samuel, m. John **PARKER**, Jr., Dec. 11,
    1690   1   188
Mary, d. [Samuell], b. May 10, 1706   2   395
Mary, d. Caleb & Rachel, b. Oct. 13, 1709, at Hebron   2   30
Mary, m. Isaac **PRATT**, May last, 1733   1   1
Mary, m. Abraham **BUSHNELL**, Jan. 3, 1830, by Rev.
    Simon Shailer   1   82
Mary A., [d. Edmund & Polly], b. Apr. 17, 1829   2   15
Mary Ann, m. James S. **HEFLON**, b. of Saybrook, Nov.
    13, 1836, by Rev. Fred W[illia]m Hotchkiss   2   64
Mercy, m. Luther B. **ROSS**, b. of Saybrook, July 6,
    1823, by Frederic W. Hotchkiss   1   35
Minerva E., [d. Edmund & Polly], b. Nov. 30, 1832   2   15
Minerva E., of Winthrop, m. Lockwood I. **LAMB**, of
    Berlin, Apr. 19, 1853, by Rev. R. H. Maine   2   140
Nathaniel, s. Samuel, Jr. & Deborah, b. Mar. 8, 1703/4   2   14
Olive, m. Champion P. **DIBBLE**, b. of Saybrook, June
    20, 1830, by Sylvester Selden   1   84
Patience L., m. Albert C. **CHITTENDEN**, b. of
    Westbrook, July 10, 1835, by Rev. Jeremiah Miller,
    Westbrook   2   12
Phebe, w. of Benjamin, d. Feb. 25, 1746/7   2   552
Polly, of Saybrook, m. Russel[l] B. **GRISWOLD**, of
    Guilford, Dec. 9, 1835, by Rev. Orlando Starr   2   72
Polly S., m. Daniel **BUSHNELL**, Feb. 15, 1835, by
    Aaron Hovey   2   72
Polly Smith, [d. Abel & Phebe], b. Sept. 12, 1818   2   32
Pri[s]cilla, m. Hezekiah **WHITTLESEY**, Feb. 19, 1728/9   2   417
Sally Towner, m. Charles **JONES**, 2d, b. of Saybrook,
    Nov. 29, 1827, by Sylvester Selden   1   69
Samuel, m. Mary **BUSHNELL**, Jan. 1, 1663   1   45
Samuel, [s. Samuel & Mary], b. Nov. middle, 1667   1   45
Samuel, [s. Lewis], b. May 18, 1676   1   51
Samuel, Jr., m. Deborah **SANFORD**, June 12, 1690   2   15
Samuel, s. [Samuel, Jr. & Deborah], b. Nov. 29, 1694   2   15
Samuel, s. Lewis, of Saybrook, m. Mary **LAY**, of Lyme,
    Dec. 8, 1697   2   75
Samuel, s. [Samuel & Mary], b. Dec. 11, 1698   2   75
Samuel, s. [Ephraim & Hannah], b. Sept. 29, 1725   2   182
Samuel, m. Minerva A. **RICE**, b. of Saybrook, June 7,
    1840, by Frederick W. Chapman, Deep River   2   95
Sarah, d. [Samuell], b. Apr. 15, 1708   2   395
Sarah, m. John **CLARK**, May 6, 1712   2   243
Sarah, d. [Ephraim & Hannah], b. Sept. 13, 1727   2   182

	Vol.	Page
JONES (cont.)		
Sarah, m. John **CHAPMAN**, Apr. 15, 1730	2	278
Sarah, d. James & Sarah, b. May 27, 1741	2	276
Sarah G., m. Edward **CHAPMAN**, Feb. 24, 1840, by Rev. W[illia]m Albert Hyde	2	93
Silvester, s. [Eliakim & Hannah], b. May 26, 1774; d. Nov. 8, 1776	1	4
Sylvanus, s. Caleb & Rachel, b. Feb. 28, 1707/8	2	30
Tamsin, d. [Benjamin & Phebe], b. Oct. 7, 1744	2	552
Temperence, d. [Samuell], b. Aug. 4, 1710	2	395
Temperence, d. [Christopher & Ann], b. Jan. 28, 1758	2	237
Temperence, m. James **STANNARD**, Feb. 1, 1768	1	1
Timothy, s. [James & Sarah], b. June 5, 1755	2	276
Timothy Crane, [s. Abel & Phebe], b. Jan. 9, 1820	2	32
Une, m. Linus E. **CHAPMAN**, Sept. 22, 1839, by Rev. W[illia]m Albert Hyde	2	90
William L., m. Emeline A. **GLADWIN**, Sept. 24, 1843, by Rev. W[illia]m Albert Hyde, Westbrook	2	107
William Zebulon, [s. Abel & Phebe], b. Nov. 5, 1831	2	32
Zebulon, of Madison, m. Betsey **BARKER**, of Saybrook, Feb. 9, 1836, by Rev. W[illia]m Palmer, at D. Barker's	2	55
-----, s. [Samuel, Jr. & Deborah], b. Feb. 13, 1693; d. same day	2	15
-----, s. [Isaac & Deborah], b. July 7, 1730; d. July 9, 1730	2	316
JORDAN, Hannah, m. Samuel **BATE**, Apr. 5 ,1705	2	85
Mary, m. John **INGHAM**, Mar. 2, 1716	2	401
JOSE, Phebe, m. Robert **BULL**, Dec. 15, 1649	1	29
JURDAN, Katherine, m. William **BUSHNELL**, Apr. 10, 1701	2	540
KELLOGG, Elijah, m. Hannah T. **PRATT**, b. of [Deep River], Dec. 25, 1849, by Rev. E. Cushman	2	132
KELSEY, KELCY, Abel, of Killingworth, m. Jane Eliza **CHAPMAN**, of Saybrook, Apr. 20, 1826, by Rev. Pierpont Brocket	1	57
Albert, of Killingworth, m. Ann **POST**, of Saybrook, Dec. 18, 1833, by Sylvester Selden	2	53
Ansel W., of Milddleburgh, N.Y., m. Rebecca S. **POST**, of Saybrook, Apr. 22, 1838, by W[illia]m Albert Hyde	2	85
Asa P. M., of Middleburgh, N.Y., m. Eunice R. **BUSHNELL**, of Saybrook, July 4, 1838, by Rev. Z. Rogers Ely	2	86
Austin, of Killingworth, m. Phebe **BUTLER**, of Saybrook, Feb. 5, 1824	1	41
Calvin, [s. Horace], b. Feb. 13, 1832	2	46
Charles, m. Amelia **JONES**, Feb. 26, 1824, by Sylvester Selden	1	41
Charles, of Clinton, m. Soxia A. **POST**, of Westbrook, Apr. 17, 1839, by Rev. W[illia]m Albert Hyde	2	88
Curtis, of Killingworth, m. Sarah Ann **WORTHINGTON**, of [Deep River], Feb. 25, 1849, by Rev. E. Cushman	2	127

SAYBROOK VITAL RECORDS 85

	Vol.	Page
KELSEY, KELCY (cont.)		
Cynthia Ann, m. Merrit **POST**, b. of Saybrook, Nov. 17, 1824, by William Case	1	50
Deborah, d. [Gamaliel & Mary], b. June 29, 1757	4	110
Elias, s. [Gamaliel & Mary], b. May 27, 1744	4	110
Elihu, m. Sarah M. **SOUTHWORTH**, b. of Saybrook, Dec. 29, 1846, by F. W. Chapman, Deep River	2	120
Elizabeth, m. Christopher **DENISON**, Mar. 1, 1744	5	324
Elizabeth, d. Gamaliel & Mary, b. Mar. 14, 1745/6	4	110
Emily E., m .Daniel S. **PLATTE**, May 3, 1840, by Rev. W[illia]m Albert Hyde	2	95
Ephraim, m. Mary Ann **MAGNE**, Mar. 24, 1821, by Frederic W. Hotchkiss, (b. of Saybrook)	1	24
Ephraim, [s. Horace], b. Sept. 27, 1821	2	46
Francis, s. [Jedidiah & Sarah], b. Oct. 13, 1751	4	181
Frederic, of Killingworth, m. Mariam **JONES**, of Saybrook, Sept. 1,1831, by Sylvester Selden	1	92
Gamaliel, m. Mary **GRAY**, Jan. 11, 1738/9	4	110
Gamaliel, m. Mercy **CHAPMAN**, Mar. 25, 1762	4	110
Hannah, of Saybrook, m. Timothy **KELSEY**, of Middleburgh, N.Y., Nov. 2, 1820, by Sylvester Selden	1	22
Hannah, [d. Horace], b. Dec. 1, 1825	2	46
Harriet, of Saybrook, m. James A. **CHAPMAN**, of Westbrook, Nov. 11, 1840, by Rev. Fred W[illia]m Hotchkiss	2	98
Harvey B., m. Hannah **LORD**, Feb. 26, 1843, by Rev. E. B. Crane	2	106
Hester, d. [William, Jr. & Hester], b. Dec. 12, 1746	2	381
Horace, [s. Horace], b. June 20, 1831	2	46
James, s. [Jedidiah & Sarah], b. Sept. 15, 1758	4	181
James Sumner, [s. James], b. Mar. 25, 1833	2	16
Jedediah, m. Sarah **BUSHNELL**, Oct. 11, 1750	4	181
Jedidiah, m. Margaret **CRITTENTON**, Aug. 19, 1827, by Samuel Carter, J.P.	1	68
Jeremiah, s. [Gamaliel & Mary], b. Sept. 11, 1739	4	110
Jeremiah, m. Margaret **MORRIS**, Aug. 27, 1751	2	155
Jeremiah, d. Mar. 15, 1823	1	75
Jeremiah, m. Ann Almyra **JONES**, b. of Saybrook, Mar. 28, 1830, by Sylvester Selden	1	84
Job, of Saybrook, m. Sarah **RIVER**, of Lyme, July 3, 1830, by Sylvester Selden	1	84
John, s. [Gamaliel & Mary], b. May 12, 1742	4	110
Kathern, m. John **BUSHNELL**, June 18, 1724	3	408
Katheren, m. John **BUSHNELL**, June 18, 1724	3	489
Lucretia M., of North Killingworth, m. Martin L. **BURR**, of Haddam, Oct. 8, 1835, by F. W. Chapman	2	73
Lucy Ann, m. Phillip M. **KIRTLAND**, b. of Saybrook, Aug. 13, 1822, by Sylvester Selden	1	30
Lydia, d. [William, Jr. & Hester], b. Dec. 9, 1753	2	381
Lydia, m. Linus **STEVENS**, b. of Saybrook, Nov. 28, 1832, by Sylvester Selden	1	101

BARBOUR COLLECTION

	Vol.	Page
KELSEY, KELCY (cont.)		
Lydia, of Saybrook, m. Andrew **SMITH**, of Madison, Apr. 16, 1850, by Harvey Bushnell	2	132
Lyman, m. Eunice **CARTER**, b. of Killingworth, at L. E. Denison's, Saybrook, Aug. 3, 1834, by Rev. W[illia]m Denison	2	68
Mabel, of Killingworth, m. Charles Russel[l] **WRIGHT**, of Saybrook, Oct. 20, 1824, by William Case	1	50
Margaret Azubah, m. Talcott **BRADLEY**, b. of Madison, June 7, 1829, by Fred W. Hotchkiss	1	77
Martha, of Killingworth, m. Charles L. **L'HOMMEDIEU**, of Saybrook, Sept. 8, 1823, by Sylvester Selden	1	45
Mary, w. of Gamaliel, d. Dec. 25, 1758	4	110
Marynett, [d. Horace], b. Apr. 3, 1819	2	46
Merritt, m. Chloe **POST**, b. of Saybrook, Feb. 21, 1828, by Sylvester Selden	1	70
Minerva, m. Daniel **SPENCER**, b. of Saybrook, Nov. 2, 1825, by Sylvester Selden	1	55
Orson, m. Abigail **BUSHNELL**, b. of Saybrook, Dec. 14, 1836, by Rev. Orlando Starr	2	4
Rebeckah, d. Gamaliel & Mary, b. Jan. 8, 1740/1	4	110
Samuel, s. [Gamaliel & Mary], b. July 24, 1752	4	110
Sarah, m. Cornelius **POST**, Jan. 12, 1743/4	4	478
Sarah, d. William, Jr. & Hester, b. Nov. 30, 1748; d. Apr. 10, 1749	2	381
Sarah, d. William, Jr. & Hester, b. Nov. 20, 1751	2	381
Sarah, d. [Jedidiah & Sarah], b. Apr. 11, 1753	4	181
Sarah E., of Saybrook, m. Thomas O. **ACTON**, of New York, May 31, 1846, by Rev. Harvey Bushnell	2	119
Sarah Jones, m. Andrew B. **SPENCER**, Oct. 23, 1838, by W[illia]m Albert Hyde	2	86
Sherman, m. Zuba **PRATT**, June [ ], 1820, by Aaron Hovey	1	23
Susan, m. William **CHALKER**, Jr., b. of Saybrook, Aug. 18, 1842, by Rev. Fred W[illia]m Hotchkiss	2	103
Temperence, d. [Jedidiah & Sarah], b. Nov. 6, 1755	4	181
Timothy, of Middleburgh, N.Y., m. Hannah **KELSEY**, of Saybrook, Nov. 2, 1820, by Sylvester Selden	1	22
Wealthy Ann, [d. Horace], b. Jan. 17, 1824	2	46
William, Jr., m. Hester **CHAPMAN**, Feb. 6, 1745/6	2	381
William, s. [William, Jr. & Hester], b. Sept. 20, 1755	2	381
-----, d. [William, Jr. & Hester], d. Apr. 20, 1749 (Sarah)	2	381
KENDEL, Stephen P., m. Lucretia **POST**, Apr. 24, 1824, by Aaron Hovey	1	54
KERR, William W., of Eastport, Me., m. Mary B. **HURD**, of Essex, May 26, 1850, by Rev. E. Cushman	2	133
KING, Asa H., m. Emily **STARKEY**, Apr. 25, 1831, by Aaron Hovey	1	87

SAYBROOK VITAL RECORDS

	Vol.	Page
KING (cont.)		
Joseph H., of Hartford, m. Frances J. **POST**, of Essex, at the house of Capt. Handy Post, Nov. 8, 1848, by Rev. Newell Boughton	2	126
Lydia, of Lyme, m. William **GRIFFIN**, of Saybrook, Apr. 7, 1823, by Rev. Peter G. Clark	1	34
Maria, of Southold, L.I., m. Jonathan **MILLER**, of Saybrook, May 7, 1827, by Rufus Clark, J.P.	1	64
KINGSBURY, Thomas, m Azubah **POST**, Apr. 1, 1832, by Orson Spencer	1	91
KINGSLEY, Elihu, m. Susan H. **DOAN**, b. of Saybrook, Apr. 15, 1839, by Herman S. Haven	2	88
Ezra, m. Phebe M. **PRATT**, b. of [Deep River], Jan. 29, 1837, by Rev. H. Wooster	2	78
Harriet N., m. Eliphalet L. **BROCKWAY**, b. of Saybrook, Nov. 23, 1840, by Rev. Russell Jennings	2	98
Jesse, m. Minerva **BROCKWAY**, b. of Deep River, Jan. 3, 1842, by Rev. W[illia]m George Miller, Essex	2	112
Julia A., m. Frederic D. **PRATT**, b. of [Deep River], Oct. 13, 1839, by Rev. Henry Wooster	2	91
Orlando H., m. Mary E. **BRONSON**, b. of Saybrook, Jan. 17, 1842, by Rev. Russell Jennings	2	102
KIRKHAM, KIRKUM, Clarissa G., m. Levi B. **SOUTHWORTH**, b. of [Deep River], Nov. 12, 1837, by Rev. H. Wooster	2	80
George A., of Guilford, m. Julia **TOWNER**, formerly of Killingworth, Dec. 21, 1828, by Rev. Russell Jennings	1	74
Harriet Maltby, of Guilford, m. Charles **BEMAN**, Apr. 19, 1831, by Orson Spencer	1	87
Jane A., of Guilford, m. Niles P. **STARKEY**, of Saybrook, May 10, 1840	2	45
Jane A., of Guilford, m. Niles P. **STARKEY**, of Saybrook, May 10, 1840, by Frederick W. Chapman, Deep River	2	94
Susan, m. Charles W. **SNOW**, b. of Deep River, Nov. 8, 1832, by Orson Spencer	1	94
KIRTLAND, Abner, s. Philip & Lydia, b. Dec. 6, 1745	2	400
Abner, m. Mercy **PRATT**, Dec. 3, 1770	2	269
Almira, m. James A. **PRATT**, Jan. 19, 1830, by William Case	1	78
Amelia M., of Westbrook, m. Albert **RUGGLES**, of Bolton, June 22, 1836, by Rev. Jeremiah Miller	2	74
Ann Eliza, m. Frederick W. **SPENCER**, b. of Saybrook, Aug. 21, 1836, by Rev. Jeremiah Miller	2	65
Azubah, d. [Samuell & Thankfull], b. Dec. 19, 1756	2	225
Azubah, m. Elias **TULLY**, Jan. 23, 1783	2	168
Azubah, wid. of William, m. Elias **SHIPMAN**, Sept. 20, 1791	1	11
Catharine, m. Galen **DOWD**, b. of Saybrook, Jan. 18, 1835, by Rev. Fred[eric]k W[illia]m Hotchkiss	2	39
Charles, s. [Martin & Sarah], b. Oct. 27, 1762	1	1

KIRTLAND (cont.)

	Vol.	Page
Charles, m. Charlotte **STOW**, wid. of Capt. Jabez, Jan. 26, 1794	1	12
Charles Erastus, [s. Phillip M.], b. Dec. 18, 1827	2	51
Clarinda, d. [Martin & Sarah], b. Sept. 10, 1773	1	1
Constant, s. [John & Lydia], b. Jan. 24, 1726; d. [, 1727], ae 13 m.	2	3
Constant, 2d, s. [John & Lydia], b. Dec. 24, 1727	2	3
Daniel, [s. John & Lidia], b. June 17, 1701	1	121
Daniel, s. [Nathaniel & Phebe], b. Dec. 24, 1721	2	418
Doratha, d. John & Lydia, b. Apr. 21, 1735; d. 1739	2	3
Edwin Leander, [s. Phillip M.], b. Dec. 27, 1832	2	51
Electa, m. Augustus **BUSHNELL**, Jr., Nov. 21, 1838, by W[illia]m A. Hyde	2	87
Elias, s. [John & Lydia], b. Jan. 21, 1718; d. [ ], 1718, ae 3 m.	2	3
Elisha, s. [John & Lydia], b. Aug. 11, 1719	2	3
Elishaba, m. Ethan **PRATT**, July 17, 1755	2	115
Elizabeth, [d. John & Lidia], b. June 27, 1688	1	121
Elizabeth, m. John **SHIPMAN**, Jan. 11, 1715	2	11
Elizabeth, d. John & Lydia, b. Sept. 13, 1732; d. 1739	2	3
Elizabeth, d. [Phillip & Lydia], b. May 23, 1740	2	400
Elizabeth, m. Eleazer **WARNER**, Jan. 14, 1762	1	2
Elizabeth, m. John **BULL**, Dec. 20, 1772	1	1
Elizur, s. [Martin & Sarah], b. Oct. 22, 1767	1	1
Ellen, of [Saybrook], m. Albert **SPENCER**, of New York City, Sept. 19, 1848, by Rev. E. B. Crane	2	126
Ellen, of [Saybrook], m. Albert **SPENCER**, of New York City, Sept. 19, 1848, by Rev. E. B. Crane	2	128
Esther, d. Philip & Lydia, b. Mar. 3, 1734/5	2	400
Eunice, d. Martin & Eunice, b. Sept. 12, 1785	1	9
Eunice, m. Fenner **BUSH**, May 15, 1816	1	21
Ezra, s. [John & Lydia], b. Oct. 11, 1730	2	3
Ezra, m. Harriet **TULLY**, Oct. 7, 1821, by Frederic W. Hotchkiss	1	25
Fanny, d. [Martin & Eunice], b. Mar. 10, 1783	1	9
Gideon, s. [Phillip & Lydia], b. May 17, 1731	2	400
Gideon, m. Lydia **WILLCOCKS**, Dec. 17, 1761	2	213
Gideon, s. [Gideon & Lydia], b. Apr. 14, 1763	2	213
Gideon, s. [Gideon & Lydia], b. Apr. 24, 1763	2	213
Gilbert A., m. Dency L. **POST**, Sept. 11, 1823, by Sylvester Selden	1	37
Giles Buckingham, [s. Phillip M.], b. Feb. 22, 1823	2	51
Hannah, m. William **PRATT**, Feb. 20, 1678	1	120
Hannah, d. Philip & Lydia, b. Feb 13, 1736/7	2	400
Henry, m. Jane E. **CANFIELD**, b. of Saybrook, Mar. 20, 1838, by Rev. Fred W[illia]m Hotchkiss	2	81
Henry C., m. Lurinda **MACK**, b. of Saybrook, June 16, 1839, by Rev. Eli M. Kirkum	2	91
Hester, d. John, Jr. & Temperance, b. Mar. 10, 1703/4	2	6
Hester, m. Jedidiah **CHAPMAN**, June 6, 1723	4	693

SAYBROOK VITAL RECORDS

	Vol.	Page
KIRTLAND (cont.)		
Hezekiah C., m. Almira L. **DENISON**, of [Saybrook], at her father's Sept. 21, 1835, by Rev. W[illia]m Palmer	2	75
Jedidiah, s. [Nathaniel & Phebe], b. Mar. 25, 1724	2	418
Jennette, of Saybrook, m. Charles **DYER**, of Middletown, Sept. 19, 1843, by Rev. E. B. Crane	2	109
Jerusha, d. [Nathaniel & Phebe], b. Mar. 25, 1730	2	418
John, m. Lidia **PRATT**, Nov. 18, 1679	1	121
John, s. [John & Lidia], b. July 11, 1681	1	121
John, s. Nathaniel & Mary, b. May [ ], 1688, at Lynn; d. Sept. 22, 1711, at Windham	2	306
John, Jr., m. Temperance **BUCKINGHAM**, Mar. 3, 1702/3	2	6
John, s. [John, Jr. & Temperance], b. July 5, 1708	2	6
John, s. [John & Temperence], b. July 15, 1708	2	4
John, m. Lydia **BELDEN**, Aug. 19, 1716	2	6
John, m. Lydia **BELDEN**, Aug. 29, 1716	2	3
John, m. Lydia **BELDEN**, Aug. 29, 1716	2	400
Louisa, m. Selden **WATROUS**, b. of [Essex], Oct. 3, 1852, by Rev. E. E. Griswold	2	140
Lucy Ann, [d. Phillip M.], b. Oct. 12, 1829	2	51
Lydia, [d. John & Lidia], b. Oct. 11, 1685	1	121
Lydia, d. [Gideon & Lydia], b. Oct. 13, 1704	2	213
Lydia, d. [John & Lydia], b .Oct. 28, 1721	2	3
Lydia, d. Philip & Lydia, b. Jan. 12, 1732/3	2	400
Lydia, [w. of John], d. Nov. 7, 1749	2	3
Lydia, d. [Samuell & Thankfull], b. Mar. 23, 1763	2	225
Lydia, d. [Gideon & Lydia], b. Oct. 13, 1764	2	213
Lydia M., of Westbrook, m. Rev. Richard **WOODRUFF**, of Brookfield, Ms., Apr. 12, 1836, by Rev. Jeremiah Miller	2	16
Martha, m. Joseph **BLAGUE**, Feb. 10, 1685	1	52
Martha, d. John & Lydia, b. Aug. 11, 1695	1	121
Martha, m. Andrew **LORD**, Jan. 1, 1756	2	237
Martin, m. Sarah **MEIGS**, Mar. 16, 1758	1	1
Martin, s. [Martin & Sarah], b. Mar. 29, 1759	1	1
Martin, m. Eunice **BUSHNELL**, Nov. 30, 1780	1	9
Martin, s. [Martin & Eunice], b. July 15, 1790	1	9
Mary, d. Nathaniel & Mary, b. Feb. 2, 1679, in Lynn; m. Samuel **CLARK**, s. John & Rebeckah, Dec. 14, 1699	2	306
Mary, m. Samuel **CLARK**, Dec. 14, 1699	1	258
Mary, d. Nathaniel & Phebe, b. Mar. 11, 1717/18	2	418
Mary, d. [Phillip & Lydia], b. Apr. 16, 1748	2	400
Mary, d. [Phillip & Lydia], b. Dec. 12, 1748	2	400
Mary, d. [Martin & Sarah], b. Aug. 19, 1765	1	1
Mary Ann, m. Richard H. **BUSHNELL**, b. of [Saybrook], Nov. 4, 1846, by Rev. E. B. Crane	2	124
Mary Jane, m. Aaron V. **CANNON**, June 6, 1842, by Rev. E. B. Crane	2	104

BARBOUR COLLECTION

	Vol.	Page
KIRTLAND (cont.)		
Mary Louisa*, d. of the late Asa, m. John E.		
ROCKWELL, b. of Saybrook, Aug. 6, 1848, by		
Rev. John M. Guion *(Overwritten in pencil to		
read "INGHAM")	2	125
Mary M., m. John W. HAMILTON, b. of Westbrook,		
Mar. 6, 1839, by W[illia]m Albert Hyde	2	88
Mercy, d. [Abner & Mercy], b. July 13, 1771	2	269
Nathan, s. [Phillip & Lydia], b. June 21, 1729	2	400
Nathan, [s. Phillip & Lydia], d. Sept. 30, 1749	2	400
Nathan, s. p[Phillip, Jr. & Sibbel], b. Jan. 14, 1763	2	376
Nathan West, [s. Phillip M.], b. Aug. 23, 1824	2	51
Nathaniel, [s. John & Lydia], b. Oct. 24, 1690	1	121
Nathaniel, m. Sarah CHAPMAN, Nov. 26, 1713	2	418
Nathaniel, m. Phebe DeWOLF, Aug. 22, 1716	2	418
Nathaniel, s. [Nathaniel & Phebe], b. Dec. 11, 1719	2	418
Parnell, [s. John & Lydia], b. Oct. 16, 1704	1	121
Parnell, d. [John & Lydia], b. Jan. 29, 1724	2	3
Parnell, m. John TULLY, Feb. 17, 1730/1	2	511
Phebe, d. Nathaniel & Phebe, b. Apr. 13, 1726	2	418
Phillip, [s. John & Lidia], b. May 28, 1693	1	121
Phillip, m. Lydia MARVIN, June 16, 1726	2	400
Phillip, s. [Phillip & Lydia], b. Dec. 17, 1727	2	400
Phillip, Jr., m. Sibbel PRATT, b. of Saybrook, Nov. 29,		
[1757], by Stephen Holmes, Clerk	2	376
Phillip, s. [Phillip, Jr. & Sibbel], b. Jan. 3, 1761; d. Jan. 8,		
1765	2	376
Phillip, Lieut., d. Aug. 9, 1764	2	376
Phillip, d. Sept. 3, 1764	2	400
Phillip, Capt. d. Sept. 23, 1764	2	400
Phillip, s. Lieut. [Phillip], d. Jan. 8, 1765	2	376
Phillip, s. [Gideon & Lydia], b. June 17, 1770	2	213
Phillip M., m. Lucy Ann KELSEY, b. of Saybrook, Aug.		
13, 1822, by Sylvester Selden	1	30
Phillip Webster, [s. Phillip M.], b. July 21, 1831	2	51
Priscilla, [d. John & Lydia], b. Feb. 1, 1682	1	121
Pri[s]cilla, d. [Nathaniel & Phebe], b. Feb. 12, 1740	2	418
Reynold, s. [Nathaniel & Phebe], b. Jan. 20, 1728	2	418
Ruth, d. [Gideon & Lydia], b. Apr. 3, 1768	2	213
Sally, d. [Martin &Eunice], b. Jan. 25, 1788	1	9
Sally, m. Enos SMITH, b. of Saybrook, May 8, 1822, by		
Sylvester Selden	1	29
Samuel, s. John & Lydia, b. Jan. 19, 1698/9	1	121
Samuel, m. Thankful BUSHNELL, May 7, 1755	2	225
Samuell, s. [Samuell & Thankfull], b. Aug. 31, 1760	2	225
Sarah, d. [Nathaniel & Sarah], b. Sept. 1, 1714	2	418
Sarah, w. of Nathaniel, d. Feb. 5, 1715/6	2	418
Sarah, d. [Phillip & Lydia], b. Oct. 27, 1742	2	400
Sarah, d. [Phillip & Lydia], d. Aug. 7, 1749	2	400
Sarah, d. [Martin & Sarah], b. Feb. 19, 1761	1	1
Sarah, d. Gideon & Lydia, b. Feb. 13, 1766	2	213

SAYBROOK VITAL RECORDS

	Vol.	Page
KIRTLAND (cont.)		
Sarah, of Saybrook, m. John **STANNARD**, of Westbrook, Nov. 28, 1844, by Rev. E. B. Crane	2	124
Sarah M., of [Saybrook], m. William W. **HUNTINGTON**, of New Haven, May 9, 1848, by Rev. E. B. Crane	2	128
Stephen, s. Nathaniel & Phebe, b. May 23, 1732	2	418
Susan M., of [Saybrook], m. William W. **HUNTINGTON**, of New Haven, May 9, 1848, by Rev. E. B. Crane	2	125
Sibbel, d. [Phillip, Jr. & Sibbel], b. Oct. 1, 1758	2	376
Sibyll, m. Lebbeus **CHAPMAN**, Mar. 7, 1776	1	6
Temperence, d. [John & Temperence], b. Nov. 10, 1710	2	4
Temperence, d. [John, Jr. & Temperance], b. Nov. 10, 1710	2	6
Temperance, w. of John, Jr., d. July 6, 1713	2	548
Temperance, m. Andrew **SOUTHWORTH**, Jan. 27, 1731/2	2	213
Temperance, m. Isaac **BATES**, July 8, 1762	2	112
William, of Coxsakie, N.Y., m. Emeline **LYNDE**, of Saybrook, June 1, 1829, by Fred W. Hotchkiss	1	77
W[illia]m N., m. Eloisa M. **SPENCER**, b. of Westbrook, Aug. 27, 1839, by Rev. W[illia]m Albert Hyde	2	90
-----, infant of Nathaniel & Sarah, d. Feb. 9, 1715/16, ae 4. d.	2	418
LAMB, Lockwood I., of Berlin, m. Minerva E. **JONES**, of Winthrop, Apr. 19, 1853, by Rev. R. H. Maine	2	140
LAMBERT, John, m. Mary **LEWIS**, Jan. 15, 1667	1	45
LANE, Abby L., m. William H. **BOGART**, b. of Saybrook, Sept. 22, 1849, by Frederick W. Chapman, Deep River	2	130
Eunice, m. Charles D. **SMITH**, b. of Saybrook, Dec. 17, 1843, by Frederick W. Chapman	2	108
Hannah, m. Obediah **PLATTS**, Dec. 21, 1737	4	596
John S., m. Angelina A. **JONES**, Jan. 3, 1847, b. of Saybrook, by Joseph D. Hull	2	120
Mary, m. Joseph W. **BATES**, b. of [Saybrook], Oct. 20, [1834], by W[illia]m Case	2	71
Sarah, m. Samuel **BUSHNELL**, Aug. 2, 1732	2	47
Thomas, of Boston, m. Azubah Ann **GALE**, of Guilford, Oct. 30, 1831, by Fred W. Hotchkiss	1	89
William, m. Nancy **DICKINSON**, b. of Saybrook, Oct. 14, 1835, by Rev. Darius Mead	2	7
LANG, Francis, m. Lavinia H. **TUCKER**, b. of Essex, Sept. 25, 1842, by Rev. W[illia]m George Miller	2	112
LANGFORD, Mary, d. Holdebe & Mary, b. Dec. 2, 1750	2	158
LAPLASS, Jonathan L., of Lyme, m. Czarina **COBB**, of Saybrook, Apr. 6, 1833, by Sylvester Selden	1	101
LARABEE, Elizabeth, d. Greenfield, b. Jan. 23, 1652	1	15
Greenfield, s. Greenfield, b. Apr. 20, 1648	1	15
John, s. Greenfield, b. Feb. 23, 1649	1	15

	Vol.	Page
LARABEE (cont.)		
Joseph, s. Greenfield, b. about the middle, 1655; d. Aug. 10, 1657	1	15
Sarah, d. Greenfield, b. Mar. 3, 1658	1	15
LARGE, Hannah, m. John **WHITTLESEY**, May 9, 1693	2	110
Hannah, [d. Simon & Hannah], b. Jan. 6, 1701	1	258
Simon, m. Hannah **LONG**, Jan. 24, 1699/1700	1	258
LARY, John, m. [ ], Nov. 1, 1659, at Seabrook	Reg-4	138
LATHAM, Sarah E., of Saybrook, m. Robert A. **OUGHTON**, of New York, Jan. 9, 1843, by Rev. E. B. Crane	2	106
LATHROP, Abba, m. Dan **PLATTS**, 3d, b. of Saybrook, Oct. 30, 1823	1	45
LATIMER, Jacob E., m. Sarah L. **HARRINGTON**, Apr. 29, 1824, by Simon Shailer	1	46
John Abraham, [s. William], b. Feb. 23, 1814	2	2
Mary, w. of William, d. Jan. 3, 1829	2	2
Sarah H., m. Morris **BUTLER**, Apr. 20, 1840, by Aaron Hovey	2	95
Sarah Hayden, [d. William], b. Sept. 3, 1818	2	2
Sophia, m. Richard **SIZER**, b. of Saybrook, Dec. 28, 1842, by Rev. Thomas H. Vail	2	105
William, m. Arville **PRATT**, Jan. 31, 1830, by Aaron Hovey	1	78
LAY, Aaron, s. [Jeremiah & Prudence], b. Oct. 23, 1747	2	415
Abigail, d. [Robert, Jr. & Jemima], b. June 25, 1747	4	234
Annah, d. Robert, Jr. & Jemima, b. Apr. 30, 1741	4	234
Betsey D., of Saybrook, m. Robert W. **CHAPMAN**, of East Haddam, May 5, 1824, by Sylvester Selden	1	47
Christopher, s. Robert, Jr. & Mary, b. Feb. 27, 1707/8	2	168
Daniel, s. [Robert, Jr. & Mary], b. Oct. 3, 1712	2	168
Deborah D., m. David **WILLIAMS**, 3d, June 24, 1824, by Aaron Hovey	1	54
Desire, m. Timothy **SPENCER**, b. of Saybrook, Feb. 20, 1822, by Sylvester Selden	1	27
Dorothy, [d. Robert, Jr. & Mary], b. June 3, 1701	1	143
Elizabeth, of Lyme, m. William **TULLY**, July 19, 1750	2	2
Elizabeth, d. [Simeon & Hetty], b. Oct. 21, 1800	1	10
Elizabeth, m. Titus C. **PRATT**, Sept. 24, 1823, by Sylvester Selden	1	37
Ezra Denison, s. Capt. Simeon & Hetty, b. Apr. 21, 1793	1	10
Hannah, d. Samuel & Hannah, b. Mar. 17, 1734/5	2	2
Hannah, m. Abraham **MURDOCK**, Feb. 6, 1772	1	4
Hannah, m. Rufus **PRATT**, Jan. 18, 1830, by Aaron Hovey	1	78
Huldah, d. [Jeremiah & Prudence], b. Jan. 9, 1753	2	415
Jemima, d. [Robert, Jr. & Jemima], b. Jan. 3, 1733	4	234
Jeremiah, s. [Robert, Jr. & Mary], b. Jan. 13, 1715	2	168
Jeremiah, s. [Jeremiah & Prudence], b. Oct. 5, 1745	2	415
Jerusha, m. Robert **ELY**, Apr. 28, 1768	2	225
Jerusha, d. [Simeon & Hetty], b. Feb. 5, 1791	1	10
Jonathan, s. Jonathan, b. Apr. 11, 1748	2	2

SAYBROOK VITAL RECORDS 93

	Vol.	Page
LAY (cont.)		
Keturah, of Saybrook, m. George **HIGGINS**, of East Haddam, Feb. 5, 1824, by Aaron Hovey	1	45
Lois, d. Jeremiah, b. Jan. 31, 1749/50; d. May 11, 1753	2	415
Lucy W., m. Horatio D. **CLARK**, of Salina, N.Y., Oct. 30, 1823, by Sylvester Selden	1	38
Lydia, d. [Robert, Jr. & Mary], b. June 26, 1710	2	168
Lydia, d. [Robert, Jr. & Jemima], b. Jan. 5, 1735	4	234
Mary, [d. Robert, Jr. & Mary], b. Oct. 3, 1685	1	143
Mary, of Lyme, m. Samuel **JONES**, s. Lewis, of Saybrook, Dec. 8, 1697	2	75
Mary, d. [Samuel & Hannah], b. Dec. 29, 1728	2	2
Minerva, d. [Simeon & Hetty], b. Nov. 30, 1798	1	10
Minerva, m. Achilles W. **PRATT**, b. of Saybrook, May 10, 1825, by Sylvester Selden	1	52
Oliver T., of Lyme, m. Mary Ann **WHITTLESEY**, of Saybrook, June 6, 1827, by William Case	1	64
Phebe, [d. Robert], b. Jan. 5, 1650	1	1
Phebe, [d. Robert, Jr. & Mary], b. Aug. 14, 1698	1	143
Phebe, m. Jordon **POST**, Nov. 17, 1703	2	74
Phebe, d. [Robert, Jr. & Mary], b. May 29, 1717	2	168
Phebe, d. Samuel & Hannah, b. Feb. 26, 1737/8	2	2
Phebe, d. [Robert, Jr. & Jemima], b. Feb. 15, 1743	4	234
Prudence, d. [Jeremiah & Prudence], b. June 3, 1740	2	415
Prudence, [w. of Jeremiah], d. Nov. 21, 1762	2	415
Robert, m. [ ], Dec. [ ], 1647	1	1
Robert, m. wid. Sarah Fenner **TULLY**, Dec. [ ], 1647* *(This entry was typed in at the bottom of the page by MEC on Dec 13, 1945, along with the following note: "Evidence for bride's identity given in letter from E. V. Stoddard of Waterford, Dec. 10, 1945, tipped in Mrs. Chesebrough's 'Saybrook Genealogies,' p. 127.)		
Robert, [s. Robert], b. Mar. 6, 1654	1	1
Robert, Jr., m. Mary **STANTON**, Jan. 22, 1679	1	143
Robert, [s. Robert, Jr. & Mary], b. Jan. 27, 1680	1	143
Robert, Sr., d. July 9, 1689, ae 72	1	143
Robert, Jr., m. Mary **GREENELL**, Dec. 12, 1703	2	168
Robert, s. [Robert, Jr. & Mary], b. Dec. 20, 1705	2	168
Robert, Jr., m. Jemima **PRATT**, Nov. 3, 1729	4	234
Robert, s. [Robert, Jr. & Jemima], b. June 8, 1745	4	234
Robert, s. Samuel & Hannah, b. Jan. 4, 1746/7	2	2
Samuel, twin with Temperance, s. Robert, Jr. & Mary], b. July 25, 1691; d. Aug. 5, 1691	1	143
Samuel, s. [Robert, Jr. & Mary], b. Feb. 18, 1694/5	1	143
Samuel, m. Hannah **HAYDEN**, June 1, 1726	2	2
Samuel, s. Samuel & Hannah, b. Mar. 1, 1743/4	2	2
Samuel H., m. Emily **PRATT**, b. of Saybrook, Dec. 14, 1820, by Aaron Hovey	1	43
Sarah, w. of Robert, d. May 21, 1676; ae 59	1	143
Sarah, [d. Robert, Jr. & Mary], b. Feb. 19, 1682	1	143
Sarah, m. Hezekiah **BUCKINGHAM**, Dec. 12, 1703	2	168

94 BARBOUR COLLECTION

	Vol.	Page
LAY (cont.)		
Sarah, d. Samuel & Hannah, b. Feb. 7, 1731/2	2	2
Sarah, d. [Robert, Jr. & Jemima], b. Jan. 14, 1737	4	234
Simeon, m. Hetty **DENISON**, May 24, 1786	1	10
Simeon, s. [Simeon & Hetty], b. Apr. 26, 1795	1	10
Sibbell, d. [Jeremiah & Prudence], b. Oct. 5, 1743	2	415
Sylvia, d. [Simeon & Hetty], b. Nov. 29, 1787	1	10
Sylvia K., of Saybrook, m. Augustus W. **ENO**, of Middletown, Jan. 5, 1825, by William Case	1	50
Temperance, [twin with Samuel, d. Robert, Jr. & Mary], b. July 25, 1691	1	143
Temperance, [d. Samuel & Hannah], b. Sept. 30, 1740	2	2
Thomas, [s. Robert, Jr. & Mary], b. May 10, 1688	1	143
William H., m. Sybil **STANNARD**, Jan. 1, 1823, by Sylvester Selden	1	33
William H., of Westbrook, m. Mary Ann **WHITTLESEY**, of Saybrook, Jan. 20, 1833, by Fred W. Hotchkiss	1	96
William Henry, s. [Simeon & Hetty], b. Apr. 21, 1789	1	10
LEE, [see also LEES], Abigail, m. Caleb **CHAPMAN**, 2d wife, Jan. 11, 1748/9	2	148
Daniel, s. Samuel & Lydia, b. Nov. 28, 1789, in Lyme	1	7
Elijah, s. [Samuel & Lydia], b. June 8, 1792	1	7
Lydia, d. [Samuel & Lydia], b. Dec. 10, 1786	1	7
Samuel, m. Lydia **ROGERS**, Jan. 4, 1781	1	7
Samuel, s. [Samuel & Lydia], b. Apr. 14, 1784	1	7
Sarah, m. Daniel **BUCKINGHAM**, May 24, 1693	1	225
Sarah, m. Daniel **BUCKINGHAM**, May 24, 1693	2	85
Sarah, d. [Samuel & Lydia], b. Nov. 2, 1781	1	7
LEES, [see also LEE], Edward, m. Elizabeth **WRIGHT**, Nov. 7, 1676	1	14
George, m .Martha **BARBER**, May 20, 1719	2	397
George, s. [George & Martha], b. May 24, 1721	2	397
George, d. Aug. 7, 1726	2	397
LEET, Abigail, d. Allen & Rachel, b. Dec. 2, 1759	7	775
Adeline Eliza, of Saybrook, m. Joseph **HASWELL**, of Hoosick, N.Y., Sept. 20, 1830, by William Case	1	86
Allen, of Saybrook, m. Rachel **MORGAN**, of Preston, Nov. 22, 1758, by Asher Rossiter, Clerk	7	775
Anne, d. [Gideon & Ann], b. Oct. 18, 1757	2	275
Edward Allen, s. Allen & Rachel, b. Oct. 6, 1762	7	775
Gideon, m. Ann **PARMELEE**, Mar. 7, 1754	2	275
Gideon, s. [Gideon & Ann], b. Dec. 15, 1765	2	275
Jane A., m. Edward D. **SHIPMAN**, b. of Saybrook, June 9, 1844, by F. W. Chapman, Deep River	2	108
John C., m. Lydia **SHIPMAN**, b. of Saybrook, Dec. 25, 1822	1	44
Lucy, d. [Gideon & Ann], b. Nov. 3, 1763	2	275
Mary, d. [Gideon & Ann], b. Aug. 11, 1767	2	275
Rachel, d. Allen & Rachel, b. Oct. 4, 1764	4	775
Rebeckah, d. [Gideon & Ann], b. Mar. 4, 1761	2	275
Sarah, d. [Gideon & Ann], b. Nov. 1, 1755	2	275

SAYBROOK VITAL RECORDS 95

	Vol.	Page
LEFFINGWELL, LEFFINGWEL, Jonathan, s. Thomas, b. Dec. 6, 1650	1	25
Joseph, s. Thomas, b. Dec. 24, 1652	1	25
Mary, d. Thomas, b. Dec. 10, 1654	1	25
Nathaniel, s. Thomas, b. Dec. 11, 1656	1	25
Rachel, [d. Thomas], b. Mar. 17, 1648	1	25
Thomas, [s. Thomas], b. Aug. 27, 1649	1	25
Zerviah, m. Eleazer **LORD**, Apr. 30, 1728	2	215
LENNARD, William, m. Mary **EARLE**, Aug. 26, 1759	2	67
LESTER, Elijah, of Lyme, m. Lucy **PRATT**, of Deep River, Apr. 22, 1838, by Rev. Z. Rogers Ely	2	84
LEWIS, Deborah, d. [Joseph & Sarah] b. Dec. 20, 1768	2	257
Mary, m. John **LAMBERT**, Jan. 15, 1667	1	45
Milton, of Haddam, m. Ann **CLARK**, of Saybrook, Nov. 29, 1821, by Simon Shailer, J.P.	1	27
Rebecca L., of Saybrook, m. Zimri **AUGUR**, July 3, 1823, by Rev. Nehemiah B. Beardsley	1	35
Sarah, d. [Joseph & Sarah], b. Aug. 27, 1770	2	257
L'HOMMEDIEU, Charles L., of Saybrook, m. Martha **KELSEY**, of Killingworth, Sept. 8, 1823, by Sylvester Selden	1	45
Harriet, m. Samuel Charles **SILLIMAN**, Nov. 28, 1832, by William Case	1	99
John, m. Jerusha H. **SPENCER**, b. of Saybrook, Oct. 21, 1830, by Elder Joseph Glazier	1	86
Stephen L., m. Mary **CLARK**, b. of Saybrook, Aug. 24, 1835, by Rev. Baruch Beckwith, at her house in Saybrook	2	36
LINCOLN, Asa S., of Middletown, m. Lucy P. **POST**, of Westbrook, Jan. 26, 1840, by Rev. W[illia]m Albert Hyde	2	92
LONG, Hannah, m. Simon **LARGE**, Jan. 24, 1699/1700	1	258
Mary, m. Ephraim **BUSHNELL**, Nov. 9, 1697	2	2
Mary, m. Ephraim **BUSHNELL**, Nov. 9, 1697	2	4
LOOMIS, Farncis B., of Lyme, m. Betsey M. **INGHAM**, of Saybrook, Dec. 20, 1836, by Rev. Fred W[illia]m Hotchkiss	2	67
Harriet N., m. Henry G. **THURBUR**, b. of Kingsville, O., May 24, 1835, by Rev. Henry Wooster, Deep River	2	39
LOPER, Melissa, m. W[illia]m **MINER**, Apr. 6, 1851, by J. A. Clark, Deep River	2	135
LORD, Abial, s. [Benjamin & Elizabeth], b. Aug. 29, 1711	2	87
Abiel, m. Ann **CHAPMAN**, Aug. 11, 1737	2	109
Abial, s. [Abiel & Ann], b. July 3, 1743	2	109
Amos, s. [Daniell & Ann], b. Aug. 23, 1755	2	277
Andrew, s. [Benjamin & Elizabeth], b. May 9, 1697	2	87
Andrew, m. Hester **BUCKINGHAM**, Dec. 13, 1721	2	455
Andrew, s. [Andrew & Hester], b. Oct. 15, 1722	2	455
Andrew, s. [Andrew & Hester], b. July 29, 1731	2	455
Andrew, m. Martha **KIRTLAND**, Jan. 1, 1756	2	237
Ann, d. [Abiel & Ann], b. Apr. 18, 1740	2	109
Anna, d. [James & Elizabeth], b. June 25, 1696	2	34

BARBOUR COLLECTION

	Vol.	Page
LORD (cont.)		
Annah, d. [Samuel & Hannah], b. Sept. 10, 1724	2	78
Annah, d. [James & Sarah], b. Dec. 1, 1726; d. Dec. 7, 1726	2	451
Annah, d. [James & Sarah], b. Aug. 30, 1728	2	451
Anna, m. Jabez **STOW**, June 21, 1744	2	337
Anne, d. [Benjamin & Elizabeth], b. May 18, 1705	2	87
Anne, m. Joseph **LYNDE**, May 8, 1729	2	147
Benjamin, b. Mar. 30, 1666; m. Elizabeth **PRATT**, d. Ens. John, Apr. 13, 1693	2	87
Benjamin, s. [Benjamin & Elizabeth], b. May 31, 1694	2	87
Benjamin, d. Nov. 29, 1713	2	87
Christopher, s. [Andrew & Hester], b. Dec. 26, 1723	2	455
Christopher, m. Patience **STRONG**, Apr. 15, 1747	2	2
Coze, s. [Daniell & Ann], b. Apr. 21, 1745	2	277
Cyprian, s. [Benjamin & Elizabeth], b. Mar. 20, 1702	2	87
Daniel, m. Alice, dau. of Capt. John **WHEELER**, of Easthampton, Sept. 30, 1702	2	124
Daniel, s. [Daniel & Alice], b. May 22, 1704	2	124
Daniell, m. Ann **ISLIP**, Dec. 31, 1741	2	277
Eleazer, s. [Benjamin & Elizabeth], b. Dec. 23, 1699	2	87
Eleazer, m. Zerviah **LEFFINGWELL**, Apr. 30, 1728	2	215
Eleazer, s. [Eleazer & Zerviah], b. Apr. 22, 1729	2	215
Elijah, m. Sarah **DOTY**, d. of Margary, [ ]	7	559
Elishaba, d. [Daniell & Ann], b. Mar. 18, 1747	2	277
Eliza, m. David **ANDREWS**, b. of Saybrook, Aug. 13, 1840, by Rev. Ira Abbott	2	96
Elizabeth, d. [Benjamin & Elizabeth], b. June 8, 1708	2	87
Elizabeth, d. James & Sarah, b. Oct. 10, 1730; d. Jan. 16, 1731/2	2	451
Elizabeth, d. [James & Sarah], b. Mar. 4, 1735	2	451
Hannah, m. John **MALTBIE**, Aug. [ ], 1696	2	546
Hannah, m. John **MAULTBIE**, Aug. 13, 1696	2	35
Hannah, d. Samuel & Hannah], b. Jan. 22, 1736/7	2	78
Hannah, m. Harvey B. **KELSEY**, Feb. 26, 1843, by Rev. E. B. Crane	2	106
Hester, [w. of Andrew], d. Oct. 2, 1732	2	455
Hester, d. [Andrew & Martha], b. Sept. 29, 1756	2	237
Hester, m. Nathan **BUSHNELL**, Nov. 16, 1777	1	5
Hezekiah, s. [James & Elizabeth], b. Mar. 19, 1698	2	34
Hezekiah, s. James & Sarah, b. Jan. 8, 1739	2	451
Huldah, m. Elisha **CHAPMAN**, Mar. 9, 1762	1	5
Jabez, s. Abiel & Ann, b. Feb. 20, 1745/6	2	109
James, b. Apr. 2, 1668; m. Elizabeth **HILL**, of Guilford, Dec. 13, 1693; d. Feb. 10, 1730/1	2	34
James, s. [James & Elizabeth], b. Jan. 23, 1695	2	34
James, m. Sarah **GOODRICH**, Dec. 21, 1725	2	451
James, s. [James & Sarah], b. June 8, 1733	2	451
James, Ens., d. Nov. 6, 1742	2	451
James, s. [James & Mehetable], b. July 15, 1760	2	2
James J., of Lyme, m. Cornelia **HAYDEN**, of Saybrook, June 26, 1833, by Ashbel Steele	1	98

SAYBROOK VITAL RECORDS 97

	Vol.	Page
LORD (cont.)		
Jeremiah, s. [Daniel & Alice], b. Apr. 17, 1710	2	124
Joel, s. [Daniell & Ann], b. July 26, 1750	2	277
John, [s. William], b. Sept. [ ], 1653	1	2
John, s. [Daniel & Alice], b. Apr. 23, 1716	2	124
Joseph, [s. William], b. Sept. [ ], 1656	1	2
Lovisa, d. Christopher & Patience, b. Feb. 11, 1748/9	2	2
Lydia, d. Benjamin & Elizabeth, b. Nov. 13, 1695; d. Jan. 26, 1695/6	2	87
Lidia, d. [James & Elizabeth], b. July 3, 1703	2	34
Lydia, m. Daniel **BUCKINGHAM**, Mar. 24, 1726	2	140
Lydia, d. James & Sarah, b. Feb. 20, 1736/7	2	451
Mabel, d. Christopher & Patience, b. Dec. 1, 1751	2	2
Martin, s. [Andrew & Hester], b. Nov. 13, 1725	2	455
Mary, [d. William], b. May [ ], 1649	1	2
Mary, d. [Samuel & Hannah], b. May 17, 1730	2	78
Mary, of Saybrook, m. William **GOULD**, Jr., of Branford, June 21, 1749	2	336
Mehetable, [d. James & Mehetable], b. Jan. 31, 1758	2	2
Patience, [d. Christopher & Patience], b. Sept. 4, 1754	2	2
Phebe, d. [Daniel & Alice], b. May 25, 1707	2	124
Rebeckah, d. Samuel & Hannah, b. Jan. 3, 1738/9	2	78
Rebeckah, d. [Samuel & Hannah], d. [ ]	2	78
Richard, [s. William], b. May [ ], 1647	1	2
Richard, m. Adelia **CHAPMAN**, b. of Saybrook, Jan. 26, 1823, by Frederic W. Hotchkiss	1	33
Robert, [s. William], b. Aug. [ ], 1651	1	2
Rode, d. Daniell & Ann, b. Feb. 16, 1742/3	2	277
Samuel, m. Hannah **WATROUS**, Jan. 12, 1721	2	78
Samuel, s. [Samuel & Hannah], b. Oct. 1, 1723; d. Oct. 13, 1723	2	78
Samuel, s. [Samuel & Hannah], b. Sept. 21, 1732	2	78
Samuel, of North Lyme, m. Elizabeth **CLARKE**, of Saybrook, Apr. 14, 1847, by Rev. E. B. Crane	2	125
Sarah, d. [Daniel & Alice], b. June 28, 1713	2	124
Sarah, d. [James & Sarah], b. July 18, 1741	2	451
Sibell, see under Sybil		
Solomon, s. [Daniell & Ann], b. Feb. 17, 1753	2	277
Susanna, d. Samuel & Hannah, b. Feb. 23, 1734/5	2	78
Susannah, m. Samuell **STILLMAN**, Dec. 21, 1757	1	1
Sibell, d. [Samuel & Hannah], b. Oct. 16, 1721	2	78
Sibbel, d. [Samuel & Hannah], d. May [ ], 1740	2	78
Sibbell, 2d, d. Samuel & Hannah, b. Apr. 13, 1741; d. May 12, 1741	2	78
Temperance, d. [Samuel & Hannah], b. Nov. 12, 1726	2	78
Thankful, d. [James & Elizabeth], b. Sept. 5, 1708	2	34
Thankful, m. Caleb **CHAPMAN**, July 2, 1729	2	148
Tho[ma]s, [s. William], b. Dec. [ ], 1645	1	2
William, Sr., d. May 17, 1678	1	2
William, Jr., m. Hannah Ann **BARKER**, June 22, 1823, by Frederic W. Hotchkiss	1	35

	Vol.	Page
LORD (cont.)		
William, m. Lovina **CHALKER**, Feb. 20, 1826, by Frederick W. Hotchkiss	1	57
William N., m. Caroline E. **BECKWITH**, b. of Saybrook, June 8, 1847, by Rev. Levi H. Wakeman	2	122
William R., m. Cynthia **SOUTHWORTH**, b. of Saybrook, Feb. 6, 1823, by Aaron Hovey	1	44
-----, s. [William], b. Oct. [ ], 1643	1	2
-----, d. [Samuel & Hannah], b. Apr. 20, 1729; d. May 7, 1729	2	78
LOVELAND, John, m. Ruth **CHAPMAN**, Nov. 18, 1730	3	537
John, s. [John & Ruth], b. Aug. 30, 1735	3	537
Ruth, d. [John & Ruth], b. Apr. 28, 1733	3	537
LOWRY, Thriphene, m. John **FOSTER**, b. of Saybrook, Feb. 9, 1821, by Aaron Hovey	1	43
LUCASS, John, s. John, b. Feb. 15, 1724/5	2	367
LYNDE, Abigail, d. [Samuel & Rebeckah], b. Apr. 8, 1713	2	27
Abigail, d. [Samuel & Phebe], b. Oct. 23, 1765	2	163
Alanson, of Saybrook, m. Charlotte **PRATT**, of Killingworth, Mar. 27, 1833, by William Case	1	98
Anne, d. Nathaniel & Susanna, b. Dec. 29, 1706	2	125
Anne, d. [Joseph & Anne], b. Dec. 20, 1731	2	147
Azubah, d. Joseph & Anne, b. Sept. 2, 1745; d. Nov. 23, 1752	2	147
Benjamin, s. [Samuel & Phebe], b. Oct. 10, 1767	2	163
Benjamin, Jr., of Saybrook, m. Lucinda **GRISWOLD**, of Killingworth, May 12, 1827, by William Case	1	65
Eliza, of Saybrook, m. Richard E. **SELDEN**, of Lyme, [ ]	1	23
Eliza H., of Saybrook, m. Ambrose **CHAPMAN**, of Kindel, O., July 22, 1823, by Frederic W. Hotchkiss	1	36
Elizabeth, [d. Nathaniel], b. Dec. 2, 1694	1	160
Elizabeth, d. [Nathaniel & Susanna], b. Dec. 2, 1694	2	125
Emeline, of Saybrook, m. William **KIRTLAND**, of Coxsakie, N.Y., June 1, 1829, by Fred W. Hotchkiss	1	77
Hannah, d. [Nathaniel & Susanna], b. Sept. 10, 1698	2	125
Henry, s. [William & Rebeckah], b. June 23, 1774	2	471
Joseph, s. [Nathaniel & Susanna], b. Mar. 23, 1704	2	125
Joseph, m. Anne **LORD**, May 8, 1729	2	147
Joseph, s. [William & Rebeckah], b. Aug. 6, 1771	2	471
Joseph, d. July 4, 1773	2	147
Lize, d. Joseph & Anne, b. Feb. 18, 1736/7	2	147
Lovice, d. [Joseph & Anne], b. Aug 22, 1734	2	147
Lovice, d. [Joseph & Anne], b. Sept. 21, 1748	2	147
Lucy, d. [Nathaniel & Sarah], b. Apr. 11, 1730; d. June 7, 1745	2	42
Lydia, d. Nathaniel & Sarah, b. Jan. 22, 1727/8	2	42
Margaret, d. [Samuel & Phebe], b. Jan. 25, 1777	2	163
Nathan, s. Nathaniel & Sarah, b. Oct. 28, 1725; d. June 29, 1729	2	42
Nathaniel, s. Nathaniel, b. Oct. 21, 1692	1	160
Nathaniel, s. [Nathaniel & Susanna], b. Oct. 21, 1692	2	125

SAYBROOK VITAL RECORDS 99

	Vol.	Page
LYNDE (cont.)		
Nathaniel, m. Sarah **PRATT**, Dec. 12, 1716	2	42
Nathaniel, s. [Nathaniel & Sarah], b. Mar. 8, 1720; d.		
Mar. 10, 1720	2	42
Nathaniel, s. [Samuel & Phebe], b. May 18, 1784	2	163
Phebe, d. [Samuel & Phebe], b. Apr. 23, 1772	2	163
Rebeckah, d. [Samuel & Rebeckah], b. Sept. 8, 1715	2	27
Rebeckah, w. of Samuel, d. Jan. 20, 1716	2	27
Rebeckah, m. Samuel **WILLARD**, Jr., May 11, 1736	4	525
Sabeth, d. Joseph & Anne, b. Sept. 18, 1741	2	147
Samuel, s. Nathaniel, b. Oct. 29, 1689	1	160
Samuel, s. [Nathaniel & Susanna], b. Oct. 29, 1689	2	125
Samuel, m. Rebeckah **CLARKE**, Apr. 4, 1710	2	27
Samuel, s. [Willoughby & Margaret], b. Oct. 14, 1736	4	571
Samuell, m. Phebe **WATROUS**, July 26, 1759	2	321
Samuel, m. Phebe **WATERHOUSE**, July 29, 1759	2	163
Samuel, s. [Samuel & Phebe], b. July 8, [1760]; d. Sept. 27, 1760	2	163
Samuel, s. [Samuell & Phebe], b. July 8, 1760; d. Sept. 27, 1760	2	321
Samuel, s. [Samuel & Phebe], b. July 23, 1763	2	163
Samuel, s. [Samuell & Phebe], b. July 23, 1763	2	321
Samuel, 2d, m. Roxanna Joanna **SHIPMAN**, b. of Saybrook, Feb. 10, 1825, by William Case	1	51
Sarah, d. Nathaniel & Susanna, b. Feb. 2, 1702	2	125
Sarah, m. Samuel **WILLARD**, Apr. 15, 1741	4	525
Sarah Pratt, d. [Nathaniel & Sarah], b. May 12, 1718	2	42
Susan, m. Richard E. **PRATT**, b. of Saybrook, Feb. 21, 1821, by Frederic W. Hotchkiss	1	23
Susanna, [d. Nathaniel], b. Aug. 6, 1685; d. Dec. 19, 1685	1	160
Susannah, d. [Nathaniel & Susanna], b. Apr. 14, 1700	2	125
Susanna, w. of Nathaniel, d. Feb. 22, 1709/10	2	125
Susanna, m. Joseph **WILLARD**, Aug. [ ], 1718	2	44
Susanna, d. Nathaniel & Sarah, b. Jan. 27, 1722/3	2	42
William, s. Joseph & Anne, b. Aug. 18, 1739	2	147
William, m. Mrs. Rebeckah **HART**, Sept. 3, 1765	2	471
William, s. [William & Rebekcah], b. Apr. 12, 1767	2	471
Willoughby, s. Nathaniel & Susanna, b. Jan. 8, 1696/7; d. Apr. 23, 1704	2	125
Willoughbie, s. [Samuel & Rebeckah], b. Mar. 1, 1711	2	27
Willoughby, m. Margaret **CORY**, Nov. 19, 1735	4	571
Willoughby, s. [Samuel & Phebe], b. July 29, 1761	2	163
Willoughby, s. [Samuell & Phebe], b. July 29, 1761	2	321
MACK, Benjamin, m. Hannah **TRIPP**, b. of Essex, Jan. 25, 1835, by Rev. Orlando Starr	2	70
Calvin C., m. Lucy **MACK**, b. of East Haddam, Nov. 17, 1835, by Rev. Stephen Beach, Essex	2	76
David, m .Hannah **PARKER**, b. of Saybrook, Aug. 23, 1827, by Henry Hatfield, at Essex	1	67
Elizabeth, of Essex, m. Benjamin **BRAMBLE**, of Lyme, Nov. 26, 1828, by Rev. Pierpont Brocket	1	74

	Vol.	Page
MACK (cont.)		
Jane A., of Saybrook, m. Abel **BREWSTER**, June 1, 1845, by Rev. Lawson Muzzy	2	115
Lucy, m. Calvin C. **MACK**, b. of East Haddam, Nov. 17, 1835, by Rev. Stephen Beach, Essex	2	76
Lurinda, m. Henry C. **KIRTLAND**, b. of Saybrook, June 16, 1839, by Rev. Eli M. Kirkum	2	91
Nancy, m. William **TRIPP**, Jr., b. of Saybrook, Dec. 30, 1827, by Asa Wilcox, Elder	1	70
Noah E., of Essex, m. Emily M. **RICH**, of Middletown, Apr. 26, 1847, by Rev. N. C. Lewis	2	121
Noah E., of Essex, m. Emily M. **RICH**, of Middletown, Apr. 2, 1847, by Rev. N. C. Lewis	2	125
MAGNE, Joseph N., m Abby M. **SPENCER**, b. of Westbrook, Nov. 14, 1836, by Rev. Jeremiah Miller	2	74
Mary Ann, m. Ephraim **KELSEY**, b. of Saybrook, Mar. 24, 1821, by Frederic W. Hotchkiss	1	24
Maryette, of Saybrook, m. Charles J. **BALDWIN**, of Meriden, Nov. 28, 1833, by Sylvester Selden	2	52
Sarah W., m. Joy **POST**, Jr., b. of Saybrook, Feb. 13, 1834, by Rev. Pierpont Brocket	2	49
MAGNEY, Lydia, m. Nehemiah **BUSHNELL**, b. of Westbrook, Oct. 16, 1834, by Fred W[illia]m Hotchkiss	2	62
MALTBIE, MAULTBIE, Dorothy, d. [John & Hannah], b. Apr. 20, 1715	2	546
Est[h]er, d. [John & Mehetable], b. Dec. 23, 1725	2	313
Hannah, d. [John & Hannah], b. Sept. 18, 1704	2	546
Jane, d. John & Hannah, b. May [ ], 1712	2	546
John, m. Hannah **LORD**, Aug. 13, 1696	2	35
John, m. Hannah **LORD**, Aug. [ ], 1696	2	546
John, s. [John & Hannah], b. Sept. 10, 1698	2	35
John, s. [John & Hannah], b. Sept. 20, 1698	2	546
John, m. Mehetable **CLARK**, Nov. 12, 1724	2	313
Mary, d. [John & Hannah], b. July 18, 1708	2	546
Nathaniel, s. [John & Hannah], b. Dec. 29, 1700	2	35
Nathaniel, s. John & Hannah, b. Dec. 29, 1700	2	546
William, s. [John & Hannah], b. July 6, 1703	2	35
William, s. [John & Mehetable], b. Apr. 29, 1727	2	313
MANSFIELD, Charles, m. Eliza **BUCKINGHAM**, b. of New York City, Sept. 17, 1838, by Rev. E. B. Crane	2	87
William W., of New Haven, m. Nancy **TRIPP**, of Saybrook, Oct. 13, 1828, by Rev. Pierpont Brocket	1	73
MANWARING, Hannah, of Essex, m. Samuel **HUNT**, of Vermont, Apr. 13, 1846, by Rev. N. C. Lewis	2	117
Lucy Ann, of Essex, m. Elisha R. **SIDLEMAN**, of Canterbury, Sept. 4, 1844, by Rev. W[illia]m George Miller	2	113
MANWARREN, Mirick, m. Lucy Ann **WILLIAMS**, Aug. 29, 1820	1	23

SAYBROOK VITAL RECORDS 101

	Vol.	Page
MARKS, William, of Middletown, now of Chester, m. Maria PRATT, of Petapague, Oct. 28, 1825, by Frederic W. Hotchkiss	1	53
William, of Middletown, now of Chester, m. Maria PRATT, of [ ], Oct. 28, 1825, by Frederic W. Hotchkiss	1	55
MARSH, Rebecca, of East Haddam, m. Joel PLATTS, 2d, of Saybrook, Sept. 5, 1822, by Sylvester Selden	1	31
Zerviah, of East Haddam, m. Seth DAVIS, of Chatham, Dec. 20, 1829, by Sylvester Selden	1	78
MARSON, [see also MASON], Mary, d. Nicholas & Mary, b. Feb. 1, 1701/2	2	127
Mary, m. Jedidiah DUDLEY, Feb. 23, 1721/2	2	372
Nicholas, of Saybrook, m. widow Mary BULL, May 6, 1701	2	127
MARTIN, John, of Durham, m. Mary Matilda CHALKER, of Saybrook, Nov. 17, 1833, by Fred W[illia]m Hotchkiss	2	3
MARVERICK, Abigail, m. William TULLY, Apr. 17, 1701	2	30
MARVIN, John W., m. Jane E. SPENCER, b. of Saybrook, Nov. 27, 1845, by F. W. Chapman, Deep River	2	116
Lydia, m. Phillip KIRTLAND, June 16, 1726	2	400
Reynold S., m. Sarah J. SMITH, b. of Saybrook, Jan. 19, 1846, by F. W. Chapman, Deep River	2	116
MASON, [see also MARSON], Elijah, of Saybrook, m. Hannah RAY, of Haddam, Apr. 2, 1822, by Simon Shailer, J.P.	1	29
Elizabeth, m. Thomas NORTON, May 8, 1671	1	98
Nicholas, m. Mary DUDLEY, Mar. 11, 1686	1	167
Teressa, m. Alvin F. WHITTEMORE, b. of Saybrook, Oct. 2, 1833, by Rev. Pierpont Brocket	1	102
Thomas L., m. Malvina Maria URQUHART, Sept. 7, 1848, at Essex, by Rev. S. Nash	2	126
MASSON, Jane H., [d. Thomas & Teresa], b. May 6, 1822; d. May 10, 1835	2	5
Thomas, [s. Thomas & Teresa], b. Jul 24, 1825	2	5
MATHER, Adaline, of Saybrook, m. Elias WALES, of Essex, Jan. 11, 1835, by Rev. Orlando Starr	2	70
Almira W., m. John D. INGRAHAM, May 13, 1833, by Fred W. Hotchkiss	1	97
Azariah, m. Martha TAYLOR, Dec. 5, 1710	2	241
Chloe Elizabeth, d. [Ezra S. & C[h]loe], b. June 3, 1818	1	21
Elisha, [s. Ulysses & Pri[s]cilla], b. Jan. 28, 1827	1	128
Elizabeth, d. [Azariah & Martha], b. Dec. 23, 1711	2	241
Elizabeth, m. Ambrose WHITTLESEY, Mar. 9, 1732	2	450
Elizabeth, m. Samuel M. HAYDEN, July 16, 1800	1	129
Ezra S., b. Aug. 7, 1768; m. C[h]loe CLARK, Nov. 7, 1813	1	21
Ezra Selden, s. [Ezra S. & C[h]loe], b. Nov. 5, 1821	1	21
John, m. Rebekcah BUSHNELL, Apr. 15, 1729	2	495
John Rogers; [s. Ulysses & Pri[s]cilla], b. Dec. 21, 1829	1	128

	Vol.	Page
MATHER (cont.)		
Joseph H., m. Esther M. C. **PECK**, Oct. 10, 1826, by Rev. Asa Wilcox	1	60
Joseph H., of Saybrook, m. Mary Ann **SAGE**, of Middletown, May 3, 1841, by Rev. Pierpont Brockett	2	99
Julia Sophia, d. Ezra S. & C[h]loe, b. Dec. 31, 1819	1	21
Laura, [d. Ulysses & Pri[s]cilla], b. Nov. 23, 1824	1	128
Mortimer Danforth, s. [Ezra S. & C[h]loe], b. Dec. 23, 1827	1	21
Rebecca, S., of Lyme, m. Charles **BEAMON**, of Saybrook, Nov. 20, 1842, by Rev. Russell Jennings, Deep River	2	104
Titus Clark, s. [Ezra S. & C[h]loe], b. Oct. 14, 1816; d. Dec. 31, 1820	1	21
Titus Clark, s. [Ezra S. & C[h]loe], b. Feb. 29, 1824	1	21
Titus Selden, s. [Ezra S. & C[h]loe], b. June 18, 1814; d. June 7, 1815	1	21
Ulysses, m. Pri[s]cilla P. **DOAN**, Dec. 3, 1822, by Rev. Peter G. Clarke	1	32
Ulysses, s. [Ulysses & Pri[s]cilla], b. Apr. 3, 1823	1	128
MATSON, Ruhamah, m. Travis **AYER**, Jan. 14, 1747/8	2	80
MAULTBIE, [see under **MALTBIE**]		
McCRERY, Mary Ann, of Essex, m. Ansel R. **ELY**, of Lyme, June 7, 1840, by W[illia]m Geo[rge] Miller	2	95
Ruel, of Lyme, m. Ruth **TOOCKER**, of Saybrook, June 26, 1828, by Aaron Hovey	1	73
MEIGS, Caroline, m. John **DeWOLF**, July 4, 1826, by Sylvester Selden	1	58
Elihu, m. Lucy **BALDWIN**, b. of Saybrook, Nov. 2, 1826, by William Case	1	65
Elizabeth, d. Danforth & Elizabeth (Williams) **CLARK**, [b. Aug. 13, 1782]; d. Dec. 5, 1806	1	18
Esther E., m. Julius W. **ROGERS**, b. of Deep River, Mar. 2, 1845, by Rev. Lawson Muzzy	2	112
Mortimer C., b. May 31, 1806	2	11
Sarah, m. Martin **KIRTLAND**, Mar. 16, 1758	1	1
MERRIL, MERRELL, MERRILL, MERRILLS, Benjamin, s. [Thomas & Hannah], b. June 20, 1709	2	10
Benjamin, of Killingworth, m. Abigail **CLARK**, of Saybrook, Nov. 19, 1837, by Aaron Hovey	2	83
Daniel, s. [Thomas & Hannah], b. Nov. 5, 1701	2	10
Elizabeth, b. Dec. 13, 1685	2	512
Elizabeth, m. Thomas **WELLS**, May 13, 1720	2	269
John, s. Thomas & Hannah, b. Feb. 16, 1693/4	2	15
Joseph, s. Thomas & Hannah, b. Jan. 2, 1698/9	2	15
Mary, m. Edwin **PARKS**, Nov. 15, 1830, by Rev. Luman Andrus	1	85
Thomas, b. May middle, 1688	2	512
Thomas, m. Hannah **HILL**, May 25, 1693	2	10
Thomas, d. Nov. 7, 1711	2	10

SAYBROOK VITAL RECORDS

	Vol.	Page
MERWIN, Daniel, of Haddam, m. Tamzin BUSHNELL, of Saybrook, Oct. 26, 1826, by William Case	1	65
MILLER, Arabella Caroline, d. Henry, b. Apr. 17, 1823	1	123
Betsey, of Saybrook, m. Elias ELY, of Haddam, Sept. 4, 1822, by Simon Shailer, J.P.	1	30
David, of Philadelphia, m. Mehitabel BREWSTER, of Saybrook, 2d Soc., Apr. 6, 1835, in Essex, by Rev. Pierpont Brocket	2	20
George, of Long Island, m. Mercy HAMILTON, of Chatham, Sept. 25, 1823	1	38
Henry, m. Caroline HINDERSON, May 6, 1821	1	24
John, of Middletown, m. Ursula HAVEN, of Lyme, Oct. 27, 1828, by Rev. Pierpont Brocket	1	73
Jonathan, of Saybrook, m. Maria KING, of Southold, L.I., May 7, 1827, by Rufus Clark, J.P.	1	64
Justus, of Middletown, m. Phebe BUSHNELL, of Saybrook, Aug. 24, 1838, by Rev. E. B. Crane	2	87
Mary H., of L.I., m. Oliver CONE, of Lyme, Sept. 25, 1823, by [ ], Int. pub.	1	38
Susan, m. Elisha CHAPMAN, b. of Saybrook, Apr. 1, 1844, by Rev. E. B. Crane	2	110
William, m. Mary BUSHNELL, Apr. 19, 1693	1	143
William, s. [William & Mary], b. Feb. 9, 1693/4	1	143
MINER, MINOR, Betsey, Mrs., m. Edmund DENISON, Feb. 21, 1826, by Jedidiah Post, J.P.	1	56
Charles Milton, s. [John S. & Desire], b. June 15, 1803	1	126
John S., m. Desire PRATT, [ ], 1802	1	126
Mary, m. Samuel CLARKE, July 19, 1722	2	218
Nathan, of Salem, Conn., m. Nancy WHITTLESEY, Dec. 10, 1829, by Rev. John Whittlesey	1	78
Truxton, of Lyme, m. Bets[e]y BALDWIN, of Saybrook, Feb. 13, 1822, by Asa Wilcox, Elder	1	27
W[illia]m, m. Melissa LOPER, Apr. 6, 1851, by J. A. Clark, Deep River	2	135
William Collin, s. [John S. & Desire], b. Nov. 19, 1805	1	126
MITCHELL, Abby Maria, of Saybrook, m. Rev. Ebenezer CHEEHEE, of Stillwater, N.Y., Oct. 12, 1830, by William Case	1	86
MIX, Henry, of New Haven, m. Azuba K. TRYON, of Saybrook, Feb. 23, 1835, by Rev. O[rlando] S[tarr]	2	36
MONGER, Sylvester, of Guilford, m. Eliza SMITH, of Essex, May 5, 1834, by Rev. Pierpont Brocket	2	56
MOORE, MOOR, Elias Crane, s. John, b. May 31, 1822	1	123
Ezra, m. Temperance Aurelia BULKLEY, Dec. 15, 1840, by Rev. Pierpont Brockett	2	99
Jarius L., of Lyme, m. Eunice M. SOUTHWORTH, of Saybrook, Sept. 20, 1835	2	32
John Alexander of Maumee City, O., m. Almira POST, of Westbrook, Sept. 3, 1839, by Rev. W[illia]m Albert Hyde	2	90
Judith C., m. Niles P. STARKEY, Mar. 23, 1851, by James A. Clark, Deep River	2	135

	Vol.	Page
MOORE, MOOR (cont.)		
Phebe I., of Lyme, m. Gideon **SOUTHWORTH**, of Saybrook Feb. 13, 1837, by Rev. Darius Mead, of Deep River	2	77
Shubael S., of Southington, m. Elizabeth B. **STRONG**, of Saybrook, Oct. 19, 1828, by Rev. Pierpont Brocket	1	73
MOREHOUSE, Andrew, s. Thomas & Joannah, b. Mar. 7, 1726	2	92
Elizabeth, d. [Thomas & Prudence], b. Nov. 21, 1735	2	79
James, s. Andrew & Phebe, b. June 21, 1747	2	198
James, s. [Andrew & Phebe], b. June 21, 1747	2	257
Joanna, w. of Thomas, d. Nov. 6, 1733	2	92
John, s. [Thomas & Prudence], b. Oct. 18, 1736	2	79
Lucy, d. Andrew & Phebe, b. Feb. 1, 1748/9	2	198
Lucy, d. [Andrew & Phebe], b. Feb. 1, 1749	2	257
Mary, d. [Thomas & Joannah], b. Nov. 27, 1727	2	92
Phebe, d. Thomas & Joannah, b. Feb. 15, 1729	2	92
Thomas, s. Thomas & Joannah, b. Feb. 29, 1732/3	2	92
Thomas, m. Prudence **WRIGHT**, Apr. 15, 1735	2	79
MORGAN, Edmond Roswell, s. Roswell & Hester, b. May 22, 1830	2	20
Louisa Matilda, [d. Roswell & Hester], b. Mar. 12, 1833	2	20
Rachel, of Preston, m. Allen **LEET**, of Saybrook, Nov. 22, 1758, by Asher Rossiter, Clerk	7	775
Richard Hyde, [s. Roswell & Hester], b. Sept. 11, 1827	2	20
Roswell, b. Nov. 18, 1802; m. Hester **DOANE**, [ ]	2	20
Roswell, m. Hester **DOAN**, b. of Saybrook, Nov. 16, 1826, by Aaron Hovey	1	61
MORLEY, Samuel M., m. Harriet A. **WILLIAMS**, b. of Essex, Feb. 24, 1842, by Rev. W[illia]m George Miller	2	112
MORRIS, Margaret, m. Jeremiah **KELC[E]Y**, Aug. 27, 1751	2	155
Mary, m. John **TIL[L]ITSON**, Nov. 25, 1680	1	14
Mary, m. John **TILLITSON**, Nov. 25, 1680	1	131
MOSIER, Mary, of Lyme, m. Samuel **POST**, of Saybrook, May 7, 1828, by Aaron Hovey	1	71
MURDOCK, Abigail, d. [John & Frances], b. Mar. 27, 1742	4	451
Abraham, s. [John & Frances], b. May 21, 1751	4	451
Abraham, m. Hannah **LAY**, Feb. 6, 1772	1	4
Ann, d. John & Frances, b. Feb. 14, 1746/7	4	451
Anne, d. [Abraham & Hannah], b. Mar. 29, 1773	1	4
Delia, of Saybrook, m. Edwin **DOWN**, of Meriden, May 22, 1831, by Sylvester Selden	1	88
Enoch, s. [John & Frances], b. Nov. 22, 1743	4	451
Frances, d. [John & Frances], b. Aug. 31, 1753	4	451
James, s. [John & Frances], b. Feb. 18, 1755	4	451
James, s. [Abraham & Hannah], b. Feb. 16, 1776	1	4
John, m. Phebe **SILL**, Nov. 23, 1730	4	451
John, m. Frances **CONKLYNG**, Apr. 22, 1732	4	451
John, s. [John & Frances], b. Nov. 19, 1736	4	451
Jonathan, s. [John & Frances], b. Apr. 7, 1745	4	451

SAYBROOK VITAL RECORDS 105

	Vol.	Page
MURDOCK (cont.)		
Mary, d. [John & Frances], b. Nov. 21, 1734	4	451
Mary C., m. Benjamin DeWOLF, Jan. 15, 1832, by Rev. Asa Bushnell	1	91
Miriam, d. John & Frances, b. Aug. 25, 1748	4	451
Peter, s. [John & Phebe], b. Sept. 20, 1731; d. Oct. 4, 1731	4	451
Peter, s. John & Frances, b. Jan. 21, 1732/3	4	451
Phebe, w. of John, d. Sept. 20, 1731	4	451
Phebe, d. [John & Frances], b. Nov. 13, 1738	4	451
William, s. John & Frances, b. Aug. 31, 1740	4	451
MURRAY, Horace, m. Mary Ann PRATT, Nov. 5, 1826, by Rev. Peter G. Clark	1	61
Jesse, m. Sally Ann WILLIAMS, b. of Essex, Feb. 5, 1837, by Rev. Squire B. Hascall	2	25
Rebeckah, m. Dr. Manual DeCALA, July 31, 1823, by Asa Wilcox, Elder	1	36
NEELL, NEELLS, Mary, m. John VIBERT, Feb. 26, 1705/6	2	74
Rebeckah, m. Thomas NORTON, Jr., Dec. 11, 1701	2	40
NETTLETON, Ruth, m. Paybody GREENELL, Apr. 8, 1718	2	182
NEVILL, Andrus, of Durham, N.Y., m. Julia BUSHNELL, of Saybrook, June 3, 1822, by Sylvester Selden	1	29
NEWELL, Charles, s. David & Mary, b. May 19, 1786; d. Mar. 17, 1787	1	9
David, m. Mary STOW, d. of Capt. Jabez, Aug. 22, 1784	1	9
Jabez William, s. [David & Mary], b. July 16, 1789	1	9
Mary Ann, m. John BUSHNELL, Dec. 6, 1812	1	128
Mary Anne, d. [David & Mary], b. Sept. 28, 1791	1	9
NICHOLS, Jonathan, m. Rebeckah WHITTLESEY, May 14, 1730	4	293
Mary, d. [Jonathan & Rebeckah], b. Mar. 4, 1731	4	293
NORRIS, Oliver, m. Mehetable CHITTENDEN, Sept. 17, 1829, by Rev. Luman Andrus	1	77
Oliver, m. Nancy SPENCER, b. of Saybrook, Aug. 19, 1832, by Sylvester Selden	1	101
Oliver Hatfield, s. Oliver, b. Nov. 23, 1834	2	74
William C., of Saybrook, m. Rachel HULL, of Killingworth, Jan. 5, 1842, by F. W. Chapman, Deep River	2	101
NORTON, Abigail, m. Ananias TRIANS, Aug. 6, 1667	1	53
Abigail, twin with Ebenezer, [d. Thomas & Elizabeth], b. Oct. 16, 1683	1	98
Ann, d. [Thomas, Jr. & Rebec[c]ah], b. May 30, 1714	2	40
Deborah, m. John NORTON, May 9, 1732	2	134
Ebenezer, twin with Abigail, [s. Thomas & Elizabeth], b. Oct. 16, 1683	1	98
Elizabeth, [d. Thomas & Elizabeth], b. Oct. 13, 1674; d. Apr. 2, 1676	1	98
Elizabeth, [d. Thomas & Elizabeth], b. Dec. 26, 1679	1	98
Elizabeth, w. of Thomas, d. Jan. 31, 1698/9	1	163
Jedidiah, s. [Thomas, Jr. & Rebec[c]ah], b. Dec. 3, 1712	2	40
John, [s. Thomas & Elizabeth], b. Oct. 3, 1686	1	98

NORTON (cont.)

	Vol.	Page
John, s. [Thomas, Jr. & Rebec[c]ah], b. Aug. 6, 1706	2	40
John, m. Deborah NORTON, May 9, 1732	2	134
John, s. [John & Deborah], b. Mar. 1, 1734	2	134
Joseph, twin with Samuel, [s. Thomas & Elizabeth], b. Nov. 6, 1681	1	98
Lydia, d. [Thomas, Jr. & Rebec[c]ah], b. Dec. 25, 1702	2	40
Rebeckah, d. [Thomas, Jr. & Rebec[c]ah], b Sept. 16, 1704	2	40
Samuel, twin with Joseph, [s. Thomas & Elizabeth], b. Nov. 6, 1681	1	98
Samuel, s. Thomas, Jr. & Rebeckah, b. Jan. [ ], 1717	2	40
Thomas, m. Elizabeth MASON, May 8, 1671	1	98
Thomas, [s. Thomas & Elizabeth], b. June 1, 1677	1	98
Thomas, Jr., m. Rebec[c]ah NEELLS, Dec. 11, 1701	2	40
Thomas, d. Aug. 20, 1726	2	548
NOTT, Abigail, w. of Abraham, Jr. ,d. Oct. 20, 1750	2	100
Abraham, Jr. ,m. Abigail SELDEN, Sept. 22, 1748	2	100
Abraham, [twin with Josiah, s. [Josiah & Zerviah], b. Feb. 5, 1768	1	14
Abraham Pratt, s. [Clark & Wealthy], b. Aug. 23, 1810	1	21
Albert, s. [Clark & Wealthy], b. Feb. 12, 1798	1	21
Albert, m. Lucretia SNOW, Nov. 20, 1819	1	28
Albert, d. June 24, 1825	1	28
Clark, s. [Josiah & Zerviah], b. Oct. 14, 1770	1	14
Clark, b. Oct. 14, 1770; m. Wealthy PRATT, June 16, 1796	1	21
Clark, s. [Albert & Lucretia], b. Sept. 22, 1821	1	28
Clark, of Essex, m. Mary CHAPMAN, of Saybrook, Nov. 1, 1847, by Rev. E. B. Crane	2	125
Epaphras, m. Issabell PARKER, June 17, 1759	2	10
Josiah, m. Zerviah CLARK, Nov. 17, 1757	1	14
Josiah, [twin with Abraham], s. [Josiah & Zerviah], b. Feb. 5, 1768	1	14
Josiah, Dea., d. Dec. 17, 1814	1	15
Josiah, s. [Albert & Lucretia], b. Aug. 18, 1820	1	28
Josiah, 2d, m. Rhoda J. BULL, b. of Saybrook, Nov. 8, 1847, by Jos. D. Hull	2	122
Josiah E., m. Lucretia R. Pratt, Oct. 10, 1842, by Aaron Hovey	2	106
Josiah Epaphras, s. [Clark & Wealthy], b. Feb. 16, 1815	1	21
Keturah, d. [Josiah & Zerviah], b. Dec. 26, 1759	1	14
Lucinda, d. Clark & Wealthy, b. June 15, 1799; d. June 16, 1799	1	21
Myra, of Saybrook, m. Rev. David SHIPLEY, of North Yarmouth, Me., May 30, 1830, by Aaron Hovey	1	84
Polly, d. [Epaphras & Issabell], b. Apr. 28, 1760	2	10
Rebeckah, d. Dea. Josiah & Zerviah, b. Apr. 28, 1763	1	14
Rebeckah, d. [Clark & Wealthy], b. July 2, 1807	1	21
Rebeckah C., b. July 2, 1807; m. Selden M. PRATT, Jan. 15, 1828	2	33

SAYBROOK VITAL RECORDS 107

	Vol.	Page
NOTT (cont.)		
Rebeckah C., m. Selden M. **PRATT**, Jan. 15, 1828, by Aaron Hovey	1	69
Rebeckah Clark, d. Clark & Wealthy, b. July 2, 1807	1	21
Sarah, d. [Josiah & Zerviah], b. July 26, 1758	1	14
Sarah A., m .Asa P. **WILLIAMS**, Dec. 29, 1825, by Aaron Hovey	1	59
Sarah Ann, d. [Clark & Wealthy], b. Apr. 15, 1804	1	21
Servia, w. [Dea. Josiah], d. Dec. 1, 1816	1	15
Tertius, m. Prudence **PRATT**, Jan. 2, 1833, by Aaron Hovey	1	95
Wealthy F., d. [Clark & Wealthy], b. Oct. 13, 1801	1	21
Wealthy F., m. Harvey C. **SANFORD**, Sept. 4, 1825, by Aaron Hovey	1	54
Zerviah, d. [Josiah & Zerviah], b. Feb. 17, 1766	1	14
Zerviah, b. July 16, 1805; m. Joel M. **PRATT**, Oct. 10, 1825	2	50
Zerviah, m. Joel M. **PRATT**, Oct. 10, 1825, by Aaron Hovey	1	54
OTIS, Sarah, m. Henry **SOUTHWORTH**, b. of [Deep River], Sept. 10, 1837, by Rev. H. Wooster	2	79
OUGHTON, Robert A., of New York, m. Sarah E. **LATHAM**, of Saybrook, Jan. 9, 1843, by Rev. E. B. Crane	2	106
OVIATT, Maranda, of Madison, m. Elihu **WRIGHT**, of Saybrook, Feb. 21, 1836, by Jedidiah Post, J.P.	2	75
PALMER, Gershom, m. Sarah **FENNER**, d. John & Sarah, [ ]	4	696
PARKER, Abigail, d. [Abner & Abigail], b. Oct. 12, 1730	2	163
Abigail Augusta Smith, [d. Gideon], b. Apr. 1, 1825	2	54
Abner, s. [Ebenezer & Mary], b. May 14, 1697	2	189
Abner, m. Abigail **PRATT**, Jan. 9, 1721/2	2	163
Abner, s. Abner & Abigail, b. Sept. 17, 1724	2	163
Almira Amanda, [d. Asa & Parmel], b. June 23, 1824; d. Sept. 30, 1827	2	43
Amanda, m. William **HURD**, Jan. 28, 1835, by Aaron Hovey	2	72
Amanda G., of Essex, m. Elisha C. **GREENFIELD**, of Lyme, Apr. 4, 1841, by Rev. W. George Miller	2	99
Amelia, m. Christopher **BURDICK**, of Saybrook, Sept. 21, 1824, by Sylvester Selden First written "Amelia **PARKS**")	1	49
Ann, m. Nathaniel **POST**, July 1, 1741	2	509
Anne, d. [Ebenezer & Mary], b. Apr. 3, 1700	2	189
Anne, m. John **WILLIAMS**, Aug. 1, 1725	2	54
Asa, b. Apr. 21, 1789; m. Parmel **BENTON**, Dec. 25, 1816	2	43
Betsey Amanda, [d. Asa & Parmel], b. Dec. 28, 1828	2	43
Charles B., s. Daniel & Mary Ann, b. Feb. 10, 1823	2	26
Charles Bates, s. Daniel & Mary Ann, b. Feb. 10, 1823	1	36
Cordelia H., m. Amasa **TRIPP**, Aug. 29, 1831, by Rev. Rapheal Gilbert	1	88

	Vol.	Page
PARKER (cont.)		
Daniel, b. June 12, 1794; m. Mary Ann **BATES**, Dec. 18, 1820	2	26
Daniel, m. Mary Ann **BATES**, Dec. 18, 1821	1	36
David, s. William, b. latter end of Feb. 1656	1	15
David, s. [Ebenezer & Mary], b. Sept. 10, 1702	2	189
Debora[h], d. William, b. latter end of Mar. 1658	1	15
Deborah, [d. John & Mary], b. Aug. 31, 1671	1	45
Deborah, [d. John, Jr. & Mary], b. Dec. 24, 1698; d. Nov. 19, 1700	1	188
Deborah, [d. John, Jr. & Mary], b. May 12, 1704	1	188
Deborah, m. Isaac **JONES**, May 19, 1725	2	316
Dorothy, d. [Joseph & Ruth], b. May 23, 1713	2	143
Ebenezer, [s. John & Mary], b. Aug. 18, 1674	1	45
Ebenezer, m. Mary **SMITH**, Sept. 3, 1694	1	256
Ebenezer, m. Mary **SMITH**, Sept. 3, 1694	2	189
Ebenezer, s. [Abner & Abigail], b. May 13, 1736	2	163
Ebenezer Jerome, [s. Gideon], b. Apr. 14, 1823	2	54
Elleanor, d. [Jonathan & Eleanor], b June 30, 1714	2	242
Elleanor, w. of Jonathan, d. Dec. 25, 1740	2	242
Elial, of Philadelphia, m. Amanda W. **GRIFFING**, of Saybrook, July 21, 1852, by Rev. James A. Clark, Deep River	2	138
Elisha, m. Amanda **GRIFFIN**, July 6, 1821, by Asa Wilcox, Elder	1	24
Eliza, of Say[brook], m. George D. **JOHNSON**, of Bristol, Feb. 13, 1845, by Jos. D. Hull	2	111
Elizabeth, [d. Asa & Parmel], b. Jan. 15, 1822; d. Sept. 18, 1826	2	43
Eunice, [d. Ezra], b. Sept. 8, 1824	2	35
Eunice, of Saybrook, m. Erastus B. **FERGUSON**, of East Haddam, Mar. 6, 1848, by Joseph D. Hull	2	125
Eunice Sophia, [d. Gideon], b. Mar. 13, 1829	2	54
Eusebia E., d. Jonathan, Jr. & Abigail, b. Dec. 16, 1821	2	34
Ezra, m. Hannah **WRIGHT**, b. of Saybrook, Aug. 9, 1821, by Aaron Hovey	1	43
Francis E., s. Daniel & Mary Ann, b. Apr. 29, 1831; d. July 19, 1833	2	26
Frederick G., [s. Ezra], b. May 11, 1827	2	35
George Lyman, [s. Asa & Parmel], b. May 5, 1820; d. Mar. 22, 1821	2	43
Gideon, s. [Abner & Abigail], b. Apr. 26, 1728	2	163
Gideon, 2d, m. Azubah S. **WARNER**, b. of Chester, Apr. 22, 1835, by Rev. W[illia]m Palmer, at David Warner's in Saybrook	2	47
Gideon Marsena, s. Gideon, of Essex, b. May 26, 1821	2	54
Handel N., m. Dolly S. **SOUTHWORTH**, Oct. 15, 1848, at Deep River by Frederick W. Chapman	2	126
Handle Nott, [twin with Horace Pratt], s. [Asa & Parmel], b. Jan. 13, 1827	2	43
Hannah, w. of Will, d. Jan. 27, 1672	1	14

	Vol.	Page
PARKER (cont.)		
Hannah, twin with Sarah, [d. Joseph & Hannah], b. Feb. 15, 1676; d. same day	1	125
Hannah, [d. Joseph & Hannah], b. July 18, 1679	1	125
Hannah, d. [Joseph & Ruth], b. July 14, 1714	2	143
Hannah, w. of Lieut. Jonathan, d. June 4, 1758	2	242
Hannah, m. David **MACK**, b. of Saybrook, Aug. 23, 1827, by Henry Hatfield, at Essex	1	67
Harriet A., [d. Jonathan & Abigail], b. Mar. 1, 1826	2	34
Harriet A., m. Charles W. **BREWSTER**, Aug. 11, 1845, by Jos. D. Hull	2	117
Henry Clay, twin with Timothy **GREEN**, [s. Gideon], b. Apr. 28, 1831	2	54
Henry Edwin, [s. Asa & Parmel], b .Nov. 9, 1817; d. Apr. 28, 1822	2	43
Henry Goodwin, [s. Asa & Parmel], b. June 3, 1831	2	43
Henry L., [s. Jonathan & Abigail], b. Apr. 26, 1828	2	34
Horace P., m. Lucretia R. **BROWN**, Apr. 14, 1850, by Rev. Marvin Eastwood	2	132
Horace Pratt, [twin with Handel Nott], s. [Asa & Parmel], b. Jan. 13, 1827	2	43
Hulda[h], d. Jonathan, Jr., b. Jan. 10, 1752	2	242
Isabell, d. [Abner & Abigail], b. July 17, 1734	2	163
Issabell, m. Epaphras **NOTT**, June 17, 1759	2	10
Jedidiah, s. Jonathan & Sarah, b. June 8, 1735	4	322
Jemimah, [d. John, Jr. & Mary], b. Aug. 18 ,1701	1	188
John, s. William, b. Feb. 1, 1641/2	1	15
John, m. Mary **BUCKINGHAM**, Dec. 24, 1666	1	45
John, s. John [& Mary], b. Oct. 6, 1667	1	45
John, Jr., m. Mary **JONES**, d. of Lieut. Samuel, Dec. 11, 1690	1	188
John, [s. John, Jr. & Mary], b. Mar. 11, 1696	1	188
John, d. Dec. 24, 1709, at Norwich	1	188
John LeFarge, [s. Gideon], b. Jan. 1, 1818	2	54
John LaFarge, of Essex, m. Rebecca Elizabeth **SHALER**, of Haddam, Sept. 18, 1845, by Jos. D. Hull	2	115
Jonathan, s. William, b. latter end of Feb. 1652	1	15
Jonathan, [s. Joseph [& Hannah], b. July 15, 1675	1	45
Jonathan, [s. Joseph & Hannah], b. July 15, 1675	1	125
Jonathan, [s. Joseph & Hannah], d. Aug. 3, 1683	1	125
Jonathan, [s. Joseph & Hannah], b. Oct. 6,1686	1	125
Jonathan, m. Eleanor **POST**, Feb. 10, 1708/9	2	242
Jonathan, s. Jonathan & Eleanor, b. Jan. 21, 1709/10; m. [ ]; d. Feb. 7, 1756	2	242
Jonathan, m. Sarah **BUSHNELL**, Apr. 18, 1732	4	322
Jonathan, s. Jonathan & Sarah, b. Sept. 14, 1733	4	322
Jonathan, m. Hannah **YOUNG**, Oct. 27, 1742	2	242
Jonathan, s. Jonathan, Jr., b. Mar. 27, 1754	2	242
Jonathan, Jr., d. Feb. 7, 1756	2	242
Jonathan, m. Martha **PRATT**, Mar. 21, 1759	2	242
Jonathan, Jr., b. Nov. 6, 1786; m. Abigail **WILCOX**, Nov. 26, 1818	2	34

	Vol.	Page
PARKER (cont.)		
Joseph, s. William, b. Mar. [ ], 1641; lived about 20 weeks	1	15
Joseph, s. William, b. middle of Feb. 1647	1	15
Joseph, m. Hannah **GILBORD**, June 3, 1673	1	45
Joseph, m. Hannah **GILLBORD**, June 3, 1673	1	125
Joseph, s. Joseph [& Hannah], b. July 3, 1674	1	45
Joseph, [s. Joseph & Hannah], b. July 3, 1674	1	125
Joseph, m. Ruth **WILLIAMS**, Apr. 29, 1705	2	143
Joseph, Sr., d. Nov. 5, 1725	2	548
Julia A., [d. Jonathan & Abigail], b. Dec. 14, 1823	2	34
Lucinda W., m. Asa W. **FARGO**, b. of Chester, Nov. 25, 1849, by Rev. E. Cushman	2	131
Lucy, m. David **WILLIAMS**, May 9, 1762	2	552
Lydia, d. [William & Lydia], b. Dec. 6, 1685; d. Aug. 24, 1687	2	95
Lydia, d. William & Lydia, b. Feb. 13, 1689/90	2	95
Lydia, d. Dea. William, m. William **GILBERTS**, Dec. 1, 1709	2	147
Lydia, d. [Jonathan & Eleanor], b. July 17, 1716	2	242
Margaret, d. William, b. [between 1647 and 1652]	1	15
Margery, w. of William, Sr., d. Dec. 6, 1680	1	52
Marjory, d. Joseph & Hannah, b. June 22, 1681; d. Feb. 7, 1681/2	1	125
Marjory, d. Joseph & Hannah, b. Mar. 12, 1682/3; d. Mar. 23, 1682/3	1	125
Margarie, [d. John, Jr. & Mary], b. July 14, 1708	1	188
Margery, m. Samuel **DOTY**, Jr., Apr. 3, 1733	4	405
Margary, m. Samuel **DOTY**, Apr. 3, 1733	4	447
Mary, [d. John, Jr. & Mary], b. Nov. 20, 1693	1	188
Mary, d. Ebenezer & Mary, b. Feb. 14, 1705/6	2	189
Mary, m. Thomas **BUCKINGHAM**, Jr., Apr. 5, 1722	3	53
Mary, m. Johnson **TRIPP**, Oct. 8, 1820, by Asa Wilcox, Elder	1	23
Mary, m. Nolan **BOOMEE** (?), b. of [Deep River], Oct. 25, 1851, by Rev. E. Cushman	2	135
Mary M., [d. Jonathan & Abigail], b. Apr. 14, 1820	2	34
Mat[t]hew, s. [Jonathan & Eleanor], b. June 24, 1712	2	242
Mat[t]hew, [s. Joseph & Hannah], b. [ ]	1	125
Nancy M., m. Albert L. **STARKEY**, b. of Essex, Oct. 23, 1845, by Rev. W[illia]m George Miller	2	113
Nathaniel, [s. John, Jr. & Mary], b. Oct. 2, 1691	1	188
Penelope, d. [Ebenezer & Mary], b. Apr. 29, 1714	2	189
Rachel, d. Jonathan, Jr., b. Aug. 31, 1742	2	242
Rachel, 3d, m. Samuel **WILLIAMS**, 2d, June 24, 1820, by Asa Wilcox, Elder	1	22
Rebecca*, m. John **CLARK**, Jr., Oct. 16, 1650 *(Rebecca **PORTER**)	1	26
Reuben, s. [Abner & Abigail], b. June 1, 1726	2	163
Ruth, d. William, b. June 15, 1643	1	15
Ruth, d. [Joseph & Ruth], b. Sept. 23, 1707	2	143
Samuel, [s. John & Mary], b. Jan. 24, 1677	1	45

SAYBROOK VITAL RECORDS 111

	Vol.	Page
PARKER (cont.)		
Samuel, s. Abner & Abigail, b. Jan. 21, 1722/3	2	163
Samuel L., s. Ezra, b. July 25, 1822; d. June 26, 1823	2	36
Samuel St. John, [s. Gideon], b. June 13, 1832	2	54
Samuel W., s. Ezra, b. Mar. 26, 1832	2	36
Sarah, d. William, b. about a month after Michaelmas, 1637	1	15
Sarah, twin with Hannah, [d. Joseph & Hannah], b. Feb. 15, 1676; d. same day	1	125
Sarah, d. Joseph & Ruth, b. Nov. 18, 1716	2	143
Sarah, d. [Abner & Abigail], b. May 5, 1732	2	163
Sarah, d. Jonathan, Jr., b. June 21, 1739	2	242
Sarah L., of Essex, m. Reubin **CAULKINS**, of East Lyme, Mar. 19, 1838, by Rev. H. R. Knapp	2	81
Sarah Lay, d. Gideon, of Essex, b. Aug. 16, 1814	2	54
Seviah, of Saybrook, m. Samuel G. **STEVENS**, of New Haven, Aug. 20, 1837, by Rev. Cha[rle]s F. Pelton	2	80
Sophronia, d. Jonathan, Jr. & Abigail, b. June 10, 1830	2	34
Susan Harriet, [d. Gideon], b. May 30, 1827	2	54
Susan S., d. Ezra, b. Jan. 31, 1830; d. Mar. 25, 1833	2	36
Temperance, d. Jonathan, Jr. b. Sept. 15, 1749	2	242
Temperance L., d. Daniel & Mary Ann, b. Feb. 26, 1828	2	26
Timothy Green, twin with Henry Clay, [s. Gideon], b. Apr. 28, 1831	2	54
William, s. [William], b. midsummer, 1645	1	15
William, s. Will, Jr., b. Jan. 15, 1672	1	14
William, m. Lydia **BROWN**, Sept. 7, 1676	2	95
William, the elder, d. Dec. 21, 1686	1	15
William, s. [Joseph & Ruth], b. Apr. 27, 1706	2	143
William, m. Mary **BUSHNELL**, June 21, 1733	2	127
William, m. Mary **BUSHNELL**, June 21, 1733	2	257
William, m. Clarissa M. **DICKINSON**, b. of Chester, Apr. 20, 1846, by Rev. Lawson Muzzy	2	118
PARKS, Amelia, m. Christopher **BURDICK**, of Saybrook, Sept. 21, 1824, by Sylvester Selden	1	49
Edwin, m. Mary **MERRILL**, Nov. 15, 1830, by Rev. Luman Andrus	1	85
John S., of Hebron, m. Sarah Jane **HENDERSON**, of Saybrook, Dec. 12, 1830, by Fred W. Hotchkiss	1	86
PARMELEE, PARMELE, Abigail, [twin with Esther, d. Samuell & Sarah], b. Jan. 1, 1773	2	1
Ambrose Nichols, s. Samuel & Sarah, b. June 27, 1766	2	1
Ann, m. Gideon **LEET**, Mar. 7, 1754	2	275
Betsey B., m. Levi **CROCKER**, Apr. 20, 1824, by Aaron Hovey	1	54
Catee, [d. Samuel & Sarah], b. Jan. 30, 1768	2	1
Elias F., m. Mary Ann **HAYDEN**, b. of Essex, Oct. 30, 1843, by Rev. Thomas H. Vail	2	107
Esther, [twin with Abigail, d. Samuell & Sarah], b. Dec. 31, 1772	2	1
Hosmer B., m. Anjanette **REDFIELD**, Oct. 21, 1846, by Rev. W. G. Howard	2	119

	Vol.	Page
PARMELEE, PARMELE (cont.)		
Juliet, m. Alanson **STANNARD**, b. of Saybrook, June 28, 1820, by Rev. Frederic W. Hotchkiss	1	22
Juliet, m. Alanson **STANNARD**, b. of Saybrook, June 28, 1820	1	39
Mary A., of Saybrook, m. Hubbard **JOHNSON**, of Orange, Aug. 18, 1835, by Rev. Samuel T. Mills, of Chester	2	60
Mary Ann, of Saybrook, m. Elisha **FOWLER**, of Guilford, Dec. 20, 1820	1	23
Nancy, of Saybrook, m. Richard J. **HOLMES**, of New York, Aug. 16, 1826, by Frederic W. Hotchkiss	1	58
Patty, m. Charles **DIBBLE**, b. of Saybrook, Apr. 11, 1822, by Sylvester Selden	1	29
Sarah, [d. Samuell & Sarah], b. Nov. 19, 1769	2	1
Sarah, w. of Samuell, d. Jan. 10, 1773	2	1
PATTERSON, Peter, m. Elizabeth **RITHWAY**, being inhabitants of Lime, June 11, 1678	1	88
PECK, Esther M. C., m. Joseph H. **MATHER**, Oct. 10, 1826, by Rev. Asa Wilcox	1	60
John, of Killingworth, m. Mary B. **SPENCER**, of Saybrook, Aug. 9, 1727, by Aaron Hovey	1	69
Timothy, Dea., of Lyme, m. Elizabeth **BROCKWAY**, of Saybrook, Dec. 12, 1844, by Jos. D. Hall	2	111
Tirzah, m. Augustus J. **FOSTER**, b. of Essex, Feb. 18, 1845, by Rev. W[illia]m George Miller	2	113
PELTON, Eliza, of Saybrook, m. Asa **PENFIELD**, of Chatham, Jan. 19, 1829, by Sylvester Selden	1	75
Elizabeth, d. John & Elizabeth, b. Oct. 7, 1733; d. Feb. [ ], 1750	6	326
Hannah, m. Samuel **BUSHNELL**, 2d, Aug. 12, 1809	1	16
Henry A., of Chatham, m. Eliza L. **POST**, of Saybrook, Oct. 12, 1840, by Rev. Thomas H. Vail	2	98
Ithamar, s. John & Elizabeth, b. Nov. 22, 1740	6	326
Jemima, m. Gideon **BUCKINGHAM**, Jan. [ ], 1722/3	2	495
John, m. Elizabeth **CHAMPION**, Dec. 9, 1731	6	326
John, s. John & Elizabeth, b. Nov. 27, 1735	6	326
Josiah, s. John & Elizabeth, b. Aug. 15, 1745	6	326
Lese, d. John & Elizabeth, b. Feb. 26, 1749	6	326
Lucy, d. John & Elizabeth, b. Mar. 5, 1743; d. May 2, 1748	6	326
Lucy, d. John & Elizabeth, b. Sept. 11, 1752	6	326
Nathan, s. John & Elizabeth, b. May 2, 1738	6	326
Sarah, m. Daniel **COMESTOCK**, Jan. 18, 1738/9	4	460
Sophronia L., of Saybrook Centre, m. Selden G. **STANNARD**, of Westbrook, Aug. 22, 1847, by Rev. E. B. Crane	2	125
William, s. John & Elizabeth, b. Dec. 2, 1747	6	326
PENFIELD, Asa, of Chatham, m. Eliza **PELTON**, of Saybrook, Jan. 19, 1829, by Sylvester Selden	1	75
Temperance A., m. Bela C. **POST**, b. of Saybrook, Aug. 29, 1847, by Joseph D. Hull	2	122

SAYBROOK VITAL RECORDS 113

	Vol.	Page
PERIGO, Esekle, b. June 22, 1658	Reg-4	140
PERKINS, James, m. Abigail **STARKEY**, b. of Saybrook, Nov. 19, 1820, by Aaron Hovey	1	43
PEROW, John, of New Haven, m. Anna Eliza **PRATT**, of Essex, Sept. 1, 1842, by Rev. W[illia]m George Miller	2	112
PERRY, John L., of Block Island, m. Mary M. **BROWN**, of Lyme, July 3, 1836, by Rev. Fred W[illia]m Hotchkiss	2	74
PETERS, Ann W., m. John N. **SANDERS**, b. of [Saybrook], Aug. 28, 1836, by Rev. John H. Baker	2	66
Betsey S., of Saybrook, m. John S. **BAILEY**, of Palmer, Mass., Apr. 28, 1845, by F. W. Chapman, Deep River	2	114
Sarah M., of [Deep River], m. Daniel O. **EMMONS**, of East Haddam, Apr. 15, 1838, by Rev. Henry Wooster	2	83
PETTY, Mary, m. William **DUDLEY**, Nov. 23, 1738	4	738
PHELPS, David, of Hebron, m. Elizabeth T. **WHITTLESEY**, of Saybrook, Nov. 28,1846, by Rev. E. B. Crane	2	124
James, Esq., m. Lydia Ann **INGHAM**, of Essex, Sept. 30, 1845, by Rev. Joseph Scott	2	117
William H., of Lyme, m. Lucretia D. **ANDREWS**, of Essex, June 20, 1847, by Rev. W. G. Howard, Essex	2	121
PIERCE, Ruth, m. Josiah **DIBBLE**, Jr., Oct. 15, 1752	2	1
PIERSON, Harriet D., m. Horace T. **WILCOX**, b. of Westbrook, Sept. 9, 1839, by Rev. W[illia]m Albert Hyde	2	90
PLATT, PLATTS, Aaron, s. [Samuel & Susanna], b. May 3, 1734	2	496
Aaron, s. [Samuel, Jr. & Esther], b. Dec. 1, 1754	2	316
Aaron, m. Susan Maria **CHAPMAN**, Nov. 11, 1832, by Rev. Asa Bushnell	1	94
Abigail, d. [Elisha & Abigail], b. Sept. 16, 1770	2	401
Alfred, s. [John & Lucy], b. Sept. 21, 1801	1	13
Ann, m. Alfred **CHITTENDEN**, b. of Saybrook, Oct. 30, 1822, by Sylvester Selden	1	31
Anne, d. [John & Lucy], b. Aug. 19, 1787	1	13
Ansel D., m. Phebe C. **GLADDING**, Apr. 16, 1851, by James A. Clark, Essex	2	135
Asa, m. Julia A. **JONES**, b. of Saybrook, Jan. 17, 1840, by Frederick W. Chapman, Deep River	2	92
Curtis, s. [John & Lucy], b. July 4, 1793	1	13
Dan, s. [Obadiah & Hannah], b. Sept. 7, 1738	4	596
Dan, 3d, m. Abba **LATHROP**, b. of Saybrook, Oct. 30, 1823, by Aaron Hovey	1	45
Dan, Jr., m. Lorinda **PRATT**, b. of Saybrook, June 4, 1827, by Aaron Hovey	1	66
Daniel S., m. Emily E. **KELSEY**, May 3, 1840, by Rev. W[illia]m Albert Hyde	2	95
David P., m. Eliza M. **GLADDING**, Nov. 10, 1839, b. of Saybrook, by Rev. Pierpont Brockett	2	91

114 BARBOUR COLLECTION

	Vol.	Page
PLATT, PLATTS (cont.)		
Dorithy, d. Ebenezer & Dorothy, b. Oct. 18, 1735; d. beginning of Nov. 1736	4	678
Dorothy, d. Ebenezer & Dorithy, b. Aug. 13, 1737	4	678
Ebenezer, m. Dorothy **POST**, Aug. 23, 1733	4	678
Elisha, d. Ebenezer & Dorothy, b. Dec. 27, 1739	4	678
Elisha, m. Abigail **CHAPMAN**, Jan. 31, 1770	2	401
Elizabeth, d. Ebenezer & Dorothy, b. Sept. 20, 1741	4	678
Elizabeth, d. [Samuel & Susanna], b. Oct. 17, 1741	2	496
Elizabeth, d. [Obediah & Hannah], b. Mar. 29, 1749	4	596
Flora, m. William **WOODSTOCK**, Jr., June 24, 1830, by Rev. Luman Andrus	1	82
Frederick, s. [Sdamuel, Jr. & Esther], b. Oct. 16, 1758	2	316
George Washington, s. [Joseph & Lydia], b. Feb. 10, 1819; d. Apr. 17, 1820	1	42
Hannah, d. Obediah & Hannah, b. Jan. 18, 1744/5	4	596
Hannah, m. William **HILL**, Apr. 15, 1765	2	437
Hannah, d. John & Lucy, b. Feb. 8, 1791	1	13
Hannah, of Saybrook, m. Joseph **CHITTENDEN**, of Guilford, Mar. 28, 1822, by Sylvester Selden	1	27
Jane Maria, [d. Alfred & Sophiah], b. Apr. 17, 1832	2	21
Jared, s. [John & Lucy], b. Oct. 19, 1785	1	13
Jerusha, m. Reuben **POST**, 2d, b. of Saybrook, July 31, 1838, by Rev. H. R. Knapp	2	81
Jesse Lozill, s. Obadiah & Temperance, b. Apr. 5, 1819	2	2
Joel, m. Martha **HAYDEN**, b. of Saybrook, Feb. 13, 1822, by [Sylvester Selden]	1	27
Joel, 2d, of Saybrook, m. Rebecca **MARSH**, of East Haddam, Sept. 5, 1822, by Sylvester Selden	1	31
John, s. [Obediah & Hannah], b. Nov. 18, 1746	4	596
John, m. Lucy **WEBB**, Oct. 12, 1779	1	13
John, s. [John & Lucy], b. Dec. 21, 1780	1	13
Joseph, s. [Obediah & Hannah], b. June 1, 1740	4	596
Joseph, b. Feb. 23, 1789; m. Lydia **PRATT**, Nov. 24, 1814	1	42
Joseph Curtis, s. [Joseph & Lydia], b. Sept. 17, 1816	1	42
Julia, d. John & Lucy, b. Aug. 28, 1789	1	13
Julia M., of Saybrook, m. William T. **WALKER**, of Palmer, Mass., Oct. 15, 1843, by F. W. Chapman, Deep River	2	107
Lewis, of Saybrook, m. Nancy **HULL**, of Madison, [ ], 1828, by Sylvester Selden	1	74
Louisa A., m. Charles F. **BULKLEY**, b. of Saybrook, May 23, 1847, by Frederick W. Chapman, Deep River	2	121
Lozelle J., m. Mary A. **ALBEE**, b. of Saybrook, Feb. 26, 1844, by F. W. Chapman, Deep River	2	108
Lucinda, d. [John & Lucy], b. Feb. 5, 1784	1	13
Lucy, d. [John & Lucy], b. Aug. 1, 1782	1	13
Lydia, d. [Obediah & Hannah], b. Dec. 12, 1756	4	596
Mary, d. [Samuel & Susanna], b. Dec. 2, 1736	2	496
Mary, d. [Obediah & Hannah], b. Oct. 2, 1753	4	596

SAYBROOK VITAL RECORDS 115

	Vol.	Page
PLATT, PLATTS (cont.)		
Mary, b. Oct .13, 1753; m. Michael **SPENCER**, Feb. 17, [1785]; d. Jan. 24, 1832	2	45
Mary, m. Amos **POTTER**, Jan. 9, 1765	2	306
Noah, s. [Obediah & Hannah], b. Sept. 4, 1742	4	596
Noah O., [s. Obediah & Temperence], b. Sept. 2, 1802	2	2
Obediah, m. Hannah **LANE**, Dec. 21, 1737	4	596
Obadiah, b. Jan. 8, 1777; m. Temperence **PRATT**, Jan. 2, 1802	2	2
Phebe, d. [Samuel & Susanna], b. May 13, 1744	2	496
Rachel, m. William B. **WATROUS**, b. of Saybrook Sept. 22, 1828, [by Sylvester Selden]	1	72
Samuel, m. Susanna **FITHIN**, Jan. 2, 1722/3	2	496
Samuel, s. [Samuel & Susanna], b. May 23, 1731	2	496
Samuel, Jr., m. Esther **RUTTY**, Feb. 17, 1751/2	2	316
Samuel W., [s. Obadiah & Temperence], b. May 31, 1804; d. Oct. 6, 1822	2	2
Sarah, d. Ebenezer, b. Sept. 16, 1748	5	446
Sarah, d. [Obediah & Hannah], b. June 2, 1751	4	596
Sarah, d. [Samuel, Jr. & Esther], b. Jan. 3, 1753	2	316
Sarah Ann, m. George **HAVENS**, b. of Saybrook, Mar. 29, 1827, by Elder Joseph Glazier	1	63
Sarah L., m. David **DeWOLF**, b. of Westbrook, Dec. 10, 1838, by W[illia]m A. Hyde	2	87
Sybil Louisa, d. Alfred & Sophiah, b. Oct. 17, 1829	2	21
Temperence, d. [Samuel, Jr. & Esther], b. Nov. 27, 1756	2	316
Temperance A., m. John **DENISON**, b. of Saybrook, June 1, 1835, buy Rev. Darius Mead	2	7
Temperence Amelia, [d. Obadiah & Temperence]., b. June 9, 1807	2	2
William, s. [John & Lucy], b. Feb. 6, [ ]; d. [ ], 1795	1	13
William Henry, s. [Joseph & Lydia], b. Sept. 8, 1821	1	42
PLUMB, Seth D., of Meriden, m. Mary D. **ELLIOTT**, of Killingworth, Mar. 7, 1827, by Rev. Pierpont Brocket, of Killingworth	1	63
POMEROY, POMOROY, Charles, m. Temperence **WATERHOUSE**, Mar. 17, 1774	1	1
Charles Sterling, s. [Charles & Temperence]. b. Nov. 20, 1774	1	1
Watrous, s. [Charles & Temperence], b. Nov. 6, 1776	1	1
PORTER, Rebecca, m. John **CLARK**, Jr., Oct. 16, 1650	1	26
POST, Aaron, s. Nathan, Jr. & Mindwell, b. Aug. 17, 1766	2	487
Abby, m. Abraham **DENISON**, June 16, 1825, by Aaron Hovey	1	54
Abigail L., of Saybrook, m. Richard **PRATT**, of East Haddam, Nov. 26, 1828, by Aaron Hovey	1	77
Abilena, d. Reuben & Elizabeth, b. Oct. 1, 1813; d. [ ]	2	59
Abner, s. Nathaniel & Ann, b. Sept. 19, 1744	2	509
Abraham, m. Elizabeth **STEPHENS**, Apr. 7, 1692; d. Jan. 31, 1747/8	2	75

116 BARBOUR COLLECTION

	Vol.	Page
POST (cont.)		
Abraham, s. [Abraham & Elizabeth], b. Feb. 14, 1698	2	75
Abram, [s. Abram], b. June 7, 1669	1	50
Acmon, of Canaan, m. Fanny Amelia **CHAPMAN**, of Saybrook, Aug. 5, 1827, by Frederic W. Hotchkiss	1	67
Almira, of Westbrook, m. John Alexander **MOORE**, of Maumee City, O., Sept. 3, 1839, by Rev. W[illia]m Albert Hyde	2	90
Amanda M., m. Allen **CLARK**, Jan. 26, 1829, by Rev. Pierpont Brocket	1	75
Ambrose W., b. Mar. 5, 1799; m. Bula **RUSSEL[L]**, Mar. 4, 1823	2	28
Ambrose W., m. B[e]ulah **RUSSEL[L]**, Mar. 4, 1823	1	33
Amelia A., of Saybrook, m. James B. **STORM**, of Chester, May 16, 1849, by Frederick W. Chapman, Deep River	2	129
Ann, [d. Abram], b. May 4, 1667	1	50
Ann, d. Jan. 3, 1672 (Perhaps Ann Clark)	1	50
Ann, d. [John & Lydia], b. Oct. 9, 1735	2	552
Ann, d. Nathaniel & Ann, b. Sept. 4, 1746	2	509
Ann, m. Christopher **JONES**, Mar. 17, 1757	2	237
Ann, of Saybrook, m. Albert **KELSEY**, of Killingworth, Dec. 18, 1833, by Sylvester Selden	2	53
Anne., d. [Abraham & Elizabeth], b. July 7, 1693	2	75
Anne, d. [Jordan & Phebe], b. May 23, 1707	2	74
Ansel K., [s. Jeremiah K. & Julianna], b. Nov. 10, 1811	1	39
Ashbel, s. Joshua & Anne, b. Sept. 27, 1768	1	2
Azubah, m. Thomas **KINGSBURY**, Apr. 1, 1832, by Orson Spencer	1	91
Bela C., m. Temperance A. **PENFIELD**, b. of Saybrook, Aug. 29, 1847, by Joseph D. Hull	2	122
Bela Clark, [s. Hezekiah], b. Jan. 17, 1826	2	51
Belind[a], m. Asahel **WATROUS**, b. of Saybrook, Feb. 5, 1829, by William Case	1	81
Benjamin, s. Daniel & Mary, b. Jan. 3, 1703/4	2	4
Benjamin, s. Daniel & Mary, b. Jan. 3, 1703/4	2	6
Benjamin Franklin, s. [David & Deborah], b. Aug. 25, 1783	1	14
Calvin G., s. [Jeremiah K. & Julianna], b. Apr. 7, 1816	1	39
Charles Albert, [s. Noah P.], b. Jan. 31, 1829	2	8
Charles Hezekiah, [s. Hezekiah], b. Aug. 9, 1818	2	51
Chloe, d. [David & Deborah], b. Oct. 27, 1860	1	14
Chloe, d. [David & Deborah], b. Oct. 27, 1760	2	296
Chloe, m. John S. **SOUTHWORTH**, b. of Saybrook, Dec. 19, 1827, by Aaron Hovey	1	69
Chloe, m. Merritt **KELSEY**, b. of Saybrook, Feb. 21, 1828, by Sylvester Selden	1	70
Christopher, s. [Nathan & Hannah], b. Apr. 3, 1746	2	158
Cornelia, m. John C. **BUSHNELL**, b. of Saybrook, Jan. 22, 1833, by Sylvester Selden	1	101
Cornelius, s. Daniel & Mary, b. Sept. 22, 1717	2	4
Cornelius, s. Daniel & Mary, b. Sept. 22, 1717	2	6

SAYBROOK VITAL RECORDS 117

	Vol.	Page
POST (cont.)		
Cornelius, m. Sarah **KELSEY**, Jan. 12, 1743/4	4	478
Cynthia, m. Harvey **CONKLIN**, b. of Saybrook, Dec. 5, 1821, by Aaron Hovey	1	43
Cynthia Ann, [d. Noah P.], b. Mar. 4, 1827	2	8
Daniel, [s. Abram], b. Nov. 28, 1673	1	50
Daniel, m. Mary **RUTTY**, Aug. 29, 1699	2	4
Daniel, m. Mary **RUTTY**, Aug. 29, 1699	2	6
Daniel, s. Daniel & Mary, b. Feb. 26, 1700/1	2	4
Daniel, s. Daniel & Mary, b. Feb. 26, 1700/1	2	6
Daniel, Jr., m. Sarah **STEVENS**, Jan. 28, 1724/5	2	516
David, m. Deborah **WARD**, Dec. 12, 1759	1	14
David, m. Deborah **WARD**, Dec. 12, 1759	2	296
David, s. [David & Deborah], b. Sept. 7, 1764	1	14
David, Dea., d. Dec. 17, 1803	1	14
David R., m. Meriah **URQUHART**, b. of Saybrook, Aug. 18, 1836, by Rev. Stephen Beach, of East Haddam	2	64
Deborah, d. [David & Deborah], b. Nov. 13, 1775	1	14
Deborah, w. of David, d. Dec. 2, 1803	1	14
Deborah, m. Orrin **TOOCKER**, b. of Saybrook, Sept. 28, 1820, by Sylvester Selden	1	22
Dency L., m. Gilbert A. **KIRTLAND**, Sept. 11, 1823, by Sylvester Selden	1	37
Dolly B., m. Israel S. **DOAN**, b. of Saybrook, Aug. 28, 1834, by Aaron Hovey	2	50
Dorothy, d. [James & Sarah], b. July 29, 1703	2	243
Dorothy, d. Stephen & Hannah, b. Jan. 29, 1707/8	2	74
Dorothy, m. Ebenezer **PLATTS**, Aug. 23, 1733	4	678
Ellenor, d. Nov. 13, 1670	1	50
Ellener, [d. Abram], b. Feb. 10, 1682	1	50
Eleanor, m. Jonathan **PARKER**, Feb. 10, 1708/9	2	242
Ele[a]nor, d. [James & Sarah], b. Mar. 29, 1713; d. Dec. 21, 1713	2	243
Eli D., m. Susan G. **SMITH**, Apr. 5, 1824 (First written "Ezra D. Post" and changed in a modern hand)	1	46
Elisha W., [s. Reuben & Elizabeth], b. Nov. 28, 1799; d. [ ]	2	59
Eliza L., of Saybrook, m. Henry A. **PELTON**, of Chatham, Oct. 12, 1840, by Rev. Thomas H. Vail	2	98
Elizabeth, [d. John & Hester], b. Feb. 22, 1654	1	19
Elizabeth, d. [Abraham & Elizabeth], b. Sept. 2, 1695	2	75
Elizabeth, m. Joseph **PRATT**, July 22, 1820, by Asa Wilcox, Elder	1	22
Emeline, of Westbrook, m. Henry **HULL**, of Killingworth, May 21, 1835, by Rev. Jeremiah Miller	2	4
Emily, m. George **BROCKWAY**, b. of Saybrook, Sept. 21, 1823, by Aaron Hovey	1	44
Emma, d. Ambrose W., & B[e]ulah, b. June 1, 1830; d. May 24, 1831	2	28
Esther, m. Richard **TUCKER**, b. of Saybrook, July 8, 1832, by Rev Pierpont Brockett	1	93

	Vol.	Page
POST (cont.)		
Eunice, m. Ezra SOUTHWORTH, b. of Saybrook, Oct. 17, 1838, by Rev. Samuel T. Mills, Deep River	2	87
Ezra, s. Joshua & Anne, b. Nov. 28, 1764	1	2
Ezra D., m. Susan G. SMITH, Apr. 5, 1824, by Simon Shailer	1	46
Ezra Jones, [s. Noah P.], b. July 25, 1818	2	8
Fanny, [d. Reuben & Elizabeth], b. Aug. 6, 1805	2	59
Fanny, m. Abner H. STANNARD, b. of Saybrook, Mar. 31, 1826, by Asa Wilcox, Elder	1	57
Frances J., of Essex, m. Joseph H. KING, of Hartford, at the house of Capt. Handy Post, Nov. 8, 1848, by Rev. Newell Boughton	2	126
George, m. Maria CONKLIN, b. of Saybrook, Jan. 30, 1828, by Aaron Hovey	1	70
Gideon, s. Stephen & Hannah, b. Feb. 10, 1702/3	2	74
Halsey, of Clinton, m. Sylvia WRIGHT, of Westbrook, July 11, 1840, by Rev. E. B. Crane	2	96
Hannah, d. Stephen & Hannah, b. Mar. 29, 1692/3	2	74
Hannah, d. [Nathan & Hannah], b. Aug. 21, 1734	2	158
Hannah, d. [Hezekiah & Hannah], b. Aug. 19, 1746	2	125
Hannah L., d. Jeremiah K. & Julianna, b. July 15, 1818	1	39
Harriet, m. Gurdon L. TOOKER, b. of Saybrook, Aug. 5, 1827, by Asa Wilcox, Elder	1	67
Harriet P., of Essex, m. Reuben H. WARY, of Meriden, May 2, 1838, by F. Ketcham	2	83
Harriet S., of Essex, m. Warren WATERMAN, of New York, Dec. 27, 1846, by Rev. Henry Bromley	2	120
Henry L., m. Laura Ann JONES, b. of Saybrook, Jan. 7, 1836, by Rev. Orlando Starr	2	72
Hester, [d. Abram], b. Dec. 14, 1672; d. Jan. 1, 1672/3	1	50
Hester, d. Stephen & Hannah, b. Mar. 19, 1698/9	2	74
Hester, d. Nathan & Hannah, b. Feb. 22, 1738/9	2	158
Hezekiah, s. [James & Sarah], b. Sept. 23, 1710	2	243
Hezekiah, m. Hannah WHITTLESEY, Aug. 1, 1745	2	125
Hezekiah, s. Hezekiah & Hannah, b. Jan. 17, 1748/9	2	125
Horatio N., m. Ann TOOKER, b. of Saybrook, May 18, 1828, by Sylvester Selden	1	71
Isaac, s. [Daniel & Mary], b. June 19, 1713	2	4
Isaac, s. Daniel & Mary, b. June 19, 1713	2	6
Isaiah, s. John & Lydia, b. Jan. 18, 1741/2	2	552
Isaiah, of Westbrook, m. Jerusha PRATT, of Saybrook, Feb. 24, 1841, by Frederick W. Chapman, Deep River	2	99
Isreal, s. [Stephen & Hannah], b. May 13, 1709	2	74
James, [s. Abram], b. Mar. 14, 1670/1	1	50
James, m. Sarah DOUGLAS, Jan. 29, 1700	2	243
James, s. [James & Sarah], b. July 28, 1708	2	243
James, m. Mary CLARKE, Nov. 26, 1735	2	212
James, s. [James & Mary], b. Oct. 1, 1745	2	212
James, m. Susan M. PRATT, b. of Saybrook, Feb. 19, 1835, by Rev. Jeremiah Miller, Westbrook	2	70

	Vol.	Page
POST (cont.)		
James R., [s. Ambrose W. & B[e]ula[h], b. Nov. 25, 1832	2	28
Jedediah, 2d, m. Eliza SPENCER, b. of Saybrook, Dec. 27, 1831, by Sylvester Selden	1	92
Jemima, m. Josiah STANNARD, Dec. 8, 1742	2	502
Jenet R., [d. Ambrose W. & B[e]ula[h], b. Dec. 22, 1825	2	28
Jeremiah K., b. July 12, 1781; m. Julianna POST, Feb. 6, 1806	1	39
Jeremiah K., s. [Jeremiah K. & Julianna], b. Jan. 27, 1814	1	39
Jerusha, d. Joshua & Anne, b. Sept. 12, 1766	1	2
John, m. Hester HIDE, Mar. the last, [16]52	1	19
John, [s. John & Hester], b. Apr. 11, 1657	1	19
John, s. [Abraham & Elizabeth], b. June 16, 1700	2	75
John, m. Lydia BUSHNELL, Sept. 2, 1733	2	552
John, s. John & Lydia, b. Sept. 3, 1738	2	552
John, 2d, m. Eliza P. BUSHNELL, b. of Saybrook, Jan. 23, 1833, by Sylvester Selden	1	101
Jordan, [s. Abram], b. May 27, 1676	1	50
Jordon, m. Phebe LAY, Nov. 17, 1703	2	74
Joseph, [s. Abram], b. Feb. 6, 1677	1	50
Joseph, m. Elizabeth STANNARD, Nov. 20, 1717	2	165
Joseph, s. [Nathan &Hannah], b. Apr. 15, 1741	2	158
Joseph C., m. Clarissa C. CLARK, b. of [Deep River], Aug. 28, 1848, by Rev. E. Cushman	2	126
Joseph Carter, [s. Hezekiah], b. Nov. 7, 1821	2	51
Joshua, s. [John & Lydia], b. May 14, 1743	2	552
Joshua, s. Joshua & Anne, b. Nov. 29, 1771	1	2
Josiah, s. Nathan, Jr. & Mindwell, b. Apr. 12, 1761	2	487
Joy, s. [David & Deborah], b. May 31, 1774	1	14
Joy, Jr., m. Sarah W. MAGNE, b. of Saybrook, Feb. 13, 1834, by Rev. Pierpont Brocket	2	49
Julia A., d. Jeremiah K. & Julianna, b. Aug. 28, 1809	1	39
Julianna, b. July 12, 1781; m. Jeremiah K. POST, Feb. 6, 1806	1	39
Juliette, m. William BUSHNELL, b. of Saybrook, May 10, 1832, by Sylvester Selden	1	92
Julius P., m. Susan A. GLADWIN, of Saybrook, Oct. 13, 1840, by W. George Miller	2	97
Kateren, m. Alexander CHALKER, Sept. 29, 1649	1	96
Levi, s. [David & Deborah], b. Nov. 17, 1768	1	14
Levi B., m. Harriet A. SMITH, Mar. 13, 1821	1	24
Levi R. B., m. Abigail M. TOOKER, Aug. 15, 1838, by Rev. H. R. Knapp	2	81
Lucretia, m. Stephen P. KENDEL, Apr. 24, 1824, by Aaron Hovey	1	54
Lucy, m. Samuel WEBB, Sept. 24, 1822, by Simon Shailer, J.P.	1	30
Lucy A., [d. Ambrose W. & B[e]ula[h], b. Sept. 8, 1827	2	28
Lucy P., of Westbrook, m. Asa S. LINCOLN, of Middletown, Jan. 26, 1840, by Rev. W[illia]m Albert Hyde	2	92
Lucy Perly, [d. Hezekiah], b. Mar. 22, 1820	2	51

BARBOUR COLLECTION

	Vol.	Page
POST (cont.)		
Lura, d. Reuben & Elizabeth, b. Aug. 14, 1807	2	59
Lura, m. Elihu M. **PRATT**, b. of Essex, Oct. 30, 1828, by Rev. Pierpont Brocket	1	74
Lydia, d. [John & Lydia], b. July 11, 1734	2	552
Lydia, m. James **HADSEL**, [ ]	2	158
Lyman, m. Caroline A. **JONES**, b. of Westbrook, Apr. 3, 1839, by W[illia]m Albert Hyde	2	88
Mabel, [d. Reuben & Elizabeth], b. Sept. 2, 1798	2	59
Margaret, d. John & Hester, b. Feb. 21, 1652/3	1	19
Mariah D., of Saybrook, m. Francis H. **TIFFANY**, of Salem, Sept. 3, 1840, by W. Geo[rge] Miller	2	96
Mary, [d. Abram], b. Feb. 24, 1679	1	50
Mary, w. of Abraham, d. Mar. 23, 1683/4	1	50
Mary, d. Stephen & Hannah, b. Mar. 13, 1696/7	2	74
Mary, m. Edward **BULL**, s. of John, Nov. 16, 1704	2	4
Mary, m. Edward **BULL**, Nov. 16, 1704	2	30
Mary, d. [Abraham & Elizabeth], b. June 3, 1711	2	75
Mary, d. [James & Mary], b. July 24, 1738	2	212
Mary, m. John **DENISON**, Feb. 25, 1761	1	2
Mary, m. Comfort T. **PRATT**, b. of Saybrook, Sept. 13, 1835, by Rev. Darius **MEAD**, of Deep River	2	32
Mason H., m. Rebecca A. **HAYDEN**, b. of Saybrook, Jan. 25, 1829, by [Rev. Pierpont Brocket]	1	75
Mehetable, d. [James & Mary], b. Feb. 16, 1741	2	212
Menice, m. Judah **SIMMONS**, Oct. 20, 1823	1	37
Merrit, m. Cynthia Ann **KELSEY**, b. of Saybrook, Nov. 17, 1824, by William Case	1	50
Mindwell, d. [Abraham & Elizabeth], b. Nov. 14, 1714	2	75
Molly, d. [David & Deborah], b. Nov. 28, 1766	1	14
Narissa, of Saybrook, m. Chaunc[e]y **BRAINARD**, of East Haddam, Feb. 7, 1822, by Aaron Hovey	1	43
Nathan, s. [Abraham & Elizabeth], b. Aug. 17, 1707	2	75
Nathan, m. Hannah **BARNES**, Nov. 19, 1733	2	158
Nathan, s. [Nathan & Hannah], b. Aug. 30, 1736	2	158
Nathan, Jr., m. Mindwell **HURD**, May 2, 1758	2	487
Nathaniel, s. [Abraham &Elizabeth], b. Apr. 2, 1702	2	75
Nathaniel, m. Ann **PARKER**, July 1, 1741	2	509
Nathaniel, s. Nathaniel & Ann, b. Mar. 25, 1742	2	509
Noah Selden, [s. Noah P.], b. Sept. 4, 1822	2	8
Olive, d. [David & Deborah], b. Oct. 28, 1785; d. Nov. 18, 1785	1	14
Olive, m. Thomas **STARKEY**, b. of Saybrook, Nov. 27, 1834, by Rev. Pierpont Brockett	2	70
Oliver Harris, [s. Hezekiah], b. Sept. 13, 1828	2	51
Peter W., of Branford, m. Eliza **STARKEY**, of Saybrook Nov. 6, 1831, by Rev. Rapheal Gilbert	1	90
Phebe, d. [Jordan], b. Oct. 22, 1704	2	74
Phebe, d. [Nathan & Hannah], b. Oct. 10, 1743	2	158
Phebe, d. Cornelius & Sarah, b. Apr. 12, 1745	4	478
Phineas, s. [Stephen & Hannah], b. Dec. 2, 1704	2	74
Phineas, s. Nathan, Jr. & Mindwell, b. Apr. 18, 1764	2	487

SAYBROOK VITAL RECORDS 121

	Vol.	Page
POST (cont.)		
Polly M., m. Josiah A. **SPENCER**, b. of [Deep River], July 2, 1837, by Rev. Henry Wooster	2	78
Prudence L., m. William **BUSHNELL**, Mar. 3, 1839, by Rev. H. R. Knapp	2	81
Rebecca S., of Saybrook, m. Ansel W. **KELSEY**, of Middleburgh, N.Y., Apr. 22, 1838, by W[illia]m Albert Hyde	2	85
Reuben, s. [David & Deobrah], b. Aug. 25, 1772	1	14
Reuben, b. Aug. 25, 1772; m. Elizabeth **BUCKINGHAM**, Dec. 31, 1797	2	59
Reuben, 2d, m. Jerusha **PLATTS**, b. of Saybrook, July 31, 1838, by Rev. H. R. Knapp	2	81
Russell, s. [David & Deborah], b. Sept. 11, 1778	1	14
Russell, m. Electa M. **SPENCER**, Nov. 18, 1821, [by Sylvester Selden]	1	27
Russel[l] H., m. Roxan[n]a **WILLIAMS**, Sept. 1, 1825, by Aaron Hovey	1	54
Sala, s. [David & Deborah], b. Sept. 2, 1770	1	14
Sally M., d. Jeremiah K. & Julianna, b. July 30, 1807	1	39
Sally M., of Saybrook, m. Jacob **STANNARD**, 2d, of Killingworth, Sept. 7, 1836, by Aaron Hovey	2	82
Samuel, s. [Daniel & Mary], b. June 7, 1708	2	4
Samuel, s. Daniel & Mary, b. June 7, 1708	2	6
Samuel, of Saybrook, m. Mary **MOSIER**, of Lyme, May 7, 1828, by Aaron Hovey	1	71
Samuel Jones, [s. Noah P.], b. July 19, 1825	2	8
Sarah, [d. John & Hester], b. Nov. 6, 1659	1	19
Sarah, d. [James & Sarah], b. Aug. 18, 1705	2	243
Sarah, m. James **CLARK**, Mar. 6, 1734/5	4	238
Sarah A., of Essex, m. Thomas **REED**, of Mobile, Ala., May 1, 1845; by Rev. Henry Wooster, Deep River	2	114
Selden H., m. Harriet L. **TILEY**, Dec. 2, 1844, by Jos. D. Hall	2	111
Sibell, see under Sybil		
Simeon, s. [David & Deborah], b. Feb. 7, 1781	1	14
Sophia L., [d. Reuben & Elizabeth], b. Dec. 16, 1802	2	59
Soxia A., of Westbrook, m. Charles **KELSEY**, of Clinton, Apr. 17, 1839, by Rev. W[illia]m Albert Hyde	2	88
Stephen, d. Aug. 16, 1659	1	25
Steuen, s. [Abram], b. Dec. 3, 1664	1	50
Stephen, m. Hannah **HOSMER**, June 14, 1692	2	74
Stephen, s. [Stephen & Hannah], b. Sept. 8, 1695	2	74
Stephen, s. [James & Sarah], b. Mar. 27, 1715	2	243
Sibell, d. [Stephen & Hannah], b. Oct. 10, 1706	2	74
Sibell, d. Daniel, Jr. & Sarah, b. Feb. 12, 1725/6	2	516
Sylvia M., m. Joseph L. **BANNING**, b. of Saybrook, Aug. 16, 1835, by Rev. Jeremiah Miller	2	72
Temperence, d. [John & Lydia], b. Apr. 6, 1741	2	552
Temperence, m. Samuel **DENISON**, Jr., Apr. 22, 1762	2	255

	Vol.	Page
POST (cont.)		
Temperence, m. John S. **BUSHNELL**, b. of Saybrook, Sept. 12, 1832, by Sylvester Selden	1	101
Thomas, s. Stephen & Hannah, b. Feb. 10, 1700/1	2	74
Urania, d. Nathan, Jr. & Mindwell, b. May 28, 1759	2	487
Ward, s. [David & Deborah], b. Oct. 17, 1762	1	14
Ward, s. [David & Deborah], b. Oct. 17, 1762	2	296
Wealthy, [d. Reuben & Elizabeth], b. Arp. 15, 1810	2	59
William H., m. Ann M. **TOOKER**, June 16, 1831, by Rev. Pierpont Brocket	1	88
W[illia]m M., m. Almena T. **COLLINS**, June 30, 1847, in Essex, by Rev. Joseph S. Covell	2	122
William Orlando, [s. Noah P.], b. Jan. 17, 1831	2	8
-----, st. b. s., Sept. 5, 1820	1	39
POTTER, Amos, m. Mary **PLATTS**, Jan. 9, 1765	2	306
POWERS, Richard N., m. Abby Ann **HAYDEN**, Dec. 14, 1826, by Peter Clark, Rector	1	62
Temperence, m. Samuel **WILLIAMS**, 2d, Mar. 15, 1826, by Rev. Peter G. Clark	1	57
PRATT, Abba, m. Elias **PRATT**, Oct. 11, 1825, by Aaron Hovey	1	55
Abigail, [d. Nathaniel & Sarah], b. Oct. 9, 1695	1	223
Abigail, m. Abner **PARKER**, Jan. 9, 1721/2	2	163
Abijah, [s. Isaac & Mary], b. Feb. 22, 1747	1	1
Abram Nott, [s. Selden M. & Rebeckah C.], b. Sept. 18, 1848	2	33
Achilles W., m. Minerva **LAY**, b. of Saybrook, May 10, 1825, by Sylvester Selden	1	52
Adelia Adelaide, m. Hosmer **BUCKINGHAM**, Feb. 10, 1830, by Aaron Hovey	1	79
Albert, m. Rachel C. **GRISWOLD**, Jan. 5, 1840, by Aaron Hovey	2	95
Amasa, [s. Selden M. & Rebeckah C.], b. Nov. 23, 1841	2	33
Ambrose, of Chester, m. Julia M. **SPENCER**, of Saybrook, Nov. 17, 1844, by F. W Chapman, Deep River	2	110
Amelia E., of [Saybrook], m. Dr. Ela H. **CLAPP**, of Farmington, Ill., Sept. 22, [1850], by Rev. J. H. Pettingill	2	136
Andrew, s. Thomas & Jerusha, b. Feb. 11, 1728/9	2	515
Andrew, s. [Thomas & Jerusha], b. Feb. 11, 1729	4	471
Andrew, s. [Thomas, Jr. & Ruth], b. Nov. 21, 1767	2	493
Ann, d. [Joseph & Sarah], b. Aug. 12, 1687; d. Dec. [ ], 1687	2	10
Ann, 2d, d. [Joseph & Sarah], b. Oct. 7, 1688	2	10
Ann, of Saybrook, m. Gardner K. **DICKINSON**, of Chatham, Nov. 3, 1822, by Aaron Hovey	1	44
Ann, m. George W. **WILLIAMS**, [ ], by Rev. Peter G. Clark	1	55
Ann Augusta, [d. Selden M. & Rebeckah C.], b. Nov. 27, 1834	2	33
Ann Eliza, [d. Joseph & Elizabeth], b. May 8, 1821	2	51

	Vol.	Page
PRATT (cont.)		
Ann I., m. Henry G. **STEVENS**, Feb. 22, 1847, by Rev. N. E. Shailer	2	121
Anna Eliza, of Essex, m. John **PEROW**, of New Haven, Sept. 1, 1842, by Rev. W[illia]m George Miller	2	112
Ansel F., m. Susan P. **GRISWOLD**, b. of Saybrook, Sept. 10, 1837, by Aaron Hovey	2	82
Arville, m. William **LATIMER**, Jan. 31, 1830, by Aaron Hovey	1	78
Asa, s. [John & Mary], b. Sept. 16, 1734	2	391
Azariah, s. [John & Hannah], b. Aug. 1, 1710	2	28
Azariah, m. Agnas **BEEBE**, Jan. 18, 1737/8	4	598
Azariah, s. [Azariah & Agnes], b. Dec. 7, 1738	4	598
Benjamin, s. William &Hannah, b. June 14, 1680	1	120
Benjamin, m. Anna **BATE**, Nov. 12, 1702	2	4
Bets[e]y, m. Samuel **TOOKER**, Dec. 16, 1822, by Asa Wilcox, Elder	1	33
Betsey W., m. Ambrose **WEBB**, b. of Saybrook, Nov. 14, 1826, by Rev. Asa Wilcox	1	62
Caleb, s. Ephraim & Beulah, b. Oct. 28, 1735	2	2
Charles, 2d, m. Maria **PRATT**, Apr. 14, 1828, by Rev. Asail Morse	1	71
Charles A., m. Mary E. **RANDALL**, b. of [Saybrook], Apr. 1, 1849, by Rev. E. B. Crane	2	128
Charlotte, of Killingworth, m. Alanson **LYNDE**, of Saybrook, Mar. 27, 1833, by William Case	1	98
Christopher, s. [William & Hannah], b. Nov. 14, 1712	2	153
Christopher, m. Sarah **PRATT**, June 14, 1739	2	105
Cibell, see under Sybil		
Comfort T., m. Mary **POST**, b. of Saybrook, Sept. 13, 1835, by Rev. Darius Mead, of Deep River	2	32
Cordelia, of Saybrook, m. Orin **GARDNER**, of East Haddam, Jan. 3, 1836, by Darius Mead	2	73
Currence M., m. Abraham **CLEAVES**, Mar. 22, 1827, by Asa Wilcox, Pastor	1	64
Daniel, s. John, tailor, b. Jan. 13, 1680	1	99
Daniel, m. Mercy **DOTY**, Nov. 24, 1713	2	21
Daniel, s. Daniel & Mercy, b. July 12, 1717/18	2	21
David, m. Sarah **CHALKER**, May 30, 1717	2	255
Deborah, d. Nathaniel & Sarah, b. Jan. 1, 1698/9	1	223
Deborah, m. Jabez **PRATT**, Nov. 24, 1719	2	80
Deborah, d. Nehemiah & Deborah, b. May 21, 1745	2	32
Deborah E., m. Rev. Ethan B. **CRANE**, b. of [Saybrook], Oct. 8, 1839, by Rev. Fred W[illia]m Hotchkiss	2	90
Deliverence, d. [Az[aria]h], b. June 30, 1745	2	279
Dency A.,m . Asa H. **ROSE**, Feb. 21, 1833, by Rev. Pierpont Brockett	1	98
Desire, m. John S. **MINER**, [ ], 1802	1	126
Eben, m. Nancy **CONKLIN**, b. of Saybrook, Mar. 8, 1842, by Aaron Hovey	2	102
Ebenezer, [s. William &Hannah], b. Aug. 17, 1688	1	120

PRATT (cont.)

	Vol.	Page
Ebenezer, m. Abigail **DENISON**, b. of Saybrook, Mar. 13, [1717], by Daniel Buckingham, J.P.	2	313
Edmond, [s. Isaac & Mary], b. Oct. 1, 1751	1	1
Edward, s. [Daniel & Mercy], b. Nov. 28, 1723	2	21
Edward, m. Jane **PRATT**, Jan. 21, 1835, by Aaron Hovey	2	72
Elias, m. Abba **PRATT**, Oct. 11, 1825, by Aaron Hovey	1	55
Elihu M., m. Lura **POST**, b. of Essex, Oct. 30, 1828, by Rev. Pierpont Brocket	1	74
Eliza, b. Mar. 13, 1797; m. Alvan F. **WHITTEMORE**, Aug. 1, 1819; d. Aug. 6, 1833	2	5
Elizabeth, [d. William], b. Feb. 1, 1641	1	17
Elizabeth, [d. John], b. Apr. 3, 1673	1	45
Elizabeth, d. Ens. John, b. Apr. 3, 1673; m. Benjamin **LORD**, Apr. 13, 1693	2	87
Elizabeth, d. Joseph & Sarah, b. Sept. 6, 1695; d. Jan. 21, 1715/6	2	8
Elizabeth, [d. John & Hannah], b. Mar. 20, 1698/9	1	258
Elizabeth, d. John, Jr. & Hannah, b. Mar. 20, 1698/9	2	28
Elizabeth, d. [William & Hannah], b. Jan. 20, 1717	2	153
Elizabeth, d. John, d. Sept. 14, 1752	4	633
Elizabeth, b. Feb. 19, 1802; m. Joseph H. **HAYDEN**, June 2, 1819; d. Feb. 24, 1827	2	17
Elizabeth, d. William A., b. Jan. 7, 1822	1	121
Elisabeth A., m. Samuel C. **GLADDING**, b. of Saybrook, Jan. 8, 1850, by F. W. Chapman, Deep River	2	132
Elizabeth S., m. Nathaniel **CHAPMAN**, May 9, 1833, by Rev. Ashbel Steele	1	97
Emily, d. Humphrey, 2d, & Mercy, b. Nov. 22, 1773; d. Aug. 16, 1775	2	372
Emily, d. [Humphrey, 2d & Mary], b. Dec. 29, 1779	2	372
Emily, m. Samuel H. **LAY**, b. of Saybrook, Dec. 14, 1820, by Aaron Hovey	1	43
Ephraim, s. [William & Hannah], b. Apr. 1, 1705	2	153
Ephraim, m. Beulah **WILLIAMS**, July 28, 1734	2	2
Erastus Marvin, s. Joel M. & Zerviah, b. Mar. 15, 1829	2	50
Esther, of Saybrook, m. Obadiah **SPENCER**, Nov. 25, 1840, [by W. Geo[rge] Miller]	2	98
Ethan, s. [Daniel & Mercy], b. Mar. 13, 1728	2	21
Ethan, m. Elishaba **KIRTLAND**, July 17, 1755	2	115
Ethan, s. [Ethan & Elishaba], b. Mar. 22, 1757	2	115
[E]unice, d. [Daniel & Mercy], b. Nov. 13, 1721	2	21
Eunice A., m. John E. **SHAILER**, b. of Saybrook, May 10, 1846, by F. W. Chapman, Deep River	2	118
Experience, d. William & Hannah, b. Sept. 18, 1720	2	153
Fanny, m. William **STANNARD**, b. of Saybrook, July 14, 1824, by Sylvester Selden	1	48
Frederic D., m. Julia A. **KINGSLEY**, b. of [Deep River], Oct. 13, 1839, by Rev. Henry Wooster	2	91
Frederic H., m. Phebe **HILL**, b. of Saybrook, Oct. 17, 1826, by Sylvester Selden	1	61

SAYBROOK VITAL RECORDS 125

	Vol.	Page
PRATT (cont.)		
George, s. [Humphrey, 2d, & Mary], b. Dec. 21, 1777	2	372
George, Jr., m. Grace Redfield **CARTER**, July 5, 1830, by Fred W. Hotchkiss	1	83
George, m. Rachel C. **PRATT**, b. of Saybrook, Mar. 10, 1841, by Aaron Hovey	2	99
Gideon, s. Nathaniel & Sarah, b. Sept. 17, 1704	1	223
Gilbert, m. Sarah **PRATT**, b. of Saybrook, Apr. 14, 1839, by Rev. E. B. Crane	2	88
Gustavus, m. Eunice W. **BULL**, Jan. 8, 1835, by Aaron Hovey	2	42
Hannah, [d. William & Hannah], b. July 21, 1682; d. Dec. 6, 1684	1	120
Hannah, d. John, tailor, b. June 14, 1688	1	99
Hannah, d. [Joseph & Sarah], b. Feb. 27, 1699	2	10
Hannah, d. John, Jr. & Hannah, b. Jan. 19, 1717/8	2	28
Hannah, m. Edward **BEEBE**, Sept. 15, 1737	4	633
Hannah, d. [Az[aria]h], b. May 21, 1742	2	279
Hannah, m. Amos **SCOVELL**, May 5, 1823, by Rev. Peter G. Clark	1	34
Hannah T., m Elijah **KELLOGG**, b. of [Deep River], Dec. 25, 1849, by Rev. E. Cushman	2	132
Harriet, of Saybrook, m. Roswell **COWLES**, of Meriden, Feb. 27, 1828, by Aaron Hovey	1	70
Harriet N., m. Oliver **BATES**, b. of Saybrook, Jan. 26, 1845, by Frederick W. Chapman, Deep River	2	111
Henrietta, of Saybrook, m. Baruch M. **BECKWITH**, of Lyme, Nov. 5, 1827, by Asa Wilcox, Rector	1	68
Henry C. H., m. Mary Jane **WILLIAMS**, b. of Saybrook, Dec. 1, 1839, by Rev. Thomas H. Vail, Essex	2	93
Henry H., m. Mary Jane **COMSTOCK**, b. of Saybrook, Sept. 30, 1844, by F. W. Chapman, Deep River	2	110
Henry Lyman, [s. Selden M. & Rebeckah C.], b. Aug. 12, 1829	2	33
Hepzibah, [d. Isaac & Mary], b. July 27, 1744	1	1
Hebzibah, d. [Nathan & Heph[sibah], b. Sept. 4, 1751	2	126
Hezekiah, [s. Nathaniel & Sarah], b. July 9, 1701	1	223
Horatio, m. Ann Augusta **BUSHNELL**, b. of Saybrook, Apr. 13, 1834, by Rev. Fred[eric]k W[illia]m Hotchkiss	2	56
Humphrey, s. [Isaac & Mary], b. May 16, 1716	2	4
Humphr[e]y, m. Lydia **TULLY**, Nov. 30, 1746	5	46
Humphrey, s. [Humphre[e]y & Lydia], b. Dec. 5, 1748	5	46
Humphrey, 2d, m. Mercy **TULLY**, June 6, 1773	2	372
Humphrey, 2d, m. Mary **DORRANCE**, Jan. 16, 1777	2	372
Isaac, [s. John], b. Jan. 6, 1677	1	45
Isaac, m. Mary **TAYLOR**, Sept. 7, 1704	2	4
Isaac, s. [Isaac & Mary], b. July 21, 1705	2	4
Isaac, m. Mary **JONES**, May last, 1733	1	1
Isaac, [s. Isaac & Mary], b. Oct. 5, 1738	1	1
Isabell Elizabeth, [d. Joseph & Elizabeth], b. Mar. 31, 1834	2	51

	Vol.	Page
PRATT (cont.)		
Jabez, [s. William & Hannah], b. May 19, 1691	1	120
Jabez, m. Deborah **PRATT**, Nov. 24, 1719	2	80
Jacob, s. [John & Mary], b. Dec. 16, 1744	2	391
James A., m. Almira **KIRTLAND**, Jan. 19, 1830, by William Case	1	78
James Alexander, [s. James A.], b. Mar. 30, 1833	2	40
James Minor, [s. Selden M. & Rebeckah C.], b. Aug. 1, 1846	2	33
Jane, m. Edward **PRATT**, Jan. 21, 1835, by Aaron Hovey	2	72
Jane Lathrop, [d. Selden M. & Rebekcah C.], b. Oct. 3, 1839	2	33
Jared, [s. William & Temperence], b. July 17, 1829; d. May 13, 1833	2	29
Jared, 2d, m. Maryann **SHIPMAN**, Dec. 2, 1832, by Orson Spencer	1	94
Jared C., m. Hepzibah **STARKEY**, b. of Saybrook, Apr. 22, 1835, by Rev. Darius Mead, of Deep River	2	12
Jemima, m. Robert **LAY**, Jr., Nov. 3, 1729	4	234
Jerusha, of Saybrook, m. Isaiah **POST**, of Westbrook, Feb. 24, 1841, by Frederick W. Chapman, Deep River	2	99
Jesse, s. [Isaac & Mary], b. Dec. 8, 1754	1	1
Joel Josiah, s. Joel M. & Zerviah, b. Apr. 6, 1831	2	50
Joel M., b. Jan. 1, 1803; m. Zerviah **NOTT**, Oct. 10, 1825	2	50
Joel M., m. Zerviah **NOTT**, Oct. 10, 1825, by Aaron Hovey	1	54
John, [s. William], b. Feb. 20, 1644	1	17
John, s. John, b. Dec. 5, 1671	1	45
John, tailor, m. Mary **ANDREWS**, Aug. 10, 1676	1	83
John, s. John, tailor, b. Mar. 19, 1690/1	1	99
John, m. Hannah **WILLIAMS**, Nov. 10, 1697	1	258
John, Jr., m. Hannah **WILLIAMS**, Nov. 10, 1697	2	28
John, s. [John & Hannah], b. Sept. 26, 1703	2	28
John, m. [ ], May 22, 1713	2	62
John, Jr., m. Mary **WEBB**, Mar. 8, 1731/2	2	391
John, s. [John & Mary], b. July 1, 1742	2	391
Jonathan, s. John, tailor, b. Dec. 25, 1682	1	99
Joseph, [s. William], b. Aug. 1, 1648	1	17
Joseph, m. Sarah **CHAPMAN**, Sept. [ ], 1686	2	10
Joseph, s. William &Hannah, b. Apr. 13, 1703	2	153
Joseph, d. Aug. 12, 1703	2	10
Joseph, m. Elizabeth **POST**, July 22, 1820, by Asa Wilcox, Elder	1	22
Joseph, d. June 14, 1834	2	51
Julia, m. George **SPENCER**, Sept. 12, 1813	1	21
Julia Lorinda, [d. Selden M. & Rebekkah C.], b. Feb. 13, 1837	2	33
Katurah, d. [Nathan & Heph[sibah], b. Mar. 14, 1755	2	126
Laura, b. Aug. 1, 1806; m. J. H. **HAYDEN**, Mar. 31, 1828	2	17

PRATT (cont.)

	Vol.	Page
Laura, m. Joseph H. **HAYDEN**, b. of Saybrook, Mar. 31, 1828, by Asa Wilcox, Elder	1	70
Lemuel, s. John, Jr. & Hannah, b. Feb. 25, 1707/8	2	28
Lewellyn, [s. Selden M. & Rebeckah C.], b. Aug. 8, 1832	2	33
Lodiska, m. Josiah **GLADDING**, 2d, b. of Saybrook, Nov. 4, 1821, by Aaron Hovey	1	43
Lorinda, m. Dan **PLATTS**, Jr., b. of Saybrook, June 4, 1827, by Aaron Hovey	1	66
Louisa B., m. George K. **STILLMAN**, b. of Saybrook, Jan. 24, 1847, by Rev. J. M. Willey	2	120
Lovisa, d. [Samuell & Priscilla], b. Jan. 22, 1757	2	430
Lucretia R., m. Josiah E. **NOTT**, Oct. 10, 1842, by Aaron Hovey	2	106
Luce, d. [Thomas & Jerusha], b. Apr. 25, 1734	4	471
Lucy, of Deep River, m. Elijah **LESTER**, of Lyme, Apr. 22, 1838, by Rev. Z. Rogers Ely	2	84
Lucy, s. [Thomas & Jerusha], b. [ ]	2	515
Lidia, [d. William], b. Jan. 1, 1659	1	17
Lidia, m. John **KIRTLAND**, Nov. 18, 1679	1	121
Lydia, [d. John], b. Feb. 18, 1682	1	45
Lydia, m. Phineas **FISKE**, July 27, 1710	2	278
Lidia, d. [John & Hannah], b. July 19, 1715	2	28
Lydia, m. Elisha **EVEREST**, Jan. 2, 1752	2	270
Lydia, d. [Humphry & Lydia], b. July 24, 1752	5	46
Lydia, b. July 23, 1795; m. Joseph **PLATTS**, Nov. 24, 1814	1	42
M. Eliza, of Saybrook, m. N. Chapman **PRATT**, of New York State, Aug. 11, 1841, by A[aron] Hovey	2	100
Margaret, m. Philip **SHATTUCK**, Jan. 6, 1703/4	2	95
Margaret, d. [William & Hannah], b. Apr. 1, 1708	2	153
Maria, of Petapague, m. William **MARKS**, of Middletown, now of Chester, Oct. 28, 1825, by Frederic W. Hotchkiss	1	53
Maria, m. William **MARKS**, of Middletown, now of Chester, Oct. 28, 1825, by Frederic W. Hotchkiss	1	55
Maria, m. Charles **PRATT**, 2d, Apr. 14, 1828, by Rev. Asail Morse	1	71
Maria S., of Somerset Niagara Co., NY, m. Felix **GLADDING**, of Essex, Oct. 10, 1842, by Rev. Charles Stearns	2	104
Martha, d. John, tailor, b. Jan. 16, 1679	1	99
Martha, m. Samuell **COMSTOCK**, July 5, 1705	2	318
Martha, m. Jonathan **PARKER**, Mar. 21, 1759	2	242
Mary, d. John, tailor, b. May 24, 1677	1	99
Mary, m. Eliphelet **WHITTLESEY**, Dec. 1, 1702	2	59
Mary, d. [Isaac & Mary], b. Sept. 8, 1714	2	4
Mary, [d. Isaac & Mary], b. June 25, 1736	1	1
Mary, d. [John & Mary], b. Sept. 26, 1740	2	391
Mary, [w. of Humphrey, 2d], b. Feb. 25, 1755	2	372
Mary, d. Timothy, 2d, b. Nov. 18, 1822	1	123

PRATT (cont.)

	Vol.	Page
Mary, m. Nathaniel J. **PRATT**, b. of Saybrook, Apr. 7, 1842, by Aaron Hovey	2	102
Mary, d. Ens. [ ]. [m.] John **WORTHINGTON**, of Springfield, [ ]	2	62
Mary Ann, m. Horace **MURRAY**, Nov. 5, 1826, by Rev. Peter G. Clark	1	61
Mary Ann, [d. Frederic H.], b. July 26, 1832	2	42
Mary E., m. Nathan **BUCKINGHAM**, Jan. 26, 1829, by Rev. Pierpont Brocket	1	75
Mary Eliza, b. July 31, 1800; m. Nathan **BUCKINGHAM**, Jan. 26, 1829	2	6
Mehetable, [d. John], b. Sept. 6, 1685	1	45
Mehitabel, d. John, Jr. & Hannah, b. Feb. 16, 1719/20	2	28
Mercy, d. [Daniel & Mercy], b. July 27, 1715	2	21
Mercy, m. Elias **TULLY**, Mar. 17, 1748	2	145
Mercy, m. Abner **KIRTLAND**, Dec. 3, 1770	2	269
Mercy, [w. Humphrey, 2d], d. Aug. 26, 1775	2	372
Mercy, d. [Humphrey, 2d, & Mary], b. Feb. 25, 1782	2	372
Mindwell, d. [John & Mary], b. Dec. 23, 1732	2	391
Minerva, m. Cornelius R. **DOAN**, June 28, 1826, by Aaron Hovey	1	59
Myra Carolina, d. Joel M. & Zerviah, b. May 20, 1833	2	50
N. Chapman, of N.Y. State, m. M. Eliza **PRATT**, of Saybrook, Aug. 11, 1841, by A[aron] Hovey	2	100
Nathan, s. [Nathan &Heph[sibah], b. Nov. 7, 1753	2	126
Nathaniel, m. Sarah **BEAMONT**, May 2, 1688	1	223
Nathaniel, [s. Nathaniel & Sarah], b. Mar. 6, 1691	1	223
Nathaniel, m. Sarah **WILLARD**, Jan. 21, 1718	1	223
Nathaniel J., m. Lavina **BUSHNELL**, b. of Saybrook, May 22, 1831, by Fred W. Hotchkiss	1	92
Nathaniel J., m. Mary **PRATT**, b. of Saybrook, Apr. 7, 1842, by Aaron Hovey	2	102
Nehemiah, s. John, Jr. & Hannah, b. Jan. 26, 1705/6	2	28
Nehemiah, s. Nehemiah & Deborah, b. June 7, 1740	2	32
Obadiah, s. [Christopher & Sarah], b. Sept. 14, 1742	2	105
Pamela, m. Timothy **STANNARD**, b. of Saybrook, Dec. 24, 1823, by Aaron Hovey	1	44-5
Patience, d. Daniel & Mercy, b. Feb. 7, 1719/20	2	21
Peter, 2d, s. Nehemiah & Deborah, b. July 22, 1742	2	32
Phebe, d. [Nathan & Heph[sibah], b. Feb. 8, 1752	2	126
Phebe M., m. Ezra **KINGSLEY**, b. of [Deep River], Jan. 29, 1837, by Rev. H. Wooster	2	78
Phebe Roxanna, [d. Frederic H.], b. June 14, 1830	2	42
Philinda, m. Ebenezer **WILLIAMS**, Jan. 3, 1825, by Aaron Hovey	1	54
Philomela, m. Miles L. **HOADLEY**, b. of Saybrook, [Dec.] 22, 1844, by F. W. Chapman, Deep River	2	111
Phineas, s. [Az[aria]h], b. June 29, 1747	2	279
Polly, m. Norman **WALES**, b. of Saybrook, Jan. 4, 1835, by Rev. Pierpont Brocket	2	38

SAYBROOK VITAL RECORDS

	Vol.	Page
PRATT (cont.)		
Polly Ann, m. Daniel P. **SOUTHWORTH**, b. of Saybrook, Aug. 28, 1727*, by Aaron Hovey *(Probably 1827)	1	69
Pri[s]cilla, m. Samuel **BUSHNELL**, Apr. 19,. 1700	1	115
Prudence, [d. William & Hannah], b. Mar. 11, 1685	1	120
Prudence, m. Tertius **NOTT**, Jan. 2, 1833, by Aaron Hovey	1	95
Rachel C., m. George **PRATT**, b. of Saybrook, Mar. 10, 1841, by Aaron Hovey	2	99
Ralph, m. Louisa **BELDEN**, Dec. 8, 1825, by Aaron Hovey	1	59
Richard, of East Haddam, m. Abigail L. **POST**, of Saybrook, Nov. 26, 1828, by Aaron Hovey	1	77
Richard E., of Saybrook, m. Susan **LYNDE**, of Saybrook, Feb. 21, 1821, by Frederic W. Hotchkiss	1	23
Richard N., m. Harriet E. **BUSHNELL**, b. of [Saybrook], June 11, 1850, by Rev. J. H. Pettingill	2	136
Richard Nott, s. Joel M. & Zerviah, b. Apr. 13, 1827	2	50
Robert, s. [Joseph & Sarah], b. Oct. 26, 1691	2	10
Robert, m. Phebe **SHAILER**, of Haddam, Nov. 28, 1717	2	230
Rufus, m. Hannah **LAY**, Jan. 18, 1830, by Aaron Hovey	1	78
Rufus, m. Sarah P. **PRATT**, b. of Saybrook, Sept. 17, 1843, by Frederick W. Chapman, Deep River	2	107
Ruth, d. Thomas, Jr. & Ruth, b. Dec. 1, 1770	2	493
Samuel, [s. William], b. Oct. 6, 1654	1	17
Samuel, [s. Nathaniel & Sarah], b. Jan. 24, 1693	1	223
Samuel, Jr., m. Martha **GRISWOLD**, of Killingworth, June 13, 1722	2	482
Samuell, 2d, m. Priscilla **WHITTLESEY**, Apr. 1, 1756	2	430
Samuel Mitchel, [s. Frederic H.], b. Aug. 20, 1826	2	42
Sarah, [d. William], b. Apr. 1, 1651	1	17
Sarah, [d. John], b. June 5, 1680	1	45
Sarah, [d. Nathaniel & Sarah], b. Feb. 6, 1689	1	223
Sarah, m. Joseph **DUDLEY**, Dec. 10, 1697	2	74
Sarah, w. of Nathaniel, d. Oct. 11 or 12, 1716	1	223
Sarah, m. Nathaniel **LYNDE**, Dec. 12, 1716	2	42
Sarah, d. [David & Sarah], b. June 17, 1718	2	255
Sarah, [d. Isaac & Mary], b. May 6, 1734	1	1
Sarah, m. Christopher **PRATT**, June 14, 1739	2	105
Sarah, d. [Christopher & Sarah], b. Mar. 28, 1745	2	105
Sarah, m. Gilbert **PRATT**, b. of Saybrook, Apr. 14, 1839, by Rev. E. B. Crane	2	88
Sarah A., of Saybrook, m. Bazaleel **GATES**, of East Haddam, Jan. 1, 1833, by R. S. Crampton, U.D.M.	1	98
Sarah Maria, [d. Joseph & Elizabeth], b. Apr. 6, 1831	2	51
Sarah P., m. Rufus **PRATT**, b. of Saybrook, Sept. 17, 1843, by Frederick W. Chapman, Deep River	2	107
Selden, [s. Selden M. & Rebeckah C.], b. Feb. 23, 1844	2	33
Selden M., b. Mar. 4, 1805; m. Rebekcah C. **NOTT**, Jan. 15, 1828	2	33

	Vol.	Page

PRATT (cont.)
Selden M., m. Rebeckah C. **NOTT**, Jan. 15, 1828, by
    Aaron Hovey — 1, 69
Seth, s. [Az[aria]h], b. June 24, 1741 — 2, 279
Sibbel, see under Sybil
Simeon, s. [Thomas & Jerusha], b. June 20, 1731 — 4, 471
Simeon, s. [Thomas & Jerusha], b. [   ] — 2, 515
Sophia, m. William **WILLARD**, Feb. 16, 1823, by
    Frederic W. Hotchkiss — 1, 33
Stephen, s. [Christopher & Sarah], b. June 30, 1740 — 2, 105
Susan, b. Nov. 18, 1797; m. Obadiah **SPENCER**, Nov.
    12, 1818; d. Oct. 12, 1839 — 2, 43
Susan, b. Nov. 18, 1797; m. Obadiah **SPENCER**, Nov.
    12, 1818 — 1, 130
Susan A., of Deep River, m. Nelson **HALL**, of
    Killingworth, Sept. 8, 1839, by Frederick W.
    Chapman — 2, 89
Susan A., of Saybrook, m. Theophilus **BISHOP**, of
    Madison, June 20, 1842, by Rev. E. B. Crane — 2, 104
Susan M., m. James **POST**, b. of Saybrook, Feb. 19,
    1835, by Rev. Jeremiah Miller, Westbrook — 2, 70
Susannah, d. [Joseph & Sarah], b. Mar. 18, 1690 — 2, 10
Cibell, d. [Daniel & Mercy], b. Dec. 10, 1725   (Sybil) — 2, 21
Sibbel, m. Philip **KIRTLAND**, Jr., b. of Saybrook, Nov.
    29, 1757, by Stephen Holmes, Clerk — 2, 376
Sylvina, m. Sedley **SNOW**, b. of Saybrook, Jan. 1, 1828,
    by Aaron Hovey — 1, 69
Tabitha, [d. Isaac & Mary], b. Feb. last, 1742 — 1, 1
Taylor, [s. Isaac & Mary], b. June 19, 1749 — 1, 1
Temperance, d. Joseph & Sarah, b. Feb. 15, 1700; d. Oct.
    1701 — 2, 8
Temperence, b. Oct. 12, 1783; m. Obadiah **PLATTS**, Jan.
    2, 1802 — 2, 2
Tempereance R., m. Justus J. **JONES**, Feb. 6, 1842, by
    Aaron Hovey — 2, 102
Tho[ma]s, s. John, b. Oct. 28, 1675 — 1, 45
Thomas, [s. John], d. Aug. 5, 1694, at Hartford — 1, 45
Thomas, s. [John & Hannah], b. Apr. 23, 1701 — 2, 28
Thomas, m. Jerusha **BECKWITH**, Apr. 25, 1728 — 2, 515
Thomas, m. Jerusha **BECKWITH**, Apr. 25, 1728 — 4, 471
Thomas, Jr., m. Ruth **WILLCOCKS**, Feb. 26, 1767 — 2, 493
Timothy, s. Isaac & Mary, b. Jan. 20, 1715/16 — 2, 2
Titus C., m. Elizabeth **LAY**, Sept. 24, 1823, by Sylvester
    Selden — 1, 37
Walter, m. Maria **DICKINSON**, Sept. 1, 1824, by Asa
    Wilcox, Elder — 1, 49
Wealthy, b. June 21, 1775; m. Clark **NOTT**, June 16,
    1796 — 1, 21
Wealthy S., m. Chaunc[e]y **BAILEY**, b. of Deep River,
    Dec. 31, 1837, by Rev. Z. Rogers Ely — 2, 84
William, s. William, b. May 15, 1653 — 1, 17
William, m. Hannah **KIRTLAND**, Feb. 20, 1678 — 1, 120

SAYBROOK VITAL RECORDS 131

	Vol.	Page
PRATT (cont.)		
William, m. Hannah **HOUGH**, Oct. 8, 1700	2	153
William, s. [Humphry & Lydia], b. Nov. 22, 1750	5	46
William Handel, s. Joel M. & Zerviah, b. June 9, 1835	2	50
William Selden, [s. Joseph & Elizabeth], b. May 20, 1827	2	51
Zuba, m. Sherman **KELSEY**, June [ ], 1820, by Aaron Hovey	1	23
PYGAN, Alexander, m. Lydia, wid. of Samuel **BOYES**, Apr. 15, 1684	1	112
RANDALL, Mary E., m. Charles A. **PRATT**, b. of [Saybrook], Apr. 1, 1849, by Rev. E. B. Crane	2	128
Stephen, of Southold, N.Y., m. Phebe **HAYDEN**, of Saybrook, Aug. 26, 1821, by Sylvester Selden	1	25
RANSFORD, Elizabeth, m. Samuel **AVERY**, June 23, 1702, by Capt. Daniell Witherell, at New London	2	74
RANSOM, RANSOME, Joseph, s. Mat[t]hew & [Hannah], b. Jan. 10, 1683/4	1	51
Mat[t]hew, m. Hannah **JONES**, Mar. 7, 1682/3	1	51
RAY, Anna, m. Thomas **DUNK**, Sept. 24, 1712	2	124
Charlotte C., m. Joseph V. **SMITH**, July 4, 1833, by William Case	1	100
Hannah, of Haddam, m. Elijah **MASON**, of Saybrook, Apr. 2, 1822, by Simon Shailer, J.P.	1	29
RAYMOND, John, s. Daniel, b. Dec. 19, 1691	1	230
READ, REED, Aurelia S., [d. George], b. July 29, 1818	2	9
Aurelia S., m. Rev. Henry **WOOSTER**, May 9, 1838	2	123
Aurelia S., m. Rev. Henry **WOOSTER**, b. of Deep River, May 9, 1838, by Rev. John Cockson, Middletown	2	85
Catherine P., [d. George], b. July 22, 1815	2	9
Catherine P., of [Deep River], m. Julius S. **SHAILER**, of Suffield, Aug. 29, 1839, by Rev. Henry Wooster	2	89
Catherine Parmelee, d. George, b. July 22, 1815	1	123
Charles, [s. David], b. Apr. 6, 1819	2	9
George A., [s. George], b. July 29, 1827	2	9
George A., m. Hannah S. **BAILEY**, b. of Deep River, Jan. 3, 1848, by Rev. E. Cushman	2	124
Jenny, m. Freeman Gross **SNOW**, May 20, 1799	1	20
Mary P., [d. David], b. Apr. 2, 1821	2	9
Mary P., m. Colman S. **HUBBARD**, Jan. 13, 1845, by Rev. Lawson Muzzy	2	111
Spencer, [s. David], b. Apr. 23, 1817	2	9
Spencer, m. Electa B. **WATROUS**, b. of [Deep River], Jan. 12, 1840, by Rev. Henry Wooster	2	92
Temperence U., [d. David], b. Nov. 18, 1823	2	9
Thomas, of Mobile, Ala., m. Sarah A. **POST**, of Essex, May 1, 1845, by Rev. Henry Wooster, Deep River	2	114
Ursula, m. George **SPENCER**, b. of Saybrook, Oct. 21, 1845, by Frederick W. Chapman, Deep River	2	117
REDFIELD, Alanson, [s., James E.], b. Apr. 16, 1789	1	15
Alanson, s. Alanson, b. May 18, 1827	1	127
Anjanette, m. Hosmer B. **PARMELE[E]**, Oct. 21, 1846, by Rev. W. G. Howard	2	119

	Vol.	Page
REDFIELD (cont.)		
Bets[e]y, d. Capt. Samuel & Martha, m. Dr. Samuel **CARTER**, of Saybrook, s. of Dr. Benjamin, of Killingworth, Oct. 3, 1804, by Rev. F. W. Hotchkiss, at Killingworth	1	39
Catharine A., d. Alanson, b. Mar. 30, 1826	1	127
Chloe, d. [James E.], b. Jan. 7, 1784	1	15
Henry Alexander, s. Jared C., b. Jan. 25, 1832	2	28
Horace Roswell, [s. James E.], b. Sept. [ ], 1793	1	15
James Post, s. [James E.], b. Sept. 18, 1786	1	15
Jared, of Killingworth, m. Sarah W. **BUSHNELL**, of Saybrook, Apr. 20, 1845, by F. W. Chapman, Deep River	2	116
Jared C., of Saybrook, m. Henrietta **ROSSITER**, of Killingworth, Aug. 4, 1830, by Rev. Pierpont Brocket	1	83
Jared Edgar, s. Jared C., b. Nov. 27, 1833	2	28
John Post, [s. James E.], b. Dec. 10, 1795	1	15
Lorenzo, of Killingworth, m. Elizabeth C. **DENISON**, of Saybrook, Nov. 20, 1836, by Rev. Fred W[illia]m Hotchkiss	2	74
Mary E., of Meriden, m. Calvin **HAYDEN**, 2d, Mar. 8, 1829, by Sylvester Selden	1	76
REED, [see under **READ**]		
REEVES, Henry, m. Rachel **BULL**, May 3, 1716	2	446
REYNOLDS, Mariah, of Lyme, m. William **DIXON**, of Burton, Eng., July 25, 1824, by Asa Wilcox, Elder	1	49
RICE, Edwin, of Collinsville, m. Julia C. **RIPLEY**, of South Hadley, Mass., Aug. 26, 1846, by Rev. E. B. Crane	2	124
Minerva A., m. Samuel **JONES**, b. of Saybrook, June 7, 1840, by Frederick W. Chapman, Deep River	2	95
RICH, Emily M., of Middletown, m. Noah E. **MACK**, of Essex, Apr. 2, 1847, by Rev. N. C. Lewis	2	125
Emily M., of Middletown, m. Noah E. **MACK**, of Essex, Apr. 26, 1847, by Rev. N. C. Lewis	2	121
RICHARDS, Norton, of Farmington, m. Harriet C. **DANIELS**, of Saybrook, June 4, 1832, by William Case	1	99
RIPLEY, Calvin, of West Springfield, m. Susan M. **CHALKER**, of Saybrook, Sept. 21, 1829, by Fred W. Hotchkiss	1	77
Julia C., of South Hadley, Mass., m. Edwin **RICE**, of Collinsville, Aug. 26, 1846, by Rev. E. B. Crane	2	124
RISELEY, Horace, m. Almira **BREWSTER**, b. of Essex, Aug. 19, 1835, by Rev. Stephen Beach	2	76
RITHWAY, Elizabeth, m. Peter **PATTERSON**, being inhabitants of Lime, June 11, 1678	1	88
RIVER, Sarah, of Lyme, m. Job **KELSEY**, of Saybrook, July 3, 1830, by Sylvester Selden	1	84
ROACH, Eliza, of Saybrook, m. Frederick **FINCH**, of England, Sept. 13, 1835, by Rev. Fred[eric]k W[illia]m Hotchkiss	2	32

SAYBROOK VITAL RECORDS 133

	Vol.	Page
ROBINSON, ROBISON, John, of Madison, m. Katherine **DOWRY**, of Saybrook, Nov. 27, 1828, by Fred W. Hotchkiss	1	74
John, of Hartford, m. Sarah Louisa **DUKES**, of Essex, May 18, 1842, by Rev. W[illia]m George Miller	2	112
Mary Ann, of Hartford, m. Ely **BAILEY**, of Guilford, Aug. 5, 1830, by Fred W. Hotchkiss	1	83
William, m. Julia **FREEMAN**, formerly of Colchester (colored), Dec. 11, 1828, by Jedidiah Post, J.P.	1	75
ROCKWELL, John E., of Essex, m. Rhuama **AYER**, of Saybrook, July 13, 1841, by Rev. Ethan B. Crane	2	101
John E., m. Mary Louisa, d. of the late Asa **KIRTLAND**, b. of Saybrook, Aug. 6, 1848, by Rev. John M. Guion *(Kirtland changed in pencil to read "INGHAM")	2	125
Olive, of Saybrook, m. Lemuel **BUTLER**, of N.Y., June 13, 1830, by Rev. Pierpont Brocket	1	82
ROE, Mary, m. William **DUDLEY**, Nov. 4, 1661	1	109
ROGERS, RODGERS, Calvin, s. John C., b. Aug. 21, 1815	1	121
Calvin B., m. Rosina J. **SHAILOR**, b. of [Deep River], Mar. 19, 1837, by Rev. H. Wooster	2	77
Calvin B., m. Hannah **SHAILER**, b. of [Deep River], Oct. 28, 1849, by Rev. E. Cushman	2	129
Calvin Burnham, [s. John C. & Phebe], b. Aug. 21, 1815	2	8
Catherine, d. John C. & Phebe, b. July 6, 1813	2	8
Franklin E., of New London, m. Julia A. **ROGERS**, of Saybrook, Mar. 15, 1835, by Rev. W[illia]m Denison, at B. M. H., Deep River	2	41
Harriet H., m. John **GRIFFIN**, b. of Lyme, Dec. 24, 1829, by Rev. Pierpont Brocket	1	78
Helen L., d. W. C. & Carrie S., b. Oct. 7, 1861. Certified Nov. 25, 1882, by Electa A. Starkey, attendant at her birth	2	144
Harvey, m. Elizabeth A. **TRYON**, Nov. 16, 1826, by Frederick Hotchkiss	1	61
John, [s. John C. & Phebe], b. Mar. 10, 1818; d. Apr. 2, 1825	2	8
John, s. [John C.]., b. Mar. 10, 1818	1	121
John, [s. John C. & Phebe], b. Feb. 23, 1827	2	8
John, m. Lucretia A. **SHAILER**, b. of [Deep River], Mar. 5, 1849, by Rev. E. Cushman	2	128
Julia A., of Saybrook, m. Franklin E. **ROGERS**, of New London, Mar. 15, 1835, by Rev. W[illia]m Denison, at B.M.H., Deep River	2	41
Julius W., m. Esther E. **MEIGS**, b. of Deep River, Mar. 2, 1845, by Rev. Lawson Muzzy	2	112
Katharine, m. Samuel **SHAILER**, b. of Saybrook, Dec. 28, 1834, by Rev. W[illia]m Palmer, at B. M. House, Deep River	2	38
Laura Ann, [d. John C. & Phebe], b. Jan. 21, 1823; d. Apr. 25, 1825	2	8
Lydia, m. Samuel **LEE**, Jan. 4, 1781	1	7

	Vol.	Page
ROGERS, RODGERS (cont.)		
Mary, of Saybrook, m. Philander **HURD**, of Killingworth, Sept. 22, 1833, by William Denison	1	102
Phebe, d. [John C.], b. Oct. 28, 1820	1	121
Phebe, [d. John C. & Phebe], b. Oct. 28, 1820	2	8
Phebe, of Deep River, m. Augustus **HOWELL**, of New York, Feb. 4, 1852, by Rev. E. Cushman	2	136
President Merrit, of Petapague, m. Harriet **TRYON**, of Saybrook, Oct. 6, 1825, by Frederic W. Hotchkiss	1	53
Prudence Maria, [d. John C. & Phebe], b. Feb. 10, 1825	2	8
Rhoda B., m. Benjamin **TRYON**, b. of Saybrook, Sept. 23, 1827, by William Case	1	79
William Clark, [s. John C. & Phebe], b. Oct. 3, 1830	2	8
ROOT, Marvin, of Coventry, m. Looxea **BUSHNELL**, of Westbrook, Sept. 24, 1834, by Rev. Fred[eric]k W[illia]m Hotchkiss	2	21
ROSE, Asa H., m. Dency A. **PRATT**, Feb. 21, 1833, by Rev. Pierpont Brockett	1	98
Asa H., m. Electa Ann **BUSHNELL**, b. of Saybrook, Jan. 1, 1838, by Aaron Hovey	2	83
Asa Hinkley, s. [Sibat* & Jerusha], b. Apr. 2, 1809 *("Sibat" crossed out and "Silent" written in)	1	20
Betsey E., certified to birth of her daughter Marg[a]rett Morrisa, b. Oct. 19, 1851; certificate dated Jan. [ ], 1868, at Essex; witnessed by J. W. Marvin and Eliza Waterhouse	2	141
Ebenezer Hinckley, s. Sibat* & Jerusha, b. June 2, 1806 *("Sibat" crossed out and "Silent" written in)	1	20
Jerusha Ann, d. [Sibat* & Jerusha], b. Feb. 9, 1804 *("Sibat" crossed out and "Silent" written in)	1	20
Marg[a]rett Morrisa, b. Oct. 19, 1851; certified by her mother Betsey E. Rose; certificate dated Essex, Jan. 1868; witnessed by J. W. Marvin and Eliza Waterhouse	2	141
Oramel, s. [Sibat* & Jerusha], b. Oct. 6, 1811 *("Sibat" crossed out and "Silent" written in)	1	20
ROSS, James T., m. Harriet **BEERS**, b. of Saybrook Point, May 30, 1847, by Rev. John M. Guion	2	121
Lucy Ann, of Saybrook, m. John W. **CHAPMAN**, of Lyme, Apr. 16, 1824, by William Lynde, J.P.	1	48
Luther B., m. Mercy **JONES**, b. of Saybrook, July 6, 1823, by Frederic W. Hotchkiss	1	35
Ruth Ann, of Saybrook, m. James B. **WILBUR**, of Westerly, R.I., July 26, 1840, by Rev. Fred W. Hotchkiss	2	97
ROSSITER, ROSITER, Adalaide, m. John **WILCOX**, b. of Killingworth, Mar. 7, 1827, by Frederic W. Hotchkiss	1	63
Henrietta, of Killingworth, m. Jared C. **REDFIELD**, of Saybrook, Aug. 4, 1830, by Rev. Pierpont Brocket	1	83

SAYBROOK VITAL RECORDS   135

	Vol.	Page
ROYCE, William R., of Thompsonville, m. Jannett **ANDREWS**, of Essex, May 21, 1837, by Rev. Henry R. Knapp	2	78
RUDD, Patience, m. Samuel **BUSHNELL**, Oct. 7, 1675	1	14
RUGGLES, Albert, of Bolton, m. Amelia M. **KIRTLAND**, of Westbrook, June 22, 1836, by Rev. Jeremiah Miller	2	74
RUSSELL, RUSSEL, B[e]ulah, m. Ambrose W. **POST**, Mar. 4, 1823	1	33
B[e]ula[h], m. Ambrose W. **POST**, Mar. 4, 1823	2	28
Mary, m. John **TULLY**, July 25, 1753	2	511
Thomas, m. Emiline **BEAMAN**, [1828], by Rev. Tubal Wakefield	1	72
RUST, Eliza M., m. Richard S. **HAYDEN**, b. of Essex, Jan. 3, 1844, by Rev. Thomas H. Vail	2	108
RUTTY, Alfred, of Killingworth, m. Harriet A. **STANNARD**, Dec. 18, 1851, by Rev. Henry Wooster, Deep River	2	136
Esther, m. Samuel **PLATTS**, Jr., Feb. 17, 1751/2	2	316
Mary, m. Daniel **POST**, Aug. 29, 1699	2	4
Mary, m. Daniel **POST**, Aug. 29, 1699	2	6
RYON, Richard, of Lyme, m. Betsey **DEE**, of Saybrook, Nov. 24, 1825, by Sylvester Selden	1	55
SAGE, Mary Ann, of Middletown, m. Joseph H. **MATHER**, of Saybrook, May 3, 1841, by Rev. Pierpont Brockett	2	99
SANDERS, John N., m. Ann W. **PETERS**, b. of [Saybrook], Aug. 28, 1836, by Rev. John H. Baker	2	66
SANFORD, Abigail B., d. [Samuel & Lucretia], b. Dec. 10, 1807	1	56
Daniel, s. [Zachariah & Bethiah], b. Nov. 12, 1697	2	306
Deborah, [d. Zackery], b. [ ], 1665	1	52
Deborah, m. Samuel **JONES**, Jr., June 12, 1690	2	15
Edward, s. [Samuel & Lucretia], b. July 4, 1798	1	56
Edward, m. Ursula **WHITTLESEY**, Jan. 28, 1828, by Frederic W. Hotchkiss	1	70
Elias, s. [Samuel], b. May 7, 1820	1	56
Elizabeth, [w. of Samuel], d. Apr. 11, 1797	1	56
Elizabeth L., d. Samuel & Lucretia, b. July 16, 1805	1	56
Elizabeth L., m Giles O. **CLARK**, Feb. 8, 1832, by Fred W. Hotchkiss	1	91
Ezekiel, [s. Zackery], b. [ ], 1663	1	52
Ezekiel, d. Nov. 8, 1711	2	548
Hannah, [d. Zackery], b. [ ], 1656	1	52
Hannah, m. Abraham **CHALKER**, Jan. 16, 1679	1	187
Harvey C., m. Wealthy F. **NOTT**, Sept. 4, 1825, by Aaron Hovey	1	54
Harvey Chapman, s. [Samuel & Lucretia], b. Apr. 26, 1800	1	56
Henry E., m. Mary **CLARK**, Jan. 15, 1828, by Frederic W. Hotchkiss	1	69
Henry Elisha, s. [Samuel & Lucretia], b. Nov. 14, 1802	1	56
Huldah M., d. [Samuel & Lucretia], b. Mar. 5, 1810	1	56
Huldah M., m. Samuel L. **SEWARD**, of Guilford, Dec. 19, 1831, by Fred W. Hotchkiss	1	90

136 BARBOUR COLLECTION

	Vol.	Page
SANFORD (cont.)		
Lucretia, [w. Samuel], d. Aug. 3, 1818	1	56
Mary S., d. [Samuel & Lucretia], b. Dec. 24, 1814	1	56
Nathaniel, s. [Zachariah & Bethiah], b. Apr. 22, 1704	2	306
Nathaniel, s. [Samuel & Elizabeth], b. Dec. 8, 1796	1	56
Nathaniel C., m. Electa H. **WILLIAMS**, b. of Saybrook, Dec. 13, 1821, by Aaron Hovey	1	43
Rebe[c]ka, twin with Sarah, [d. Zackery], b. middle of Nov. 1668	1	52
Ruth, [d. Zackery], b. [ ], 1659	1	52
Ruth, m. Samuel **BUSHNELL**, s. of Francis, Apr. 17, 1684	1	89
Samuel, m. Elizabeth **CLARK**, Sept. 17, 1794	1	56
Samuel, s. [Samuel & Elizabeth], b. July 18, 1795	1	56
Samuel, m. Lucretia **CHAPMAN**, Aug. 20, 1797	1	56
Samuel, m. (3) widow Julia **CHAMPLIN**, Jan. 6, 1819	1	56
Sarah, twin with Rebe[c]ka, [d. Zackery], b. middle of Nov. 1668	1	52
Zackery, [s. Zackery], b. [ ], 1653	1	52
Zackery, d. Dec. 23, 1668	1	52
Zachariah, m. Bethiah **BENTON**, Oct. 9, 1694	2	306
Zachariah, s. [Zachariah & Bethiah], b. Dec. 4, 1695	2	306
Zackariah, d. Nov. 4, 1711	2	548
SAWYER, David L., m. Hannah A. **WATROUS**, b. of Saybrook, at Joseph Watrous, Nov. 27, 1834, by Rev. W[illia]m Palmer	2	69
David L., of Chester, m. Eunice J. **WILICOX**, of Killingworth, Mar. 12, 1843, by Frederick W. Chapman, Deep River	2	106
John M., m. Maria H. **SNOW**, b. of [Saybrook], Sept. 2, 1834, by W[illia]m Case	2	71
SCHELLENGER, Isaac, of Easthampton, L.I., m. Betsey **DENISON**, of Saybrook, Sept. 12, 1841, by Frederick W. Chapman, Deep River	2	100
SCHULZE, Henry B., of Hartford, m. Eliza **WATROUS**, of Chester, Dec. 12, 1841, by Rev. Pierpont Brockett	2	101
SCONE, Hannah, d. [Joseph & Thankfull], b. July 19, 1723	2	143
Joseph, m. Thankfull **BUSHNELL**, Apr. 24, 1707	2	143
Mary, d. [Joseph & Thankfull], b. Oct. 20, 1711	2	143
Mary, m. Simeon **CHAPMAN**, Oct. 22, 1729	2	290
Mary, m. Simeon **CHAPMAN**, Oct. 22, 1729	2	521
Patience, d. [Joseph & Thankfull], b. Oct. 19, 1720	2	143
Sarah, d. Joseph & Thankfull, b. Mar. 22, 1717	2	143
Thankfull, d. [Joseph & Thankfull], b. Aug. 5, 1714	2	143
Thankfull, m. Ephraim **BEEBE**, Dec. 4, 1733	4	447
-----, d. Joseph & Thankful, b. Oct. 13, 1709; d. Jan. 20, 1709/10	2	143
SCOTT, Horace C., of New York City, m. Jerusha A. **ELY**, Nov. 7, 1843, by Rev. E. B. Crane	2	109
SCOVELL, Amelia Maria, d. Amos, b. Jan. 19, 1832 (Overwritten "Julia")	1	126

	Vol.	Page
SCOVELL (cont.)		
Amos, m. Hannah **PRATT**, May 5, 1823, by Rev. Peter G. Clark	1	34
Caroline, d. [Amos], b. Apr. 16, 1834	1	126
James Milner, s. [Amos], b. Apr. 21, 1826	1	126
Julia, d. Amos, b. Jan. 19, 1832 (First written "Amelia Maria"; changed in pencil)	1	126
Lewis Seabury, s. [Amos], b. Mar. 25, 1824	1	126
Reginald Heber, s. [Amos], b. Feb. 21, 1828	1	126
SCRANTON, Erastus, of Madison, m. Lydia **STANNARD**, of Saybrook, Nov. 4, 1829, by Sylvester Selden	1	78
Frederick W., of Madison, m. Lucretia **STANNARD**, of Saybrook, Feb. 25, 1830, by William Case	1	78
Josiah, of Guilford, m. Polly **STANNARD**, of Saybrook, Dec. 23, 1823, by Sylvester Selden	1	40
Josiah, of Pompey, N.Y., m. Betsey **STANNARD**, of Saybrook, Oct. 3, 1833, by Sylvester Selden	1	102
Mary, m. Francis **BUSHNELL**, July 7, 1725	2	100
SEAMER, Mary, m. Joshua **BUSHNELL**, May [ ], 1682	2	125
SELDEN, Abigail, m. Abraham **NOTT**, Jr., Sept. 22, 1748	2	100
Gilbert, of Chatham, m. Laura Ann **BROOKS**, Nov. 29, 1832, by William Case	1	100
Richard E., of Lyme, m. Eliza **LYNDE**, of Saybrook, [ ]	1	23
SEWARD, Samuel L., of Guilford, m. Huldah M. **SANFORD**, Dec. 19, 1831, by Fred W. Hotchkiss	1	90
Temperence, m. Nathaniel **BUSHNELL**, Apr. 8, 1725	2	211
SHAILER, SHAILOR, SHALER, Ann, of Deep River, m. Edward D. **CHAPMAN**, of Vermillion, O., Apr. 30, 1838, by Rev. Z. Rogers Ely	2	84
Asa R., of Greenpost, L.I., m. Caroline **WILLIAMS**, of Deep River, Mar. 25, 1844, by Rev. W[ilia]m George Miller	2	113
Augustus S., m. Philenda **DICKINSON**, b. of East Haddam, Mar. 18, 1828, by Aaron Hovey	1	70
Clarissa, m. Taber **TOOCKER**, b. of Saybrook, Feb. 5, 1828, by Aaron Hovey	1	70
Emery, of Haddam, m. Ann **WEBB**, of Saybrook, Nov. 8, 1826, by Asa Wilcox, Rector	1	60
Hannah, m. Calvin B. **ROGERS**, b. of [Deep River], Oct. 28, 1849, by Rev. E. Cushman	2	129
Hosmore, of Deep River, m. Sarah W. **STEVENS**, of Middletown, Feb. 15, 1835, by Rev. John Cookson, of Middletown	2	64
John E., m. Eunice A. **PRATT**, b. of Saybrook, May 10, 1846, by F. W. Chapman, Deep River	2	118
Julius S., of Suffield, m. Catherine P. **READ**, of [Deep River], Aug. 29, 1839, by Rev. Henry Wooster	2	89
Lucretia A., m. John **ROGERS**, b. of [Deep River], Mar. 5, 1849, by Rev. E. Cushman	2	128
Phebe, of Haddam, m. Robert **PRATT**, Nov. 28, 1717	2	230

	Vol.	Page
SHAILER, SHAILOR, SHALER (cont.)		
Rebecca Elizabeth, of Haddam, m. John LaFarge PARKER, of Essex, Sept. 18, 1845, by Jos. D. Hull	2	115
Rosina J., m. Calvin B. **ROGERS**, b. of [Deep River], Mar. 19, 1837, by Rev. H. Wooster	2	77
Samuel, m. Katharine **ROGERS**, b. of Saybrook, Dec. 28, 1834, by Rev. W[illia]m Palmer, at B. M. House, Deep River	2	38
Warren Master of Vessel "Deep River, m. Caroline Augusta **SHIPMAN**, b. of Deep River, Jan. 29, 1845, by Rev. Lawson Muzzy	2	111
SHATTUCK, Gideon, s. [Phillip & Margaret], b. May 7, 1712	2	95
Joseph, s. Philip & Margaret, b. Mar. 11, 1719/20	2	95
Margarett, d. [Phillip & Margaret], b. Oct. 25, 1704	2	95
Philip, m. Margaret **PRATT**, Jan. 6, 1703/4	2	95
Phillip, s. [Phillip & Margaret], b. June 20, 1707	2	95
SHEATHER, Mary, wid., m. Robert **CHAPMAN**, Oct. 29, 1694	1	99
Mary, m. Robert **CHAPMAN**, Sr., Oct. 29, 1694	1	144
Mary, of Kenellworth, m. Robert **CHAPMAN**, Oct. 29, 1694	2	24
SHEFFIELD, Amos, m. Amelia Hart **HOTCHKISS**, May 20, 1824, by Frederic W. Hotchkiss	1	47
SHELDEN, Mary, d. [Moses & Elizabeth], b. Sept. 10, 1753	2	319
Sarah, d. [Moses & Elizabeth], b. Mar. 7, 1759	2	319
SHEPARD, SHEPHARD, Amelia, m. Erastus **CLARK**, b. of Saybrook, Oct. 7, 1830, by Fred W. Hotchkiss	1	84
Azubah C., m. Henry S. **CHAPMAN**, b. of Saybrook, Aug. 24, 1840, by Rev. E. B. Crane	2	96
Rufus C., m. Mary Ann **BUSHNELL**, b. of Saybrook, Sept. 11, 1837, by Rev. Fred W[illia]m Hotchkiss	2	79
SHIPLEY, David, Rev., of North Yarmouth, Me., m. Myra **NOTT**, of Saybrook, May 30, 1830, by Aaron Hovey	1	84
SHIPMAN, Abraham, s. [John & Martha], b. Dec. last day, 1695	2	7
Abraham, m. Ruth **BUTLER**, May 9, 1722	2	204
Abraham, s. [Abraham & Ruth], b. Oct. 6, 1723	2	204
Abraham, d. Apr. 26, 1750	2	204
Anne, d. [John & Margaret], b. Oct. 24, 1745	4	614
Aurelia H., m. George **HARRINGTON**, b. of Essex, Apr. 10, 1842, by Rev. W[illia]m George Miller	2	112
Azuba, of Saybrook, m. Sylvester **HOWELL**, of Sag Harbor, June 29, 1836, by Aaron Hovey	2	82
Caroline Augusta, m. Warren **SHAILER**, b. of Deep River, Jan. 29, 1845, by Rev. Lawson Muzzy	2	111
Charles W., m. Abigail C. **WILLIAMS**, b. of [Deep River], July 11, 1838, by Rev. Henry Wooster	2	86
Charlotte M., of Deep River, m. Joseph C. **FARGO**, Jr., of Chester, Dec. 5, 1847, by Rev. E. Cushman	2	124
David, s. [John & Martha], b. Aug. 9, 1692	2	7
Deborah, m. John **BUCKLEY**, May [ ], 1714	2	187

SAYBROOK VITAL RECORDS 139

	Vol.	Page
SHIPMAN (cont.)		
Edward, [s. William & Alice], b. Mar. 20, 1691/2	1	144
Edward, Sr., d. Sept. 15, 1697	1	32
Edward D., m. Jane A. **LEET**, b. of Saybrook, June 9, 1844, by F. W. Chapman, Deep River	2	108
Edward S., m. Eunice **SNOW**, b. of Saybrook, June 3, 1822, by Aaron Hovey	1	43
Elias, s. [John & Margaret], b. Nov. 16, 1757	4	614
Elias, m. Elizabeth **TITUS**, of L.I., Jan. 18, 1781	1	11
Elias, s. Elias & Elizabeth, b. Aug. 5, 1784	1	11
Elias, m. Azubah **KIRTLAND**, wid. of William, Sept. 20, 1791	1	11
Elizabeth, d. [John & Elizabeth], b. Dec. 3, 1715	2	11
Elisabeth, m. Jonathan **BUSHNELL**, Dec. 9, 1741	2	3
Elizabeth, m. Jonathan **BUSHNELL**, Dec. 9, 1741	3	489
Elizabeth, d. John & Margaret, b. Mar. 13, 1749/50	4	614
Elizabeth, d. [Elias & Elizabeth], b. Feb. 2, 1787; d. Feb. 2, 1787	1	11
Elizabeth, [w. Elias], d. June 25, 1790	1	11
Elizabeth, d. [Elias & Azubah], b. Nov. [ ], 1792	1	11
Hannah, d. [John & Martha], b. Apr. 25, 1702	2	7
Henrietta, m. Obadiah **DICKINSON**, Jr., b. of Saybrook, Oct. 14, 1835, by Rev. Darius Mead	2	7
Henry, m. Julia Augusta **WALES**, b. of Saybrook, July 4, 1832, by Ashbel Steele	1	92
Henry Titus, s. Elias & Elizabeth, b. May 14, 1782	1	11
J. Albert, of Chester, m. Ann M. **WILLIAMS**, of Saybrook, May 24, 1846, by F. W. Chapman, Deep River	2	118
James, s. [John & Margaret], b. May 10, 1755	2	614
Jerusha, m. Jeremiah **WILLCOX**, b. of [Saybrook], Mar. 2, 1834, by W[illia]m Case	2	62
John, m. Martha **HUMPHRIES**, May [ ], 1686	2	7
John, s. John & Martha, b. middle of January, 1686/7	2	5
John, m. Elizabeth **KIRTLAND**, Jan. 11, 1715	2	11
John, m. Margaret **BUSHNELL**, Oct. 17, 1742	4	614
John, s. John & Margaret, b. Jan. 26, 1747/8	4	614
Jonathan, s. John & Martha, b. middle of January, 1688/9	2	5
Lydia, m. John C. **LEET**, b. of Saybrook, Dec. 25, 1822	1	44
Margaret, d. [John & Margaret], b. Mar. 11, 1763	4	614
Margaret, m. Hezekiah **WHITTLESEY**, Apr. 2, 1822, by Frederic W. Hotchkiss	1	27
Martha, d. [John & Martha], b. Apr. 1, 1699	2	7
Mary A., m. George E. **BAIL[E]Y**, Jr., b. of [Deep River], Jan. 17, 1849, by Rev. E. Cushman	2	127
Mary M., m. Samuel W. **HOUGH**, b. of Saybrook, Nov. 28, 1822, by Aaron Hovey	1	44
Maryann, m. Jared **PRATT**, 2d, Dec. 2, 1832, by Orson Spencer	1	94
Mol[l]y, d. John & Margaret, b. Aug. 22, 1743	4	614
Noah, m. Mary **WEBB**, b. of Saybrook, Dec. 4, 1822, by Aaron Hovey	1	44

140   BARBOUR COLLECTION

	Vol.	Page
SHIPMAN (cont.)		
Olive T., of Deep River, m. James M. **CONE**, of Higganum, Mar. 9, 1852, by Rev. James A. Clark	2	137
Roxanna Joanna, m. Samuel **LYNDE**, 2d, b. of Saybrook, Feb. 10, 1825, by William Case	1	51
S. Jenette, of Deep River, m. Seth B. **BROCKWAY**, of New London, Nov. 28, 1849, by Rev. E. Cushman	2	131
Samuel M., m. Sarah E. **SMITH**, b. of Chester, Aug. 18, 1844, by Frederick W. Chapman, Deep River	2	109
Teresa Jennette, m. Justus **ARNOLD**, b. of Chester, Sept. 1, 1844, by Rev. W[illia]m George Miller, Essex	2	113
William, m. Alice **HAND**, Nov. 26, 1690	1	144
William, s. [John & Margaret], b. Nov. 24, 1752	4	614
-----, d. [John & Margaret], b. Nov. 16, 1761; d. same day	4	614
SHIPTON, Abigail, [d. Edward & Mary], b. Sept. beginning, 1670	1	32
Edward, m. Elizabeth **COMSTOCK**, beginning of Jan. 1651	1	32
Edward, [s. Edward & Elizabeth], b. Feb. about middle, 1654	1	32
Edward, m. Mary **ANDREWS**, July 1, 1663	1	32
Elizabeth, [d. Edward & Elizabeth], b. May [ ], 1652	1	32
Elizabeth, [w. of Edward], d. July about middle, 1659	1	32
Elizabeth, m. John **HOBSON**, Dec. 3, 1672	1	83
Hannah, [d. Edward & Mary], b. Feb. middle, 1666	1	32
John, [s. Edward & Mary], b. Apr. about 5, 1664	1	32
Jonathan, [s. Edward & Mary], b. Sept. middle, 1674	1	32
Samuel, [s. Edward & Mary], b. Dec. 25, 1668	1	32
William, [s. Edward & Elizabeth], b. June [ ], 1656	1	32
SHUMWAY, Columbus, of Sidney Plains, N.Y., m. Catherine **FOWLER**, of Saybrook, Sept. 2, 1833, by Sylvester Selden	1	101
SIDLEMAN, Elisha R., of Canterbury, m. Lucy Ann **MANWARING**, of Essex, Sept. 4, 1844, by Rev. W[illia]m George Miller	2	113
SILL, Charles E., m. Jannette P. **BULL**, b. of Saybrook, Mar. 13, 1843, by Rev. E. B. Crane	2	106
Charles Elisha, s. [Elisha & Polly], b. Nov. 29, 1803	1	18
Edward Oswel, s. [Elisha & Polly], b. Feb. 12, 1806	1	18
Elisha, s. [Richard & Zipporah], b. Mar. 27, 1772	2	482
Elisha, m. Polly **HART**, Apr. 4, 1798	1	18
George Augustus, s. [Elisha & Polly], b. June 15, 1809; d. June 25, 1809	1	18
George Augustus, s. [Elisha & Polly], b. Feb. 4, 1811	1	18
Hannah, d. [Richard & Zipporah], b. July 27, 1762	2	482
Henry Richard, s. [Elisha & Polly], b. June 7, 1802	1	18
Lydia Hart, d. [Elisha & Polly], b. Apr. 7, 1799	1	18
Mary H., d. Roberick W. & Louisa C., b. Apr. 18, 1841	2	44
Phebe, m. John **MURDOCK**, Nov. 23, 1730	4	451
Phebe, d. [Ricahrd & Zipporah], b. July 14, 1768	2	482
Richard, m. Zipporah **AYERS**, June 10, 1753	2	482
Richard Lord, s. [Richard & Zipporah], b. June 10, 1754	2	482

SAYBROOK VITAL RECORDS

	Vol.	Page
SILL (cont.)		
Roderick W., m. Louisa C. **BULL**, Aug. 9, 1835	2	44
Sarah, d. [Richard & Zipporah], b. Apr. 14, 1760	2	482
Zipporah, d. [Richard & Zipporah], b. Nov. 23, 1765	2	482
SILLIMAN, Anne, d. [Thomas & Lydia], b. Jan. 12, 1780	1	10
Cordelia Gertrude, [d. Samuel], b. June 8, 1831	2	16
Daniel Davis, [s. Samuel], b. July 10, 1816	2	16
Elizabeth Cone, [d. Samuel], b. July 9, 1822	2	16
Joanna Dimock, [d. Samuel], b. Sept. 19, 1820	2	16
Joseph Edward, [s. Samuel], b. Oct. 13, 1818	2	16
Lydia, d. [Thomas & Lydia], b. Apr. 27, 1782	1	10
Lydia, [w. Thomas], d. Dec. 20, 1788	1	10
Lydia, m. Bani **DENISON**, Jan. 1, 1825 (sic) [1805?]	1	52
Lydia Ermina, [d. Samuel], b. Mar. 12, 1814	2	16
Samuel, s. Thomas & Lydia, b. July 7, 1786	1	10
Samuel Carlos, [s. Samuel], b. Nov. 8, 1809	2	16
Samuel Charles, m. Harriet **L'HOMMEDIEU**, Nov. 28, 1832, by William Case	1	99
Sarah, d. Rev. Robert & Anne, b. Aug. 5, 1759, at New Canaan; m. Col. Daniel **WILLARD**, s. George & Hannah, May 27, 1781	1	20
Sarah, d. Thomas & Lydia, b. Nov. 21, 1784; d. Mar. 4, 1785	1	10
Sarah, d. Thomas & Huldah, b. July 7, 1791	1	10
Sarah Ann, d. Samuel, b. Mar. 26, 1812	2	16
Thomas, b. Feb. 19, 1748, in Norwalk; m. Lydia **WARNER**, Dec. 5, 1775	1	10
Thomas, s. [Thomas & Lydia], b. Aug. 26, 1776	1	10
Thomas, m. Huldah **DUNK**, Oct. 22, 1789	1	10
Thomas Cook, [s. Samuel], b. Mar. 13, 1824	2	16
William, s. [Thomas & Lydia], b. Mar. 20, 1778	1	10
SIMMONS, Judah, m. Menice **POST**, Oct. 20, 1823	1	37
Narcissa Brainerd of Essex, m. William George **HAWKINS**, of Baltimore, Md., Oct. 1, 1851, by Rev. S. Nash	2	135
SIZER, Enoch, Jr., m. Lucy **DIBBLE**, Nov. 7, 1827, by Sylvester Selden	1	68
Esther, of Saybrook, m. Thomas **JOHNSON**, of Lemstin, N.H., Sept. 15, 1821, by Rev. Joseph Vail, of Hadlyme	1	25
Nancy, of New Haven, m. Ansel **AUSTIN**, May 20, 1832, by Rev. Allen C. Morgan, at Grace Church	1	91
Richard, m. Sophia **LATIMER**, b. of Saybrook, Dec. 28, 1842, by Rev. Thomas H. Vail	2	105
SKAATS, Eunice B., m. Uriah **HAYDEN**, at Wethersfield, [ ], 1845	2	139
SMITH, Alanson, of Lyme, m. Lucy **STANNARD**, of Saybrook, Dec. 9, 1821, by Jedidiah Post, J.P.	1	27
Albert, [s. Joshua, Jr. & Mary], b. Apr. 7, 1824	2	10
Andrew, of Madison, m. Lydia **KELSEY**, of Saybrook, Apr. 16, 1850, by Harvey Bushnell	2	132

SMITH (cont.)

	Vol.	Page
Ann M., of [Saybrook], m. W[illia]m B. **CLAFLIN**, of Hartford, Nov. 27, 1851, by Rev. J. H. Pettingill	2	136
Catherine A., m. Henry H. **HARRIS**, b. of Deep River, Oct. 4, 1835, by Rev. Henry Wooster	2	17
Catharine A., m. W[illia]m **FORRES**, Apr. 3, 1852, by Rev. James A. Clark, Deep River	2	137
Charles, b. Feb. 18, 1797; m. Melinda **SPENCER**, Feb. 23, 1825	2	13
Charles, m. Belinda **SPENCER**, b. of Saybrook, Feb. 23, 1825, by Rev. Simon Shailer, of Haddam	1	52
Charles D., m. Eunice **LANE**, b. of Saybrook, Dec. 17, 1843, by Frederick W. Chapman, in Saybrook	2	108
Daniel, m. Mary **CHAPMLIN**, b. of East Lyme, Nov. 25, 1830, by Fred W[illia]m Hotchkiss	1	85
Eliza, of Essex, m. Sylvester **MONGER**, of Guilford, May 5, 1934, by Rev. Pierpont Brocket	2	56
Elizabeth C., m. James L. **FORD**, Apr. 16, 1821, by Simon Shailer, J.P.	1	24
Emily Mary, d. Joshua, Jr. & Mary, b. Aug. 8, 1831	2	10
Enos, m. Sally **KIRTLAND**, b. of Saybrook, May 8, 1822, by Sylvester Selden	1	29
George Whitfield, [s. Joshua, Jr. & Mary], b. Dec. 2, 1821	2	10
Gurdon, Jr., m. Mehetable B. **TRIBY**, Jan. 1, 1824, by Asa Wilcox, Elder	1	39
Harriet A., m. Levi B. **POST**, Mar. 13, 1821	1	24
Harrison C., m. Ann M. **JONES**, b. of [Deep River], b. Feb. 4, 1849, by Rev. E. Cushman	2	127
Henry G., m. Temperance **GRISWOLD**, b. of Saybrook, Mar. 24, 1842, by Aaron Hovey	2	102
Horace Abbey, [s. Charles & Melinda], b. Mar. 26, 1832	2	13
Irene, of Haddam, m. Eliakim **BARDO**, of Saybrook, May 13, 1843, by Rev. Fred W[illia]m Hotchkiss	2	107
Jerusha Melinda, d. Charles & Melinda, b. Apr. 22, 1830	2	13
John, m. Joanna **WEBB**, b. of Saybrook, Dec. 27, 1821, by Simon Shailer, J.P.	1	27
Jonathan, m. Martha **BUSHNELL**, Jan. 1, 1663	1	45
Joseph Glazier, s. Charles & Melinda, b. Mar. 30, 1828	2	13
Joseph V., m. Charlotte C. **RAY**, July 4, 1833, by William Case	1	100
Joshua, Jr., b. Nov. 18, 1788; m. Mary **SPENCER**, [ ]	2	10
Julius, s. Joshua, Jr. & Mary, b. Aug. 19, 1829	2	10
Junius, of Madison, m. Amanda **SOUTHWORTH**, of Saybrook, May 22, 1839, by Frederick W. Chapman	2	89
Lucretia, of Lyme, m. Frederic **BRAINARD**, of East Haddam, Apr. 26, 1826, by Sylvester Selden	1	58
Mary, m. Ebenezer **PARKER**, Sept. 3, 1694	1	256
Mary, m. Ebenezer **PARKER**, Sept. 3, 1694	2	189
Mary Ann, [d. Joshua, Jr. & Mary], b. Jan. 30, 1826; d. Apr. 4, 1827	2	10

	Vol.	Page
SMITH (cont.)		
Mary Elizabeth, of Saybrook, m. Samuel **BLAKE**, of Guilford, Dec. 7, 1830, by William Case	1	86
Mary M., of Saybrook, m. Stephen **HUNTLY**, of Lyme, May 30, 1824, by Frederic W. Hotchkiss	1	47
Matson, Dr., of New Rochelle, N.Y., m. Lucy **HART**, Dec. 6, 1827, by Fred W[illia]m Hotchkiss	1	68
Mercy Ann, of Saybrook, m. Daniel **CLARK**, of Haddam, Apr. 2, 1828, by William Case	1	82
Obediah Spencer, [s. Charles & Melinda], b. Aug. 25, 1826	2	13
Olive Phylura, [d. John], b. Feb. 11, 1829	2	31
Rachel, m. Barnabas **HAYDEN**, b. of Saybrook, Jan. 29, 1824, by Sylvester Selden	1	41
Samuel, of Madison, m. Lucinda **WATROUS**, of Saybrook, Apr. 29, 1829, by Rev. Russell Jennings	1	76
Sarah E., m. Samuel M. **SHIPMAN**, b. of Chester, Aug. 18, 1844, by Frederick W. Chapman, Deep River	2	109
Sarah J., m. Reynold S. **MARVIN**, b. of Saybrook, Jan. 19, 1846, by F. W. Chapman, Deep River	2	116
Sidney, s. Joshua, Jr. & Mary, b. Oct. 23, 1827	2	10
Susan G., m. Ezra D. **POST**, Apr. 5, 1824, by Simon Shailer	1	46
Wells B., of [Deep River], m. Mary E. **BRIDGES**, of Haddam, Dec. 21, 1845, by Rev. Lawson Muzzy	2	116
SNOW, Aaron, s. [Freeman Gross & Jenny], b. June 26, 1804	1	20
Abel, m. Rebecca **GRAVES**, June 7, 1825, by William Case	1	53
Alfred, m. Abby C. **FOWLER**, b. of Meriden, Sept. 2, 1834, by W[illia]m Case	2	71
Ann, d. [Freeman Gross & Jenny], b. June 10, 1802	1	20
Ann, [d. Freeman Gross & Jenny], d. Oct. 14, 1803	1	20
Azubah P., m. Lebbeus C. **TOOKER**, Nov. 21, 1831, by Rev. Rapheal Gilbert	1	90
Charles W., m. Susan **KIRKHAM**, b. of Deep River, Nov. 8, 1832, by Orson Spencer	1	94
Charles W., m. Olive **GILBERT**, b. of Deep River, Sept. 29, 1850, by Rev. Elisha Cushman	2	134
Charles Williams, s, [Freeman Gross & Jenny], b. Mar. 16, 1806	1	20
Eunice, m. Edward S. **SHIPMAN**, b. of Saybrook, June 3, 1822, by Aaron Hovey	1	43
Flora, of Killingworth, m. Elihu **WRIGHT**, of Saybrook, Aug. 30, 1826, by Jedidiah Post, J.P.	1	60
Freeman Gross, m. Jenny **READ**, May 20, 1799	1	20
Jane, d. [Freeman Gross & Jenny], b. May 18, 1809	1	20
Jane N., m. Gamaliel **CONKLIN**, Jr., b. of Saybrook, Nov. 29, 1835, by Darius Mead	2	61
Lucretia, m. Albert **NOTT**, Nov. 26, 1819	1	28
Maria H., m. John M. **SAWYER**, b. of [Saybrook], Sept. 2, 1834, by W[illia]m Case	2	71

	Vol.	Page
SNOW (cont.)		
Sarah, of Saybrook, m. David **ABBEY**, of Chatham, July 26, 1831, by William Case	1	98
Sarah Ann, d. [Freeman Gross & Jenny], b. Nov. 20, 1811	1	20
Sarah Ann, m. Edward Shipman **SOUTHWORTH**, Nov. 29, 1832, by Aaron Hovey	1	95
Sedley, s. [Freeman Gross & Jenny], b. Mar. 16, 1800	1	20
Sedley, m. Sylvina **PRATT**, b. of Saybrook, Jan. 1, 1828, by Aaron Hovey	1	69
SOUTHWORTH, Amanda, [d. Israel & Hannah], b. May 2, 1808	2	34
Amanda, of Saybrook, m. Junius **SMITH**, of Madison, May 22, 1839, by Frederick W. Chapman	2	89
Amelia, m. Daniel T. **SPENCER**, Oct. 2, 1828, by Rev. Pierpont Brocket	1	73
Andrew, m. Temperance **KIRTLAND**, Jan. 27, 1731/2	2	213
Andrew, s. [Andrew & Temperence], b. Sept. 22, 1733	2	213
Ann, d. [Nathan & Hannah], b. Jan. 15, 1768	2	6
Anne, d. [Andrew & Temperence], b. July about 1, 1743	2	213
Ansel D., m. Sarah E. STIL[L]MAN, b. of Saybrook, Feb. 23, 1834, by Josiah Hawes	2	46
Asa, [s. Israel & Hannah], b. Mar. 19, 1799	2	34
Asa, m. Alvina **HOADLEY**, b. of Saybrook, Jan. 10, 1822, by Aaron Hovey	1	43
Asa, s. [Israel & Hannah], d. Dec. 17, 1825	2	34
Betsey, of Saybrook, m. Epaphroditus **BATES**, of Haddam, Nov. 20, 1826, by Aaron Hovey	1	62
Charles, m. Mary **WATROUS**, b. of Saybrook, Aug. 27, 1821, by Nehemiah B. Beardsley	1	25
Cynthia, [d. Israel & Hannah], b. Dec. 19, 1804	2	34
Cynthia, m. William R. **LORD**, b. of Saybrook, Feb. 6, 1823, by Aaron Hovey	1	44
Daniel P., m. Polly Ann **PRATT**, b. of Saybrook, Aug. 28, 1727, by Aaron Hovey	1	69
Dolly Ann, m. Jonathan S. **WILCOX**, b. of [Saybrook], Oct. 19, 1834, by Rev. Orson Spencer	2	66
Dolly S., m. Handel N. **PARKER**, Oct. 15, 1848, by Frederick W. Chapman, at Deep River	2	126
Edward Shipman, m. Sarah Ann **SNOW**, Nov. 29, 1832, by Aaron Hovey	1	95
Elihu, m. Ann **FOSTER**, Sept. 11, 1830, by Aaron Hovey	1	84
Elihu B., m. Roxana **FOSTER**, b. of Saybrook, Apr. 16, 1824, by Simon Shailer	1	46
Emily Angeline, m. Ezra Stanley **WILLIAMS**, b. of Deep River, Nov. 4, 1831, by Orson Spencer	1	90
Esther, d. Nathan & Hannah, b. May 4, 1769; d. Mar. 19, 1771	2	6
Eunice, [d. Israel & Hannah], b. Oct. 5, 1817	2	34
Eunice M., of Saybrook, m. Jarius L. **MOOR**, of Lyme, Sept. 20, 1835	2	32
Ezra, m. Eunice **POST**, b. of Saybrook, Oct. 17, 1838, by Rev. Samuel T. Mills, Deep River	2	87

SAYBROOK VITAL RECORDS 145

	Vol.	Page
SOUTHWORTH (cont.)		
Gideon, s. [Andrew & Temperence], b. May [ ], 1750	2	213
Gideon, [s. Israel & Hannah], b. Mar. 7, 1812	2	34
Gideon, of Saybrook, m. Phebe I. **MOORE**, of Lyme, Feb. 13, 1837, by Rev. Darius Mead, Deep River	2	77
Hannah, d. [Nathan & Hannah], b. Sept. 29, 1766	2	6
Hannah, [d. Israel & Hannah], b. Sept. 10, 1802	2	34
Harriet, m. Jabez **BUSHNELL**, b. of Saybrook, May 13, 1827, by Aaron Hovey	1	66
Harriet C., m. Hiram **WILMOT**, b. of Saybrook, July 20, 1845, by F. W. Chapman, Deep River	2	115
Henry, [s. Israel &Hannah], b. Feb. 8, 1810	2	34
Henry, m. Sarah **OTIS**, b. of [Deep River], Sept. 10, 1837, by Rev. H. Wooster	2	79
Israel, s. Nathan & Hannah, b. Jan. 24, 1772	2	6
Israel, [s. Israel & Hannah], b. Feb. 12, 1797	2	34
Israel, s. [Israel & Hannah], d. Sept. 19, 1810	2	34
Israel H., m. Laura A. **GLADDING**, b. of [Saybrook], July 25, 1847, by Rev. E. Cushman	2	122
Jabez, m. Joanna D. **SOUTHWORTH**, Nov. 27, 1825, by Aaron Hovey	1	59
Joanna D., m. Jabez **SOUTHWORTH**, Nov. 27, 1825, by Aaron Hovey	1	59
Job, s. [Nathan & Hannah], b. Oct. 24, 1763	2	6
John S., m .Chloe **POST**, b. of Saybrook, Dec. 19, 1827, by Aaron Hovey	1	69
Julia A., m. Richard **WILLIAMS**, b. of [Deep River], June 17, 1838, by Rev. Z. Rogers Ely	2	85
Levi, s. [Nathan & Hannah], b. Feb. 18, 1765	2	6
Levi, [s. Israel & Hannah], b. Mar. 31, 1815	2	34
Levi B., m. Clarissa G. **KIRKHAM**, b. of [Deep River], Nov. 12, 1837, by Rev. H. Wooster	2	80
Martin, s. [Andrew & Temperence], b. Dec. [ ], 1747	2	213
Mary, m. Justus **WILLIAMS**, b. of Saybrook, Nov. 14, 1826, by William Case	1	65
Mary Ann, m. Thomas **DENISON**, b. of Saybrook, June 14, 1827, by Aaron Hovey	1	66
Mary Ann, m. Joseph M. **ELY**, Nov. 7, 1832, by William Case	1	99
Mary Ann, of Saybrook, m. Ansel W. **WATROUS**, of Chester, at the house of Cha[rle]s G. Southworth, Oct. 13, 1850, by Rev. Amos S. Chesebrough	2	133
Mollie, d. Nathan & Hannah, b. July 18, 1770	2	6
Nathan, s. [Andrew & Temperence], b. Dec. 1, 1735	2	213
Nathan, m. Hannah **WHEELER**, July 30, 1758	2	6
Nathan, s. [Nathan & Hannah], b. Sept. 12, 1762	2	6
Otis, s. [Andrew & Temperence], b. Mar. 10, 1741	2	213
Prudence, d. [Andrew & Temperence], b. Jan. [ ], 1745	2	213
Prudence, [d. Israel & Hannah], b. Feb. 7, 1807	2	34
Prudence, d. [Israel & Hannah], d. Jan. 1, 1826	2	34
Rebeckah, [d. Israel & Hannah], b. Apr. 13, 1821	2	34

	Vol.	Page
SOUTHWORTH (cont.)		
Rebecca Ann, of Saybrook, m. Jared **TYLER**, of Haddam, Jan. 5, 1825, by William Case	1	51
Sally, m. Alfred **WORTHINGTON**, Oct. 6, 1824, by Aaron Hovey	1	54
Sarah M., m. Elihu **KELSEY**, b. of Saybrook, Dec. 29, 1846, by F. W. Chapman, Deep River	2	120
Temperence, d. [Andrew & Temperence], b. Nov. 7, 1737	2	213
Temperence, d. [Nathan & Hannah], b. Aug. 9, 1759	2	6
Teresa, b. May 6, 1800	2	5
William, Capt. Of Little Compton, m. Martha **BLAGUE**, of Saybrook, Nov. 15, 1705	2	95
William, s. [Nathan & Hannah], b. Nov. 22, 17[ ]	2	6
SPARKS, Enos, of Baltimore, m. wid. Lucy **GRUMLEY**, of Saybrook, June 19,1831, by Fred W. Hotchkiss	1	88
Enos, m. Jane Ann **TRIPP**, b. of Saybrook, Sept. 19, 1852, by Rev. J. H. Pettingill	2	139
SPENCER, Abby, m. Joseph N. **MAGNE**, b. of Westbrook Nov. 14, 1836, by Rev. Jeremiah Miller	2	74
Albert, of New York City, m. Ellen **KIRTLAND**, of [Saybrook], Sept. 19, 1848, by Rev. E. B. Crane	2	126
Albert, of New York City, m. Ellen **KIRTLAND**, of [Saybrook], Sept. 19, 1848, by Rev. E. B. Crane	2	128
Alvin B., m. Hannah **WILLIAMS**, b. of Saybrook, Mar. 20, 1842, by Rev. W[illia]m George Miller, Essex	2	112
Amasa, m. Lucy **SPENCER**, b. of Saybrook, Aug. 8, 1822, by Sylvester Selden	1	30
Andrew B., m. Sarah Jones **KELSEY**, Oct. 23, 1838, by W[illia]m Albert Hyde	2	86
Andrew Barton, [s. William & Fanny], b. Mar. 23, 1814	2	50
Anna, twin with Hannah, [d. Michael & Mary], b. Apr. 13, 1793	2	45
Anne, d. Thomas & Anna, b. Jan. 13, 1706/7	2	2
Arathusa Maryan, [d. Jonathan & Clarrisa], b. Sept. 19, 1826	2	31
Belinda, m. Charles **SMITH**, b. of Saybrook, Feb. 23, 1825, by Rev. Simon Shailer, of Haddam	1	52
Betsey, m. Daniel **CARTER**, Jr., Jan. 4, 1824	1	39
Carnot O., s. [Obadiah &Susan], b. May 27, 1832	1	130
Carnot Obadiah, [s. Obadiah & Susan], b. May 27, 1832	2	43
Catherine Read, d. Orson & Catherine C., .b Oct. 6, 1831	2	11
Charles C., m. Lucretia M. **HARVEY**, Jan. 7, 1838, by Rev. Fred W[illia]m Hotchkiss	2	80
Charles Smith, [s. Jonathan & Clarrisa], b. Sept. 8, 1818	2	31
Charlotte, m. Thomas **DENISON**, b. of Saybrook, Jan. 8, 1823, by Aaron Hovey	1	44
Chaunc[e]y, s. [Samuel], b. July 26, 1800	2	24
Chauncey, m. Eliza **TRIPP**, b. of Saybrook, May 4, 1828, by Aaron Hovey	1	71
Clarissa Maria, [d. Jonathan &Clarrisa], b. Nov. 25, 1819	2	31
Consider, d. [Thomas & Anna], b. Apr. 8, 1713	2	4

	Vol.	Page
SPENCER (cont.)		
Daniel, m. Minerva **KELSEY**, b. of Saybrook, Nov. 2, 1825, by Sylvester Selden	1	55
Daniel T., m. Amelia **SOUTHWORTH**, Oct. 2, 1828, by Rev. Pierpont Brocket	1	73
Edwin, m. Ann Augusta **CHALKER**, b. of Saybrook, Apr. 12, 1846, by Rev. J. M. Willey	2	118
Electa M., m. Russell **POST**, Nov. 18, 1821, [by Sylvester Selden]	1	27
Eliza, m. Jedidiah **POST**, 2d, b. of Saybrook, Dec. 27, 1831, by Sylvester Selden	1	92
Eliza Maria, m. Henry **DIBBLE**, b. of Saybrook, Sept. 6, 1832, by Sylvester Selden	1	101
Elizabeth, m. Nathaniel **CHAPMAN**, Jr., Aug. middle, 1710	2	27
Elizabeth, d. [Samuel], b. Jan. 22, 1799	2	24
Elizabeth A., m. Erastus **JONES**, b. of Saybrook, Nov. 26, 1837, by Aaron Hovey	2	83
Elizabeth Ann, [d. William &Fanny], b. Sept. 11, 1818	2	50
Ellen Curtis, d. Orson & Catherine C., b. Nov. 21, 1832	2	11
Eloisa M., m. W[illia]m N. **SPENCER**, b. of Westbrook, Aug. 27, 1839, by Rev. W[illia]m Albert Hyde	2	90
Emeline E., m. John D. **BILLARD**, b. of Saybrook, Sept. 8, 1841, by Rev. Samuel Hoyt, Methuen, Mass.	2	100
Eunice P., m. Henry **WRIGHT**, b. of Saybrook, May 2, 1836, by Darius Mead	2	73
Ezra, m. Mehetable **BUSHNELL**, Feb. 9, 1806	1	16
Ezra Titus, [s. William & Fanny], b. Nov. 18, 1811	2	50
Fanny Ann, d. William & Fanny, b. Nov. 19, 1809; d. Apr. 3, 1812	2	50
Fayett Alanson, [s. Johnson & Clarrisa], b. Dec. 22, 1821	2	31
Frederick W., m. Ann Eliza **KIRTLAND**, b. of Saybrook, Aug. 21, 1836, by Rev. Jeremiah Miller	2	65
Garrard, m. Sarah **DOUGLAS[S]**, Aug. 20, 1702	2	75
George, m. Julia **PRATT**, Sept. 12, 1813	1	21
George, m. Ursula **READ**, b. of Saybrook, Oct. 21, 1845, by Frederick W. Chapman, Deep River	2	117
George Tiley, s. George & Julia, b. Nov. 6, 1814	1	21
Hannah, twin with Anna, [d. Michael & Mary], b. Apr. 13, 1793	2	45
Harriet A., d. David, of Saybrook, m. S. Eldert, of Hempstead, N.Y., June 20, 1849, by Rev. Charles R. Fisher	2	129
Henry, s. [Samuel], b. Jan. 29, 1807	2	24
Henry T., m. Aminda **DIBBLE**, b. of Saybrook, Jan. 13, 1833, by Sylvester Selden	1	101
Henry William, s. [Obadiah & Susan], b. Nov. 14, 1819	1	130
Henry William, [s. Obadiah & Susan], b. Nov. 14, 1819	2	43
Jabez, s. Thomas & Anne, b. [ ], 1715/16	2	2
James, s. [Samuel], b. Feb. 1, 1797	2	24
James, m. Nancy **CARTER**, Jan. 4, 1824, by Asa Wilcox, Elder	1	39

SPENCER (cont.)

	Vol.	Page
Jane E., m. John W. **MARVIN**, b. of Saybrook, Nov. 27, 1845, by F. W. Chapman, Deep River	2	116
Jared, d. Jan. 14, 1822, ae 48 y.	1	75
Jared Augustus, [s. William & Fanny], b. June 11, 1816	2	50
Jemima, m. Edward **STOKES**, May 10, 1829, by Sylvester Selden	1	76
Jerusha H., d. Michael & Mary, b. Apr. 20, 1800	2	45
Jerusha H., m. John **L'HOMMEDIEU**, b. of Saybrook, Oct. 21, 1830, by Elder Joseph Glazier	1	86
Joel Pratt, s. [Obadiah & Susan], b. May 23, 1821; d. Oct. 25, 1824	1	130
Joel Pratt, [s. Obadiah & Susan], b. May 23, 1821; d. Oct. 25, 1824	2	43
Joel Pratt, s. [Obadiah & Susan], b. Feb. 10, 1829; d. Feb. 27, 1831	1	130
Joel Pratt, [s. Obadiah & Susan], b. Feb. 10, 1829; d. Feb. 27, 1831	2	43
John, s. [Samuel], b. Mar. 22, 1804; d. when nine years old	2	24
Joseph, Jr., m. Betsey **HAYDEN**, Jan. 22, 1824, by Sylvester Selden	1	40
Joseph W., Capt., m. Amelia A. **STOKES**, b. of Westbrook, Sept. 2, 1838, by W[illia]m Albert Hyde	2	86
Josiah A., m. Polly M. **POST**, b. of [Deep River], July 2, 1837, by Rev. Henry Wooster	2	78
Julia, d. [George & Julia], b. Sept. 2, 1817; d. Feb. 15, 1819	1	21
Julia M., of Saybrook, m. Ambrose **PRATT**, of Chester, Nov. 17, 1844, by F. W. Chapman, Deep River	2	110
Lucy, m. Amasa **SPENCER**, b. of Saybrook, Aug. 8, 1822, by Sylvester Selden	1	30
Lyman, m. Sarah M. **GRISWOLD**, b. of Saybrook, June 4, 1837, by Aaron Hovey	2	82
Mary, b. Sept. 13, 1791; m. Joshua **SMITH**, Jr.	2	10
Mary, [d. Michael & Mary], b. Sept. 13, 1791	2	45
Mary, b. May 19, 1800, m. Roger G. **STANNARD**, Dec. 16, 1817	2	41
Mary, [w. of Michael], d. Jan. 24, 1832	2	45
Mary B., of Saybrook, m. John **PECK**, of Killingworth, Aug. 9, 1727, by Aaron Hovey (Probably 1827)	1	69
Maryette, of Saybrook, m. Martin L. **DOWD**, of Madison, May 8, 1833, by Sylvester Selden	1	101
Melinda, b. Sept. 10, 1798; m. Charles **SMITH**, Feb. 23, 1825	2	13
Melinda, [d. Michael & Mary], b. Sept. 10, 1798	2	45
Michael, b. Jan. 31, 1762; m. Mary **PLATTS**, Feb. 17, 1785	2	45
Michael, [s. Michael & Mary], b. Apr. 28, 1786	2	45
Michael, Jr., m. Miriam **BUSHNELL**, Sept. 16, 1821, by Samuel West	1	25
Nancy, d. Samuel, b. Sept. 29, 1802	2	24

SAYBROOK VITAL RECORDS 149

	Vol.	Page
SPENCER (cont.)		
Nancy, m. Oliver **NORRIS**, b. of Saybrook, Aug. 19, 1832, by Sylvester Selden	1	101
Obadiah, b. June 20, 1788; m. Susan **PRATT**, Nov. 12, 1818	2	43
Obadiah, b. June 20, 1788; m. Susan **PRATT**, Nov. 12, 1818	1	130
Obadiah, [s. Michael & Mary], b. June 20, 1788	2	45
Obadiah, m. Esther **PRATT**, of Saybrook, Nov. 25, 1840, by [W. Geo[rge] Miller]	2	98
Phebe, 2d, m. Elijah **STANNARD**, 2d, Sept. 25, 1816	1	20
Phebe A., of Saybrook, m. Henry B. **JAMES**, of Lyme, July 14, 1836, by Aaron Hovey	2	82
Rebeckah, sometime w. of John **CLARK**, d. Jan. 9, 1692	1	26
Rebeckah, d. [Thomas & Anna], b. Aug. 5, 1712	2	4
Richard Pratt, s. [George & Julia], b. Feb. 12, 1820	1	21
Samuel, b. Nov. 5, 1768	2	24
Samuel, s. [Samuel], b. Jan. 21, 1796	2	24
Samuel, m. Clarinda **WATROUS**, b. of Saybrook, Dec. 27, 1823, by Jedidiah Post, J.P.	1	39
Sarah, d. [Gerard & Sarah], b. June 23, 1703	2	75
Susan, [w. of Obadiah], b. Oct. 12, 1839	2	43
Susan Maria, d. William & Fanny, b. Sept. 13, 1822	2	50
Sylvester, of New York, m. Elizabeth **CLARK**, of Saybrook, Sept. 25, 1823. Int. pub.	1	38
Sylvia, m. George H. **CHALKER**, b. of Saybrook, Nov. 6, 1828, by Sylvester Selden	1	74
Temperance, d. [Thomas & Anna], b. Oct. 4, 1704	2	4
Thomas, m. Anna **DOUGLAS**, Sept. 2, 1702	2	4
Thomas, s. Thomas & Anna, b. Feb. 26, 1708/9	2	2
Timothy, m. Desire **LAY**, b. of Saybrook, Feb. 20, 1822, by Sylvester Selden	1	27
William, b. June 14, 1786; m. Fanny **CHALKER**, Jan. 19, 1807	2	50
William Henry, [s. William & Fanny], b. Aug. 9, 1807	2	50
-----, s. [Thomas & Anna], b. Sept. 4, 1703; d. same day	2	4
-----, s. [Samuel], b. Sept. 11, 1805; d. Sept. 15, 1805	2	24
STANBOROUGH, Isaac, of Sag Harbor, N.Y., m. Caroline L. **WILCOX**, of Lyme, June 21, 1840, by W. G. Miller, Essex	2	95
STANLEY, Elizabeth, d. Barnabus & Elizabeth, b. Mar. 2, 1771	1	1
STANNARD, STANARD, Abel, s. [Lemuel & Ruth], b. Dec. 17, 1752	2	11
Abigail, d. Jere[miah] W., b. Sept. 4, 1823	1	124
Abigail, of Saybrook, m. Ephraim **TILLOTSON**, of Chesterfield, Lyme, June 30, 1832, by Fred W. Hotchkiss	1	92
Abner, s. [Joseph & Elizabeth], b. Dec. 17, 1728	2	89
Abner H., m. Fanny **POST**, b. of Saybrook, Mar. 31, 1826, by Asa Wilcox, Elder	1	57

BARBOUR COLLECTION

STANNARD, STANARD (cont.)

	Vol.	Page
Alanson, m. Juliet **PARMELEE**, b. of Saybrook, June 28, 1820, by Rev. Frederic W. Hotchkiss	1	22
Alanson, m. Juliet **PARMELEE**, b. of Saybrook, June 28, 1820	1	39
Alpheus, s. John, 3d, & Catherine, b. June 20, 1819	2	44
Alpheus Erastus, [s. Roger G. & Mary], b. Feb. 11, 1827	2	41
Amelia Augusta, [d. Roger G. & Mary], b. Aug. 11, 1828	2	41
Amelia Maria, [d. Roger G. & Mary], b. Dec. 6, 1823	2	41
Andrew J., [s. Jeremiah W.], b. Feb. 12, 1819	2	26
Ann Elizabeth, [d. Robert G. & Mary], b. Feb. 11, 1819	2	41
Anne, d. [Elijah & Martha], b. Mar. 19, 1747	2	159
Anne, d. [Elijah & Martha], b. Mar. 19, 1747	5	682
Artimas Aldrige, [s. Elijah], b. Jan. 2, 1830	2	48
Ashbel, s. [Ephraim], b. July 19, 1777	1	13
Bela, s. [James & Temperence], b. Mar. 21, 1774	1	1
Bela, of Madison, m. Sarah **HAVENS**, of Saybrook, Sept. 23, 1834, by Rev. W[illia]m Denison, at his residence	2	68
Benjamin, [twin with Hannah, s. Joseph & Elizabeth], b. Aug. 3, 1731	2	89
Betsey, d. [Ephraim], b. Feb. 23, 1783	1	13
Betsey, of Saybrook, m. Josiah **SCRANTON**, of Pompey, N.Y., Oct. 3, 1833, by Sylvester Selden	1	102
Betsey Elizabeth, [d. Elijah], b. May 20, 1821	2	48
Betsey Elizabeth Griswold, d. [Elijah, 2d, & Phebe, 2d], b. May 20, 1821	1	20
Catherine, [w. of John, 3rd], b. May 15, 1792	2	44
Catherine, [d. John, 3rd & Catherine], b. Sept. 6, 1812	2	44
Catherine, m. William **STANNARD**, Jan. 12, 1830, by Rev. Luman Andrus	1	78
Charles R., [s. Reuben & Nancy S.], b. Dec. 10, 1827	2	47
Cynthy, m. John **JONES**, Apr. 5, 1831, by Rev. Luman Andrus	1	86
Daniel, s. [Elijah & Martha], b. Mar. 19, 1755	2	159
Daniel, s. [Nathan & Lucretia], b. Jan. 28, 1785	1	5
Daniel D., m. Eliza **CANNON**, b. of Saybrook, Oct. 30, 1833, by Sylvester Selden	2	52
Darius, s. Ephraim, b. Sept. 25, 1793	1	13
David, s. [Elijah & Martha], b. Dec. 18, 1757	2	159
David G., s. William, 2d, b. Dec. 14, 1823	1	124
Deborah, d. [Joseph & Hannah], b. Nov. 1, 1699	2	17
Deborah, d. Joseph & Elizabeth, b. Mar. 22, 1725/6	2	87
Deborah Kirtland, d. William, 2d, b. Apr. 3, 1822	1	122
Densa Lucretia, [d. Elijah], b. Oct. 3, 1827	2	48
Ebenezer Cone, s. [Job, 2d], b. Oct. 25, 1823	1	126
Eliakim, s. Josiah & Jemima, b. Aug. 31, 1752	2	502
Elijah, s. William & Mercy, b. July 12, 1715	2	75
Elijah, s. [Elijah & Martha], b. Jan. 13, 1752	2	159
Elijah, 2d, m. Phebe **SPENCER**, 2d, Sept. 25, 1816	1	20
Elijah, s. [Elijah, 2d & Phebe, 2d], b. June 21, 1828	1	20
Elijah, s. [George & Polly], d. Dec. 3d, 1833	1	123

SAYBROOK VITAL RECORDS 151

	Vol.	Page
STANNARD, STANARD (cont.)		
Elijah, 2d, d. Sept. 20, 1837	2	14
Elijah, m. Martha **BUSHNELL**, [ ]	5	682
Elizabeth, d. [Samuel & Elizabeth], b. Sept. 3, 1699	2	165
Elizabeth, m. Joseph **POST**, Nov. 20, 1717	2	165
Elizabeth, d. [John & Hannah], b. May 22, 1718	2	225
Elizabeth, d. [Joseph & Elizabeth], b. Dec. 25, 1721	2	89
Elizabeth, w. of Joseph, d. Aug. 16, 1731	2	89
Elizabeth, m. Ebenezer **INGHAM**, Jr., Aug. 17, 1737	4	269
Elizabeth, d. [Josiah & Jemima], b. June 11, 1758	2	502
Elizabeth, [d. Jeremiah W.], b. Feb. 10, 1821	2	26
Elizabeth, of Saybrook, m. Asa **FOSTER**, of Chester, Apr. 15, 1828, by Rev. Fred W. Hotchkiss	1	71
Elizabeth, d. of Samuel, of Saybrook, m. Daniel **HORSFORD**, of Hebron, [ ]	3	451
Elviza*, of Saybrook, m. William Augustine **BOARDMAN**, of Middletown, May 24, 1824, by Sylvester Selden *(Elvira?)	1	47
Epaphras, [s. Roger G. & Mary], b. Feb. 16, 1826; d. Mar. 23, 1826	2	41
Ephraim, s. Elijah & Martha, b. May 24, 1745	2	159
Ezra, of Westbrook, m. Juliet C. **DOANE**, of Saybrook, Jan. 24, 1833, by Rev. Pierpont Brocket	1	96
Ezra Socrates, [s. Elijah], b. Mar. 7, 1832	2	48
Fanny, m. Joel **DOANE**, 2d, b. of Saybrook, Apr. 28, 1825, by Sylvester Selden	1	52
George, [s. Ashbel & Rachel], b. Nov. 26, 1809	2	25
George, Jr., s. [George & Polly], b. Aug. 18, 1826	1	123
Gilbert Titus, [s. Roger G. & Mary], b. Aug. 5, 1830	2	41
Hamlin, [s. Asahel & Rachel], b. Oct. 26, 1811; d. Aug. 2, 1833	2	25
Hannah, d. [Joseph & Hannah], b. Oct. 27, 1695	2	17
Hannah, d. [William & Mercy], b. Apr. 1, 1702	2	75
Hannah, wid., m. Andrew **WARNER**, Apr. 4, 1706	2	93
Hannah, "formerly Stannard", m. Daniel, s. Ens. Samuel **JONES**, of Saybrook, Oct. 24, 1716, by Azariah Mather	2	471
Hannah, [twin with Benjamin, d. Joseph & Elizabeth], b. Aug. 3, 1731	2	89
Hannah, d. [Elijah & Martha], b. June 5, 1749	2	159
Hannah, d. [Elijah & Martha], b. June 5, 1749	5	682
Harriet A., m. Alfred **RUTTY**, of Killingworth, Dec. 18, 1851, by Rev. Henry Wooster, Deep River	2	136
Henry, [s. Ashbel & Rachel], b. Apr. 15, 1826	2	25
Huldah, d. Ephraim, b. Aug. 8, 1780	1	13
Jacob, 2d, of Killingworth, m. Sally M. **POST**, of Saybrook, Sept. 7, 1836, by Aaron Hovey	2	82
James, s. [Lemuel & Ruth], b. Sept. 30, 1740	2	11
James, m. Temperence **JONES**, Feb. 1, 1768	1	1
James, s. [James & Temperence], b. Nov. 26, 1771	1	1
Janett, d. Jeremiah W., b. Feb. 17, 1835	2	26
Jasper, s. Josiah & Jemima, b. Nov. 11, 1747	2	502

STANNARD, STANARD (cont.)

	Vol.	Page
Jeremiah W., [s. Jeremiah W.], b. Nov. 9, 1832	2	26
John, s. [Joseph & Hannah], b. Aug. 24, 1694	2	17
John, m. Hannah BATE, Aug. 17, 1717	2	225
John, m. Hannah BATE, wid. of Samuel, [ ]	4	1
John, Jr., m. Rachel CONKLIN, Jan. 10, 1721/2	2	201
John, s. [John, Jr. & Rachel], b. Oct. 8, 1722	2	201
John, 3rd, b. Sept. 1, 1789	2	44
John, s. John, 3d, & Catherine, b. Mar. 13, 1816; d. July 4, 1816	2	44
John, of Westbrook, m. Sarah KIRTLAND, of Saybrook, Nov. 28, 1844, by Rev. E. B. Crane	2	124
John B., [s. Jeremiah W.], b. Aug. 23, 1830	2	26
John Richard, [s. John, 3rd, & Catherine], b. Mar. 3, 1824	2	44
Joseph, m. Hannah BRACKET, Apr. 4, 1692, in Boston	2	17
Joseph, s. [Joseph & Hannah], b. May 12, 1693	2	17
Joseph, d. Apr. 17, 1703	2	17
Joseph, m. Elizabeth CLARK, Nov. [ ], 1718	2	89
Joseph, s. [Joseph & Elizabeth], b. April, 1724	2	89
Josiah, s. [Samuel & Elizabeth], b. Mar. 24, 1712	2	165
Josiah, m. Jemima POST, Dec. 8, 1742	2	502
Josiah, s. [Josiah & Jemima], b. June 17, 1745	2	502
Julia J., of Westbrook, m. Isaac K. BUELL, of Haddam, Nov. 3, 1839, by Rev. W[illia]m Albert Hyde	2	92
Juliett Almira, d. Elijah, b. Nov. 21, 1823	2	48
Juliette Almira, d. Elijah, 2d, & Phebe, b. Nov. 22, 1824	1	19
Lemuel, m. Ruth GRENALL, Mar. 23, 1739	2	11
Lemuel, s. Lemuel & Ruth, b. Apr. 2, 1750	2	9
Linus, s. [Ephraim], b. June 17, 1788	1	13
Lucretia, of Saybrook, m. Frederick W. SCRANTON, of Madison, Feb. 25, 1830, by William Case	1	78
Lucretia, [w. Nathan], d. June 5, 1833, ae 65	1	5
Lucy, of Saybrook, m. Alanson SMITH, of Lyme, Dec. 9, 1821, by Jedidiah Post, J.P.	1	27
Lydia, d. John & Hannah, b. Mar. 19, 1720/1	2	225
Lydia, of Saybrook, m. Erastus SCRANTON, of Madison, Nov. 4, 1829, by Sylvester Selden	1	78
Lydia, d. George, b. Dec. 20, 1835	2	20
Lydia B., of Westbrook, m. Harvey CHALKER, of Saybrook, Sept. 30, 1838, by W[illia]m Albert Hyde	2	86
Lyman, d. July 18, 1823, ae 18 7.	1	75
Martha, d. [Josiah & Jemima], b. June 12, 1756	2	502
Mary, d. [Samuel & Elizabeth], b. Feb. 11, 1715	2	165
Mary, d. [John, Jr. & Rachell], b. Sept. 14, 1727	2	201
Mary Catherine, [d. Roger G. & Mary], b. Sept. 19, 1821	2	41
Mercy, d. Lemuel & Ruth, b. Feb. 4, 1745/6	2	9
Mindwell, d. [Josiah & Jemima], b. Sept. 8, 1743	2	502
Nancy A., [d. Reuben & Nancy S.], b. Sept. 16, 1830	2	47
Nancy S., [w. of Reuben], b. Sept. 10, 1804	2	47
Nathan, s. [Elijah & Martha], b. May 14, 1760	2	159
Nathan, m. Lucretia WRIGHT, Sept. 13, 1784	1	5
Orren, s. [James & Temperence], b. Oct. 18, 1781	1	1

SAYBROOK VITAL RECORDS 153

	Vol.	Page
STANNARD, STANARD (cont.)		
Paybody, s. [Lemuel & Ruth], b. July 22, 1755	2	11
Peggy, w. of Elijah, d. Feb. 17, 1822, ae 68 y.	1	75
Peter, s. [John, Jr. & Rachell], b. Oct. 30, 1731	2	201
Phebe, d. Lemuel & Ruth, b. Jan. 18, 1747/8	2	9
Polly, d. [Ephraim], b. July 25, 1791	1	13
Polly, of Saybrook, m. Josiah **SCRANTON**, of Guilford, Dec. 23, 1823, by Sylvester Selden	1	40
Polly, b. Apr. 12, 1833	2	27
Polly Ann, [d. Ashbel &Rachel], b. Dec. 2, 1813	2	25
Prosper, s. [Ephraim], b. Aug. 28, 1785	1	13
Rachell, d. John, Jr. & Rachel, b. Mar. 5, 1724/5	2	201
Rachel, m. Alfred **HUBBARD**, b. of Saybrook, Sept. 8, 1825, by Frederic W. Hotchkiss	1	53
Rachel T., [d. Ashbel & Rachel], b. Nov. 15, 1823	2	25
Reuben, b. Oct. 26, 1800; m. Nancy S. [ ]	2	47
Reuben, m. Nancy **STOKES**, Mar. 15, 1827, by Sylvester Selden	1	64
Richard H., [s. Reuben & Nancy S.], b. Oct. 3, 1829	2	47
Roger G., b. Jan. 17, 1796; m. Mary **SPENCER**, Dec. 16, 1817	2	41
Russell S., s. Ashbel & Rachel, b. Sept. 1, 1819; d. Mar. 15, 1821	2	25
Ruth, d. Lemuel & Ruth, b. Feb. 28, 1743/4	2	9
Ruth, d. James & Temperance, b. Feb. 23, 1776	1	1
Ruth, m. Charles **FOSTER**, b. of Saybrook, Dec. 12, 1822, by Aaron Hovey	1	44
Samuel, s. [Samuel & Elizabeth], b. Dec. 18, 1702	2	165
Samuel, s. Josiah & Jemima, b. Jan. 6, 1749/50	2	502
Samuel B., s. Jere[mia]h W., b. Sept. 24, 1825	1	124
Samuel Carter, s. Job, 2d, b. May 3, 1826	1	126
Sarah, d. [John & Hannah], b. Sept. 26, 1725	2	225
Selden G., of Westbrook, m. Sophronia L. **PELTON**, of Saybrook, Centre, Aug. 22, 1847, by Rev. E. B. Crane	2	125
Selden Gleason, s. Job, 2d, b. Nov. 1, 1821	1	126
Seth, s. [Lemuel & Ruth], b. Dec. 10, 1760	2	11
Sherman, s. Ashbel & Rachel, b. Jan. 10, 1821	2	25
Sybil, m. William H. **LAY**, Jan. 1, 1823, by Sylvester Selden	1	33
Sybil, b. Jan. 4, 1831	2	27
Sylvester, s. [James & Temperence], b. July 16, 1769	1	1
Temperence, d. [James & Temperence], b. June 7, 1778	1	1
Timothy, [s. Ashbel & Rachel], b. June 10, 1815	2	25
Timothy, m. Pamela **PRATT**, b. of Saybrook, Dec. 24, 1823, by Aaron Hovey	1	44-5
William, m. Mercy **WRIGHT**, Mar. 22, 1699/1700	2	75
William, s. William & Mercy, b. Mar. 10, 1703/4	2	75
William, s. [Lemuel & Ruth], b. July 3, 1758	2	11
William, m. Fanny **PRATT**, b. of Saybrook, July 14, 1824, by Sylvester Selden	1	48

	Vol.	Page
STANNARD, STANARD (cont.)		
William, m. Catherine **STANNARD**, Jan. 12, 1830, by Rev. Luman Andrus	1	78
William B., [s. Jeremiah W.], b. Feb. 28, 1828	2	26
William Frederic, [s. Roger G. & Mary], b. Dec. 16, 1832	2	41
William H., [s. Elijah], b. May 31, 1818	2	48
William Henry, s. [Elijah, 2d, & Phebe, 2d], b. May 31, 1818	1	20
Zial, s. George & Polly, b. Dec. 21, 1822	1	123
-----, d. [Samuel & Elizabeth], b. Mar. 5, 1709	2	165
-----, two infants [of Elijah], b. Dec. 2, 1825	2	48
STANTON, Mary, m. Robert **LAY**, Jr., Jan. 22, 1679	1	143
STARKE, Ann, d. John & Mary, b. Sept. 12, 1736	4	326
John, m. Mary **WILLIAMS**, Dec. 12, 1735	4	326
John, s. John & Mary, b. Apr. 24, 1743	4	326
Timothy, s. John & Mary, b. Nov. 26, 1739	4	326
STARKEY, STARKIE, Abigail, m. James **PERKINS**, b. of Saybrook, Nov. 19, 1829	1	43
Albert L., m. Nancy M. **PARKER**, b. of Essex, Oct. 23, 1845, by Rev. W[illia]m George Miller	2	113
Alpheus, s. Niles P. & Jane A., b. Apr. 15, 1841	2	45
Austin, m. Azubah **CONGDEN**, b. of [Saybrook], Oct. 22, 1849, by J. H. Pettingill	2	130
Charles, m. Lydia **GRIFFIN**, wid. of William, b. of Saybrook, Mar. 8, 1827, by Frederic W. Hotchkiss	1	63
Charles Frederic, [s. Charles Frederic], b. Nov. 7, 1833	2	58
Eliza, of Saybrook m. Peter W. **POST**, of Branford, Nov. 6, 1831, by Rev. Rapheal Gilbert	1	90
Emily, m. Asa H. **KING**, Apr. 25, 1831, by Aaron Hovey	1	87
Felix, 2d, m. Catherine Jennette **GLADDING**, b. of Saybrook, Jan. 3, 1847, by F. W. Chapman, Deep River	2	120
Frances Azubah, [d. Charles Frederic], b. Mar. 23, 1841	2	58
George, m. Emily M. **GLADDING**, b. of Essex, Nov. 21, 1841, by Rev. W[illia]m George Miller	2	112
Hannah, m. Abraham **WATEROUSE**, Nov. 12, 1697	2	156
Hepzibah, m. Jared C. **PRATT**, b. of Saybrook, Apr. 22, 1835, by Rev. Darius Mead, of Deep River	2	12
Horace Washington, [s. Charles Frederic], b. Sept. 20, 1835	2	58
Jane Ruth, d. [Niles P. & Jane A.], b. Nov. 10, 1845	2	45
Jennette, m. Richard A. **HAYDEN**, Aug. 10, 1826, by Rev. Peter G. Clark	1	59
John, s. [Thomas & Hannah], b. June 14, 1711	2	306
Mary Ann, of Saybrook, m. Joseph **ELLSWORTH**, of East Windsor, Nov. 10, 1831, by Orson Spencer	1	89
Nathaniel Alpheus, m. Electa Amelia **HAYDEN**, Sept. 18, 1844, by Solomon G. Hitchcock, Essex	2	109
Niles P., of Saybrook, m. Jane A. **KIRKHAM**, of Guilford, May 10, 1840, by Frederick W. Chapman, Deep River	2	94

SAYBROOK VITAL RECORDS 155

	Vol.	Page
STARKEY, STARKIE (cont.)		
Niles P., of Saybrook, m. Jane A. **KIRKHAM**, of Guilford, May 10, 1840	2	45
Niles P., m. Judith C. **MOORE**, Mar. 23, 1851, by James A. Clark, Deep River	2	135
Stephen W., m. Emily **HAYDEN**, b. of Saybrook, Feb. 5, 1824, by Rev. Peter Clark	1	41
Stephen W., Esq., m. Mary **HAYDEN**, b. of Essex, Jan. 5, 1842, (sic) [1843?], by Rev. Thomas H. Vail	2	105
Susan A., of Essex, m. Jonathan R. **CRAMPTON**, of Madison, Oct. 23, 1843, by Rev. W[illia]m George Miller	2	113
Sybil, of Saybrook, m. John **TUBBS**, of Lyme, Feb. 9, 1823, by Aaron Hovey	1	44
Thomas, m. Hannah **FENNER**, Sept. [ ], 1709	2	306
Thomas, m. Hannah **FENNER**, d. of John & Sarah [ ]	4	696
Thomas, s. [Thomas & Hannah], b. May 25, 1714	2	306
Thomas, m. Olive **POST**, b. of Saybrook, Nov. 27, 1834, by Rev. Pierpont Brockett	2	70
STEADMAN, Elizabeth, m. Thomas **DUNK**, July 10, 1677	1	14
STEPHENS, [see also **STEVENS**], Elizabeth, m. Abraham **POST**, Apr. 7, 1692	2	75
Lucy L., m. William **GARDNER**, July 5, 1830, by Rev. Luman Andrus	1	83
Marynett, m. Frederick **BUELL**, Apr. 15, 1830, by Rev. Luman Andrus	1	81
Rosetta, m. William A. **BUEL**, July 12, 1832, by Rev. Asa Bushnell	1	93
Sarah, d. June 19, 1718	2	361
STEPHENSON, Eben S., m. Elizabeth P. **CHAMPLIN**, Apr. 29, 1845, by Joseph D. Hull	2	114
STERLING, Samuel P., of Honeyeye, N.Y., m. Maria N. **WHITTLESEY**, of Saybrook, June 16, 1845, by Rev. E. B. Crane	2	124
STEVENS, STEUENS, [see also **STEPHENS**], Alexander H., m. Rachel **DENISON**, b. of Saybrook, June 22, 1833, by Sylvester Selden	1	101
Amaziah, s. [Elijah & Abigail], b. Sept. 1, 1767	1	3
Ann M., of Westbrook, m. Lewellin A. **DIBBLE**, of Old Saybrook, Nov. 24, 1853, by Rev. Ralph H. Maine	2	141
Appleton, of Saybrook, m. Sarah **TIBBALLS**, of Middletown, Aug. 13, 1840, by Rev. Russell Jennings	2	97
Charles, s. [Elijah & Abigail], b. Apr. 14, 1776	1	3
David M., m. Sarah L. **BUSHNELL**, of [Saybrook], Oct. 28, 1849, by J. H. Pettingill	2	130
Dianna, of Westbrook, m. George **GARDNER**, of Killingworth, Sept. 11, 1831, by Rev. Rapheal Gilbert	1	89
Elijah, m. Abigail **BAILEY**, Oct. 6, 1766	1	3
Elijah, s. [Elijah & Abigail], b. Feb. 17, 1772	1	3

	Vol.	Page
STEVENS, STEUENS (cont.)		
Gilbert, s. [Elijah & Abigail], b. Feb. 21, 1768	1	3
Gilbert, m. Maria **CLARK**, Aug. 8, 1826, by Frederic W. Hotchkiss	1	58
Harriett E., of Deep River, m. Keyes S. **HATHAWAY**, of Springfield, Mass., Jan. 2, 1843, by Rev. Russell Jennings	2	105
Henry G., m. Ann I. **PRATT**, Feb. 22, 1847, by Rev. N. E. Shailer	2	121
James, s. [Elijah & Abigail], b. June 24, 1771	1	3
Julian, of Saybrook, m. Austin **JONES**, of Madison, Nov. 28, 1833, by Rev. W[illia]m Denison	2	4
Linus, m. Lydia **KELSEY**, b. of Saybrook, Nov. 28, 1832, by Sylvester Selden	1	101
Lydia, m. James **BAYLEY**, Jan. 16, 1737/8	4	187
Lydia, m. James **BAYLEY**, Jan. 16, 1738	4	234
Richard, m. Mary **BUTLER**, b. of Saybrook, Apr. 17, 1823, by Jedidiah Post, J.P.	1	35
Samuel, 2d, m. Eliza **DENISON**, b. of Saybrook, June 24, 1824, by Jedidiah Post, J.P.	1	42
Samuel G., of New Haven, m. Seviah **PARKER**, of Saybrook, Aug. 20, 1837, by Rev. Cha[rle]s F. Pelton	2	80
Sarah, m. Daniel **POST**, Jr., Jan. 28, 1724/5	2	516
Sarah, d. [Elijah & Abigail], b. May 5, 1774	1	3
Sarah M., m. Martin E. **BAILEY**, b. of Deep River, Mar. 31, 1844, by Rev. Russell Jennings	2	108
Sarah W., of Middletown, m. Hosmore **SHAILER**, of Deep River, Feb. 15, 1835, by Rev. John Cookson, of Middletown	2	64
Timothy T., m. Hester Maria **CLARK**, b. of [Saybrook], Jan. 28, 1834, by W[illia]m Case	2	61
STILLMAN, STILMAN, Abigail, m. Charles **STILLMAN**, b. of Saybrook, Dec. 17, 1823	1	49
Charles, m. Abigail **STILLMAN**, b. of Saybrook, Dec. 17, 1823	1	49
George K., m. Louisa B. **PRATT**, b. of Saybrook, Jan. 24, 1847, by Rev. J. M. Willey	2	120
Mehetable, m. Charles **TILEY**, Sept. 30, 1821, by Aaron Hovey	1	43
Rebeckah, [d. Samuell & Susannah], b. Mar. 22, 1760	1	1
Samuell, m. Sussannah **LORD**, Dec. 21, 1757	1	1
Samuel, s. Samuel & Sussannah, b. Sept. 8, 1762	2	1
Sarah, of Wethersfield, m. Samuell **WILLARD**, of Saybrook, Jan. 18, 1714/15	2	419
Sarah, [d. Samuell & Sussannah], b. Sept. 16, 1758	1	1
Sarah E., m. Ansel D. **SOUTHWORTH**, b. of Saybrook, Feb. 23, 1834, by Josiah Hawes	2	46
Susannah, d. Samuel & Sussannah, b. Apr. 6, 1765	2	1
STOKES, Amelia A., m. Capt. Joseph W. **SPENCER**, b. of Westbrook, Sept. 2, 1838, by W[illia]m Albert Hyde	2	86

SAYBROOK VITAL RECORDS 157

	Vol.	Page
STOKES (cont.)		
Charles Edward, [s. Edward & Jemima], b. Apr. 18, 1831	2	35
Edward, m. Jemima **SPENCER**, May 10, 1829, by Sylvester Selden	1	76
Eliza Ann, [d. William], b. Aug. 23, 1820	2	48
Ellen Gertrude, d. William, b. July 14, 1837	2	48
Emily Maria, [d. William], b. Nov. 21, 1831	2	48
Gilbert Goodrich, [s. Edward & Jemima], b. Feb. 24, 1837	2	35
Jerusha Elizabeth, d. Richard, 2d, b. Feb. 8, 1822	1	121
Maria L., m. Henry B. **CHAPMAN**, b. of Westbrook, Sept. 2, 1840, by F. W. Chapman, Deep River	2	97
Maria Louisa, [d. Richard, 2d], b. Nov. 11, 1817	2	23
Mary A., m. Calvin **BUSHNELL**, b. of Saybrook, Dec. 24, 1835, by Rev. Jeremiah Miller	2	3
Maryann, [d. Richard, 2d], b. Jan. 18, 1816	2	23
Nancy, m. Reuben **STANNARD**, Mar. 15, 1827, by Sylvester Selden	1	64
Richard Gilbert Kirtland, [s. Richard, 2d], b. May 13, 1825	2	23
Susan Amelia, [d. William], b. Mar. 12, 1822	2	48
William, s. William, b. Jan. 1, 1824; d. Sept. 28, 1825	2	48
William, [s. William], b. June 26, 1826	2	48
STONE, Dorothy, m. Ebenezer **INGHAM**, July 9, 1701	2	242
STORER, Ebenezer, Jr., of N.Y., m. Louisa C. **WOOSTER**, May 13, 1828, by Aaron Hovey	1	71
STORM, James B., of Chester, m. Amelia A. **POST**, of Saybrook, May 16, 1849, by Frederick W. Chapman, Deep River	2	129
STOUGHTON, Silence, d. Nicholas, b. Feb. last day, 1702	2	33
STOW, Anna, d. [Jabez & Anna], b. Jan. 15, 1747	2	337
Charlotte, wid. of Capt. Jabez, m. Charles **KIRTLAND**, Jan. 26, 1794	1	12
George, s. [Jabez, 2d, & Charlotte], b. Dec. 14, 1784	1	12
Harriet, d. [Jabez, 2d, & Charlotte], b. Mar. 18, 1783	1	12
Jabez, m. Anna **LORD**, June 21, 1744	2	337
Jabez, s. [Jabez & Anna], b. June 25, 1745; d. Jan. 4, 1746	2	337
Jabez, s. [Jabez & Anna], b. Dec. 20, 1749	2	337
Jabez, 2d, m. Charlotte **FORDHAM**, of Sag Harbor, July 15, 1782	1	12
Mary, d. [Jabez & Anna], b. Oct. 14, 1758	2	337
Mary, d. Capt. Jabez, m. David **NEWELL**, Aug. 22, 1784	1	9
Sarah, d. [Jabez & Anna], b. Sept. 17, 1754	2	337
Sibbell, d. [Jabez & Anna], b. Mar. 30, 1752	2	337
William, s. Jabez & Anna, b. Oct. 19, 1763; d. Jan. 23, 1764, ae 3 m. 4 d.	2	337
William, s. Jabez & Anna, b. May 6, 1765	2	337
STRICKLAND, Stephen, of Lyme, m. Harriet Maria **DICKINSON**, of Saybrook, Oct. 27, 1833, by W[illia]m Case	2	60

	Vol.	Page
STRONG, Elizabeth B., of Saybrook, m. Shubael S. MOORE, of Southington, Oct. 19, 1828, by Rev. Pierpont Brocket	1	73
Fanny, m. Levi DAVISON, b. of Saybrook, Oct. 11, 1829, by Fred W. Hotchkiss	1	78
Patience, m. Christopher LORD, Apr. 15, 1747	2	2
SULLIVAN, Martha, m. Stephen WRIGHT, b. of Deep River, Jan. 31, 1849, by Rev. Russell Jennings	2	127
TAYLOR, Martha, m. Azariah MATHER, Dec. 5, 1710	2	241
Mary, m. Isaac PRATT, Sept. 7, 1704	2	4
TEMEERMAN, Addia, m. Joseph BRUCH, Aug. 17, 1851, by Rev. S. Nash	2	135
THAYER, Ezra, of Williamsburg, Mass., m. Mary DICKINSON, of Saybrook, June 10, 1833, by Fred W. Hotchkiss	1	97
Gershom, of Middletown, m. Louisa TRYON, of Saybrook, June 3, 1828, by Fred W. Hotchkiss	1	72
William E., of Williamsburg, Mass., m. Maria S. DICKINSON, of Saybrook, Oct. 20, 1840, by Rev. Fred W[illia]m Hotchkiss	2	97
THOMPSON, THOMSON, Alvan, of Madison, m. Abigail WATERHOUSE, of Sayville, June 30, 1839, by Rev. H. R. Knapp	2	93
Asher, s. [David & Jane], b. Sept. 15, 1775	1	5
Baron Dekalb, s. David & Jane, b. Aug. 13, 1782	1	5
Charles, s. [David & Jane], b. Sept. 5, 1786	1	5
David, m. Jane WRIGHT, June 4, 1772	1	5
Harriet, d. David & Jane, b. June 13, 1784	1	5
Henry, of Brooklyn, N.Y., m. Maria BAILEY, of Guilford, Aug. 5, 1826, by Fred W[illia]m Hotchkiss	1	58
Hugh Miller, "of the Academy", m. Jerusha H. HAYDEN, b. of Essex, Feb. 20, 1845, by Rev. W[illia]m George Miller	2	113
Linda, d. [David & Jane], b. Sept. 20, 1780	1	5
Melora, eldest d. David & Jane, b. May 21, 1774	1	5
Nicholas Otis, s. [David & Jane], b. Oct. 29, 1789	1	5
THURBUR, Henry G., m. Harriet N. LOOMIS, b. of Kingsville, O., May 24, 1835, by Rev. Henry Wooster, Deep River	2	39
TIBBALLS, Sarah, of Middletown, m. Appleton STEVENS, of Saybrook, Aug. 13, 1840, by Rev. Russell Jennings	2	97
TIFFANY, Francis H., of Salem, m. Mariah D. POST, of Saybrook, Sept. 3, 1840, by W. Geo[rge] Miller	2	96
TILEY, [see also TYLEY], Charles, m. Mehetable STILLMAN, Sept. 30, 1821, by Aaron Hovey	1	43
Harriet L., m. Selden H. POST, Dec. 2, 1844, by Jos[eph] D. Hall	2	111

SAYBROOK VITAL RECORDS 159

	Vol.	Page
TILLETSON, TILOTSON, TILLITSON, TILLOTSON,		
Ephraim, of Chesterfield, Lyme, m. Abigail		
STANNARD, of Saybrook, June 30, 1832, by Fred		
W. Hotchkiss	1	92
John, m. Mary **MORRIS**, Nov. 25, 1680	1	14
John, m. Mary **MORRIS**, Nov. 25, 1680	1	131
John, Mr., d. Jan. 5, 1718/9	1	131
Jonathan, m. Mary **JONES**, Jan. 10, 1683	1	24
Jonathan, s. Jonathan, [& Mary], b. Oct. 26, 1684	1	24
Joseph, [s. John & Mary], b. Mar. 29, 1689	1	131
Joshua, [s. John & Mary], b. Mar. 26, 1687	1	131
Mara, [d. John & Mary], b. Nov. 30, 1681	1	131
Martha, d. John & Mary, b. Nov. 1, 1691	1	131
Morris John, [s. John & Mary], b. Oct. 25, 1683	1	131
Thomas, s. John & Mary, b. Mar. 24, 1693/4	1	131
TITUS, Elizabeth, of L.I., m. Elias **SHIPMAN**, Jan. 18, 1781	1	11
TOOKER, TOOCKER, [see also **TUCKER**], Abigail M., m.		
Levi R. B. **POST**, Aug. 15, 1838, by Rev. H. R.		
Knapp	2	81
Alvira, m. William H. **DOANE**, b. of Saybrook, Mar. 23,		
1834, by Rev. Pierpont Brocket	2	55
Ann, m. Horatio N. **POST**, b. of Saybrook, May 18, 1828,		
by Sylvester Selden	1	71
Ann M., m. William H. **POST**, June 16, 1831, by Rev.		
Pierpont Brocket	1	88
Dorcas, m. Peleg **HILL**, Dec. 15, 1754	2	503
Eliphelet, s. [Noah & Hannah], b. Aug. 26, 1750	2	488
Gurdon L., m. Harriet **POST**, b. of Saybrook, Aug. 5,		
1827, by Asa Wilcox, Elder	1	67
Hannah, d. [Noah & Hannah], b. July 6, 1759	2	488
Harmon, m. Hetty **WATROUS**, b. of Saybrook, Nov. 20,		
1823, by Aaron Hovey	1	45
James, s. [Noah & Hannah], b. Jan. 8, 1755	2	488
Jemima, d. [Noah & Hannah], b. May 24, 1752	2	488
John, s. [John & Mary], b. May 29, 1738	2	396
Joseph, Capt., m. Eliza **HAYDEN**, Jan. 29, 1824, by Rev.		
Peter G. Clark	1	41
Laura, m. William **GRISWOLD**, b. of Essex, Mar. 25,		
1832, by Rev. Raphael Gilbert	1	92
Lebbeus C., m Azubah P. **SNOW**, Nov. 21, 1831, by Rev.		
Raphael Gilbert	1	90
Lois, d. John & Mary, b. Mar. 5, 1740	2	396
Lucretia, of Saybrook, m. William B. **GRINELL**, of		
Killingworth, Nov. 5, 1820, by Asa Wilcox, Elder	1	23
Mabel, m. William **GLADDING**, June 14, 1830, by Rev.		
Rapheal Gilbert	1	82
Margaret, d. Noah & 2d wife Annah, b. Apr. 5, 1764	2	488
Margaret, m. Asa L. **BUSHNELL**, Dec. 14, 1834, by		
Aaron Hovey	2	42
Mary, d. [John & Mary], b. June 13, 1736	2	396
Mary Ann, m. David **BROWN**, b. of Saybrook May 24,		
1828, by Aaron Hovey	1	72

160   BARBOUR COLLECTION

	Vol.	Page
TOOKER, TOOCKER (cont.)		
Noah, s. [Noah & Hannah], b. Apr. 12, 1747	2	488
Noah, m. Caroline V. **DICKINSON**, b. of Saybrook, June 1, 1845, by F. W. Chapman, Deep River	2	114
Orrin, m. Deborah **POST**, b. of Saybrook, Sept. 28, 1820, by Sylvester Selden	1	22
Orson H., m. Sarah Ann **TRIPP**, b. of Saybrook, July 29, 1827, by Asa Wilcox, Elder	1	67
Phillip, s. [Noah & Hannah], b. Aug. 10, 1757	2	488
Philip, 2d, m. Mary **TRIPP**, b. of Saybrook, Nov. 25, 1827, by Asa Wilcox, Rector	1	68
Philip, 3d, m. Maria **WILLIAMS**, b. of Saybrook, 2d Soc., May 11, 1834, by Rev. Pierpont Brocket	2	58
Rhoda, d. Noah & 2d wife Annah, b. June 21, 1762	2	488
Ruth, of Saybrook, m. Ruel **McCRERY**, of Lyme, June 26, 1828, by Aaron Hovey	1	73
Ruth, m. Richard **CHAMPION**, Apr. 21, 1852, by Rev. James A. Clark, Deep River	2	138
Samuel, m. Bets[e]y **PRATT**, Dec. 16, 1822, by Asa Wilcox, Elder	1	33
Sarah, d. Tabor & Sarah, b. Dec. 18, 1751	2	489
Taber, m. Clarissa **SHAILER**, b. of Saybrook, Feb. 5, 1828, by Aaron Hovey	1	70
W[illia]m L., m. Julia F. **HUNT**, Apr. 21, 1852, by Rev. James A. Clark, Deep River	2	138
TOWNER, Azubah, m. Charles **DENISON**, b. of Westbrook, Oct. 15, 1835, by Rev. Jeremiah Miller	2	73
Clarissa E., m. Gustavus A. **WARNER**, b. of [Deep River], Oct. 28, 1839, by Rev. Henry Wooster	2	91
Julia, formerly of Killingworth, m. George A. **KIRKUM**, of Guilford, Dec. 21, 1828, by Rev. Russell Jennings	1	74
Sarah, m. Ambrose **WEBB**, Sept. 4, 1831, by Orson Spencer	1	89
Thankful, m. Samuel **BEAMONT**, Feb. 24, 1757	2	540
TRACY, John J., of Colchester, m. Lucy W. **WARNER**, of Saybrook, Nov. 28, 1826, by Elder Joseph Glazier	1	61
TREADWELL, David B., of New York, m. Adaline **HAYDEN**, of Saybrook, Jan. 6, 1833, by Rev. Ashbel Steele	1	94
TREAT, William, m. Eunice Elizabeth **WILLIAMS**, b. of Essex, Dec. 25, 1842, by Rev. Thomas H. Vail	2	105
TRIANS, [see also **TRYON**], Ananias, m. Abigail **NORTON**, Aug. 6, 1667	1	53
TRIBY, Mehetable B., m. Gurdon **SMITH**, Jr., Jan. 1, 1824, by Asa Wilcox, Elder	1	39
TRIPP, Amasa, m. Cordelia H. **PARKER**, Aug. 29, 1831, by Rev. Rapheal Gilbert	1	88
Eli, m. Sarah A. **WOOD**, b. of [Saybrook], Jan. 21, 1849, by J. H. Pettingill	2	130
Eliza, m. Chauncey **SPENCER**, b. of Saybrook, May 4, 1828, by Aaron Hovey	1	71

SAYBROOK VITAL RECORDS 161

	Vol.	Page
TRIPP (cont.)		
Gideon, m. Betsey **BREWSTER**, b. of Saybrook, Dec. 1, 1841, by Aaron Hovey	2	102
Hannah, m. Benjamin **MACK**, b. of Essex, Jan. 25, 1835, by Rev. Orlando Starr	2	70
Henry, of Saybrook, m. Roxey E. **ENSIGN**, of Hartford, May 22, 1832, by Rev. Rapheal Gilbert	1	93
Henry, of Essex, m. Miraim, wid. of Courtney, **TUCKER**, of Chester, Mar. 29, 1844, by Rev. W[illia]m George Miller	2	113
Jane Ann, m. Enos **SPARKS**, b. of Saybrook, Sept. 19, 1852, by Rev. J. H. Pettingill	2	139
Johnson, m. Mary **PARKER**, Oct. 8, 1820, by Asa Wilcox, Elder	1	23
Mary, m. Philip **TOOCKER**, 2d, b. of Saybrook, Nov. 25, 1827, by Asa Wilcox, Rector	1	68
Nancy, of Saybrook, m. William W. **MANSFIELD**, of New Haven, Oct. 13, 1828, by Rev. Pierpont Brocket	1	73
Sarah Ann, m. Orson H. **TOOCKER**, b. of Saybrook, July 29, 1827, by Asa Wilcox, Elder	1	67
Thomas, m. Hannah G. **HAYDEN**, b. of Saybrook, Apr. 24, 1836, by Aaron Hovey	2	82
William, Jr., m. Nancy **MACK**, b. of Saybrook, Dec. 30, 1827, by Asa Wilcox, Elder	1	70
TRYON, [see also **TRIANS**], Azuba K., of Saybrook, m. Henry **MIX**, of New Haven, Feb. 23, 1835, by Rev. O[rlando] S[tarr]	2	36
Benjamin, m. Rhoda B. **ROGERS**, b. of Saybrook, Sept. 23, 1827, by William Case	1	79
Elizabeth A., m. Hervey **ROGERS**, Nov. 16, 1826, by Frederick Hotchkiss	1	61
Harriet, of Saybrook, m. President Merrit **ROGERS**, of Petapague, Oct. 6, 1825, by Frederic W. Hotchkiss	1	53
Huldah L., of Saybrook, m. Zelotes **CLARK**, of Twinsburg, O., June 18, 1828, by Frederic William Hotchkiss	1	72
Jedidiah, m. Wealthy Ann **WILLIAMS**, b. of Saybrook, July 22, 1827, by Rev. Frederic W. Hotchkiss	1	66
Louisa, of Saybrook, m. Gershem **THAYER**, of Middletown, June 3, 1828, by Fred W. Hotchkiss	1	72
TUBBS, John, of Lyme, m. Sybil **STARKEY**, of Saybrook, Feb. 9, 1823, by Aaron Hovey	1	44
John, of Lyme, m. Sybil **STARKEY**, of Saybrook, Jan. 8, 1823, by Aaron Hovey	1	44
TUCKER, [see also **TOOKER**], Eliza J., of Essex, m. Asahel C. **BRADDICK**, Dec. 1, 1840, by [W. Geo[rge] Miller]	2	98
James, m. Lucinda Amelia **BUSHNELL**, b. of Saybrook, Nov. 10, 1835, by Orlando Starr	2	61
John, m. Ann **BUCKINGHAM**, Nov. 29, 1757	2	460
John, s. [John & Ann], b. Mar. 26, 1758	2	460

TUCKER (cont.)

	Vol.	Page
Lavinia H., m. Francis **LANG**, b. of Essex, Sept. 25, 1842, by Rev. W[illia]m George Miller	2	112
Lydia, d. [John & Ann], b. Oct. 23, 1759	2	460
Martha S., of Essex, m. John **CASE**, of Greenport, L.I., Oct. 6, 1846, by Rev. N. C. Lewis	2	119
Miriam, wid., of Courtney, of Chester, m. Henry **TRIPP**, of Essex, Mar. 29, 1844, by Rev. W[illia]m George Miller	2	113
Rhoda B., m. Frederick W. **WILLIAMS**, b. of Essex, Apr. 12, 1841, by Rev. W[illia]m George Miller	2	112
Richard, m. Esther **POST**, b. of Saybrook, July 8, 1832, by Rev. Pierpont Brockett	1	93
Samuell, s. John & Ann, b. July 17, 1762; d. Feb. 14, 1765	2	460
Sarah Ann, of Essex, m. D[e]witt **BURROWS**, of Clinton, Mar. 14, 1847, by Rev. Nath'l C. Lewis	2	121
TULLY, Abigail, d. [William & Abigail], b. July 5, 1707	2	30
Abigail, [d. William & Anne], b. Nov. 4, 1746	2	2
Abigail, [wid. William], d. Dec. 9, 1750	2	30
Anne, twin with Daniel, [d. John & Parnell], b. Nov. 24, 1736; d. Sept. 5, 1739	2	511
Anne, d. William & Abigail, b. Aug. 1; d. Aug. "last", 1748	2	2
Anne, [w. William], d. Aug. 5, 1748	2	2
Anne, d. William & Elizabeth, b. June 3, 1751	2	2
Anne, d. [John & Ann], b. June 29, 1764	2	460
Anne, m. Samuel **DORANCE**, Nov. 16, 1775	1	6
Anne, m. Samuel M. **TULLY**, Nov. 23, 1834	2	15
Azubah, d. [Elias & Azubah], b. Mar. 20, 1789	2	168
Azubah, [w. of Elias], d. [June 27], 1796	2	168
Azubah, of Saybrook, m. Samuel S. **WARNER**, of Lyme, Nov. 17, 1825, by Frederic W. Hotchkiss	1	55
Betsey, d. [Elias & Azubah], b. Mar. 18, 1787	2	168
Catherine, d. [Samuel & Anne], b. Aug. 20, 1835; d. May 4, 1836	2	15
Daniel, twin with Anne, [s. John & Parnell], b. Nov. 24, 1736; d. Sept. 23, 1739	2	511
Deborah, [d. John & Mary], b. Feb. 24, 1683	1	14
Elias, s. William & Abigail, b. Jan. 17, 1713/14	2	30
Elias, m. Mercy **PRATT**, Mar. 17, 1748	2	145
Elias, s. [Elias & Mercy], b. July 30, 1752	2	145
Elias, d. July 19, 1773	2	145
Elias, m. Azubah **KIRTLAND**, Jan. 23, 1783	2	168
Elizabeth, d. [John & Parnell], b. Apr. 23, 1739	2	511
Elizabeth, [d. William & Elizabeth], b. Nov. 6, 1753	2	2
Eunice, d. [Elias & Mercy], b. Aug. 5, 1758	2	145
Eunice, d. [Samuel & Sarah, 2d], b. Feb. 7, 1794	2	211
Harriet, d. Elias & Azubah, b. Mar. 21, 1794	2	168
Harriet, m. Ezra **KIRTLAND**, Oct. 7, 1821, by Frederic W. Hotchkiss	1	25
Hepzibah, d. John & Mary, b. Dec. 22, 1689	1	140

SAYBROOK VITAL RECORDS 163

	Vol.	Page
TULLY (cont.)		
Hephzbah, [d. William & Elizabeth], b. Feb. 12, 1755	2	2
John, m. Mary BEAMON, Jan. 3, 1671	1	14
John, Jr., [s. John & Mary], b. Dec. 3, 1672	1	14
John, d. Oct. 5, 1701	2	31
John, s. [William & Abigail], b. Mar. 18, 1702	2	30
John, m. Parnell KIRTLAND, Feb. 17, 1730/1	2	511
John, s. John & Parnell, b. Mar. 12, 1733/4, d. Oct. 22, 1760	2	511
John, m. Mary RUSSELL, July 25, 1753	2	511
John, d. Oct. 29, 1776	2	511
John, s. [Samuel & Sarah, 2d], b. Oct. 4, 1788	2	211
John Butler, s. [Samuel & Anne], b. Dec. 21, 1842	2	15
Lucia, [d. John & Mary], b. Mar. 22, 1686/7	1	83
Lucia, d. Elias & Azubah, b. May 15, 1791	2	168
Lucy, d. John & Mary, d. Apr. 5, 1692	1	140
Lydia, [d. John & Mary], b. Mar. 15, 1678/9	1	83
Lydia, d. [William & Abigail], b. July 24, 1711	2	30
Lydia, m. Humphry PRATT, Nov. 30, 1746	5	46
Lydia, d. Elias & Azubah, b. June 27, 1796	2	168
Lydia, [d. William & Elizabeth], [ ]	2	2
Lydia, m. William Rufus CLARK, Apr. 3, 1822, by Frederic W. Hotchkiss	1	27
Margarett, d. [William & Abigail], b. May 23, 1704	2	30
Marverick, s. [John & Mary], b. June 10, 1754; d. Sept. 26, 1754	2	511
Mary, [d. John & Mary], b. Aug. 10, 1681	1	14
Mary, d. [William & Abigail], b. Mar. 30, 1718	2	30
Mary, d. [John & Parnell], b. July 21, 1742	2	511
Mary, [w. of John], d. Oct. 11, 1757	2	511
Mary Barker, d. [Samuel & Sarah, 2d], b. Feb. 12, 1786	2	211
Mercy, d. [Elias & Mercy], b. Apr. 14, 1755; d. Aug. 26, 1775	2	145
Mercy, m. Humphrey PRATT, 2d, June 6, 1773	2	372
Mercy, d. [Elias & Azubah], b. Apr. 27, 1785	2	168
Parnell, d. [John & Parnell], b. June 25, 1732	2	511
Parnell, [w. of John], d. July 26, 1748	2	511
Polly, d. Elias & Azubah, b. Oct. 21, 1783	2	168
Sally, d. [Samuel & Sarah, 2d], b. Dec. 8, 1783	2	211
Samuel, s. [Elias & Mercy], b. May 17, 1750	2	145
Samuel, m. Sarah TULLY, 2d, Feb. 6, 1783	2	211
Samuel Elias, s. [Samuel &Anne], b. Jan. 26, 1837; d. June 18, 1841	2	15
Samuel M., m. Anne TULLY, Nov. 23, 1834	2	15
Samuel Maverick, s. Samuel & Sarah, b. Nov. 28, 1790	2	211
Sarah, [d. John & Mary], b. Apr. 9, 1674	1	14
Sarah, d. John & Mary, d. Dec. 30, 1692	1	140
Sarah, d. William & Abigail, b. Jan. 6, 1715/16	2	30
Sarah, m. Joseph BUCKINGHAM, Sept. 24, 1741	2	243
Sarah, d. [John & Parnell], b. June 26, 1745; d. Aug. 30, 1749	2	511
Sarah, [d. John & Mary], b. Oct. 11, 1757	2	511

	Vol.	Page
TULLY (cont.)		
Sarah, 2d, m. Samuel **TULLY**, Feb. 6, 1783	2	211
Sophia, d. [Samuell & Sarah, 2d], b. June 6, 1798	2	211
William, [s. John & Mary], b. Jan. 5, 1676	1	14
William, m. Abigail **MARVERICK**, Apr. 17, 1701	2	30
William, s. [William & Abigail], b. June 13, 1709	2	30
William, d. July 5, 1744	2	30
William, m. Anne **BEAMONT**, Jan. 9, 1745/6	2	2
William, m. Elizabeth **LAY**, of Lyme, July 19, 1750	2	2
William, d. Mar. 18, 1775	2	2
William, s. [William & Elizabeth], [ ]	2	2
William Buckingham, s. [Samuel & Anne], b. Sept. 22, 1839	2	15
TURNER, Amelia L., m. Ansel G. **CLARK**, Nov. 15, 1846, by Rev. W. G. Howard	2	119
Benjamin, of Troy, N.Y., m. Nancy E. **DOANE**, of Winthrop, May 6, 1850, by Rev. E. Cushman	2	132
Oreb, of New Haven, m. Nancy **COMSTOCK**, of Saybrook, Jan. 1, 1829, by William Jarvis	1	75
Polly, of Guilford, m. Jairus **HANDY**, of Manlius, N.Y., Oct. 2, 1823, by Sylvester Selden	1	37
Rosanna, m. Edward **BULL**, Mar. 18, 1784	1	13
William Cyrenus, of Killingworth, m. Louisa **WILLIAMS**, of Saybrook, Sept. 6, 1832, by Ashbel Steele	1	93
TUTTLE, Elias, of North Haven, m. Abigail I. **INGHAM**, of Saybrook, Nov. 30, 1837, by Rev. Fred W. Hotchkiss	2	80
TYLER, Allace Ann, of Essex, m. Henry **HOLENBECK**, of Green Bush, N.Y., Apr. 16, 1837, by Rev. Henry R. Knapp	2	78
Charles, m. Charlotte A. **CLARK**, b. of Saybrook, Nov. 12, 1826, by William Case	1	65
David, of Haddam, m. Mehetable **WATROUS**, of Saybrook, Sept. 17, 1829, by William Case	1	82
Frances, m. Gideon I. **HOLT**, b. of Saybrook, Sept. 12, 1830, by William Case	1	86
Harriet, of Haddam, m. Robert **CONE**, of Millington, June 5, 1834, by William Case	2	60
Jared, of Haddam, m. Rebecca Ann **SOUTHWORTH**, of Saybrook, Jan. 5, 1825, by William Case	1	51
Julia A., of [Saybrook], m. Alexander M. G. **TYLER**, of Durham, Jan. 1, 1835, by W[illia]m Case	2	71
Sylvanus, m. Jerusha **BROWN**, b. of Essex, Dec. 24, 1837, by Rev. H. R. Knapp	2	81
TYLEY, [see also **TILEY**], David Williams, s. David & Isabell, b. Feb. 13, 1799	1	19
Desire, d. [David & Isabell], b. July 6, 1788	1	20
Felix, s. [David & Isabell], b. Aug. 16, 1806	1	20
George, s. [David & Isabell], b. Jan. 23, 1793	1	20
Hamilton, s. [David & Isabell], b. June 22, 1809	1	20
Hannah, d. David & Isabell, b. Jan. 29, 1795	1	19

SAYBROOK VITAL RECORDS 165

	Vol.	Page
TYLEY (cont.)		
Isabell, d. [David & Isabell], b. Jan. 27, 1791	1	20
John Ogden, s. [David & Isabell], b. Apr. 16, 1803	1	20
Richard, s. [David & Isabell], b. Mar. 2, 1800	1	20
Thomas, s. [David & Isabell], b. Mar. 6, 1797	1	20
UNDERHILL, Betsey, m. George **DIBBELL**, Oct. 30, 1826, by Jedidiah Post, J.P.	1	62
Betsey Whittlesey, [d. Jonathan], b. Dec. 17, 1807	1	18
Jonathan, m. Jerusha **BUSHNELL**, Dec. 2, 1821, by Sylvester Selden	1	27
Martha Whittlesey, [d. Jonathan], b. Oct. 20, 1811	1	18
UPSON, Thomas, d. Dec. 9, [16]72, near the house of Edward Shipton	1	83
URQUHART, Malvina Maria, m. Thomas L. **MASON**, Sept. 7, 1848, at Essex, by Rev. S. Nash	2	126
Meriah, m. David R. **POST**, b. of Saybrook, Aug. 18, 1836, by Rev. Stephen Beach, of East Haddam	2	64
UTTER, Jemima, m. Job **BUCKLEY**, Nov. 30, 1769	2	59
Jemima, m. Job **BUCKLEY**, Nov. 30, 1769	4	682
VATBLE, Theophile Arestidie, of Martinico, m. Mary Ann Charlotte Henrietta **FERNAND**, of N.Y., Apr. 25, 1830, by Rev. William Jarvis	1	81
VENTRES, VENTRIS, David B., of Haddam, m. Jedidah **DENISON**, 2d, of Saybrook, Aug. 29, 1836, by Aaron Hovey	2	82
Hannah, m. Samuel **WEBSTER**, [ ]	2	209
VIBERT, John, m. Mary **NEELL**, Feb. 26, 1705/6	2	74
VRENNE, Mary, of Norwich, m. Nathaniel **CLARKE**, of Saybrook, May 10, 1715	2	27
WADSWORTH, Norman, of East Hartford, m. Aurelia **FARGO**, of Chester, May 5, 1838, by Rev. Z. Rogers Ely	2	84
WALES, Clarissa, of Essex, m. Solomon **CHAPMAN**, of Lyme, Sept. 17, 1837, by Rev. H. R. Knapp	2	80
Elias, of Essex, m. Adaline **MATHER**, of Saybrook, Jan. 11, 1835, by Rev. Orlando Starr	2	70
Harriett A., m. Caleb C. **DIBBLE**, b. of Saybrook, Nov. 12, 1842, by Rev. W[illia]m George Miller, Essex	2	113
Julia Augusta, m. Henry **SHIPMAN**, b. of Saybrook, July 4, 1832, by Ashbel Steele	1	92
Norman, m. Polly **PRATT**, b. of Saybrook, Jan. 4, 1835, by Rev. Pierpont Brocket	2	38
Sally, of Saybrook, m. William **HEFFLON**, of Preston, Mar. 18, 1827, by Aaron Hovey	1	66
WALKER, Betsey, m. Thomas **WALLACE**, formerly of Ireland, now of Saybrook, Apr. 10, 1831, by Rev. Ashbel Steele	1	87
Eliza, of Guilford, m. Eldredge **HAYDEN**, of Saybrook, Sept. 21, 1826, by Sylvester Selden	1	60
Henry C., m. Elizabeth M. **CHALKER**, July 13, 1829, by Aaron Hovey	1	78

	Vol.	Page
WALKER (cont.)		
William T., of Palmer, Mass., m. Julia M. **PLATTS**, of Saybrook, Oct. 15, 1843, by F. W. Chapman, Deep River	2	107
WALKLEY, Ebenezer, of Madison, m. wid. Rhoda **WATROUS**, of Saybrook, Jan. 3, 1828, by William Case	1	82
WALLACE, Thomas, formerly of Ireland, now of Saybrook, m. Betsey **WALKER**, Apr. 10, 1831, by Rev. Ashbel Steele	1	87
WARD, Deborah, m. David **POST**, Dec. 12, 1759	1	14
Deborah, m. David **POST**, Dec. 12, 1759	2	296
Noah H., of Madison, m. Ermina L. **CLARK**, of Saybrook, May 24, 1835, by Rev. W[illia]m Palmer, at her mother's widow Clark	2	22
WARNER, Andrew, s. Andrew & Ruth (**CLARK**), b. Jan. 25, 1702/3	2	93
Andrew, m. Hannah **STANNARD**, widow, Apr. 4, 1706	2	93
Andrew, s. [Eleazer & Elizabeth], b. Nov. 15, 1762	1	2
Azubah S., m. Gideon **PARKER**, 2d, b. of Chester, Apr. 22, 1835, by Rev. W[illia]m Palmer, at David Warner's in Saybrook	2	47
Betty, d. Eleazer & Elizabeth, b. Apr. 4, 1775	1	2
David, of Lyme, m. Elizabeth P. **JOHNSON**, of Saybrook, Jan. 16, 1825, by Asa Wilcox, Elder	1	51
Eleazer, m. Elizabeth **KIRTLAND**, Jan. 14, 1762	1	2
Eleazer, s. [Eleazer & Elizabeth], b. Apr. 2, 1764	1	2
Gustavus A., m. Clarissa E. **TOWNER**, b. of [Deep River], Oct. 28, 1839, by Rev. Henry Wooster	2	91
Hannah D., m. Ben W. **ADAMS**, Aug. 24, 1824, by Rev. Isaac Dwinnel	1	48
Henry, of Lyme, m. Sarah **CANFIELD**, of Saybrook, Nov. 2, 1826, by William Case	1	65
Ichabod, s. Andrew & Ruth (**CLARK**), b. July 8, 1704	2	93
Julia M., m. Charles L. **DeANGELIS**, b. of Saybrook, Oct. 3, 1822, by Simon Shailer, J.P.	1	31
Kirtland, s. [Eleazer & Elizabeth], b. Feb. 8, 1770	1	2
Lucy W., of Saybrook, m. John J. **TRACY**, of Colchester, Nov. 28, 1826, by Elder Joseph Glazier	1	61
Lydia, b. Aug. 21, 1751, at Saybrook; m. Thomas **SILLIMAN**, Dec. 5, 1775	1	10
Lydia, d. [Eleazer & Elizabeth], b. Feb. 24, 1779	1	2
Nathan, s. [Eleazer &Elizabeth], b. Mar. 23, 1772	1	2
Philip, s. Eleazer & Elizabeth, b. Feb. 16, 1766	1	2
Roxanna, of Saybrook, m. Ely **DICKENSON**, of Haddam, Sept. 24, 1822, by Simon Shailer, J.P.	1	30
Ruth, d. Andrew & Ruth (**CLARK**), b. Nov. 27, 1701	2	93
Samuel, of Bridgewater, Penn., m. Phebe **BROOKS**, of Saybrook, Nov. 4, 1821, by Samuel West	1	27
Samuel, m. Nancy **HAVENS**, b. of Saybrook, Feb. 25, 1829, by Rev. Russell Jennings	1	76

SAYBROOK VITAL RECORDS 167

	Vol.	Page
WARNER (cont.)		
Samuel S., of Lyme, m. Azubah **TULLY**, of Saybrook, Nov. 17, 1825, by Frederic W. Hotchkiss	1	55
Silvester, s. [Eleazer & Elizabeth], b. Feb. 21, 1768	1	2
WARY, Reuben H., of Meriden, m. Harriet P. **POST**, of Essex, May 2, 1838, by F. Ketcham	2	83
WATERHOUSE, [see also **WATROUS**], Abigail, of Sayville, m. Alvan **THOMPSON**, of Madison, June 30, 1839, by Rev. H. R. Knapp	2	93
John, m. Loise **CHAMPLIN**, b. of Essex, Feb. 1, 1838, by Rev. H. R. Knapp	2	81
Lydia, Mrs., m. Hezekiah **WHITTLESEY**, Aug. 23, 1762	2	417
Phebe, m. Samuel **LYNDE**, July 29, 1759	2	163
Temperence, m. Charles **POMEROY**, Mar. 17, 1774	1	1
WATERMAN, Warren, of New York, m. Harriet S. **POST**, of Essex, Dec. 27, 1846, by Rev. Henry Bromley	2	120
WATROUS, WATEROUSE, WATERUS, [see also **WATERHOUSE**], Abinah, of Saybrook, m. John **BUELL**, of Killingworth, June 1, 1834, by Aaron Hovey	2	63
Abraham, s. Abraham, b. Dec. 23, 1674	1	150
Abraham, m. Hannah **STARKIE**, Nov. 12, 1697	2	156
Abraham, s. Abraham & Hannah, b. July 16, 1700	2	156
Ann Eliza, d. Asahel & Belinda, b. Nov. 23, 1830	2	35
Ann Maria, m. Abijah **HULL**, Mar. 5, 1827, by Elder Joseph Glazier	1	64
Ansel W., of Chester, m. Mary Ann **SOUTHWORTH**, of Saybrook, at the house of Cha[rle]s G. Southworth, Oct. 13, 1850, by Rev. Amos S. Chesebrough	2	133
Asahel, m. Belind[a] **POST**, b. of Saybrook, Feb. 5, 1829, by William Case	1	81
Benjamin, s. Abraham, b. Feb. 17, 1692/3	1	150
Charles, of Clinton, m. Lydia **CLARK**, of Saybrook, Nov. 9, 1845, at Winthrop, by Frederick W. Chapman	2	117
Charlotte, m. Noah **GLADDING**, b. of Saybrook, Jan. 17, 1822, by Simon Shailer, J.P.	1	27
Clarinda, m. **SPENCER**, b. of Saybrook, Dec. 27, 1823, by Jedidiah Post, J.P.	1	39
David, of Deep River, m. Meriah E. **BUEL**, of Killingworth, Sept. 25, 1836, by Rev. H. Wooster	2	76
Electa B., m. Spencer **READ**, b. of [Deep River], Jan. 12, 1840, by Rev. Henry Wooster	2	92
Eliza, of Chester, m. Henry B. **SCHULZE**, of Hartford, Dec. 12, 1841, by Rev. Pierpont Brockett	2	101
Enos, m. Nancy **BROOKS**, b. of [Saybrook], Oct. 16, 1834, by W[illia]m Case	2	71
Gedion, s. Abraham & Hannah, b. Sept. 16, 1713	2	156
Hannah, d. Abraham & Hannah, b. Mar. 26, 1699	2	156
Hannah, m. Samuel **LORD**, Jan. 12, 1721	2	78

WATROUS, WATEROUSE, WATERUS (cont.)

	Vol.	Page
Hannah A., m. David L. **SAWYER**, b. of Saybrook, at Joseph Watrous, Nov. 27, 1834, by Rev. W[illia]m Palmer	2	69
Hannah A., of Chester, m. Oliver **BUEL[L]**, of Clinton, May 10, 1846, by F. W. Chapman, Deep River	2	118
Hetty, m. Harmon **TOOKER**, b. of Saybrook, Nov. 20, 1823, by Aaron Hovey	1	44-5
Horace, of Chester, m. Phidelia **HUNTL[E]Y**, of Saybrook, July 31, 1831, by Rev. Pierpont Brocket	1	88
Isaac, s. Abraham, b. Apr. 17, 1680	1	150
Jennet C., of Saybrook, m. Barney A. **HAYDEN**, of Westbrook, Nov. 7, 1847, by F. W. Chapman, Deep River	2	122
John, s. Abraham, b. Nov. 3, 1682	1	150
John, s. Abraham & Hannah, b. May 10, 1707	2	156
John E., of Saybrook, m. Mary **BROOKS**, of Middle Haddam, Jan. 1, 1834, by Rev. W[illia]m Denison	2	40
Joseph, s. Abraham, b. July 12, 1690	1	150
Joseph, m. Mary **BUELL**, at Killingworth, Feb. 3, 1713/14	2	502
Joseph, s. [Joseph & Mary], b. Jan. 9, 1718	2	239
Joseph, s. [Joseph & Mary], b. Jan. 9, 1718	2	502
Lucinda, of Saybrook, m. Samuel **SMITH**, of Madison, Apr. 29, 1829, by Rev. Russell Jennings	1	76
Lydia, d. Joseph & Mary, b. July 25, 1715	2	239
Lydia, d. [Joseph & Mary], b. July 25, 1715	2	502
Lydia, m. Simeon **BROOKS**, June 15, 1823, by Simon Shailer, J.P.	1	35
Maria, m. Eliphalet L. **DENISON**, b. of Saybrook, Nov. 27, 1827, by Rev. Simon Shailer	1	69
Mary, d. [Joseph & Mary], b. Apr. 2, 1719	2	502
Mary, m. Charles **SOUTHWORTH**, b. of Saybrook Aug. 27, 1821, by Nehemiah B. Beardsley	1	25
Mehetable, of Saybrook, m. David **TYLER**, of Haddam, Sept. 17, 1829, by William Case	1	82
Phebe, m. Samuell **LYNDE**, July 26, 1759	2	321
Rebeckah, d. Abraham, b. Sept. 20, 1677	1	150
Rebeckah, m. Stephen **WHITTLESEY**, Oct. 14, 1696	1	256
Rebeckah, w. of Abraham, d. Oct. 14, 1704	1	150
Rebecca, d. Abraham & Hannah, b. Aug. 21, 1706; d. Oct. 26, 1706	2	156
Rhoda, wid. of Saybrook, m. Ebenezer **WALKLEY**, of Madison, Jan. 3, 1828, by William Case	1	82
Rhoda B., m. William **DOLPH**, b. of Saybrook, Mar. 29, 1827, by Joseph Glazier, Elder	1	63
Sally, m. Samuel P. **CANFIELD**, Oct. 11, 1821, by Simon Shailer, J.P.	1	25
Sarah, d. Abraham & Hannah, b. Aug. 15, 1702	2	156
Selden, m. Mary Ann **BALDWIN**, of Saybrook, Aug. 26, 1832, by William Case	1	101

	Vol.	Page
WATROUS, WATEROUSE, WATERUS (cont.)		
Selden, m. Louisa KIRTLAND, b. of [Essex], Oct. 3, 1852, by Rev. E. E. Griswold	2	140
William B., m. Rachel PLATTS, b. of Saybrook, Sept. 22, 1828, [by Sylvester Selden]	1	72
WAY, Lydia, of Lyme, m. John WILLIAMS, Jr., Oct. 1, 1750	2	512
WEBB, Ambrose, m. Betsey W. PRATT, b. of Saybrook, Nov. 14, 1826, by Rev. Asa Wilcox	1	62
Ambrose, m. Sarah TOWNER, Sept. 4, 1831, by Orson Spencer	1	89
Ann, of Saybrook, m. Emery SHAILER, of Haddam, Nov. 8, 1826, by Asa Wilcox, Rector	1	60
Caroline Matilda, [d. Constant, Jr.], b. Aug. 27, 1823	2	14
Gideon, s. [John & Ruth], b. July beginning, 1709	2	5
Hannah, d. John & Ruth, b. Mar. 1, 1701/2	2	4
Hannah, had d. Anne DRAKE, b. Mar. 18, 1725	2	548
Hannah, had s. Joseph CLARKE, b. Feb. 14, 1726/7	2	548
Heman, m. Lucy A. BECKWITH, b. of Saybrook, Jan. 1, 1835, by Rev. William Palmer, at Mr. Samuel Webb's	2	20
Joanna, m. John SMITH, b. of Saybrook, Dec. 27, 1821, by Simon Shailer, J.P.	1	27
John, d. May 27, 1684	1	51
John, d. May 27, 1684	1	123
John, m. Ruth GRAVES, Jan. 25, 1699/1700. Witness: Tho[ma]s Buckingham, Sr.	2	5
John, s. John & Ruth, b. Nov. 4, 1700, d. Dec. 19, 1702	2	4
John, s. [John & Ruth], b. June latter end, 1711	2	5
John, d., Jan. 28, 1711/12	2	4
Lucy, m. John PLATT, Oct. 12, 1779	1	13
Luther, m. Harriet BROOKS, b. of Saybrook, June 9, 1822, by Simon Shailer, J.P.	1	30
Mary, d. John & Ruth, b. Mar. 19, 1703/4	2	4
Mary, m. John PRATT, Jr., Mar. 8, 1731/2	2	391
Mary, m. Noah SHIPMAN, b. of Saybrook, Dec. 4, 1822, by Aaron Hovey	1	44
Ruth, d. [John & Ruth], b. Dec. beginning, 1705	2	5
Samuel, m. Lucy POST, Sept. 24, 1822, by Simon Shailer, J.P.	1	30
Sarah, d. [John & Ruth], b. Aug. 7, 1707	2	5
Temperence Smith, [d. Constant, Jr.], b. Nov. 15, 1820	2	14
WEBSTER, Doratha, d. Samuel & Hannah, b. May 28, 1748	2	209
Hannah, d. Samuel & Hannah, b. Feb. 6, 1735/6	2	209
Justice, s. [Samuel & Hannah], b. Apr. 2, 1740	2	209
Ruth, d. Samuel & Hannah, b. Jan. 29, 1742/3; d. Feb. 2, 1742/3	2	209
Samuel, s. [Samuel & Hannah], b. Mar. 14, 1738	2	209
Samuel, m. Hannah VENTRES, [ ]	2	209
Susanna, d. [Samuel & Hannah], b. Aug. 29, 1745	2	209
WEEKS, Benjamin, of New London, m. Louisa JONES, of Saybrook, May 18, 1845, by Rev. E. B. Crane	2	124

	Vol.	Page
WEEKS (cont.)		
Francis H., of Montville, m. Almira C. **JONES**, of Saybrook, Aug. 15, 1841, by Rev. Fred W[illia]m Hotchkiss	2	100
WELLS, Edmond, s. Thomas & Elizabeth, b. Feb. 8, 1720/1	2	269
Thomas, m. Elizabeth **MERRELL**, May 13, 1720	2	269
WESSTEAD, Ellenor, d. William, d. May 20, 1684	1	112
Samuel, s. William, b. May 20, 1683	1	112
WESTOLL, John, d. Feb. 12, 1682	1	78
Susannah, w. of John, d. Mar. 18, 1683/4	1	78
WHEAT, Emele, m. Frederick W. **HAYDEN**, b. of Saybrook, June 24, 1826, by Asa Wilcox, Rector	1	58
WHEELER, Alice, d. Capt. John, of Easthampton, m. Daniel **LORD**, Sept. 30, 1702	2	124
Hannah, m. Nathan **SOUTHWORTH**, July 30, 1758	2	6
WHITE, Elizabeth, m. Edmund **DOANE**, Jr., b. of Saybrook, Sept. 14, 1828, by Rev. Russell Jennings	1	72
Joseph, s. Oliver, b. Sept. 2, 1764	2	273
Pierce, s. Oliver, b. July 27, 1762	2	273
Wright, m. Emily **DOUGLAS**, b. formerly of Savanna, Oct. 1, 1820, by Asa Wilcox, Elder	1	22
WHITTEMORE, Alvan F., b. Aug. 22, 1796; m. Eliza **PRATT**, Aug. 1, 1819	2	5
Alvan F., Jr., s. Alvan F. & Eliza, b. Mar. 2, 1822	2	5
Alvin F., m. Teressa **MASON**, b. of Saybrook, Oct. 2, 1833, by Rev. Pierpont Brocket	1	102
Eliza, [w. of Alvan F.], d. Aug. 6, 1833	2	5
Elizabeth, d. Alvan F. & Eliza, b. Sept. 9, 1828	2	5
George, s. Alvan F. & Eliza, b. May 4, 1820	2	5
Henry Warren, s. Alvan F. & Eliza, b. July 29, 1833	2	5
Isaac Thompson, s. Alvan F. & Eliza, b. July 12, 1824	2	5
Jane M., d. Alvan F. & Eliza, b. May 28, 1838	2	5
Maria, d. Alvan F & Eliza, b. Feb. 10, 1835	2	5
Samuel, s. Alvan F. & Eliza, b. Nov. 1, 1831	2	5
William, s. Alvan F. & Eliza, b. Sept. 3, 1826	2	5
WHITTLESEY, Abigail, m. Thomas **AYER**, Aug. 22, 1821, by Frederic W. Hotchkiss	1	24
Ambrose, [s. Stephen & Rebeckah], b. Jan. 13, 1713	1	256
Ambrose, m. Elizabeth **MATHER**, Mar. 9, 1732	2	450
Ambrose, s. [Ambrose & Elizabeth], b. Dec. 21, 1732	2	450
Ambrose, m. Wealthy Ann **CARTER**, b. of Saybrook, Sept. 8, 1834, by Rev. Fred W[illia]m Hotchkiss	2	65
Ann, d. Hezekiah & Priscilla, b. Jan. 17, 1737/8	2	417
Azariah, s. Ambrose & Elizabeth, b. Feb. 2, 1741/2	2	450
Azuba Shipman, m. James **HILDRETH**, Aug. 1, 1837, by Rev. Fred W[illia]m Hotchkiss	2	79
Betsey Amanda, of Saybrook, m. Gamaliel **CONKLIN**, Jr., of Essex, Nov. 28, 1833, by Fred W[illia]m Hotchkiss	2	4
Catherine, d. [Ambrose & Elizabeth], b. Apr. 18, [ ]	2	450
Corydon M., m. Maria L. **AYER**, b. of [Saybrook], Jan. 1, 1849, by Rev. E. B. Crane	2	128

SAYBROOK VITAL RECORDS 171

	Vol.	Page
WHITTLESEY (cont.)		
David, s. John [& Ruth], b. June 2, 1677	1	110
David, s. John & Hannah, b. Feb. 20, 1710/11; d. Nov. 10, 1728	2	110
David, s. Hezekiah & Priscilla, b. Jan. 17, 1734/5	2	417
David, s. [Hezekiah & Pri[s]cilla], d. Nov. 1, 1741	2	417
David, s. [Hezekiah & Pri[s]cilla], b. Aug. 6, 1746	2	417
Davis, s. Ambrose & Elizabeth, b. May 28, [ ]	2	450
Ebenezer, [s. John & Ruth], b. Dec. 11, 1669	1	110
Eliphalet, [s. John & Ruth], b. July 24, 1679	1	110
Eliphalet, m. Mary **PRATT**, Dec. 1, 1702	2	59
Elizabeth, d. Ambrose & Elizabeth, b. Feb. 2, 1736/7	2	450
Elizabeth T., of Saybrook, m. David **PHELPS**, of Hebron, Nov. 28, 1846, by Rev. E. B. Crane	2	124
Hannah, d. Hezekiah & Priscilla, b. Jan. 12, 1731/2	2	417
Hannah, m. Hezekiah **POST**, Aug. 1, 1745	2	125
Hannah, [w. John], d. Jan. 6, 1752	2	110
Hannah, m. Eliakim **JONES**, Aug. 23, 1766	1	4
Hester, d. [John & Sarah], b. June 12, 1722	2	109
Heste[r], d. [Hezekiah & Pri[s]cilla], b. June 20, 1749	2	417
Hezekiah, s. [John & Hannah], b. Mar. 24, 1694	2	110
Hezekiah, s. [John & Hannah], d. July 23, 1705	2	110
Hezekiah, s. [John & Hannah], b. Apr. 28, 1708	2	110
Hezekiah, m. Pri[s]cilla **JONES**, Feb. 19, 1728/9	2	417
Hezekiah, s. [Hezekiah & Pri[s]cilla], b. Aug. 20, 1743	2	417
Hezekiah, [m.] Mrs. Lydia **WATERHOUSE**, Aug. 23, 1762	2	417
Hezekiah, m. Margaret **SHIPMAN**, of Saybrook, Apr. 2, 1822, by Frederic W. Hotchkiss	1	27
Jabez, [s. John & Ruth], b. Mar. 14, 1675	1	110
John, m. Ruth **DUDLEY**, June 20, 1664	1	110
John, [s. John & Ruth], b. Dec. 11, 1665	1	110
John, m. Hannah **LARGE**, May 9, 1693	2	110
John, s. [John & Hannah], b. Nov. 1, 1696	2	110
John, Jr., m. Sarah **WILLIAMS**, Dec. 17, 1718	2	109
John, Lieut., d. July 2, 1735	2	110
John, s. Hannah Bartholomew; b. Sept. 1, 1780	1	6
John E., m. Louisa **INGRAHAM**, Sept. 14, 1830, by Fred W. Hotchkiss	1	84
John Lord, m. Susan **WHITTLESEY**, Oct. 24, 1832, by Fred W. Hotchkiss	1	94
Joseph, [s. John & Ruth], b. June 15, 1671	1	110
Joseph, m. Abigail **CHAPMAN**, Jan. 28, 1719	2	376
Josiah, [s. John & Ruth], b. Aug. 21, 1673	1	110
Josiah, [s. John & Ruth], b. Apr. 15, 1681	1	110
Lois, d. [Hezekiah & Pri[s]cilla], b. Sept. 18, 1740	2	417
Lydia, m. Joseph **WRIGHT**, 2d, Oct. 27, 1761	2	27
Lydia B., m. Joseph D. **BILLARD**, b. of Saybrook, June 23, 1841, by Rev. Fred W[illia]m Hotchkiss	2	100
Maria N., of Saybrook, m. Samuel P. **STERLING**, of Honeyeye, N.Y., June 16, 1845, by Rev. E. B. Crane	2	124
Martha, d. [John & Hannah], b. Sept. 3, 1701	2	110

BARBOUR COLLECTION

	Vol.	Page
WHITTLESEY (cont.)		
Martha, d. [Ambrose & Elizabeth], b. Feb. 10, [ ]	2	450
Mary Ann, m. Oliver T. **LAY**, of Lyme, June 6, 1827, by William Case	1	64
Mary Ann, of Saybrook, m. William H. **LAY**, of Westbrook, Jan. 20, 1833, by Fred W. Hotchkiss	1	96
Nancy, m. Nathan **MINER**, of Salem, Conn., Dec. 10, 1829, by Rev. John Whittlesey	1	78
Pri[s]cilla, d. [Hezekiah & Pri[s]cilla], b. Dec. 19, 1729	2	417
Priscilla, m. Samuell **PRATT**, 2d, Apr. 1, 1756	2	430
Pri[s]cilla, [w. Hezekiah], d. Jan. 5, 1762	2	417
Rebekah, [d. Stephen & Rebeckah], b. Nov. 20, 1701	1	256
Rebeckah, m. Jonathan **NICHOLS**, May 24, (14?), 1730	4	293
Ruth, d. John [& Ruth], b. Apr. 23, 1680	1	110
Ruth, d. [John & Hannah], b. Sept. 24, 1699	2	110
Ruth, m. Josiah **DIB[B]LE**, Apr. 8, 1723	2	103
Samuel, [s. Stephen & Rebeckah], b. July 18, 1710	1	256
Samuel, s. Ambrose & Elizabeth, b. Mar. 7, 1738/9	2	450
Sarah, d. John [& Ruth], b. May 28, 1683	1	110
Sarah, [d. Stephen & Rebeckah], b. Aug. 31, 1704	1	256
Sarah, d. [John & Sarah], b. Sept. 22, 1720	2	109
Stephen, [s. John & Ruth], b. Apr. 3, 1667	1	110
Stephen, m. Rebekcah **WATEROUS**, Oct. 14, 1696	1	256
Stephen, [s.Stephen & Rebeckah], b. Sept. 25, 1697; d. Feb. 14, 1706	1	256
Stephen, [s. Stephen & Rebeckah], b. Sept. 25, 1697	1	256
Stephen, s. [Ambrose & Elizabeth], b. Dec. 13, 1734	2	450
Susan, m. John Lord **WHITTLESEY**, Oct. 24, 1832, by Fred W. Hotchkiss	1	94
Temperance, d. [John & Hannah], b. Aug. 30, 1703	2	110
Temperence, m. James **WRIGHT**, Jr., Jan. 4, 1722	2	223
Temperance, d. [John & Sarah], b. July 21, 1724	2	109
Ursula, m. Edward **SANFORD**, Jan. 28, 1828, by Frederic W. Hotchkiss	1	70
WILBUR, James B., of Westerly, R.I., m. Ruth Ann **ROSS**, of Saybrook, July 26, 1840, by Rev. Fred W. Hotchkiss	2	97
WILCOX, WILLCOCKS, WILLCOX, Abigail, b. Oct. 9, 1793; m. Jonathan **PARKER**, Jr., Nov. 26, 1818	2	34
Amye, m. Amos **CARTER**, Jan. 10, 1765	2	546
Caroline L., of Lyme, m. Isaac **STANBOROUGH**, of Sag Harbor, N.Y., June 21, 1840, by W. G. Miller, Essex	2	95
Cynthia A., of Westbrook m. Abner H. **DOUD**, of Madison, Oct 4, 1835, by Rev. Jeremiah Miller	2	75
Edwin, of Guilford, m. Susan Amelia **CHAPMAN**, July 3, 1825, by Sylvester Selden	1	53
Eunice J., of Killingworth, m. David L. **SAWYER**, of Chester, Mar. 12, 1843, by Frederick W. Chapman, Deep River	2	106
Horace T., m. Harriet D. **PIERSON**, b. of Westbrook, Sept. 9, 1839, by Rev. W[illia]m Albert Hyde	2	90

SAYBROOK VITAL RECORDS 173

	Vol.	Page
WILCOX, WILLCOCKS, WILLCOX (cont.)		
Horatio, of Madison, m. Caroline A. **CADWELL**, of Saybrook, Sept. 5, 1844, by Rev. e. B. Crane	2	110
Jeremiah, m. Jerusha **SHIPMAN**, b. of [Saybrook], Mar. 2, 1834, by W[illia]m Case	2	62
John, m. Adalaide **ROS[S]ITER**, b. of Killingworth, Mar. 7, 1827, by Frederic W. Hotchkiss	1	63
John H., of Killingworth, m. Anne **CHAPMAN**, of Saybrook, Sept. 26, 1822, by Sylvester Selden	1	31
Jonathan S., m. Dolly Ann **SOUTHWORTH**, b. of [Saybrook], Oct. 19, 1834, by Rev. Orson Spencer	2	66
Lydia, m. Gideon **KIRTLAND**, Dec. 17, 1761	2	213
Ruth, m. Thomas **PRATT**, Jr., Feb. 26, 1767	2	493
Samuel, m. Hester **BUSHNELL**, May 14, 1707	1	143
WILLARD, Abigail, d. [Samuel & Sarah], b. Sept. 25, 1743	4	525
Anna, [d. Col. Daniel & Sarah], b. June 29, 1791	1	20
Daniel, Col., s. George & Hannah, b. Apr. 22, 1760; m. Sarah **SILLIMAN**, d. Rev. Robert &Anne, May 27, 1781	1	20
Daniel, [s. George], b. Apr. 22, 1760	2	350
Daniel, [s. Col. Daniel & Sarah], b. Dec. 1, 1786	1	20
Daniel, Col., d. Feb. 20, 1814	1	20
David, [s. Col. Daniel & Sarah], b. Feb. 5, 1789	1	20
Elisha, s. Samuel & Sarah, b. Feb. 9, 1723/4; d. Jan. 7, 1731/2	2	419
Elisha, s. Samuel & Sarah, b. Jan. 13, 1732/3; d. Feb. 22, 1732/3	2	419
Elisha, s. [Samuell & Sarah], b. Aug. 12, 1736; d. Aug. 26, 1736	2	419
George, s. [Samuell & Sarah], b. June 12, 1726	2	419
George, [s. George], b. June 19, 1754	2	350
George, [s. Col. Daniel & Sarah], b. Aug. 29, 1782	1	20
George, [s. Col. Daniel & Sarah], d. Feb. 14, 1814, in the 32nd y. of his age	1	20
Hannah, d. [Samuell & Sarah], b. Dec. 12, 1720	2	419
Hannah, d. George, b. June 13, 1750	2	350
Hannah, [d. Col. Daniel & Sarah], b. July 21, 1784	1	20
Joseph, s. [Samuel & Sarah], b. July 23, 1696	2	45
Joseph, m. Susanna **LYNDE**, Aug. [ ], 1718	2	44
Joseph, Rev., d. Aug. 14, 1723, in Rutland	2	44
Joseph, s. [Joseph & Susanna], b. Nov. 11, 1723	2	44
Joseph, s. [Samuell & Sarah], b. May 18, 1730	2	419
Martha, d. [Samuell & Sarah], b. Mar. 6, 1728	2	419
Mehetable, d. [Samuel & Sarah], b. July 23, 1700; d. May 30, 1702	2	45
Nathaniel, s. [Samuel & Sarah], b. Aug. 12, 1745	4	525
Philander, [s. Col. Daniel & Sarah], b. Oct. 27, 1793	1	20
Rebeckah, d. [Samuell & Sarah], b. Mar. 2, 1719	2	419
Rebeckah, w. of Samuel, d. Oct. 20, 1739	4	525
Rebeckah, d. Samuel & Sarah, b. July 7, 1742; d. Nov. 25, 1744	4	525

	Vol.	Page
WILLARD (cont.)		
Samuel, b. Sept. [ ], 1658; m. Sarah **CLARK**, June 6, 1683; Capt. D. Jan. 19, 1716	2	45
Samuel, m. Sarah **CLARK**, June 6, 1683	1	115
Samuel, s. [Samuel & Sarah], b. May 8, 1693	2	45
Samuel, of Saybrook, m. Sarah **STILLMAN**, of Wethersfield, Jan. 18, 1714/5	2	419
Samuell, s. [Samuell & Sarah], b. Sept. 26, 1715	2	419
Samuel, Jr., m. Rebeckah **LYNDE**, May 11, 1736	4	525
Samuel, s. [Samuel, Jr. & Rebeckah], b. Mar. 27, 1738; d. Oct. 20, 1739	4	525
Samuel, m. Sarah **LYNDE**, Apr. 15, 1741	4	525
Sarah, d. [Samuel & Sarah], b. Sept. 16, 1689; d. Sept. 27, 1689	2	45
Sarah, d. [Samuell & Sarah], b. May 18, 1717	2	419
Sarah, m. Nathaniel **PRATT**, Jan. 21, 1718	1	223
Sarah, w. of Samuel, d. Jan. 25, 1722/3	2	45
Sarah, [d. George], b. July 25, 1752	2	350
Sarah, [d. Col. Daniel & Sarah], b. May 2, 1796	1	20
Sarah, [w. of Col. Daniel], d. [Feb. 20, 1814]	1	20
Sylvester, s. Col. Daniel & Sarah, b. Dec. 21, 1799	1	20
Tamsin, [d. George], b. Nov. 7, 1756	2	350
Tamzin, [d. Col. Daniel &Sarah], b. May 21, 1803	1	20
William, s. [Joseph & Susanna], b. Jan. [ ], 1720, in Sunderland	2	44
William, m. Sophia **PRATT**, Feb. 16, 1823, by Frederic W. Hotchkiss	1	33
William, m. Laura **AYER**, May 24, 1831, by Fred W. Hotchkiss	1	87
WILLIAMS, Abigail C., d. [R.A.], b. Apr. 24, 1810	1	123
Abigail C., m. Charles W. **SHIPMAN**, b. of [Deep River], July 11, 1838, by Rev. Henry Wooster	2	86
Abram P., of Saybrook, m. Caroline E. **WRIGHT**, of Westbrook, Mar. 7, 1852, by Rev. J. H. Pettingill	2	139
Amelia E., m. Charles S. **DENISON**, b. of [Deep River], Oct. 6, 1839, by Rev. Henry Wooster	2	91
Ann M., of Saybrook, m. J. Albert **SHIPMAN**, of Chester, May 24, 1846, by F. W. Chapman, Deep River	2	118
Anne, d. [John, Jr. & Lydia], b. Aug. 20, 1752	2	512
Anne, d. [John & Lydia], b. Aug. 20, 1753	2	27
Asa P., m. Sarah A. **NOTT**, Dec. 29, 1825, by Aaron Hovey	1	59
Benjamin, Jr., of Essex, m. Amanda M. **BRAINARD**, of Groton, Jan. 3, 1838, by Rev. H. R. Knapp	2	81
Beulah, m. Ephraim **PRATT**, July 28, 1734	2	2
Caroline, of Deep River, m. Asa R. **SHAILER**, of Greenport, L.I., Mar. 25, 1844, by Rev. W[illia]m George Miller	2	113
Charles, s. William & Elizabeth, b. Aug. 10, 1731	2	159
Charles, m. Anne **DUDLEY**, Jan. 2, 1843, by Rev. H. Stanley	2	105

SAYBROOK VITAL RECORDS 175

	Vol.	Page
WILLIAMS (cont.)		
Charlotte P., of Saybrook, m. Frederic W. **BUSHNELL**, at Rev. P. Brockett, Essex, June 28, 1835, by Rev. Davis T. Shaler	2	73
Daniel, s. Charles & Mary, b. Apr. 25, 1709	2	50
David, m. Lucy **PARKER**, May 9, 1762	2	552
David, m. Deborah D. **LAY**, June 24, 1824, by Aaron Hovey	1	54
Dianna, d. [John & Lydia], b. Dec. 27, 1763	2	27
Ebenezer, s. [John & Lydia], b. Sept. 24, 1759	2	27
Ebenezer, m. Philinda **PRATT**, Jan. 3, 1825, by Aaron Hovey	1	54
Edward C., m. Mary W. **INGHAM**, b. of Essex, June 22, 1846, by Rev. Joseph S. Covell	2	119
Electa H., m. Nathaniel C. **SANFORD**, b. of Saybrook, Dec. 13, 1821, by Aaron Hovey	1	43
Elizabeth, m. Danforth **CLARK**, [ ], 1770	1	18
Elizabeth G., m. Wiliabe **WILLIAMS**, b. of Essex, Mar. 4, 1832, by Rev. Raphael Gilbert	1	92
Eunice Elizabeth, m. William **TREAT**, b. of Essex, Dec. 25, 1842, by Rev. Thomas H. Vail	2	105
Ezra, s. [R.A.], b. Nov. 17, 1820	1	123
Ezra Stanley, m. Emily Angeline **SOUTHWORTH**, b. of Deep River, Nov. 4, 1831, by Orson Spencer	1	90
Frederic W., of Essex, m. Rhoda B. **TUCKER**, Apr. 12, 1841, by Rev. W[illia]m George Miller	2	112
George, s. [John & Lydia], b. Mar. 1, 1761	2	27
George W., m. Ann **PRATT**, [ ], by Rev. Peter G. Clark	1	55
Gurdon, s. [R. A.], b. Nov. 7, 1814	1	123
Hannah, m. John **PRATT**, Nov. 10, 1697	1	258
Hannah, m. John **PRATT**, Jr., Nov. 10, 1697	2	28
Hannah, m. Alvin B. **SPENCER**, b. of Saybrook, Mar. 20, 1842, by Rev. W[illia]m George Miller, Essex	2	112
Harriett A., m. Samuel M. **MORLEY**, b. of Essex, Feb. 24, 1842, by Rev. W[illia]m George Miller	2	112
Israel, m. Hannah **ANDRUS**, b. of Saybrook, Apr. 1, 1823, by Rev. Peter G. Clark	1	35
Jane E., m. Henry C. **WOOSTER**, Nov. 13, 1845, by Rev. William H. Card	2	116
John, m. Anne **PARKER**, Aug. 1, 1725	2	54
John, s. [John & Anne], b. Aug. 8, 1726	2	54
John, Jr., m. Lydia **WAY**, of Lyme, Oct. 1, 1750	2	512
Joseph A., s. R. A., b. Feb. 3, 1812; d. Feb. 16, 1813	1	121
Justus, m. Mary **SOUTHWORTH**, b. of Saybrook, Nov. 14, 1826, by William Case	1	65
Louisa, of Saybrook, m. William Cyrenus **TURNER**, of Killingworth, Sept. 6, 1832, by Ashbel Steele	1	93
Lucy, d. [John & Lydia], b. Nov 20, 1757	2	27
Lucy, d. [David & Lucy], b. July 30, 1763	2	552
Lucy Ann, m. Mirick **MANWARREN**, Aug. 29, 1820	1	23

WILLIAMS (cont.)

	Vol.	Page
Maria, m. Philip **TOOCKER**, 3d, b. of Saybrook, 2d Soc., May 11, 1834, by Rev. Pierpont Brocket	2	58
Mary, d. Charles & Mary, b. Feb. 20, 1716/7	2	50
Mary, m. John **STARKE**, Dec. 12, 1735	4	326
Mary, m. Jared **DOANE**, b. of Essex, Mar. 14, 1852, by Rev. S. J. Evans	2	138
Mary Jane, m. Henry C. H. **PRATT**, b. of Saybrook, Dec. 1, 1839, by Rev. Thomas H. Vail, Essex	2	93
Mitty J., of [Saybrook], m. Aaron P. **CHAPMAN**, of Colchester, Oct. 5, 1849, by J. H. Pettingill	2	130
Rebeckah, m. Samuel **INGHAM**, Nov. 3, 1686	1	256
Rebecca E., m. Richard S. **WILLIAMS**, b. of Saybrook, Jan. 15, 1832, by Asa Bushnell	1	90
Richard, m. Julia A. **SOUTHWORTH**, b. of [Deep River], June 17, 1838, by Rev. Z. Rogers Ely	2	85
Richard S., m. Rebecca E. **WILLIAMS**, b. of Saybrook, Jan. 15, 1832, by Asa Bushnell	1	90
Roxana, m. Russel[l] H. **POST**, Sept. 1, 1825, by Aaron Hovey	1	54
Ruth, m. Joseph **PARKER**, Apr. 29, 1705	2	143
S. Irene, of Deep River, m. Geo[rge] A. **BULL**, of Saybrook, Sept. 9, 1844, by Rev. Lawson Muzzy	2	109
Sally Ann, m. Jesse **MURRAY**, b. of Essex, Feb. 5, 1837, by Rev. Squire B. Hascall	2	25
Samuel, 2d, m. Rachel **PARKER**, 3d, June 24, 1820, by Asa Wilcox, Elder	1	22
Samuel, 2d, m. Temperence **POWERS**, Mar. 15, 1826, by Rev. Peter G. Clark	1	57
Samuel, m. Ann E. **JONES**, b. of Saybrook, Dec. 22, 1833, by Rev. Stephen Martindale	2	33
Samuel Owen, m. Martha Elizabeth **HAYDEN**, b. of Essex, July 30, 1849, by Rev. S. Nash	2	129
Sarah, m. John **WHITTLESEY**, Jr., Dec. 17, 1718	2	109
Sophia M., of Saybrook, m. Asa **COMSTOCK**, of Lyme, Sept. 8, 1829, by Aaron Hovey	1	78
Susan E., m. Alanson H. **HOUGH**, b. of Saybrook, 2d Society, Aug. 12, 1834, by Rev. Pierpont Brockett	2	63
Wealthy Ann, m. Jedidiah **TRYON**, b. of Saybrook, July 22, 1827, by Rev. Frederic W. Hotchkiss	1	66
Williabe, m. Elizabeth G. **WILLIAMS**, b. of Essex, Mar. 4, 1832, by Rev. Raphael Gilbert	1	92
William, s. Charles & Mary, b. June 15, 1704	2	50
William, m. Elizabeth **HOPKINS**, Oct. 6, 1730	2	159
William Ely, s. [R.A.], b. Oct. 13, 1816	1	123
W[illia]m S., of Haddam, m. Martha **DENISON**, of Essex, Aug. 27, 1852, by Rev. James A. Clark, Deep River	2	139
WILLOUGHBY, John, m. Mary **DIB[B]LE**, Oct. 2, 1728	4	381
John, s. [John & Mary], b. June 28, 1729	4	381
Josiah, s. [John & Mary], b. Aug. 30, 1731	4	381
Mary, d. [John & Mary], b. Aug. 2, 1735	4	381

SAYBROOK VITAL RECORDS

	Vol.	Page
WILLOUGHBY (cont.)		
William, s. [John & Mary], b. Feb. 25, 1737	4	381
WILMOT, Hiram, m. Harriet C. **SOUTHWORTH**, b. of Saybrook, July 20, 1845, by F. W. Chapman, Deep River	2	115
WINSHIP, Eliza, m. William **BUSHNELL**, b. of Saybrook, Oct. 23, 1834, by Rev. Pierpont Brockett	2	66
WOOD, Edward James, of Beaufort, N.C., m. Eliza GRUMLY, of Saybrook, June 12, 1831, by Fred W. Hotchkiss	1	87
George, m. [ ], July [ ], 1660	1	24
George, [s. George], b. Sept. 28, 1661	1	24
Sarah A., m. Eli **TRIPP**, b. of [Saybrook], Jan. 21, 1849, by J. H. Pettingill	2	130
WOODHOUSE, Frances, m. William **GILBERTS**, Jan. 9, 1717	2	147
WOODRUFF, Richard, Rev., of Brookfield, Ms., m. Lydia M. **KIRTLAND**, of Westbrook, Apr. 12, 1836, by Rev. Jeremiah Miller	2	16
WOODSTOCK, William, Jr., m. Flora **PLATTS**, June 24, 1830, by Rev. Luman Andrus	1	82
WOODWARD, Chester S., m. Maria **HAYDEN**, Apr. 23, 1826, by Aaron Hovey	1	59
WOOSTER, Henry, Rev., m. Aurelia S. **REED**, b. of Deep River, May 9, 1838, by Rev. John Cookson, Middletown	2	85
Henry, Rev. m. Aurelia S. **READ**, May 9, 1838	2	123
Henry C., m. Jane E. **WILLIAMS**, Nov. 13, 1845, by Rev. William H. Card	2	116
Louisa C., m. Ebenezer **STORER**, Jr., of N.Y., May 13, 1828, by Aaron Hovey	1	71
Mary McClellan, d. Rev. Henry & Aurelia S., b. Nov. 7, 1839	2	123
WORTHINGTON, WORTHINTON, Alfred, m. Sally **SOUTHWORTH**, Oct. 6, 1824, by Aaron Hovey	1	54
Elizabeth, d. Rev. William, b. Feb. 27, 1727/8	2	399
Harriet, of Deep River, m. William C. **BAILEY**, of Middletown, Nov. 13, 1849, by Rev. E. Cushman	2	130
John, of Springfield, m. Mary, d. of Ens. John **PRATT**, of Saybrook, May 22, 1713	2	62
Mehetable, d. [Rev. William], b. Sept. 11, 1736	2	399
Sarah, d. [Rev. William], b. Apr. 3, 1730	2	399
Sarah, d. [Rev. William], d. June 16, 1732	2	399
Sarah Ann, of [Deep River], m. Curtis **KELSEY**, of Killingworth, Feb. 25, 1849, by Rev. E. Cushman	2	127
Temperence, d. [Rev. William], b. Apr. 18, 1732	2	399
William, s. Rev. William, b. Nov. 21, 1740	2	399
WRIGHT, Albert Augustus, s. Josiah A. & Susan, b. Dec. 6, 1831	2	22
Albert Nott, [s. Samuel & Sally], b. May 5, 1828	2	57
Alpheus H., of Westbrook, m. Jane M. **GLADDING**, of Essex, Nov. 25, 1849, by Rev. E. Cushman	2	131

	Vol.	Page
WRIGHT (cont.)		
Alpheus Hayden, [s. Samuel & Sally], b. Dec. 31, 1824	2	57
Andrew Wilson, s. Josiah A. & Susan, b. June 2, 1833	2	22
Ann Amelia, d. Oramel B., b. Apr. 18, 1822	1	125
Benjamin, m. Hester **CHAPMAN**, Apr. 19, 1781	1	4
Bets[e]y, m. Martin **WRIGHT**, 2d, b. of Saybrook, Dec. 26, 1820	1	24
Caroline, [d. Samuel & Sally], b. Nov. 15, 1829	2	57
Caroline E., of Westbrook, m. Abram P. **WILLIAMS**, of Saybrook, Mar. 7, 1852, by Rev. J. H. Pettingill	2	139
Caroline Matilda, d. Daniel B. & Lois, b. July 15, 1820	2	24
Charles Russel[l], of Saybrook, m. Mabel **KELSEY**, of Killingworth, Oct. 20, 1824, by William Case	1	50
Chata, d. Benjamin & Hester, b. Nov. 20, 1786	1	4
Clarinda, m. Charles **CHAPMAN**, b. of Westbrook, June 2, 1834, by Rev. Orlando Starr	2	59
David, s. [Benjamin & Hester], b. Nov. 14, 1804	1	4
David Augustus, s. Oramel B., b. July 3, 1820	1	125
Doty Lord, s. Benjamin & Hester, b. Jan. 10, 1798	1	4
Edward, s. [Benjamin & Hester], b. Mar. 5, 1782	1	4
Elihu, father of Samuel, d. Nov. 26, 1823, in 53rd y.	2	57
Elihu, of Saybrook, m. Flora **SNOW**, of Killingworth, Aug. 30, 1826, by Jedidiah Post, J.P.	1	60
Elihu, of Saybrook, m. Maranda **OVIATT**, of Madison, Feb. 21, 1836, by Jedediah Post, J.P.	2	75
Eliza, of Killingworth, m. Linus W. **DOAN**, of Essex, Nov. 30, 1834, by Rev. Orlando Starr	2	70
Elizabeth, m. Edward **LEES**, Nov. 7, 1676	1	14
Elizabeth, d. [Josiah & Rhoda], b. July 19, 1758	4	748
Ezekiel, s. [Josiah & Rhoda], b. Dec. 14, 1746	4	748
Ezra, m. Charlotte **DENISON**, Aug. 25, 1830, by Aaron Hovey	1	84
George B., m. Cynthia M. **DENISON**, b. of Saybrook, Oct. 17, 1833, by Sylvester Selden	2	52
George Edwin, [s. Daniel B. & Lois], b. June 9, 1829	2	24
Governeur Paul, s. Benjamin &Hester, b. May 24, 1795	1	4
Hannah, of New London, m. Reuben **BUSHNELL**, Feb. 4, 1781	1	8
Hannah, d. Benjamin & Hester, b. Sept. 17, 1784	1	4
Hannah, m. Ezra **PARKER**, b. of Saybrook, Aug. 9, 1821, by Aaron Hovey	1	43
Harvey, [s. Samuel & Sally], b. Aug. 9, 1831	2	57
Henry, m. Eunice P. **SPENCER**, b. of Saybrook, May 2, 1836, by Darius Mead	2	73
Henry A., m. Mary C. **DENISON**, b. of Westbrook, Feb. 24, 1839, by W[illia]m Albert Hyde	2	88
Hester Eliza, d. Benjamin & Hester, b. June 9, 1800	1	4
Hester M., of Saybrook, m. Elias S. **ELY**, of Madison, Oct. 1, 1833, by Sylvester Selden	1	101
Hitty Augusta, d. Oramel B., b. July 22, 1818	1	125
James, s. James & Sarah, b. Dec. 7, 1701	2	263

SAYBROOK VITAL RECORDS 179

	Vol.	Page
WRIGHT (cont.)		
James, m. Judah* **BUSHNELL**, Dec. 10, 1707 *(Judah crossed out and Judith written in pencil)	2	263
James, d. July 3, 1718	2	263
James, Jr., m. Temperence **WHITTLESEY**, Jan. 4, 1722	2	223
James, s. [James, Jr. & Temperence], b. July 28, 1723	2	223
Jane, d. [Josiah & Rhoda], b. Feb. 10, 1754	4	748
Jane, m. David **THOMPSON**, June 4, 1772	1	5
Jared Spencer, [s. Daniel B. & Lois], b. June 16, 1823	2	24
Jedidiah Chapman, s. Benjamin & Hester, b. Jan. 11, 1789	1	4
Jeremiah, s. [Josiah & Rhoda], b. Jan. 13, 1737	4	748
Jeremiah, m. Hannah **BROWN**, Feb. 26, 1766	2	218
Jeremiah, s. [Jeremiah & Hannah], b. June 25, 1773	2	218
Jesse Dorastus, s. Benjamin & Hester, b. May 15, 1793	1	4
Job Augustus, s. Benjamin & Hester, b. June 13, 1802	1	4
John, of Killingworth, m. Louisa **DEE**, of Saybrook, Jan. 10, 1827, by Sylvester Selden	1	62
Joseph, 2d, m. Lydia **WHITTLESEY**, Oct. 27, 1761	2	27
Joseph C., m. Betsey B. **GLADDING**, Nov. 2, 1845, by Rev. W[illia]m H. Card	2	116
Josiah, m. Rhoda **DOUDE**, June 5, 1735	4	748
Josiah, s. [Josiah & Rhoda], b. July 6, 1740	4	748
Josiah A., b. Aug. 10, 1805; m. Susan **BUELL**	2	22
Jude, s. [James & Judah*], b. Nov. 3, 1715 *(Judah crossed out and Judith written in pencil)	2	263
Loisa Maria, [d. Daniel B. & Lois], b. Mar. 20, 1827	2	24
Lorinda, m. Horrace **CARTER**, b. of Saybrook, Mar. 10, 1839, by Jedediah Post, J.P.	2	87
Lucretia, d. [Jeremiah & Hannah], b. Oct. 24, 1767	2	218
Lucretia, m. Nathan **STANNARD**, Sept. 13, 1784	1	5
Martin, 2d, m. Bets[e]y **WRIGHT**, b. of Saybrook, Dec. 26, 1820	1	24
Mary, d. [Josiah & Rhoda], b. May 6, 1744	4	748
Mary Ann, d. Benjamin &Hester, b. Apr. 8, 1807	1	4
Mary Ann, of Saybrook, m. Josiah **HURD**, of Newport, N.H., Jan. 10, 1831, by Sylvester Selden	1	86
Mary Elizabeth, d. Oramel B., b. Apr. 7, 1824	1	125
Mercy, m. William **STANNARD**, Mar. 22, 1699/170	2	75
Orimel Benjamin, s. Benjamin & Hester, b. June 10, 1791	1	4
Oramel Benjamin, s. Oramel B., b. Jan. 31, 1814	1	125
Patience, d. James & Judah, b. Jan. 1, 1709/10	2	263
Prudence, m. Thomas **MOREHOUSE**, Apr. 15, 1735	2	79
Prudence, d. [Josiah & Rhoda], b. June 7, 1752	4	748
Rhoda, d. Josiah & Rhoda, b. Jan. 28, 1749/50	4	748
Samuel, s. James & Judah, b. Feb. 1, 1711/12	2	263
Samuel, m. Sally [ ], Nov. 30, 1820, at Killingworth	2	57
Samuel Erasmus, [s. Samuel & Sally], b. Mar. 23, 1822	2	57
Sarah, d. James & Sarah, b. July [ ], 1703	2	263
Sarah Amelia, d. Nathaniel, b. Feb. 17, 1826	1	127
Simeon Lay, s. Oramel B., b. June 4, 1816	1	125
Sophia, [d. Samuel & Sally], b. July 24, 1823	2	57

	Vol.	Page
WRIGHT (cont.)		
Stephen, m. Martha **SULLIVAN**, b. of Deep River, Jan. 31, 1849, by Rev. Russell Jennings	2	127
Sylvia, of Westbrook, m. Halsey **POST**, of Clinton, July 11, 1840, by Rev. E. B. Crane	2	96
Sylvina Chapman, [d. Samuel & Sally], b. Aug. 14, 1826	2	57
William Elihu, [s. Samuel & Sally], b. Mar. 10, 1834	2	57
WROTHOM, Susanna, d. of Simon, of Farmington, m. Samuel **HOUGH**, s. of William, who was s. of Edward, of Westchester, Cheshier, Nov. 25, 1679	2	32
YOUNG, YOUNGS, Caroline, of Lyme, m. John **GRINELL**, of South Kingston, R.I., Sept. 16, 1827, by Samuel Carter, J.P.	1	67
Hannah, m. Jonathan **PARKER**, Oct. 27, 1742	2	242
Jemima, of L.I., m. John **AYER**, Apr. 6, 1786	1	11
NO SURNAME		
Elizabeth, m. Thomas **BLISS**, Oct. latter end, 1644	1	27
Elizabeth, m. John **FENNER**, s. John & Sarah, [ ]	4	696
Lidia, m. Will[iam] **BEAMON**, Dec. 9, [ ]	1	3
Sally, m. Samuel **WRIGHT**, Nov. 30, 1820, at Killingworth	2	57
Sarah, m. John **FENNER**, [ ]	4	696

SHARON VITAL RECORDS
1739 - 1865

	Vol.	Page
ABEL, ABELS, ABLES, ABELL, Adeline M., m. Frederick **BRINTON**, b. of Sharon, Nov. 25, 1841, by Rev. H. F. Pease, of the M. E. Ch.	LR22	480
Affia*, d. [David & Cloe], b. Sept. 4, 1783 *(Arnold copy has "Assia")	LR8	62a
Alice, m. David **SIMONS**, b. of Sharon, June 18, 1764	LR5	255
Andrew, s. David & Alice, b. Mar. 27, 1765	LR6	55
Andrew C., m. Rhoda M. **PECK**, b. of Sharon, Dec. 31, 1843, by Rev. Fitch Reed	LRR22	467
Assia*, d. [David & Cloe], b. Sept. 4, 1783 *("Affia" in Van Alstyne's book)	LR8	62a
Azel, s. David & Cloe, b. Nov. 30, 1779	LR8	62a
Catharine, d. Aug. 3, 1850, ae 22	1	49
Charlotte, d. David & Alice, b. July 25, 1763	LR5	251
Charlotte S., m. Charles F. **LOCKWOOD**, b. of Sharon, Sept. 12, 1847, by G. L. Brownell	LR27	550
Chloe Ann, m. Charles **BEECHER**, Dec. 2, 1830, by Rev. Frederick Gridley	LR20	383
David, m. Chloe **SACKETT**, Nov. 30, 1778	LR7	303
Gilbert, lalborer, ae 28 & Jane, ae 24, had d. [ ], b. Dec. 22, 1856	1	11
Gilbert, laborer, ae 32 & Kate, ae 27, had s. [ ], b. Aug. 24, 1859	1	23
Hiram J., s. A. Curtis, carpenter, ae 35 & Rhoda A., ae 30, b. Oct. 18, 1855	1	4
Ira H., m. Almira **HINE**, b. of Sharon, Sept. 10, 1826, by David L. Perry	LR20	382
Oliver C., m. Charlotte M. **SKIFF**, b. of Sharon, Nov. 24, 1841, by Rev. H. F. Pease, of the M. E. Ch.	LR22	480
Orange L., ae 27, b. Sharon, res. Sharon, m. Sarah S. **BUNDY**, b. Salisbury, res. Sharon, Apr. 24, 1850, by [ ] Sheenes	1	27-28
Orrin, ae 60, of Sharon, m. 2nd, w. wid. [ ] **HALL**, ae 55, of Sharon, [ ], by [ ] Hitchcock	1	29-30
Roswell, s. David & Chloe, b. July 23, 1783	LR9	549
Russel, s. [David & Cloe], b. Dec. 1, 1781	LR8	62a
Ruth Randal, d. David & Alice, b. May 26, 1759, at Labanon	LR5	251
Sarah, m. Samuell **FRINK**, b. of Sharon, June 23, 1767	LR7	302
ACKERMAN, Henry, s. John, ae 35 & Jerusha, ae 33, b. Jan. 14, 1850	1	19-20
ACKLEY, Harriet, m. Loveman **CALKIN**, b. of Sharon, May 13, 1840, by Rev. William K. Stopford, of the M. E. Ch.	LR22	479
Henry, farmer, ae 41, b. Sharon, res. same, m. Emma A. **BISSELL**, ae 19, b. Sharon, res. Sharon, Nov. 15, 1865, by Rev. William Stevens	1	84

182 BARBOUR COLLECTION

	Vol.	Page
ACKLEY (cont)		
James, farmer, ae 22, of Sharon, m. Loeya **WILKINSON**, b. Dutchess Co., N.Y., res. Sharon, Nov. 23, 1850, by Rev. Mr. Adams	1	45-6
James, loafer, ae 28, & [ ], ae 24, had s. [ ], b. Aug. 1, 1855	1	3
James, painter, b. Sharon, res. Sharon, d. Mar. 3, 1861, ae 32	1	117
William H., s. Henry, merchant, ae 42, & Emma A. **BISSEL**, ae 19, b. Aug. 28, 1866	1	59
ADAMS, Jonas, m. Ann **LAMB**, b. of Oblong, June 4, 1755, by John Williams	LR3	262
William, s. John & Mary, b. Mar. 28, 1741	LR2	18
ADDIS, Mary, ae 16, b. Pokeepsie, N.Y., res. Sharon, m. Milton **DUNBAR**, laborer, ae 21, b. Dover, N.Y., res. Sharon, July 7, 1866, by William M. Patterson	1	86
AGAN, AGAIN, John, s. Peter, laborer, ae 28 & Catharine, ae 26, b. Nov. 28, 1856	1	11
Peter, farmer, ae 29, b. Ireland, res. Sharon, m. Catharine **GALLAGHER**, housekeeper, ae 27, b. Ireland, res. Sharon, Oct. 28, 1855, by Peter Kelley	1	65
ALGER, Ruth, m. Simeon **CALKINS**, Apr. 4, 1755, by John Williams	LR3	262
ALLEN, Charles, s. Stephen & Phebe, b. Mar. 20, 1849	1	5-6
Ellen M., ae 19, of Sharon, m. Warren **SILVERNAIL**, soldier, ae 26, b. Copake, N.Y., res. Salisbury, Nov. 10, 1863, by Rev. J. V. Stryker	1	79
Frederick, b. Sharon, res. Sharon, d. Jan. [ ], 1857, ae 3	1	112
Harriet L., seamstress, ae 40, b. Sharon, res. New Milford, m. Albert **ROWLEY**, farmer, ae 50, res. Sharon, Aug. 20, 1855, by Isaac DeVoe	1	64
James, Jr., of Bethlem, m. Betsey L. **PECK**, of Ellsworth, May 22, 1850, by Rev. Charles Rockwell	LR27	547
Jane C., of Sharon, m. Morgan **BRINTON**, of Salisbury, June 1, 1837, by Rev. Fitch Reed, of the M. E. Ch.	LR22	474
John A., of North East, N.Y., m. Cordelia A. **FENN**, of Sharon, Feb. 5, 1839, by William K. Stopford	LR22	476
Lewis, m. Eveline **PLATT**, b. of Sharon, Dec. 5, 1826, by Frederick Gridley	LR20	382
Lewis Norton, b. Sharon, res. Sharon, d. Dec. 24, 1856, ae 3	1	111
Sarah, b. Sharon, res. Sharon, d. Jan. [ ], 1857, ae 1	1	112
Sarah E., d. Stephen B., shoemaker, ae 48 & Phebe Ann, ae 37, b. Mar. 11, 1856	1	5
Stephen B., laborer, ae 55, & Phebe Ann, ae 43, had d. [ ], b. Nov. 21, 1861	1	34
ALLICE, Eunice, b. Warren, res. Sharon, wid., d. Dec. 15, 1862, ae 78	1	121
ALMOND, Mary E., m. Stephen **LAVALL**, b. of Sharon, Aug. 1, 1842, by Rev. Fitch Reed	LR22	470

SHARON VITAL RECORDS 183

	Vol.	Page
ALVE, Julius, laborer, ae 37, b. Germany, res. Sharon, m. Clara **HOFFMAN**, ae 35, b. Germany, res. Sharon, Dec. 6, 1866, by Rev. H. R. Howard	1	87
AMES, Lucy, m. Nathan **BUTLER**, Jan. 4, 1766, by Jabez White	LR7	303
ANDREWS, Abby Ann, d. Chester A., carpenter, ae 25 & Ruth E., ae 22, b. Feb. 4, 1858	1	16
George B., Rev. of Sharon, m. Sarah N. **HITCHCOCK**, of Amenia, Oct. 15, 1823, by Thomas C. Brownell	LR20	381
ANGEVINE, Lavinia, of Sharon, m. Cecero **STOUGHTON**, of Windsor, May 3, 1827, by David L. Perry	LR20	382
ANTHONY, Irena, of Kent, m. Sheldon **WHITNEY**, of Sharon, Feb. 23, 1834, by Frederick Gridley	LR20	384
York, of Kent, m. Caroline **FREEMAN**, of Sharon, Nov. 23, 1820, by Frederick Gridley	LR20	380
ARMSTRONG, Hiram, farmer, b. Washington, res. Sharon, m. Susan M. **PECK**, of Sharon, Apr. 13, 1851, by Rev. Joel Osborne	1	47-8
ASHMAN, George, m. Anna **TYLER**, Sept. 8, 1850, by James Orr, J.P.	LR27	547
John, m. Martha **BALLARD**, b. of Oblong, Feb. 9, 1758, by John Williams	LR3	263
Nancy E., m. Jacob **SICKMAN**, b. of Sharon, Apr. 19, 1851, by James Orr, J.P.	LR27	545
Nancy E., ae 15, of Sharon, m. Jacob H. **SICKMAN**, farmer, ae 24, of Sharon, Apr. 19, 1851, by James Orr	1	47-8
Thomas, b. Sharon, res. Sharon, single, d. Apr. 10, 1861, ae 21	1	117
ATHERTON, AUTHERTON, ATHERTUN, Abigail, d. Moses & Abigail, b. Sept. 30, 1746	LR2	24
Aminadab, s. John, d. May 7, 1742	LR2	16
Prudence, m. Robart **STEDMAN**, June 16, 1744	LR2	20
ATWATER, David F., of Brooklyn, N.Y., m. Sarah A. **SEARS**, of Sharon, Sept. 14, 1848, by G. L. Brownell	LR27	551
ATWOOD, Nathan, of Watertown, m. Athelia **GILLETT**, of Sharon, Feb. 15, 1841, by Rev. H. F. Pease, of the M. E. Ch.	LR22	479
AUSTIN, George, farmer, ae 40, & F. Birch, ae 31, had s. [ ], b. Jan. 3, 1865	1	54
George, farmer, ae 42, & Floria, ae 31, had d. [ ], b. Apr. 14, 1866	1	60
Henry, m. Mary **BARLEY**, Feb. 9, 1851, by Daniel S. Cartwright, J.P.	LR27	545
Henry, farmer, ae 26, of Sharon, m. Mary **BARLEY**, ae 16, of Sharon, Jan. 18, 1851, by David S. Cartwright	1	47-8
Jeremiah, m. Magdaline **BABCOCK**, b. of Sharon, Apr. 20, 1843, by Benjamin Hollister, J.P.	LR22	466
Jerry, laborer, res. Sharon, d. Jan. 7, 1864, ae 58	1	124
-----, male, b. Sharon, res. Sharon, d. Jan. 30, 1865, ae 1 d.	1	129

	Vol.	Page
AVERY, Anna, d. William & Lucy, b. July 21, 1771	LR7	305
William, m. Lucy **EVERETT**, b. of Sharon, May [ ], 1770	LR6	91
AYER, Peter, laborer, ae 29 & Catherine, ae 27, had s. [ ], b. Dec. 11, 1858	1	19
BABCOCK, BADCOCK, Anne, d. Alpheas & Chloe, b. Sept. 20, 1774, at Salisbury	LR7	413
Jonathan, grandson Juria John **SPRAGUE**, d. Feb. 7, 1742/3	LR2	16
Magdaline, m. Jeremiah **AUSTIN**, b. of Sharon, Apr. 20, 1843, by Benjamin Hollister, J.P.	LR22	466
Mary, d. Zebulon & Mary, b. July 27, 1755	LR3	406
Mary A.*, d. Gilbert & Amanda, b. Oct. 10, 1848 *(Arnold Copy has "Mary A. **BURDICK**")	1	7-8
Samuel, s. Zebulum & Mary, b. Apr. 28, 1758	LR4	129
Zebulon, m. Mary **MARVINE**, Oct. 24, 1749, by John Williams	LR3	261
Zebelin, s. Zebelin & Mary, b. Dec. 2, 1751	LR3	101
Zerviah, d. Zebulon & Mary, b. Apr. 9, 1754	LR3	102
BACON, Jacob, m. Priscilla **RICHMOND**, May 1, 1748, by John Williams	LR3	261
Prisiler, d. Jacob & Presilah, b. Sept. 4, 1742	LR2	18
Presilla, w. Jacob, d. Jan. 22, 1746/7	LR2	22
Rufus, s. Jacob & Presiler, b. Sept. 9, 1744	LR2	19
BADCOCK, [see under **BABCOCK**]		
BAILEY, BALEY, [see also **BARLEY**], Abner, of Lebanon, m. Margaret **WILLISTON**, of Springfield, May 9, 1765, bySamuell Kent, J.P.	LR5	255
Anson, laborer, colored, ae 25, b. Colebrook, res. Sharon, m. Jane **HARRISON**, ae 28, colored, b. Salisbury, res. Sharon, Sept. 8, 1860, by Eliakin S. Stoddard, J.P.	1	74
Charles, laborer, ae 24, b. France, res. Sharon, m. Harriet **CONKLIN**, ae 22, b. Amenia, res. Sharon, Nov. 14, 1861, by Rev. R. D. Gardiner	1	75
Daniel, of Kent, m. Dolly **FOSTER**, of Sharon, Aug. 25, 1840, by Rev. H. F. Pease, of the M. E. Ch.	LR22	477
Hannah, d. William & Hannah, b. Nov. 23, 1763	LR6	56
Joseph, laborer, ae 30 & Frances, ae 30, had d. [ ]., b. June 17, 1858	1	19
Linda, d. William &Hannah, b. Oct. 20, 1767	LR6	56
Mary, of Lebanon, m. Amos **BARROWS**, of Sharon, May 21, 1751	LR3	412
Mary, of Lebanon, m. John **GAY**, Jr., of Sharon, May 23, 1754	LR3	412
BAIRD, William, b. Oct. 11, 1828	LR22	482
BAKER, Samuel, Dea. of Pompey, N.Y., m. Eunice **BIRDSEY**, of Cornwall, [ ], by Rev. Timothy Stone. Recorded Oct 2, 1843	LR22	467
BALCOM, Jonathan, m. Naomi **DICKERSON**, b. of Sharon, Apr. 8, 1779, by Daniel Griswold, J.P.	LR7	303

	Vol.	Page
BALDWIN, BALLWIN, Abigal, of Sharon, m. Charles MILLARD, of Cornwall, Mar. 12, 1823, by Frederick Gridley	LR20	381
Abagil H., of Cornwall, m. Alvan NORTH, of Sharon, Nov. 26, 1843, by Rev. F. Reed, of the M. E. Ch.	LR22	481
Maria C., of Cornwall, m. Luther DAVIDSON, of Sharon, Apr. 2, 1845, by Stephen M. Vail	LR22	481
Urania R., m. Ira CHAPMAN, b. of Sharon, Aug. 13, 1849, by Rev. L. H. King	LR27	551
BALL, Lydia A., m. Ambrose S. SACKETT, b. of Sharon, Sept. 3, 1843, by Rev. Almorin Ackley	LR22	467
BALLARD, Martha, m. John ASHMAN, b. of Oblong, Feb. 9, 1758, by John Williams	LR3	263
BANCROFT, Betsey, housekeeper, b. Conn., res. Sharon, d. June 19, 1863, ae 60	1	122
BARBER., Elihu, of Torrington, m. Mary CARTWRIGHT, of Sharon, Nov. 17, 1833, by Horatio Smith	LR20	384
BARBON, Benjamin F., of Amenia, N.Y., m. Mabel EVERIT, of Sharon, Dec. 28, 1847, at the house of Silas A. Gray, by Rev. Joshua L. Maynard, of the N. Cong. Ch. Cornwall	LR27	548
BARKER, Emerson E., s. George A., farmer, ae 28 & Sarah A., ae 28, b. Apr. 21, 1850	1	37-8
BARLEY, (see also BAILEY), Betsey, m. Elijah WARNER, July 1, 1842, by Rev. S. T. Carpenter	LR22	471
Caroline, of Sharon, m. Isaac WILCOX, of Dover, N.Y., Apr. 25, 1847, by James Orr, J.P.	LR27	549
Ella A., ae 22, b. Sharon, res. Sharon, m. George W. HAMBLIN, farmer, ae 25, b. Sharon, res. Sharon, Jan. 7, 1867, by Rev. A. B. Bulling	1	88
Hellen, ae 20, b. Sharon, m. Angevine COOK, ae 25, b. Ancran, July 8, 1856, by L. E. Lathrop	1	66
Mary, ae 16, of Sharon, m. Henry AUSTIN, farmer, ae 26, of Sharon, Jan. 18, 1851, by David S. Cartwright	1	47-8
Mary, m. Henry AUSTIN, Feb. 9, 1851, by Daniel S. Cartwright, J.P.	LR27	545
Sarah*, m. Henry ROGERS, Nov. 15, 1842, by George Wheaton, J.P. *("Sarah Rogers" in Val Alstyne's book)	LR22	470
BARLOW, Charles, laborer, ae 24 & Mary, ae 20, had d. [ ], b. Mar. 2, 1857	1	13
BARNES, Aaron, s. Thomas & Sarah, b. May 30, 1758	LR5	105
Aaron, s. Thomas & Sarah, d. Jan. [ ], 1762	LR5	151
Aaron, s. Thomas & Sarah, b. Nov. 4, 1763	LR5	251
Dan, s. Dan & Dinah, b. Mar. 4, 1761	LR5	251
Davis, farmer, ae 48, b. So. Canaan, res. So. Canaan, m. Emeline C. TURNER, housekeeper, ae 31, res. Sharon, June 26, 1855, by Clark Fuller	1	64
Eleanor, d. Thomas & Sarah, b. Nov. 19, 1754	LR5	105
Jesse, d. Dan & Dinah, b. Jan. 9, 1763	LR5	251
John, s. Thomas & Sarah, b. Apr. 22, 1752, at New Milford	LR5	105

BARBOUR COLLECTION

	Vol.	Page
BARNES (cont.)		
Louisa, d. Dan & Dinah, b. Feb. 14, 1758	LR5	251
Miner, b. N. Canaan, res. Sharon, d. Nov. 15, 1859, ae 1	1	115
Reuben, s. Thomas & Sarah, b. Dec. 19, 1756	LR5	105
Statira, d. Thomas & Sarah, b. Aug. 23, 1761	LR5	105
----, m. Emily **SAGE**, [ ], by Rev. S. T. Carpenter	LR22	466
BARNUM, Andrew, Jr., pedlar, b. Bridgeport, res. Sharon, Apr. 10, 1865, ae 34	1	128
Florence, d. John, pedlar, ae 23 & Ann Jane, ae 16, b. Sept. 24, 1857	1	14
Florence, b. Sharon, res. Sharon, d. Feb. 22, 1858, ae 4 m.	1	113
Jane, b. Cornwall, res. Sharon, d. Feb. 9, 1857, ae 25	1	112
Jane, d. Andrew, pedlar, ae 34 & Jane Winegar, ae 28, b. Mar. 6, 1865	1	54
John D., pedlar, ae 23 & Anne Jane, ae 19, had s. [ ], b. Nov. 24, 1859	1	25
Lydia, ae. 21, b. Cornwall, res. Amenia, m. Amos **CATLIN**, sash maker, ae 27, b. Cornwell, res. Goshen, Jan. 1, 1851, by Rev. David Turner	1	45-6
Sally, farming, b. Danbury, res. Sharon, d. June 23, 1851, ae 59	1	49
BARRETT, Olive, res. Sharon, d. [ ], 1866	1	129
BARROWS, Amos, of Sharon, m. Mary **TICKNOR**, of Lebanon, Oct. 14, 1748	LR3	412
Amos, s. Amos & Mary, b. Aug. 6, 1750	LR2	167
Amos, of Sharon, m. Mary **BAILEY**, of Lebanon, May 21, 1751	LR3	412
Amos, m. Jerusha **JOHNSON**, Feb. 19, 1777, by Rev. Hezekiah Goold	LR7	303
Amos, s. Amos & Jerusha, b. July 27, 1784	LR9	549
Bethiah, d. Amos & Mary, b. Sept. 5, 1764	LR5	253
Charles, s. [Amos & Jerusha], b. Mar. 10, 1782	LR8	62a
David, of Sharon, m. Lydia **SPAFORD**, of Windham, Feb. 6, 1754, by Rev. Mr. White, of Windham	LR3	263
David Johnson, s. [Amos & Jerusha], b. May 22, 1786	LR9	549
Elizabeth, d. Amos & Mary, b. Sept. 3, 1761	LR5	106
Eunice, d. [Amos & Jerusha], b. Oct. 31, 1780	LR8	62a
Jerusha, d. [Amos & Jerusha], b. Jan. 26, 1779	LR8	62a
Joseph, s. Amos & Mary, b. Mar. 16, 1753	LR3	102
Joseph, s. Joseph & Ruth, b. Jan. 28, 1781	LR7	298
Lois, d. Amos & Mary, b. Mar. 18, 1756	LR3	416
Lydia, m. Jonathan **SPRAGUE**, Feb. 13, 1745/6	LR2	20
Lydia, d. Amos & Mary, b. Apr. 20, 1760	LR5	104
Mary, w. Amos, d. Nov. 27, 1749	LR3	410
Mary, d. Amos & Mary, b. Oct. 8, 1754	LR3	333
Robert, s. Amos & Mary, b. Apr. 5, 1763	LR5	251
Ruth, d. [Joseph & Ruth], b Dec. 20, 1776	LR7	413
Sarah, d. Amos & Mary, b. Jan. 8, 1769	LR6	56
Sarah, d. Joseph & Ruth, b. Apr. 11, 1777	LR7	413
Thomas, s. Amos & Jerusha, b. Jan. 10, 1778	LR8	62a

SHARON VITAL RECORDS 187

	Vol.	Page
BARRY*, Lavina, of Kent, m. Daniel **CLARK**, of Sharon, Nov. 29, 1827, by David L. Perry *("**BERRY**" in Van Alstyne's book)	LR20	382
BARTLETT, BARTLET, Daniel Taylor, s. Russell & Rachel, b. Oct. 31, 1781	LR9	549
Eunice, d. [Russsel & Ruth], b. Mar. 14, 1788	LR9	550
Jonathan R., farmer, ae 32, b. Amenia, N.Y., res. same, m. Hannah L. **GRANT**, ae 23, b. Dover, N.Y., res. Sharon, Oct. 5, 1863, by Rev. H. Smith	1	79
Patrick Lounsbury, s. Russel & Ruth, b. Mar. 17, 1786	LR9	550
Polly, d. Levi & Sarah, b. Sept. 9, 1781	LR9	550
Russell, Jr., s. [Russell & Rachel], b. Apr. 7, 1784	LR9	549
BARTON, Caleb, laborer, ae 70, b. New York, res. Kent, m. 2nd w. Caroline **PALMER**, ae 58, b. New York, res. Sharon, Sept. 16, 1866, by Rev. Arthur Goodenough	1	86
BARTRAM, BARTRUM, BEATRUM, Amanda, m. Daniel **BERRY**, b. of Sharon, July 14, 1844, by G. L. Brownell	LR22	468
Daniel, laborer, b. New Milford, res. Sharon, d. Nov. 12, 1858, ae 40	1	114
David L., b. Sharon, res. Sharon, d. [ ], 1858, ae 33	1	116
Ezra, farmer, ae 38 & Laura, ae 34, had s. [ ], b. Aug. 4, 1855	1	3
Ezra H., m. Laura G. **WILLIAMS**, b. of Sharon, Oct. 19, 1842, by Rev. Fitch Williams	LR22	470
Ezra H., laborer, colored, ae 39 & Laura, ae 25, had d. [ ], b. Jan. 3, 1862	1	35
George Harris, s. Ezra H. & Laura G., b. Feb. 25, 1850	1	19-20
Harriet A., d. Levi S. & Laura, b. Apr. 29, 1849	1	3-4
Harriet A., housekeeper, b. Sharon, res. Sharon, d. Mar. 26, 1863, ae 14	1	122
Huldah A., milliner, ae 24, res. Reading, m. Comfort **BLAKE**, iron dealer, ae 29, b. Canaan, res. Napaneck, Feb. 20, 1855, by Clark Fuller	1	64
Levi S., m. Laura **LYMAN**, b. of Sharon, May 5, 1843, by G. Lawrence Brownell	LR22	466
Sarah A., teacher, ae 18, b. Sharon, res. Sharon, m. Albert D. **HOAG**, teamster, ae 22, b. Sharon, res. Sharon, Dec. 27, 1865, by Rev. William Stevens	1	85
Urania R., m. Ira **CHAPMAN**, b. of Sharon, Aug. 14, 1849, by Rev. Lucius H. King	1	27-28
BATES, BATE, Anna, d. John & Anna, b. June 22, 1751	LR3	416
Benjamin, s. John & Ann, b. Feb. 17, 1748/9	LR2	23
Benjamin, b. Darien, res. Sharon, d. Feb. 5, 1849, ae 76	1	11-12
Charles, m. Mary E. **PARSONS**, b. of Sharon, Apr. 26, 1843, by G. Lawrence Brownell	LR22	466
Elizabeth, d. John & Anna, b. July 11, 1756	LR3	416
John, s. John &Anne, b. Oct. 4, 1743	LR2	19
Margrit, d. John & Anne, b. Apr. 1, 1741	LR2	18
Samuel, s. John & Anna, b. Oct. 4, 1753	LR3	416

	Vol.	Page
BATES, BATE (cont.)		
Sarah, d. John & Anne, b. Feb. 25, 1738/9	LR2	17
Sarah, m. John **RANDAL**, Nov. 9, 1758, by John Williams	LR3	263
Sarah N., of Sharon, m. Benjamin **NOYES**, of New Haven, Sept. 4, 1838, by Mason Grosvenor	LR22	476
Solomon, s. John & Ann, b. Dec. 12, 1745	LR2	167
Solomon, s. Solomon & Mary, b. Dec. 27, 1769	LR6	125
BARTRAM, Ezra H., laborer, white, ae 39 & Laura, ae 25, had d. [ ], b. Jan. 3, 1862 (Correction by Miss Katherine S. Hotaling, Town clerk, Sharon), IMM/MEC 9/26/49 [No volume or page numbers given]		
BEACH, Daniel H., ae 23, b. Burlin, res. Sharon, m. Orinda J. **TICKNOR**, ae 23, of Sharon, Jan. 1, 1857, by Rev. David Nash	1	68
Horace, s. Richard & Margaret, b. Nov. 21, 1848	1	1
Joseph D., of Amenia, N.Y., m. Julia **CURTICE**, of Sharon, Feb. 1, 1821, by Frederick Gridley	LR20	380
Virgil E., merchant, ae 23, b. Litchfield, res. same, m. Mary G. **SEDGWICK**, ae 23, b. Sharon, res. Sharon, Nov. 7, 1865, by Rev. W. W. Andrews	1	85
BEARD, Darius J., of Salisbury, m. Asenath **MARTIN**, of Sharon, Mar. 23, 1821, by David L. Perry	LR20	380
Frank E., s. Edwin C., laborer, ae 31, & Mary E., ae 28, b. Apr. 14, 1856	1	10
Solomon, farmer, ae 43 & Amanda, ae 35, had d. [ ], b. Feb. 13, 1860	1	26
BEATRUM, [see under **BARTRAM**]		
BEAZEE, Hill, s. [ ], collier, & Julia, ae 25, b. May 18, 1865	1	54
BECKER, Mary, female, b. Sharon, res. Sharon, d. Aug. 28, 1857, ae 6 m.	1	111
BEEBE, BEEBEE, Charles, s. Charles, ae 31 & Almira, ae 20, b. May 8, 1850	1	37-8
Charles, blacksmith, had child, b. May 20, 1857	1	12
Charles, blacksmith, b. Sharon, res. Sharon, d. Dec. 3, 1858, ae 36	1	113
Charles, blacksmith, ae [ ] & Almira, ae 28, had s. [ ], b. Mar. 18, 1859	1	21
Constantine, s. John & Mary, b. Apr. 5, 1764	LR5	253
F. S. laborer, ae 31 & Jane E. **SMITH**, had s. [ ], b. [ ] 14, 1864	1	48
Gustavus A., moulder, ae 21, b. Alabama, res. Sharon, m. Hattie M. **ROWLEY**, teacher, ae 21, of Sharon, Oct. 28, 1863, by Rev. Ira Ferris	1	79
Gustavus A., moulder, ae 21 & Harriet M., ae 21, had d. [ ], b. Dec. 25, 1864	1	49
Henry, m. Lucy **GRISWOLD**, b. of Sharon, Mar. 8, 1821, by George B. Andrews	LR20	380

SHARON VITAL RECORDS 189

	Vol.	Page
BEEBE, BEEBEE (cont.)		
Isabella C., ae 25, of Sharon, m. Abraham **LASEE**, mechanic, ae 26, b. Upper Canaan, res. Pine Plains, Jan. 29, 1862, by Rev. John V. Stryker, of Christ Ch.	1	76
Ogden, m. Almira **JEWETT**, b. of Sharon, Mar. 19, 1821, by David L. Perry	LR20	380
Polly, of Sharon, m. John E. **CORNWELL**, of Stanford, N.Y., Nov. 22, 1826, by R. G. Armstrong	LR20	382
William, m. Emily Maria **PECK**, b. of Sharon, Apr. 8, 1827, by Frederick Gridley	LR20	382
William, m. Mrs. Ann Maria **BUTLER**, b. of Sharon, Nov. 16, 1852, by William J. Alyn	LR27	546
-----, b. Haverstraw, N.Y., res. Sharon, d. Mar. 21, 1856, ae 1	1	109
-----, female, b. Sharon, res. Sharon, d. Mar. 24, 1856, ae 3	1	109
BEECHER, Amos C., ae 28, b. Naugatuck, res. Sharon, m. Juliett **CAMP**, ae 24, b. New Milford, res. Sharon, Aug. 20, 1849, by Riverius Camp	1	27-28
Charles, m. Chloe Ann **ABEL**, Dec. 2, 1830, by Rev. Frederick Gridley	LR20	383
Cora, d. Stiles M., farmer, ae 29 & Julia L., ae 26, b. Oct. 24, 1864	1	51
Harriet M., of Sharon, m. Henry **REED**, of Amenia, N.Y., Nov. 4, 1835, by Rev. Lucius M. Purdy	LR22	473
Julia Amanda, m. William **PRINDLE**, b. of Sharon, Feb. 27, 1827, by Caleb P. Wilson	LR20	382
Julius, b. New Milford, res. Sharon, d. July 23, 1856, ae 30	1	110
Laura, of Sharon, m. James **MOODEY**, of Woodbury, Apr. 16, 1833, by David L. Perry	LR20	384
Sally Ann, of Sharon, m. Horace **GREGORY**, of Litchfield, Mar. 1, 1821, by David L. Perry	LR20	380
Stiles M., farmer, ae 29, b. Ohio, res. Vernon, N.Y., m. Julia L. **EVERETT**, ae 25, of Sharon, Jan. 1, 1861, by Rev. R. D. Gardiner	1	75
Talden, laborer, ae 28 & Clama, ae 36, res. Haddam, had s. [ ], b. Feb. 20, 1857	1	11
BEEMAN, Ansel, harness maker, ae 29, m. Lucy Ame **BISSELL**, ae 17, b. of Sharon, Oct. 20, 1850, by David B. Turner	1	45-6
BEERMAN, Lester, farmer, b. Sharon, res. Sharon, d. [ ], 1857	1	112
BEERS, William A., of North Adams, m. Sally M. **TYLER**, of Sharon, May 14, 1827, by David L. Perry	LR20	382
BEMENT, -----, housekeeper, b. Sharon, res. Sharon, d. Feb. 6, 1855, ae 50	1	108
BENEDICT, Abel, farmer, ae 34 & [ ], ae 30, had d. [ ], b. May 30, 1855	1	3
Abel, farmer, ae 39 & Emeline, ae 31, had d. [ ], b. Mar. 31, 1859	1	22

BARBOUR COLLECTION

	Vol.	Page
BENEDICT (cont.)		
Abel, miller, ae 40 & Mary, ae 37, had s. [ ], b. June 6, 1862	1	37
Abel C., miller, ae 40 & [ ]., ae 44, had d. [ ], b. Aug. 10, 1864	1	48
Angeline E., of Sharon, m. Francis H. **ROGERS**, of Stonington, June 10, 1839, by Rev. William K. Stopford, of the M. E. Ch.	LR22	476
Caroline, of Sharon, m. Charles A. **LAMB**, of Maumee City, O., Sept. 11, 1837, by Rev. Fitch Reed, of the M. E. Ch.	LR22	474
Esther, Jr., b. Sharon, res. Sharon, d. [ ], 1859, ae 6	1	116
Jerusha A., of Sharon, m. John S. **REED**, of Wellington, May 4, 1835, by David L. Perry	LR22	473
Lucy A., m. Edwin N. **HARTWELL**, b. of Sharon, Dec. 26, 1847, by G. L. Brownell	LR27	548
Mary L., ae 27, res. Sharon, m. Lee **CANFIELD**, ae 24, b. Salisbury, res. Salisbury, [ ], by Rev. Grove L. Brownell	1	13-14
Theodore, farmer, ae 24, b. Dover, res. Amenia, N.Y., m. Augusta **KELLEY**, ae 18, b. Amenia, res. Sharon, Aug. 28, 1862, by Rev. George W. Knapp	1	76
BENHAM, Thomas, of Amenia, N.Y., m. Thankfull **MARSHALL**, of Ellsworth, Nov. 5, 1851, by Rev. William J. Allyn	LR27	546
BENJAMIN, Amos, s. [Phinehas & Jemima], b. Sept. 10, 1778	LR7	298
Electa, d. Phinehas & Jemima, b. July 25, 1789	LR10	142
Jemima, d. [Phinehas & Jemima], b. Nov. 1, 1769	LR7	298
Joel, s. Phineas & Jemima, b. Dec. 3, 1783	LR8	61
Lucius, s. Phineas & Jemima, b. May 23, 1785	LR9	549
Marilla, d. Phineas & Jemima, b. Dec. 7, 1780	LR8	61
Naomi, d. [Phineas & Jemima], b. June 2, 1774	LR7	298
Phinehas, m. Jemima **HOLLISTER**, May 12, 1780	LR7	302
Priscilla, [d. Phinehas & Jemima], b. Jan. 17, 1773; d. Aug. 4, 1773	LR7	298
Samuel, s. [Phinehas & Jemima], b. Feb. 9, 1771	LR7	298
Sibbel, d. [Phinehas & Jemima], b. June 2, 1776	LR7	298
BENNETT, BENNET, Betsey*, of Elsworth, m. Charles **LOCKWOOD**, of Greenwich, Mar. 6, 1842, by Rev. John W. Beecher, of Ellsworth *("Betsey **BONNEL**" in Van Alstyne's book)	LR22	481
Charles, s. Henry, shoemaker, ae 52 & Sarah B., ae 44, b. June 19, 1858	1	17
Frances E., d. Henry, shoemaker, ae 48 & Sally, ae 42, b. Sept. 2, 1856	1	7
Frances E., b. Sharon, res. Sharon, d. Sept. 25, 1856, ae 23 d.	1	110
John, farmer, ae 57, b. Kent, res. Sharon, m. Helen **HART**, ae 57, b. Hartville, N.Y., res. Sharon, June 10, 1860, by Rev. R. D. Gardiner	1	73

	Vol.	Page
BENSON, Abel C., s. Benjamin, farmer, ae 40 & Chloe, ae 27, b. Aug. 25, 1857	1	14
Anne, d. Lorin, farmer, ae 38 & Sarah Ann, ae 29, b. Aug. 26, 1856	1	7
Benjamin, farmer, had s. [ ], b. Feb. 9, 1865	1	53
Esther, d. Horace, farmer, ae 40 & Sarah, ae 30, b. Sept. 17, 1859	1	23
Laura, ae 18, b. Sharon, res. Sharon, m. Frank B. **HAMBLIN**, farmer, ae 20, b. Sharon, res. Sharon, Jan. 7, 1867, by Rev. E. Webster	1	88
Lorin, m. Sarah Ann **HUNTER**, b. of Sharon, Oct. 13, 1845, by Rev. Samuel W. King	LR22	469
Lorin, farmer, b. Sharon, res. Sharon, d. Nov. 13, 1859, ae 40	1	115
Mariah, of Sharon, m. Edmond D. **FOWLER**, of Kent, Nov. 28, 1825, by Benoni Peck	LR20	382
BENTON, Alonzo, laborer, ae 24, res. Salisbury & Maria, ae 22, had d. [ ], b. Jan. 27, 1851	1	33-4
Alonzo, had d. [ ], d. Jan. 28, 1851, ae 12 h.	1	49
Charles E., s. Frederick & Adaline, b. Apr. 8, 1850	1	17-18
Isaac, m. Jemima **ST. JOHN**, Oct. 30, 1755, by Rev. Cotton Mather Smith	LR3	263
Permelia, b. Sharon, res. Sharon, d. [ ], 1857, ae 68	1	112
BENYER, Polly M., ae 15, of Sharon, m. Preston **CALKINS**, ae 24, b. Bridgeport, res. Sharon, Aug. 4, 1850, by Rev. [ ] Sheenes	1	29-30
BERNEY, [see under **BURNEY**]		
BERRY, Arthur, teamster, ae 34 & [ ], ae 30, had d. [ ], b. May 12, 1855	1	2
Asa, m. Lemira A. **MILLARD**, Oct. 11, 1847, by Mr. Blydenburgh	LR27	548
Atwater, b. Sharon, res. Sharon, d. Jan. 3, 1862, ae 6	1	118
Charles E., m. Emeline **HUNT**, b. of Sharon, Dec. 10, 1826, by George B. Andrews	LR20	382
Claminda (?), d. Sept. 10, 1848, ae 2 y. 8 m.	1	9-10
Clarinda, of Sharon, m. Nathan C. **PEIRSONS**, of Cornwall, Nov. 24, 1842, by Rev. Fitch Reed *("Clarissa" in Van Alstyne's book)	LR22	470
Daniel, m. Amanda **BARTRAM**, b. of Sharon, July 14, 1844, by G. L. Brownell	LR22	468
Daniel, farmer, res. Sharon, d. Aug. 24, 1860, ae 36	1	117
Eliza, of Sharon, m. James Bennett **SKIDMORE**, of New Town, Dec. 19, 1820, by George B. Andrews	LR20	380
Emeline, of Sharon, m. Daniel **SHAW**, of North East, N.Y., Oct. 24, 1841, by Rev. S. T. Carpenter	LR22	471
Emeline, of Sharon, m. Daniel **SHAW**, of North East, N.Y., Oct. 24, [probably 1841], by Rev. S. T. Carpenter, of the Epis. Ch.	LR22	480
Julia Ann, of Sharon, m. Rev. Joshua **SWEET**, of Maryland, May 28, 1848, by Rev. Martin Moody, of Christ Ch.	LR27	550

	Vol.	Page
BERRY (cont.)		
Levina*, of Kent, m. Daniel **CLARK**, of Sharon, Nov. 29, 1827, by David L. Perry *(Arnold Copy has "Levina **BERRY**")	LR20	382
Lucy Conroy, of Sharon, m. Abel Booth **SKIDMORE**, of New Town, Nov. 5, 1828, by Rev. George B. Andrews	LR20	383
Mary Benj[amin](?), d. Asa & Lemira, b. June 5, 1849	1	5-6
Miles, m. Sarah Ann **BIERCE**, b. of Sharon, Nov. 28, 1831, by Frederick Gridley	LR20	384
Phebe, d. Daniel & Amanda, b. Aug. 15, 1849	1	5-6
Ruth A., housekeeper, ae 40, b. Kent, res. New York, m. Judson **HALL**, farmer, ae 51, res. Sharon, May 18, 1855, by P. T. Holley	1	64
BESTOW, Joseph, s. Job & Silve, b. Oct. 2, 1781	LR9	549
Laura, d. Job & Silve, b. Nov. 3, 1786	LR9	551
BETTS, Anna, d. James & Martha, b. Jan. 12, 1727/8	LR2	23
Anna, d. James & Martha, d. Dec. 12, 1746	LR2	22
Ezekiel, s. James & Martha, b. Dec. 1, 1738	LR2	23
Hannah, d. James & Martha, b. Feb. 1, 1744/5	LR2	23
Hezekiah, s. James & Martha, b. May about 15, 1732	LR2	23
James, s. James & Martha, b. Apr. 7, 1730	LR2	23
James, Jr., m. Margaret **SMITH**, Sept. 10, 1753, by John Williams	LR3	262
John A., of Brooklyn, L.I., m. Caroline **HUNT**, of Sharon, Apr. 24, 1848, by Grove L. Brownell	LR27	550
Justus, s. James & Martha, b. May [ ], 1736	LR2	23
Martha, d. James & Martha, b. Apr. 4, 1724	LR2	23
Phebe, d. James & Martha, b. Feb. 23, 1725/6	LR2	23
Zillah, d. James & Martha, b. May 14, 1742	LR2	23
Zopher, s. James & Martha, b. June 7, 1734	LR2	23
BHALAND, Josephine, b. Sharon, res. Sharon, d. Sept. 12, 1862, ae 1	1	121
BIERCE, [see also **PIERCE**], Adaline, d. June 8, 1849, ae 13	1	11-12
Erastus, farmer, ae 27 & Helen, ae 27, had d. [ ], b. Mar. 1, 1859	1	21
Euphratus, farmer, b. Cornwall, res. Sharon, d. Aug. 26, 1856, ae 60	1	110
Henry, of Kent, m. Sarah M. **CALKINS**, of Sharon, Dec. 10, 1843, by Rev. A. Ackley	LR22	467
Hiram, of Sharon, m. Mary **COOK**, of Salisbury, Oct. 20, 1830, by Rev. Aaron Pearce	LR20	383
James, s. James A., merchant, ae 32 & Harriet, ae 27, b. May 21, 1858	1	17
James A., merchant, ae 29 & Harriet, ae 24, had s. [ ], b. Nov. 27, 1855	1	4
Laura, of Sharon, m. John **NODYNE**, of Kent, Oct. 23, 1825, by Frederick Gridley	LR20	382
Mary E., m. Martin **HARRIS**, b. of Sharon, Dec. 4, 1848, by Rev. L. H. King	LR27	551
Sarah Ann, m. Miles **BERRY**, b. of Sharon, Nov. 28, 1831, by Frederick Gridley	LR20	384

	Vol.	Page
BIERCE (cont.)		
Seth & Eunice, had d. [ ]., b. Jan. [ ], 1849	1	7-8
Solomon, farmer ae 40 & Amanda, ae 32, had s,. [ ], b. Oct. 12, 1857	1	13
BILL, Daniel, s. Judah & Sarah, b. July 31, 1763	LR5	251
John, s. Jude & Sarah, b. Sept. 27, 1770	LR6	126
Judah, m. Sarah **FOSTER**, Mar. 25, 1756	LR3	412
BIRD, Mary, of Salisbury, m. Dr. Abner **PECK**, of Sharon, June 20, 1753	LR3	412
BIRDSELL, BIRDSALL, George W., joiner ae 25 & [ ], ae 22, had s. [ ], b. Sept. 10, 1857	1	12
George W., carpenter, ae 29 & Ethlinda, ae 25, had s. [ ], b. May 3, 1861	1	31
Harriet C., m. William **LOCKWOOD**, b. of Sharon, Nov. 14, 1844, by Stephen M. Vail	LR22	481
BIRDSEY, Eunice, of Cornwall, m. Dea. Samuel **BAKER**, of Pompey, N.Y., [ ], by Rev. Timothy Stone. Recorded Oct. 2, 1843	LR22	467
BIRNEY, [see under **BURNEY**]		
BISHOP, Emily R., of Woodbury, m. Abraham **FULLER**, of Kent, June 5, 1844, by Rev. John W. Beecher, of Ellesworth	LR22	468
Julia E., ae 22, b. Woodbury, res. Sharon, m. Celey **JAMES**, ae 24, b. Wilton, res. same, Dec. 7, 1861, by Rev. J. V. Stryker, of Christ Ch.	1	76
BISSELL, BISEL, BISSEL, Azuba, d. George & Lydia, b. Apr. 29, 1745	LR2	167
Azubah, of Salisbury, m. David **LILLIE**, of Sharon, Nov. 6, 1766	LR5	255
Elizabeth, d. George & Lydia, b. Oct. 28, 1747	LR2	24
Emma A., ae 19, b. Sharon, res. Sharon, m. Henry **ACKLEY**, farmer, ae 41, b. Sharon, res. same, Nov. 15, 1865, by Rev. William Stevens	1	84
George S., farmer, ae 20, of Sharon, m. Julia **BUMP**, ae 22, b. Amenia, res. Sharon, Nov. 11, 1862., by Rev. H. B. Mead	1	77
Harry L., m. Huldah A. **PRINDLE**, b. of Sharon, Aug. 30, 1847, by Rev. Stephen J. Stebbins	LR27	549
Lucy Ame, ae 17, m. Ansel **BEEMAN**, harness maker, ae 29, b. of Sharon, Oct. 20, 1850, by David B. Turner	1	45-6
Nancy, b. Sharon, res. Sharon, single, d. Oct. 11, 1862, ae 82	1	121
William, of Salisbury, m. Roxana **NOBLE**, of Sharon, Feb. 12, 1845, by G. L. Brownell	LR22	469
-----, male, b. Sharon, res. Sharon, d. Nov. [ ], 1863, ae 68	1	123
BLACK, Mary, ae 52, b. Dutchess Co., N.Y., res. Patterson, N.Y., m. 2nd h. Charles **COLES**, farmer, ae 53, of Sharon, Sept. 20, 1864, by Rev. Ira Ferriss	1	82
BLACKMAN, BLACKMER, Levi, laborer, b. Conn. Res. Sharon, d. Sept. 2, 1863, ae 77	1	123

	Vol.	Page
BLACKMAN, BLACKMER (cont.)		
Joseph, m. Mary **CORBET**, July 2, 1752, by John Williams	LR3	261
BLAKE, Comfort, iron dealer, ae 29, b. Canaan, res. Napaneck, m. Huldah A. **BARTRAM**, milliner, ae 24, res. Reading, Feb. 20, 1855, by Clark Fuller	1	64
BLAKELEY, Ann, m. William **GOOLD**, b. of Great Nine Partners, Nov. 5, 1761, by John Williams	LR4	130
Mariam, m. Joel **THURSTON**, b. of Nine Partners, Nov. 21, 1759, by John Williams	LR3	263
BLANCHARD, Jacob, laborer, ae 50 & [ ], ae 43, had d. [ ], b. Jan. 28, 1861	1	30
BLINN, BLYNN, Althee M., m. John **BRADFORD**, May 9, 1833, by Walter Smith	LR20	384
Clarissa, b. Danbury, res. Sharon, d. Jan. 8, 1858, ae 62	1	113
S. L., farmer, ae 39 & Caroline, ae 36, had d. [ ], b. Sept. 26, 1857	1	13
Sturges L., farmer, res. Sharon, d. [ ], 1859, ae 6(?)	1	116
William, of Cornwall, m. Eunice **JACKSON**, of Sharon, Sept. 1, 1840, by Rev. Ebenezer Washburn	LR22	477
BLODGETT, BLODGET, Charles, s. George, laborer, ae 31 & Phebe, ae 27, b. June 11, 1858	1	17
Mary J., d. George, laborer, ae 30 & Phebe, ae 25, b. Aug. 27, 1856	1	10
Maryett, b. Salisbury, res. Sharon, d. Sept. 1, 1848, ae 13	1	9-10
-----, furnace man, ae 34 & [ ], ae 30, had s. [ ], b. Feb. 23, 1855	1	2
BLYTHMAN, BLETHMAN, Elizabeth, d. William, butcher, ae 23 & Mary, ae 18, b. July 1, 1858	1	18
Mary, d. William, butcher, ae 36 & Mary J., ae 28, b. Feb. 28, 1864	1	50
William, laborer, ae 22, b. England, res. Sharon, m. Mary J. **KELLY**, ae 16, res. Sharon, Apr. 10, 1856, by Clark Fuller	1	66
BOARDMAN, BORDMAN, Amos, s. Benjamin & Deborah, b. July 16, 1739	LR3	416
Charles, s. Benjamin & Deborah, b. Oct. 14, 1749	LR3	416
Charles, s. Benjamin & Deborah, d. June 12, 1751	LR3	410
Deborah, w. Benjamin, d. Sept. 17, 1755	LR3	410
Olive, d. Benjamin & Deborah, b. July 19, 1736	LR3	416
Olive, d. Benjamin & Deborah, d. Aug. 25, 1738	LR3	410
Olive, d. Benjamin & Deborah, b. Mar. 6, 1746	LR3	416
Rachel, m. Robert D. **NORTHROP**, b. of Sharon, Sept. 19, 1836, by Rev. Fitch Reed, of the M. E. Ch.	LR22	473
Thaddeus, s. Benjamin & Deborah, b. July 22, 1749	LR3	416
BOGARDUS, Phila, d. Jacob & Patience, b. Feb. 4, 1765	LR5	254
BOLAND, Betsey, of Sharon, m. George W. **BULL**, of Kent, Feb. 5, 1839, by Mason Grosvenor	LR22	476
Clarinda A., of Sharon, m. Walter **SMITH**, of Kent, Nov. 10, 1842, by G. Lawrence Brownell	LR22	471
Eveline, m. Solomon **GOODRICH**, b. of Sharon, Sept. 15, 1828, by Rev. G. B. Andrews	LR20	383

	Vol.	Page
BOLAND (cont.)		
Reuben, d. Jan. 20, 1849, ae 77	1	9-10
Sarah, m. George R. **WOODWARD**, b. of Sharon, Apr. 24, 1839, by Mason Grosvenor	LR22	476
William H., m. Mary **WOODWARD**, of Sharon, Mar. 19, 1835, by Frederick Gridley. Int. Pub.	LR22	472
BONHOTEL, Julia, ae 25, b. France, res. Sharon, m. August **GOBEILLET**, Laborer, ae 24, b. France, res. Sharon, June 16, 1866, by W. M. Patterson	1	86
Peter, collier, had d. [ ], b. Feb. 11, 1865	1	52
-----, b. Sharon, res. Sharon, d. [ ], 1865	1	128
BONNELL, BONNEL, Betsey, see under Betsey **BENNET**		
Mary W., ae 26, b. Woodbury, res. Sharon, m. Rev. D. D. T. **McLAUGHLIN**, ae 46, b. N.Y. City, res. Sharon, June 2, 1859, by Rev. J. R. Herrick	1	72
BONNEY, BONNY, Mary, of Cornwall, m. Clark C. **EMMONS**, of Sharon, Oct. 26, 1846, by Rev. John W. Beecher, of Ellsworth	LR27	549
William, laborer, ae 28 & Catharine, ae 20, had s. [ ], b. Mar. 30, 1859	1	22
BORDMAN, [see under **BOARDMAN**]		
BOSLER, Frederick, laborer, ae 27, b. Jenasssey, res. Sharon, m. Mary **YEARG**, ae 23, b. Jenassey, res. Sharon, Jan. 30, 1858, by E. S. Stoddard	1	70
Frederick, s. Frederick, laborer, ae 27 & Mary, ae 24, b. Mar. 25, 1759	1	22
BOSTWICK, Ammson, farmer, ae 47, b. Sharon, res. Sharon, m. Sarah A. **GRAY**, ae 18, res. Sharon, June 13, 1867, by Rev. William Stevens	1	89
George, d. May 15, 1850, ae 28	1	23-24
Judson, m. Sally Ann **ROWLEY**, b. of Sharon, Apr. 12, 1843, by G. L. Brownell	:LR22	466
Judson, merchant, b. Sharon, res. Sharon, d. Sept. 23, 1859, ae 43	1	115
Judson & Sally, had child s. b. [ ]	1	19-20
Julia, ae 19, of Sharon, m. Charles W. **REED**, farmer, ae 26, b. Salisbury, res. Sharon, Dec. 16, 1862, by Rev. H. B. Mead	1	77
Maria, b. Sharon, res. Sharon, single, d. Mar. 19, 1862, ae 35	1	119
Mary A., b. Sharon, res. Sharon, d. Aug. 13, 1860, ae [ ]	1	117
Sylvia, m. Charles **COOK**, b. of Sharon, Dec. 26, 1841, by Rev. H. F. Pease, of the M. E. Ch.	LR22	481
BOTSFORD, Caleb, twin with Elnathan, s. Elnathan, Jr. & Tamar, b. Sept. 15, 1781	LR9	549
Charles, of North East, m. Clarissa A. **STODDARD**, of Sharon, Oct. 5, 1842, by G. L. Brownell	LR22	470
Dulina, d. Ephraim, Jr. & Merab, b. Feb. 21, 1773	LR7	305
Elnathan, twin with Caleb & Elnathan, Jr. & Tamar, b. Sept. 15, 1781	LR9	549
Ephraim, Jr. of Sharon, m. Merub **DOWD**, of Salisbury, July 16, 1772	LR7	302

BARBOUR COLLECTION

	Vol.	Page
BOTSFORD (cont.)		
William C., of Salisbury, m. Mary M. **REED**, of Sharon, June 10, 1841, by G. Lawrence Brownell	LR22	479
BOUNDS, [see also **BOUNES**], Sarah A., ae 18, of Sharon, m. Henry **EBERTS**, laborer, ae 32, b. Jennassey, res. Sharon, Sept. 1, 1858, by W. S. Stillwell	1	70
Theophelus, laborer, res. Sharon, d. May 3, 1860, ae 82	1	116
William, laborer, had s. [ ], b. Aug. 17, 1857	1	12
William H., laborer, ae 25 & Catharine, ae 22, had d. [ ], b. Apr. 17, 1861	1	31
BOUNES, [see under **BOWNES**]		
BOUTON, Daniel, d. Nov. 14, 1740	LR2	16
Daniel, s. Daniel, decd., d. [ ], 1740l	LR2	16
Elizabeth, d. Daniel, decd., d. Dec. 9, 1740	LR2	16
BOWNES, BOUNES, BOWNS, John, laborer, ae 27 & Helen, ae 18, had s. [ ], b. July 1, 1861	1	32
John R., farmer, ae 33 & Helen E. **WHEELER**, ae 24, had s. [ ], b. Feb. 27, 1865	1	52
William H., soldier, ae 27 & Catharine, ae 24, had d. [ ], b. Oct. 9, 1862	1	38
------, male, b. Sharon, res. Sharon, d. Oct. 7, 1865, ae 3	1	129
BOYD, Eliza, housekeeper, b. New York, res. Sharon, d. Feb. 27, 1860, ae 60	1	116
John, b. Amenia, N.Y., res. Amenia, m. Charlotte M. **LAMBERT**, b. Sharon, res. New York, Oct. 4, 1849, by [ ]	1	27-28
John & Charlotte M., had d. [ ], b. July 15, 1850	1	17-18
BOZUE, [see also **BRAZEE**], Frederick Stearnes, of Albany, N.Y., m. Avis Canfield **STERLING**, of Sharon, June 8, 1847, by Rev. Martin Moody, of Christ Ch.	LR27	549
BRACE, Betsey, d. Prudence **TICKNOR**, b. Mar. 18, 1775	LR7	299
Submit, m. Jonathan **RUSS**, Jan. 3, 1776, by Rev. Mr. Smith	LR7	303
BRADFORD, Jane, housekeeper, b. Sharon, res. Sharon, d. Nov. 30, 1864, ae 30	1	125
John, m. Althee M. **BLINN**, May 9, 1833, by Walter Smith	LR20	384
Susan, b. Sharon, res. Sharon, d. Jan. 1, 1865, ae 15	1	129
BRADLEY, Betsey, m. Samuel **ROBERTS**, Jr., Jan. 14, 1829, by Rev. Aaron Hunt	LR20	383
Lucy, of Sharon, m. James **WALTER**, of Amenia, N.Y., Jan. 5, 1833, by David L. Perry	LR20	384
BRAINARD, Isaac M., farmer, ae 33, of Landsville, N.Y., m. Harriet R. **CALKINS**, ae 32, of Sharon, June 9, 1862, by Rev. H. B. Mead	1	76
Isaac M., farmer, ae 37 & Harriet R. **CALKINS**, ae 35, had s. [ ], s. b. Jan. 14, 1866	1	58
BRANDRIGE, [see under **BRUNDRIGE**]		
BRAZEE, BRASIE, BRAZA, [see also **BOZUE**], Carrie, ae 18, b. New York, res. Sharon, m. Orlando P. **WALTIMIRE**, farmer, ae 21, b. New York, res. Dutchess Co, N.Y., Jan. 12, 1865, by Rev. Ira Ferris	1	84

SHARON VITAL RECORDS

	Vol.	Page
BRAZEE, BRASIE, BRAZA (cont.)		
Dennis, farmer, ae 37 & [ ], ae 34, had d. [ ], b. July 23, 1860	1	28
Edward, ae 19, b. Salisbury, res. Sharon, m. Juhany **CHAPMAN**, ae 17, of Sharon, Apr. 22, 1861, by Rev. George Daniel	1	75
Edward, laborer, ae 21 & Jalane, ae 20, had s. [ ], b. May 15, 1862	1	37
Ezra, laborer, b. Sharon, res. Sharon, d. Aug. 1, 1859, ae 18	1	115
Fanny, b. Sharon, res. Sharon, d. Aug. 13, 1859, ae 4	1	115
Franklin, b. Sharon, res. Sharon, d. May 25, 1863, ae 1	1	122
Harriet, m. Elias S. **FRINK**, Feb. 6, 1831, by Samuel Roberts	LR20	383
Harriet E., d. James & Mary, b. Oct. 31, 1849	1	3-4
Julia, b. Sharon, res. Minnesota, d. May 18, 1865, ae 25	1	128
Oscar, collier, ae 44 & Betsey, ae 40, had d. [ ], b. Mar. 15, 1864	1	48
Samuel, m. Laura **TYLER**, b. of Sharon, July 26, 1840, by Rev. H. F. Pease, of the M. E Ch.	LR22	477
-----, [d. , 1864]	1	124
BREED, Mary, d. Edward & Mary, b. Mar. 26, 1850	1	19-20
BREEN, Charles H., s. Patrick, laborer, ae 24 & Eliza, ae 27, b. Aug. 1, 1856	1	9
BREWSTER, Betsey, housekeeper, colored, b. D. Cty., res. Sharon, married, d. Feb. 10, 1862, ae 50	1	118
Charles, colored, ae 42, b. Kent, res. Sharon, m. Adaline **STARCH**, ae 24, colored, b. Stamford, N.Y., res. Sharon, Oct. 10, 1862, by Rev. John V. Stryker, of Christ Ch.	1	77
Faith, Mrs., of Windham, m. Capt. Caleb **JEWETT**, of Sharon, May 26, 1766	LR5	255
Faith, m. Samuel **PARDEE**, Oct. 12, 1769, by Rev. C. M. Smith	LR6	91
Mary, m. David **GOOLD**, Nov. 4, 1772	LR7	303
BRIGGS, Homer, m. Lucy A. **HOLLISTER**, b. of Sharon, Jan. 15, 1823, by David L. Perry	LR20	381
BRINTON, Frederick, m. Adeline M. **ABEL**, b. of Sharon, Nov. 25, 1841, by Rev. H. F. Pease, of the M. E. Ch.	LR22	480
Morgan, of Salisbury, m. Jane C. **ALLEN**, of Sharon, June 1, 1837, by Rev. Fitch Reed, of the M. E. Ch.	LR22	474
Roxy, of Salisbury, m. Robert **TOWNSEND**, Jan. 24, 1830, by Samuell Roberts	LR20	383
BRISTOL, Jane, servant, b. Kent, res. Sharon, d. Aug. 5, 1865, ae 33	1	128
BROGIE, Charles, farmer, ae 25 & Naomi, ae 23, had d. [ ], b. Nov. 20, 1860	1	29
BROOKS, Benjamin, m. Ruth **DAVIS**, Jan. 25, 1754, by John Williams	LR3	262
Mary, d. Benjamin & Ruth, b. May 16, 1756	LR4	127
BROWLEY, [see under **ROWLEY**]		

	Vol.	Page
BROWN, Allen, farmer, ae 20, b. Cornwall, res. Sharon, m. Eliza J. LEWIS, ae 17, of Sharon, July 1, 1862, by Rev. H. B. Mead	1	76
Allen, farmer, ae 24 & Eliza LEWIS, ae 20, had s., [ ], b. Dec. 20, 1865	1	55
Dudley, of Goshen, m. Hannah MARINER, of Sharon, Jan. 5, 1831, by Rev. Frederick Gridley	LR20	383
Harriet, of Dutchess Co., N.Y., m. David N. GILBERT, of New Milford, Jan. 22, 1840, by William K. Stopford	LR22	478
Hezekiah, m. Martha YOUNG, b. of Sharon, May 3, 1764, by Rev. Mr. Smith	LR5	255
Hiram, teamster, ae 25 & Marietta, ae 25, had s. [ ], b. Mar. 23, 1865	1	56
Joseph, farmer, ae 23 & Ellen CARTWRIGHT, ae 18, had d. [ ], b. Oct. 28, 1866	1	61
Josiah W., farmer, ae 21, b. Goshen, res. Sharon, m. Ellen T. CARTWRIGHT, ae 17, b. Sharon, res. Sharon, Dec. 28, 1865, by Rev. R. D. Gardiner	1	85
Luther, farmer, ae 24, b. Salisbury, res. Sharon, m. Emma M. WOODWARD, ae 20, b. Sharon, res. same, Apr. 6, 1865, by Rev. Ira Ferris	1	84
Myra E., ae 20, b. Goshen, res. Sharon, m. Henry E. JONES, farmer, ae 28, b. Canaan, res. Cornwall, [ ], 1866, by Rev. William Stevens	1	87
Myra E., res. Sharon, m. Henry E. JONES, farmer, res. Cornwall, May 1, 1867, by Rev. William Stevens	1	89
Olive, b. July [ ], 1736; m. Azariah GRISWOLD, Feb. 18, 1753, by John Williams	LR6	128
Olive, m. Azariah GRISWOLD, Feb. 18, 1753, by John Williams	LR3	262
Phebe, m. Ezra DAVIS, June 17, 1751, by John Williams	LR3	261
Russell, b. Stonington, res. Sharon, d. Mar. 4, 1866, ae 75	1	129
Sarah E., ae 25, b. Goshen, res. Sharon, m. Zalmon MALLORY, farmer, ae 48, b. Amenia, N.Y., res. Sharon, Dec. 28, 1865, by Rev. R. D. Gardiner	1	85
Thomas, m. Mary FOOT, July 30, 1755, by John Williams	LR3	263
William, of New York State, m. Olive WOOD, of Sharon, Mar. 18, 1830, by Samuell Roberts	LR20	383
-----, farmer, had s. [ ], b. [, 1866]	1	59
BROWNELL, Albert, b. Sharon, res. Sharon, d. Sept. 13, 1855, ae 14	1	108
Charles, b. Sharon, res. Sharon, d. Jan. 2, 1857, ae 12	1	111
Grove L., clergyman, b. Clannaan, res. Sharon, d. Apr. 19, 1855, ae 65	1	108
Mary A., ae 60, b. Danbury, res. Sharon, m. 2nd h. Asahel A. HOTCHKISS, mechanic, ae 66, res. Sharon, Aug. [ ], 1865		85
BROWNSON, [see under BRUNSON]		
BRUNDRIGE, William Slade*, s. David & Hannah, b. Dec. 14, 1798, in Amenia, N.Y. *("Wade" in printed records)	LR12	285

	Vol.	Page
BRUNSON, BROWNSON, Dorcas, m. John **WAY**, Dec. 27, 1742	LR2	20
Mary, of Kent, m. Phinehas **HUNT**, of Sharon, Aug. 17, 1756	LR4	130
Mary M., b. Cornwall, res. Sharon, d. Mar. 31, 1858, ae 17	1	113
BRYAN, [see also **BRYANT**], Almon C., m. Frances **HULL**, b. of Sharon, Feb. 12, 1840, by William K. Stopford	LR22	478
Clarissa, of Sharon, m. Wait **WILLIAMS**, of Sharon, Sept. 17, 1839, by Rev. William K. Stopford, of the M. E. Ch.	LR22	477
Emma C., d. Alden, carpenter, b. Dec. 8, 1850	1	35-6
Gilbert A., carpenter, ae 22, of Sharon, m. Mary E. **REED**, ae 17, of Sharon, Mar. 13, 1861, by Rev. D. Lyman	1	75
Gilbert A., carpenter, ae 22 & Mary E., ae 17, had d. [ ], b. Mar. 14, 1861	1	30
Laura, d. Gilbert A., carpenter, ae 25 & Mary E., ae 20, b. Aug. 9, 1863	1	44
Sarah A., ae 20, of Sharon, m. Edgar J. **REED**, farmer, ae 22, of Sharon, Feb. 18, 1857, by Rev. David Gibson	1	68
BRYANT, [see also **BRYAN**], Samuel P., m. Chloe M. **ROWLEY**, Oct. 26, 1834, by Rev. Richard Wymond, of the M. E. C h.	LR22	472
BUCK, BUCKE, Daniel, of New Milford, m. Ann **DENTON**, of Nine Partners, Dec. 9, 1756, by John Williams	LR3	263
Eunice, of Oblong, m. Daniel **TAYLOR**, of New Milford, Feb. 14, 1758, by John Williams	LR3	263
Horace, s. Richard & Margaret, (colored), b. Nov. 21, 1848	1	3-4
Phebe, m. Ebenezer **HERRICK**, Oct. 17, 1754, by John Williams	LR3	262
BUCKLEY, [see also **BULKLEY**], Betsey, m. Charles **HALL**, b. of Ellsworth, Feb. 13, 1845, by Rev. John W. Beecher, of Ellsworth	LR22	469
Edward M., mechanic, ae 40 & Mather, ae 38, had s. [ ], b. Nov. 24, 1860	1	29
James, b. Poughkeepsie, N.Y., res. Sharon, d. Oct. 30, 1865, ae 6	1	128
Joseph, weaver, b. England, res. Sharon, widower, d. Apr. 8, 1861, ae 72	1	117
Joseph C., m. Lucy Ann **DUNBAR**, b. of Elsworth, Mar. 6, 1842, by Rev. John W. Beecher, of Ellsworth	LR22	481
Julia, d. Benjamin, farmer, ae 26 & Julia **WHITE**, ae 20, b. Mar. 14, 1865	1	55
Mary, b. Sharon, res. Sharon, d. July 8, 1858, ae 12	1	113
BUEL, BUELL, Almira, d. Feb. 6, 1848, ae 75	1	9-10
Betsey, ae 55, b. Warren, res. Warren, m. Dan **CATES**, ae 65, b. Warren, res. Warren, Oct. 30, 1849, by Rev. Grove L. Brownell	1	13-14
Dorcas, Mrs. Of Litchfield, m. John **CANFIELD**, of Sharon, Oct. 2, 1765, by Rev. Judah Champion	LR5	255

	Vol.	Page
BUEL, BUELL (cont.)		
Frederick A., of Litchfield, m. Sarah A. **WARNER**, of Sharon, Feb. 10, 1841, by Rev. H. F. Pease, of the M. E. Ch.	LR22	479
BULKLEY, [see also **BUCKLEY**], Martha, d. John, carpenter, ae 48 & Emma A. **BROWN**, ae 41, b. June 21, 1864	1	50
Mary, b. Sharon, res. Sharon, d. Oct. 20, 1866, ae 19 m.	1	129
BULL, Betsey B., of Sharon, m. Isaac **CUTLER**, of Warren, Oct. 31, 1848, by G. L. Brownell	LR27	551
George W., of Kent, m. Julia **CHAFFEE**, of Sharon, May 6, 1828, by Frederick Gridley	LR20	383
George W., of Kent, m. Betsey **BOLAND**, of Sharon, Feb. 5, 1839, by Mason Grosvenor	LR22	476
BULLER, Irene, m. Kenan **DELANY***, Sept. [ ], 1843, by Rev. S. T. Carpenter *("Delancy" in Van Alstyne's book)	LR22	466
Margaret A., ae 22, b. Sharon, res. Sharon, m. William W. **WADHAMS**, farmer, ae 24, b. Goshen, res. Goshen, Oct. 31, 1866, by Rev. Stephen Fenn	1	87
BUMP, Caroline, d. Hiram, farmer, ae 28 & Helen, ae 24, b. June 2, 1864	1	50
Eleanor, m. Abraham **JACKSON**, Oct. 25, 1750	LR2	20
Eleanor, m. Abraham **JACKSON**, Oct. 25, 1750, by John Williams	LR3	261
Josiah, s. Jesse & Sarah, b. Mar. 9, 1755	LR3	414
Julia, ae 22, b. Amenia, res. Sharon, m. George S. **BISSELL**, farmer, ae 20, of Sharon, Nov. 11, 1862, by Rev. H. B. Mead	1	77
Mary, w. Philip, d. Dec. 1, 1751	LR2	22
Philip, m. Mrs. Esther **WARNER**, Dec. 3, 1754	LR3	412
Sarah, d. Jesse & Sarah, b. June 24, 1753	LR3	414
William, s. Philip & Mary, d. Aug. 2, 1750	LR2	22
BUNCE, Benjamin F., ae 22, of Cornwall, m. Anna H. **HATCH**, ae 21, of Va., Jan. 15, 1859, by Rev. J. V. Stryker	1	73
BUNDY, Polly, servant, b. Sharon, res. Sharon, d. July 13, 1863, ae 80	1	122
Sarah S., b. Salisbury, res. Sharon, m. Orange L. **ABELL**, ae 27, b. Sharon, res. Sharon, Apr. 24, 1850, by [ ] Sheenes	1	27-28
BUNHAM, [see under **BURNHAM**]		
BUNNY, Christopher M., m. Polly Maria **CHAPMAN**, Jan. 2, 1848, by Rev. Samuel Weeks	LR27	548
BURCHILL, Mary J., ae 22, b. Newark, N.J., res. Sharon, m. George **MEACHIN**, mechanic, ae 34, b. Ireland, res. Sharon, May 12, 1865, by Rev. William Stevens	1	84
BURDICK*, Mary A., d. Gilbert Badcock & Amanda, b. Oct. 10, 1848 *("**BADCOCK**")	1	7-8
BURGESS, Ann A., of Sharon, m. Thomas **ST. JOHN**, of Norwalk, Nov. 18, 1832, by Frederick Gridley	LR20	384
Edward M., s. John M., laborer, ae 27 & Mary J., colored, ae 21, b. Oct. 21, 1864	1	51

SHARON VITAL RECORDS

	Vol.	Page
BURGESS (cont.)		
James, laborer, b. England, res. Sharon, d. Sept. [ ], 1858, ae 73	1	114
John R., s. Daniel R. & Mina T., b. June 4, 1850	1	19-20
Shadrack, laborer, colored, b. Maryland, res. Sharon, d. June 16, 1862, ae 75	1	119
BURNEY, BERNEY, BIRNEY, Byron W., b. Sharon, res. Sharon, d. June 4, 1860, ae 4	1	116
Mary, d. Thomas, laborer, ae 38 & Ann, ae 30, b. May 18, 1865	1	55
Thomas, laborer, ae 34 & Ann, ae 26, had s. [ ], b. June 1, 1860	1	28
Thomas, laborer, ae 35 & Ann, ae 28, had s. [ ], b. July 15, 1861	1	32
Thomas, mechanic, ae 35 & Ann, ae 27, had s. [ ], b. Sept. 30, 1862	1	38
Thomas, laborer, ae 38 & Anne, ae 39, had d. [ ], b. Feb. 15, 1864	1	46
-----, male, b. Sharon, res. Sharon, d. Nov. [ ], 1863, ae 2	1	123
BURNHAM, BURHAM, BUNHAM, Caroline, m. Charles COLES, Oct. 4, 1835, by Frederick Gridley	LR22	472
Eirene*, m. Obadiah CHAPMAN, Jr., b. of Sharon, Apr. 10, 1747, by Rev. Peter Pratt *("Pirene" in Van Alstyne's)	LR2	20
Harriet, m. William P. ELWIN*, b. of Sharon, Mar. 18, 1838, by Mason Grosvenor *("ELWISE" in Van Alstyne's)	LR22	476
Mary Ann, of Sharon, m. Rolla SMITH, of Mariah, N.Y., Jan. 31, 1832, by David L. Perry	LR20	384
Walter H., s. Ezra H., farmer, ae 38 & Laura G., ae 35, b. Mar. 14, 1858	1	16
BURR, Andrew, s. [Walter & Mabel], b. May 11, 1789	LR9	550
David, s. [Walter & Mabel], b. May 19, 1785	LR9	550
Eunice, d. [Walter & Mabel], b. Oct. 12, 1780	LR9	550
Lucretia, d. Walter & Mabel, b. July 18, 1779	LR9	550
Mary, d. [Walter & Mabel], b. Nov. 5, 1782	LR9	550
Richard, s. [Walter & Mabel], b. Feb. 11, 1792	LR9	550
Sarah, d. [Walter & Mabel], b. Feb. 16, 1788	LR9	550
Walter, m. Mabel ST. JOHN, Sept. 17, 1778	LR7	303
BUSH, Mary, colored, b. Sharon, res. Sharon, d. Oct. 18, 1859, ae 3 m.	1	115
Nelson, laborer, colored, ae 21, b. Dutchess co., N.Y., res. North East, N.Y., m. Amelia REED, colored, ae 18, b. Dutchess Co., N.Y., res. Sharon, June 28, 1866, by Rev. William Stevens	1	86
Richard, laborer, colored, ae 53 & Jennette, colored, ae 43, had d. [ ], b. Oct. 18, 1859	1	24
BUSHNELL, Samuel, colored, res. Salisbury, m. Mary Elenor HARRIS, colored, res. Salisbury, July 4, 1865, by Walter M. Patterson	1	84
BUTLER, Ann Maria, Mrs., m. William BEEBE, b. of Sharon, Nov. 16, 1852, by William J. Alyn	LR27	546

BUTLER (cont.)	Vol.	Page
Barnabus, s. Nathaniell & Lucy, b. Apr. 6, 1767, in Stafford	LR7	299
Elizur, of New Marlboro, m. Esther **POST**, of Canaan, Oct. 29, 1820, by David L. Perry	LR20	380
Hannah, d. [Nathaniell & Lucy], b. Mar. 25, 1777, in Guilford, VT	LR7	299
John, s. [Nathaniell & Lucy], b. June 2, 1773	LR7	299
Nathan, m. Lucy **AMES**, Jan. 4, 1766, by Jabez White	LR7	303
Nathaniell, s. [Nathaniell & Lucy], b. Apr. 24, 1769, at Stafford	LR7	299
Orrin, of Cornwall, m. Ann M. **GRAY**, of Sharon, Dec. 25, 1834, by Frederick Gridley	LR22	472
BUTTOLPH, Horace A., m. Catharine **KING**, b. of Sharon, Sept. 11, 1839, by Mason Grosvenor	LR22	478
Phebe A., res. Sharon, m. Chauncy W. **ROWLEY**, mechanic, res. Sharon, May 17, 1865, by Rev. William Stevens	1	85
BUXTON, Daniel, manufacturer, ae 27, b. Smithfield, R.I., res. Sharon, m. 2nd w. Mary E. **CARR**, housekeeper, ae 20, res. Sharon, Oct. 21, 1855, by L. E. Lathrop	1	65
Daniel, butcher, b. R.I., res. Sharon, d. Aug. 10, 1863, ae 37	1	123
Luella, d. Daniel, butcher, b. Nov. 22, 1861	1	34
Mary E., d. Daniel, butcher, ae 30 & Mary E., ae 24, b. Oct. 9, 1858	1	19
BYRNE, Mary E., d. Patrick, collier, ae 28 & Kate, ae 26, b. Oct. 31, 1863	1	45
Patrick, mechanic, ae 28 & Kate, ae 24, had d. [ ], b. Mar. 8, 1862	1	36
Patrick, laborer, ae 24 & Kate, ae 21, had s. [ ], b. June 23, 1860	1	28
Patrick, teamster, ae 29 & Kate **KINNEY**, ae 29, had d. [ ], b. Apr. 5, 1866	1	58
CADWISE, David, lawyer, b. New York, res. Sharon, d. Oct. 25, 1864, ae 83	1	125
CADY, Prudence, of Oblong, m. Daniel **LOVEJOY**, of Province Land, west of Sheffield, Sept. 7, 1757, by John Williams	LR3	263
CAIN, Joshua F., of Amenia, N.Y., m. Margaret C. **COLE**, of Sharon, Nov. 20, 1836, by Rev. Lucius M. Purdy, of the St. Pauls Ch.	LR22	474
Mary E., b. Dutchess Cty., res. Sharon, d. Mar. 19, 1862, ae 15	1	119
CALISSA, Anna M., d. Carl, laborer, ae 38 & Susannah, ae 38, b. Jan. 25, 1856	1	11
CALKIN, CALKINS, Amos, s. Stephen & Mary, b. July 12, 1755	LR3	414
Asa, s. Daniell & Eles, b. Jan. 8, 1746/7	LR2	23
Betsey, m. Allen **MILLARD**, Sept. 27, 1823, by David L. Perry	LR20	381
Charles, s. [Jesse & Lucy], b. Feb. 19, 1786	LR9	542

SHARON VITAL RECORDS 203

	Vol.	Page
CALKIN, CALKINS (cont.)		
Daniel, m. Eles **WAY**, Apr. 25, 1745	LR2	20
Daniel, s. Daniel & Elles, b. Oct. 2, 1749	LR2	24
Darius, [s. John & Elizabeth], b. Sept. 28, 1762	LR6	55
Elisha, s. Stephen & Mary, b. Apr. 15, 1753	LR3	102
Elizabeth, d. Daniel & Ellef, b. Oct. 6, 1753	LR3	102
Elizabeth, [d. John & Elizabeth], b. Aug. 1, 1757	LR6	55
Elizabeth H., b. Salisbury, res. Sharon, d. Apr. 12, 1864, ae 10	1	125
Erastus, [s.Timothy & Eunice], b. July 18, 1779	LR9	542
Eunice, [d. John & Elizabeth], b. Oct. 15, 1749, in the Province of New York	LR6	55
Frederick, s. [Timothy & Eunice], b. Sept. 27, 1786	LR9	542
Harriet, m. Hector W. **ROBERTS**, b. of Sharon, Oct. 30, 1820, by David L. Perry	LR20	380
Hariet, m. Aurelus **GOELET**, b. of Sharon, Nov. 26, 1848, by Rev. L. H. King	LR27	551
Harriet R., ae 32, of Sharon, m. Isaac M. **BRAINARD**, farmer, ae 33, of Landsville, N.Y., June 9, 1862, by Rev. H. B. Mead	1	76
Heman, [s. Jesse & Lucy], b. Jan. 15, 1777	LR9	542
Henry, s. Jesse J., laborer, ae 25 & Sarah, ae 19, b. Mar. 22, 1856	1	5
Huliny (?), farmer, ae 35 & Jane, ae 24, had d. [ ], b. Dec. 23, 1858	1	20
J. H., soldier, ae 28 & Mary E., ae 22, had d. [ ], b. Sept. 29, 1862	1	38
James, [s. Timothy & Eunice], b. July 1, 1781	LR9	542
Jeremiah, of Sharon, m. Judith **MAXFIELD**, of Stanford, N.Y., Jan. 25, 1829, by Rev. Asa Tallmadge	LR20	383
Jesse, [s. John & Elizabeth], b. May 26, 1755, in the Province of New York	LR6	55
Jesse, Jr., [s. Jesse & Lucy], b. Mar. 17, 1782	LR9	542
Joel, [s. John & Elizabeth], b. Feb. 7, 1760	LR6	55
John, [s. John & Elizabeth], b. Mar. 14, 1748, in Province of New York	LR6	55
John, Jr., m. Rebecca **JEWETT**, b. of Sharon, Oct. 12, 1769, by Rev. C. M. Smith	LR6	91
Jonathan, s. Daniel & Elleff, b. Aug. 17, 1760	LR5	104
Joseph, laborer, ae 30 & Polly, ae 24, had s. [ ], b. Aug. 15, 1859	1	23
Joseph L., laborer, ae 30, of Sharon, m. Polly M. **CALKINS**, ae 23, of Sharon, Oct. 24, 1858, by E. S. Stoddard	1	71
Julia, of Sharon, m. Horace **REED**, of Amenia, N.Y., Sept. 28, 1826, by Phinehas Cook	LR20	382
Justus, s. Stephen & Mary, b. Nov. 11, 1741	LR2	18
Justus, d. Aug. 16, 1849, ae 84	1	9-10
Katharine, [d. John & Elizabeth], b. June 19, 1751, in the Province of New York	LR6	55

CALKIN, CALLKINS (cont.)

	Vol.	Page
Laura, of Sharon, m. Samuel H. [ ]*, of New Haven, Jan. 21, 1824, by Horatio Smith *("**VICTORY**" in Van Alstyne's)	LR20	381
Lois, d. John & Elizabeth, b. May 20, 1745	LR6	55
Loveman, m. Harriet **ACKLEY**, b. of Sharon, May 13, 1840, by Rev. William K. Stopford, of the M. E. Ch.	LR22	479
Lucinda, d. John, Jr. & Rebecca, b. July 17, 1770	LR6	125
Lydia, d. Daniel & Ellif, b. Oct. 12, 1751	LR3	101
Lydia, d. [Jesse & Lucy], b. Feb. 26, 1784	LR9	542
Mabel, [d. John & Elizabeth], b. July 7, 1764	LR6	55
Maria, of Sharon, m. Samuel **JACKSON**, of New York State, Oct. 23, 1825, by Frederick Gridley	LR20	382
Melinda, m. Charles **LANDON**, b. of Sharon, Mar. 24, 1836, by Rev. Lucius M. Purdy, of St. Pauls Ch.	LR22	473
Melissa, m. Ira **WILLIAMS**, [ ]	LR20	380
Miron, s. [Jesse & Lucy], b. Sept. 24, 1788	LR9	542
Nathaniel, [s. John & Elizabeth], b. June 11, 1753, in the Province of New York	LR6	55
Polly M., ae 23, of Sharon, m. 2nd h. Joseph L. **CALKINS**, laborer, ae 30, of Sharon, Oct. 24, 1858, by E. S. Stoddard	1	71
Preston, ae 24, b. Bridgeport, res. Sharon, m. 2nd w. Polly M. **BENYER**, ae 15, of Sharon, Aug. 4, 1850, by Rev. [ ] Sheenes	1	29-30
Preston, laborer, b. Woodbury, res. Sharon, d. Mar. 5, 1858, ae 35	1	113
Rebecca, m. Ezra **LEVI**, Nov. 29, 1841, by Silas A. Gray, J.P.	LR22	480
Reuben, s. Stephen & Mary, b. June 13, 1744	LR2	23
Roxelany, d. [Timothy & Eunice], b. July 12, 1783	LR9	542
Russel, m. Laury Ann **MAXAM**, b. of Sharon, Oct. 22, 1839, by Rev. William K. Stopford, of the M. E. Ch.	LR22	477
Russell B., farmer, b. Sharon, d. Nov. 22, 1861, ae 60	1	118
Samuel, d. Dec. 29, 1755	LR3	410
Sarah, [d. John & Elizabeth], b. Sept. 15, 1746, in Province of New York	LR6	55
Sarah M., of Sharon, m. Henry **BIERCE**, of Kent, Dec. 10, 1843, by Rev. A. Ackley	LR22	467
Silas, m. Prudence **FRINK**, of Sharon, Feb. 15, 1829, by Horatio Smith	LR20	383
Simeon, m. Ruth **ALGER**, Apr. 4, 1755, by John Williams	LR3	262
Timothy, s. Stephen & Mary, b. Oct. 16, 1748	LR2	24
Timothy, Jr., [s. Timothy & Eunice], b. Sept. 15, 1777	LR9	542
William H., m. Cordelia J. **STEWART**, b. of Sharon, Apr. 2, 1844, by Rev. Fitch Reed	LR22	468
William H., mechanic, ae 25, b. Washington, N.Y., res. Sharon, m. Sarah M. **DOUGHTY**, ae 20, b. Stamford, N.Y., res. Sharon, Mar. 18, 1862, by Rev. H. B. Mead	1	76

SHARON VITAL RECORDS

	Vol.	Page
CALKIN, CALKINS (cont.)		
William H., mechanic, ae 26 & Sarah M., ae 21, had s.		
[ ], b. Mar. 8, 1863	1	42
-----lah, m. [ ], Jan. 5, 1824, by Timothy Benedict	LR20	381
[CALLAHAN], CALAHAN, KALLAHAN, John, s. Thomas,		
farmer, ae 35 & Kate, ae 32, b. Apr. 10, 1862	1	36
Thomas, laborer, ae 34 & Catharine, ae 31, had d. [ ], b.		
July 21, 1860	1	28
CAMBRIDGE, CAMBRAGE, Charles, m. Caroline **STARR**,		
b. of Sharon, Oct. 26, 1847, by Rev. Lewis Gunn	LR27	550
Julia, m. David **HECTOR**, b. of Sharon, Oct. 26, 1847,		
by Rev. Lewis Gunn	LR27	550
Robert, laborer, colored, ae 26, of Sharon, m. Charlotte		
PERKINS, ae 26, colored, of Wolcottville, Dec. 4,		
1858, by R. D. Gardner	1	71
Susan, of Sharon, m. Henry J. **STEPHENS**, of		
Colchester, June 4, 1847, by Rev. John W. Beecher,		
of Ellsworth	LR27	549
CAMP, Abigail, d. [Joel & Anna], b. June 14, 1785	LR9	553
Asenath, d. Joel & Anna, b. Apr. 7, 1783	LR9	553
Burr, of Washington, m. Amy **PARSONS**, of Sharon,		
Feb. 11, 1836, by Frederick Gridley	LR22	473
Cornelia, [d. Israel & Cornelia], b. Apr. 28, 1817	LR15	275
Cornelia C., housekeeper, b. Sharon, res. Sharon, d. Sept.		
18, 1864, ae 75	1	125
George, s. [Joel & Anna], b. Dec. 11, 1786	LR9	553
Hellen Maria, m. Rev. Martin **MOODEY**, b. of Sharon,		
Sept. 14, 1846, in St. John's Ch. Salisbury, by Rev.		
George Huntington, Int. Pub.	LR27	548
Israel, 2nd, [s. Israel & Cornelia], b. Nov., 14, 1812	LR15	275
Juliett, ae 24, b. New Milford, res. Sharon, m. Amos C.		
BEECHER, ae 28, b. Naugatuck, res. Sharon, Aug.		
20, 1849, by Riverius Camp	1	27-28
Lucy Ann, d. Israel & Cornelia, b. Mar. 19, 1809	LR15	275
Lucy Ann, of Sharon, m. William H. **KING**, of Senaca		
Falls, N.Y., May 21, 1832, by George B. Andrews	LR20	384
Philander, s. Joel & Anne, b. June 12, 1781	LR8	62
Rebeca, of Sharon, m. Richard G. **PARDEE**, of Senaca		
Falls, N.Y., Apr. 12, 1836, by Rev. Lucius M.		
Purdy, of St. Pauls Ch.	LR22	473
Rebecca Maria, [d. Israel & Cornelia], b. Nov. 27, 1814	LR15	275
Riverius, 2nd, [s. Israel & Cornelia], b. Nov. 11, 1810	LR15	275
CAMPBELL, CAMBELL, Bette, d. [John & Mary], b. May		
7, 1769	LR7	308
Daniel, [s. John & Mary], b. May 28, 1761	LR7	308
Ellen, ae 24, b. Ireland, res. Sharon, m. Daniel		
GELEGAN, ae 22, b. Ireland, res. Sharon,		
[ ], 1860	1	74
Eunice, d. [John & Mary], b. Oct. 26, 1774	LR7	308
Jedediah, s. [John & Mary], b. Nov. 2, 1770	LR7	308
John, s. [John & Mary], b. June 28, 1766	LR7	308
Jonas, [s. John & Mary], b. Aug. 13, 1759	LR7	308

	Vol.	Page
CAMPBELL, CAMBELL (cont.)		
Margaret, m. Joseph **JACKSON**, Nov. 21, 1751, by John Williams	LR3	261
Sarah, m. Joseph **DEAN**, Dec. 18, 1754, by John Williams	LR3	262
Sarah, d. [John & Mary], b. July 11, 1764	LR7	308
Tabitha, d. [John & Mary], b. Mar. 21, 1772	LR7	308
CANDEE, Alphonso, of Harwinton, m. Miranda **STODDARD**, of Sharon, May 4, 1843, by G. Lawrence Brownell	LR22	466
Miranda, housekeeper, b. Sharon, res. Sharon, d. Mar. 12, 1863, ae 50 y.	1	122
Miranda, ae 18, b. Harwinton, res. Sharon, m. Elias B. **REED**, merchant, ae 25, of Sharon, Oct. 5, 1864, by Rev. D. D. T. McLaughlin	1	83
CANFIELD, Anna Maria, [d. Samuel & Anna], b. [ ]	LR12	285
Annis, d. John & Dorcas, b. Dec. 31, 1769	LR6	128
Avis, d. John & Dorcas, b. Dec. 9, 1771	LR6	128
Cornelia, [d. Samuel & Anna], b. [ ]	LR12	285
Elizabeth, d. Samuel & Anna, b. [ ]	LR12	285
Eunice, d. John & Dorcas, b. Sept. 20, 1766	LR6	55
Jay S., m. Betsey **WOODRUFF**, b. of Sharon, May 21, 1837, by Mason Grosvenor	LR22	474
John, of Sharon, m. Mrs. Dorcas **BUELL**, of Litchfield, Oct. 2, 1765, by Rev. Judah Champion	LR5	255
Lee, ae 24, b. Salisbury, res., Salisbury, m. Mary L. **BENEDICT**, ae 27, res. Sharon, [ ], by Rev. Grove L. Brownell	1	13-14
Lorain, d., John & Dorcas, b. Mar. 9, 1768	LR6	55
Samuel, farmer, b. Sharon, res. Sharon, d. Apr. 5, 1864, ae 22	1	124
Samuel Jay, s. Samuel & Anna, b. Jan. 26, 1796	LR12	285
CARL, Jane Ann, d. James, laborer, colored, ae 27 & Emily, ae 34, b. Mar. 7, 1863	1	42
-----, female, colored, b. Sharon, res. Sharon, d. [ ], 1864 ae 11 m.	1	124
CARLEY, Harriet, d. David, laborer, ae 37 & Mary Jane, ae 19, b. May [ ], 1856	1	9
CARMAN, H. K., colored, his w. [ ], b. Sharon, res. Sharon, d. Aug. 19, 1862, ae 45	1	120
CARPENTER, Emily, pauper, ae 20, had s. [ ], b. July [ ], 1856	1	6
Phebe M., ae 20, b. Kent, res. Kent, m. William T. **ISBELL**, .laborer, ae 20, b. Roxbury, res. Woodbury, Dec. 3, 1863, by Rev. Ira Ferris	1	79
CARR, Edwin, soldier, b. Sharon, res. Hancock, Md., d. Jan. 31, 1862, ae 21	1	118
Elemuel, shoemaker, res. Sharon, d. Sept. 27, 1856, ae 70	1	111
Henry, m. Polly **OLMSTEAD**, May 1, 1834, by Frederick Gridley	LR20	384

SHARON VITAL RECORDS 207

	Vol.	Page
CARR (cont.)		
James, laborer, colored, ae 22, b. Salisbury, res. Sharon, m. Emily **FOOT**, ae 23, b. Salisbury, res. Sharon, Mar. 3, 1856, by Clark Fuller	1	66
Mary E., housekeeper, ae 20, res. Sharon, m. Daniel **BUXTON**, manufacturer, ae 27, b. Smithfireld, R.I., res. Sharon, Oct. 21, 1855, by L. E. Lathrop	1	65
Sarah, ae 16, of Sharon, m. Alvin W. **DENNIS**, laborer, ae 24, b. Gallatinville, N.Y., res. Sharon, Feb. 3, 1858, by E. S. Stoddard	1	70
CARRIER, Elizabeth, m. Matthias **CHAPMAN**, Feb. 7, 1754, by John Williams	LR3	262
Mary, d. Dea. Timothy & Frances, b. Oct. 26, 1752	LR6	127
Prudence, m. John **WHITE**, Mar. 28, 1751, by John Williams	LR3	261
CARROL, Julia, housekeeper, ae 22, b. Ireland, m. Pluck **CLANCY**, farmer, ae 22, b. Ireland, res. New York, July 1, 1855, by Patty Kelly	1	64
CARTER, Frederick, farmer, ae 40, b. Warren, res. Warren, m. Betsey **CHAPMAN**, ae 38, b. Sharon, res. Sharon, Sept. 11, 1866, by Rev. A. B. Bullings	1	86
CARTWRIGHT, CARTEWRIGHT, Almira, ae 20, of Sharon, m. Austin St. **JOHN**, merchant, ae 22, b. Sharon, res. Kent, Sept. 14, 1858, by Gilbert Hubbell	1	70
Anson, farmer, ae 30 & Catharine, ae 28, had d. [ ], b. May 10, 1856	1	9
Austin, m. Thirsa **JACKSON**, b. of Sharon, Oct. 31, 1832, by David L. Perry	LR20	384
Baley, s. [Samuell & Abiel], b. Mar. 23, 1771	LR7	411
Betsey, housewoman, b. Cornwall, res. Sharon, d. Dec. 11, 1856, ae 36	1	111
Caroline, m. Thaddeus **DUNBAR**, Apr. 15, 1828, by Frederick Gridley	LR20	383
Catharine, b. Cornwall, res. Sharon, d. Oct. 8, 1858, ae 30	1	113
Charles, s. Henry E., farmer, ae 27 & [ ], ae 30, b. May 31, 1859	1	22
Earl, m. Almira **MALLORY**, Nov. 22, 1829, by Rev. Frederick Gridley	LR20	383
Ellen T., ae 17, b. Sharon, res. Sharon, m. Josiah W. **BROWN**, farmer, ae 21, b. Goshen, res. Sharon, Dec. 28, 1865, by Rev. R. D. Gardiner	1	85
Emeline, m. Chesterfield **CURTISS**, Mar. 25, 1823, by Frederick Gridley	LR20	381
Emily A., ae 22, res. Sharon, m. John C. **LOVELL**, farmer, ae 31, res. Sharon, Sept. 4, 1855, by A. C. Frissell	1	64
Emily C., housekeeper, b. Sharon, res. Sharon, d. Feb. 15, 1863, ae 35	1	122
Esther, d. Samuell & Abiel, b. July 5, 1769	LR7	411
Hellen T., d. Jane, b. Dec. 4, 1848	1	5-6

	Vol.	Page

CARTWRIGHT, CARTEWRIGHT (cont.)
Henry E., farmer, ae 38, of Sharon, m. 2nd w. Laura C.
   LAKE, ae 38, b. Goshen, res. Sharon, May 31,
   1864, by Rev. Ira Ferris — 1 — 82
Jane, had d. Hellen T., b. Dec. 4, 1848 — 1 — 5-6
Jane E., nurse, ae 29, of Sharon, m. Don Pedro
   GRISWOLD, farmer, ae 29, b. Milton, res. Sharon,
   Apr. 8, 1863, by Rev. H. B. Mead — 1 — 78
Julia M., ae 20, of Sharon, m. Charles W. **PECK**, farmer,
   ae 26, of Sharon, Nov. 3, 1858, by R. D. Gardiner — 1 — 71
Laura, m. Lewis **ST. JOHN**, Nov. 3, 1834, by Rev.
   Chester William **TURNER**, of the M. E. Ch. — LR22 — 472
Lusina, of Sharon, m. Russell **RICHARDS**, of Goshen,
   Oct 15, 1826, by Horatio Smith — LR20 — 382
Mary, of Sharon, m. Elihu **BARBER**, of Torrington, Nov.
   17, 1833, by Horatio Smith — LR20 — 384
Mary, b. Goshen, res. Sharon, wid., d. Dec. 31, 1862, ae
   78 — 1 — 121
Matilda, m. John **HALL**, Jan. 3, 1841, by Rev. Seth W.
   Scofield, of the M. E. Ch. — LR22 — 477
Olive, d. Samuel & Abiel, b. Jan. 12, 1768 — LR6 — 56
Patty L., ae 33, of Sharon, m. Jay L. **NORTHROP**,
   farmer, ae 39, b. Sharon, res. West Haven, Feb. 15,
   1859, by Rev. R. D. Gardiner — 1 — 72
Samuel, s. [Samuell & Abiel], b. Feb. 7, 1775 — LR7 — 411
Walter, farmer, ae 25 & Sarah, ae 25, had d. [   ], b. Aug.
   31, 1861 — 1 — 32
Walter A., farmer, ae 24, of Sharon, m. Sarah C.
   TICKNOR, ae 24, of Sharon, Oct. 23, 1860, by
   Rev. C. W. Lockwood — 1 — 74
Watson, farmer, ae 34, res. Sharon, m. Amarillus **PECK**,
   ae 27, res. Sharon, Apr. 7, 1836, by R. D. Kirby — 1 — 66
CASE, William, of Sharon, m. Polly **SKIFF**, of Kent, Dec. 24,
   1823, by Frederick Gridley — LR20 — 381
CASEY, Margaret, ae 22, b. Ireland, res. Sharon, m. Lockwood
   WALDRON, ae 28, res. Sharon, Apr. 15, 1857, by
   Myron Harrison — 1 — 68
CATES, Dan, ae 65, b. Warren, res. Warren, m. Betsey **BUEL**,
   ae 55, b. Warren, res. Warren, Oct. 30, 1849, by
   Rev. Grove L. Brownell — 1 — 13-14
CATLIN, Amos, sash maker, ae 27, b. Cornwall, res. Goshen,
   m. Lydia **BARNUM**, ae 21, b. Cornwall, res.
   Amenia, Jan. 1, 1851, by Rev. David Turner — 1 — 45-6
CAVANAUGH, Catharine, ae 19, b. Ireland, res. Sharon, m.
   Hugh **McDONALD**, laborer, ae 20, b. Ireland, res.
   Amenia, Sept. 30, 1860, by Rev. R. O'Gorman — 1 — 74
CEASAR, John M., s. George S., colored, farmer, ae 32 &
   Eleanor, ae 29, b. Aug. 20, 1851 — 1 — 35-6
Margaret, colored, ae 39, res. Sharon, m. John **PIPER**,
   laborer, colored, ae 60, b. New York, res. Kent, Oct.
   20, 1864, by Rev. Ira Ferris — 1 — 83
CELEY, [see under **SEELEY**]

	Vol.	Page
CHAFFEE, Calvin P., m. Elizabeth C. LOVELL, b. of Sharon, Sept. 4, 1844, by G. L. Brownell	LR22	468
Caroline M., m. Garry S. MOREY, Aug. 21, 1834, by Frederick Gridley	LR22	472
Clarissa, ae 22, b. Ellsworth, res. Ellsworth, m. Abel EVERITT, farmer, ae 23, b. Ellsworth, res. Ellsworth, Oct. 22, 1850	1	47-8
Eben W., m. Amanda FULLER, b. of Sharon, [Dec.] 31, 1845, by John W. Beecher	LR22	468
Eben W., farmer, ae 42 & Amanda, ae 40, had s. [ ], b. Nov. 20, 1865	1	54
Eleanor, b. Kent, res. Sharon, d. Feb. 22, 1857, ae 89	1	112
Elizabeth, d. Joshua & Mary, b. May 11, 1757	LR4	128
Elmore, m. Esther DUNBAR, b. of Sharon, Feb. 20, 1834, by Frederick Gridley	LR20	384
Eugene, farmer, ae 29 & [ ], ae 28, had d. [ ], b. Nov. 4, 1866	1	60
George W., m. Rhoda A. SKIFF, b. of Sharon, Feb. 25, 1841, by Grove L. Brownell	LR22	479
Hannah, m. Samuel E. EVERITT, Mar. 23, 1840, by Rev. Walter Smith	LR22	478
Jerome S., agriculture, ae 36 & Martha, ae 38, had d. [ ], s. b. [ ]	1	33-4
Joel St. John, m. Betsey Ann YOUNG, b. of Sharon, Apr. 11, 1827, by Frederick Gridley	LR20	382
John L., s. Calvin, farmer, ae 28 & Elizabeth, res. Ellsworth, b. June 18, 1851	1	43-4
Joshua, m. Mary ST. JOHN, Jr., July 2, 1755, by John Williams	LR3	262
Joshua B., farmer, ae 28, of Sharon, m. Betsey A. WHITNEY, ae 18, housekeeper, of Sharon, Mar. 23, 1863, by Rev. C. W. Rowley	1	78
Julia, of Sharon, m. George W. BULL, May 6, 1828, by Frederick Gridley	LR20	383
Julia, ae 21, of Sharon, m. Charles B. EVERETT, farmer, ae 23, of Sharon, Sept. 6, 1858, by R.D. Gardiner	1	70
Margaret, d. Eugene, laborer, ae 29 & Mary LOVELL, ae 26, b. Mar. 15, 1864	1	50
Mary Jane, m. Samuel EGGLESTON, b. of Sharon, Dec. 25, 1848, by Rev. S. H. King	LR27	551
Mary L., ae 20, res. Sharon, m. Samuel EGGLESTON, ae 27, b. Salisbury, Dec. 25, 1848, by Rev. Lucius F. King	1	13-14
Polly, b. Greenwich, res. Sharon, d. Apr. 5, 1866, ae 80	1	129
CHAMBERLAIN, Abby B., d. George, farmer, ae 41 & Emmy, ae 27, b. Aug. 1, 1858	1	18
Abby H., b. Sharon, res. Sharon, d. Nov. 26, 1858, ae 3 m.	1	114
Catharine S., of Sharon, m. Ebenezer H. PRAY, of Orange Cty., N.Y., Feb. 5, 1834, by Rev. Aaron Hunt	LR20	384
David, s. Isaac & Elizabeth, b. Feb. 17, 1785	LR9	549

	Vol.	Page
CHAMBERLAIN (cont.)		
Elias Keyes, s. Isaac & Elizabeth, b. Sept. 3, 1796	LR12	285
Elizabeth, d. Isaac & Elizabeth, b. Mar. 9, 1787	LR9	553
Eugene, s. Henry, cooper, ae 24 & Eveline, ae 19, b. Nov. 15, 1858	1	19
Eunice, d. Wells, laborer, ae 35 & Gennette, ae 26, b. Nov. 23, 1858	1	19
George, farmer, ae 39 & Emma, ae 28, had d. [ ], b. Oct. 13, 1860	1	29
Hannah, d. [Isaac & Elizabeth], b. June 9, 1788	LR9	553
Henry, farmer, ae 30 & [ ], ae 26, had d. [ ], b. Jan. 7, 1866	1	60
Henry R., laborer, ae 23, of Sharon, m. Eveline **POLLOCK**, ae 18, b. N. Y. City, res. Mattewan, July 7, 1858, by L. S. Hunt	1	70
Isaac, s. Isaac & Elizabeth, b. July 13, 1783	LR8	61
Jacob, s. Isaac & Elizabeth, b. Apr. 5, 1791	LR10	142
Luther, s. Isaac & Elizabeth, b. July 25, 1781	LR7	301
Lidde, d. Isaac & Elizabeth, b. Mar. 2, 1794	LR10	143
Marcy, d. Isaac & Elizabeth, b. Jan. 10, 1800	LR12	285
Mary, of New Marlborough, m. Samuel **HOLLISTER**, Jr., of Sharon, Jan. 1, 1766	LR5	255
Mary, of Sharon, m. Herman M. **SPRAGUE**, of Talmage, O., Aug. 7, 1828, by David L. Perry	LR20	383
Sarah, d. Isaac & Elizabeth, b. Feb. 3, 1790	LR10	142
Welles, s. Welles, farmer, ae 33 & Jennette, ae 25, b. Nov. 7, 1857	1	14
Welles, laborer, ae 36 & Jenette, ae 28, had s. [ ], b. Sept. 16, 1860	1	29
William, laborer, ae 41 & Jenette, ae 38, had s. [ ], b. Nov. 23, 1865	1	54
Willis, laborer, ae 33 & Jennette, ae 24, had d. [ ], b. Nov. 1, 1856	1	8
Willis, his infant d. [ ], b. Sharon, d. Nov. 23, 1858	1	114
Willis, his infant, b. Sharon, d. Feb. 16, 1860	1	117
-----, female, b. Sharon, res. Sharon, d. Nov. 1, 1856, ae 3 hrs.	1	111
CHAMBERS, Garry, m. Emily **KELLOGG**, b. of Sharon, Jan. 3, 1830, by Rev. Fitch Reed	LR20	383
George, b. Sharon, res. Sharon, wid. d. Feb. 12, 1862, ae 80	1	119
CHAMPION, Azubah, d. Daniel & Esther, b. Feb. 11, 1759	LR4	130
CHAPMAN, Adaline, ae 17, of Sharon, m. Albert **SCOTT**, laborer, ae 24, b. Copake, res. Sharon, July 3, 1861, by Rev. W. H. Kirk	1	75
Allen, farmer, of Sharon, m. Nancy **McBERNEY**, of Sharon, Mar. 12, 1851, by Rev. Joel Osborne	1	47-8
Ann, of Sharon, m. Elisha M. **RAY**, of Amenia, Sept. 13, 1829, by Rev. Quietus Stewart	LR20	383
Anne, m. Daniel **PARKE**, July 28, 1741	LR2	20
Betsey, housekeeper, b. Sharon, res. Sharon, d. Nov. 4, 1863, ae 24	1	123

SHARON VITAL RECORDS

	Vol.	Page
CHAPMAN (cont.)		
Betsey, ae 38, b. Sharon, res. Sharon, m. Frederick **CARTER**, farmer, ae 40, b. Warren, res. Warren, Sept. 11, 1866, by Rev. A. B. Bullings	1	86
Charity, ae 43, of Sharon, m. Elias **NODINE**, laborer, ae 52, b. Kent, res. Sharon, Dec. 24, 1859, by Rev. William S. Stillwell	1	73
Charles, s. Daniel & Lucy, b. Jan. 25, 1752	LR3	414
Charlotte A., d. Henry, laborer, ae 22 & Betsey A., ae 23, b. Feb. 2, 1856	1	5
Christopher, farmer, ae 38 & Sarah W., ae 23, had d. [ ], b. Feb. 19, 1866	1	63
Clark, m. Laura **MOREY**, b. of Sharon, Apr. 23, 1821, by Frederick Gridley	LR20	380
Daniel, s. Daniel & Lucy, b. Jan. 14, 1754	LR3	414
Daniel, d. Apr. 21, 1754	LR3	410
Elijah, Jr., m. Charity **ROGERS**, of Sharon, Aug. 7, 1831, by Samuell E. Everitt	LR20	384
Elijah, laborer, ae 52 & Charity, ae 41, had d. [ ], b. June 22, 1856	1	6
Elizabeth, m. Ezra **HUTCHINSON**, Oct. 5, 1749	LR3	263
Elizabeth, m. William **WHITNEY**, June 28, 1753, by John Williams	LR3	262
Elmore, farmer, ae 31 & Sarah, ae 30, had twin d. [ ], b. Nov. 5, 1862 (One s.b.)	1	39
Esther, m. Joseph **LORD**, Nov. 7, 1754, by John Williams	LR3	262
Ezekiel, m. Mary **MILLER**, Jan. 11, 1749/50, by John Williams	LR3	261
Frances Maria, d. Lyman, farmer, ae 44 & Clarissa, ae 39, b. Feb. 13, 1856	1	5
Garwood, s. Allen, farmer, ae 34 & Nancy, ae 33, b. Oct. 12, 1862	1	38
George W., farmer, ae 22, b. Sharon, res. Sharon, m. Mira A. **PECK**, ae 18, b. Sharon, res. Sharon, Feb. 27, 1867, by Rev. E. L. Bray	1	88
Heman B., m. Lucy Ann **HENNING**, Apr. 1, 1834, by Rev. Julius Field	LR20	384
Henry, farmer, ae 22, res. Sharon, m. Thurza M. **WOODIN**, ae 22, b. Warren, res. Warren, Nov. 20, 1856, by David Nash	1	67
Henry, s. Allen, farmer, ae 29 & Nancy, ae 30, b. Aug. 22, 1857	1	13
Henry, laborer, ae 29, of Sharon, m. [2nd w.], ae 17, of Sharon, Mar. 16, 1864, by Rev. Ira Ferris	1	82
Henry, laborer, had s. [ ], b. Feb. 27, 1866	1	58
Henry L., laborer, ae 29 & Harriet E. **ALLEN**, ae 17, had d. [ ], s. b. Oct. 15, 1864	1	49
Hiram, s. Elijah & Charity, b. Apr. [ ], 1849	1	5-6
Ira, m. Urania R. **BALLWIN**, b. of Sharon, Aug. 13, 1849, by Rev. L. H. King	LR27	551

CHAPMAN (cont.)

	Vol.	Page
Ira, m. Urania R. **BEATRUM**, b. of Sharon, Aug. 14, 1849, by Rev. Lucius H. King	1	27-28
Ira, stone mason, ae 31 & [ ], ae 25, had d. [ ], b. May 13, 1859	1	22
Ira, mason, ae 33 & Runella, ae 28, had d. [ ], b. Apr. 19, 1861	1	31
Jane, housewife, b. Kent, res. Sharon, d. Apr. 13, 1864, ae 96	1	125
Joseph, s. Daniel & Lucy, b. Apr. 5, 1749	LR3	414
Juhany, ae 17, of Sharon, m. Edward **BRAZEE**, ae 19, b. Salisbury, res. Sharon, Apr. 22, 1861, by Rev. George Daniel	1	75
Juliana, ae 19, b. Sharon, res. Same, m. 2nd h. Cyrus **MITCHELL**, laborer, ae 29, b. New York, res. Sharon, Aug. 2, 1864, by Rev. Ira Ferris	1	82
Leander, laborer, res. Sharon, m. Anna **CLINTON**, [ ], 1856, by [ ]	1	67
Leander, miller, ae 30 & Catharine, ae 28, had s. [ ], b. July 31, 1866	1	62
Lucinda, m. Orrin **HUTCHINSON**, Dec. [ ]	LR20	380
Lucy, m. Micah **MUDGE**, Feb. 10, 1755	LR3	412
Lucy, m. [ ], **MITCHELL**, laborer, res. Sharon [ ], 1856	1	67
Lucy Ann, d. Leander, miller, ae 28 & Catharine, ae 24, b. Nov. 12, 1863	1	45
Lydia, m. Samuel **LEWIS**, Jr., b. of Sharon, Sept. 22, 1769, by Rev. C. M. Smith	LR6	91
Mary, ae 52, b. Sharon, res. same, m. Levi S. **HOWE**, laborer, ae 62, b. Cornwall, res. South Norfolk, Feb. 1, 1865, by Rev. S. H. Bray	1	84
Mary A., ae 19, of Sharon, m. John **EGGLESTON**, laborer, ae 27, b. New York State, res. Amenia, Dec. 4, 1861, by Rev. C. W. Powell	1	76
Mary Louisa, d. Lyman, farmer & Clarissa, b. Oct. 16, 1850	1	39-40
Matthias, m. Elizabeth **CARRIER**, Feb. 7, 1754, by John Williams	LR3	262
Norman, s. Elmore, farmer, ae 34 & Sarah, ae 32, b. Mar. 29, 1864	1	51
Obadiah, Jr., m. Eirene* **BURNHAM**, b. of Sharon, Apr. 10, 1747, by Rev. Peter Pratt *("Pirene" in Van Alstyne's)	LR2	20
Olive, m. James A. **KELLOGG**, b. of Sharon, Nov. 1, 1835, by Frederick Gridley	LR22	473
Peletiah, m. Mary **WHITE**, May 10, 1750, by John Williams	LR3	261
Phebe, m. John **SMITH**, May 1, 1753	LR3	412
Polly Maria, m. Christopher M. **BUNNY**, Jan. 2, 1848; by Rev. Samuel Weeks	LR27	548

SHARON VITAL RECORDS 213

	Vol.	Page

CHAPMAN (cont.)
   Rachel, ae 24, b. Sharon, res. Carmel, m. William H.
      FOSTER, farmer, ae 27, b. Carmel, N.Y., res.
      Carmel, Jan. 2, 1850, by Rev. Charles Rockwell   1   45-6
   Rachel, of Sharon, m. William H. **FOSTER**, of Carmel,
      N.Y., Jan. 2, 1851, by Rev. Charles Rockwell, of the
      Cong. Ch.   LR27   545
   Rhoda, of Sharon, m. Lynus **DAYTON**, of Watertown,
      Sept. 5, 1824, by Frederick Gridley   LR20   382
   Richard, s. Daniel & Lucy, b. Sept. 2, 1743   LR3   414
   Ruth M., of Sharon, m. William **WARNER**, of New York
      State, Aug. 7, 1831, by Samuell E. Everett   LR20   384
   S. Cynthia, ae 26, res. Sharon, m. John F. **TWOMBLEY**,
      farmer, ae 30, b. Maine, res. N.Y. City, Feb. 4,
      1857, by Rev. L. E. Lathrop   1   68
   Samuell, Jr., m. Mary **WATERMAN**, July 28, 1748, by
      John Williams   LR3   261
   Sarah, m. Samuel **WATERMAN**, Jr., July 24, 1748, by
      John Williams   LR3   261
   Ulysses Grant, s. Henry, laborer, ae 33 & Harriet A., ae
      19, b. Apr. 17, 1866   1   62
   Ulysses L., s. Henry A. & Harriet, b. Apr. 17, 1866   1   56
   William, farmer, ae 30, res. Sharon, m. S. Cynthia **ST.**
      JOHN, housekeeper, ae 24, res. Sharon, Jan. 23,
      1855, by Leonard E. Lathrop   1   64
   W[illia]m, farmer, b. Sharon, res. Sharon, d. [   ],
      1855, ae 30   1   109
   -----, female, b. Sharon, res. Sharon, d. July 6, 1856, ae
      14 das.   1   109
   -----, twin d. [   ], s. b. Nov. 5, 1862   1   121
CHAPPELL, Ann, d. Caleb & Elizabeth, b. Feb. 19, 1744/5   LR2   24
CHURCH, Albert C., of Salisbury, m. Margaret L. **GAGER**,
      of Sharon, June 26, 1831, by George B. Andrews   LR20   384
   Asa, m. Hannah **CURTICE**, July 17, 1755   LR3   412
   Asa, s. Asa & Hannah, b. Oct. 24, 1755   LR4   128
   Joel, s. Asa & Hannah, b. Feb. 27, 1757   LR4   128
   Nathaniel, Jr., m. Mary **READ**, b. of Sharon, May 20,
      1829, by Rev. David L. Perry   LR20   383
CLANCY, Pluck, farmer, ae 22, b. Ireland, res. New York, m.
      Julia **CARROL**, housekeeper, ae 22, b. Ireland, July
      1, 1855, by Patty Kelly   1   64
CLANE, Norton, laborer, b. North East, res. Sharon, d. Nov.
      10, 1862, ae 50   1   121
CLAPP, Asahel P., mechanic, ae 46 & Adaline, ae 36, had d.
      [   ], b. Dec. 31, 1862   1   40
CLARK, Abiah, Mrs., m. John G. **CLARK**, b. of Sharon, Mar.
      10, 1850, by Rev. Lucius H. King   LR27   547
   Abiah, ae 36, b. Catskill, N.Y., res. Sharon, m. 2nd h.
      John G. **CLARK**, ae 42, of Sharon, Mar. 10, 1850,
      by Lucius H. King   1   27-28
   Ann, of Colchester, m. Jehiel **PARDEE**, of Sharon, Oct.
      27, 1748   LR3   412

	Vol.	Page

CLARK (cont.)
Betsey, of Sharon, m. Chester **FRINK**, of Cornwall, Jan.
 2, 1828, by Horatio Smith — LR20, 383
Charles, s. Lorance, farmer, ae 30 & Dolly, ae 25, b. Aug.
 12, 1860 — 1, 28
Daniel, of Sharon, m. Lavina **BARRY**, of Kent, Nov. 29,
 1827, by David L. Perry — LR20, 382
Daniel T., blacksmith, ae 27 & Madeline, ae 18, had d.
 [ ], b. Mar. 25, 1855 — 1, 4
E. C., soldier ae 22, b. Binghamption, N.Y., res. Wassaic,
 N.Y., m. [ ], seamstress, ae 23, of Sharon, Jan. 1,
 1864, by Rev. Ira Ferris — 1, 82
George B., of Salisbury, m. Betsey A. **HAMLIN**, of
 Sharon, Dec. 30, 1845, by G. L. Brownell — LR22, 469
Harriet R., d. Lorin H., farmer, ae 23 & Dolly J., ae 21, b.
 Apr. 28, 1856 — 1, 6
Isaac, s. Newton & Caroline, b. Aug. 26, 1849 — 1, 5-6
John G., m. Mrs. Abiah **CLARK**, b. of Sharon, Mar. 10,
 1850, by Rev. Lucius H. King — LR27, 547
John G., ae 42, of Sharon, m. Abiah **CLARK**, ae 35, b.
 Catskill, N.Y., res. Sharon, Mar. 10, 1850, by
 Lucius H. King — 1, 27-28
Linus, m. Mary **NORTON**, b. of Kent, Feb. 9, 1831, by
 Ebenezer Blackman — LR20, 383
Loran, farmer, ae 31 & Dolly, ae 28, had d. [ ], b. Feb.
 27, 1862 — 1, 36
Louisa, res. Sharon, d. July 8, 1865, ae 70 — 1, 128
Lucy J., d. Daniel T., blacksmith, ae 32 & Matilda, ae 22,
 b. Nov. 29, 1858 — 1, 19
Newton E., of Amenia, Dutchess Co., N.Y., m. Caroline
 M. **RILEY**, of Sharon, Nov. 15, 1842, by Rev. Fitch
 Read — LR22, 470
Philetus R., ae 20, of Stanford, N.Y., m. Sarah A.
 FERRIS, ae 16, b. Washington, N.Y., res. Sharon,
 Apr. 22, 1861, by Rev. R. D. Gardiner — 1, 75
Sarah A., ae 21, of Sharon, m. George B. **GRISWOLD**,
 laborer, ae 21, of Sharon, [, 1858] — 1, 71
-----, female, b. Sharon, res. Sharon, d. Mar. 25, 1855 — 1, 108
CLINTON, Anna, m. Leander **CHAPMAN**, laborer, res.
 Sharon, [ ], 1856 — 1, 67
Celia E., ae 18, b. North East, res. Sharon, m. George C.
 PARKER, mechanic, ae 20, of South Hadley, Apr.
 22, 1861, by Rev. George Daniel — 1, 75
Lyman, of Colebrook, m. Miranda **STONE**, of Ellsworth,
 Nov. 1, 1821, by Frederick Gridley — LR20, 380
COGSWELL, Wealthy, housekeeper, colored, b. Windham,
 res. Sharon, d. Apr. 25, 1863, ae 78 — 1, 122
COLAR, Arthur, b. Sharon, res. Sharon, d. Dec. 5, 1858, ae 18 — 1, 114
COLE, COLES, [see also **COWLES**], Abigail, d. Caleb &
 Ann, b. Sept. 18, 1751 — LR3, 101
Abigail, of Sharon, m. Eliphalet **WHEELER**, of Amenia
 Precinth, Nov. 10, 1767, by John Williams — LR5, 255

	Vol.	Page
COLE, COLES (cont.)		
Abigail L., of Sharon, m. Joel **FOWLER**, of Westfield, Mass., Feb. 28, 1837, by Rev. Fitch Reed, of the M. E. Ch.	LR22	474
Ann, m. Ebenezer **GAY**, Nov. 23, 1752, by Mr. Scovil	LR3	263
Anna, d. Caleb & Rebecca, b. Feb. 26, 1732/3	LR3	101
Anna, d. David & Eleanor, b. June 22, 1760	LR5	106
Arthur, s. Charles, farmer, ae 47 & Caroline, ae 43, b. Mar. 22, 1858	1	16
Caroline, of Sharon, m. Frederick A. **REED**, of Salisbury, Feb. 6, 1833, by David L. Perry	LR20	384
Catharine, housekeeper, res. Sharon, d. Nov. 11, 1864, ae 84	1	125
Catharine E., ae 19, of Sharon, m. William H. **SMITH**, mechanic, ae 23, b. Mass., res. Sharon, Sept. 17, 1863, by Rev. H. B. Mead	1	79
Charles, m. Caroline **BURNHAM**, Oct. 4, 1835, by Frederick Gridley	LR22	472
Charles, farmer, ae 53, of Sharon, m. 2nd, w. Mary **BLACK**, ae 52, b. Dutchess Co., N.Y., res. Paterson, N.Y., Sept. 20, 1864, by Rev. Ira Ferris	1	82
Charles E., laborer, ae 21, of Sharon, m. .Lydea J. **PALMERLY**, ae 19, b. Cornwall, res. Sharon, Oct. 21, 1858, by W. S. Stillwell	1	71
Daniel H., ae 35, & Phebe, ae 20, had s. [ ], b. Oct. 18, 1859	1	24
David, s. Caleb & Rebecca, b. Aug. 15, 1731	LR3	101
David, m. Eleanor **HIDE**, b. of Sharon, Dec. 21, 1758	LR4	130
David H., farmer, ae 36, of Sharon, m. Phebe **TURNER**, ae 19, b. Salisbury, res. Sharon, Oct. 11, 1858, by W. S. Stillwell	1	71
Elethea E., d. Oct. 5, 1849, ae 31	1	25-26
Ellen G., ae 19, of Sharon, m. Daniel C. **STUDLEY**, laborer, ae 21, of Sharon, June 21, 1858, by M. S. Stillwell	1	70
Frank H., s. George & Elathew E., b. Nov. 13, 1848	1	5-6
George, m. Etthea* Elizabeth **ROBERTS**, b. of Sharon, Feb. 12, 1840, by William K. Stopford *("Esther" in Van Alstyne's)	LR22	478
George R., farmer, ae 23, of Sharon, m. Sarah **ST. JOHN**, ae 20, of Sharon, Nov. 17, 1864, by Rev. J. V. Stryker	1	83
Harriet, white ae 23, had s. Julius **POPE**, b. Jan. 20, 1851; f. Julius Pope, colored	1	35-6
Margaret C., of Sharon, m. Joshua F. **CAIN**, of Amenia, N.Y., Nov. 20, 1836, by Rev. Lucius M. Purdy, of St. Pauls Ch.	LR22	474
Matthew, s. Caleb & Ann, b. Jan. 27, 1745/6	LR3	101
Orra, m. Philo **HAMLIN**, June 2, 1823, by David L. Perry	LR20	381
Rebecca, d. Caleb & Ann, b. May 26, 1749	LR3	101
Richard B., farmer, b. Sharon, d. Dec. 10, 1850, ae 66	1	49

	Vol.	Page
COLE, COLES (cont.)		
Thaddeus, s. Caleb & Ann, b. Oct. 2, 1743	LR3	101
William, d. Apr. 17, 1850, ae 35	1	23-24
COLEY, James, s. James, solder, ae 25 & Julia E., ae 24, b. Nov. 9, 1862	1	39
COLLINS, M., ae 20, b. Amenia, res. Sharon, m. Aaron MALLERY, laborer, ae 25, b. Amenia, res. Sharon, Nov. 27, 1850, by Fressell Cogelee	1	47-8
William, machinist, ae 29 & Sarah DAUGHTY, ae 23, had d. [ ], b. Mar. 28, 1865	1	56
COLVER, Sabra, m. John ST. JOHN, b. of Sharon, Nov. 5, 1746	LR2	20
COMSTOCK, Sary, d. Samuel, d. Aug. 23, 1741	LR2	16
CONKLIN, CONCKLIN, CONCHLIN, Benjamin, m. Cynthia GOODRICH, Nov. 15, 1770	LR7	302
Douglass, farmer, b. North East, N.Y., res. Sharon, d. Nov. 24, 1861, ae 57	1	118
George, laborer, ae 18 & Lucy WING, ae 18, had s. [ ], b. Nov. 20, 1865	1	55
Harriet, ae 17, had illeg. d. [ ], b. Dec. 14, 1856	1	9
Harriet, ae 22, b. Amenia, res. Sharon, m. Charles BALEY, laborer, ae 24, b. France, res. Sharon, Nov. 14, 1861, by Rev. R. D. Gardiner	1	75
Henry Delbin, s. Douglass, laborer, ae 48 & Eliza Ann, ae 38, b. Feb. 13, 1856	1	5
Horace, of North East, N.Y., m. Hellen E. WHEELER, of Sharon, Jan. 23, 1840, by William K. Stopford	LR22	478
Mary E., ae 18, of Sharon, m. John G. HOLLISTER, laborer, ae 33, of Sharon, July 1, 1860, by Z. S. Hart, J.P.	1	73
Moses, his w. [ ], b. Amenia, N.Y., res. Sharon, d. Feb. 5, 1858, ae 46	1	113
CONNELL, Margaret, m. Frederick EBUTS, Sept. 24, 1848, by Rev. Martin Moodey, of Christ Ch.	LR27	550
COOK, Angevine, ae 25, b. Ancran, m. Hellen BARLEY, ae 20, b. Sharon, July 8, 1856, by L. E. Lathrop	1	66
Angevine, laborer, ae 23 & Helen, ae 17, had d. [ ], b. Nov. 8, 1858	1	16
Angevine, soldier, ae 30 & Helen M., ae 23, had d. [ ], b. Mar. 3, 1863	1	42
Angevine, teamster, ae 32 & Helen M. BURLEY, ae 25, had child, b. [ ], 1865	1	53
Charles, m. Sylvia BOSTWICK, b. of Sharon, Dec. 26, 1841, by Rev. H. F. Pease, of the M. E. Ch.	LR22	481
Mary, of Salisbury, m. Hiram BIERCE, of Sharon, Oct. 20, 1830, by Rev. Aaron Pearce	LR20	383
Sarah, m. Samuel SHEPARD, Nov. 6, 1754, by John Williams	LR3	262
Sarah, m. Richard SHEVALEER, b. of Oblong, Oct. 9, 1760, by John Williams	LR4	130
Stephen, m. Cornelia C. STURGES, b. of Sharon Dec. 8, 1824, by Frederick Gridley	LR20	382

	Vol.	Page

COOK (cont.)
    Weltheon, m. Thomas **PARDEE**, Nov. 24, 1743 — LR2, 20

COON*, Alexander C., m. Betsey **HETH**, b. of Sharon, Dec. 26, 1831, by Frederick Gridley   *("Alexander C. **COR**" in Van Alstyne's book) — LR20, 384

    Jacob, laborer, b. Sharon, res. Sharon, d. Sept. 14, 1856, ae 42 — 1, 110

COONEY, James, laborer, b. Ireland, res. Sharon, d. Oct. 7, 1859, ae 26 — 1, 115

    Mary, d. James, laborer, ae 24 & Bridget, ae 23, b. Aug. 30, 1858 — 1, 18

COOPER, Betsey, of Sharon, m. Albert **DOTY**, of Amenia, Dec. 10, 1827, by Aaron Hunt — LR20, 383

    Mary, m. Hiram **HUNTER**, b. of Sharon, Feb. 5, 1823, by Frederick Gridley — LR20, 381

    Patience, b. Dover, N.Y., res. Sharon, wid., d. Aug. 27, 1862, ae 96 — 1, 120

COR*, Alexander C., m. Betsey **HETH**, b. of Sharon, Dec. 26, 1831, by Frederick Gridley   *(Arnold Copy has "**CON**") — LR20, 384

CORBET, Mary, m. Joseph **BLACKMER**, July 2, 1752, by John Williams — LR3, 261

CORKINS, Preston, laborer, ae 27 & Mary, ae 30, had d. [   ], b. Apr. 10, 1857 — 1, 11

CORNELL, Ervin, of Burlington, m. Betsey **OLMSTEAD**, of Sharon, Nov. 26, 1829, by David L. Perry — LR20, 383

CORNWELL, John E., of Stanford, N.Y., m. Polly **BEEBE**, of Sharon, Nov. 22, 1826, by R. G. Armstrong — LR20, 382

COTTRELL, COTRELL, COTTWELL, Carrie Belle, d. George, carpenter, ae 39, & Louisa, ae 38, b. Sept. 9, 1858 — 1, 18

    Catharine, ae 19, of Sharon, m. Andrew **MOREHOUSE**, carpenter, ae 20, b. New Milford, res. same, Dec. 30, 1863, by Rev. Ira Ferris — 1, 79

    Dwight, machinist, ae 24 & Harriet, ae 26, had s. [   ], b. Aug. 22, 1866 — 1, 61

    George, of Washington, Dutchess Co., N.Y., m. Louisa A. **ROWLEY**, of Sharon, Dec. 31, 1838, by Rev. William K. Stopford, of the M. E. Ch. — LR22, 476

    George, s. George & Alma, b. May 29, 1849 — 1, 5-6

    George, carpenter, ae 41 & Lois, ae 40, had d. [   ], b. May 22, 1860 — 1, 28

    George, carpenter, ae 46 & Lois **ROWLEY**, ae 46, had d. [   ], b. July 2, 1865 — 1, 56

    John, s. George W., carpenter, b. Mar. 28, 1851 — 1, 35-6

    Julia M., ae 19, of Sharon, m. James J. **GILBERT**, mechanic, ae 24, b. Amenia, N.Y., res. Plymouth, Dec. 30, 1863, by Rev. Ira Ferris — 1, 80

    Lois A., housekeeper, b. Sharon, res. Sharon, d. Sept. 1, 1865, ae 46 — 1, 129

    Simeon R., s. George G., carpenter, ae 37 & Lois A., ae 36, b. June 2, 1856 — 1, 10

	Vol.	Page
COWLES, [see also COLE], Harry, m. Sally M. GAY, b. of Sharon, Sept. 15, 1824, by David L. Perry	LR20	382
Harry, ae 51, b. Norfolk, res. Sharon, m. Lucy D. GIVEN, ae 36, res. Sharon, May 12, 1849, by Rev. Andrew Reid	1	13-14
Lucy D., housekeeper, b. Canaan, res. Sharon, d. Aug. 10, 1861, ae 48	1	118
William, m. Melissa ST. JOHN, b. of Sharon, Nov. 20, 1822, by Pitkin Cowles	LR20	381
CRANE, [see also CRINE], Caroline, of Salisbury, m. Elias TRACY, Sept. 12, 1822, by Samuel Rockwell	LR20	381
Milo, laborer, ae 29 & Esther, ae 18, had s. [ ], b. Feb. 7, 1858	1	16
CRINE, [see also CRANE], Frank A., b. Sharon, res. Sharon, single, d. Aug. 12, 1861, ae 3	1	118
John, ae 28, b. Copake, N.Y., res. Sharon, m. Caroline PALMER, ae 16, b. Amenia, N.Y., res. Sharon, Aug. 30, 1862, by Rev. H. B. Mead	1	77
Milo, teamster, ae 25, b. Copake, res. Sharon, m. Ester PALMER, ae 18, b. Washington, res. Sharon, May 14, 1857, by Rev. David Gibson	1	68
Milo, farmer, ae 26 & Esther, ae 20, had s. [ ], b. Aug. 26, 1859	1	23
Milo, teamster, ae 35 & Esther, ae 25, had d. [ ], b. Oct. 24, 1864	1	49
William, b. Sharon, res. Sharon, d. Jan. 18, 1865, ae 5	1	129
CRIPPEN, CRIPPIN, Deborah, w. Thomas, d. Mar. 31, 1741	LR2	16
Ezra, s. John & Mary, b. Feb. 10, 1745/6	LR2	167
John, m. Mary RICHMOND, Aug. 10, 1741	LR2	20
John, s. John & Mary, b. July 23, 1743	LR2	19
Mary, d. John & Mary, b. Aug. 5, 174[ ]	LR2	19
Mehitabel, m. Bertholomey HEATH, May 4, 1741	LR2	20
William R., laborer, ae 40, b. Egrimont, Mass., res. Great Barrington, Mass., m. Laura A. GOULD, ae 27, of Sharon, Mar. 30, 1859, by Rev. D. D. T. McLaughlin	1	73
CROCKER, Amasa, of Renssalearville, N.Y., m. Electa HALL*, of Sharon, Oct. 20, 1827 *("HULL" in Van Alstyne's book)	LR20	382
Amos, s. David & Hannah, b. June 10, 1784	LR9	553
Anne, d. [David & Hannah], b. Aug. 5, 1788	LR9	553
Oliver, of Nine Partners, m. Rebecca LYMAN, of Sharon, Feb. 27, 1757, by John Williams	LR3	263
CROSS, Harriet A., of Cornwall, m. William VAN FLEET, of Amenia, N.Y., [ ], 1857	1	69
CROWELL, Mary, m. Thomas HAMLEN, b. of Oblong, May 21, 1755, by John Williams	LR3	262
CUMMINGS, CUMMING, Abraham, farmer, ae 23 & [ ], ae 27, had s. [ ], b. Oct. 14, 1866	1	60
Eunice, m. William R. THOMAS, May 2, 1841, by L. W. Bissell, J.P.	LR22	480

SHARON VITAL RECORDS

	Vol.	Page
CUMMINGS, CUMMING (cont.)		
George E., s. Abner, farmer, ae 29 & A., ae 25, b. Feb. 24, 1864	1	51
Miles H., s. Abraham, ae 24 & Maullie, ae 18, b. Jan. 30, 1860	1	26
William, colored, ae 26, b. Sharon, res. North East, N.Y., m. Louisa **QUARTERS**, ae 28, colored, b. Troy, N.Y., res. Amenia, N.Y., Nov. 25, 1859, by E. S. Stoddard, J. P.	1	72
CURLEY, Ann, b. Ireland, res. Sharon, d. Apr. 18, 1858, ae 22	1	113
Mary, d. Michael, mechanic, ae 25 & Margaret, ae 25, b. May 4, 1862	1	37
Michael, ae 21, b. Ireland, res. Sharon, m. Margarett **O'BRIEN**, ae 27, b. Ireland, res. Sharon, [ ], 1860	1	74
CURTIN, CURTAIN, Patrick, s. Patrick, farmer, ae 45 & [ ], ae 38, b. Apr. 20, 1855	1	2
Patrick, laborer, ae 40 & Catharine, ae 33, had s. [ ], b. Feb. 9, 1860	1	26
Patrick, s. Patrick, mechanic, ae 50 & Catharine, ae 35, b. Mar. 17, 1862	1	36
Patrick, b. Sharon, res. Sharon, d. Nov. 7, 1864, ae 2	1	125
CURTIS, CURTICE, Abiel, d. Daniel & Abiel, b. Nov. 9, 1762	LR5	250
Abigail, d. Caleb & Jemima, b. Apr. 26, 1747	LR2	23
Abigail, m. Roger **WILCOCKS**, b. of Sharon, Oct. 23, 1766	LR5	255
Ann, d. Caleb, Jr. & Phebe, b. Jan. 20, 1766; d. Mar. 31, 1766	LR5	254
Anna, d. [Nathaniel & Margaret], b. Feb. 10, 17[ ]	LR9	550
Anna, d. Nathaniel & Margaret, b. Feb. 10, 1780	LR15	274
Belinda, d. Caleb, Jr. & Phebe, b. Sept. 16, 1772	LR7	304
Caleb, Jr., m. Phebe **SAINT JOHN**, Mar. 14, 1754	LR3	263
Caleb, s. Caleb, Jr. & Phebe, b. June 20, 1764	LR5	252
Chesterfield, m. Emeline **CARTEWRIGHT**, of Sharon, Mar. 25, 1823, by Frederick Gridley	LR20	381
Daniel, of Sharon, m. Abiel **HANCHET**, of Suffield, Jan. 7, 1762, by Rev. Ebenezer Gay	LR4	130
Daniel, s. Daniel & Abiel, b. Dec. 9, 1764	LR6	125
David, s. Caleb, Jr. & Pheebe, b. Sept. 7, 1767	LR6	54
Edmond, s. Jeremiah & Lydia, b. Feb. 27, 1763	LR5	250
Elizabeth, d. [Nathaniel & Margaret], b. Feb. 11, 17[ ]	LR9	550
Elizabeth, d. Nathaniel & Margaret, b. Feb. 14, 1776	LR15	274
Elizabeth, w. Nathaniel, d. May 13, 1772, in the 22nd y. of her age	LR7	297
Ezra St. John, s. Caleb, Jr. & Phebe, b. Aug. 26, 1758	LR4	130
Franklin B., laborer, ae 20, b. Sheffield, Mass., res. same, m. Mary Jane **WHEELER**, ae 18, b. Cornwall, res. same, Dec. 29, 1861, by Rev. H. B. Mead	1	76
George A., of Scipico, N.Y., m. Juliaette **WILLARD**, of Sharon, Sept. 9, 1852, by Henry Benton	LR27	546
Hannah, m. Asa **CHURCH**, July 17, 1755	LR3	412

CURTIS, CURTICE (cont.)

	Vol.	Page
Isaac Remington, s. Abner & Lidia, b. Sept. 23, 1773	LR7	306
James, s. Nathaniel & Margaret, b. Oct. 13, 1781	LR15	274
Jemima, m. David **ELMER**, Oct. 20, 1748, by John Williams	LR3	261
Jemima, d. Jeremiah & Lydia, b. Aug. 10, 1766	LR5	254
Jeremiah, of Sharon, m. Lydia **GRANNIS**, of New Haven, Jan. 22, 1750/1	LR2	20
Jeremiah, s. Jeremiah & Lydia, b. Nov. 7, 1754	LR3	333
Joel, s. Caleb, Jr. & Phebe, b. July 15, 1762	LR5	250
John, s. Caleb, Jr. & Phebe, b. Feb. 22, 1770	LR6	126
John M., of Warren, m. Helen **GOODRICH**, of Sharon, Jan. 9, 1821, by David L. Perry	LR20	380
Jotham, s. Jeremiah & Lydia, b. Aug. 22, 1759	LR4	250
Julia, of Sharon, m. Joseph D. **BEACH**, of Amenia, N.Y., Feb. 1, 1821, by Frederick Gridley	LR20	380
Keziah, d. Caleb & Jemiah, b. Nov. 17, 1741	LR2	18
Laura, m. George **SIMONS**, b. of Sharon, July 11, 1839, by Mason Grosvenor	LR22	476
Louis, b. Sharon, res. Sharno, d. Oct. 12, 1857, ae 97 y. 5 m. 24 d.	1	112
Lydia, d. Jeremiah & Lydia, b. Nov. 10, 1751	LR2	167
Mabel, d. Caleb, Jr. & Phebe, b. Aug. 12, 1760	LR5	104
Mary, d. Caleb & Joanna, b. June 12, 1751	LR3	101
Mary, d. Jeremiah & Lydia, b. Mar. 15, 1757	LR4	127
Mary, d. Daniel & Abiel, b. Feb. 27, 1771	LR6	127
Nathaniel, b. May 15, 1737	LR15	274
Nathaniel, m. Elizabeth **SQUIRE**, b. of Sharon, Jan. 17, 1768	LR5	255
Nathaniel, s. Nathaniel & Elizabeth, b. June 9, 1770	LR6	128
Nathaniel, s. Nathaniel & Elizabeth, b. June 9, 1770	LR15	274
Othniel, s. Nathaniel & Margaret, b. Dec. 3, 1777	LR15	274
Othniel, s. [Nathaniell & Margaret], b. Dec. 3, 17[ ]	LR9	550
Parmela, d. Nathaniel & Margaret, b. Feb. 22, 1789	LR15	274
Phebe, d. Caleb, Jr. & Phebe, b. Oct. 4, 1756	LR4	127
Philo, s. Daniel & Abiel, b. Jan. 11, 1769	LR6	125
Polly, d. Daniel & Abiel, b. Sept. 28, 1772	LR7	298
Rachel, d. Nathaniel & Elizabeth, b. Sept. 17, 1768	LR15	274
Ruth, d. Caleb & Jemima, b. Mar. 28, 1749	LR2	24
Ruth, d. Caleb, Jr. & Phebe, b. Nov. 15, 1754	LR3	380
Ruth, d. Caleb & Jemima, d. Nov. 15, 17[ ]	LR2	22
Salmon, s. Nathaniel & Margaret, b. June 14, 1774	LR15	274
Sarah, d. Caleb & Jemima, b. Nov. 18, 1744	LR2	19
Sarah, m. Daniel **THURSTON**, b. of Sharon, Jan. 13, 1762	LR5	255
Seth, s. [Daniel & Abiel], b. Nov. 24, 1778	LR7	298
Solomon, s. Nathaniell & Margaret, b. June 14, 177[ ]	LR9	550
Zaccheas Hanchett, s. Daniel & Abiel, b. Dec. 14, 1766	LR6	125

CUTLER, Isaac, of Warren, m. Betsey B. **BULL**, of Sharon, Oct. 31, 1848, by G. L. Brownell — LR27 551

DAILEY, DALY, Anna, d. Ebenezer & Margaret, b. Jan. 22, 1764 — LR5 253

	Vol.	Page

DAILEY, DALY (cont.)

Lucy, d. Ebenezer & Margaret, b. Aug. 8, 1762	LR5	253
Sabra, d. Ebenezer & Margaret, b. Jan. 3, 1766	LR6	54
Thomas, laborer, ae 28, b. England, res. Sharon, m. Ella M. HARRISON, ae 22, b. Columbia Co., N.Y., res. Sharon, Jan. 1, 1867, by E. H. Bartram	1	88

DAKIN, C. B., s. Myron, farmer, ae 48 & Lucretia, ae 36, b. Oct. 21, 1856 — 1, 8

James R., farmer, ae 22 & Rosalie E., ae 22, had d. [ ], b. July 19, 1866	1	62

DAVIDSON, Caroline H., d. Levi, farmer & Louisa, b. Aug. 30, 1851 — 1, 31-2

Cornelia H., d. Levi & Louisa, b. Aug. 30, 1850	1	39-40
Levi, farmer, ae 47 & Eliza, ae 36, had d. [ ], b. Mar. 10, 1856	1	9
Luther, of Sharon, m. Maria C. **BALDWIN**, of Cornwall, Apr. 2, 1845, by Stephen M. Vail	LR22	481
Mary Ann, m. Smith **NICKERSON**, Feb. 18, 1829, by Rev. Silas Ambler	LR20	383

DAVIS, Casper, s. Josiah & Cynthia, b. Feb. 28, 1849 — 1, 5-6

Delia, ae 19, of Sharon, m. Joshua **HALL**, mechanic, ae 28, b. Stamford Ville, res. Sharon, [ ], 1860, by E. S. Stoddard, J.P.	1	74
Ezra, m. Phebe **BROWN**, June 17, 1751, by John Williams	LR3	261
Hannah, d. Jonathan & Abigail, b. Sept. 5, 1749	LR2	167
Isaac W., colored, ae 22, b. Dutchess Co., N.Y., res. Sharon, m. Hellen M. **SIMONS**, ae 20, of Sharon, Nov. 4, 1850, by Rev. Mr. Brownell	1	45-6
Jacob S., of Poughkeepsie, N.Y., m. Amanda **RANDALL**, of Sharon, Dec. 29, 1836, by Rev. Fitch Reed, of the M. E. Ch.	LR22	474
James, laborer, b. Ireland, res. Sharon, d. May 4, 1857, ae 43	1	111
Jesse, laborer, ae 26 & Hellen S., ae 24, had d. [ ], b. Apr. 8, 1856	1	5
Jesse, laborer, colored, ae 30 & Mary, ae 24, had d. [ ], b. Apr. 9, 1857	1	11
Jesse, colored, res. Sharon, d. May 7, 1866, ae 40	1	129
Mary, m. Smith **PARKE**, July 9, 1747	LR2	20
Ruth, m. Benjamin **BROOKS**, Jan. 25, 1854, by John Williams	LR3	262
Susan, housewife, b. Kent, res. Sharon, d. Dec. 13, 1864, ae 67	1	125
William, of Stonington, m. Emeline **LAKE**, of Sharon, Jan. 1, 1828, by C. P. Willson	LR20	383
-----, female, colored, d. Apr. 9, 1856, ae 1 d.	1	109
-----, female, colored, b. Sharon, res. Sharon, d. May 4, 1857, ae 8 d.	1	111

DAY, Tamar, m. Jonathan **GILLET**, Oct. 18, 1750 — LR3, 412

DAYTON, Lynus, of Watertown, m. Rhoda **CHAPMAN**, of Sharon, Sept. 5, 1824, by Frederick Gridley — LR20, 382

	Vol.	Page
DEAN, Ada E., d. Lyman, farmer ae 30 & Caroline, ae 29, b. July [ ], 1856	1	10
Bill, s. Seymour, farmer, ae 33 & Sally, ae 30, b. Jan. 9, 1858	1	15
Edward K., farmer, ae 23 & Frances, ae 15, had d. [ ], b. Sept. 29, 1866	1	63
Flora, ae 19, b. Goshen, res. Sharon, m. Eleazer NODINE, farmer, ae 29, b. Kent, res. Sharon, Aug. 1, 1851, by Joel Osborne	1	45-6
James E., farmer, ae 19, of Sharon, m. Sarah M. WHITE, ae 18, of Sharon, Sept. 24, 1861, by Rev. H. B. Mead	1	75
James E., farmer, ae 21 & Sarah M., ae 19, had d. [ ], b. Apr. 5, 1863	1	43
James E., farmer, ae 22 & Sarah M., ae 20, had twin d. [ ], b. Dec. 15, 1864	1	49
Joseph, m. Sarah CAMPBELL, Dec. 18, 1754, by John Williams	LR3	262
Josiah, s. Samuel & Sarah, b. Feb. 28, 1748/9	LR2	24
Peter, of Cornwall, m. Catharine HOLMES, of Sharon, Nov. 11, 1829, by Rev. Frederick Gridley	LR20	383
Samuel, s. Samuel & Sarah, b. Dec. 2, 1746	LR2	24
Samuel, farmer, b. Sharon, res. Sharon, d. Nov. 6, 1864, ae 56	1	125
Seymour, ae 23, of Sharon, m. Caroline ST. JOHN, ae 22, b. Columbia Co., N.Y., res. Sharon, [ ], by Rev. John Baldwin	1	29-30
William, of Cornwall, m. Charlotte RICHARDSON, Nov. 13, 1822, by Walter Smith	LR20	381
William, farmer, b. Cornwall, res. Sharon, d. Aug. 25, 1862, ae 63	1	120
DECKER, James S., m. Delilah DICKINSON, b. of Sharon, Feb. 6, 1825, by Horatio Smith	LR20	382
Jenette, ae 30, of Sharon, m. John E. HALL, farmer, ae 35, of Canaan, Mar. 12, 1859, by Myron Harrison	1	72
Martin, of Salisbury, m. Lucy Ann LYMAN, of Sharon, June 8, 1840, by G. Lawrence Brownell	LR22	477
Martin, of Salisbury, m. Mary Ann LYMAN, of Sharon, Apr. 6, 1842, by G. Lawrence Brownell	LR22	470
Richard, mechanic, b. North East, N.Y., res. Sharon, d. Jan. 8, 1856, ae 24	1	109
DELAMATTER, Anna, m. John EDMONDS, Apr. 20, 1755, by John Williams	LR3	262
Elizabeth, m. Jacob MYER, Dec. 18, 1755, by John Williams	LR3	263
DELANY, Kenan, m. Irene BULLER, Sept. [ ], 1843, by Rev. S. T. Carpenter	LR22	466
DEMAR, John, laborer, colored, ae 23, b. Tenn., res. Dutchess Co., N.Y., m. 2nd w. Ellen HEMANS, colored, ae 22, b. New York, res. Sharon, Oct. 16, 1866, by W. M. Patterson	1	86
DEMING, Cynthia, d. Apr. 4, 1850, ae 88	1	23-24

SHARON VITAL RECORDS

	Vol.	Page
DEMING (cont.)		
Daniel, m. Cynthia **HUNT**, b. of Sharon, Jan. 24, 1780	LR7	303
Frances, s. James, ae 45 & Bridget, ae 35, b. Nov. 6, 1849	1	17-18
Frederick R., of Litchfield, m. Catharine M. **WHEELER**, of Sharon, Nov. 3, 1845, by G. L. Brownell	LR22	469
DENAIUX, [see also **DEVEAUX**], Margaret, ae 24, b. France, res. Sharon, m. Joseph **TENBERY**, laborer, ae 26, b. France, res. Sharon, Aug. 6, 1856, by C. F. Sedgwick	1	66
DENCH, John B., mechanic, m. Clarinda **WOODRUFF**, Jan. 15, 1857, by Rev. Louis French	1	69
Josiah B., Ins. Agent, ae 23 & Frances M., ae 22, had d. [ ], b. May 1, 1862	1	36
DENMAN, Calvin, s. Samuell & Jerusha, b. Feb. 14, 1774	LR7	308
DENNIS, Alvin, miller, ae 28 & Sarah, ae 17, had d. [ ], b. Apr. 10, 1860	1	27
Alvin W., laborer, ae 24, b. Gallatinville, N.Y., res. Sharon, m. Sarah **CARR**, ae 16, of Sharon, Feb. 3, 1858, by E. S. Stoddard	1	70
Calvin, farmer, ae 38 & Sarah, ae 35, had d. [ ], b. Jan. 3, 1862	1	35
LaFayette, laborer, ae 35 & Elizabeth, ae 40, had d. [ ], b. Nov. 9, 1856	1	8
Peter, laborer, b. Ireland, res. Sharon, d. Oct. 15, 1861, ae 56	1	118
DENNY, Daniel, of Amenia, m. Rhoda **HOLCOMB**, of Sharon, Nov. 10, 1839, by Erastus Doty	LR22	478
DENTON, Ann, of Nine Partners, m. Daniel **BUCK**, of New Milford, Dec. 9, 1756, by John Williams	LR3	263
DERTHICK, Julius, of Warren, m. Esther **MUNROW**, of Sharon, Dec. 31, [ ]	LR2	380
DEVEAUX, [see also **DENAIUX**], Elizabeth, d. Peter, farmer, ae 42 & Frances J., ae 41, b. July 9, 1865	1	53
John, collier, ae 33 & Emeline, ae 31, had s. [ ], b. Jan. 18, 1863	1	42
DEVO, Edward, laborer, ae 35 & Josephine, ae 21, had s. [ ], b. Dec. 29, 1860	1	30
Edward, s. Edward, collier, ae 26 & Josephine, ae 26, b. Mar. 13, 1862	1	36
DeVOL, Edward, s. Peter, farmer, ae 40 & Frances, ae 38, b. Dec. 9, 1859	1	25
DEWEY, Erastus Hyde, s. Israel & Abigail, b. Apr. 18, 1796, in Stonington	LR15	275
DEXTER, Salathail, farmer, b. Kent, res. Sharon, married, d. May 22, 1862, ae 80	1	119
Sylvia, b. Sharon, res. Sharon, wid., d. Dec. 8, 1862, ae 79	1	121
DIBBLE, DEBBELL, Alven, s. [Ebenezer & Eunice], b. Jan. 2, 1782	LR8	62
Betsey, d. Ebenezer & Eunice, b. Dec. 16, 1779	LR8	62
Charles Gillet, s. Ebenezer, Jr. & Eunice, b. July 27, 1776	LR7	413

	Vol.	Page
DIBBLE, DEBBELL (cont.)		
Julia C., ae 18, or Cornwall, m. Henry NICKERSON, laborer, ae 21, of Cornwall, Sept. 23, 1860, by Rev. Marvin R. Lent	1	74
Thomas, s. [Ebenezer, Jr. & Eunice], b. May 8, 1778	LR7	413
DICKENSON, DICENSON, Asaph, s. Joshua & Mary, b. July 30, 1747	LR2	24
Delilah, m. James S. DECKER, b. of Sharon, Feb. 6, 1825, by Horatio Smith	LR20	382
Eirene, m. Josiah FULLER, Dec. 20, 1749, by John Williams	LR3	261
Joseph, m Ann WARREN*, Oct. 10, 1751, by John Williams *(Arnold Copy has "WARREN". Van Alstyne's book has "WARNER")	LR3	261
Mary, d. Joshua & Mary, b. May 3, 1745	LR2	167
Mary*, of Sharon, m. Ira SPERRY, of Alfred, Mass., Sept. 3, 1838, by Mason Grosvenor *("Mary DIKEMAN" in Van Alstyne's)	LR22	476
Mary Eliza, d. William & Caroline A., b. Oct. 12, 1850	1	39-40
DICKERSON, Naomi, m. Jonathan BALCOM, b. of Sharon, Apr. 8, 1779, by Daniel Griswold, J.P.	LR7	303
DIKEMAN*, [see also DYKEMAN], Mary, of Sharon, m. Ira SPERRY, of Alfred, Mass., Sept. 3, 1838, by Mason Grosvenor *(Arnold Copy has "DICKINSON")	LR22	476
DILLON, Walter, mechanic, ae 26 & Delia, ae 21, had d. [ ], b. Dec. 31, 1862	1	40
DINGEE, John, blacksmith, b. Fishkill, N.Y., res. Sharon, d. Jan. 28, 1865, ae 28	1	128
DORE*, Amanda, m. Hiram NORTHROP, Oct. 26, 1824, by David L. Perry, *(Perhaps "DANE"?)	LR20	382
DOTY, DOUGHTY, Abigail, d. Samuell & Zerviah, b. Mar. 17, 1750	LR3	414
Albert, of Amenia, m. Betsey COOPER;, of Sharon, Dec. 10, 1827, by Aaron Hunt	LR20	383
Asa, s. Samuell & Zerviah, b. Nov. 6, 1746, at Wareham	LR3	414
Benjamin, s. Silas & Susanna, b. May 7, 1755	LR3	415
Bette, d. Samuel & Zerviah, b. Mar. 10, 1743, at Wareham	LR3	414
David, s. Samuel & Zerviah, b. May 12, 1741, at Wareham	LR3	414
David, laborer, ae 23, b. Salisbury, res. Sharon, m. Elizabeth A. THAW, ae 29, of Dover, May 12, 1859, by Rev. J. B. Stryker	1	73
Dilly, d. Samuell & Zerviah, b Sept. 5, 1753	LR3	414
Hannah, d. Silas & Susanna, b. Nov. 10, 1750	LR3	101
Huldah, d. Samuell & Zerviah, b. Apr. 25, 1755	LR3	414
Isaac, b. Mar. 21, 1739	LR3	380
John, s. [Capt. Samuell & Elizabeth], b. Dec. 28, 1769; d. Apr. 21, 1775	LR7	308
Lucy, d. Samuell & Zerviah, b. Dec. 27, 1751	LR3	414

	Vol.	Page
DOTY, DOUGHTY (cont.)		
Mary, d. Samuel & Zerviah, b. Dec. 21, 1739, at Wareham, in the Province of Mass. Bay	LR3	414
Morgan, laborer, ae 40 & Jane, ae 36, had s. [ ], b. Sept. 27, 1866	1	63
Reuben, s. Samuel & Zerviah, b. Feb. 8, 1745, at Wareham	LR3	414
Sarah, d. Samuell & Zerviah, b. Oct. 5, 1748	LR3	414
Sarah M., ae 20, b. Stamford, N.Y., res. Sharon, m. William H. CALKINS, mechanic, ae 25, b. Washington, N.Y., res. Sharon, Mar. 18, 1862, by Rev. H. B. Mead	1	76
Silas, s. Silas & Susanna, b. Mar. 31, 1749	LR2	24
Susanna, d. Silas & Susanna, b. Apr. 2, 1753	LR3	102
Zeruiah, d. Capt. Samuell & Elizabeth, b. Feb. 8, 1763, in Amenia	LR7	308
DOUGHTY, [see also **DOTY**]		
DOW, Betsey Ann, colored, ae 19, res. Sharon, m. Charles TREADWAY, colored, ae 21, of Sharon, Jan. 13, 1850, by Charles Payne	1	29-30
DOWD, Merub, of Salisbury, m. Ephraim **BOTSFORD**, Jr., of Sharon, July 16, 1772	LR7	302
DOWNEY, Bridget, ae 22, b. in Ireland, res. Sharon, m. Barney O'RILEY, laborer, ae 25, b., Ireland, res. New York, Aug. 22, 1863, by Rev. J. A. Couch	1	79
DOYLE, James, iron founder, ae 32 &Catharine, ae 35, had s. [ ], b. Feb. 3, 1857	1	11
-----, moulder, ae 30 & [ ], ae 29, had d. [ ], b. Apr. 15, 1855	1	2
DRAKE, Charles, ae 23, res. Sharon, m. Meriam **WALDRON**, ae 19, res. Sharon, Mar. [ ], 1849, by Rev. Tuzzell	1	15-16
Charles, laborer, b. Sharon, res. Sharon, d. Mar. 31, 1860, ae 30 (colored)	1	116
DUNBAR, Aaron, ae 72, b. Plymouth, res. Sharon, m. Lucy **PEIRCE**, ae 55, b. Canaan, res. Sharon, Dec. [ ], 1848, by Rev. Joel Osborn	1	15-16
Aaron H., farmer, ae 21, of Sharon, m. [ ], ae 18, b. Kent, res. Sharon, Oct. 11, 1859, by Rev. R. Gardiner	1	73
Aaron H., farmer, ae 25 & Mary E., ae 20, had d. [ ], b. Feb. 17, 1862	1	35
Esther, m. Elmore **CHAFFEE**, b. of Sharon, Feb. 20, 1834, by Frederick Gridley	LR20	384
Eunice, d. George L., farmer, ae 27 & Ruth Ann, ae 26, b. Nov. 29, 1857	1	14
Everett E., farmer, ae 26, b. Preble, N.Y., res. Kent, m. Elizabeth **GORDON**, ae 19, b. N.Y. City, res. N.Y. City, Feb. 14, 1867, by Rev. Arthur Goodenough	1	88
Everett S., farmer, ae 22, b. Sharon, res. Sharon, m. Hattie B. **PERLEE**, ae 20, b. Amenia, N.Y., res. Sharon, Nov. 28, 1865, by Rev. Arthur Goodenough	1	85

	Vol.	Page
DUNBAR (cont.)		
George, soldier, colored, ae 20, b. Dutchess Co., N.Y., res. Sharon, m. Mary J. **MOSHER**, colored, ae 20, b. Pokeepsee, N.Y., res. same, Dec. 25, 1863, by E. H. Bartram	1	80
Henrietta, m. Seth B. **ST. JOHN**, Nov. 28, 1827, by Frederick Gridley	LR20	382
Jane L., housekeeper, of Sharon, m. Charles W. **EVERETT**, farmer, of Sharon, Jan. 15, 1863, by Rev. R. D. Gardiner	1	78
John E., s. Aaron H., farmer, ae 27 & Mary E., ae 23, b. Aug. 8, 1864	1	51
Joseph Benson, s. George L., farmer, ae 28 & Ruth Ann, ae 25, b. Jan. [ ], 1856	1	9
Lucy Ann, m. Joseph C. **BUCKLEY**, b. of Elsworth, Mar. 6, 1842, by Rev. John W. Beecher, of Ellsworth	LR22	481
Maria, colored, ae 18, b. Dover, N.Y., res. Sharon, m. George H. **HECTOR**, laborer, colored, ae 19, b. Kent, res. Sharon, Nov. 25, 1863, by E. H. Bartram	1	79
Maria A., ae 18, had illeg. s. Hiram S. **GUERNSEY**, b. Mar. 25, 1863; f. Sherman Guernsey, soldier, ae 25	1	43
Mary, m. Everitt **ST. JOHN**, b. of Sharon, May 22, 1830, by Frederick Gridley	LR20	383
Mary, had s. William **VAN RENSSALEAR**, b. May 20, 1849; f. Frank Van Renssalear (colored)	1	3-4
Milton, laborer, ae 21, b. Dover, N.Y., res. Sharon, m. Mary **ADDIS**, ae 16, b. Pokeepsie, N.Y., res. Sharon, July 7, 1866, by William M. Patterson	1	86
Morris, ae 46, b. Dover, res. Sharon, m. Philo **WATERMAN**, ae 27, b. Salisbury, res. Sharon, [ ], 1860	1	74
Nathan, s. George, farmer, ae 36 & Ruth Ann, ae 35, b. Aug. 24, 1865	1	54
Nathan, b. Sharon, res. Sharon, d. Aug. 30, 1865, ae 6 d.	1	128
Nathan, m. Mary Ann **MOREY**, Dec. 5, [1821*] *(Supplied from Van Alstyne's)	LR20	380
Nathan E., s. George L., farmer, ae 33 & Ruth Ann, ae 30, b. Dec. 1, 1862	1	39
Nathan E., b. Sharon, res. Sharon, d. Feb. 1, 1864, ae 1	1	126
Philo May, s. Horace, farmer, ae 44 & Ann **SANETT**, ae 42, b. May 8, 1858	1	17
Thaddeus, m. Caroline **CARTWRIGHT**, Apr. 15, 1828, by Frederick Gridley	LR20	383
William H., carpenter, ae 20, b. Mass., res. Sharon, m. Sarah J. **SMITH**, ae 19, res. Cornwall, July 2, 1863, by Rev. Ira Ferris	1	78
DUNHAM, Abigail, m. Samuel **HITCHCOCK**, N. S. Sept. 24, 1752, by John Williams	LR3	261
Alida*, d. Jonathan & Elizabeth, b. May 19, 1739 *(Arnold Copy has "H. Lidah")	LR2	18
Amos, s. Jonathan & Sarah, b. Apr. 1, 1782	LR8	61

	Vol.	Page
DUNHAM (cont.)		
Betsey, d. Jonathan & Sarah, b. Apr. 8, 1779	LR8	61
Charity, laborer, ae 25 & Ann, ae 18, had d. [ ], b. June 3, 1861	1	31
Christopher, laborer, ae 23 & Ann, ae 16, had s. [ ], b. June 3, 1859	1	22
Elizabeth, d. Jonathan & Elizabeth, b. Apr. 3, 173[ ]	LR2	17
Elizabeth, m. Samuel **DUNHAM**, Mar. 20, 1745	LR2	20
Elizabeth, Jr., m. John **MARVINE**, Jr., Sept. 19, 1751, by John Williams	LR3	261
Ester, d. Jonathan & Elizabeth, b. Dec. 9, 1737	LR2	18
Esther, m. Abner **QUITTERFIELD**, Jan. 29, 1755, by John Williams	LR3	262
H. Lidah*, d. Jonathan & Elizabeth, b. May 19, 1739 *("Alida" in Van Alstyne's)	LR2	18
Hezekiah, s. Samuel & Elizabeth, b. Aug. 17, 1745	LR3	101
Hottom, s. Samuel & Elizabeth, b. June 14, 1749	LR3	101
Jacob, m. Elizabeth **PETTIT**, Oct. 29, 1754, by John Williams	LR3	262
Jonathan, Jr., d. Oct. 29, 1740	LR2	16
Jonathan, Capt. d. Feb. 28, 1744/5	LR2	16
Lydia, m. John **PETTIT**, b. of Sharon, May 6, 1762, by Rev. Cotton Mather Smith	LR6	91
Martha, m. John **GILLET**, June 30, 1755, by John Williams	LR3	262
Mary, d. Jonathan & Elizabeth, b. Apr. 18, 1733	LR2	17
Rebecca, d. Jacob & Elizabeth, b. Jan. 12, 1755	LR3	333
Samuel, m. Elizabeth **DUNHAM**, Mar. 20, 1745	LR2	20
Samuel, s. Samuel & Elizabeth, b. Mar. 31, 1751	LR3	101
Solomon, s. Jonathan & Elizabeth, b. Dec. 25, 1735	LR2	18
DUNN, Christopher, laborer, ae 18, b. Ireland, res. Sharon, m. Ann **HALLEN**, ae 18, b. Ireland, res. Sharon, Oct. 3, 1858, by R. O. Gorman	1	71
DUNNING, Mary, b. Sharon, res. Sharon, d. Aug. 21, 1865, ae 1	1	129
Michael, laborer, ae 30 & Bridget, ae 30, had d. [ ], b. Apr. 28, 1864	1	47
DURHAM, Christopher, laborer, ae 25 & Ann, ae 22, had d. [ ], b. July 16, 1863	1	44
DUTCHER, Mary T., ae 21, b. New York, res. Kent, m. 2nd h. Newton F. **EVERETT**, farmer, ae 22, res. Sharon, Jan. 5, 1855, by P. B. Parrey	1	64
DUVOL, Stephen, blacksmith, had child b. July [ ], 1851; d. in a few hrs.	1	37-8
DYKEMAN, Cyrus, laborer, res. Cornwall, d. Apr. 22, 1860, ae 60	1	116
David W., m. Cynthia M. **STONE**, b. of Sharon, Aug. 3, 1848, by Rev. Lucius H. King	LR27	550
Elsia, m. William B. **SPENCER**, b. of Sharon Sept. 9, 1827, by Horatio Smith	LR20	382
John, farmer, b. Cornwall, res. Sharon, d. Sept. [ ], 1862, ae 60	1	120

BARBOUR COLLECTION

	Vol.	Page
DYKEMAN (cont.)		
-----, b. Cornwall, res. Sharon, wid. d. [ ], 1862, ae 85	1	120
EAGAN, James, b. Sharon, res. Sharon, d. Jan. 26, 1865, ae 6	1	128
Peter, laborer, ae 32 & Catharine, ae 27, had s. [ ], b. Apr. 26, 1860	1	27
Peter, mechanic, ae 34 & Catharine, ae 33, had d. [ ], b. Sept. 6, 1862	1	38
Peter, moulder, ae 37 & Catharine, ae 35, had s. [ ], b. Jan. 27, 1865	1	52
EBERTS, EBRET, EBUTS, EBRIT, Catharine, d. Frederick M. & Catharine, b. June 28, 1849	1	3-4
Fred, farmer, ae 30 & Catharine, ae 28, had s. [ ], b. June 6, 1855	1	3
Frederick, m. Margaret **CONNELL**, Sept. 24, 1848, by Rev. Martin Moodey, of Christ Ch.	LR27	550
Frederick, laborer, ae 30 & [ ], ae 23, had s. [ ], b. Mar. 13, 1857	1	11
Henry, ae 24, b. Germany, res. Sharon, m Abby **TYLER**, ae 19, b. Amenia, N.Y., res. Sharon, Mar. 1, 1850, by James Orr, J.P.	1	29-30
Henry, m. Abigail **TYLER**, b. of Sharon, Mar. 3, 1850, by James Orr, J.P.	LR27	547
Henry, laborer, ae 30 & Abby, ae 26, had d. [ ], b. Sept. 6, 1856	1	10
Henry, his w. [ ], b. N.Y., res. Sharon, d. July 1, 1858, ae 38	1	114
Henry, laborer, ae 32, b. Jennassey, res. Sharon, m. 2nd w. Sarah A. **BOUNDS**, ae 18, of Sharon, Sept. 1, 1858, by W. S. Stillwell	1	70
Henry, laborer, ae 33 & Laura **TYLER**, ae 19, had d. [ ], b. Aug. 29, 1859	1	23
Henry, laborer, ae 34 & Amelia, ae 19, had s. [ ], b. Apr. 15, 1861	1	31
Laura, b. Sharon, res. Sharon, d. Sept. 16, 1859, ae 19	1	115
EDGITT, Harriet, m. James H. **THOMAS**, July 25, 1841, by L. W. Bissell, J.P.	LR22	479
EDMONDS, John, m. Anna **DELAMATTER**, Apr. 20, 1755, by John Williams	LR3	262
EGGLESTON, EGGLESTONE, Dennis, of Boston Corner, m. Ruhamah **WATERBURY**, of Sharon, Dec. 12, 1826, by Phinehas Cook	LR20	382
Frances, m. Elizabeth **ST. JOHN**, b. of Sharon, Sept. 11, 1839, by Mason Grosvenor	LR22	478
John, laborer, ae 27, b. New York State, res. Amenia, m. Mary A. **CHAPMAN**, ae 19, of Sharon, Dec. 4, 1861, by Rev. C. W. Powell	1	76
John, farmer, ae 25 & Mary Ann, ae 20, had s. [ ], b. Sept. 16, 1862	1	38
Martha, d. Charles, ae 39 & Sally, ae 39, b. Apr. 15, 1850	1	17-18

SHARON VITAL RECORDS 229

	Vol.	Page
EGGLESTON, EGGLESTONE (cont.)		
Mary, housekeeper, ae 18, b. North East, N.Y., res. Sharon, m. Nehemiah **LENT**, clergyman, ae 22, b. Peekskill, N.Y., res. Sharon, Oct. 3, 1855, by M. R. Lent	1	65
Mary E., ae 22, b. Amenia, N.Y., res. Sharon, m. Lawrence **VAN ALSTYNE**, carpenter, ae 26, b. Amenia, N.Y., res. Sharon, Oct. 4, 1864, by Rev. George R. Ferguson, of North East Center, N.Y.	1	83
Samuel, ae 27, b. Salisbury, res. Sharon, m. Mary L. **CHAFFEE**, ae 20, res. Sharon, Dec. 25, 1848, by Rev. Lucius F. King	1	13-14
Samuel, m. Mary Jane **CHAFFEE**, b. of Sharon, Dec. 25, 1848, by Rev. S. H. King	LR27	551
William A., s. Frances, carpenter, ae 42 & Elizabeth, ae 32, b. Aug. 23, 1851	1	31-2
ELLIOTT, ELLIOT, ELEOTT, Ann Maria, of Sharon, m. George **HEATH**, of East Hamburgh, N.Y., Sept. 22, 1833, by David L. Perry	LR20	384
John, silversmith, res. Sharon, d. Dec. 16, 1864	1	125
John A., ae 60, res. Sharon, m. Hannah C. **JONES**, ae 39, b. Salisbury, res. South Canaan, Nov. 8, 1848, by Rev. Herbert Goodwin & Rev. Edwin L. Jones	1	13-14
Samuel, of Sharon, m. Jane **GIBBS**, of Sharon, Oct. 28, 1838, by Rev. William K. Stopford, of the M. E. Ch.	LR22	475
Samuel Williams, s. Samuell & Margaret, b. Mar. 31, 1780	LR8	62
William, s. [Samuell & Margaret], b. Apr. 21, 1782	LR8	62
ELMER, Ambrose Churchill, [s. Daniel & Ruth], b. Oct. 29, 1771	LR7	307
Betty, d. David & Jemima, b. Sept. 22, 1749	LR2	24
Bille, [s. Daniell & Ruth], b. Apr. 9, 1765	LR7	306
Daniel, s. [Daniell & Ruth], b. Mar. 24, 1759	LR7	306
David, m. Jemima **CURTICE**, Oct. 20, 1748, by John Williams	LR3	261
Jesse, s. Samuel & Sylvia, b. June 26, 1767	LR6	54
Joel, s. [Daniell & Ruth], b. Aug. 11, 1761	LR7	306
John, s. Samuel & Sylvia, b. Aug. 3, 1765	LR6	54
Martine, s. Samuel & Sylvia, b. Jan. 16, 1764	LR6	54
Mary, d. Samuel & Mary, b. Apr. 24, 1754	LR3	416
Mehitabel, d. Samuel & Mary, b. Jan. 14, 1756	LR3	416
Rebecca, d. [Daniel & Ruth], b. Sept. 5, 1767	LR7	307
Samuel, s. Samuel & Mary, b. Aug. 7, 1752	LR3	416
Simeon, [s. Daniell & Ruth], b. Sept. 15, 1763	LR7	306
Simeon, s. [Daniel & Ruth], b. Sept. 27, 1769	LR7	307
ELTON, Hannah, housekeeper, b. Sharon, res. Sharon, wid., d. Mar. 20, 1862, ae 85	1	119
Harriet, seamstress, b. Sharon, res. Sharon, d. Feb. 9, 1860, ae 57	1	116
ELWIN*, William, P., m. Harriet **BURNHAM**, b. of Sharon, Mar. 18, 1838, by Mason Grosvenor *("**ELWISE**" in Van Alstyne's)	LR22	476

	Vol.	Page
ELY, Eloisa, housekeeper, b. Monroe, res. Sharon, d. Mar. 1, 1863, ae 72 y.	1	122
EMERSON, John, b. Steuben Co., N.Y., res. same, d. Dec. 2, 1866, ae 20 m.	1	129
EMMONS, Charles, m. Climena **OCANE**, b. of Sharon, Nov. 30, 1842, by Rev. John K. Still, of the M. E. Ch.	LR22	471
Charles, R. R. Conductor, ae 40, b. Sharon, res. Canaan, m. Frances G. **SMITH**, ae 21, of Sharon, Sept. 6, 1858, by R. D. Gardiner	1	70
Clark C., of Sharon, m. Mary **BONNY**, of Cornwall, Oct. 26, 1846, by Rev. John W. Beecher, of Ellsworth	LR27	549
Elsie, ae 32, b. Sharon, m. John S. **WILLIAMS**, ae 40, b. Otis Co., res. Winchester, Jan. 1, 1857, by Rev. David Nash	1	68
Ira, m. Olsa **PARMELEE**, b. of Sharon, Oct. 11, 1847, by Mr. Blydenburgh	LR27	548
Lorin, farmer, b. Litchfield, res. Sharon, d. May 30, 1858, ae 67	1	113
Lorin, R. R. conductor, b. Sharon, res. New Milford, d. Aug. 25, 1862, ae 30, at Sharon	1	120
Mary E., of Sharon, m. William **VAIL**, of Cornwall, Dec. 5, 1842, by John W. Beecher	LR22	471
EVERITT, EVERETT, EVERETTE, EVERIT, Abby C., m. John F. **TICKNER**, b. of Sharon, Mar. 18, 1845, by John W. Beecher	LR22	469
Abel, farmer, ae 23, b. Ellsworth, res. Ellsworth, m. Clarissa **CHAFFEE**, ae 22, b. Ellsworth, res. Ellsworth, Oct. 22, 1850, by [ ]	1	47-8
Ann, m. Clark **PARDEE**, b. of Sharon, Jan. 22, 1826, by Frederick Gridley	LR20	382
Caroline, of Sharon, m Don Pedro **GRISWOLD**, laborer, of Sharon, Feb. 14, 1858, by Rev. P. T. Holly	1	70
Charles, farmer, ae 27 & Julia, ae 26, had s. [ ], b. Dec. 31, 1862	1	39
Charles B., farmer, ae 23, of Sharon, m. Julia **CHAFFEE**, ae 21, of Sharon, Sept. 6, 1858, by R. D. Gardiner	1	70
Charles W., farmer, of Sharon, m. Jane L. **DUNBAR**, housekeeper, of Sharon, Jan. 15, 1863, by Rev. R. D. Gardiner	1	78
Charles W., farmer, ae 24 & Jane L. **DUNBAR**, ae 24, had d. [ ], b. July 7, 1865	1	56
Dolly H., m. Cyrus W. **GRAY**, b. of Sharon, Apr. 17, 1843, by John W. Beecher	LR22	466
Ebenezer, s. Ebenezer & Lucy, b. Jan. 17, 1754	LR5	251
Eliphalet, s. Ebenezer & Lucy, b. Dec. 30, 1757	LR5	251
Elizabeth, d. John & Sarah, b. Mar. 3, 1753	LR3	102
Elizabeth, m. Simeon **SPRAGUE**, b. of Sharon, Oct. 8, 1767	LR5	255
Enoch P., farmer, ae 41, res. Sharon, m. 2nd w. Emily **GOODENOUGH**, ae 26, res. Jefferson, N.Y., Feb. 9, 1867, by Rev. Arthur Goodenough	1	88

	Vol.	Page

EVERITT, EVERETT, EVERETTE, EVERIT (cont.)
Enoch P., ae 24, b. Copoke, N.Y., res. Sharon, M. Hellen
  S. **EVERIT**, ae 21, of Sharon, [   ], b.
  Rev. John Baldwin   1   29-30
Florence B., d. Charles, farmer, ae 31 & Judla, ae 29, b.
  June 1, 1865   1   53
George Augustus, s. Samuel, farmer, ae 38 & Ann, ae 28,
  had s. [   ], b. Oct. 19, 1861   1   33
Helen S., housekeeper, b. Sharon, res. Sharon, d. Sept. 14,
  1866, ae 37   1   129
Hellen S., ae 21, of Sharon, m. Enoch P. **EVERITT**, ae
  24, b. Copoke, N.Y., [   ], by Rev. John
  Baldwin   1   29-30
Isaiah, s. Ebenezer & Lucy, b. Apr. 11, 1752   LR5   251
Jerusha S., ae 23, of Sharon, m. George W. **HOLCOMB**,
  laborer, ae 26, b. Windsor Locks, res. same, Dec.
  30, 1863, by Rev. R. D. Gardiner   1   80
John, m. Sarah **GAY**, b. of Sharon, Dec. 23, 1752   LR3   263
John, s. John & Sarah, b. Jan. 6, 1757   LR3   416
Jonathan, s. John & Sarah, b. July 15, 1755   LR3   406
Jonathan, s. John & Sarah, d. Oct. 31, 1755   LR3   410
Joshua, m. Elmina **SKIFF**, of Sharon Feb. 12, 1834, by
  Frederick Gridley   LR20   384
Julia L., ae 25, of Sharon, m. Stiles M. **BEECHER**,
  farmer, ae 29, b. Ohio, res. Vernon, N.Y., Jan. 1,
  1861, by Rev. R. D. Gardiner   1   75
Lucy, d. Ebenezer & Lucy, b. May 1, 1750   LR5   251
Lucy, m. William **AVERY**, b. of Sharon, May [ ], 1770   LR6   91
Mabel, of Sharon, m. Benjamin F. **BARBON**, of Amenia,
  N.Y., Dec. 28, 1847, at the house of Silas A. Gray,
  by Rev. Joshua L. Maynard, of the N. Cong. Ch.
  Cornwall   LR27   548
Mary E., of Sharon, m. Marvin A. **NOYES**, of Litchfield,
  June 15, 1846, by John W. Beecher   LR22   482
Mary E., ae 28, b. Sharon, res. Sharon, m. Charles R.
  SWIFT, farmer, ae 30, b. Cornwall, res. Cornwall,
  May 14, 1865   1   85
Mary L., Mrs., m. Ralph **WOODWARD**, b. of Sharon,
  Nov. 28, 1852, by William J. Alger   LR27   546
Mary L., ae 23, b. Sharon, res. Sharon, m. John M.
  GREGORY, R.R. Agent, ae 30, b. Milton, res.
  Cornwall, Dec. 12, 1866, by Rev. Stephen Fenn   1   87
Mehetabel, d. Ebenezer & Lucy, b. Oct. 11, 1762   LR5   251
Newton F., farmer, ae 22, res. Sharon, m. Mary T.
  DUTCHER, ae 21, b. New York, res. Kent, Jan. 5,
  1855, by P. B. Parrey   1   64
Oliver, s. Ebenezer & Lucy, b. Feb. 14, 1760   LR5   251
Richard P., farmer, ae 26, b. Copake, res. Sharon, m.
  Catharine **ST. JOHN**, ae 21, of Sharon, Nov. 26,
  1857, by Rev. David Nash   1   68
Richard F., farmer, ae 29 & Catharine, ae 24, had s. [   ],
  b. July 19, 1861   1   32

	Vol.	Page
EVERITT, EVERETT, EVERETTE, EVERIT (cont.)		
Russel, of Tuckhana, m. Caroline **PARSONS**, Jan. 1, 1824, by Frederick Gridley	LR20	381
Russel, physician, b. Sharon, res. Sharon, d. Oct. 5, 1865, ae 73 y.	1	128
Russell A., m. Sarah A. **HOLLISTER**, b. of Sharon, July 3, 1834, by Rev. Lucius M. Purdy	LR22	472
Samuel E., m. Hannah **CHAFFEE**, Mar. 23, 1840, by Rev. Walter Smith	LR22	478
Susan A., housekeeper, b. Bethleham, res. Sharon, d. Apr. 19, 1866	1	129
Walter, b. Sharon, res. Sharon, d. May 6, 1860, ae 1 y. 3 m.	1	116
William, m. Susan A. **GORDON**, of Sharon, Nov. 27, 1828, by Rev. Frederick Gridley	LR20	383
William, farmer, b. Sharon, res. Sharon, d. Oct. 25, 1856, ae 54	1	111
-----, farmer, ae 32 & [ ], ae 28, had d. [ ], b. Mar. 7, 1855	1	2
FAIRBANKS, Elizabeth, m. Elisha **GOODRICH**, Sept. 12, 1749, by John Williams	LR3	261
Elizabeth, m. Ebenezer **GAY**, b. of Sharon, Nov. 21, 1765	LR5	255
Margret, d. Edward & Elizabeth, b. Apr. 9, 1743	LR2	18
Margaret, m. Perez **GAY**, Mar. 23, 1762, by Rev. C. M. Smith	LR6	91
FALES*, Anne, m. Jonathan **ROWLLE**, Mar. 9, 1727		
*("**FULLER**" in Van Alstyne's)	LR2	20
FALLON, FALLEN, Cecely, b. Ireland, res. Sharon, d. Mar. 10, 1857, ae 43	1	111
Michael, s. Michael, laborer, ae 32 & Bridget, ae 30, b. Apr. 21, 1856	1	10
Michael, laborer, ae 29 & Bridget, ae 27, had d. [ ], b. Oct. 7, 1857	1	13
Michael, laborer, ae 34 & Bridget, ae 32, had d. [ ], b. June 3, 1859	1	22
Michael, laborer, ae 34 & Bridget, ae 34, had s. [ ], b. June 11, 1861	1	32
Michael, laborer, ae 38 & Bridget K., ae 34, had d. [ ], b July 5, 1863	1	43
FANTER, Dorathea, ae 22, b. Jennassey, res. Sharon, m. Charles **GEORG**, tailor, ae 40, b. Jennassey, res. Sharon, Dec. [ ], 1858, by E. Stoddard	1	72
FENN, Cordelia A., of Sharon, m. John A. **ALLEN**, of North East, N.Y., Feb. 5, 1839, by William K. Stopford	LR22	476
George, m. Harriet **PEIRCE**, b. of Sharon Apr. 21, 1840, by William K. Stopford	LR22	478
Lois, m. George **SKIFF**, b. of Sharon, Nov. 28, 1824, by Frederick Gridley	LR20	382
FERGUSON, John S., b. Sharon, res. Sharon, d. Apr. 24, 1864, ae 13 m.	1	124

SHARON VITAL RECORDS 233

	Vol.	Page
FERRIS, Sarah A., ae 16, b. Washington, N.Y., res. Sharon, m. Philetus R. CLARK, ae 20, of Stanford, N.Y., Apr. 22, 1861, by Rev. R. D. Gardiner	1	75
FINCH, Benjamin, m. Sarah KNAPP, Dec. 13, 1750, by John Williams	LR3	261
Delia, ae 35, b. Sharon, res. Sharon, m. 2nd h. H. A. McKELNEY, clergyman, ae 48, b. South Carolina, res. Ill, Aug. 28, 1866, by Rev. A. B. Bullings	1	86
Henry K., merchant, b. Woodbury, res. Sharon, d. Aug. 26, 1862, ae 42, at Goshen	1	120
Henry O., b. Sharon, res. Sharon, d. June 15, 1862, ae 11 m.	1	119
Henry T., manufacturer, ae 38 & Dotha, ae 27, had d. [ ], b. Apr. 20, 1859	1	22
Jacob, m. Martha JACOBS, b. of Nine Partners, Dec. 22, 1757, by John Williams	LR3	263
Jennie, b. Sharon, res. Sharon, d. Sept. 4, 1857, ae 6 m.	1	111
FISHER, Lilly*, s. Luke & Jane, b. Mar. 17, 1767 *("Tilly" in Arnold Copy)	LR6	55
Philinda, d. Isaac & Abigail, b. Sept. 30, 1766	LR6	55
Tilly*, Luke & Jane, b. Mar. 17, 1767 *("Lilly" in Van Alstyne's)	LR6	55
FITCH, Louisa G., b. New Haven, res. New Haven, d. Aug. 23, 1856, ae 1	1	110
FLANAGAN, FLANIGAN, Martin, b. Ireland, res. Sharon, d. Dec. [ ], 1865, ae [ ]	1	128
Mary A., ae 19, b. Ireland, res. Sharon, m. Michael FOLEY, farmer, ae 25, b. Ireland, res. Sharon, Nov. 5, 1864, by Rev. Michael O'Reily	1	83
FLINN, James, laborer, ae 28, b. Ireland, res. Sharon, m. Margaret FLINN, ae 26, b. Ireland, res. Sharon, Nov. 8, 1858, by Richard O. Gorman	1	71
Margaret, ae 26, b. Ireland, res. Sharon, m. James FLINN, laborer, ae 28, b. Ireland, res. Sharon, Nov. 8, 1858, by Richard O. Gorman	1	71
Michael, farmer, ae 42 & Bridget MAHONEY, ae 36, had d. [ ], b. Aug. 7, 1865	1	54
FLOOD, Matilda, ae 19, had illeg. d. [ ], b. Dec. 29, 1860, f. [ ], FULLER, laborer	1	30
FOLEY, FOLLEY, Michael, farmer, ae 25, b. Ireland, res. Sharon, m. Mary A. FLANAGAN, ae 19, b. Ireland, res. Sharon, Nov. 5, 1864, by Rev. Michael O'Reily	1	83
Silvey, farmer, ae 26, b. Ireland, res. Sharon, m. Margaret HINDS, ae 24, b. Ireland, res. Sharon, Feb. 15, 1862, by Rev. Philip Sheridan, of Winsted	1	76
Sylvester, farmer, ae 27 & Margaret, ae 25, had d. [ ], b. Nov. 29, 1862	1	39
Sylvester, farmer, ae 30 & Margaret, ae 28, had s. [ ], b. Feb. 23, 1866	1	58
FOOTE, FOOT, Emily, ae 23, colored, b. Salisbury, res. Sharon, m. James CARR, laborer, colored, ae 22, b. Salisbury, res. Sharon, Mar. 3, 1856, by Clark Fuller	1	66

	Vol.	Page
FOOTE, FOOT (cont.)		
George H., farmer, colored, ae 22, res. Sharon, m. 2nd w. Sarah **FRANCES**, housekeeper, colored, ae 24, b. New York, res. Sharon, Oct. 24, 1855, by Ezra Jones	1	65
James, m. Susanna **LEWIS**, b. of Sharon, June 9, 1769, by Rev. C. M. Smith	LR6	91
Mary, m. Thomas **BROWN**, July 30, 1755, by John Williams	LR3	263
Mary, d. James & Susanna, b. Mar. 10, 1769	LR6	56
Samuel A., laborer, ae 19, colored, b. Salisbury, res. Sharon, m. Sarah **LAPAGE**, ae 22, colored, b. Norfolk, res. Norfolk, Sept. 8, 1857, by E. Stoddard	1	68
FOSDICK, Sarah, m. Jabez **LEWIS**, Mar. 26, 1750, by John Williams	LR3	261
FOSTER, FORSTER, Anna, d. Daniel & Mercy, b. Apr. 7, 1772	LR7	305
Benjamin, m. Sarah **HUTCHINSON**, b. of Sharon, Dec. 4, 1820, by Frederick Gridley	LR20	380
Daniel, s. Phinehas & Lydia, b. Feb. 2, 1742	LR2	18
Daniel, s. Phinehas & Lydia, d. Aug. 10, 1751	LR2	22
Daniel, s. Daniel & Mercy, b. Aug. 7, 1770	LR7	305
Darius, s. Daniel & Mercy, b. Mar. 3, 1769	LR6	125
Dolly, of Sharon, m. Daniel **BAILEY**, of Kent, Aug. 25, 1840, by Rev. H. F. Pease, of the M. E. Ch.	LR22	477
Elijah, m. Deborah **HOLLY**, b. of Sharon, Oct. 9, 1757	LR4	130
Joel, s. Elijah & Deborah, b. Feb. 23, 1759	LR4	250
Maria, b. Amenia, N.Y., res. Sharon, d. Jan. 2, 1857, ae 9	1	112
Mary, d. Daniel & Mercy, b. Apr. 14, 1765	LR6	125
Nathaniel, s. Jeremiah, d. Sept. 13, 1741	LR2	16
Olive, d. Elijah & Deborah, b. Jan. 11, 1769	LR6	125
Phebe, of Sharon, m. Harvey **RUST**, of Cornwall, Nov. 23, 1838, by Rev. William K. Stopford, of the M. E. Ch.	LR22	475
Phinehas, s. Phinehas & Lydia, b. Aug. 15, 1745	LR3	413
Phinehas, s. Phinehas & Lydia, d. Feb. 17, 1745/6	LR2	22
Phinehas, s. Phinehas & Lydia, d. Feb. 17, 1746	LR3	410
Sarah, d. Phinehas & Lydia, b. Nov. 19, 1738	LR2	18
Sarah, m. Judah **BILL**, Mar. 25, 1756	LR3	412
Smith P., s. Nathaniel, laborer, ae 47 & Harriet, ae 29, b. July 23, 1857	1	14
Thomas, s. Daniel & Mercy, b. Feb. 28, 1767	LR6	125
William H., farmer, ae 27, b. Carmel, N.Y., res. Carmel, m. Rachel **CHAPMAN**, ae 24, b. Sharon, res. Carmel, Jan. 2, 1851, by Rev. Charles Rockwell	1	45-6
William H., of Carmel, N.Y., m. Rachel **CHAPMAN**, of Sharon, Jan. 2, 1851, by Rev. Charles Rockwell, of the Cong. Ch.	LR27	545
Zeriah, d. Jeremiah, d. Jan. 8, 1741	LR2	16
Zirvial, d. Jeremiah & Mary, b. July 11, 1740	LR2	17
FOWLER, Edmond D., of Kent, m. Mariah **BENSON**, of Sharon, Nov. 28, 1825, by Benoni Peck	LR20	382

SHARON VITAL RECORDS 235

	Vol.	Page
FOWLER (cont.)		
Grace, d. Horace, b. Apr. 8, 1850	1	19-20
Helen, res. Sharon, d. June 13, 1866, ae 76	1	129
Jane A., m. Timothy G. **STONE**, Feb. 2, 1847, by Rev. John W. Beecher, of Ellsworth Soc.	LR27	549
Joel, of Westfield, Mass., m. Abigail L. **COLE**, of Sharon, Feb. 28, 1837, by Rev. Fitch Reed, of the M. E. Ch.	LR22	474
FOX, Teresa, ae 27, b. Germany, res. Sharon, m. George A. **MOROST**, laborer, ae 24, b. Germany, res. Sharon, Aug. 18, 1866, by Rev. H. R. Howard	1	86
FRANCHER, Larin, ae 67, b. Canaan, m. Ellen **GOODALE**, ae 53, Apr. 1, 1859, [ ]	1	73
FRADENBURG, Maria, m. Bennett E. **MUNROE**, b. of Sharon, Sept. 21, 1841, by Richard Smith, J.P.	LR22	480
FRANCIS, FRANCES, David* D., of Benson, Vt., m. Elizabeth **GOULD**, of Sharon, May 14, 1832, by David L. Perry *("Daniel" in Van Alstyne's)	LR20	384
Sarah, housekeeper, colored, ae 24, b. New York, res. Sharon, m. George H. **FOOTE**, farmer, colored, ae 22, res. Sharon, Oct. 24, 1855, by Ezra Jones	1	65
FRANKENSON, Phebe, housekeeper, colored, b. Sharon, res. Sharon, d. July [ ], 1855, ae 20	1	108
FRARY*, Thomas, m. Lucye **SPRAGUE**, Feb. 28, 1754, by Mr. Scovil *(Arnold Copy has "Tracy")	LR3	263
FRAWLEY, Jane, b. Sharon, res. Sharon, d. July [ ], 1857, ae 6	1	111
John, collier, ae 47 & Catharine, ae 42, had d. [ ], b. Oct. 13, 1863	1	45
John, laborer, ae 45 & Catharine **BRAY**, ae 40, had s. [ ], b. Mar. 14, 1866	1	58
Martin, s. John, laborer, ae 45 & Catharine, ae 35, b. Nov. 22, 1861	1	34
Pat, furnance (?) man, ae 29 & [ ], ae 26, had s. [ ], b. Nov. 10, 1855	1	4
Thomas, b. Sharon, res. Sharon, d. [ ], 1857, ae 4	1	111
FRAZIER, FRAZER, Albert, s. William, mechanic & Amanda, b. Aug. 8, 1866	1	59
Nelson, s. William, wagonmaker, ae 31 & Amanda, ae 32, b. Mar. 17, 1862	1	36
Philo, laborer, colored & Mary, had s. [ ], b. Oct. 18, 1857	1	13
Philo, laborer, ae 35 & Mary A., ae 26, had d. [ ], b. Mar. 3, 1860	1	26
Philo, farmer, colored & 40 & Mary, colored, ae 31, had child s. b. July 4, 1865	1	52
Philo J., colored, ae 42, b. Dutchess Co., N.Y., res. Sharon, m. Mary A. **SIMONS**, colored, ae 18, of Sharon, Nov. 5, 1850, by Rev. Mr. Champton	1	45-6
FREEMAN, Caroline, of Sharon, m. York **ANTHONY**, of Kent, Nov. 23, 1820, by Frederick Gridley	LR20	380

	Vol.	Page
FREEMAN (cont.)		
Jane*, m. Thomas J. **LAMPMAN**, b. of Sharon, Jan. 4, 1828, by Peter Bunce *("June" in Van Alstyne's)	LR20	383
Juliaetta, m. John **GOLDEN**, May 5, 1851, by Myron Harrison, J.P.	LR27	545
Miles*, m. Ruth Emma **WOODWARD**, b. of Sharon, Feb. 22, 1827, by Frederick Gridley *(Arnold copy has "Freeman **MILES**")	LR20	382
FRENCH, Albert, m. Katharine **KAUCHER**, b. of Sharon, [ ]	1	27-28
Edmund & Katharine, had child, b. July 6, 1850	1	19-20
George, s. Edward C. & Kate, b. Dec. 10, 1848	1	5-6
Mehetable, b. Roxbury, res. Sharon, d. Mar. 20, 1859, ae 60	1	115
Pardon, of Kent, m. Ann **WILLIAMS**, of Sharon, Nov. 15, 1829, by Horatio Smith	LR20	383
Thomas C., laborer, ae 57, b. New Milford, res. Sharon, m. 2nd, w. Sarah **FRINK**, ae 53, of Sharon, Jan. 17, 1860, by Rev. W. S. Stillwell	1	73
William Freeman, s. Louis, minister, ae 26 & Martha A., ae 26, b. Aug. 18, 1856	1	7
FRINK, FRINCK, Arthur, s. Austin, laborer, ae 31 & Susan, ae 22, b. May 31, 1851	1	33-4
Charles H., laborer, ae 37 & Sarah, ae 34, had s. [ ], b. Sept. 23, 1861	1	33
Chester, of Cornwall, m. Betsey **CLARK**, of Sharon, Jan. 2, 1828, by Horatio Smith	LR20	383
Elias, s. [Samuel & Sarah], b. July 20, 1772	LR7	307
Elias, farmer, b. Cornwall, res. Sharon, d. Aug. 10, 1862, ae 90	1	120
Elias S., m. Nancy **MERRILLS**, b. of Sharon, Mar. 29, 1829, by Horatio Smith	LR20	383
Elias S., m. Harriet **BRAZA**, Feb. 6, 1831, by Samuel Roberts	LR20	383
Elisha, s. Seth & Prudence, b. Nov. 12, 1782	LR9	549
Ira, of Cornwall, m. Harriet S. **MANSFIELD**, of Sharon, Nov. 16, 1831, by Frederick Gridley	LR20	384
Mary, d. Samuel & Sarah, b. Nov. 7, 1768	LR7	307
Nathan, laborer, res. Sharon, d. Oct. [ ], 1863, ae 68	1	123
Permela, d. Samuell & Sarah, b. Dec. 1, 1777	LR7	299
Prudence, m. Silas **CALKIN**, Feb. 15, 1829, by Horatio Smith	LR20	383
Samuell, m. Sarah **ABEL**, b. of Sharon, June 23, 1767	LR7	302
Samuell, Jr., s. [Samuel & Sarah], b. Aug. 12, 1770	LR7	307
Sarah, d. [Samuel & Sarah], b. July 9, 1774	LR7	307
Sarah, ae 53, of Sharon, m. Thomas C. **FRENCH**, laborer, ae 57, b. New Milford, res. Sharon, Jan. 17, 1860, by Rev. W. S. Stillwell	1	73
Sluman, s. [Samuell & Sarah], b. Jan. 26, 1780	LR7	299
FRISBIE, FFRISBE, FRISBE, Anna, d. Ebenezer & Silence, b. May 7, 1734, in Branford	LR2	167
Anna, m. Isaac **SCOTT**, Oct. 31, 1753, by John Williams	LR3	262

SHARON VITAL RECORDS

	Vol.	Page
FRISBIE, FFRISBE, FRISBE (cont.)		
Anna, d. Hezekiah & Susanna, b. Mar. 23, 1768	LR6	56
Benjamin, s. Ebenezer & Silence, b. Apr. 28, 1736, in Branford	LR2	167
Benjamin, m. Margaret **HOLLY**, Feb. 16, 1758	LR4	130
Benjamin, s. Benjamin & Margaret, b. Aug. 17, 1768	LR6	55
Betsey, d. Benjamin & Margaret, b. Feb. 4, 1773	LR7	306
Deborah, d. Ebenezer & Silence, b. June 8, 1732, in Branford	LR2	167
Deborah, m. Alexander **SPENCER**, Jr., Feb. 25, 1750	LR3	412
Ebenezer, s. Ebenezer & Silance, b. May 16, 1741	LR2	18
Ebenezer, Jr., s. Dea. Ebenezer, d. Aug. 18, 1760, in the 20th y. of his age	LR5	151
Ebenezer, s. Hezekiah & Susanna, b. Nov. 16, 1765	LR6	56
Hezekiah, s. Ebenezer & Silence, b. July 11, 1738, in Branford	LR2	167
Hezekiah, m. Susanna **MARVIN**, b. of Sharon, Nov. 8, 1764, by Rec. C. M. Smith	LR6	91
John, s. Gideon & Desire, b. Dec. 31, 1746	LR2	24
John, s. Benjamin & Margaret, b. Dec. 23, 1763	LR5	252
Martha, d. Gideon & Desire, b. Apr. 24, 174[ ]	LR2	19
Moses, s. Ebenezer & Silence, d. Dec. 4, 1745	LR2	16
Moses, s. Ebenezer & Silence, b. Sept. 16, 174[ ]	LR2	19
Olive, d. Gideon & Desire, d. May 6, 174[ ]	LR2	16
Reuben, s. Benjamin & Margaret, b. Apr. 9, 1766	LR6	54
Rufus, s. Benjamin & Margaret, b. May 7, 1770	LR6	125
Silence, d. Ebenezer & Silence, b. Dec. 29, 1746	LR2	23
Thomas, s. Benjamin & Margaret, b. June 12, 1761	LR5	252
FULLER, Abigail, [d. Joseph & Zeruiah], b. May 16, 1766, at Kent	LR7	412
Abraham, of Kent, m. Emily R. **BISHOP**, of Woodbury, June 5, 1844, by Rev. John W. Beecher, of Ellesworth	LR22	468
Almeran, s. James & Abia, b. Aug. 17, 1782	LR8	62a
Amanda, m. Eben W. **CHAFFEE**, b. of Sharon, [Dec.], 31, 1845, by John W. Beecher	LR22	468
Anah, d. Benjamin & Content, b. Dec. 23, 1738	LR2	17
Anna, m. Nehemiah **WARREN**, Mar. 31, 1754, by John Williams	LR3	262
Austin, of Cornwall, m. Eliza **JACKSON**, of Sharon, about Jan. 7, 1820, by Asa Tallmadge	LR20	380
Benajah, s. [Joseph & Zeruiah], b. June 4, 1756, at Kent	LR7	412
Beniamin, s. Beniamin & Content, b. Apr. 9, 1733	LR2	17
Beniamin, d. Dec. 30, 1740	LR2	16
Benjamin, s. Matthew & Joanna, b. Apr. 11, 1749	LR2	167
Content, m. Nath **SKINNER**, Sept. 20, 1741	LR2	20
Content, d. Benjamin & Parthena, b. July 2, 1758	LR4	130
Deborah, d. Beniamin & Content, b. May 2, 1725	LR2	17
Deborah, m. Gideon **TYLER**, Jan. 17, 1741/2	LR2	20
Elisabeth, d. Beniamin & Content, b. Feb. 23, 1740/1	LR2	17
Elizabeth, d. Beniamin, decd., d. Apr. 14, 1741	LR2	16

FULLER (cont.)

	Vol.	Page
Elkanah, m. Elizabeth **NORTH**, July 2, 1752, by John Williams	LR3	261
Gideon, s. James & Abia, b. May 21, 1780	LR7	301
Jane, d. Beniamin & Content, b. Mar. 1, 1736	LR2	17
Jane, m. Simeon **ROWLEY**, Mar. 14, 1751, by John Williams	LR3	261
Jehiel, [s. Joseph & Zeruiah], b. Oct. 15, 1763, at Kent	LR7	412
Jemiah, d. Beniamin & Content, b. Dec. 15, 1731	LR2	17
Jemima, m. Nathaniel **WARREN**, Nov. 10, 1748, by John Williams	LR3	261
Jeremiah, [s. Joseph & Zeruiah], b. Feb. 24, 1776	LR7	412
Joseph, [s. Joseph & Zeruiah], b. Dec. 19, 1760, at Kent	LR7	412
Joshua, [s. Joseph & Zeruiah], b. July 11, 1754, at Kent	LR7	412
Josiah, s. Benjamin & Content, b. Feb. 23, 1729/30	LR2	17
Josiah, m. Eirene **DICKINSON**, Dec. 20, 1749, by John Williams	LR2	261
Lidia, d. [Joseph & Zeruiah], b. Apr. 23, 1758 at Kent	LR7	412
Mary Ann, m. Trowbridge **SURDAM**, b. of Amenia, Oct. 12, 1828, by Rev. Aaron Hunt	LR20	383
Mathew, s. Beniamin & Content, b. Mar. 6, 1723	LR2	17
Matthew, of Sharon, m. Joanna **ROOT**, of Southington, July 5, 1748	LR2	20
Patience, d. Beniamin & Content, b. Jan. 15, 1721/2	LR2	17
Philo, s. Amos & Rachel, b. Mar. 2, 1779	LR7	299
Rachel, d. Beniamin & Content, b. June 19, 1727	LR2	17
Reubeen, s. Amos & Rachel, b. Apr. 18, 1782	LR8	61
Ruth, [d. Joseph & Zeruiah], b. Sept. 3, 1769, at Stockbridge	LR7	412
Ruth, of Kent, m. Job **GOOLD**, Jr., of Sharon, Feb. 24, 1773, by Rev. Mr. Bordwell	LR7	302
Sally, housekeeper, b. Sharon, res. Sharon, d. June 11, 1855, ae 68	1	108
Sylvanus, of Glastonbury, m. Betsey **TOWSLEY**, of Sharon, Sept. 7, 1823, by Horatio Smith	LR20	381
Zeruiah, [d. Joseph & Zeruiah], b. May 24, 1774	LR7	412

GAFFIELD, Mary A., ae 23, b. Ireland, res. Sharon, m. William **TRAVER**, laborer, ae 34, b. Pokeepsie, res. Sharon, Nov. 12, 1866, by Zalmon S. Hunt

	1	87

GAGER, George W. & Aurelia S., had s. [ ], b. Jan. 23, 1849

	Vol.	Page
	1	3-4
George W. & Aurelia S., had s. [ ], b. July 23, 1849	1	1
George Washington, [s. Samuel R. & Lucretia], b. Nov. 10, 1815	LR18	251
John G., b. Sharon, res. Sharon, d. Aug. 15, 1856, ae 7	1	110
Julia Canfield, [d. Samuel R. & Lucretia], b. Sept. 30, 1811	LR18	251
Lucretia, housekeeper, b. Sharon, res. Sharon, d. July 27, 1856, ae 72	1	110
Margaret L., of Sharon, m. Albert C. **CHURCH**, of Salisbury, June 26, 1831, by George B. Andrews	LR20	384

	Vol.	Page
GAGER (cont.)		
Margaret Zerviah, d. Samuel R. & Lucretia, b. July 3, 1809	LR18	251
Samuel R., m. Lucretia GAY, May 4, 1804	LR20	383
GALE, Temperance, d. Dr. Moses & Temperance, b. May 22, 1756, at Goshen	LR5	105
William Worthington, s. Dr. Moses & Temperance, b. Apr. 6, 1754, at Goshen	LR5	105
GALLAGHER, Bridget, ae 23, b. Ireland, res. Sharon, m. Terrell PEQUIGNEY, laborer, ae 24, b. France, res. Salisbury, Apr. 26, 1859, by Richard O. Gorman	1	73
Catharine, housekeeper, ae 27, b. Ireland, res. Sharon, m. Peter AGAN, farmer, ae 29, b. Ireland, res. Sharon, Oct. 28, 1855, by Peter Kelley	1	65
Catharine, ae 20, b. Ireland, res. New York, m. John MULCAHY, farmer, ae 26, b. Ireland, res. New York, Oct. 9, 1864, by Rev. J. A. Couch	1	83
Daniel, b. Sharon, res. Sharon, d. Feb. 13, 1863, ae 2 m.	1	122
Mike, laborer, ae 36 & Bridget, ae 29, had d. [ ], b. Jan. 2, 1866	1	63
-----, soldier, had s. [ ], b. Feb. [ ], 1864	1	47
-----, res. Sharon, d., [ ], 1864	1	124
GARDNER, Catharine, m. John GRAY, Sept. 18, 1747	LR3	263
John, s. Jerethmell & Sarah Jane, b. Feb. 2, 17[ ]	LR9	550
GARRICK, James, b. Sharon, res. Sharon, d. July 16, 1862, ae 9 m.	1	120
Maria, b. Sharon, res. Sharon, d. July 17, 1862, ae 11	1	120
Michael, b. Sharon, res. Sharon, d. July 26, 1862, ae 9	1	120
Patrick, mechanic, ae 48 & Catharine, ae 40, had d. [ ],. B. July 31, 1863	1	44
GARVIN, GAVIN, John, laborer, ae 32 & Catharine, ae 26, had s. [ ], b. Mar. 21, 1866	1	62
Mary D., housekeeper, b. Ireland, res. Sharon, d. May 13, 1863, ae 65	1	122
GATES, Elizabeth, m. David LUMBARD, Dec. 17, 1755, by John Williams	LR3	263
Hannah, m. William VALLAME, b. of Oblong, Dec. 8, 1760, by John Williams	LR4	130
Timothy, s. Stephen & Bettey, b. Jan. 25, 1746/7	LR2	24
GAUL, Hannah M., d. William H., laborer, colored, ae 27 & Sarah J., colored, ae 22, b. Sept. 9, 1863	1	44
Mary L., colored, b. Sharon, res. Sharon, d. Mar. 10, 1864, ae 6 m.	1	124
Orrin R., colored, b. Sharon, res. Sharon, d. Mar. 26, 1864, ae 2 y.	1	124
GAY, Abigail, d. John, Jr. & Mary, b. Feb. 24, 1755	LR3	406
Almira, d. Ebenezer & Elizabeth, b. Sept. 15, 1772	LR7	304
Anna, d. Ebenezer & Ann, b. June 26, 1760	LR5	104
Anna, w. Ebenezer, d. Dec. 23, 1764	LR5	151
Bille, s. David & Keziah, b. Sept. 21, 1776	LR7	299
Calvin, twin with Luther, s. Perez & Margaret, b Aug. 5, 1765	LR5	254

	Vol.	Page
GAY (cont.)		
Calvin, d. Nov. 12, 1848, ae 83	1	9-10
Clarissa, of Sharon, m. Moses G. **NOYES**, of Salem, N.Y., Feb. 11, 1823, by David L. Perry	LR20	381
Daniel, s. John & Catharine, b. June 4, 1756	LR3	416
Daniel, s. John, Jr. & Mercy, b. Oct. 22, 1759	LR4	320
David, s. Ebenezer & Ann, b. Oct. 10, 1754	LR3	380
David, m. Keziah **MERCHANT**, b. of Sharon, Mar. 24, 1776	LR7	302
Ebenezer, m. Ann **COLES**, Nov. 23, 1752, by Mr. Scovil	LR3	263
Ebenezer, m. Elizabeth **FAIRBANKS**, b. of Sharon, Nov. 21, 1765	LR5	255
Ebenezer, s. Ebenezer & Elizabeth, b. June 17, 1770	LR7	304
Edward, s. Perez & Margaret, b. Feb. 3, 1763	LR5	252
Eleana*, m. Elijah **SLOSSON**, June 9, 1757 *("Eleanor" in Van Alstyne's)	LR4	130
Elanor, d. Col. Ebenezer & Elizabeth, b. Jan. 22, 1781	LR7	299
Electa, 2nd child Perez & Margaret, b. May 23, 1770	LR7	307
Eliza, alias Lize, d. Perez & Margaret, b. Sept. 20, 1780	LR7	299
Eliza Ann, of Sharon, m. David M. **ROSE**, of Amenia, Jan. 27, 1825, by David L. Perry	LR20	382
Elizabeth, d. Ebenezer & Anna, b. Dec. 16, 1764	LR5	253
Elizabeth, d. Ebenezer, d. Mar. 19, 1765	LR5	151
Eunice, d. Col. Ebenezer & Elizabeth, b. Mar. 6, 1783	LR8	61
Fisher, s. [Col. Ebenezer & Elizabeth], b. May 6, 1778	LR7	299
Fisher, s. [Ebenezer & Elizabeth], b. May 6, 1778	LR7	304
Jimme, s. [David & Keziah], b. Oct. 28, 1777	LR7	299
John, Jr., of Sharon, m. Mary **BAILEY**, of Lebanon, May 23, 1754	LR3	412
John, s. John, Jr. & Mercy, b. Feb. 12, 1775	LR7	308
John Banks, s. Perez & Margaret, b. Aug. 6, 1767	LR6	54
John Banks, 1st child [Perez & Margaret], b. Aug. 6, 1767	LR7	307
Lettice, d. John, Jr. & Mary, b. Nov. 13, 1756	LR4	127
Lize, see Elize Gay	LR7	299
Lucretia, d. Perez & Margaret, b. Dec. 13, 1782	LR8	61
Lucretia, m. Samuel R. **GAGER**, May 4, 1804	LR20	383
Lucy, d. Perez & Margaret, b. June 4, 1776	LR7	412
Luther, twin with Calvin, s. Perez & Margaret, b. Aug. 5, 1765	LR5	254
Lydia, d. John, Jr. & Mercy, b. Feb. 7, 1766	LR6	54
Margaret, 3rd child [Perez & Margaret], b. June 26, 1773	LR7	307
Margaret, d. [Col. Ebenezer & Elizabeth], b. Aug. 6, 1785	LR8	61
Margaret, housekeeper, b. Sangaties, N.Y., res. Sharon, d. Feb. 22, 1855, ae 34	1	108
Margaret, b. Roxbury, res. Sharon, d. Mar. 31, 1859, ae 59	1	115
Mary, m. John **REED**, May 31, 1750, by John Williams	LR3	261
Mary, d. John, Jr. & Mercy, b. Feb. 27, 1768	LR6	55
Mercy, d. John, Jr. & Mercy, b. Sept. 16, 1761	LR5	106
Mercy, w. John, Jr., d. Mar. 11, 1775, in the 45th y. of her age	LR7	297

	Vol.	Page
GAY (cont.)		
Perez, m. Margaret **FAIRBANKS**, Mar. 23, 1762, by Rev. C. M. Smith	LR6	91
Phebe, housekeeper, b. Salisbury, res. Sharon, d. Apr. 20, 1856, ae 93	1	109
Rebecca, d. Ebenezer & Ann, b. Oct. 27, 1756	LR3	416
Sally M., m. Harry **COWLES**, b. of Sharon, Sept. 15, 1824, by David L. Perry	LR20	382
Sarah, m. John **EVERETT**, b. of Sharon, Dec. 23, 1752	LR3	263
Sarah, d. John, Jr. & Mercy, b. Nov. 29, 1763	LR5	252
Sarah, d. [Ebenezer & Elizabeth], b. Feb. 9, 1775	LR7	304
GELEGAN, Daniel, ae 22, b. Ireland, res. Sharon, m. Ellen **CAMPBELL**, ae 24, b. Ireland, res. Sharon, [ ], 1860	1	74
GEORGE, GEORG, JEORG, JORGE, JORG JOERG,		
Charles, tailor, ae 40, b. Jennassey, res. Sharon, m. 2nd w. Dorathea **FANTER**, ae 22, b. Jennassey, res. Sharon, Dec. [ ], 1858, by E. Stoddard	1	72
Charles, tailor, ae 45 & Dorothy, ae 21, had s. [ ], b. Apr. 5, 1860	1	27
Charles, tailor, ae 45, b. Germany, res. Sharon, m. 3rd w. Maria **KANY**, ae 28, b. Germany, res. Sharon, Jan. 8, 1861, by Rev. John V. Stryker	1	75
Charles, tailor, ae 46 & Marie, ae 28, had s. [ ], b. [ ], [1861]	1	34
Charles, tailor, & Mary, ae 29, had s. [ ], b. Apr. 2, 1863	1	43
Charles, tailor, ae 52 & Anna, ae 33, had s. [ ], b. Jan. 7, 1865	1	56
Dorothy, housekeeper, b. Germany, res. Sharon, d. June 1, 1860, ae 21	1	116
GERTY, John, teamster, ae 35 & Mary Ann, ae 35, had d. [ ], b. Aug. 12, 1866	1	62
GIBBS, Ann, d. Job & Sylvia, b. Mar. 9, 1751	LR3	101
Catarine, d. [Robert & Jenne], b. Oct. 29, 1782	LR9	551
Deliverance, d. Job & Sylvia, b. Dec. 10, 1748	LR2	23
Dille, m. Eleazer **JEWETT**, b. of Sharon, Oct. 12, 1769, by Rev. C. M. Smith	LR6	91
Electa M., m. Henry **WILLIAMS**, Nov. 4, 1844, by Stephen M. Vail	LR22	481
Elizabeth, d. Job & Sylvia, b. Sept. 26, 1757	LR5	104
Harriet, m. Eliz **ROWLEY**, b. of Sharon, Sept. 2, 1829, by Samuell Roberts	LR20	383
Herman, s. Job & Silvia, b. June 15, 1755	LR3	406
Jane, of Sharon, m. Samuel **ELLIOTT**, of Sharon, Oct. 28, 1838, by Rev. William K. Stopford, of the M. E. Ch.	LR22	475
Jenne, d. Robert & Jenne, b. Sept. 29, 1780	LR9	551
Job, twin with Sylvia, s. Job & Sylvia, b. Nov. 17, 1759	LR5	104
Lydia M., of Sharon, m. Lucius S. **PENDLETON**, of Norfolk, Oct. 14, 1838, by Rev. William K. Stopford, of the M. E. Ch.	LR22	475

GIBBS (cont.)

	Vol.	Page
Sylvanus, s. Job & Silvia, b. Feb. 16, 1753	LR3	406
Sylvia, twin with Job, d. Job & Sylvia, b. Nov. 17, 1759	LR5	104
William, farmer, ae 28 & Maria, ae 33, had d. [ ], b. Sept. 21, 1860	1	29
GIBSON, David, minister & Mary, had d. [ ], b. [ ]	1	8
GILBERT, Amos H., of Amenia, N.Y., m. Zada L. KNIBLOE, of Sharon, Dec. 3, 1843, by Rev. Daniel DeVinne	LR22	467
Charles H., ae 24, b. North East, m. Frances D. WILLIAMS, ae 18, Dec. 30, 1857, by Rev. David Gibson	1	68
David, mechanic, ae 24, b. Wilton, res. Sharon, m. Mary Ann MAPES, ae 20, b. Ancram, N.Y., res. Sharon, Feb. 11, 1856, by L. E. Lathrop	1	66
David, laborer, ae 22 & Mary, ae 20, had d. [ ], b. Nov. 16, 1856	1	8
David N., of New Milford, m. Harriet BROWN, of Dutchess Co., N.Y., Jan. 22, 1840, by William K. Stopford	LR22	478
James J., mechanic, ae 24, b. Amenia, N.Y., res. Plymouth, m. Julia M. COTRELL, ae 19, of Sharon, Dec. 30, 1863, by Rev. Ira Ferris	1	80
GILLETT, GILLET, GILLETTE, GELLITT, [see also GOELET], Anna, d. Charles & Jerusha, b. Oct. 10, 1759	LR4	320
Athelia, of Sharon, m. Nathan ATWOOD, of Watertown, Feb. 15, 1841, by Rev. H. F. Pease, of the M. E. Ch.	LR22	479
Bille, s. Hezekiah & Sarah, b. Aug. 24, 1770	LR6	128
Charles, m. Jerusha JEWETT, Feb. 1, 1753, by John Williams	LR3	262
Charles, s. Charles & Jerusha, b. Apr. 18, 1762	LR5	250
Chauncey R., s. Edward F., merchant, ae 30 & Elizabeth, M. G. (REED), ae 19, b. Sept. 30, 1861	1	33
Chancey R., b. Sharon, res. Sharon, d. Aug. 31, 1862, ae 11 m.	1	120
Ed[ward] F., merchant, ae 34 & Elizabeth M., ae 21, had d. [ ], b. Jan. 23, 1864	1	46
Elizabeth, d. Daniel & Lidea, b. May 23, 1744	LR2	19
Eunice, d. Charles & Jerusha, b. Aug. 28, 1755	LR3	416
Jerusha, d. Charles & Jerusha, b. Nov. 12, 1753	LR3	416
Jerusha, Jr., m. William WILLIAMS, b. of Sharon, Apr 12, 1770, by Rev. C. Mather Smith	LR6	91
John, m. Martha DUNHAM, June 30, 1755, by John Williams	LR3	262
Jonathan, m. Tamar DAY, Oct. 18, 1750	LR3	412
Jonathan, s. Jonathan & Tamar, b. Feb. 27, 1752	LR3	101
Jonathan, s. Jonathan & Tamar, d. Feb. 1, 1755	LR3	410
Josiah, s. Jonathan & Tamar, b. Mar. 7, 1754	LR3	416
Josiah, s. Jonathan & Tamar, d. Feb. 11, 1755	LR3	410
Mary, d. Charles & Jerusha, b. Aug. 28, 1757	LR4	320
Nathaniel, s. John & Abigail, b. May 30, 1758	LR5	254

SHARON VITAL RECORDS

	Vol.	Page
GILLETT, GILLET, GILLETTE, GELLITT (cont.)		
Philander, of Penn., m. Betsey Ann ST. JOHN, of Ellsworth, Oct. 16, 1831, by David L. Perry	LR20	384
Rebecca, d. Charles & Jerusha, b. Oct. 26, 1764	LR6	126
Tamar, m. Oliver HATCH, Apr. 2, 1778	LR7	303
GIVEN, Lucy D., ae 36, res. Sharon, m. Harry COWLES, ae 51, b. Norfolk, res. Sharon, May 12, 1849, by Rev. Andrew Reid	1	13-14
GLEASON, Alfred J., of Hallowell Upper Canada, m. Eliza SMITH, of Sharon, Aug. 25, 1822, by David L. Perry	LR20	381
GOBEILLETT, August, laborer, ae 24, b. France, res. Sharon, m. Julia BONHOTEL, ae 25, b. France, res. Sharon, June 16, 1866, by W. M. Patterson	1	86
GOELET, [see also GILLETT], Aurelus, m. Hariet CALKINS, b. of Sharon, Nov. 26, 1848, by Rev. L. H. King	LR27	551
GOLDEN, GOLDING, John, colored, d. Mar. [ ], 1849	1	9-10
John, m. Juliaetta FREEMAN, May 5, 1851, by Myron Harrison, J.P.	LR27	545
GOODALE, Ellen, ae 53, m. Larin FRANCHER, ae 67, b. Canaan, Apr. 1, 1859	1	73
GOODE, George, s. George, b. Sept. 29, 1850	1	19-20
Patrick, s. George, laborer, ae 38 & Bridget, ae 30, b. Mar. 15, 1851	1	37-8
GOODENOUGH, Arthur, clergyman, ae 28 & Hannah, ae 35, had d. [ ], b. Oct. 17, 1866	1	63
Emily, ae 26, res. Jefferson, N.Y., m. Enoch P. EVERETT, farmer, ae 41, res. Sharon, Feb. 9, 1867, by Rev. Arthur Goodenough	1	88
GOODRICH, Aaron, s. David & Martha, b. Mar. 3, 1758	LR4	129
Abigal, twin with Anne, d. Elnathan & Elizabeth, b. Aug. 14, 1742	LR2	18
Anne, twin with Abigal, d. Elnathan & Elizabeth, b. Aug. 14, 1742	LR2	18
Anne, m. Garret SLITER, Sept. 26, 1754, by John Williams	LR3	262
Annis, d. Jesse & Deborah, b. Sept. 15, 1777	LR7	298
Asa, s. David & Martha, b. Apr. 6, 1756	LR4	129
Benjamin, s. Solomon & Susa, b. Jan. 7, 1807	LR15	274
Benjamin Johns, s. William & Phebe, b. Sept. 20, 1785	LR9	549
Betsey, d. David, Jr., & Anna, b. May 29, 1774	LR7	307
Betsey, d. [Charles & Anne], b. Nov. 9, 1789	LR10	142
Calvin, s. David, Jr. & Anna, b. Apr. 29, 1770	LR6	125
Carmil, s. Joel & Irena, b. July 28, 1790	LR10	142
Cate, d. [Joel & Irena], b. Mar. 8, 1787	LR9	550
Chester, s. William & Phebe, b. Jan. 8, 1792	LR10	143
Cynthia, m. Benjamin CONCHLIN, Nov. 15, 1770	LR7	302
Daniel, s. Joel & Irena, b. Sept. 3, 1784	LR9	550
David, m. Martha MUDG, July 14, 1740	LR2	20
David, s. David & Martha, b. July 14, 1749	LR4	129
David, s. William & Phebe, b. Oct. 31, 1783	LR8	62a

GOODRICH (cont.)

	Vol.	Page
Dorcis, d. William & Mirim, b. May 11, 1739	LR2	17
Elisha, m. Elizabeth **FAIRBANKS**, Sept. 12, 1749, by John Williams	LR3	261
Elisha, s. Elisha & Elizabeth, b. Jan. 25, 1752	LR3	102
Elnythan, m. Elizabeth **SHOWERS**, Jan. 1, 1739/40	LR2	20
Elnathan, s. Elnathan & Elizabeth, b. Oct. 10, 1740	LR2	23
Ethan, s. Elisha & Elizabeth, b. Nov. 1, 1755	LR3	415
Fanny, d. [William & Phebe], b. Aug. 24, 1789	LR9	551
Hannah, d. Charles & Anne, b. Dec. 5, 1786	LR10	142
Helen, of Sharon, m. John M. **CURTIS**, of Warren, Jan. 9, 1821, by David L. Perry	LR20	380
Halena*, d. Solomon & Susa, b. June 6, 1796 *("Helena")	LR15	274
Henry, s. [Joel & Irena], b. Jan. 12, 1786	LR9	550
Jared, s. Elnathan & Elizabeth, b. Dec. 27, 1744	LR2	23
Jesse, s. David & Martha, b. Apr. 8, 1754	LR4	129
Joel, s. Elnathan & Elizabeth, b. Aug. 11, 1751	LR3	102
Leety*, d. Solomon & Susan, b. Nov. 9, 1800; d. [ ], ae 12 d. *("Lucy" in printed record)	LR15	274
Lois, d. Solomon & Susa, b. Mar. 8, 1802	LR15	274
Lois, m. Jesse W. **LAKE**, b. of Sharon, Oct. 11, 1827	LR20	382
Lucretia, d. William & Lucy, b. Dec. 4, 1772	LR7	304
Lucy, d. David & Martha, b. Sept. 21, 1763	LR6	55
Lucy, d. William & Phebe, b. Oct. 7, 1787	LR9	551
Martha, d. David & Martha, b. May 26, 1741	LR2	18
Martha, d. David & Martha, b. May 26, 1741	LR4	129
Martha, d. David & Martha, b. Mar. 3, 1761	LR6	55
Mary, d. Elisha & Elizabeth, b. Apr. 30, 1753; d. June 7, 1753	LR3	102
Mary, d. Solomon & Betty, b. Aug. 15, 1773	LR7	307
Meriam, w. William, Jr., d. Apr. 22, 1740	LR2	16
Meriam, m. Amos **WELLES***, Dec. 17, 1751, by John Williams *("WELLER" in Van Alstyne's book)	LR3	261
Michael, s. Elnathan & Elizabeth, b. Mar. 23, 1747	LR2	23
Nicholas, s. Solomon & Susa, b. Aug. 21, 1794	LR15	274
Rhoda, d. David & Martha, b. June 16, 1745	LR4	129
Sabra, d. Elnathan & Elizabeth, b. May 16, 1749	LR2	23
Sarah, d. Elisha & Elizabeth, b. June 20, 1752	LR3	102
Solomon, m. Betty **PARDEE**, Dec. 23, 1747, by John Williams	LR3	261
Solomon, s. Solomon & Susa, b. July 28, 1798	LR15	274
Solomon, m. Eveline **BOLAND**, b. of Sharon, Sept. 15, 1828, by Rev. G. B. Andrews	LR20	383
Silvia*, d. William & Phebe, b. Apr. 20, 1780 *("Sylvia")	LR7	301
Wealthee, d. David & Martha, b. June 14, 1747	LR4	129
William, d. Mar. 31, 1742/3	LR2	16
William, s., David & Martha, b. Oct. 12, 1751	LR4	129
William, Jr., s. [William & Phebe], b. Oct. 23, 1781	LR7	301
Zenas, s. Elisha & Elizabeth, b. July 15, 1754	LR3	415
Zilphina, d. David, Jr. & Anna, b. May 20, 1772	LR7	304

	Vol.	Page
GOODWIN, Abby, m. Daniel **LOWREY**, b. of Sharon, July 11, 1821, by David L. Perry	LR20	380
Julia, [twin with Robert], d. George D. & Julia, b. May 29, 1848	1	3-4
Julia J., ae 18, b. Sharon, res. Sharon, m. Nelson C. **WILLSON**, farmer, ae 24, b. North East, N.Y., res. North East, N.Y., Mar. 6, 1867, by Rev. A. B. Bullions	1	88
Polly, housekeeper, b. Lime, Conn., res. Sharon, d. Apr. 22, 1855, ae 75	1	108
Robert, [twin with Julia], s. George D. & Julia, b. May 29, 1848	1	3-4
GORDON, Elizabeth, ae 19, b. N.Y. City, res. N.Y. City, m. Everett E. **DUNBAR**, farmer, ae 26, b. Preble, N.Y., res. Kent, Feb. 14, 1867, by Rev. Arthur Goodenough	1	88
Susan A., m. William **EVERITT**, Nov. 27, 1828, by Rev. Frederick Gridley	LR20	383
GOTT, Hazael, s. Daniel & Charity, b. Feb. 3, 1767	LR6	54
GOULD, GOOLD, Amelia T., of Sharon, m. Robert G. **WILLIAMS**, of New Hartford, Nov. 21, 1837, by Mason Grosvenor	LR22	475
Benajah, s. Joseph & Tryphena, b. June 11, 1752	LR4	128
Benoni, of Sharon, m. Sarah **TOWSLEY**, of Salisbury, Oct. 29, 1749	LR3	263
Bula H., d. May 22, 1850, ae 67	1	23-24
David, s. Benoni & Sarah, b. July 26, 1750	LR3	333
David, m. Mary **BREWSTER**, Nov. 4, 1772	LR7	303
Elijah, s. Benoni & Sarah, b. Aug. 4, 1762	LR6	56
Elizabeth, d. Joseph &Tryphena, b. Mar. 3, 1754	LR4	128
Elizabeth, of Sharon, m. David D. **FRANCIS**, of Benson, Vt., May 14, 1832, by David L. Perry	LR20	384
James Brewster, s. [David & Mary], b. Oct. 23, 1778	LR9	549
Job, Jr., of Sharon, m. Ruth **FULLER**, of Kent, Feb. 24, 1773, by Rev. Mr. Bordwell	LR7	302
Joseph, m. Tryphena **LOOMIS**, June 27, 1751, by John Williams	LR3	261
Laura A., ae 27, of Sharon, m. William R. **CRIPPEN**, laborer, ae 40, b. Egrimont, Mass., res. Gt. Barrington, Mass., Mar. 30, 1859, by Rev. D. D. T. McLaughlin	1	73
Lydia, d. Benoni & Sarah, b. Feb. 6, 1758	LR4	128
Mary, m. Abijah **WOODWARD**, Jan. 31, 1748/9, by John Williams	LR3	261
Mary, d. [David & Mary], b. Sept. 10, 1776	LR9	549
Philo, s. Job, Jr. & Martha, b. Mar. 5, 1768	LR7	305
Rachel, d. [David & Mary], b. Jan. 29, 1783	LR9	549
Samuel, s. Joseph & Tryphena, b. Jan. 31, 1756	LR4	128
Sarah, d. [David & Mary], b. Sept. 14, 1780	LR9	549
Sarah C., of Sharon, m Luman **JONES**, of Kent, Nov. 19, 1823, by David L. Perry	LR20	381

	Vol.	Page
GOULD, GOOLD (cont.)		
Sarah W., m. Abraham U. **SARINER**, Feb. 16, 1842, by Rev. H. F. Pease, of the M. E. Ch.	LR22	481
Temperance, d. Joseph & Tryphena, b. Dec. 20, 1757	LR4	128
Virsor, s. David & Mary, b. Aug. 1, 1773	LR9	549
William, m. Ann **BLAKELEY**, b. of Great Nine Partners, Nov. 5, 1761, by John Williams	LR4	130
GRANNIS, Lydia, of New Haven, m. Jeremiah **CURTICE**, of Sharon, Jan. 22, 1750/1	LR2	20
GRANT, Hannah L., ae 23, b. Dover, N.Y., res. Sharon, m. Jonathan R. **BARTLETT**, farmer, ae 32, b. Amenia, N.Y., res. same, Oct. 5, 1863, by Rev. H. Smith	1	79
Mary Edna, d. William Henry, farmer, ae 27 & Jane, ae 31, b. Mar. 3, 1859	1	21
Robert, farmer, b. Dover, N.Y., res. Amenia, N.,Y., d. July 13, 1856, ae 48	1	110
GRAY, Adah, d. John & Anne, b. Mar. 18, 1734	LR2	19
Ann, m. Abraham **MUDG**, Jan. 26, 1753	LR2	20
Ann M., of Sharon, m. Orrin **BUTLER**, of Cornwall, Dec. 25, 1834, by Frederick Gridley	LR22	472
Anna, m. Abraham, **MUDGE**, Jan. 26, 1753, by John Williams	LR3	261
Anne, d. John & Anne, b. Nov. 18, 1728	LR2	19
Anne, w. John, d., May 28, 1746	LR2	22
Betsey, d. John & Betsey, b. Apr. 13, 1766	LR6	54
Betsey E., of Sharon, m. Daniel **SCOVEL**, of Dowingtown, Pa., Aug. 30, 1838, by Mason Grosvenor	LR22	476
Cyrus W., m. Dolly H. **EVERITT**, b. of Sharon, Apr. 17, 1843, by John W. Beecher	LR22	466
Cyrus Winthrop, twin with Silas **ASHLEY**, s. Darius & Abigail, b. Aug. 8, 1784	LR10	142
Darius, s. John & Catherine, b. June 18, 1752	LR3	406
Franklin B., d. Jan. 4, 1851, ae 5 y. 6 m.	1	49
James, s. John & Catherine, b. Aug. 3, 1759	LR4	250
Jane, m. Charles **MORRIS**, Dec. 31, 1842, by Rev. S. T. Carpenter	LR22	471
Jerusha, d. John & Anna, b. Apr. 1, 174[ ]	LR2	23
Jerusha, d. John & Anne, d. Apr. 17, 1746	LR2	22
Jerusha, d. John & Betsey, b. Aug. 29, 1764	LR5	253
John, s. John & Anne, b. Dec. 2, 1739	LR2	19
John, m. Catharine **GARDNER**, Sept. 18, 1747	LR3	263
John, m. Betsey **STEEL***, of Sharon, Nov. 16, 1763 *("**SKEEL**" in Van Alstyne's)	LR5	255
Joseph, s. John & Anne, b. June 12, 1732	LR2	19
Libbie A., d. Cyrus W., farmer, ae 34 & Dolly, ae 35, b. May 3, 1856	1	6
Mabel, d. John & Betsey, b. Nov. 10, 1767	LR6	54
Nathaniel, s. John & Anne, b. Mar. [ ], 1736	LR2	19
Sarah, d. John & Catharine, b. Apr. 4, 1750	LR3	406

SHARON VITAL RECORDS 247

	Vol.	Page
GRAY (cont.)		
Sarah A., ae 18, res. Sharon, m. Ammson **BOSTWICK**, farmer, ae 47, b. Sharon, res. Sharon, June 13, 1867, by Rev. William Stevens	1	89
Silas, s. John & Catharine, b. May 8, 1748	LR3	406
Silas Ashley, twin with Cyrus Winthrop, s. Darius & Abigail, b. Aug. 8, 1784	LR10	142
William, s. John & Catharine, b. May 22, 1754	LR3	406
GREEN, Asahel, s. Asahel & Mary, b. Nov. 8, 1757	LR4	128
Huldah, m. Peter **HULL***, Dec. 11, 1845, by Orin Hutchinson, J.P. *("Hall" in Van Alstyne's)	LR22	469
GREGOR, [see also **GREGORY**], Jennie, ae 22, b. Germany, res. Amenia, m. Peter **ULRICH**, laborer, ae 25, b. Germany, res. Sharon, Mar. 30, 1867, by Rev. William Stevens	1	88
GREGORY, [see also **GREGOR**], Ebenezer, s. Joseph & Mary, b. Jan. 18, 1761	LR6	128
Hannah, d. Joseph & Mary, b. May 10, 1766	LR6	128
Horace, of Litchfield, m. Sally Ann **BEECHER**, of Sharon, Mar. 1, 1821, by David L. Perry	LR20	380
John M., R. R. agent, ae 30, b. Milton, res. Cornwall, m. Mary L. **EVERETT**, ae 23, b. Sharon, res. Sharon, Dec. 12, 1866, by Rev. Stephen Fenn	1	87
Justus, s. Joseph & Mary, b. July 11, 1759	LR6	128
Mary, d. Joseph & Mary, b. Sept. 15, 1763	LR6	128
Stephen, s. Joseph & Mary, b. Mar. 11, 1757	LR6	128
Uriah, s. Joseph & Mary, b. Jan. 18, 1768	LR6	128
GRIFFIN, GRIFFIE, GRIFFIS, Charles, s. Charles, laborer, ae 30 & Elizabeth, ae 26, b. Sept. 25, 1866	1	60
Charles F., ae 25, b. Unionville, N.Y., res. Sharon, m. Sarah Ann **GRIFFIN**, ae 20, b. Aurora, N.Y., res. Sharon, Mar. 10, 1849, by Rev. Marvin Lent	1	15-16
Cornelius, carpenter, b. New York, res. Sharon, d. Dec. 5, 1864, ae 44	1	125
John, m. Rachel **HATCH**, Apr. 19, 1753, by John Williams	LR3	262
Patience, d. John & Ruth, d. Feb. 24, 1758	LR3	410
Patience, d. John & Rachel, b. Jan. 6, 1759	LR5	104
Rachel, d. John & Rachel, b. Sept. 5, 1756	LR5	104
Sarah Ann, ae 20, b. Aurora, N.Y., res. Sharon, m. Charles F. **GRIFFIN**, ae 25, b. Unionville, N.Y., res. Sharon, Mar. 10, 1849, by Rev. Marvin Lent	1	15-16
GRISWOLD, Abigail, d. Adonijah & Ruth, b. Feb. 19, 1767	LR6	54
Abigail, d. Francis & Anna, b. June 2, 1770	LR6	127
Adonijah, s. Adonijah & Ruth, b. Jan. 10, 1771	LR7	304
Anna, d. Francis & Anna, b. Mar. 7, 1772	LR6	128
Augustus, s. [Daniell & Joanna], b. Jan. 14, 1778	LR7	306
Azariah, b. Sept. 8, 1727; m. Olive **BROWN**, Feb. 18, 1753, by John Williams	LR6	128
Azariah, m. Olive **BROWN**, Feb. 18, 1753, by John Williams	LR3	262
Azariah, s. Azariah & Olive, b. Oct. 30, 1757	LR6	128

	Vol.	Page
GRISWOLD (cont.)		
Betsey, d. Daniell & Joanna, b. Setp. 15, 1768	LR7	306
Caroline, housekeeper, b. Sharon, res. Sharon, d. Jan. 23, 1861, ae 39	1	117
Catarine, d. [Daniell & Joanna], b. Nov. 2, 1783	LR7	306
Chester, s. Capt. Adonijah & Ruth, b. Jan. 22, 1773	LR7	413
Daniel, m. Joanna **HURLBURT**, b. of Sharon, Dec. 30, 1764, by Rev. C. M. Smith	LR7	302
Daniel, s. Daniel & Joanna, b. Oct. 14, 1765	LR7	306
Daniel, Jr., d. Aug. 24, 1779	LR7	297
David, s. Azariah & Olive, b. Oct. 1, 1765	LR6	128
Don Pedro, laborer, of Sharon, m. Caroline **EVERETT**, of Sharon, Feb. 14, 1858, by Rev. P. T. Holly	1	70
Don Pedro, farmer, ae 29, b. Milton, res. Sharon, m. Jane E. **CARTWRIGHT**, nurse, ae 29, of Sharon, Apr. 8, 1863, by Rev. H. B. Mead	1	78
Don Pedro, farmer, ae 30 & Jane C., ae 31, had d. [ ], b. July 24, 1864	1	50
Elizabeth, Mrs., m. Dr. John **LEE**, Apr. 14, 1757, by Rev. Benjamin Throope	LR3	412
Ephraim, m. Experience **STEDMAN**, Nov. 6, 1746	LR2	20
Francis, s. Francis & Anne, b. Mar. 28, 1776	LR7	413
George B., laborer, ae 21, of Sharon, m. Sarah A. **CLARK**, ae 21, of Sharon, [ ], 1858	1	71
Jabez, of Sharon, m. Deborah **PROUT**, of Middletown, July 19, 1763, by Ebenezer Knibloe	LR6	91
Jabez, s. Jabez & Deborah, b. May 12, 1764	LR6	56
Jabez, late of Sharon, last of Salisbury, d. Sept. 3, 1771	LR5	151
Jennie N., ae 23, b. Sharon, res. Sharon, m. Niles W. **MANCHESTER**, farmer, ae 32, b. Mass., res. Pleasant Valley, Dec. 12, 1866, by Rev. Edward L. Bray	1	87
John, s. Ephraim & Experience, b. Nov. 3, 1747	LR2	24
John, s. [Capt. Adonijah & Ruth], b. July 28, 1776	LR7	413
John Henry, b. Sharon, res. Sharon, d. Sept. 28, 1856, ae 1	1	110
Lucy, d. [Capt. Adonijah & Ruth], b. Aug. 5, 1778	LR7	413
Lucy, m. Henry **BEEBE**, b. of Sharon, Mar. 8, 1821, by George B. Andrews	LR20	380
Mary, d. Azariah & Olive, b. Mar. 20, 1756	LR6	128
Mary, d. Don Pedro, farmer, ae 32 & Jane C. **CARTWRIGHT**, ae 32, b. Mar. 19, 1866	1	62
Mary, b. Sharon, res. Sharon, d. Dec. 10, 1866, ae 9 m.	1	129
Mehitabel, d. Jabez & Deborah, b. Dec. 28, 1767	LR6	56
Mehitable, d. Jabez & Deborah, d. [ ]	LR5	151
Millesent, d. Jabez & Deborah, b. Jan. 28, 1770, at Salisbury	LR6	127
Olive, d. Azariah & Olive, b. Oct. 5, 1761	LR6	128
Polly, d. [Francis & Anne], b. May 22, 1774	LR7	413
Sarah, d. Jabez & Deborah, b. Mar. 12, 1766	LR6	56
Sarah, d. [Daniell & Joanna], b. Aug. 13, 1775	LR7	306
Stephen, s. Azariah & Olive, b. Apr. 30, 1768	LR6	128
Stephen, s. [Daniell & Joanna], b. Oct. 7, 1772	LR7	306

	Vol.	Page

GRISWOLD (cont.)
Susannah, d. Azariah & Olive, b. Feb. 19, 1770 — LR6 — 128
GUERNSEY, GARNSEY, GURNSEY, Dotha, of Sharon, m. Augustus **WAITE***, of Bethlem, May 10, 1846, by G. L. Brownell *("WATLES" in Van Alstyne's book) — LR22 — 482
Ebenezer, m. Polly **TRAVER**, b. of Sharon, May 8, 1837, by Mason Grosvenor — LR22 — 474
Hiram S., illeg. s. Sherman Guernsey, soldier, ae 25 & Maria A. **DUNBAR**, ae 18, b. Mar. 25, 1863 — 1 — 43
Minerva, b. Watertown, res. Sharon, single, d. Dec. 17, 1862, ae 57 — 1 — 121
Stephen G., of Stanford, N.Y., m. Eleanor **ROGERS**, of Sharon, Dec. 30, 1832, by Frederick Gridley — LR20 — 384
GUILD, Lewis H., of New Haven, m. Sarah J. **MARCHANT**, of Sharon, Sept. 6, 1843, by G. L. Brownell — LR22 — 466
GUN[N], John, mechanic, b. Bethel, res. Sharon, d. Oct. 7, 1859, ae 21 — 1 — 115
H-----, Samuel*, of New Haven, m. Laura **CALKIN**, of Sharon, Jan. 21, 1824, by Horation Smith *("Samuel **VICTORY**" in Van Alstyne's) — LR20 — 381
HAGUE, Henry S., s. Isaac B. & Mary A., b. Nov. 22, 1849 — 1 — 7-8
HAIGHT, Esther, b. Sharon, res. Sharon, d. Feb. 12, 1862, ae 28 d. — 1 — 119
John, laborer, ae 44 & Phebe, ae 33, had d. [ ], b. Jan. 17, 1862 — 1 — 35
HALL, [see also **HULL**], Charles, m. Betsey **BUCKLEY**, b. of Ellsworth, Feb. 13, 1845, by Rev. John W. Beecher, of Ellsworth — LR22 — 469
Diantha, housekeeper, b. Cornwall, res. Sharon, d. Oct. 2, 1864, ae 87 y. — 1 — 126
Electa*, of Sharon, m. Amasa **CROCKER**, of Renssalearville, N.Y., Oct. 20, 1827 *("Electa **HULL**" in Van Alsltyne's) — LR20 — 382
John, m. Matilda **CARTWRIGHT**, of Sharon, Jan. 3, 1841, by Rev. Seth W. Scofield, of the M. E. Ch. — LR22 — 477
John, farmer, ae 39 & Matilda, ae 35, had d. [ ], b. Nov. 10, 1856 — 1 — 8
John E., farmer, ae 35, of Canaan, m. Jenette **DECKER**, ae 30, of Sharon, Mar. 12, 1859, by Myron Harrison — 1 — 72
Joshua, mechanic, ae 28, b. Stamford Ville, res. Sharon, m. Delia **DAVIS**, ae 19, of Sharon, [ ], 1860, by E. S. Stoddard, J.P. — 1 — 74
Josiah, farmer, b. Sharon, res. Sharon, d. Sept. 28, 1856, ae 73 — 1 — 110
Judson, farmer, ae 51, res. Sharon, m. Ruth A. **BERRY**, housekeeper, ae 40, b. Kent, res. New York, May 18, 1855, by P. T. Holley — 1 — 64
Louisa S., ae 22, b. Sharon, res. Sharon, m. George W. **STUDLEY**, farmer, ae 23, b. Sharon, res. Sharon, Mar. 21, 1867, by Rev. Edward L. Bray — 1 — 88

	Vol.	Page
HALL (cont.)		
Peter*, m. Huldah **GREEN**, Dec. 11, 1845, by Orin Hutchinson, J.P. *("Peter **HULL**" in Arnold Copy)	LR22	469
Polly A., of Sharon, m. Philip M. **SALISBURY**, of Salisbury, Feb. 25, 1837, by Rev. Fitch Reed, of the M. E. Ch.	LR22	474
William, s. John, farmer, ae 40 & [ ], ae 37, b. May 15, 1866	1	60
-----, wid. ae 55, of Sharon, m. 2nd h. Orrin **ABELL**, ae 60, of Sharon, [ ], by [ ] Hitchcock	1	29-30
HALLEN, Ann, ae 18, b. Ireland, res. Sharon, m. Christopher **DUNN**, laborer, ae 18, b. Ireland, res. Sharon, Oct. 3, 1858, by R. O. Gorman	1	71
HALLER, George, m. Almira M. **JACKSON**, May 22, 1839, by Rev. Walter Smith	LR22	477
HALLOCK, Charles, of New Milford, m. Harriet **LOCKWOOD**, of Sharon, Nov. 18, 1834, by David L. Perry	LR22	472
HALSTED, Maggie, ae 19, res. Sharon, m. Simon **POTTER**, carpenter, ae 22, b. Kent, res. Sharon, Nov. 30, 1864, by Rev. Ira Ferris	1	83
HAMILTON, Anna, m. David **MANNINGER***, Aug. 1, 1751, by John Williams *("**MANNING**" in Van Alstyne's)	LR3	261
David, Jr., m. Eunice **WILLIAMS**, b. of Sharon, Feb. 10, 1760, by John Williams	LR3	263
Huldah, d. Samuel & Mary, b. May 5, 1750	LR2	167
Huldah, d. Dudley & Ama, b. Sept. 10, 1752, at Preston	LR3	413
Mary, m. Samuel **HAMILTON**, Feb. 23, 1748/9	LR2	20
Mary, m. Samuel **HAMILTON**, Feb. 23, 1748/9, by John Williams	LR3	261
Samuel, m. Mary **HAMILTON**, Feb. 23, 1748/9	LR2	20
Samuel, m. Mary **HAMILTON**, Feb. 23, 1748/9, by John Williams	LR3	261
Sarah, d. Dudley & Ama, b. Sept. 30, 1754	LR3	413
Walter, s. Dr. Joseph & Zayda, b. Mar. 16, 1771	LR6	127
HAMLIN, HAMLEN, HAMBLIN, HAMDLIN, HANLER, [see also **HAMILTON**], Abigail, d. Cornelius & Mary, b. Oct. 8, 1738	LR2	17
Amasa, s. Thomas & Ruth, b. July 28, 1737	LR2	167
Amos, s. Cornelius, Jr. & Hannah, b. Aug. 8, 1766	LR5	254
Benjamin, [s. Benjamin & Deborah], b. Mar. 28, 1784	LR10	143
Benjamin & Betsey, had d. [ ], b. Jan. 10, 1849	1	7-8
Benjamin, farmer, mechanic, ae 35 & Sarah, ae 33, had d. [ ], b. Dec. 9, 1855	1	4
Benjamin & Betsey, had child, b. [ ]	1	7-8
Benjamin S., m. Sarah C. **STUDLEY**, b. of Sharon, Mar. 13, 1845, by G. L. Brownell	LR22	469
Benjamin S., farmer, b. Sharon, res. Sharon, d. Feb. 15, 1859, ae 38	1	115

SHARON VITAL RECORDS 251

	Vol.	Page
HAMLIN, HAMLEN, HAMBLIN, HAMDLIN, HANLER (cont.)		
Benjamin S., farmer, ae [ ] & Sarah, ae 33, had s. [ ], b. Apr. 19, 1859	1	22
Betsey, of Sharon, m. John C. **ROGERS**, of Cornwall, Oct. 4, 1827, by David L. Perry	LR20	382
Betsey A., of Sharon, m. George B. **CLARK**, of Salisbury, Dec. 30, 1845, by G. L. Brownell	LR22	469
Bette, d. Cornelius, Jr. & Hannah, b. Apr. 16, 1761, at Spencer Town	LR5	252
Cornelia E., of Sharon, m. Ambrose S. **ROGERS**, of Cornwall, May 5, 1842, by G. Lawrence Brownell	LR22	470
Cornelius, b. July 25, 1705	LR2	17
Cornelius, s. Cornelius & Mary, b. Sept. 25, 1733	LR2	17
Cornelius, Jr.*, m. Hannah **MUDGE**, Aug. 14, 1755		
*("Cornelius, HANLER, Jr.," in Arnold Copy)	LR3	412
Cornelius, s. Cornelius, Jr. & Hannah, b. June 27, 1759	LR4	320
Deidamia, [d. Benjamin & Deborah], b. Apr. 27, 1789	LR10	143
Dennis, s. Dennis, b. May [ ], 1849	1	5-6
Eleazer, s. [Benjamin & Deborah], b. Nov. 8, 1793	LR10	143
Eleazer, d. Jan. 10, 1850, ae 56	1	23-24
Frank B., farmer, ae 20, b. Sharon, res. Sharon, m. Laura **BENSON**, ae 18, b. Sharon, res. Sharon, Jan. 7, 1867, by Rev. E. Webster	1	88
George W., farmer, ae 25, b. Sharon, res. Sharon, m. Ella A. **BARLEY**, ae 22, b. Sharon, res. Sharon, Jan. 7, 1867, by Rev. A. B. Bulling	1	88
Hannah, d. Cornelius, Jr. & Hannah, b. July 14, 1757	LR4	128
Harriet, d. Charles, carpenter, ae 20 & Myra, ae 18, b. Sept. 25, 1856	1	7
Henry W., of East Bloomfield, N.Y., m. Sybel B. **SEARS**, of Sharon, Oct. 5, 1841, by Grove L Brownell	LR22	480
Hiel, [twin with Hiram], s. [Benjamin & Deborah], b. July 19, 1791	LR10	143
Hiram, [twin with Hiel], s. [Benjamin & Deborah], b. July 19, 1791	LR10	143
Jabiz, s. Thomas & Ruth, b. July 17, 1735	LR2	167
John, s. Thomas & Ruth, b. June 25, 1749	LR2	24
John, s. Thomas & Ruth, d. Feb. 12, 1750	LR3	410
Jonah, s. Thomas & Mary, b. Oct. 12, 1757	LR4	250
Lewis, s. Thomas & Mary, b. July 31, 1759	LR4	250
Louisa, d. Cornelius, Jr. & Hannah, b. July 8, 1764	LR5	252
Marcy, d. Cornelius & Mary, b. Mar. 8, 1741	LR2	18
Mary, d. Cornelius & Mary, b. Feb. 25, 1734	LR2	17
Mary, Jr., m. Richard **TREAT**, Mar. 13, 1755, by John Williams	LR3	262
Mary, d. Thomas & Mary, b. Feb. 20, 1756, at Oblong, N.Y.	LR4	127
Mercy, d. Thomas & Ruth, b. July 17, 1743	LR2	167
Moses, s. Moses, ae 38 & Ellis, ae 33, b. July [ ], 1856	1	9
Nathaniel, s. Thomas & Ruth, b. June 7, 1739	LR2	167

HAMLIN, HAMLEN, HAMBLIN, HAMDLIN, HANLER (cont.)

	Vol.	Page
Philo, m. Orra COLE, of Sharon, June 2, 1823, by David L. Perry	LR20	381
Ruth, d. Cornelius & Mary, b. Dec. 2, 1736	LR2	17
Ruth, d. Thomas & Ruth, b. July 3, 1745	LR2	167
Ruth, m. Timothy **TREAT**, Mar. 13, 1755, by John Williams	LR3	262
Sarah, d. Cornelius & Mary, b. Oct. 20, 174[ ]	LR2	19
Sarah, [d. Benjamin & Deborah], b. Mar. 22, 1786	LR10	143
Sylvester, s. Thomas, Jr. & Mary, b. Apr. 19, 1773; d. Aug. 20, 1774	LR7	297
Thomas, s. Thomas & Ruth, b. July 24, 1747	LR2	167
Thomas, m. Mary **CROWELL**, b. of Oblong, May 21, 1755, by John Williams	LR3	262
Thomas, Jr., m. Mary **JEWETT**, b. of Sharon, May 14, 1772, by Rev. Mr. Knibloe	LR7	302
William D., of Utica, N.Y., m. Catharine E. **ROBERTS**, of Sharon, Dec. 19, 1843, by Rev. F. Reed	LR22	467
Zilpah, d. Thomas & Ruth, b. July 22, 1741	LR2	167
Zilpah, d. Thomas & Ruth, d. Feb. 20, 1750	LR3	410
Zilpah, d. Thomas & Ruth, b. Mar. 10, 1751	LR4	127
-----, female, res. Sharon, d. Feb. 27, 1864	1	124

HANCHETT, HANCHET, Abiel, of Suffield, m. Daniel **CURTICE**, of Sharon, Jan. 7, 1762, by Rev.

Ebenezer Gay	LR4	130
Deborah, d. [Sylvanus & Sarah], b. July 28, 1782	LR9	549
Frances, d. [Sylvanus & Sarah], b. Mar. 31, 1786	LR9	549
Nathan, s. Sylvanus & Sarah, b. Apr. 21, 1780	LR9	549
Oliver, s. Sylvanus & Sarah, b. Sept. 2, 1789	LR10	142
Sarah, d. Sylvanus & Sarah, b. Apr. 24, 1775	LR7	411
Seth, s. [Sylvanus & Sarah], b. Nov. 21, 1777	LR7	411
Seth, s. [Sylvanus & Sarah], d. Dec. 2, 1791	LR10	142
Sylvanus, m. Sarah **STODDARD**, May 28, 1771	LR7	302
Sylvanus, [s. Sylvanus & Sarah], b. Dec. 6, 1784	LR9	549
Sylvanus, [s. Sylvanus & Sarah], b. Jan. 13, 1785	LR9	549

HANDLIN, Harriett, b. Southbury, res. Sharon, d. June 4,

1862, ae 5	1	119
Julia A., ae 24, b. Sharon, res. Sharon, m. Hiram C. **PRINDLE**, farmer, ae 41, b. Sharon, res. same, Jan. 11, 1865 by Rev. T. E. Vassar	1	84
Mary C., b. Sharon, res. Sharon, d. May 27, 1862, ae 13	1	119
Moses, farmer, ae 42 & [ ], ae 37, had s. [ ], b. May 12, 1862	1	37

HANEGAN, Margaret, d. Thomas, laborer, ae 31 & Bridget, ae 28, b. June 13, 1850   1   31-2

HANNON, Charles A., s. Edward, b. July 25, 1850   1   19-20

HARRIS, Edward Augustus, s. John, colored, laborer, ae 27 & Caroline, ae 20, b. June 28, 1851   1   35-6

Martin, m. Mary E. **BIERCE**, b. of Sharon, Dec. 4, 1848, by Rev. L. H. King   LR27   551

SHARON VITAL RECORDS 253

	Vol.	Page
HARRIS (cont.)		
Mary Elenor, colored, res. Salisbury, m. Samuel **BUSHNELL**, colored, res. Salisbury, July 4, 1865, by Walter M. Patterson	1	84
HARRISON, Ella M., ae 22, b. Columbia Co., N.Y., res. Sharon, m. Thomas **DALY**, laborer, ae 28, b. England, res. Sharon, Jan. 1, 1867, by E. H. Bartram	1	88
Jane, colored, ae 28, b. Salisbury, res. Sharon, m. Anson **BAILEY**, laborer, colored, ae 25, b. Colebrook, res. Sharon, Sept. 8, 1860, by Eliakin S. Stoddard, J.P.	1	74
HART, HEART, David, farmer, b. R.I., res. Sharon, d. May 14, 1858, ae 76	1	113
Helen, ae 57, b. Hartville, N.Y., res. Sharon, m. John **BENNETT**, farmer, ae 57, b. Kent, res. Sharon, June 10, 1860, by Rev. R. D. Gardiner	1	73
Louisa M., ae 20, of Cornwall, m. Philander L. **OWEN**, farmer, ae 22, of Sharon, Jan. 18, 1858, by William Stone	1	72
Luther B., Rev. of Cornwall, m. Lydia **SKIFF**, of Sharon, May 31, 1852, by Rev. J. T. Jones, of the Bap. Ch. New Milford	LR27	546
HARTWELL, Edwin N., m. Lucy A. **BENEDICT**, b. of Sharon, Dec. 26, 1847, by G. L. Brownell	LR27	548
HARVEY, Cynthia, d. Joel & Sarah, b. June 8, 1749	LR2	167
Cynthia, d. Joel & Sarah, d. Oct. 8, 1750	LR2	22
Esther, d. Joel & Sarah, b. Mar. 5, 1755	LR3	380
Esther, d. Joel & Sarah, b. Mar. 5, 1755	LR3	406
James, s. Joel & Sarah, b. Feb. 23, 1755* *(Probably "1753")	LR3	406
Joel, s. Joel & Sarah, b. Feb. 11, 1745/6	LR2	24
Sarah, d. Joel & Sarah, b. July 31, 1744	LR2	24
William, s. Joel & Sarah, b. May 23, 1757	LR4	129
Zilphina, d. Joel & Sarah, b. Nov. 4, 1750	LR2	167
HATCH, Ama*, d. Ebenezer & Elizabeth, b. Nov. 8, 1770 *("Anna" in Van Alstyne's)	LR6	126
Ann, d. Moses & Mary, b. Aug. 16, 1752	LR3	101
Anna H., ae 21, of Va., m. Benjamin F. **BUNCE**, ae 22, of Cornwall, Jan. 15, 1859, by Rev. J. V. Stryker	1	73
Barnabus, s. [Ebenezer & Elizabeth], b. July 14, 1781	LR7	308
Nathaniell, s. Ebenezer & Elizabeth, b. Mar. 22, 1773	LR7	308
Oliver, s. Lemuel & Temperance, b. Feb. 6, 1755, at Falmouth, Boston State	LR8	61
Oliver, m. Tamar **GILLET**, Apr. 2, 1778	LR7	303
Patience, d. Elisha & Isabel, b. July 18, 1750	LR3	101
Phebe, d. [Ebenezer & Elizabeth], b. May 29, 1779	LR7	308
Philander, m. Polly S. **PARSONS**, May 4, 1828, by Frederick Gridley	LR20	383
Rachel, m. John **GRIFFIE**, Apr. 19, 1753, by John Williams	LR3	262
Rebecca, d. Ebenezer & Elizabeth, b. Oct. 15, 1768	LR6	126
Sarah, d. [Ebenezer & Elizabeth], b. Oct. 3, 1786	LR7	308
Tamar, w. Oliver, d. May 18, 1781	LR7	297

	Vol.	Page
HATFIELD, Catharine, m. James **WEST** (colored), Jan. 5, 1843, by Rev. S. T. Carpenter, of the Ep. Ch.	LR22	471
Elizabeth, m. Abel **ROBINSON**, Jan. 5, 1843, by Rev. S. T. Carpenter, of the Ep. Ch.	LR22	471
John, m. Philena **WESTON**, b. of Sharon, Jan. 4, 1828, by Peter Bunce	LR20	383
John, laborer, colored, res. Sharon, d. Mar. 20, 1864, ae 64 y.	1	124
HAWLEY, Anna, m. Reuben **MANSON***, Aug. 16, 1753, by John Williams *("**MANROW**" in Van Alstyne's book)	LR3	262
HAWVER, Catharine, ae 18, had illeg. child, b. Apr. 1, 1851	1	37-8
HAYDEN, Sylvester, m. Mary J. **JARDEEN**, Nov. 30, 1849, by R. K. Reynolds	LR27	547
HAYES, Lizzie, ae 21, b. New York State, res. Salisbury, m. Francis J. **YOUNG**, ae 20, b. Cornwall, res. Sharon, Sept. 4, 1862, by Rev. D. D. Tompkins McLaughlin, of the Cong. Ch.	1	77
HAYNES, Samuel, s. George & Lidia, b. Apr. 21, 1782	LR8	62
HAZARD, HAZZARD, George R., s. Roswell, farmer, ae 35 & Julia, ae 38, b. Aug. 17, 1859	1	25
Julia A., d. Roswell H., joiner, ae 25 & Julia O., ae 27, b. Mar. 31, [1850]	1	17-18
Mary, d. Roswell, carpenter, b. July 23, 1851	1	35-6
HEART, [see under **HART**]		
HEATH, HETH, Bertholomey, m. Mehitabel **CRIPPEN**, May 4, 1741	LR2	20
Betsey, m. Alexander C. **CO[O]N***, b. of Sharon, Dec. 26, 1831, by Frederick Gridley *("**COR**" in Van Alstyne's)	LR20	384
Diana, of Sharon, m. Ulysses **HITCHCOCK**, of Windsor, Sept. 30, 1830, by David L. Perry	LR20	383
Elenner, d. Betholomew & Mehitabel, b. July 14, 1743	LR2	19
George, of East Hamburgh, N.Y., m. Ann Maria **ELLIOTT**, of Sharon, Sept. 22, 1833, by David L. Perry	LR20	384
Hannah, d. Bartholomew & Mehetabel, b. Apr. 20, 1745	LR2	24
Jane E., of Sharon, m. James **LANDON**, of Salisbury, Mar. 6, 1833, by David L. Perry	LR20	384
John, s. Thomas & Waitstill, b. Apr. 10, 1742	LR2	19
Joseph, s. Thomas & Waitstill, b. Apr. 18, 1740	LR2	17
Joseph, s. Bartholomew & Mehetabel, b. Oct. 13, 1746	LR2	24
Joseph, m. Betsey M. **PARSON**, Nov. 22, 1821, by Frederick Gridley	LR20	380
Mary, of Sharon, m. Myron J. **WHEELER**, of North East, N.Y., Nov. 11, 1833, by David L. Perry	LR20	384
Mary, d. [ ], ae 89	1	9-10
Mary E., d. Orman & Mary, b. June 12, 1849	1	3-4
Mary J., ae 23, b. Hamburg, N.Y., res. Sharon, m. James R. **JENKINS**, laborer, ae 23, b. Sharon, Oct. 11, 1858, by W. S. Stillwell	1	71

SHARON VITAL RECORDS

	Vol.	Page
HEATH, HETH (cont.)		
Ormon, farmer, b. Sharon, res. Sharon, d. Feb. 20, 1859, ae 50	1	115
Peleg, s. Thomas & Waitstill, b. Oct. 2, 1736	LR2	17
Sabrey, m. Stephen Curtis **PARSON**, Nov. 19, 1821, by Frederick Gridley	LR20	380
Cebyel, d. Thomas & Waitstill, b. July 18, 1743	LR2	19
Thomas, s. Thomas & Waitstill, b. Nov. 13, 1734	LR2	17
Thomas, 2nd s. Thomas & Waitstill, b. May 25, 1738	LR2	17
HECTOR, David, m. Julia **CAMBRIDGE**, b. of Sharon, Oct. 26, 1847, by Rev. Lewis Gunn	LR27	550
George H., laborer, colored, ae 19, b. Kent, res. Sharon, m. Maria **DUNBAR**, colored, ae 18, b. Dover, N.Y., res. Sharon, Nov. 25, 1863, by E. H. Bartram	1	79
Maria, colored, ae 21, b. Amenia, N.Y., res. Sharon, m. 2nd h. Milo **VAN ALSTYNE**, laborer, colored, ae 22, b. Salisbury, res. Sharon, Nov. 14, 1865, by W. M. Patterson	1	84
HEFFERMAN, -----, housekeeper, b. Germany, res. Sharon, d. May 15, 1855, ae 33	1	108
HEMANS, Ellen, colored, ae 22, b. New York, res. Sharon, m. John **DEMAR**, laborer, colored, ae 23, b. Tenn., res. Dutchess Co., N.Y., Oct. 16, 1866, by W. M. Patterson	1	86
HENDRICKS, Kate M., ae 21, b. Plymouth, res. Sharon, m. Allen J. **MORE**, painter, ae 33, b. Hudson, N.Y., res. same, Oct. 24, 1861, by Rev. H. B. Mead	1	75
HENDRICKSON, Mary E., d. Alanson, colored, sailer, ae 30, res. New York & Huldah, colored, ae 29, res. New Haven, b. Feb. 24, 1851	1	39-40
HENMAN, Charles, laborer, ae 24 & Julia, ae 29, had d. [ ], b. June 6, 1858	1	17
William, farmer, ae 29 & [ ], ae 26, had s. [ ], b. Dec. 3, 1855	1	4
HENNING, John, of New York City, m. Laura **PECK**, of Sharon, Nov. 7, 1844, by Rev. A. Ackley	LR22	468
Lucy Ann, m. Heman B. **CHAPMAN**, Apr. 1, 1834, by Rev. Julius Field	LR20	384
Priscilla, of Sharon, m. Albert **SMITH**, of New York, May 21, 1836, by Frederick Gridley	LR22	473
HENRY, Catharine, housekeeper, b. Ireland, res. Sharon, d. Sept. 10, 1863, ae 24 y.	1	123
John, laborer, ae 21, b. Ireland, res. Sharon, m. Margaret **KEETING**, ae 21, b. Ireland, res. Sharon, May 17, 1866, by Rev. James Daly	1	86
John, moulder, ae 20 & Margaret, ae 21, had d. [ ], b. Dec. 16, 1866	1	61
M., single, had infant, b. Sharon, res. Sharon, d. Sept. 26, 1862	1	120
Martin, laborer, ae 24 & Mary, ae 20, had d. [ ], s. b. Sept. 15, 1861	1	33

	Vol.	Page
HENRY (cont.)		
Martin, mechanic, ae 24 & Mary, ae 23, had d. [ ], b. Sept. 26, 1862	1	38
Martin, mechanic, ae 24 & Mary M., ae 23, had s. [ ], b. July 28, 1863	1	44
Michael, laborer, b. Ireland, res. Sharon, d. Dec. 7, 1860, ae 61	1	117
Patrick, b. Sharon, res. Sharon, d. Mar. 27, 1861, ae 13	1	117
HERMAN, Hannah, m. Samuel **HUTCHINSON**, Jr., Apr. 10, 1747	LR2	20
HERRICK, Ebenezer, m. Phebe **BUCKE**, Oct. 17, 1754, by John Williams	LR3	262
Sally Ann, of Sharon, m. Job **NICHOLS**, of New York State, Mar. 10, 1825, by George B. Andrews	LR20	382
HETH, [see under **HEATH**]		
HICKS, George W., m. Jane A. **LAKE**, b. of Sharon, Oct. 1, 1848, by Rev. Lucius H. King	LR27	550
HIDE, [see under **HYDE**]		
HILL, Benj[amin], stone cutter, colored, b. Kent, res. Sharon, d. Nov. 2, 1855	1	109
Elizabeth, b. Goshen, res. Sharon, d. Sept. 6, 1855, ae 14	1	108
J. W. colored, b. Pine Plains, res. Sharon, single, d. Oct. 16, 1862	1	121
James, farmer, colored, ae 20 & [ ], colored, ae 29, had s. [ ], b. Mar. 29, 1855	1	2
James, laborer, colored, ae 39 & Eliza, ae 40, had d. [ ], b. Feb. 19, 1857	1	11
John, s. James, laborer, colored, ae 34 & Eliza, ae 37, b. Feb. 21, 1851	1	31-2
Lucy Ann, colored, d. May 2, 1849, ae 17	1	11-12
Martha Belle, colored, b. Sharon, res. Sharon, d. Apr. 7, 1862, ae 7	1	121
Mary, housekeeper, colored, b. Torrington, res. Sharon, d. Sept. 17, 1855, ae [ ]	1	109
Mary, b. Sharon, res. Sharon, d. Apr. 26, 1861, ae 15	1	117
Mary, b. Sharon, res. Sharon, colored, d. June 18, 1862, ae 18	1	119
Nat M., colored, laborer, res. Sharon, d. Jan. 18, 1864, ae 22	1	124
Sarah Ann, of North East, N.Y., m. Henry **SIMONS**, of Sharon, Nov. 25, 1835, by Rev. Lucius M. Purdy, of St. Paul's Ch.	LR22	473
HINE, HINDS, HINES, Almira, m. Ira H. **ABELS**, b. of Sharon, Sept. 10, 1826, by David L. Perry	LR20	382
Betsey, of Sharon, m. James **MARTIN**, of Amenia, N.Y., May 1, 1827, by David L. Perry	LR20	382
Margaret, ae 24, b. Ireland, res. Sharon, m. Silvey **FOLLEY**, farmer, ae 26, b. Ireland, res. Sharon, Feb. 15, 1862, by Rev. Philip Sheridan of Winsted	1	76
Martin, ae 31, b. Salisbury, res. Sharon, m. Mary **PEIRCE**, ae 22, res. Sharon, Dec. 4, 1848, by Rev. Lucius F. King	1	13-14

SHARON VITAL RECORDS 257

	Vol.	Page
HINMAN, Charles E., b. Conn., res. Sharon, d. Sept. 3, 1863, ae 19 m.	1	123
HITCHCOCK, Amos, boarding house keeper, b. Seymour, res. Sharon, d. May 16, 1859, ae 72	1	115
Amos, b. Sharon, res. Sharon, d. Dec. 17, 1859, ae 31	1	115
Elmer, tailor ae 38 & Mary J., ae 28, had d. [ ]., b. Sept. 11, 1864	1	48
Hannah, housekeeper, b. Sharon, res. Sharon, widow, d. May 5, 1861, ae 82	1	117
Henrietta, housekeeper, ae 21, of Sharon, m. John J. WILLIAMSON, soldier, b. Amenia, N.Y., res. North East, N.Y., Jan. 25, 1863, by Rev. J. V. Stryker	1	78
Homer, of Amenia, Dutchess Co., N.Y., m. Rebeckah Maria LOWRY, of Sharon, Dec. 18, 1839, by Rev. William K. Stopford, of M. E. Ch	LR22	478
Homer*, of Amenia, N.Y., m. Mary NOBLE, of Sharon, Mar. 14, 1849, by Rev. L. H. King *(Arnold copy has "Homer HITCHWICK")	LR27	551
Horace, ae 40, b. Amenia, N.Y., res. Amenia, N.Y., m. Mary NOBLE, ae 40, b. Sheffield, Mass., res. Sharon, Mar. [ ], 1849, by Rev. Lucius F. King	1	13-14
Samuel, m. Abigail DUNHAM, N.S., Sept. 24, 1752, by John Williams	LR3	261
Samuel, s. Samuel & Abigail, b. Aug. 14, 1755	LR3	406
Sarah N., of Amenia, m. George B. ANDREWS, (Rev.), of Sharon, Oct. 15, 1823, by Thomas C. Brownell	LR20	381
Ulysses, of Windsor, m. Diana HEATH, of Sharon, Sept. 30, 1830, by David L. Perry	LR20	383
HITCHWICK*, Homer, of Amenia, N.Y., m. Mary NOBLE, of Sharon, Mar. 14, 1849, by Rev. L. H. King *("Homer HITCHCOCK"?)	LR27	551
HOAG, Albert, teamster, ae 22 & Alice, ae 19, had d. [ ], b. Nov. 18, 1866	1	61
Albert D., teamster, ae 22, b. Sharon, res. Sharon, m. Sarah A. BARTRAM, teacher, ae 18, b. Sharon, res. Sharon, Dec. 27, 1865, by Rev. William Stevens	1	85
Elizabeth, housekeeper, b. Milan, N.Y., res. Sharon, married, d. Jan. 24, 1862, ae 56	1	118
Martha, b. Sharon, res. Sharon, d. Oct. 30, 1858, ae 19	1	113
HOFFMAN, Clara, ae 35, b. Germany, res. Sharon, m. 2nd h. Julius ALVE, laborer, ae 37, b. Germany, res. Sharon, Dec. 6, 1866, by Rev. H. R. Howard	1	87
Ferdinand, b. Sharon, res. Sharon, d. Mar. 5, 1864, ae 30 m.	1	124
Jemima, b. Sharon, res. Sharon, d. May 4, 1857, ae 4	1	111
William, laborer, b. Jenassey, res. Sharon, m. Clara NOLL, of Sharon, Feb. 6, 1858, by Rev. J. T. Stryker	1	70
William, toolmaker, ae 32 & Clara, ae 27, had d. [ ], b. Jan. 2, 1859	1	21

	Vol.	Page
HOFFMAN (cont.)		
William, laborer, ae 33 & Clara, ae 28, had s. [ ], b. May 9, 1860	1	27
William, laborer, ae 35 & Eliza, ae 30, had s. [ ], b. Sept. 4, 1861	1	32
William, b. Sharon, res. Sharon, d. Aug. 27, 1862, ae 2	1	120
HOLCOMB, Almira M., d. Harvey, farmer, ae 36 & Caroline, ae 25, b. Aug. 24, 1850	1	31-2
Almira M., d. Harvey B., farmer, ae 36, & Caroline, ae 25, b. Aug. 24, 1850	1	37-8
Clinuma, Mrs., of Sharon, m. Marvin **YOUNG**, of Kent, Dec. 19, 1847, by Rev. Erastus Doty, or Litchfield	LR27	548
Delphine, b. Sharon, res. Sharon, d. July 25, 1857, ae 1	1	112
George W., laborer, ae 26, b. Windsor Locks, res. same, m. Jerusha S. **EVERETT**, ae 23, of Sharon, Dec. 30, 1863, by Rev. R. D. Gardiner	1	80
Harvey B., farmer, ae 40 & Caroline, ae 38, had d. [ ], b. June 20, 1856	1	9
John, d. Oct. 22, 1849, ae 61	1	23-24
Rhoda, of Sharon, m. Daniel **DENNY**, of Amenia, Nov. 10, 1839, by Erastus Doty	LR22	478
HOLLEY, [see under **HOLLY**]		
HOLLISTER, Asahel, s. Elisha & Rebecca, b. Dec. 7, 1771	LR7	304
Caroline Eleanor, of Sharon, m. Baruck Crosby **WHEELER**, of North East, Oct. 12, 1828, by Rev. George B. Andrews	LR20	383
David, s. John & Ama, b. Mar. 24, 1754	LR3	414
Edward, s. Joseph & Patience, b. Feb. 22, 1796	LR15	275
Elisha, s. Elisha & Rebecca, b. June 17, 1769	LR6	125
Eunice, d. Josiah & Kezia, b. Feb. 26, 1755	LR3	380
Gideon, m. Lydia J. **MINER**, b. of Woodbury, Nov. 4, 1846, by Rev. John W. Beecher, of Ellsworth	LR27	549
Gurdon, of Oblong, m. Hannah **STRONG**, of Sharon, May 2, 1754, by John Williams	LR3	262
Hannah, d. Samuell & Jemima, b. Mar. 24, 1751, at Hebron	LR2	167
Henry O., of Amenia, m. Sarah **PARDEE**, of Sharon, Sept. 5, 1827, by David L. Perry	LR20	382
Isaac Treat, [s. Joseph & Patience], b. Nov. 29, 1801	LR15	275
Jemima, d. Samuel & Jemima, b. Nov. 27, 1748	LR2	24
Jemima, m. Phinehas **BENJAMIN**, May 12, 1780	LR7	302
Jeremiah, s. John & Ama, b. Jan. 11, 1750	LR3	414
John, m. Ama* **MEAD**, Feb. 3, 1747/8 *("Anna" in Van Alstyne's)	LR2	20
John, laborer, ae 30 & Mary, ae 20, had d. [ ], b. June 1, 1861	1	31
John, farmer, ae 36 & Mary, ae 20, had s. [ ], b. Feb. 6, 1863	1	42
John, farmer, ae 38 & Mary **CONKLIN**, ae 22, had child, b. [ ], [1865]	1	53

SHARON VITAL RECORDS

	Vol.	Page
HOLLISTER (cont.)		
John G., laborer, ae 33, of Sharon, m. Mary E. CONCKLIN, ae 18, of Sharon, July 1, 1860, by Z. S. Hart, J.P.	1	73
John J., laborer & Mary E., had s. [ ], b. Feb. 6, 1863	1	43
John J., laborer, ae 38 & Mary E., ae 24, had s. [ ], b. July 4, 1865	1	56
Joseph & w. Patience, moved to Sharon from Glastonbury, Apr. [ ], 1795	LR15	275
Joseph L., laborer, b. Sharon, res. Sharon, d. Oct. 27, 1856, ae 68	1	111
Josiah, m. Kezia **SMITH**, about Feb. last day, 1743/4, at Glastonbury, by Rev. Ashbel Woodbridge	LR2	20
Josiah, s. Samuel, Jr. & Jemima, b. Mar. 19, 1754	LR3	102
Josiah of Sharon, m. Rachal **SMITH**, of Nine Partners, June 26, 1761	LR4	130
Justus, s. Lazarus & Sarah, b. Oct. 10, 1765	LR5	254
Kezia, d. Josiah & Kezia, b. Apr. 28, 1757	LR4	127
Lazarus, s. Josiah & Kezia, b. Mar. 22, 1745	LR2	167
Lucy A., m. Homer **BRIGGS**, b. of Sharon, Jan. 15, 1823, by David L. Perry	LR20	381
Martha, d. Josiah & Kezia, b. July 28, 1749	LR2	24
Mary, d. Josiah & Kezia, b. June 20, 1751	LR2	167
Mary, d. Josiah & Kezia, d. Aug. 20, 1751	LR3	410
Mary, d. Josiah & Kezia, b. Nov. 18, 1752	LR3	101
Mary, d. Samuel, Jr. & Jemima, b. May 31, 1758	LR4	129
Mary Ann, of Sharon, m. Hiram **WHEELER**, of North East, N.Y., Nov. 12, 1835, by Rev. Lucius M. Purdy	LR22	473
Naomi, d. Samuel, Jr. & Jemima, b. Sept. 1, 1762	LR5	250
Rebecca, d. Elisha & Rebecca, b. June 4, 1767	LR6	125
Rhoda, d. Samuel, Jr. & Mary, b. May 11, 1767	LR6	54
Richard, s. Joseph & Patience, b. Aug. 4, 1798	LR15	275
Ruth, d. John & Ama, b. Aug. 5, 1748	LR3	414
Ruth, d. Samuel, Jr. & Jemima, b. Aug. 9, 1760	LR5	104
Samuel, m. Jemima **PHELPS**, b. of Sharon, Oct. 13, 1748	LR2	20
Samuel, s. Samuel & Jemima, b. Feb. 10, 1756	LR4	127
Samuel, s. Joseph & Rachel, b. Mar. 24, 1764	LR5	252
Samuel, s. Elisha & Rebecca, b. Dec. 14, 1764	LR6	125
Samuel, Jr., of Sharon, m. Mary **CHAMBERLAIN**, of New Marlborough, Jan. 1, 1766	LR5	255
Sarah, d. John & Ama, b. Dec. 24, 1751	LR3	414
Sarah, d. Elisha & Rebecca, b. Mar. 10, 1763	LR6	125
Sarah A., m. Russell A. **EVERETT**, b. of Sharon, July 3, 1834, by Rev. Lucius M. Purdy	LR22	472
Smith, s. Josiah & Rachel, b. May 27, 1762	LR5	106
Solomon, s. Josiah & Kezia, b. Apr. 28, 1747	LR2	24
Timothy, s. Samuel, Jr. & Mary, b. Sept. 26, 1768	LR6	125
William, s. Josiah & Kezia, b. July 3, 1759	LR4	250
HOLLY, HOLLEY, Aaron, of Lenox, Mass., m. Mary Ann **ROCKWELL**, of Sharon, June 13, 1826, by David L. Perry	LR20	382
Deborah, d. Israel & Sarah, b. July 14, 1736	LR2	17

	Vol.	Page
HOLLLY, HOLLEY (cont.)		
Deborah, m. Elijah **FOSTER**, b. of Sharon, Oct. 9, 1757	LR4	130
Hanah, d. Israel & Sarah, b. June 15, 1742	LR2	18
Isral, s. Isral & Sarah, b. Apr. 3, 1728	LR2	17
John (?)*, s. Israel & Sarah, b. July 4, 17[ ] *(Arnold Copy has "**OLIN**")	LR2	17
Margrit, d. Israel & Sarah, b. May 20, 1739	LR2	17
Margaret, m. Benjamin **FRISBE**, Feb. 16, 1758	LR4	130
Martha, d. Isral & Sarah, b. June 27, 1732	LR2	17
Nathaniell, s. Isral & Sarah, b. May 26, 1730	LR2	17
Olin*, s. Israel & Sarah, b. July 4, 17[ ] *("John" ? in Van Alstyne's)	LR2	17
Phebe, d. Israel & Sarah, b. June 15, 1749	LR3	101
Sarah, d. Israel & Sarah, b. Dec. 14, 1725	LR2	17
Sylvanus, m. Ann **JONES**, Apr. 16, 1754, by John Williams	LR3	262
HOLMES, Catharine, of Sharon, m. Peter **DEAN**, of Cornwall, Nov. 11, 1829, by Rev. Frederick Gridley	LR20	383
Dephina Alice, d. Jane M., b. Dec. 9, 1849	1	5-6
Homer, of Sharon, m. Melessa **VANDORE**, of Kent (colored), Jan. 21, 1843, by Rev. S. G. Carpenter, of the Eph. Ch.	LR22	466
Jane M., had d. Dephina Alice, b. Dec. 9, 1849	1	5-6
Malissa, colored, b. Kent, res. Sharon, d. May 7, 1849, ae 24	1	11-12
Mary, ae 15, of Sharon, m. David **WHEELER**, farmer, ae 19, b. New Milford, res. Sharon, June [ ], 1851, by Robert Grant	1	45-6
Miles R., painter, ae 28, b. New Milford, res. Woodbury, m. Lorinda A. **HUTCHINSON**, ae 24, res. Sharon, Mar. 30, 1855, by [ ]	1	64
Samuel, s. Samuel & Jenne, b. Jan. 7, 1794	LR10	143
HOLTIN, John, b. Sharon, res. Sharon, his d. [ ], d. June 3, 1861, ae 3 d.	1	117
HOPKINS, Ruth, m. Benjamin **WOOD**, b. of Nine Partners, Aug. 20, 1770, by John Williams, J.P.	LR6	91
HOPSON, Hannah, of Woodbury, m. Daniel **REXFORD**, of Sharon, Oct. 15, 1761, by Increase Moseley	LR4	130
HORSFORD, Ordelia, m. Alva **LAKE**, Jan. [ ]	LR20	380
Ruth, m. Ephraim **SLAUGHTER**, July 26, 1829, by Horatio Smith	LR20	383
HOSKINS, HORSKINS, Anna, d. Noah & Betty, b. Nov. 2, 1784	LR9	551
Asa, s. Noah & Rebeckah, b. May 28, 1753	LR5	250
Frederick, s. [Noah & Betty], b. July 6, 1786	LR9	551
Joel, s. Noah & Mary, b. Aug. 10, 1757	LR5	250
Mary, d. Noah & Mary, b. May 10, 1761	LR5	250
Noah, s. Noah & Rebeckah, b. May 23, 1756	LR5	250
Salmon, s. Noah & Mary, b. May 20, 1759	LR5	250
Shubael, s. Noah & Mary, b. Feb. 27, 1763	LR5	250
HOTCHKISS, Althea, housekeeper, b. Watertown, res. Sharon, d. July 10, 1864, ae 65	1	125

	Vol.	Page

HOTCHKISS (cont.)

Andrew, machinist, b. Watertown, res. Sharon, d. Feb. 10, 1858, ae 31	1	114
Asahel A., mechanic, ae 66, res. Sharon, m. 2nd w. Mary A. **BROWNELL**, ae 60, b. Danbury, res. Sharon, Aug. [ ], 1865, by [ ]	1	85
Charles, manufacturer, ae 25 & Anna, ae 22, had d. [ ], b. May 11, 1861	1	31
Charles H., ae 21, b. Sharon, m. Anna Maria **SMITH**, ae 18, b. Northbridge, Mass., res. Sharon, Oct. 21, 1857, by Rev. P. T. Holly	1	69
Dwight, farmer, ae 26, b. Sharon, res. Sharon, m. Almira **WARDWELL**, ae 26, b. Dutchess Co., N.Y., res. Sharon, Apr. [ ], 1865, by [ ]	1	85
Frederick, ae 20, of Sharon, m. Caroline **PARSONS**, ae 20 of Sharon, Mar. 27, 1850, by Walter P. Doe	1	27-28
Frederick, ae 21, of Sharon, m. Caroline **PARSONS**, ae 19, of Sharon, Mar. 27, 1850, by Rev. Walter P. Doe	1	29-30
Frederick, manufacturer & Caroline, had s. [ ], b. Aug. 27, 1857	1	12
Frederick, farmer, ae [ ] & Caroline, had d. [ ], b. Sept. 27, 1859	1	23
Lucius W., of Cornwall, m. Sarah M. **MONROE**, of Sharon, Sept. 21, 1841, by G. Lawrence Brownell	LR22	480
Lucius W., carpenter, ae 37 & Ester B., ae 23, had s. [ ], b. Oct. 15, 1855	1	4
Sarah M., ae 25, of Sharon, m. George A. **KELSEY**, bookkeeper, ae 37, b. Bainbridge, N.Y., res. Sharon, Oct. 5, 1858, by D. D. T. McLaughlin	1	71

HOUGH, Jonathan, of Sharon, m. Desire **ROWLEE**, of Kent, Feb. 17, 1757, by John Ransom, of Kent | LR3 | 412 |
| Thankfull, d. Jonathan & Desire, b. Dec. 13, 1757 | LR4 | 128 |
| Zephaniah, s. Jonathan & Desire, b. Sept. 28, 1760 | LR5 | 105 |

HOWARD, Christian*, m. Simeon **ROWLEY**, Oct. 3, 1755, by John Williams *("Christina") | LR3 | 263 |
| Hannah, w. John, d. Oct. 4, 1746 | LR2 | 22 |

HOWE, HOW, Dier, farmer, ae 30, b. Cornwall, res. Salisbury, m. 2nd w. Julia **INGRAHAM**, housekeeper, ae 19, res. Sharon, [ ], by L. E. Lathrop | 1 | 64 |
| Levi S., laborer, ae 62, b. Cornwall, res. South Norfolk, m. Mary **CHAPMAN**, ae 52, b. Sharon, res. same, Feb. 1, 1865, by Rev. S. H. Bray | 1 | 84 |

HOXSIE, Kate E., d. Joshua, laborer, ae 33 & Delia **DAVIS**, ae 23, b. Dec. 21, 1865 | 1 | 55 |
| Sarah A., d. Joshua, wagon maker, ae 25 & Delia, ae 19, b. June 10, 1861 | 1 | 31 |
| William H., sailor, ae 29, of Sharon, m. Rachel B. **MORE**, ae 23, b. Lagrange, res. Pokeepsee, Jan. 5, 1858, by Rev. David Gibson | 1 | 69 |

	Vol.	Page
HOYT, Mary L., of Cornwall, m. Calvin PECK, of Sharon, Dec. 11, 1842, by Rev. John K. Still, of the M. E. Ch.	LR22	471
Solomon, s. Henry, ae 36 & Martha, ae 33, b. Sept. 21, 1865	1	54
HUBBARD, Francis, laborer, ae 83 & Elizabeth, ae 38, had d. [ ], b. Nov. 2, 1859	1	24
Mary, b. Sharon, res. Sharon, d. Jan. 27, 1860, ae 3 m.	1	116
HULL, [see also HALL], Abigail, m. Griswold LOVERIDGE, b. of Sharon, May 11, 1829, by Rev. David L. Perry	LR20	383
Daniel, m. Malissa YOUNGS, Jan. 18, 1843, by John W. Beecher	LR22	471
Electa*, of Sharon, m. Amasa CROCKER, of Renssalearville, N.Y., Oct. 20, 1827 *(Arnold Copy has Électa HALE")	LR20	382
Frances, m. Almon C. BRYAN, b. of Sharon, Feb. 12, 1840, by William K. Stopford	LR22	478
Harvey, farmer, b. Sharon, res. Sharon, wid., d. Nov. 3, 1862, ae 63	1	121
Henry B., moulder, ae 22, b. New Milford, res. Sharon, m. Mary T. PALMER, ae 20, b. Washington, N.Y., res. Sharon, Nov. 18, 1863, by Rev. Ira Ferris	1	79
Henry B., moulder, ae 23 & Mary J. PALMER, ae 24, had d. [ ], b. Sept. 21, 1864	1	48
Peter, m. Huldah GREEN, Dec. 11, 1845, by Orin Hutchinson, J.P.	LR22	469
-----, housekeeper, b. Sharon, res. Sharon, d. June 28, 1855, ae 75	1	108
HUMISTON, Lewis, of Washington, N.Y., m. Polly MALLERY, of Sharon, Jan. 25, 1821, by David L. Perry	LR20	380
HUNGERFORD, martin L., commission merchant, ae 25, b. Sherman, res. same, m. Julia M. JACKSON, ae 21, of Sharon, Dec. 8, 1864, by Rev. D. D. T. McLaughlin	1	83
HUNT, Caroline of Sharon, m. John A. BETTS, of Brooklyn, L.I., Apr. 24, 1848, by Grove L. Brownell	LR27	550
Cynthia, m. Daniel DEMING, b. of Sharon, Jan. 24, 1780	LR7	303
Electa, m. George W. INGRAHAM, Oct. 22, 1834, by Aaron Hunt	LR22	472
Emeline, m. Charles E. BERRY, b. of Sharon, Dec. 10, 1826, by George B. Andrews	LR20	382
Emily, d. Zalmon S., farmer, ae 43 & Luliaette, ae 39, b. Feb. 16, 1860	1	26
Hannah, d. Daniel & Hannah, b. Nov. 25, 174[ ]	LR2	19
Phinehas, of Sharon, m. Mary BROWNSON, of Kent, Aug. 17, 1756	LR4	130
Phinehas, s. Phinehas & Mary, b. Aug. 1, 1758	LR4	129
Polly, of Sharon, m. Russell TRESCOTT, of Sheffield, Mass., Sept. 5, 1826, by Frederick Gridley	LR20	382
Sybel, d. Danielson & Hannah, b. Feb. 18, 174[ ]	LR2	19

	Vol.	Page
HUNT (cont.)		
Z.S., his child, b. Sharon, res. Sharon, d. Dec. 9, 1861, ae 1 d.	1	118
Zalmon S., farmer, ae 44 & Juliaette, ae 40, had s. [ ], b. Dec. 8, 1861	1	33
HUNTER, Charles, b. Sharon, res. Sharon, d. June 13, 1860, ae 4	1	116
Charles H., s. Jethro, farmer, ae 26 & Cynthea Ann, ae 21, had s. [ ], b. June 1, 1856	1	6
David, m. Rebecca **MARVINE**, June 26, 1750, by John Williams	LR3	261
George N., farmer, ae 36 & Margaret A., ae 38, had s. [ ], b. Jan. 20, 1864	1	46
Helen, d. William, farmer, ae 30 & Julia, ae 20, b. Feb. 24, 1859	1	21
Hiram, m. Mary **COOPER**, b. of Sharon, Feb. 5, 1823, by Frederick Gridley	LR20	381
James, of Plymouth, m. Rhoda **SWIFT**, of Sharon, Oct. 18, 1837, by Rev. William Andrews, of South Cornwall	LR22	474
Jethro, farmer, ae 39 & [ ], ae 33, had s. [ ], b. Dec. 3, 1866	1	60
Jethro D., farmer, ae 31 & Cynthia Ann, ae 26, had d. [ ], b. Dec. 1, 1862	1	39
Julia, ae 36, had illeg. s. [ ], b. Apr. 21, 1866	1	60
Martha, d. Nathaniel, laborer, ae 32 & Ann, ae 30, b. Apr. 28, 1861	1	31
Martha, b. Sharon, res. Sharon, d. Mar. [ ], 1863, ae 23 m.	1	122
Mary, ae 32, b. Ireland, res. Cornwall, m. Henry **PECK**, laborer, ae 37, res. Cornwall, Jan. 23, 1859, by E. S. Stoddard, Jr.	1	72
Mary, d. John D., farmer, ae 26 & Cynthia Ann, ae 24, b. Feb. 20, 1861	1	30
Mary A., ae 24, b. Sharon, res. Sharon, m. John H. **McDONALD**, laborer, ae 27, b. Pokeepsie, N.Y., res. Sharon, Feb. 7, 1867, by Rev. E. L. Bray	1	88
Mary Louisa, d. William, laborer, ae 31 & Julia, ae 31, b. Aug. 31, 1860	1	29
Nathaniel, laborer, ae 35 & [ ], ae 33, had s. [ ], b. Apr. 1, 1859	1	22
Ruby Jane, ae 23, of Sharon, m. Horace **REYNOLDS**, farmer, ae 33, of Sharon, Nov. 24, 1858, by R. D. Gardner	1	71
Sarah, m. James **PARDEE**, Nov. 13, 1754, by John Williams	LR3	262
Sarah, d. William, laborer, ae 43 & Eliza, ae 40, b. Dec. 15, 1864	1	50
Sarah Ann, m. Lorin **BENSON**, b. of Sharon, Oct. 13, 1845, by Rev. Samuel W. King	LR22	469

264 BARBOUR COLLECTION

	Vol.	Page
HUNTER (cont.)		
Sarah Jane, ae 26, of Sharon, m. Rev. C. MAXAM, farmer, ae 38, b. Moreland, N.Y., res. Sharon, Oct. 14, 1858, by W. S. Stillwell	1	71
William, ae 29, res. Sharon, m. Julia INGRAHAM, ae 17, res. Sharon, Sept. 3, 1855, by Ezra Jones	1	64
-----, female, b. Newtown, res. Sharon, d. Oct. 20, 1865, ae 68	1	129
HUNTLEY, Martha, m. Ichabod YOUNGS, Mar. 3, 1772, by Daniel Griswold	LR6	91
HURLBURT, HURLBUT, Joanna, m. Daniel GRISWOLD, b. of Sharon, Dec. 30, 1764, by Rev. C. M. Smith	LR7	302
Lorain, d. Isaac & Wealthee, b. Mar. 17, 1772	LR7	304
Sarah, m. George JOHNSON, Sept. 15, 1760, by Samuel Hutchinson	LR7	302
HUTCHINSON, Alice, d. Solomon & Alice, b. Aug. 26, 1758	LR4	129
Daniel, s. Samuel, d. Dec. 17, 1742	LR2	16
Daniel, s. Ezra & Elizabeth, b. July 3, 1750, O.S.	LR3	380
David, s. Solomon & Alice, b. Oct. 26, 1763	LR5	252
Elisha, s. Samuel, d. Apr. 16, 1741	LR2	16
Elisha, s. Sam[ue]ll & Hannah, b. Dec. 11, 1748	LR2	23
Elizabeth, d. Ezra & Elizabeth, b. Nov. 14, 1754	LR3	380
Emma, d. Norman, miller, ae 36 & Harriet E., ae 32, b. Apr. 30, 1858	1	17
Emma, b. Sharon, res. Sharon, d. June 5, 1858, ae [ ]	1	113
Ezra, m. Elizabeth CHAPMAN, Oct. 5, 1749	LR3	263
Frank, b. Sharon, res. Sharon, d. Aug. 14, 1858, ae 5	1	113
H.S., school teacher, ae 36 & Elizabeth, ae 25, had s. [ ], b. Dec. 10, 1861	1	33
Jemima, d. Solomon & Alice, b. Apr. 19, 1765	LR5	254
John, s. Samuel, Jr. & Hannah, b. Mar. 27, 1757	LR4	127
Lorinda A., ae 24, res. Sharon, m. Miles R. HOLMES, painter, ae 28, b. New Milford, res. Woodbury, Mar. 30, 1855	1	64
Orrin, s. Lucinda CHAPMAN, Dec. [ ]	LR20	380
Phebe, d. Samuel, Jr. & Hannah, d. May 22, 1754	LR3	333
Samuel, Jr., m. Hannah HERMAN, Apr. 10, 1747	LR2	20
Samuel, s. Samuel, Jr. & Hannah, b. Apr. 16, 1755	LR3	380
Sarah, m. Benjamin FOSTER, b. of Sharon, Dec. 4, 1820, by Frederick Gridley	LR20	380
Solomon, m. Alice WILLIAMS, b. of Sharon, Nov. 16, 1757, by Mr. Smith	LR3	412
Solomon, s. Solomon & Alice, b. Jan. 4, 1760; d. May 28, 1760	LR4	250
Solomon, s. Solomon & Alice, b. Apr. 8, 1761	LR5	106
Thankfull, d. Sam[ue]ll & Hannah, b. June 4, 1751	LR2	167
HYDE, HIDE, Dolle, d. William & Abigail, b. Nov. 25, 1762	LR5	252
Eleanor, m. David COLE, b. of Sharon, Dec. 21, 1758	LR4	130
Elizabeth, d. William & Abigail, b. Nov. 5, 1768	LR6	55
William Worth, s. William & Abigail, b. Mar. 22, 1771	LR6	127
INGERSOLL, William T. & Mary, had d. [ ], b. Feb. 18, 1849	1	7-8

SHARON VITAL RECORDS

	Vol.	Page
INGRAHAM, Anna, b. Sharon, res. Sharon, d. Apr. 1, 1858, ae 1 m.	1	113
Anne, d. Weston, carpenter, ae 57 & Caroline, ae 46, b. Feb. 18, 1858	1	16
Charity, housekeeper, b. Washington, N.Y., res. Sharon, d. Dec. 24, 1860, ae 59	1	117
Charles, s. Western & Phebe, b. Nov. 14, 1848	1	7-8
Dwight, s. William H., shoemaker, ae 49 & Charity, ae 45, b. Nov. 30, 1857	1	14
Dwight, b. Sharon, res. Sharon, d. May 12, 1858, ae 5 m.	1	113
George W., m. Electa HUNT, Oct. 22, 1834, by Aaron Hunt	LR22	472
Gilbert, painter, ae 28 & Sarah, ae 18, had d. [ ], b. Nov. 21, 1861	1	33
Hellen, b. Sharon, res. Sharon, d. Sept. 18, 1856, ae 11	1	110
Homer, s. Weston, carpenter, ae 44 & Phebe, ae 39, b. Mar. 7, 1851	1	33-4
Julia, ae 17, res. Sharon, m. William HUNTER, ae 29, res. Sharon, Sept. 3, 1855, by Ezra Jones	1	64
Julia, housekeeper, ae 19, res. Sharon, m. Dier HOW, farmer, ae 30, b. Cornwall, res. Salisbury, [ ], by L. E. Lathrop	1	64
Nathaniel, farmer, b. Stonington, res. Sharon, wid., d. Dec. 8, 1862, ae 87	1	121
William H. & Charity, had s. [ ], b. Apr. 23, 1849	1	5-6
IRWIN, Mary, b. Ireland, res. Sharon, d. July 28, 1849, ae 14	1	11-12
ISBELL, William T., laborer, ae 20, b. Roxbury, res. Woodbury, m. Phebe M. CARPENTER, ae 20, b. Kent, res. Kent, Dec. 3, 1863, by Rev. Ira Ferris	1	79
JACKETT, [see also JAQUA], Elijah, farmer, ae 28 & Sarah, ae 29, had d. [ ], b. Oct. 31, 1866	1	61
R. N., collier, ae 33 & Lydia J. FOWLER, ae 28, had d. [ ], b. Sept. 20, 1864	1	48
Robert N., collier, ae 35 & Lydia, ae 30, had d. [ ], b. May 19, 1866	1	61
JACKSON, Abigail, d. Ebenezer, Jr. & Abigail, b. Sept. 30, 1747	LR3	406
Abraham, m. Eleanor BUMP, Oct. 25, 1750	LR2	20
Abraham, m. Eleanor BUMP, Oct. 25, 1750, by John Williams	LR3	261
Abraham, s. Abraham & Eleanor, b. July 10, 1751	LR3	101
Alma, d. [John & Delight], b. June 13, 1784	LR10	142
Almira M., m. George HALLER, May 22, 1839, by Rev. Walter Smith	LR22	477
Amasa, m. Sally PROUT, Dec. 19, 1830, by Horatio Smith	LR20	383
Aminta, of Sharon, m. Charles LANDON, of Canaan, Mar. 13, 1834, by David L. Perry	LR20	384
Betsey, d. John & Delight, b. Jan. 4, 1775	LR10	142
Calvin, s. [John & Delight], b. Feb. 12, 1781	LR10	142
Calvin, farmer, b. Sharon, res. Sharon, d. Dec. 23, 1859, ae 79	1	115

JACKSON (cont.)

	Vol.	Page
Cyrus, s. Jehiel & Mehetabel, b. July 26, 1775	LR7	412
Daniel, s. Ebenezer & Lydia, b. Oct. 26, 1751	LR4	128
Delia, of Sharon, m. Truxton W. REED, of Simsbury, Oct. 3, 1822, by David L. Perry	LR20	381
Ebenezer, Jr., m. Abigail TYLER, Feb. 2, 1744	LR3	412
Ebenezer, s. Ebenezer, Jr. & Abigail, b. Apr. 14, 1750	LR3	406
Ebenezer, Dea., m. Lydia QUITTERFIELD, Jan. 10, 1750/1, by John Williams	LR3	261
Eirene, d. Joshua & Eirene, b. Nov. 8, 1747	LR3	102
Elias, s. Ebenezer, Jr. & Abigail, b. Feb. 22, 1754	LR3	406
Eliza, of Sharon, m. Austin FULLER, of Cornwall, about Jan. 7, 1820, by Asa Tallmadge	LR20	380
Eliza, b. Sharon, res. Sharon, d. Mar. 10, 1857, ae 4	1	111
Esther, d. Ebenezer, Jr. & Abigail, b. July 6, 1745	LR3	406
Eunice, of Sharon, m. William BLYNN, of Cornwall, Sept. 1, 1840, by Rev. Ebenezer Washburn	LR22	477
Florence, d. John, farmer, ae 38 & Jane, ae 22, b. Mar. 4, 1851	1	35-6
Hannah, d. Ebenezer, Jr. & Abigail, b. July 7, 1752	LR3	406
Harriet J., ae 26, b. Woodbury, res. same, m. John L. WATSON, soldier, colored, ae 27, b. Sharon, res. Cornwall, Dec. 8, 1863, by E. S. Stoddard	1	79
Jehiel, m. Mehetabel, RUDE*, b. of Sharon, July 8, 1760, by John Williams *("RUD" in Van Alstyne's book)	LR4	130
Jehiel, s. Jehiel & Mehetable, b. Dec. 27, 1769	LR6	125
John, s. [John & Delight], b. Apr. 20, 1787	LR10	142
John & Jane, had d. [ ], b. Feb. 24, 1849	1	5-6
John, farmer, ae 40 & [ ], ae 37, had s. [ ], b. Oct. 7, 1859	1	24
Joseph, m. Margaret CAMPBELL, Nov. 21, 1751, by John Williams	LR3	261
Joshua, s. Joshua & Eirene, b. Apr. 1, 1749	LR3	102
Julia M., ae 21, of Sharon, m. Martin L. HUNGERFORD, commission merchant, ae 25, b. Sherman, res. Sherman, Dec. 8, 1864, by Rev. D. D. T. McLaughlin	1	83
Lois, d. Jehiel & Mehetabel, b. Aug. 15, 1761	LR5	105
Luther, s. [John & Delight], b. Feb. 15, 1779	LR10	142
Margaret, d. Joseph & Margaret, b. Dec. 2, 1756	LR4	250
Mary, d. Joshua & Eirene, b. Feb. 1, 1751	LR3	102
Mary, d. Joseph & Margaret, b. May 2, 1754	LR4	250
Mehetabel, d. Jehiel & Mehitable, b. Dec. 10, 1771	LR7	305
Olive, d. [John & Delight], b. Feb. 1, 1785	LR10	142
Permela, housekeeper, b. Sharon, res. Sharon, d. July 10, 1861, ae 70	1	117
Rachel, d. Joshua & Eirene, b. July 25, 1752	LR3	102
Samuel, of New York, m. Maria CALKIN, of Sharon, Oct. 23, 1825, by Frederick Gridley	LR20	382
Stephen, m. Lydia QUITTERFIELD, Jan. 17, 1754, by John Williams	LR3	262

	Vol.	Page
JACKSON (cont.)		
Thirsa, m. Austin **CARTWRIGHT**, b. of Sharon, Oct. 31, 1832, by David L. Perry	LR20	384
JACOBS, Martha, m. Jacob **FINCH**, b. of Nine Partners, Dec. 22, 1757, by John Williams	LR3	263
Molle, of Salisbury, m. Benjamin **SUTTON**, of Sharon, Aug. 11, 1768	LR5	255
JAMES, Celey, ae 24, b. Wilton, res. same, m. Julia E. **BISHOP**, ae 22, b. Woodbury, res. Sharon, Dec. 7, 1861, by Rev. J. V. Stryker, of Christ Ch.	1	76
JAQUA, [see also **JACKETT**], Elizabeth, of Sharon, m. [ ], of Salisbury, Jan. 25, 1824, by David L. Perry	LR20	381
Julia, m. Joel **OWEN**, Aug. 4, 1825, by Asa Tallmadge	LR20	382
JARDEEN, Mary J., m. Sylvester **HAYDEN**, Nov. 30, 1849, by R. K. Reynolds	LR27	547
JARRIE, Joseph, collier, ae 25 & Lucy **CONKLIN**, ae 16, had d. [ ], b. Nov. 10, 1865	1	55
JENCKS, Theodore Freelinghusen, s. Frederick, clothier, ae 36 & Cynthia, ae 35, b. June 14, 1851	1	33-4
JENKINS, JEBKINS, Ansell, b. Sharon, res. Sharon, d. July 1, 1858, ae 21	1	114
Eleazer, tailor, b. Winchester, Va., res. Sharon, d. Aug. 31, 1856, ae 57	1	110
Eliza*, m. Myron **OCKRO**, b. of Sharon, Feb. 28, 1841, by Rev. H. F. Pease, of the M. E. Ch. *(Arnold copy has "Eliza **SERKINS**")	LR22	479
Eliza J., ae 28, b. Sharon, res. Bloomfield, m. James M. **ROBERTS**, ae 31, b. Bloomfield, Oct. 20, 1849, by Grove L. Brownell	1	27-28
George, laborer, b. Sharon, res. Sharon, d. July 14, 1859, ae 32	1	115
Ida A., d. Martin V., soldier, ae 22 & Frances, ae 18, had d. [ ], b. Aug. 1, 1861	1	34
James, mechanic, ae 24 & Jeanette, ae 24, had s. [ ], b. Aug. 30, 1860	1	29
James R., laborer, ae 23, b. Sharon, m. Mary J. **HEATH**, ae 23, b. Hamburg, N.Y., res. Sharon, Oct. 11, 1858, by W. S. Stillwell	1	71
John, of Albany, m. Caty **MILLER**, of Sharon, Mar. 29, 1821, by Samuell Roberts	LR20	380
John, b. Bloomfield, res. Sharon, d. Feb. 20, 1850, ae 28	1	23-24
Julia, of Sharon, m. Norman A. **SACKETT**, of Ashland, O., Aug. 25, 1851, by Rev. Charles Rockwell	LR27	545
Mary D., d. May 16, 1850, ae 11	1	23-24
William, post master, b. Winchester, Va., res. Sharon, d. Sept. 16, 1859, ae 69	1	115
JEORG, [see under **GEORGE**]		
JEWETT, JUITT, JEWITT, Abigail, d. [Stephen & Abigail], b. Oct. 26, 1785	LR9	551
Abigail, d. Feb. 22, 1849, ae 87	1	11-12
Alma, d. Caleb, Jr. & Anna, b. Oct. 8, 1784	LR9	550

	Vol.	Page

JEWETT, JUITT, JEWITT (cont.)

	Vol.	Page
Almira, m. Ogden **BEEBE**, b. of Sharon, Mar. 19, 1821, by David L. Perry	LR20	380
Alpheas, s. Caleb & Rebecca, b. Jan. 15, 1756	LR3	414
Alpheas, m. Abigail **SEARS**, Feb. 15, 1781, by Rev. C. M. Smith	LR7	303
Caleb, Capt. Of Sharon, m. Mrs. Faith **BREWSTER**, of Windham, May 26, 1766	LR5	255
Deliverance, d. Stephen & Abigail, b. July 12, 1781	LR9	551
Eirene, d. Caleb & Rebecca, b. Dec. 27, 1750	LR3	101
Eleazer, s. Caleb & Rebeckah, b. Mar. 13, 1745	LR2	19
Eleazer, m. Dille **GIBBS**, b. of Sharon, Oct. 12, 1769, by Rev. C. M. Smith	LR6	91
Eliezer, s. Eliezer & Dille, b. June 25, 1770	LR6	125
Fanny A., housekeeper, ae 23, of Salisbury, m. Fred A. **PERRY**, farmer, ae 24, b. Cornwall, res. Sharon, Feb. 19, 1863, by Rev. H. B. Mead	1	78
Jerusha, m. Charles **GILLET**, Feb. 1, 1753, by John Williams	LR3	262
John S., of Sharon, m. Caroline **JOHNSON**, of Norwalk, Apr. 10, 1838, by Rev. Fitch Reed, of the M. E. Ch.	LR22	475
Jonathan, s. Eliezer & Dille, b. Jan. 26, 1772	LR6	128
Julia, m. Vincent E. **SEARS**, farmer, res. Sharon, [ ], 1856, by [ ] Jewett	1	67
Mary, d. Caleb & Rebeckah, b. Feb. 27, 1741	LR2	19
Mary, d. Caleb & Rebeckah, b. Mar. 12, 1742	LR2	16
Mary, d. Caleb & Rebecca, b. Aug. 13, 1753	LR3	333
Mary, m. Thomas **HAMLIN**, Jr., b. of Sharon, May 14, 1772, by Rev. Mr. Knibloe	LR7	302
Mary W., ae 24, res. Sharon, m. John **SEARS**, Jr., farmer, ae 37, res. Sharon, Sept. 16, 1856, by [ ] Jewett	1	67
Nat H., farmer, ae 25, & Susan W. **WOODWARD**, ae 24, had d. [ ], b. Sept. 2, 1864	1	48
Nathan, s. Calib & Rebecka, b. Dec. 3, 1744	LR2	19
Nathan H., farmer, ae 24, of Sharon, m. Susan W. **WOODWARD**, ae 23, of Sharon, Dec. 10, 1863, by Rev. Ira Ferris	1	79
Rebecca, d. Caleb & Rebecca, b. Jan. 16, 1748/9	LR3	101
Rebecca, w. Capt. Caleb, d. July 15, 1764	LR5	151
Rebecca, m. John **CALKINS**, Jr., b. of Sharon, Oct. 12, 1769, by Rev. C. M. Smith	LR6	91
Rebecca, d. Alpheas & Abigail, b. Oct. 5, 1781	LR8	61
Sarah, d. Nathaniel, farmer, ae 27 & Susan W. **WOODWARD**, ae 26, b. Aug. 9, 1866	1	59
Sybil, d. Caleb & Rebecca, b. Apr. 22, 1760	LR4	320
Thaddeus, s. Caleb & Rebecca, b. Dec. 17, 1746	LR2	24
William, s. John, farmer, ae 44 & Caroline, ae 45, b. Dec. 15, 1850	1	35-6
-----, farmer, had d. [ ], b. Aug. 9, 1866	1	59

JOHNS, JOHNES, Julia W., housekeeper, b. Sharon, res. Sharon, d. Sept. [ ], 1855, ae 17   1   108

SHARON VITAL RECORDS 269

	Vol.	Page
JOHNS, JOHNES (cont.)		
Mary, Jr., m. Samuell **SMITH**, Jr., Jan. 5, 1748/9, by John Williams	LR3	261
Phebe, d. Benjamin & Mary, b. Jan. 2, 1742	LR2	18
Phebe, d. Benjamin & Mary, d. Aug. 21, 1750	LR2	22
Sarah, d. Benjamin & Mary, b. May 30, 1748	LR2	24
Sarah, d. Benjamin & Mary, d. Aug. 17, 1750	LR2	22
Solomon, s. Benjamin & Mary, b. Feb. 20, 1745/6	LR2	23
Solomon, s. Benjamin & Mary, d. July 31, 1750	LR2	22
Solomon, s. Benjamin & Mary, b. Feb. 24, 1750/1	LR2	167
JOHNSON, Bille, 3rd child [George & Sarah], b. Sept. 22, 1766	LR7	307
Caroline, of Norwalk, m. John S. **JEWETT**, of Sharon, Apr. 10, 1838, by Rev. Fitch Reed, of the M. E. Ch.	LR22	475
Elijah, 4th child [George & Sarah], b. Oct. 8, 1768	LR7	307
George, m. Sarah **HURLBUT**, Sept. 15, 1760, by Samuel Hutchinson	LR7	302
George L., of New York, m. Catharine E. **SCHERMAHORN**, of Union, Jan. 18, 1846, by G. L. Brownell	LR22	481
Henry, of Amenia, m. Diantha **JONES**, of Sharon, Jan. 9, 1823, by Walter Smith	LR20	381
Ichabod, 7th child [George & Sarah], b. Jan. 1, 1775	LR7	307
Jerusha, m. Amos **BARROWS**, Feb. 19, 1777, by Rev. Hezekiah Goold	LR7	303
John, 5th child [George & Sarah], b. June 24, 1770; d. July 14, 1771	LR7	307
John, 2nd, 6th child [George & Sarah], b. Nov. 2, 1772; d. Oct. 24, 1773	LR7	307
Joseph, s. Robert & Hannah, b. Jan. 31, 1774	LR8	62a
Juliana, 2nd child [George & Sarah], b. Nov. 2, 1764	LR7	307
Olive, of Sharon, m. Joe **LANDON**, of Canaan, [ ]	LR20	380
Sarah, 1st child [George & Sarah], b. Aug. 7, 1763; d. Sept. 28, 1763	LR7	307
Sarah, [w. of George], d. Jan. 11, 1775	LR7	307
JOHNWAY, Dorcas, w. [ ]., d. Apr. 17, 1845	LR2	16
JONES, Ann, m. Sylvanus **HOLLY**, Apr. 16, 1754, by John Williams	LR3	262
Diantha, of Sharon, m. Henry **JOHNSON**, of Amenia, Jan. 9, 1823, by Walter Smith	LR20	381
Hannah C., ae 39, b. Salisbury, res. South Canaan, m. John A. **ELLIOTT**, ae 60, res. Sharon, Nov. 8, 1848, by Rev. Herbert Goodwin & Rev. Edwin L. Jones	1	13-14
Henry E., farmer, ae 28, b. Canaan, res. Cornwall, m. Myra E. **BROWN**, ae 20, b. Goshen, res. Sharon, [, 1866], by Rev. William Stevens	1	87
Henry E., farmer, res. Cornwall, m. Myra E. **BROWN**, res. Sharon, May 1, 1867, by Rev. William Stevens	1	89

	Vol.	Page

JONES (cont.)
Josephine, colored, ae 18, b. Salisbury, m. Charles L.
   LEWIS, farmer, colored, ae 21, b. New York, res.
   Sharon, Jan. 8, 1865, by E. S. Stoddard   1   84
Louis, d. Sarah, housekeeper, colored, ae 17, b. Jan. 20,
   1855   1   2
Luman, of Kent, m. Sarah C. **GOOLD**, of Sharon, Nov.
   19, 1823, by David L. Perry   LR20   381
Mary, m. Ephraim **KNAP**, Jan. 15, 1741/2   LR2   20
Sarah, housekeeper, colored, ae 17, had illeg. d. Louis, b.
   Jan. 20, 1855   1   2
JUDSON, Roderick B., ae 27, b. Woodbury, res. Woodbury,
   m. Sarah A. **PECK**, ae 20, of Sharon, [   ],
   1857   1   69
JUEREZ, -----, male, res. Sharon, d. [   ], 1864   1   125
JUST, Derius, d. Frank K., shoemaker, ae 33 & Frederica, ae
   27, b. Nov. 27, 1856   1   8
Frank, shoemaker, ae 34 & Fredericka, ae 31, had s. [   ],
   b. Mar. 18, 1859   1   21
Frank, b. Germany, res. Sharon, d. Jan. 29, 1860, ae 36   1   116
KAERCHER, Elizabeth, m. Thomas T. **WILBER**, b. of
   Sharon, Jan. 5, 1842, by G. Lawrence Brownell   LR22   481
KALESSA, KALESSE, KALLASSE, KALLASSEE, Aug.,
   laborer, ae 41 & Laura, ae 35, had d. [   ], b. Mar.
   28, 1864   1   47
August, collier, ae 35 & Johanna, ae 31, had d. [   ], b.
   Jan. 8, 1859   1   21
Aug, laborer, ae 42 & Laura, ae 36, had d. [   ], b. June
   19, 1865   1   52
August, laborer, ae 36 & Johanna, ae 32, had d. [   ], b.
   Aug. 30, 1860   1   27
Carl, moulder, res. Sharon, d. [   ], 1864   1   124
Mary C., d. Aug, mechanic, ae 43 & Hannah, ae 29, b.
   Jan. 24, 1862   1   35
KANY, Maria, ae 28, b. Germany, res. Sharon, m. Charles
   JORGE tailor, ae 45, b. Germany, res. Sharon, Jan.
   8, 1861, by Rev. John V. Stryker   1   75
KAUCHER, Katharine, m. Albert **FRENCH**, b. of Sharon,
   [   ]   1   27-28
KEELER, Caroline, m. John **WOODRUFF**, b. of Sharon,
   Dec. 10, 1828, by Rev. G. B. Andrews   LR20   383
William H., of Union, N.Y., m. Jane L. **WHEELER**, of
   Sharon, Sept. 9, 1833, by David L. Perry   LR20   384
KEETING, Margaret, ae 21, b. Ireland, res. Sharon, m. John
   HENRY, laborer, ae 21, b. Ireland, res. Sharon,
   May 17, 1866, by Rev. James Daly   1   86
KELLOGG, Emily, m. Garry **CHAMBERS**, b. of Sharon,
   Jan. 3, 1830, by Rev. Fitch Reed   LR20   383
James A., m. Olive **CHAPMAN**, b. of Sharon, Nov. 1,
   1835, by Frederick Gridley   LR22   473

SHARON VITAL RECORDS 271

	Vol.	Page
KELLY, KELLEY, Augusta, ae 18, b. Amenia, res. Sharon, m. Theodore BENEDICT, farmer, ae 24, b. Dover, res. Amenia, N.Y., Aug. 28, 1862, by Rev. George W. Knapp	1	76
James, laborer, ae 28 & Mary, ae 20, had d. [ ], b. June 23, 1861	1	32
James, teamster, ae 32 & Mary, ae 25, had d. [ ], b. May 16, 1865	1	55
James, teamster, ae 32 & Mary, ae 25, had s. [ ], b. May 16, 1865	1	55
Mary J., ae 16, res. Sharon, m. William BLYTHMAN, laborer, ae 22, b. England, res. Sharon, Apr. 10, 1856, by Clark Fuller	1	66
KELSEY, KELCY, George A., bookkeeper, ae 37, b. Bainbridge, N.Y., res. Sharon, m. Sarah M. HOTCHKISS, ae 25, of Sharon ,Oct. 5, 1858, by D. D. T. McLaughlin	1	71
Harriet, d. Noah & Sarah, b. Mar. 21, 1787	LR9	551
Heath, s. [Noah & Sarah], b. Feb. 13, 1784	LR8	62a
John S., laborer, ae 29, of Salisbury, m. Martha J. PALMER, ae 18, b. Washington, res. Sharon, Jan. 1, 1862, by Rev. H. B. Mead	1	76
Sarah, d. Noah & Sarah, b. Mar. 21, 1773	LR8	62a
KENNEY, [see also KINNEY], Mary, twin with Patrick, d. Michael, farmer, ae 31 & [ ], ae 30, b. May 15, 1855	1	3
Patrick, twin with Mary, s. Michael, farmer, ae 31 & [ ], ae 30, b. May 15, 1855	1	3
KENNIN, Eliza, d. Thomas & Mary, b. July 8, 1799	LR12	285
KENT, Benjamin, m. Sally WARD, b. of Sharon, Dec. 3, 1832, by Frederick Gridley	LR20	384
Theron, m. Almira TUPPER, of Sharon, May 15, 1834, by Frederick Gridley	LR20	384
KETCHUM, Elizabeth, d. Elihu & Sarah, b. June 29, 1747	LR2	24
Hannah, d. Elihue & Sarah, b. Aug. 26, 174[ ]	LR2	19
John, s. Elihu & Sarah, b. Sept. 23, 1855, in Dutchess Cty., Province of New York	LR5	254
Justus, s. Elihu & Sarah, b. June 9, 1758, in Dutchess Cty., Province of New York	LR5	254
Nathaniel, s. Elihu & Sarah, b. Aug. 18, 1745	LR2	167
KILBERY, Elisha, m. Mary PECK, of Salisbury, June 30, 1822, by Coles Chapman	LR20	381
KILLMORE, Mary Eliza, d. David, salesman, ae 30 & Jane, ae 21, b. Feb. 20, 1851	1	35-6
KILLSON, Charles, colored, d. [ ], 1848	1	9-10
KILMER, Ellen J., d. David, laborer, ae 34 & Jane, ae 27, b. Nov. 15, 1856	1	10
Henry, laborer, ae 30 & Mary J., ae 23, had d. [ ], b. Apr. 20, 1857	1	11
KING, Amanda C., of Sharon, m. Simeon LYMAN, of Westmoreland, N.Y., Oct. 14, 1844, by G. L. Brownell	LR22	468

272 BARBOUR COLLECTION

	Vol.	Page
KING (cont.)		
Catharine, m. Horace A. **BUTTOLPH**, b. of Sharon, Sept. 11, 1839, by Mason Grosvenor	LR22	478
David, m. Emeline **SEELEY**, Dec. 17, 1863, by William Stone	1	79
David F., s. David, ae 36 & Adelia, ae 39, b. July 10, 1850	1	17-18
Henry, merchant, b. Sharon, res. Sharon, d. Dec. 25, 1863, ae 57	1	123
Hezekiah, Dea., d. Oct. 18, 1740	LR2	16
Sarah, ae 22, b. Sharon, res. Sharon, m. Julian A. **MANCHESTER**, butcher, ae 23, b. Colebrook, res. Bridgeport, Jan. 15, 1867, by Rev. William Stevens	1	88
Thomas, s. Henry J. & Jenette, b. Oct. 19, 1848	1	1
Thomas, s. Henry V. & Jenette, b. Oct. 19, 1849	1	3-4
William H., of Senaca Falls, N.Y., m. Lucy Ann **CAMP**, of Sharon, May 21, 1832, by George B. Andrews	LR20	384
KINNEY, [see also **KENNEY**], Ann, housekeeper, b. Ireland, res. Sharon, d. Mar. 17, 1861, ae 34	1	117
Barney, soldier ae, 45 & Ann, ae 40, had d. [ ], b. Dec. 21, 1864	1	49
Barney, b. Sharon, res. Sharon, d. Apr. 2, 1866, ae 10 m.	1	129
Margaret, d. Barney, mechanic, ae 43 & Ann, ae 40, b. Apr. 18, 1862	1	36
Michael, laborer, ae 26 & Margaret, ae 24, had d. [ ], b. June 20, 1857	1	12
Michael, s. Michael, laborer, ae 30 & Ann, ae 28, b. Aug. 22, 1858	1	18
Michael, laborer, ae 34 & Ann, ae 34, had s. [ ], s. b. Mar. 15, 1861	1	30
Thomas, moulder, ae 23 & Maria Henry, ae 21, had s. [ ], b. May 28, 1865	1	52
KIRBY, Ellen Frances, d. Richard D., Meth. Epis. Min., ae 47 Rachel, ae 37, b. Apr. 29, 1856	1	6
KNAP, Edmund, painter, ae 30 & Julia, ae 22, had s. [ ], b. May 11, 1864	1	50
Ephraim, m. Mary **JONES**, Jan. 15, 1741/2	LR2	20
Ephraim, s. Ephraim & Mary, b. Oct. 7, 1742	LR2	18
Jones, s. Ephraim & Mary, b. May 1, 1770. Certified by his said father Feb. [ ], 1771	LR6	126
Sarah, m. Benjamin **FINCH**, Dec. 13, 1750, by John Williams	LR3	261
KNAP[P]ING, Jere Emaustenes, s. Jeremiah **HILL** & Olive, b. May 18, 1796	LR10	143
KNIBLOE, Betsey, housewife, b. Sharon, res. Sharon, d. Feb. 12, 1864, ae 61	1	126
Edmund F., s. Welles E. & Hila, b. May 28, 1850	1	17-18
Elijah, s. Rev. Ebenezer & Elizabeth, b. Mar. 6, 1771	LR6	127
Elizabeth, d. Rev. Ebenezer & Elizabeth, b. Jan. 9, 1765	LR5	253
Harris P., res. Sharon, d. Mar. 13, 1865, ae 57	1	129
John, s. Stephen, agriculturist, ae 51 & Harriet, ae 41, b. Mar. 13, 1851	1	33-4

SHARON VITAL RECORDS 273

	Vol.	Page
KNIBLOE (cont.)		
John Prindle, s. Rev. Ebenezer & Elizabeth, b. Aug. 26, 1766	LR5	254
Mary Prindle, d. Rev. Ebenezer & Elizabeth, b. Apr. 13, 1769	LR6	125
Stephen Joseph, s. Rev. Ebenezer & Elizabeth, b. July 11, 1763	LR5	253
William Ebenezer, s. Rev. Ebenezer & Elizabeth, b. Sept. 10, 1760	LR5	105
Zada L., of Sharon, m. Amos H. **GILBERT**, of Amenia, N.Y., Dec. 3, 1843, by Rev. Daniel DeVinne	LR22	467
[KNICKEKRBOCKER], KNICKERBOCOR, KNICKERBECOR, Abigail, d. William & Abigail, b. Feb. 28, 1748/9	LR2	24
Hannah, d. William & Abigail, b. June 4, 1750	LR2	167
John, m. Jemima **OWEN**, Feb. 22, 1751	LR3	263
KNIGHT, Charles Sedgwick, s. William W., physician, ae 29 & Callie, ae 23, b. Sept. 22, 1862	1	40
William H., s. William W., physician, ae 32 & Caroline **SEDGWICK**, ae 26, b. June 14, 1865	1	56
William W., physician, ae 28, b. Mass., res. Sharon, m. Callie **SEDGWICK**, ae 21, of Sharon, Sept. 5, 1861, by Rev. D. D. Tompkins McLaughlin, of the Cong. Ch.	1	75
LACY, -----, housekeeper, b. Amenia, N.Y., res. Sharon, d. Apr. 17, 1855, ae 65	1	108
LAKE, Alva, m. Ordelia **HORSFORD**, of Sharon, Jan. [ ]	LR20	380
Andrew, Jr., farmer, b. Sharon, res. Sharon, d. [ ], 1860, ae [ ]	1	117
Andrew, farmer, b. Sharon, res. Sharon, widower, d. June 24, 1861, ae 82	1	117
Andrew G., s. Gilbert, farmer, ae 26 & Julia, ae 28, b. July 10, 1862	1	37
Ann, m. Charles S. **SICKMAN**, b. of Sharon, Mar. 7, 1850, by Rev. Lucius H. King	LR	547
Caleb M., had d. [ ], b. Mar. 31, 1851	1	31-2
Caleb M., farmer, b. Sharon, res. Sharon, d. [ ], 1857	1	112
Emeline, of Sharon, m. William **DAVIS**, of Stonington, Jan. 1, 1828, by C. P. Willson	LR20	383
Gilbert, farmer, ae 25 & Julia, ae 24, had d. [ ], b. Oct. 6, 1859	1	24
Gilbert E., soldier, ae 29 & Julia, ae 30, had s. [ ], b. Jan. 9, 1865	1	52
Harriet L, m. Norman E. **WHEELER**, b. of Sharon, Oct. 21, 1845, by G. L. Brownell	LR22	469
Jane A., m. George W. **HICKS**, b. of Sharon, Oct. 1, 1848, by Rev. Lucius H. King	LR27	550
Jesse W., m. Lois **GOODRICH**, b. of Sharon, Oct. 11, 1827	LR20	382

274 BARBOUR COLLECTION

	Vol.	Page
LAKE (cont.)		
Laura C., ae 38, b. Goshen, res. Sharon, m. 2nd h. Henry E. **CARTWRIGHT**, farmer, ae 38, of Sharon, May 31, 1864, by Rev. Ira Ferris	1	82
Warner, basket maker, b. Sharon, res. Sharon, d. Mar. 15, 1862, ae 63	1	119
LAMB, LAM, Abigail, d. Ebenezer & Ellis, b. Dec. 7, 1778	LR7	298
Abigail, b. Salisbury, res. Salisbury, d. May 19, 1850, ae 76	1	23-24
Ann, m. Jonas **ADAMS**, b. of Oblong, June 4, 1755, by John Williams	LR3	262
Bela, d. Sept. 27, 1849, ae 77	1	23-24
Charles A., of Maumee City, O., m. Caroline **BENEDICT**, of Sharon, Sept. 11, 1837, by Rev. Fitch Reed, of the M. E. Ch.	LR22	474
Charles W., s. George, farmer, ae 24 & Sarah **WELLS**, ae 17, b. Aug. 22, 1866	1	60
Ellis, w. Ebenezer, d. Apr. 30, 1779	LR7	297
Henry, m. Lucy **WHITFORD**, Jan. 10, 1830, by Rev. Aaron Hunt	LR20	383
Sarah, m. Gerhsam **SAXTON**, Aug. 16, 1745, by Rev. Peter Prat	LR2	20
LAMBERT, Charlotte M., b. Sharon, res. New York, m. John **BOYD**, b. Amenia, N.Y., res. Amenia, Oct. 4, 1849, by [ ]	1	27-28
D. Edward, merchant, ae 32 & Kate **WATTLES**, ae 26, had d. [ ], b. Mar. 10, 1866	1	60
Edward, s. Edward, merchant, ae 28 & Cellie, ae 24, b. July 24, 1862	1	37
Edward, b. Sharon, res. Sharon, d. July 31, 1862, ae 7 d.	1	120
Henry, b. Sharon, res. Sharon, d. Aug. 18, 1864, ae 2	1	126
Polly, housekeeper, b. West Haven, res. Sharon, d. May 28, 1856, ae 70	1	109
LAMPMAN, Thomas J., m. Jane **FREEMAN**, b. of Sharon, Jan. 4, 1828, by Peter Bunce	LR20	383
LANDERS, Abigail, d. Joseph & Sarah, b. Feb. 12, 1763	LR5	250
Caleb, s. Ebenezer & Rebecca, b. Nov. 13, 1750	LR3	102
Content, d. Ebenezer & Rebecca, b. Aug. 6, 1755	LR3	380
Deborah, d. Joseph, Jr. & Sarah, b. Jan. 8, 1754	LR3	102
Isaac, s. Joseph & Sarah, d. about June 20, 1749	LR2	22
Isaac, s. Joseph & Sarah, d. June [ ], 1749	LR3	410
Joseph, s. Joseph & Sarah, b. Mar. 9, 1752	LR3	102
Joseph, s. Joseph & Sarah, d. June 22, 1756	LR3	410
Joshua, s. Joseph, Jr. & Sarah, b. Nov. 9, 1755	LR3	415
Joshua, s. Joseph & Sarah, d. Dec. 19, 1755	LR3	410
Mary, d. Ebenezer & Rebecca, b. July 11, 1757	LR4	128
Mary, d. Joseph, Jr. & Sarah, d. Sept. 20, 1761, ae 1 m.	LR5	151
Mercy, d. Joseph, Jr. & Sarah, b. Aug. 20, 1761	LR5	106
Peleg, s. Joseph, Jr. & Sarah, b. June 3, 1749	LR2	22
Peleg, s. Joseph, Jr. & Sarah, b. June 3, 1749	LR3	410
Remember, d. Joseph, Jr. & Sarah, b. Jan. 18, 1747	LR3	102
Sarah, d. Joseph, Jr. & Sarah, b. Feb. 18, 1759	LR4	130

	Vol.	Page
LANDERS (cont.)		
Seth, s. Joseph & Sarah, b. Nov. 19, 1756	LR3	416
Thankfull, d. Joseph & Sarah, d. June [ ], 1744	LR3	410
Thankfull, d. Joseph & Sarah, d. about June 13, 1749	LR2	22
Thankfull, d. Joseph & Sarah, b. Apr. 27, 1750	LR3	102
LANDON, Charles, of Canaan, m. Aminta **JACKSON**, of Sharon, Mar. 13, 1834, by David L. Perry	LR20	384
Charles, m. Melinda **CALKINS**, b. of Sharon, Mar. 24, 1836, by Rev. Lucius M. Purdy, of St. Paul's Ch.	LR22	473
Charles, laborer, b. Sharon, res. Sharon, d. Nov. 9, 1862, ae 64	1	121
Fitch, iron man, ae 36 & Olive, ae 32, had d. [ ], b. Feb. 3, 1858	1	16
Fitch, manufacturer, ae 42 & Olivia, ae 38, had d. [ ], b. Oct. 9, 1864	1	49
Frances, d. Fitch, blast furnance (?), ae 30 & Olive, ae 25, b. Feb. 5, 1851	1	37-8
James, of Salisbury, m. Jane E. **HEATH**, of Sharon, Mar. 6, 1833, by David L. Perry	LR20	384
James J., farmer, ae 32 & Sarah, ae 27, had s. [ ], b. June 8, 1861	1	31
Joe, of Canaan, m. Olive **JOHNSON**, of Sharon, [ ]	LR20	380
Mary B., b. Sharon, res. North East, d. July 4, 1862, ae 2	1	120
LANE, Robert, s. John, laborer, ae 28 & Mary Ann, ae 21, b. Nov. 25, 1865	1	53
LANESLEY, Freeman, d. Oct. 11, 1848, ae 50	1	11-12
LAPAGE, Sarah, ae 22, colored, b. Norfolk, res. Norfolk, m. Samuel A. **FOOT**, laborer, ae 19, colored, b. Salisbury, res. Sharon, Sept. 7, 1857, by E. Stoddard	1	68
LASEE, Abraham, mechanic, ae 26, b. Upper Canaan, res. Pine Plains, m. Isabella C. **BEEBE**, ae 25, of Sharon, Jan. 29, 1862, by Rev. John V. Stryker, of Christ Ch.	1	76
LATHROP, Leonard E., clergyman, b. Hebron, res. Sharon, d. Aug. 20, 1857, ae 61	1	111
LAVALL, Stephen, m. Mary E. **ALMOND**, b. of Sharon, Aug. 1, 1842, by Rev. Fitch Reed	LR22	470
LAWLER, Ellen, ae 30, b. Ireland, res. Bridgeport, m. George W. **PENNOCH**, laborer, ae 33, b. Sharon, res. Sharon, Mar. 4, 1865, by Rev. Ira Ferris	1	84
LEACH, Daniel, mason, ae 36 & Susan J., ae 22, had s. [ ], b. Jan. 16, 1861	1	30
Daniel, mason, ae 38 & Susan, ae 23, had d. [ ], b. Nov. 1, 1862	1	39
Daniel, mason, ae 41 & Susan, ae 26, had s. [ ], b. Oct. [ ], 1865	1	54
Harriet, m. Charles A. **SMITH**, b. of Sharon, Mar. 12, 1838, by Rev. Fitch Reed, of the M. E. Ch.	LR22	475
-----, female, d. Oct. [ ], 1865	1	128
LEADWAY, Sally, d. Apr. 18, 1849, ae 52	1	11-12
LECKY, Elliott, s. John, farmer, ae 40 & Julia, ae 35, b. July 9, 1857	1	14

	Vol.	Page
LEE, George H., s. George H., farmer, b. May 28, 1851	1	31-2
John, Dr., m. Mrs. Elizabeth **GRISWOLD**, Apr. 14, 1757, by Rev. Benjamin Throope	LR3	412
LEEKENAN, Charles, ae 21, b. Cornwall, res. Sharon, m. Ann **LUKE**, ae 17, b. Kent, res. Sharon, Mar. 7, 1850, by Lucius H. King	1	27-28
LENT, Nehemiah, clergyman, ae 22, b. Peekskill, N.Y., res. Sharon, m. Mary **EGGLESTON**, housekeeper, ae 18, b. North East, N.Y., res. Sharon, Oct. 3, 1855, by M. R. Lent	1	65
LEONARD, John, laborer, ae 30 & Bridget, ae 30, had s. [ ], b. Feb. 11, 1864	1	46
LEVERIDGE, Griswold, farmer, b. Sharon, res. Sharon, d. Jan. 4, 1858, ae 60	1	114
LEVI, Ezra, m. Rebecca **CALKINS**, Nov. 29, 1841, by Silas A. Gray, J.P.	LR22	480
Sally, housekeeper, b. Sharon, res. New Milford, d. May 28, 1856, ae 57	1	109
LEVINESS, Julia M., ae 20, b. New York, res. Sharon, m. Harrison B. **ST. JOHN**, farmer, ae 23, of Sharon, Feb. 18, 1864, by Rev. Ira Ferris	1	82
LEWIS, Charles L., farmer, colored, ae 21, b. New York, res. Sharon, m. Josephine **JONES**, colored, ae 18, b. Salisbury, Jan. 8, 1865, by E. S. Stoddard	1	84
Charles S., s. Charles, laborer, colored, ae 20 & Josephine, ae 19, colored, b. Feb. 23, 1866	1	62
Cornelia Maria, b. New Haven, res. Sharon, d. Oct. 4, 1848, ae 8	1	9-10
Eliza J., ae 17, of Sharon, m. Allen **BROWN**, farmer, ae 20, b. Cornwall, res. Sharon, July 1, 1862, by Rev. H. B. Mead	1	76
Eugene J., s. Eliihu & Joanna, b. Oct. 31, 1849	1	19-20
George, s. Miles B., blacksmith, b. Jan. 19, 1851	1	35-6
Hannah, d. Samuell & Hannah, b. Feb. 13, 1745/6	LR2	167
Jabez, m. Sarah **FOSDICK**, Mar. 25, 1750, by John Williams	LR3	261
Marcy, d. Samuel & Hannah, b. Oct. 16, 1744	LR2	167
Mercy, m. Theodore **SIMONS**, b. of Sharon, Dec. 24, 1760	LR4	130
Miles B., blacksmith, ae 41 & [ ], ae 36, had d. [ ], b. Mar. 23, 1855	1	2
Philo, of Cornwall, m. Eleanor **SWIFT**, of Sharon, Sept. 13, 1826, by Frederick Gridley	LR20	382
Samuel, m. Hannah **MILLARD**, May 26, 174[ ]	LR2	20
Samuel, s. Samuel & Hannah, b. Sept. 2, 1747	LR2	167
Samuel, Jr., m. Lydia **CHAPMAN**, b. of Sharon, Sept. 22, 1769, by Rev. C. M. Smith	LR6	91
Samuel, s. Samuel & Lydia, b. Apr. 19, 1772	LR7	304
Sarah, m. Charles Leonard **PRINDLE**, b. of Sharon, Jan. 25, 1821, by George B. Andrews	LR20	380
Susanna, d. Samuell & Hannah, b. Apr. 21, 1750	LR2	167

	Vol.	Page
LEWIS (cont.)		
Susanna, m. James **FOOT**, b. of Sharon, June 9, 1769, by Rev. C. M. Smith	LR6	91
Sylvanus, s. Samuel, Jr. & Lydia, b. July 14, 1770	LR6	126
-----, female, b. Sharon, res. Sharon, d. Mar. 27, 1855	1	108
LILLIE, LILLY, David, of Sharon, m. Azubah **BISSEL**, of Salisbury, Nov. 6, 1766	LR5	255
Sarah, d. David & Azubah, b. Mar. 14, 1773	LR7	305
LINE, Jacob, ae 28 & [ ], ae 26, had s. [ ], b. Apr. 8, 1861	1	31
LINER, Jacob, farmer, ae 26 & Mary E. **FAHL**, ae 18, had s. [ ], b. Dec. 22, 1865	1	53
Jacob, farmer, ae 35 & Elizabeth, ae 33, had s. [ ], b. May 24, 1866	1	58
Ludwick, laborer, ae 38 & [ ], ae 26, had s. [ ], b. Sept. 15, 1861	1	33
LINES, Benjamin, m. Sophia **PRATT***, Dec. 4, 1825, by George B. Andrews *("**PLATT**" in Van Alstyne's)	LR20	382
Eliza Ann, m. Alfred **PELTON***, b. of Sharon, Sept. 9, 1829, by Rev. G. B. Andrews *("**PETTON**" in Van Alstyne's book)	LR20	383
LLOYD, Clara M., d. William H., farmer, ae 29 & Abbie J., ae 25, b. Oct. 6, 1863	1	44
George H., s. John, ae 25 & Hester, ae 24, b. Dec. 20, 1849	1	17-18
George H., farmer, b. Sharon, res. Sharon, d. Mar. 3, 1863, ae 13 y.	1	122
Henry B., b. Sharon, res. Sharon, d. Sept. 29, 1862, ae 6	1	120
Ja[mes] E., s. John, farmer, ae 30 & [ ], ae 26, b. Oct. 30, 1855	1	4
John, farmer, ae 30 & Esther, ae 30, had s. [ ], b. Sept. 18, 1857	1	12
John, laborer, ae 33 & Esther, ae 33, had s. [ ], b. July 20, 1860	1	28
John, farmer, ae 35 & Esther, ae 35, had s. [ ], b. Aug. 2, 1862	1	37
Sarah L., ae 21, of Sharon, m. Richard P. **POTTER**, laborer, ae 21, of Cornwall, Jan. 1, 1862, by Rev. H. B. Mead	1	76
William H., farmer, ae 21, res. Sharon, m. Abigail **REED**, housekeeper, ae 17, res. Sharon, Oct. 14, 1855, by L. E. Lathrop	1	65
William H., farmer, ae 22 & Abigail, ae 18, had s. [ ], b. Oct. 20, 1856	1	7
LOCKWOOD, Caroline G., res. Sharon, m. Frederick **NORTHROP**, farmer, res. Sharon, Dec. 25, 1865, by Rev. William Stevens	1	85
Charles, of Greenwich, m. Betsey **BENNET**, of Elsworth, Mar. 6, 1842, by Rev. John W. Beecher, of Ellsworth	LR22	481
Charles F., m. Charlotte S. **ABEL**, b. of Sharon, Sept. 12, 1847, by G. L. Brownell	LR27	550

278 BARBOUR COLLECTION

	Vol.	Page
LOCKWOOD (cont.)		
Charles W., minister, ae 31 & Lucy, ae 30, had s. [ ], b. Dec. 21, 1859	1	25
Eliza Ann, m. Daniel **ST. JOHN**, b. of Sharon, Sept. 9, 1845, by Stephen M. Vail	LR22	481
Ella, b. Canaan, res. Sharon, d. [ ], ae 77	1	49
Frederick & Charlotte, res. LaSalle, Ill, had s. [ ], b. Nov. [ ], 1848	1	7-8
Frederick & Charlotte, res. Vermilleon, Ill, had d. [ ], b. Aug. 10, 1849	1	7-8
Frederick, s. William, ae 31 & Harriet, ae 21, b. Aug. 31, 1850	1	21-22
Frederick, farmer, ae 50, b. Saratogo Springs, m. [2nd w.], ae 42, res. Sharon, July 19, 1857, by Rev. David Nash	1	68
George, b. Sharon, res. Sharon, d. Aug. 4, 1856, ae 4 d.	1	110
Harriet, of Sharon, m. Charles **HALLOCK**, of New Milford, Nov. 18, 1834, by David L. Perry	LR22	472
Harriet, housekeeper, b. Sharon, res. Sharon, d. Feb. 27, 1860, ae 29	1	116
Mary Ann, housekeeper, b. Sharon, res. Sharon, d. Oct. 8, 1861, ae 48	1	118
William, m. Harriet C. **BIRDSILL**, b. of Sharon, Nov. 14, 1844, by Stephen M. Vail	LR22	481
William, farmer, ae 33 & Harriet, ae 23, had d. [ ], b. Sept. 18, 1857	1	12
William, farmer, ae 38 & Harriet, ae 29, had d. [ ], b. Feb. 17, 1860	1	26
William, farmer, ae 44 & Eunice, ae 25, had d. [ ], b. Oct. 2, 1861	1	33
LOOMIS, Tryphena, m. Joseph **GOOLD**, June 27, 1751, by John Williams	LR3	261
LOPER, Job S., farmer, ae 25, b. Sharon, res. Sharon, m. Mary H. **STUDLEY**, teacher, ae 25, b. Sharon, res. Sharon, Oct. 24, 1866, by Rev. William Stevens	1	86
LORD, Deborah, d. Joseph &Esther, b. Mar. 31, 1755	LR5	106
Ephraim, m. Bethiah **WATERMAN**, July 24, 1753, by John Williams	LR3	262
Ethan, m. Paulina **PARSONS**, about Nov. 1, 1827, by Samuel Rockwell	LR20	384
Freedom, s. Joseph & Esther, b. May 14, 1774	LR7	299
John, s. Joseph & Esther, b. Feb. 22, 1757	LR5	106
John, farmer, res. Sharon, d. June 13, 1865, ae 82	1	129
Joseph, m. Esther **CHAPMAN**, Nov. 7, 1754, by John Williams	LR3	262
Joseph, m. Julia **PRINDLE**, Oct. 9, 1839, by S. T. Carpenter	LR22	477
Lois, d. Joseph & Esther, b. June 3, 1759	LR5	106
Lucy, teacher, b. Sharon, res. Sharon, d. Oct. 6, 1861, ae 42	1	118
Philo, b. Sharon, res. Sharon, d. Dec. 26, 1859, ae 71	1	115

SHARON VITAL RECORDS 279

	Vol.	Page
LOUCKS, Harriet, b. Pine Plains, N.Y., res. Sharon, d. Dec. 20, 1866, ae 7 m.	1	129
John C., res. North East, m. Elizabeth VAN ALSYNE, res. North East, Dec. 25, 1860, by Rev. G. Daniels	1	74
John C., wagon maker, ae 30 & Elizabeth VAN ALSTYNE, ae 29, had s. [ ], b. May 20, 1865	1	52
Walter, b. Pine Plains, N.Y., res. Sharon, d. Dec. 20, 1866, ae 2 y.	1	129
William, b. Pine Plains, N.Y., res. Sharon, d. Dec. 16, 1866, ae 5 y.	1	129
LOUDEN, Fitch, iron manufacturer, ae 38 & Olive, ae 34, had d. [ ], b. May 16, 1860	1	27
Julia Estelle, d. Fitch & Olive, b. Aug. 24, 1849	1	5-6
LOUNDSBURY, George Leroy, s. Leroy, blacksmith, ae 45 & Fanny, ae 38, b. Feb. 2, 1861	1	30
Harriet, d. Leroy, blacksmith, ae 43 & Fanny, ae 36, b. Mar. 21, 1859	1	22
LOVEJOY, Daniel, of Province Land west of Sheffield, m. Prudence CADY, of Oblong, Sept. 7, 1757, by John Williams	LR3	263
LOVELL, LOVEL, Amos, s. Joseph & Sarah, b. Sept. 13, 1784	LR7	306
Elizabeth, d. [Joseph & Sarah]., b. May 13, 1777	LR7	306
Elizabeth C., m. Calvin P. CHAFFEE, b. of Sharon, Sept. 4, 1844, by G. L. Brownell	LR22	468
Eliezer, s. [Joseph & Sarah], b. Sept. 26, 1766	LR7	306
Hannah, d. [Joseph & Sarah, b. Nov. 3, 1769	LR7	306
John C., farmer, ae 31, res. Sharon, m. Emily A. CARTWRIGHT, ae 22, res. Sharon, Sept. 4, 1855, by A. C. Frissell	1	64
Mary, d. Joseph & Sarah, b. Sept. 6, 1764	LR7	306
Olive, d. [Joseph & Sarah], b. Dec. 10, 1774	LR7	306
Rodney, s. Thomas, farmer, ae 35 & Rhoana, ae 31, b. Apr. 6, 1860	1	27
Sarah, d. [Joseph & Sarah], b. Sept. 26, 1772	LR7	306
Sarah, b. Sharon, res. Sharon, d. Aug. 7, 1860, ae 32	1	116
Susan E., d. Charles T., farmer, ae 28 & Roana, ae 24, b. Jan. 14, 1851	1	33-4
LOVERIDGE, Abigail, b. Sharon, res. Sharon, d. Oct. 30, 1859, ae 54	1	115
Griswold, m. Abigail HULL, b. of Sharon, May 11, 1829, by Rev. David L. Perry	LR20	383
Griswold, farmer, b Sharon, d. Dec. 31, 1857, ae 62	1	112
LOVEWELL, Abigail, 2nd child [Levi & Susanna], b. May 3, 1761	LR7	411
Desire, 1st child [Levi & Susanna], b. Feb. 3, 1759	LR7	411
John, 6th child Levi & Mary, b. Sept. 5, 1775	LR7	411
Reuben, 5th child [Levi & Susanna], b. Sept. 18, 1768	LR7	411
Simeon, 3rd child [Levi & Susanna], b. May 4, 1763	LR7	411
Susannah, 7th child [Levi & Mary], b. July 2, 1777	LR7	411
Thankfull, 4th child [Levi & Susanna], b. Apr. 11, 1765	LR7	411

	Vol.	Page
LOWRY, LOWREY, Daniel, m. Abby **GOODWIN**, b. of Sharon, July 11, 1821, by David L. Perry	LR20	380
Rebeckah Maria, of Sharon, m. Homer **HITCHCOCK**, of Amenia Dutchess Co., N.Y., Dec. 18, 1839, by Rev. William K. Stopford, of the M. E. Ch.	LR22	478
LUCAS, Mary J., ae 23, of Sharon, m. Myron F. **WHITNEY**, farmer, ae 24, of Sharon, Nov. 14, 1864, by Rev. Ira Ferris	1	83
LUCE, Tamsen, m. Aaron **YOUNGS**, b. of Sharon, May 27, 1778	LR7	302
LUIA, Jacob, farmer, ae 25, b. Germany, res. Sharon, m. Mary **PFAHL**, ae 18, b. Germany, res. Sharon, Mar. 6, 1865, by Rev. D. D. T. McLaughlin	1	84
LUKE, Ann, ae 17, b. Kent, res. Sharon, m. Charles **LEEKENAN**, ae 21, b. Cornwall, res. Sharon, Mar. 7, 1850, by Lucius H. King	1	27-28
LUMBARD, David, m. Elizabeth **GATES**, Dec. 17, 1755, by John Williams	LR3	263
LYMAN, Amanda, d. Simeon & Joanna, b. Mar. 12, 1798	LR12	285
Anna, d. Simeon & Joanna, b. Feb. 22, 1791	LR10	142
Harriet E., of Sharon, m. Edgar J. **REID**, of Salisbury, Oct. 12, 1831, by David L. Perry	LR20	384
Isaac, farmer, b. Sharon, res. Sharon, d. Jan. 29, 1858, ae 77	1	113
Laura, m. Levi S. **BARTRAM**, b. of Sharon, May 5, 1843, by G. Lawrence Brownell	LR22	466
Lucy Ann, of Sharon, m. Martin **DECKER**, of Salisbury, June 8, 1840, by G. Lawrence Brownell	LR22	477
Mary Ann, of Sharon, m. Martin **DECKER**, of Salisbury, Apr. 6, 1842, by G. Lawrence Brownell	LR22	470
Rebecca, of Sharon, m. Oliver **CROCKER**, of Nine Partners, Feb. 27, 1757, by John Williams	LR3	263
Sarah, of Sharon, m. Charles **TWITCHELL**, of Naugatuck, Jan. 15, 1845, by G. L. Brownell	LR22	468
Simeon, s. Simeon & Joanna, b. Oct. 15, 1793	LR10	143
Simeon, of Westmoreland, N.Y., m. Amanda C. **KING**, of Sharon, Oct. 14, 1844, by G. L. Brownell	LR22	468
MCBURNEY, MCBERNEY, Charles, s. Christopher, farmer, ae 36 & Polly, ae 37, b. Mar. 29, 1862	1	36
George, farmer, ae 44, b. Franklin Co., res. Sharon, m. Sarah L. **WOODIN**, teacher, ae 26, b. Warren, res. Warren, Oct. 22, 1856, by David Nash	1	66
Harriet, housekeeper, b. Sharon, res. Sharon, d. June 17, 1856, ae 22	1	109
Hiram, farmer, of Sharon, m. Flora **WHITFORD**, of Sharon, Mar. 25, 1851, by Rev. Joel Osborne	1	47-8
Hiram, s. Christopher, farmer, ae 3 & Polly, ae 32, b. Dec. 7, 1857	1	15
Margaret, b. North East, N.Y., res. Sharon, d. Dec. 5, 1850, ae 59	1	49
Maryette, d. Christopher, farmer & Polly, b. Oct. 7, 1850	1	39-40

SHARON VITAL RECORDS 281

	Vol.	Page
McBURNEY, McBERNEY (cont.)		
Nancy, of Sharon, m. Allen **CHAPMAN**, farmer, of Sharon, Mar. 12, 1851, by Rev. Joel Osborne	1	47-8
McCANN, M'CANN, Katy, b. Sharon, res. Sharon, d. Nov. 22, 1863, ae 4	1	123
P., s. [ ], b. May [ ], 1863	1	43
-----, laborer, had s. [ ], b. Mar. 1, 1864	1	46
-----, farmer, had s. [ ], b. [, 1866]	1	59
McCOY, William, of Kent, m. Merina **ORTON**, of Sharon, Mar. 4, 1829, by Rev. David L. Perry	LR20	383
McDONALD, Hugh, laborer, ae 20, b. Ireland, res. Amenia, m. Catharine **CAVANAUGH**, ae 19, b. Ireland, res. Sharon, Sept. 30, 1860, by Rev. R. O'Gorman	1	74
John H., laborer, ae 27, b. Pokeepsie, N.Y., res. Sharon, m. Mary A. **HUNTER**, ae 24, b. Sharon, res. Sharon, Feb. 7, 1867, by Rev. E. L. Bray	1	88
Mary, ae 22, b. Ireland, res. Sharon, m. George H. **SMITH**, mechanic, ae 24, b. Germany, res. Sharon, Nov. 27, 1862, by J. A. Couch	1	77
McGUIRE, MAGUIRE, Anna, d. Martin, mechanic, ae 32 & Maria, ae 24, b. July 12, 1862	1	37
James, b. Sharon, res. Sharon, d. Feb. 19, 1862, ae 2	1	119
Maria, housekeeper, b. Ireland, res. Sharon, d. Nov. 29, 1864, ae 28	1	125
Martin, mechanic, ae 29 & Maria, ae 23, had s. [ ], b. Apr. 12, 1860	1	27
Martin, collier, ae 38 & Maria, ae 28, had d. [ ], b. Oct. 24, 1864	1	49
Mary, d. Martin, laborer, ae 29 & Maria, ae 21, b. July 18, 1858	1	18
[McINTIRE], McENTIRE, Benjamin, d. Mar. 2, 1778	LR7	297
Benjamin, s. [Benjamin & Lois], b. May 17, 1778	LR8	61
Phebe, d. Benjamin & Lois, b. Apr. 25, 1776	LR8	61
McKELNEY, H. A., clergyman, ae 48, b. South Carolina, res. Ill, m. 2nd w. Delia **FINCH**, ae 35, b. Sharon, res. Sharon, Aug. 28, 1866, by Rev. A. B. Bullings	1	86
McKNIGHT, Mary Jane, d. William, laborer, ae 28 & Maria, ae 27, b. Aug. 9, 1856	1	10
McLANE, Henry, d. Sept. 5, 1848	1	9-10
McLAUGHLIN, D. D. T., Rev., ae 46, b. N.Y. City, res. Sharon, m. Mary W. **BONNELL**, ae 26, b. Woodbury, res. Sharon, June 2, 1859, by Rev. J. R. Herrick	1	72
D. D. T., clergyman, ae 51 & Mary B., ae 31, had d. [ ], s. b. Jan. 16, 1864	1	46
Edward T., s. Daniel D. T., clergyman, ae 47 & Mary, ae 27, b. May 28, 1860	1	28
Lawrence B., b. Sharon, res. Sharon, d. Aug. 30, 1863, ae 17 m.	1	123
Michael, mechanic, ae 27 & Anna, ae 23, had d. [ ], b. Feb. 23, 1864	1	46

	Vol.	Page
McLAUGHLIN (cont.)		
William Brownell, s. D. D. T., clergyman, ae 49 & Mary B., ae 29, b. Mar. 17, 1862	1	36
McMASTER, Allis, d. Stephen, laborer, ae 27 & Rhoda, ae 25, b. Dec. 23, 1850	1	33-4
MAHAN, Thomas, s. Thomas, laborer, ae 45 & Ellen, ae 30, b. Dec. [ ], 1856	1	10
MAHR, William, s. John, farmer, ae 29 & [ ], ae 26, b. Aug. 10, 1865	1	54
MALLEING, Daniel, of Litchfield, Pa., m. Mariah M. WHITE, of Sharon, Sept. 19, 1842, by Rev. Fitch Reed	LR22	470
MALLEY, George Frederick, s. Charles, laborer, ae 24 & Caroline, ae 21, b. June 29, 1851	1	39-40
MALLORY, MALLERY, Aaron, laborer, ae 25, b. Amenia, res. Sharon, m. M. **COLLINS**, ae 20, b. Amenia, res. Sharon, Nov. 27, 1850, by Fressell Cogelee	1	47-8
Almira, m. Earl **CARTWRIGHT**, Nov. 22, 1829, by Rev. Frederick Gridley	LR20	383
Ansel, m. [ ] **REED**, b. of Sharon, [ ], by George B. Andrews	LR20	382
Ebenezer, laborer, b. Woodbury, res. Sharon, d. Dec. 9, 1850, ae 86	1	49
Edmund, farmer, ae 48 & Sarah A. **SMITH**, ae 29, had s. [ ], b. Jan. 25, 1866	1	58
Emily, housekeeper, b. Sharon, res. Sharon, married, d. May 3, 1861, ae 48	1	117
Polly, of Sharon, m. Lewis **HUMISTON**, of Washington, N.Y., Jan. 25, 1821, by David L. Perry	LR20	380
Sarah, res. Sharon, d. Aug. 17, 1866	1	129
Zalmon, farmer, ae 48, b. Amenia, N.Y., res. Sharon, m. 2nd, w. Sarah E. **BROWN**, ae 25, b. Goshen, res. Sharon, Dec. 28, 1865, by Rev. R. D. Gardiner	1	85
MALQUIST, Charles, collier, ae 24 & Victoria J. **DRAY**, ae 19, had s. [ ], b. Nov. 6, 1866	1	59
MANCHESTER, Julian A., butcher, ae 23, b. Colebrook, res. Bridgeport, m. Sarah **KING**, ae 22, b. Sharon, res. Sharon, Jan. 15, 1867, by Rev. William Stevens	1	88
Niles W., farmer, ae 32, b. Mass., res. Pleasant Valley, m. Jennie N. **GRISWOLD**, ae 23, b. Sharon, res. Sharon, Dec. 12, 1866, by Reg. Edward L. Bray	1	87
MANNINGER, David, m. Anna **HAMILTON**, Aug. 1, 1751, by John Williams	LR3	261
MANSFIELD, Harriet S., of Sharon, m. Ira **FRINCK**, of Cornwall, Nov. 16, 1831, by Frederick Gridley	LR20	384
MANSON*, Reuben, m. Anna **HAWLEY**, Aug. 16, 1753, by John Williams *("Reuben **MANROW**" in Van Alstyne's book)	LR3	262
MAPES, Mary Ann, ae 20, b. Ancram, N.Y., res. Sharon, m. David **GILBERT**, mechanic, ae 24, b. Wilton, res. Sharon, Feb. 11, 1856, by L. E. Lathrop	1	66

MARCH, [see also MARSH], Charles, s. Richard & Elizabeth,
b. Sept. 23, 1771 — LR6 127
Charles Lee, s. Richard & Elizabeth, b. Sept. 23, 1771 — LR7 299
MARCHANT, Ashbel, of Sharon, m. Rachil MAYFIELD, of Stamford, N.Y., Dec. 24, 1825, by George B. Andrews — LR20 382
Betsey Ann, of Sharon, m. Rutledge WILBUR, of Amenia, N.Y., Nov. 21, 1833, by David L. Perry — LR20 384
Sarah J., of Sharon, m. Lewis H. GUILD, of New Haven, Sept. 6, 1843, by G. L. Brownell — LR22 466
MARINER, Hannah, of Sharon, m. Dudley BROWN, of Goshen, Jan. 5, 1831, by Rev. Frederick Gridley — LR20 383
MARKS, Mary Eliza, b. New York City, res. Sharon, d. Nov. 4, 1862, ae 2 — 1 121
MARSH, [see also MARCH], Bradley, s. Tillerey, carpenter, ae 22 & Jane, ae 24, b. July 25, 1851 — 1 39-40
Cyrus, of Kent, m. Mrs. Abigail MARVINE, of Sharon, Aug. 5, 1755, by John Williams — LR3 263
Elijah, m. Lucretia MARVIN, Oct. 20, 1822, by Frederick Gridley — LR20 381
Isaac, of Cornwall, m. Nancy SMITH, of Sharon, Nov. 29, 1843, by Rev. Gad N. Smith — LR22 467
Richard, m. Elizabeth STRONG, b. of Sharon, Aug. 1, 1769, by C. M. Smith — LR6 91
William E., farmer, res. Sharon, m. A. M. ST. JOHN, res. Sharon, Sept. 12, 1865, by Rev. J. V. Stryker — 1 85
MARSHALL, Joseph, laborer, ae 24, b. Carmel, res. Cornwall, m. Caroline CELEY, ae 18, of Cornwall, Sept. 28, 1860, by Eliakim S. Stoddard, J.P. — 1 74
Mary J., d. George S., farmer, ae 31 & Hannah M., ae 19, b. Aug. 22, 1857 — 1 13
Mary J., d. Ezra S., laborer, ae 31 & Hannah, ae 19, b. June 22, 1858 — 1 17
Thankfull, of Ellsworth, m. Thomas BENHAM, of Amenia, N.Y., Nov. 5, 1851, by Rev. William J. Alyn — LR27 546
MARTIN, Abigail, b. Old Stockbridge, res. Marbledale, wid., d. Apr. 4, 1862, ae 81 — 1 119
Almira, m. Elijah H. WILLIAMS, b. of Sharon, May 27, 1827, by David L. Perry — LR20 382
Asenath, of Sharon, m. Darius J. BEARD, of Salisbury, Mar. 23, 1821, by David L. Perry — LR20 380
Elizabeth, of Sharon, m. Joseph WATSON, of New Milford, Jan. 2, 1843, by Rev. Fitch Reed, of the M. E. Ch. — LR22 471
James, of Amenia, N.Y., m. Betsey HINE, of Sharon, May 1, 1827, by David L. Perry — LR20 382
MARVIN, MARVINE, Abigail, Mrs., of Sharon, m. Cyrus MARSH, of Kent, Aug. 5, 1755, by John Williams — LR3 263
Asenath, d. John, 3rd & Mary, b. Apr. 13, 1769 — LR6 56
Charles, of Albany, N.Y., m. Maria WATROUS, of Sharon, Oct. 8, 1826, by David L. Perry — LR20 382

MARVIN, MARVINE (cont.)

	Vol.	Page
Clark P.*, m. Nancy **WATERBURY**, b. of Sharon, Mar. 10, 1823, by David L. Perry *("Clark P. **MAXAM**" in Van Alstyne's book)	LR20	381
Elizabeth, d. John, 3rd & Elizabeth, b. Feb. 14, 1754	LR3	406
Elizabeth, m. William **ROBERTS**, Dec. 15, 1777	LR7	302
Jesse, m. Meriam **SIMONS**, b. of Sharon, July 24, 1758	LR4	130
Jesse, s. Jesse & Meriam, b. Mar. 9, 1759	LR4	250
Jesse, d. July 6, 1759	LR3	410
John, Jr., m. Elizabeth **DUNHAM**, Jr., Sept. 19, 1751, by John Williams	LR3	261
John Case, s. John, 3rd & Mary, b. Mar. 24, 1765	LR6	56
Lucretia, m. Elijah **MARSH**, Oct. 20, 1822, by Frederick Gridley	LR20	381
Lucy, m. Eliakim **NORTHRUP**, b. of Sharon, Mar. 1, 1821, by David L. Perry	LR20	380
Mary, m. Zebulon **BADCOCK**, Oct. 24, 1749, by John Williams	LR3	261
Mary, d. John, 3rd & Mary, b. Aug. 13, 1762	LR6	56
Mercy, m. Nathaniel **TYLER**, Jan. 14, 1754, by John Williams	LR3	262
Naomi, d. John, 3rd & Elizabeth, b. June 16, 1752 O. S.	LR3	406
Rebecca, m. David **HUNTER**, June 26, 1750, by John Williams	LR3	261
Susanna, d. John, 3rd & Mary, b. June 11, 1759	LR4	320
Susanna, d. John, 3rd & Mary, b. June 11, 1759	LR6	56
Susanna, m. Hezekiah **FRISBE**, b. of Sharon, Nov. 8, 1764, by Rev. C. M. Smith	LR6	91
Zebulon, s. John, 3rd & Mary, b. June 13, 1767	LR6	56

MASE, Julia, ae 17, b. Litchfield, res. Sharon, m. Robert **MERRITT**, ae 23, b. Dutchess Co., N.Y., res. Bristol, Ill, Feb. 11, 1861, by Rev. J. V. Stryker — 1, 75

MAXAER (?), George, farmer, ae 40 & Sarah, ae 28, had d. [ ], b. Aug. 18, 1860 — 1, 29

MAXAM, MAXOM, Adonijah, s. Adonijah & Kezia, b. Dec. 31, 1753 — LR3, 333

	Vol.	Page
Adonijah, farmer, d. Nov. 22, 1850, ae 97	1	49
Almira, m. George C. **MAXAM**, b. of Sharon, Oct. 29, 1845	LR22	481
Benjamin, s. Adonijah & Kezia, b. Dec. 3, 1747	LR3	333
C., Rev., farmer, ae 38, b. Moreland, N.Y., res. Sharon, m. 2nd w. Sarah Jane **HUNTER**, ae 26, of Sharon, Oct. 14, 1858, by W. S. Stillwell	1	71
Clark P*., m. Nancy **WATERBURY**, b. of Sharon, Mar. 10, 1823, by David L. Perry *(Arnold copy has "Clark P. **MARVIN**")	LR20	381
Freelove, d. Adonijah & Kezia, b. Feb. 12, 1750	LR3	333
George, farmer, ae 45 & Sarah J. **HUNTEL**, ae 31, had d. [ ], b. Jan. 3, 1865	1	56
George C., m. Almira **MAXAM**, b. of Sharon, Oct. 29, 1845	LR22	481
Jacob, s. Adonijah & Kezia, b. May 13, 1756	LR5	104

SHARON VITAL RECORDS 285

	Vol.	Page
MAXAM, MAXOM (cont.)		
Kezia, d. Adonijah & Kezia, b. July 27, 1752; d. Sept. 12, 1752	LR3	333
Lana*, of Sharon, m. Allen **NORTHROP**, of Washington, N.Y., Apr. 17, 1828, by Rev. Phinehas Cook *("Lana **MAYSOME**" in Arnold Copy)	LR20	383
Laury Ann, m. Russel **CALKIN**, of Sharon, Oct. 22, 1839, by Rev. William K. Stopford, of the M. E. Ch.	LR22	477
Phebe Ann, res. Sharon, d. Aug. 21, 1857, ae 26	1	111
Samuel, s. Adonijah & Kezia, b. Feb. 28, 1745/6	LR2	24
----- B., m. [ ], Nov. 18, 1823, by Timothy Benedict	LR20	381
MAXFIELD, Judith, of Stanford, N.Y., m. Jeremiah **CALKIN**, of Sharon, Jan. 25, 1829, by Rev. Asa Tallmadge	LR20	383
MAXSON, George, farmer, ae 38 & Sarah, ae 25, had d. [ ], b. Jan. 19, 1859	1	21
MAXWELL, John, b. Salisbury, res. Sharon, d. Jan. 3, 1864, ae 2	1	125
MAY, Charles, s. Edward, laborer, ae 38 & Margarett, ae 37, b. July 14, 1858	1	18
Cumiah, laborer, colored, ae 28, b. Washington, N.Y., res. Sharon, m. Marietta **WESTON**, ae 22, colored, of Sharon, Jan. 12, 1859, by Charles F. Ledyard	1	72
George, laborer, colored, ae 25 & Mary, ae 20, had s. [ ], b. Sept. 20, 1857	1	13
Jennette, d. George, laborer, colored, ae 41 & Mary, ae 32, had d. [ ], b. Jan. 6, 1862	1	35
John, s. Jeremiah, laborer, colored, ae 28 & Marietta, colored, ae 21, b. Nov. 26, 1859	1	25
Susan, housekeeper, res. Sharon, d. Mar. 11, 1865, ae 65	1	129
MAYFIELD, Rachil, of Stamford, N.Y., m. Ashbel **MARCHANT**, of Sharon, Dec. 24, 1825, by George B. Andrews	LR20	382
MAYSOME*, Lana, of Sharon, m. Allen **NORTHROP**, of Washington, N.Y., Apr. 17, 1828, by Rev. Phinehas Cook *("**MAXAM**" in Van Alstyne's book)	LR20	383
MEACHIN, George, mechanic, ae 34, b. Ireland, res. Sharon, m. 2nd w. Mary J. **BURCHILL**, ae 22, b. Newark, N.J., res. Sharon, May 12, 1865, by Rev. William Stevens	1	84
MEAD, Ama, m. John **HOLLISTER**, Feb. 3, 1747/8	LR2	20
Herbert, s. Henry B., clergyman, ae 41 & Lydia, ae 30, b. Dec. 25, 1861	1	34
Herbert, b. Sharon, res. Sharon, d. Jan. 3, 1862, ae 8 d.	1	118
Maria, had d. [ ], b. Dec. 1, 1859	1	25
MENSLEY*, Myraan, of Sharon, m. William **WRIGHT**, of Cornwall, May 28, 1829, by Rev. Frederick Gridley *("**MINSLY**" in Van Alstyne's)	LR20	383
MERCHANT, E., collier, ae 30 & Ann, ae 26, had d. [ ], b. Aug. [ ], 1865	1	53
Hiland, ae 35 & Levina, ae 37, had s. [ ], b. Aug. 2, 1850	1	19-20

	Vol.	Page
MERCHANT (cont.)		
Keziah, m. David **GAY**, b. of Sharon, Mar. 24, 1776	LR7	302
MERRILLS, Nancy, m. Elias S. **FRINK**, b. of Sharon, Mar. 29, 1829, by Horatio Smith	LR20	383
MERRIMAN, R. B., of Litchfield, m. C. L. **PERRY**, of Sharon, May 1, 1842, by G. Lawrence Brownell	LR22	470
MERRITT, Robert, ae 23, b. Dutchess Co., res. Bristol, Ill., m. Julia **MASE**, ae 17, b. Litchfield, res. Sharon, Feb. 11, 1861, by Rev. J. V. Stryker	1	75
METCALF, Mary, Mrs., m. Rev. Peter **PRATT**, July 6, 1741	LR2	20
MIDDLEBROOK, MIDDLEBROOKS, Alanson, farmer, ae 41 & Sarah, ae 35, had s. [ ], b. July 24, 1860	1	28
Alanson, farmer, ae 46 & Sarah J., ae 39, had s. [ ], b. Jan. 19, 1863	1	42
Alanson, farmer, ae 45 & Sarah, ae 42, had d. [ ], b. July 17, 1866	1	62
Albert, s. Hiland, wagon maker, ae 25 & Hannah, ae 24, b. Feb. 16, 1851	1	37-8
Fransetta, b. Sharon, res. Sharon, d. Sept. 16, 1856, ae 10	1	110
Grace, b. Sharon, res. Sharon, d. Aug. 13, 1862, ae 2	1	120
Heland, mechanic, ae 34 & Hannah, ae 32, had d. [ ], b. Nov. 17, 1859	1	25
Hilan, wagon maker, ae 35 & Hannah, ae 34, had d. [ ],. B. Oct. 15, 1861	1	33
Helon, wagon maker, ae 36 & Hannah, ae 35, had d. [ ], b. May 7, 1863	1	43
Hilan, mechanic, ae 38 & Hannah, ae 37, had d. [ ], b. Dec. 4, 1864	1	50
Joshua, s. Alanson, farmer, ae 39 & Sarah, ae 33, b. Sept. 4, 1858	1	20
Katy, b. Sharon, res. Sharon, d. Jan. 16, 1862, ae 3 m.	1	118
Oakley, farmer, ae 25 & Eliza, ae 24, had d. [ ], b. [ ], [1861]	1	33
-----, male, b. Sharon, res. Sharon, d. June 14, 1855, ae 1	1	108
MILES, Freeman*, m. Ruth Emma **WOODWARD**, b. of Sharon, Feb. 22, 1827, by Frederick Gridley *(Written "Miles **FREEMAN**" in Van Alstyne's book)	LR20	382
MILLARD, Allen, m. Betsey **CALKIN**, Sept. 27, 1823, by David L. Perry	LR20	381
Charles, of Cornwall, m. Abigal **BALDWIN**, of Sharon, Mar. 12, 1823, by Frederick Gridley	LR20	381
Charles, laborer, ae 28 & Charlotte, ae 20, had s. [ ], b. Jan. 11, 1859	1	21
Demis, d. Joel & Tabitha, b. Aug. 3, 1792	LR10	143
Hannah, m. Samuel **LEWIS**, May 26, 174[ ]	LR2	20
Henry, s. Joel & Tabitha, b. Mar. 15, 1790	LR10	142
Joshua, s. Joshua & Lydia, b. Mar. 14, 1770	LR7	305
Josiah, s. Joshua & Lydia, b. June 18, 1772	LR7	305
Lemira A., m. Asa **BERRY**, Oct. 11, 1847, by Mr. Blydenburgh	LR27	548
Mehitabel, d. Joshua & Lydia, b. Jan. 3, 1767	LR7	305

SHARON VITAL RECORDS 287

	Vol.	Page
MILLER, Caty, of Sharon, m. John **JENKINS**, of Albany, Mar. 29, 1821, by Samuell Roberts	LR20	380
David, s. David, laborer, ae 29 & Jemima, ae 17, b. June 29, 1865	1	55
Julia A., d. Daniel G. & Lucy, b. Dec. 19, 1849	1	19-20
Mary, m. Ezekiel **CHAPMAN**, Jan. 11, 1749/50, by John Williams	LR3	261
Sally, housekeeper, ae 43, had s. [ ], b. May 29, 1856	1	6
MILLS, Harriet, m. Nathaniell **PECK**, b. of Sharon, Jan. 11, 1833, by Aaron Hunt	LR20	384
Josiah H., farmer, ae 27, b. North East, N.Y., res. North East, N.Y., m. Francis A. **PARSONS**, ae 22, res. Sharon, Nov. 27, 1856, by L. E. Lathrop	1	67
MINER, Asa, s. Asa & Lois, b. Feb. 1, 1777	LR8	62
Darius, s. [Asa & Lois], b. Nov. 10, 1778	LR8	62
Lydia J., m. Gideon **HOLLISTER**, b. of Woodbury, Nov. 4, 1846, by Rev. John W. Beecher, of Ellsworth	LR27	549
Sylvester, s. [Asa & Lois], b. Sept. 12, 1780	LR8	62
MINSLY, Myraan, see under Myraan **MENSLEY**		
MITCHELL, Agnes, b. Ireland, res. Utica, N.Y., d. July 14, 1849, ae 30	1	9-10
Cyrus, laborer, ae 29, b. New York, res. Sharon, m. Juliana **CHAPMAN**, ae 19, b. Sharon, res. same, Aug. 2, 1864, by Rev. Ira Ferris	1	82
Cyrus, laborer, ae 30 & Juliana, ae 21, had s. [ ], b. Aug. 2, 1865	1	55
John, laborer, ae 28 & Lucy, ae 23, had s. [ ], b. Nov. 10, 1859	1	25
John, laborer, ae 30 & Lucy A. **CHAPMAN**, ae 23, had s. [ ], b. Sept. 22, 1864	1	48
John H., laborer, ae 23 & Lucy A., ae 16, had d. [ ], b. Mar. 13, 1858	1	16
-----, laborer, res. Sharon, m. Lucy **CHAPMAN**, [ ], 1856	1	67
-----, d. Apr. [ ], 1863, ae 3	1	122
MONGER, Clarissa, d. Jona[thîn] & Rachel, b. Nov. 10, 1787	LR10	142
MONROE, MANROE, MUNROE, MANBROW, Axee, d. Noah & Deborah, b. Dec. 12, 1764	LR6	127
Bennett E., m. Maria **FRADENBURG**, b. of Sharon, Sept. 21, 1841, by Richard Smith, J.P.	LR22	480
Daniel, s. Noah & Deborah, b. Feb. 4, 1769	LR6	127
Deborah, d. Noah & Deborah, b. Dec. 30, 1753	LR6	126
Dorcas, d. Noah & Deborah, b. Dec. 18, 1773	LR6	127
Elizabeth, 2nd w. Joseph, d. Apr. 14, 1742	LR2	16
Esther, of Sharon, m. Julius **DERTHICK**, of Warren, Dec. 31, [ ]	LR20	380
Mahala, d. [Noah & Deborah], b. Apr. 17, 1776	LR6	127
Miriam, d. Noah & Deborah, b. Dec. 25, 1755	LR6	126
Noah, s. Noah & Deborah, b. Oct. 6, 1757	LR6	126
Philo, s. [Noah & Deborah], b. Feb. 8, 1771	LR6	127

	Vol.	Page
MONROE, MANROE, MUNROE, MANBROW (cont.)		
Reuben*, m. Anna **HAWLEY**, Aug. 16, 1753, by John Williams *(Arnold Copy has "Reuben **MANSON**")	LR3	262
Sarah, d. Reuben & Anna, b. Apr. 14, 1754	LR3	333
Sarah M., of Sharon, m. Lucius W. **HOTCHKISS**, of Cornwall, Sept. 21, 1841, by G. Lawrence Brownell	LR22	480
Susanna, d. Noah & Deborah, b. Dec. 6, 1762	LR6	126
Welthee, d. Noah & Deborah, b. Oct. 15, 1759	LR6	126
Younglove, s. Noah & Deborah, b. Feb. 12, 1767	LR6	127
MOODEY, James, of Woodbury, m. Laura **BEECHER**, of Sharon, Apr. 16, 1833, by David L. Perry	LR20	384
Martin, Rev., m. Hellen Maria **CAMP**, b. of Sharon, Sept. 14, 1846, by Rev. George Huntington, in St. John's Ch., Salisbury, Int. Pub.	LR27	548
MORAN, Michael, mechanic, ae 41 & Mary, ae 26, had d. [ ], b. Feb. 25, 1863	1	42
Michael, laborer, ae 42 & Mary, ae 28, had s. [ ], b. May 21, 1864	1	47
Richard, laborer, ae 40 & Mary, ae 28, had s. [ ], b. Aug. 7, 1861	1	32
MORE, Abigail, housekeeper, b. Sharon, res. Sharon, wid., d. Oct. 11, 1861, ae 71	1	118
Allen, J., painter, ae 33, b. Hudson, N.Y., res. same, m. Kate M. **HENDRICKS**, ae 21, b. Plymouth, res. Sharon, Oct. 24, 1861, by Rev. H. B. Mead	1	75
Rachel B., ae 23, b. Lagrange, res. Pokeepsee, m. William H. **HOXSIE**, sailor, ae 29, of Sharon, Jan. 5, 1858, by Rev. David Gibson	1	69
MOREHOUSE, Andrew, carpenter, ae 20, b. New Milford, res. same, m. Catharine **COTTRELL**, ae 19, of Sharon, Dec. 30, 1863, by Rev. Ira Ferris	1	79
C. W., farmer, ae 42 & C. D., ae 36, had s. [ ], b. Jan. 13, 1863	1	42
Eliza Jane, m. Levi **WHITFORD**, b. of Sharon, July 3, 1848, by G. L. Brownell	LR27	551
John, mechanic, b. New York, res. Sharon, married, d. June 16, 1862	1	119
May A., b. Amenia, res. Sharon, d. Oct. 26, 1856, ae 4	1	111
MOREY, Charles, ae 21, of Sharon, m. Henrietta D. **ST. JOHN**, ae 19, of Sharon, Nov. 22, 1859, by Rev. C. W. Lockwood	1	73
Garry S., m. Caroline M. **CHAFFEE**, Aug. 21, 1834, by Frederick Gridley	LR22	472
George, s. Charles, farmer, ae 28 & Henrietta, ae 26, b. Dec. 24, 1866	1	60
Laura, m. Clark **CHAPMAN**, b. of Sharon, Apr. 23, 1821, by Frederick Gridley	LR20	380
Mary Ann, m. Nathan **DUNBAR**, Dec. 5, [1821*] *(Supplied from Van Alstyne's)	LR20	380
MORGAN, Abigail, d. [Nathaniell & Dorothy], b. June 17, 1764	LR7	412

	Vol.	Page
MORGAN (cont.)		
David, s. [Nathaniell & Dorothy], b. May 17, 1772	LR7	412
Dorothy Lord, d. [Nathaniell & Dorothy], b. Mar. 21, 1776	LR7	412
Joshua, [s. Nathaniell & Dorothy], b. June 28, 1754	LR7	412
Nathaniel, m. Dorothy **THOMAS**, b. of Sharon, Dec. 24, 1753, by Samuell Hutchinson, J.P.	LR7	302
Skiff, s. [Nathaniell & Dorothy], b. Mar. 7, 1761	LR7	412
MOROST, George A., laborer, ae 24, b. Germany, res. Sharon, m. Teresa **FOX**, ae 27, b. Germany, res. Sharon, Aug. 18, 1866, by Rev. H. R. Howard	1	86
MORRIS, Charles, m. Jane **GRAY**, Dec. 31, 1842, by Rev. S. T. Carpenter	LR22	471
MOSHER, Mary J., colored, ae 20, b. Pokeepsee, N.Y., res. same, m. George **DUNBAR**, soldier, colored, ae 20, b. Dutchess Co., N.Y., res. Sharon, Dec. 25, 1863, by E. H. Bartram	1	80
MOULTON, Herman, b. Sharon, res. Sharon, d. Apr. 4, 1862, ae 55	1	119
Lydia Ann, m. Richard **SMITH**, Jan. 13, 1833, by David L. Perry	LR20	384
MOYER, Charles A., s. John G., farmer, ae 24 & Mary J., ae 18, b. May 1, 1856	1	6
MUDGE, MUDG, Abel, s. Mica & Lucia, b. Nov. 4, 1743	LR2	19
Abel, s. Micah & Lucy, b. Nov. 7, 1744	LR3	414
Abigal, m. David **SKINNER**, May 4, 1740	LR2	20
Abraham, m. Ann **GRAY**, Jan. 26, 1753	LR2	20
Abraham, m. Anna **GRAY**, Jan. 26, 1753, by John Williams	LR3	261
Abraham, s. Abraham & Anna, b. Nov. 3, 1753	LR3	102
Anna, d. Abraham & Anna, b. Mar. 24, 1756	LR3	415
David, s. Samuel & Lydia, b. Nov. 7, 1747	LR3	415
Dinah, d. Abraham & Ann, b. Sept. 6, 1759	LR5	251
Ebenezer, s. Abraham & Ann, b. Oct. 10, 1762	LR5	251
Elizabeth, m. Thomas **SKINNER**, Mar. 21, 1736	LR2	20
Elizabeth, d. Micah & Lucy, b. May 28, 1750	LR3	414
Elnathan, s. Samuel, Jr. & Huldah, b. June 3, 1767	LR6	54
Eunice, w. Samuel, d. May 6, 1741	LR2	16
Eunice, d. Samuel & Lydia, b. Jan. 19, 1751	LR3	415
Hannah, m. Cornelius **HANLER***, Jr., Aug. 14, 1755 *("HAMLEN" in Van Alstyne's book)	LR3	412
Hulda, d. Samuel, Jr., & Hulda, b. Mar. 25, 1770	LR6	126
Jarves, m. Prudence **TREAT**, Feb. 5, 1755	LR3	263
Jarves, Jr., s. Jarves & Prudence, b. Oct. 15, 1761	LR5	106
John, s. Samuell & Lydia, b. Nov. 21, 1755	LR3	415
Jonathan, s. Abraham & Ann, b. July 13, 1767	LR6	54
Lucy, d. Micah & Lucy, b. Jan. 2, 1746	LR3	414
Lucy, w. Micah, d. Nov. 26, 1754	LR3	410
Lydia, d. Samuel & Lydia, b. June 6, 1753	LR3	415
Lydia, d. Samuell & Lydia, d. Dec. 11, 1753	LR3	410
Lydia, d. Samuel & Lydia, b. Apr. 27, 1758	LR4	129
Martha, m. David **GOODRICH**, July 14, 1740	LR2	20

	Vol.	Page
MUDGE, MUDG (cont.)		
Mary, d. Ebenezer & Abigail, b. Mar. 30, 1711	LR2	17
Mica, m. Leuce **SPENCER**, Sept. 1, 1741	LR2	20
Micah, s. Micah & Lucy, b. May 15, 1742	LR3	414
Mica, s. Mica & Lucia, b. May 15, 1743	LR2	19
Micah, m. Lucy **CHAPMAN**, Feb. 10, 1755	LR3	412
Patience, d. Ebenezer, Jr. & Patience, b. July 7, 1753	LR3	415
Prudence, d. James* & Prudence, b. Jan. 11, 1756 *(Jarves)	LR3	415
Rebecca, d. James* & Prudence, b. Jan. 21, 1758 *(Jarves)	LR4	129
Ruth, d. Micah & Lucy, b. Jan. 17, 1748	LR3	414
Samuel, m. Eunice **SKINNER**, Apr. 13, 1740	LR2	20
Samuel, s. Samuel & Eunice, b. Feb. 2, 1740/1	LR2	17
Samuel, Jr., m. Huldah **ROWLEE**, Nov. 10, 1763	LR5	255
Samuel, s. Samuel, Jr. & Huldah, b. Dec. 23, 1764	LR5	254
Sarah, m. Josiah **SKINNER**, b. of Sharon, Apr. 25, 1753	LR3	412
Sarah, d. Reuben & Sarah, b. July 19, 1766	LR6	56
Sybel, d. Abraham & Ann, b. Feb. 19, 1765	LR6	54
Therza, d. Samuel, Jr. & Hulda, b. Mar. 24, 1772	LR7	304
MULCAHY, John, farmer, ae 26, b. Ireland, res. New York, m. Catharine **GALLAGHER**, ae 20, b. Ireland, res. New York, Oct. 9, 1864, by Rev. J. A. Couch	1	83
MUMFORD, John J., res. Sharon, d. Apr. 25, 1863, ae 71	1	122
MYERS, MYER, Jacob, m. Elizabeth **DELAMETTER**, Dec. 18, 1755, by John Williams	LR3	263
Mary, ae 20, b. Ireland, res. Sharon, m. George **WHITE**, ae 20, b. Ireland, res. Sharon, Aug. 16, 1857, by Rev. Peter Kelley	1	68
NAIL, Caroline, b. Germany, res. Sharon, d. Sept. 18, 1859, ae 60	1	115
NEGUST, Nathanell, d. May 18, 1741	LR2	16
NEWPORT, Mary E., ae 30, colored, of Sharon, m. Henry **STARR**, ae 30, colored, of Sharon, Dec. 31, 1857, by Rev. David Nash	1	69
Susan, b. Southington, res. Sharon, d. June 1, 1858, ae 70	1	113
NIBLOW, Amanda, d. John & Clarissa, b. Jan. 27, 1802	LR15	275
Betsey, d. John & Clarissa, b. Aug. 5, 1804, at Duansburg, N.Y.	LR15	275
Stephen, s. John & Clarissa, b. Nov. 14, 1798	LR15	275
NICHOLS, NICKELS, Jane Ann, of Sharon, m. Charles **SIMENS**, of Salisbury, Nov. 7, 1841, by Rev. H. T. Pease, of the M. E. Ch.	LR22	480
Job, of New York State, m. Sally Ann **HERRICK**, of Sharon, Mar. 10, 1825, by George B. Andrews	LR20	382
Thankful, d. Apr. 30, 1741	LR2	16
NICKERSON, Henry, laborer, ae 21, of Cornwall, m. Julia C. **DEBBELL**, ae 18, of Cornwall, Sept. 23, 1860, by Rev. Marvin R. Lent	1	74
Smith, m. Mary Ann **DAVIDSON**, Feb. 18, 1829, by Rev. Silas Ambler	LR20	383

	Vol.	Page

NOBLE, Marty, of Sharon, m. Homer **HITCHWICK***, of Amenia, N.Y., Mar. 14, 1849, by Rev. L. H. King *("Horace **HITCHCOCK**") — LR27 — 551

Mary, ae 40, b. Sheffield, Mass., res. Sharon, m. Horace **HITCHCOCK**, ae 40, b. Amenia, N.Y., res. Amenia, N.Y., Mar. [ ], 1849, by Rev. Lucius F. King — 1 — 13-14

NOBLE, Roxana, of Sharon, m. William **BISSELL**, of Salisbury, Feb. 12, 1845, by G. L. Brownell — LR22 — 469

NODINE, **NODYNE, NODIN**, Andrew, s. Andrew, laborer, ae 31 & Betsey, ae 35, b. June 25, 1860 — 1 — 28

Andrew, farmer, b. Sharon, res. Sharon, d. Mar. 6, 1862, ae 33 — 1 — 119

Eleazer, farmer, ae 29, b. Kent, res. Sharon, m. 2nd w. Flora Dean, ae 19, b. Goshen, res. Sharon, Aug. 1, 1851, by Joel Osborne — 1 — 45-6

Elias, m. Maria **WHITFORD**, b. of Sharon, Dec. 30, 1822, by Frederick Gridley — LR20 — 381

Elias, laborer, ae 52, b. Kent, res. Sharon, m. 2nd, w. Charity **CHAPMAN**, ae 43, of Sharon, Dec. 24, 1859, by Rev. William S. Stillwell — 1 — 73

John, of Kent, m. Laura **BIERCE**, of Sharon, Oct. 23, 1825, by Frederick Gridley — LR20 — 382

Milo, farmer, ae 27, b. Kent, res. Sharon, m. 2nd w. Ann **STANTON**, ae 23, b. New York, State, res. Sharon, June 29, 1851, by Joel Osborne — 1 — 45-6

Norman, s. Samuel & Jane, b. May 18, 1851 — 1 — 43-4

Sarah F., d. Andrew, farmer, ae 26 & Betsey, ae 32, b. Dec. 4, 1856 — 1 — 9

NOLAN, John, mechanic, ae 36 & Mary, ae 24, had s. [ ]., b. May 24, 1863 — 1 — 43

John, laborer, ae 27 & Mary, ae 25, had s. [ ], b. May 16, 1864 — 1 — 47

John, laborer, ae 29 & Mary **KELLY**, ae 27, had s. [ ], b. Oct. 18, 1865 — 1 — 55

NOLL, Clara, of Sharon, m. William **HOFFMAN**, laborer, b. Jenassey, res. Sharon, Feb. 6, 1858, by Rev. J. T. Stryker — 1 — 70

NORTH, Alvan, of Sharon, m. Abagil H. **BALDWIN**, of Cornwall, Nov. 26, 1843, by Rev. F. Reed, of the M. E. Ch. — LR22 — 481

Elizabeth, d. Thomas & Elizabeth, b. July 4, 1731, at Weatherstield — LR2 — 23

Elizabeth, m. Elkanah **FULLER**, July 2, 1752, by John Williams — LR3 — 261

Ruth, d. Thomas & Elizabeth, b. Nov. 6, 1741, at Wethersfield — LR2 — 23

Thomas, s. Thomas & Elizabeth, b. Feb. 3, 1745/6 — LR2 — 24

NORTHROP, Allen, of Washington, N.Y., m. Lana **MAYSOME***, of Sharon, Apr. 17, 1828, by Rev. Phinehas Cook *("**MAXAM**" in Van Alstyne's) — LR20 — 383

	Vol.	Page
NORTHROP (cont.)		
Amenda P., b. Sharon, res. Sharon, d. June 10, 1865, ae 60	1	128
Eliakim, m. Lucy **MARVIN**, b. of Sharon, Mar. 1, 1821, by David L. Perry	LR20	380
Frederick, farmer, res. Sharon, m. Caroline G. **LOCKWOOD**, res. Sharon, Dec. 25, 1865, by Rev. William Stevens	1	85
Hiram, m. Amanda **DORE***, Oct. 26, 1824, by David L. Perry *(Perhaps "**DANE**")	LR20	382
Hiram & Amanda, had s. [ ], b. May [ ], [1849]	1	7-8
Jay L., farmer, ae 39, b. Sharon, res. West Haven, m. 2nd w. Patty L. **CARTWRIGHT**, ae 33, of Sharon, Feb. 15, 1859, by Rev. R. D. Gardiner	1	72
Nerum, farmer, ae 28 & Mary, ae 26, had s. [ ], b. July 28, 1855	1	3
Newton B., laborer, b. Sharon, res. Sharon, d. Aug. 12, 1864, ae 21	1	125
Newton B., farmer, b. Sharon, res. Sharon, d. Aug. 12, 1864, ae 21	1	126
Robert D., m. Rachel **BOARDMAN**, b. of Sharon, Sept. 19, 1836, by Rev. Fitch Reed, of the M. E. Ch.	LR22	473
William H., s. William H., farmer, ae 34 & Tamar M.., ae 31, b. Mar. 27, 1864	1	51
NORTON, Aurora G., m. Hiram **WEED**, b. of Sharon, Feb. 20, 1844, by G. L. Brownell	LR22	468
Mary, m. Linus **CLARK**, b. of Kent, Feb. 9, 1831, by Ebenezer Blackman	LR20	383
NOYES, Benjamin, of New Haven, m. Sarah N. **BATES**, of Sharon, Sept. 4, 1838, by Mason Grosvenor	LR22	476
Marvin A., of Litchfield, m. Mary E. **EVERETT**, of Sharon, June 15, 1846, by John W. Beecher	LR22	482
Moses G., of Salem, N.Y., m. Clarissa **GAY**, of Sharon, Feb. 11, 1823, by David L. Perry	LR20	381
O'BRIEN, O'BRYAN, Chloe, d. Thomas & Zerviah, b. Oct. 8, 1758	LR7	305
Margarett, ae 27, b. Ireland, res. Sharon, m. Michael **CURLEY**, ae 21, b. Ireland, res. Sharon, [ ], 1860	1	74
OCANE, Climena, m. Charles **EMMONS**, b. of Sharon, Nov. 30, 1842, by Rev. John K. Still, of the M. E. Ch.	LR22	471
OCARMOR, Morris, laborer, ae 22 & Catharine, ae 23, had d. [ ], b. May 27, 1856	1	6
OCKRO, Myron, m. Eliza **SERKINS***, b. of Sharon, Feb. 28, 1841, by Rev. H. F. Pease, of the M. E. Ch. *("**JENKINS**" in Van Alstyne's)	LR22	479
OGDEN, John, laborer, b. down South, res. Sharo, d. Mar. 3, 1866, ae 75	1	129
OLMSTEAD, Betsey, of Sharon, m. Ervin **CORNELL**, of Burlington, Nov. 26, 1829, by David L. Perry	LR20	383
George W., m. Eliza **ROWLEY**, b. of Sharon, Aug. 31, 1826, by Phinehas Cook	LR20	382

	Vol.	Page
OLMSTEAD (cont.)		
Harriet S., of Sharon, m. Josiah W. **REED**, of Simsbury, Mar. 12, 1821, by Samuell Roberts	LR20	380
Polly, m. Henry **CARR**, May 1, 1834, by Frederick Gridley	LR20	384
O'RILEY, Barney, laborer, ae 25, b. Ireland, res. New York, m. Bridget **DOWNEY**, ae 22, b. Ireland, res. Sharon, Aug. 22, 1863, by Rev. J. A. Couch	1	79
ORR, Alice, d. James, lawer, ae 34 & Hannah, ae 34, b. May 17, 1855	1	3
Jared H., s. James & Hannah L., b. Nov. 23, 1848	1	1
Jared H., s. James & Hannah L., b. Nov. 23, 1848	1	3-4
ORTON, Merina, of Sharon, m. William **McCOY**, of Kent, Mar. 4, 1829, by Rev. David L. Perry	LR20	383
OSBORN, OSBORNE, Daniel, m. Zerviah **PITCHER**, Nov. 21, 1755, by John Williams	LR3	263
Oliver, s. Oliver, mule spinner, ae 31 & Mary, ae 29, b. May 1, 1857	1	14
Perry, laborer, b. Sharon, res. Sharon, d. Mar. 5, 1860, ae 43	1	116
W., laborer, b. Salisbury, res. Sharon, d. Apr. 4, 1864, ae 68	1	125
OWEN, Ada, m. Christopher **ROORBACK**, b. of Sharon, Jan. 23, 1823, by David L. Perry	LR20	381
El;eazer, s. Jonathan & Patience, b. Apr. 16, 1755, at Salisbury	LR4	130
Jemima, m. John **KNICKERBOCOR**, Feb. 22, 1751	LR3	263
Jesse Calkins, s. Samuel & Lois, b. Aug. 26, 1771	LR8	62
Joel, m. Julia **JAQUA**, of Sharon, Aug. 4, 1825, by Asa Tallmadge	LR20	382
Joel, shoemaker, b. New York, es. Sharon, d. May 24, 1862, ae 62	1	119
Laurana J., d. Lewis, ae 28 & Elizabeth, ae 22, b. Nov. 9, 1850	1	19-20
Mary E., of Sharon, m. David **ROOT**, of Cornwall, Jan. 8, 1846, by Stephen M. Vail	LR22	481
Philander, laborer, ae 24 & Mary L., ae 22, had s. [ ], b. Sept. 12, 1860	1	29
Philander L., farmer, ae 22, of Sharon, m. Louisa M. **HEART**, ae 20, of Cornwall, Jan. 18, 1858, by William Stone	1	72
Sarah, d. Jonathan & Patience, b. May 16, 1759	LR5	105
Solomon, s. Jonathan & Patience, b. Apr. 14, 1757, at Salisbury	LR5	105
Solomon, s. Jonathan & Patience, b. Apr. 14, 1757	LR4	130
-----, housekeeper, b. Sharon, res. Sharon, d. Nov. [ ], 1863, ae 56	1	123
PAGE, Sarah, m. John **SPRAGUE**, Jr., Dec. 31, 1747	LR2	20
PAINE, PAYNE, John, s. Nathan, laborer, ae 34 & Margaret, ae 35, b. Aug. 9, 1865	1	53
John, b. Sharon, res. Sharon, d. Aug. 18, 1865, ae 9 d.	1	128

PAINE, PAYNE (cont.)

	Vol.	Page
Sarah, m. John THURSTON, Jr., b. of Nine Partners, Dec. 30, 1756, by John Williams	LR3	263
PALMER, Caroline, ae 16, b. Amenia, N.Y., res. Sharon, m. John CRIN, ae 28, b. Copake, N.Y., res. Sharon, Aug. 30, 1862, by Rev. H. B. Mead	1	77
Caroline, ae 58, b. New York, res. Sharon, m. 2nd, h. Caleb **BARTON**, laborer, ae 70, b. New York, res. Kent, Sept. 16, 1866, by Rev. Arthur Goodenough	1	86
Charles M., s. Lewis & Caroline, b. May 14, 1849	1	7-8
Ester, ae 18, b. Washington, res. Sharon, m. Milo CRINE, teamster, ae 25, b. Oapake, res. Sharon, May 14, 1857, by Rev. David Gibson	1	68
George, laborer, ae 22 & Mary, ae 17, had d. [ ], b. July 26, 1860	1	28
George, laborer, ae 23 & Mary, ae 18, had d. [ ], b. Aug. 25, 1861	1	32
L. B., soldier ae 25 & Mary A., ae 21, had d. [ ], b. Dec. 27, 1861	1	34
Lewis N., laborer, b. New York, res. Sharon, d. Mar. 18, 1862, ae 61	1	119
Liberty C., of Litchfield, m. Almira T. **WILBER**, of Sharon, Apr. 11, 1841, by G. Lawrence Brownell	LR22	479
Liberty C. & Almira, had d. [ ], b. Jan. 26, 1849	1	1
Liberty C. & Almira, had d. [ ], b. Jan. 26, 1849	1	3-4
Martha J., ae 18, b. Washington, res. Sharon, m. John S. **KELSEY**, laborer, ae 29, of Salisbury, Jan. 1, 1862, by Rev. H. B. Mead	1	76
Mary T., ae 20, b. Washington, N.Y., res. Sharon, m. Henry B. **HULL**, moulder, ae 22, b. New Milford, res. Sharon, Nov. 18, 1863, by Rev. Ira Ferris	1	79
Nathaniel, collier, ae 36 & Mary, ae 26, had s. [ ], b. Oct. 1, 1865	1	54
Samuel, carpenter, had s. [ ], b. Feb. 9, 1858	1	16
Sanford, carpenter, ae 23 & Mary, ae 20, had d. [ ], b. Nov. 30, 1859	1	25
Sanford B., clerk, ae 22, b. Washington, N.Y., m. Mary E. **TRAVER**, ae 19, b. North East, N.Y., res. Sharon, Dec. 1, 1858, by W. S. Stillwell	1	71
Sarah E., farmer, b. Litchfield, res. Sharon, d. Apr. 17, 1851, ae 9	1	49
PALMETER, John, blacksmith, ae 34 & Hannah, ae 34, had s. [ ], b. Apr. 27, 1860	1	27
PARDEE, Aaron, s. Jehiel & Ann, b. Nov. 11, 1755	LR3	413
Ann, d. Jehiel & Ann, b. Nov. 23, 1751	LR3	413
Ann, b. Sharon, res. Sharon, d. Mar. 25, 1858, ae 70	1	114
Asena, d. Thomas & Wealtheon, b. Feb. 24, 1759	LR5	106
Asena, d. Capt. Thomas & Welthee, d. June 7, 1777	LR7	297
Betty, m. Solomon **GOODRICH**, Dec. 23, 1747, by John Williams	LR3	261
Bille, s. [Gamaliel & Hannah], b. July 15, 1772	LR8	62
Calvin, s. Thomas & Wealtheon, b. July 26, 1757	LR5	106

	Vol.	Page
PARDEE (cont.)		
Chuancey, teacher, b. Sharon, res. Sharon, d. May 4, 1863, ae 78	1	122
Clark, m. Ann **EVERITT**, b. of Sharon, Jan. 22, 1826, by Frederick Gridley	LR20	382
Clark, d. Jan. 21, 1850, ae 71	1	23-24
Elijah, s. Jehiel & Ann, b. Oct. 31, 1753	LR3	413
Gamaliel, s. Thomas & Weltheon, b. Nov. 26, 1750; d. Dec. 8, 1750	LR3	101
Gamaliel, s. Thomas & Weltheon, b. May 31, 1752	LR3	101
Gamaliel, s. [Gamaliel & Hannah], b. Feb. 18, 1776	LR8	62
Gamaliel, d. Apr. 21, 1777	LR7	297
Ireny, d. Thomas & Wealtheon, b. Nov. 25, 1744	LR2	167
Ireny, d. Thomas & Wealtheon, d. Apr. 12, 1745	LR2	16
Isaac, s. John, Jr. & Abigail, b. Aug. 5, 1750	LR3	413
James, m. Sarah **HUNTER**, Nov. 13, 1754, by John Williams	LR3	262
Jehiel, of Sharon, m. Ann Clark, of Colchester, Oct. 27, 1748	LR3	412
Jehiel, s. Jehiel & Ann, b. Sept. 25, 1749	LR3	413
John, Jr., m. Abigail **PENEYER**, Sept. 7, 1749	LR3	412
Lavina, d. Samuel & Faith, b. Oct. 30, 1770	LR6	126
Marilla, d. [Gamaliel & Hannah], b. Mar. 13, 1774	LR8	62
Richard G., of Senaca Falls, N.Y., m. Rebeca **CAMP**, of Sharon, Apr. 12, 1836, by Rev. Lucius M. Purdy, of St. Paul's Ch.	LR22	473
Samuel, s. Thomas & Weltheon, b. Mar. 7, 1745/6	LR2	167
Samuel, m. Faith **BREWSTER**, Oct. 12, 1769, by Rev. C. M. Smith	LR6	91
Sarah, d. John & Abigail, b. Feb. 25, 1751	LR3	413
Sarah, m. Benjamin **WOOD**, b. of Sharon, Nov. 16, 1768, by John Williams, J.P.	LR6	91
Sarah, of Sharon, m. Henry O. **HOLLISTER**, of Amenia, Sept. 5, 1827, by David L. Perry	LR20	382
Sarah, of Sharon, m. Milton **ST. JOHN**, of New York, Aug. 5, 1833, by David L. Perry	LR20	384
Silas, s. John & Abigail, b. Apr. 10, 1754	LR3	413
Thomas, m. Weltheon **COOK**, Nov. 24, 1743	LR2	20
Weltheon, d. Thomas & Wealtheon, b. Dec. 25, 1748	LR2	24
William, s. Thomas & Weltheon, b. Mar. 8, 1754	LR3	333
William, s. Thomas & Wealtheon, b. Mar. 8, 1754	LR5	106
William, s. [Capt. Thomas & Welthee], d. Jan. 1, 1767	LR7	297
Zilphina, d. Jehiel & Ann, b. July 9, 1758	LR4	250
PARKE, Anna, d. Daniell & Ann, b. Dec. 25, 1747	LR3	414
Daniel, m. Anne **CHAPMAN**, July 28, 1741	LR2	20
Daniel, s. Daniel & Anna, b. Aug. 27, 1742	LR3	414
Elisha, s. Daniell & Anna, b. Dec. 16, 1753	LR3	414
Eunice, d. Smith & Mary, b. Nov. 8, 1756	LR4	250
Ezra, s. Smith & Mary, b. Jan. 8, 1759	LR4	250
Jehiel, s. Daniel & Anna, b. Mar. 17, 1745	LR3	414
John, s. Smith & Mary, b. May 7, 1754	LR3	414
Lydia, d. Daniell & Anna, b. July 30, 1750	LR3	414

296 BARBOUR COLLECTION

	Vol.	Page
PARKE (cont.)		
Mary, d. Smith & Mary, b. Jan. 1, 1752	LR3	414
Rhoda, d. Daniell & Anna, b. Aug. 26, 1755	LR3	414
Smith, m. Mary **DAVIS**, July 9, 1747	LR2	20
Smith, s. Smith & Mary, b. Nov. 13, 1749	LR2	167
Smith, s. Smith & Mary, b. Nov. 13, 1749	LR3	414
PARKER, George C., mechanic, ae 20, of South Hadley, m. Celia E. **CLINTON**, ae 18, b. North East, res. Sharon, Apr. 22, 1861, by Rev. George Daniel	1	75
Nancy, d. Jonathan & Ann, b. June 12, 1785	LR9	551
PARMELEE, PALMERLEY, Lydea J., ae 19, b. Cornwall, res. Sharon, m. Charles E. **COLE**, laborer, ae 21, of Sharon, Oct. 21, 1858, by W. S. Stilwell	1	71
Mary Jane, ae 24, of Sharon, m. William S. **WHITE**, farmer, ae 22, of Sharon, Oct. 15, 1862, by Rev. H. B. Mead	1	77
Milo Tallmadge, s. Jeremiah, b. Feb. 10, 1820	LR18	250
Olsa, m. Ira **EMMONS**, b. of Sharon, Oct. 11, 1847, by Mr. Blydenburgh	LR27	548
Ralph W., mail carrier, ae 21, b. Cornwall, res. Sharon, m. Jane E. **SKIFF**, music teacher, ae 22, of Sharon, Feb. 18, 1863, by Rev. H. B. Mead	1	78
Sarah M., d. Peter, laborer, ae 41 & Rachel, ae 39, b. June 29, 1858	1	17
-----, laborer, res. Sharon, d. Sept. 30, 1857, ae about 60	1	112
PARROTT, PARRET, George, m. Lorain **VAN DORE**, Jan. 1, 1840, by Richard Smith, J.P.	LR22	478
George, laborer, colored, ae 47 & Loraine, colored, ae 40, had s. [ ], b. Oct. 19, 1859	1	24
Josephine, d. George, laborer, colored, ae 43 & Loraine, ae 37, Aug. 31, 1856	1	7
Melissa, housekeeper, colored, b. Sharon, res. Sharon, d. Mar. 24, 1863, ae 18	1	122
Sophronia, colored, b. Sharon, res. Sharon, d. Nov. 12, 1863, ae 16	1	123
William, of Sharon, m. Sophronia **VANDORE**, formerly of Kent, Nov. 24, 1836, by Mason Grosvenor	LR22	473
PARSONS, PARSON, Abigal, m. Lewis B. **STURGES**, Apr. 17, 1823, by Frederick Gridley	LR20	381
Amy, of Sharon, m. Burr **CAMP**, of Washington, Feb. 11, 1836, by Frederick Gridley	LR22	473
Betsey M., m. Joseph **HEATH**, Nov. 22, 1821, by Frederick Gridley	LR20	380
Caroline, m. Russel **EVERETT**, of Tuckhana, Jan. 1, 1824, by Frederick Gridley	LR2	0 381
Caroline, ae 20, of Sharon, m. Frederick **HOTCHKISS**, ae 20, of Sharon, Mar. 27, 1850, by Walter P. Doe	1	27-28
Caroline, ae 19, of Sharon, m. Frederick **HOTCHKISS**, ae 21, of Sharon, Mar. 27, 1850, by Rev. Walter P. Doe	1	29-30
Daniel, m. Electa Ann **REED**, b. of Sharon, Sept. 15, 1828, by David L. Perry	LR20	383

	Vol.	Page
PARSONS, PARSON (cont.)		
Edward, s. Frederick L., farmer, ae 34 & Susan, ae 25, b. May 3, 1856	1	9
Francis A., ae 22, res. Sharon, m. Josiah H. **MILLS**, farmer, ae 27, b. North East, N.Y., res. North East, N.Y., Nov. 27, 1856, by L. E. Lathrop	1	67
Frederick L., farmer, ae 37 & Susan, ae 28, had d. [ ], b. Apr. 19, 1860	1	27
Freeman W., farmer, b. Sharon, res. Sharon, d. July 21, 1861, ae 85	1	117
Laura Ann, m. Samuel F. **PECK**, Oct. 9, 1831, by Frederick Gridley	LR20	384
Mary E., m. Charles **BATES**, b. of Sharon, Apr. 26, 1843, by G. Lawrence Brownell	LR22	466
Mary L., m. Augustus L. **PECK**, b. of Sharon, Jan. 6, 1841, by Grove Lawrence Brownell	LR22	479
Paulina, m. Ethan **LORD**, about Nov. 1, 1827, by Samuel Rockwell	LR20	384
Polly S., m. Philander **HATCH**, May 4, 1828, by Frederick Gridley	LR20	383
Stephen Curtis, m. Sabrey **HEATH**, Nov. 19, 1821, by Frederick Gridley	LR20	380
PATCHIN, -----, male, colored, res. Sharon, d. Mar. 1, 1864, ae 10 m.	1	124
PATTERSON, Betsey L., b. Pine Plains, res. Sharon, married, d. Feb. 11, 1862, ae 51	1	119
Mary J., b. Sharon, res. Sharon, d. Feb. 18, 1865, ae 25	1	128
Mary J. S., d. Walter M., lawyer & Mary J. **STERLING**, b. Feb. 16, 1865	1	52
Mary J. S., d. [ ], 1856	1	129
Walter M., lawyer, ae 29, b. New York, res. Ohio, m. Mary J. **STERLING**, ae 24, b. Kent, res. Sharon, May 10, 1864, by Rev. J. V. Stryker	1	82
PECK, Abner, Dr., of Sharon, m. Mary **BIRD**, of Salisbury, June 20, 1753	LR3	412
Abner, Dr., d. Oct. 11, 1756	LR3	410
Albert, s. Calvin F. & Mary, b. Nov. [ ], 1848	1	7-8
Albert S., b. Sharon, res. Sharon, d. Sept. 28, 1861, ae 13	1	118
Allen, farmer, ae 40 & Jane **SKIFF**, ae 37, had s., [ ], b. Feb. 18, 1865	1	52
Allen, farmer, had s. [ ], b. [ ], 1866	1	58
Amanda, of Sharon, m. Lyman **WARNER**, of Brookfield, Nov. 13, 1827, by George B. Andrews	LR20	383
Amarillus, ae 27, res. Sharon, m. Watson **CARTWRIGHT**, farmer, ae 34, res. Sharon, Apr. 7, 1856, by R. D. Kirby	1	66
Augustus L., m. Mary L. **PARSONS**, b. of Sharon, Jan. 6, 1841, by Grove Lawrence Brownell	LR22	479
Betsey L., of Ellsworth, m. James **ALLEN**, Jr., of Bethlem, May 22, 1850, by Rev. Charles Rockwell	LR27	547
Buel, m. Julia Ann **STEAD**, b. of Cornwall, Nov. 7, 1826, by Horatio Smith	LR20	382

PECK (cont.)

	Vol.	Page
Calvin, of Sharon, m. Mary L. **HOYT**, of Cornwall, Dec. 11, 1842, by Rev. John K. Still, of the M. E. Ch.	LR22	471
Charles, s. Ozias & Ruth, b. May 2, 1851	1	43-4
Charles W., farmer, ae 26, of Sharon, m. Julia M. **CARTWRIGHT**, ae 20, of Sharon, Nov. 3, 1858, by R. D. Gardiner	1	71
Charlotte, b. Sharon, res. Sharon, d. Feb. 4, 1857, ae 24	1	111
Elias R., b. Sharon, res. Sharon, d. Oct. 21, 1864, ae 40	1	125
Emily, ae 22, b. Sharon, res. Sharon, m. Sanford **PECK**, ae 25, b. Greenwich, res. Greenwich, Nov. 24, 1848, by Rev. Grover L. Brownell	1	15-16
Emily, of Sharon, m. Sanford **PECK**, of Greenwich, Nov. 29, 1848, by G. L. Brownell	LR27	551
Emily Maria, m. William **BEEBE**, b. of Sharon, Apr. 8, 1827, by Frederick Gridley	LR20	382
Enoch P., farmer, b. Greenwich, res. Sharon, d. Aug. 25, 1858, ae 60	1	114
George, m. Mary Ann **PECK**, b. of Sharon, Dec. 14, 1831, by Frederick Gridley	LR20	384
Harriet Ellen, d. Allen & Jane, b. Feb. 5, 1851	1	43-4
Henry, laborer, ae 37, res. Cornwall, m. Mary **HUNTER**, ae 32, b. Ireland, res. Cornwall, Jan. 23, 1859, by E. S. Stoddard, Jr.	1	72
Horace, farmer, b. Kent, res. Sharon, d. Oct. 10, 1857, ae 67	1	112
John, of Canaan, m. Mary **REED**, of Sharon, Jan. 24, 1754, by John Williams	LR3	262
John, laborer, ae 25 & Lydia, ae 18, had d. [ ], b. Aug. 22, 1866	1	61
John C., mechanic, ae 27 & Frances J., ae 22, b. Dec. 26, 1857	1	14
Laura, of Sharon, m. John **HENNING**, of New York City, Nov. 7, 1844, by Rev. A. Ackley	LR22	468
Levi, s. Allen, farmer, ae 40 & Jane, ae 35, b. Mar. 24, 1860	1	26
Lewis, farmer, res. Sharon, d. Dec. 12, 1857, ae 70	1	112
Mahala Almira, d. Ozias, farmer, ae 29 & Ruth, ae 28, b. Oct. 20, 1857	1	14
Mary, d. Dr. Abner & Mary, b. Aug. 1, 1756	LR3	416
Mary, of Salisbury, m. Elisha **KIBERY**, June 30, 1822, by Coles Chapman	LR20	381
Mary, housekeeper, b. Greenwich, res. Sharon, d. Mar. 28, 1866, ae 76	1	129
Mary A., of Ellsworth, m. Josiah B. **STRONG**, of Windham, Green Co., N.Y., Oct. 26, 1835, by Frederick Gridley	LR22	473
Mary Ann, m. George **PECK**, b. of Sharon, Dec. 14, 1831, by Frederick Gridley	LR20	384
Mira A., ae 18, b. Sharon, res. Sharon, m. George W. **CHAPMAN**, farmer, ae 22, b. Sharon, res. Sharon, Feb. 27, 1867, by Rev. E. L. Bray	1	88

SHARON VITAL RECORDS 299

	Vol.	Page
PECK (cont.)		
Nathaniell, m. Harriet **MILLS**, b. of Sharon, Jan. 11, 1833, by Aaron Hunt	LR20	384
Ozias, farmer, ae 31 & Ruth, ae 30, had s. [ ], b. Oct. 8, 1859	1	24
Ozias, farmer, ae 38 & Ruth A. **WHITE**, ae 37, had s. [ ], b. Dec. 4, 1866	1	59
Rhoda M., m. Andrew C. **ABEL**, b. of Sharon, Dec. 31, 1843, by Rev. Fitch Read	LR22	467
Ruth, d. Dr. Abner & Mary, b. Sept. 25, 1754	LR3	416
Samuel F., m. Laura Ann **PARSON**, Oct. 9, 1831, by Frederick Gridley	LR20	384
Samuel F., farmer, b. Sharon, res. Sharon, d. Sept. 3, 1864, ae 61	1	125
Sanford, ae 25, b. Greenwich, res. Greenwich, m. Emily **PECK**, ae 22, b. Sharon, res. Sharon, Nov. 24, 1848, by Rev. Grove L. Brownell	1	15-16
Sanford, of Greenwich, m. Emily **PECK**, of Sharon, Nov. 29, 1848, by G. L. Brownell	LR27	551
Sarah A., ae 20, of Sharon, m. Roderick B. **JUDSON**, ae 27, b. Woodbury, res. Woodbury, [ ], 1857	1	69
Sarah E., d. Allen, farmer, ae 34 & Jane, ae 29, b. Feb. 19, 1858	1	16
Susan M., of Sharon, m. Hiram **ARMSTRONG**, farmer, b. Washington, res. Sharon, Apr. 13, 1851, by Rev. Joel Osborne	1	47-8
William R., m. Louisa L. **WOODWARD**, Jan. 5, 1832, by Frederick Gridley	LR20	384
-----, b. Sharon, res. Sharon, d. [ ], 1865	1	128
PELTON*, Alfred, m. Eliza Ann **LINES**, b. of Sharon, Sept. 9, 1829, by Rev. G. B. Andrews *("PETTON" in Van Alstyne's book)	LR20	383
PENDLETON, Lucius S., of Norfolk, m. Lydia M. **GIBBS**, of Sharon, Oct. 14, 1838, by Rev. William K. Stopford, of the M. E. Ch.	LR22	475
PENNANT, Mary E., d. Isaac O., shoemaker, b. July 28, 1851	1	35-6
PENNOCK, PENNOCH, George W., laborer, ae 33, b. Sharon, res. Sharon, m. 3rd w. Ellen **LAWLER**, ae 30, b. Ireland, res. Bridgeport, Mar. 4, 1865, by Rev. Ira Ferris	1	84
Maria A., ae 18, had illeg. s. [ ], b. Nov. 28, 1856	1	8
Mary, d. George, farmer, ae 30 & Mary A., ae 30, b. Sept. 15, 1862	1	38
Mary A., housekeeper, b. Ireland, res. Sharon, d. May 7, 1863, ae 30	1	122
PENOYER, PENEYER, Abigail, m. John **PARDEE**, Jr., Sept. 7, 1749	LR3	412
Abigail, d. John & Mercy, b. Jan. 20, 1752	LR3	101
Betty, d. John & Mary, b. Mar. 7, 1749/50	LR2	24
John, m. Mercy **ST. JOHN**, Mar. 30, 1749, by John Williams	LR3	261
John, s. John & Mercy, b. Feb. 11, 1754	LR3	413

	Vol.	Page
PENOYER, PENEYER (cont.)		
Susanna*, d. Israel & Joanna, b. May 21, 1768 *("Lussana"?)	LR6	125
PEQUIGNEY, PEQUEGNES, August, farmer & Harriet, had d. [ ], b. Aug. 2, 1857	1	12
August, collier, ae 36 & Harriet, ae 40, had d. [ ], s. b. Jan. 28, 1865	1	52
Terrell, laborer, ae 24, b. France, res. Salisbury, m. Bridget **GALLAGHER**, ae 23, b. Ireland, res. Sharon, Apr. 26, 1859, by Richard O. Gorman	1	73
PERKINS, Charlotte, ae 26, colored, of Wolcottville, m. Robert **CAMBRIDGE**, laborer, colored, ae 26, of Sharon, Dec. 4, 1858, by R. D. Gardner	1	71
Chancy, s. Bradley & Dorcas, b. Oct. 3, 1816	LR15	275
George W., s. Daniel & Sally, b. Sept. 11, 1807	LR15	275
Ruth, d. Daniel & Sally, b. May 8, 1813	LR15	275
William, s. Bradley & Dorcas, b. July 19, 1814	LR15	275
PERLEE, Hattie B., ae 20, b. Amenia, N.Y., res. Sharon, m. Everett S. **DUNBAR**, farmer, ae 22, b. Sharon, res. Sharon, Nov. 28, 1865, by Rev. Arthur Goodenough	1	85
PERO, John H., s. John, basket maker, colored, ae 31 & Elizabeth, ae 26, b. Apr. 27, [1850]	1	17-18
PERRY, C. L., of Sharon, m. R. B. **MERRIMAN**, of Litchfield, May 1, 1842, by G. Lawrence Brownell	LR22	470
Fred A., farmer, ae 24, b. Cornwall, res. Sharon, m. Fanny A. **JEWETT**, housekeeper, ae 23, of Salisbury, Feb. 19, 1863, by Rev. H. B. Mead	1	78
Thomas, of Salisbury, m. Betsey **ROBB**, of Sharon, July 4, 1837, by Rev. Fitch Reed, of the M. E. Ch.	LR22	474
PETTIT, PETTET, Dunham, s. John & Hannah, b. Oct. 31, 1753	LR3	333
Elisha, s. [Samuell & Margaret], b. Dec. 28, 1764	LR7	412
Elizabeth, m. Jacob **DUNHAM**, Oct. 29, 1754, by John Williams	LR3	262
Gideon, s. [Samuell & Margaret], b. July 29, 1772	LR7	412
Hannah, d. John & Hannah, b. Oct. 17, 1744	LR3	333
Hezekiah, s. John & Lydia, b. Mar. 28, 1767	LR6	126
James, s. John & Hannah, b. Mar. 25, 1748	LR3	333
John, s. John & Hannah, b. June 9, 1743	LR3	333
John, m. Lydia **DUNHAM**, b. of Sharon, May 6, 1762, by Rev. Cotton Mather Smith	LR6	91
John, s. John & Lydia, b. July 14, 1763	LR6	126
Jonathan, s. John & Hannah, b. July 25, 1751	LR3	333
Lydia, d. John & Lydia, b. May 6, 1770	LR6	126
Martha, d. [Samuell & Margaret], b. Mar. 31, 1769	LR7	412
Mary, d. John & Hannah, b. Jan. 1, 1749	LR3	333
Rachel, m. Matthias **WHITFORD**, b. of Sharon, Sept. 13, 1824, by David L. Perry	LR20	382
Samuell, s. [Samuell & Margaret], b. May 19, 1767	LR7	412
Solomon, s. John & Lydia, b. Feb. 3, 1765	LR6	126

	Vol.	Page
PETTON*, Alfred, m. Eliza Ann LINES, b. of Sharon, Sept. 9, 1829, by Rev. G. B. Andrews *(Arnold copy has "PELTON")	LR20	383
PFAHL, Mary, ae 18, b. Germany, res. Sharon, m. Jacob LUIA, farmer, ae 25, b. Germany, res. Sharon, Mar. 6, 1865, by Rev. D. D. T. McLaughlin	1	84
PHALAND (?) Josephine, see under Josephine RHALAND		
PHELPS, Amasa, s. Lazarus & Martha, b. Aug. 11, 1764	LR5	252
Jemima, m. Samuel HOLLISTER, b. of Sharon, Oct. 13, 1748	LR2	20
PIERCE, PEIRCE, Harriet, m. George FENN, b. of Sharon, Apr. 21, 1840, by William K. Stopford	LR22	478
Lucy, ae 55, b. Canaan, res. Sharon, m. Aaron DUNBAR, ae 72, b. Plymouth, res. Sharon, Dec. [ ], 1848, by Rev. Joel Osborn	1	15-16
Mary, ae 22, res. Sharon, m. Martin HINES, ae 31, b. Salisbury, res. Sharon, Dec. 4, 1848, by Rev. Lucius F. King	1	13-14
Mary, d. Dec. 7, 1848, ae 48	1	11-12
Stephen H., ae 30 & Percetta, ae 28, res. New York City, had child s. b. Aug. 18, 1850	1	21-22
[PIERSON], PEIRSONS, Nathan C., of Cornwall, m. Clarinda* BERRY, of Sharon, Nov. 24, 1842, by Rev. Fitch Reed *("Clarissa" in Van Alstyne's book)	LR22	470
PIPER, John, laborer, colored, ae 60, b. New York, res. Kent, m. Margaret CEASAR, ae 39, colored, res. Sharon, Oct. 20, 1864, by Rev. Ira Ferris	1	83
PITCHER, Charles, s. Hiram, laborer, ae 30 & Jane, ae 24, b. Aug. 2, 1859	1	23
Charles, farmer, ae 25 & Margaret, ae 23, had s. [ ], b. Sept. 21, 1861	1	33
Charles, farmer, ae 32 & Margaret, ae 26, had s. [ ], b. Nov. 5, 1866	1	61
Charles L., farmer, ae 30 & Margaret, ae 26, had s. [ ], b. Dec. 1, 1863	1	45
William, s. Hiram, basket maker, ae 26 & Jane, ae 24, b. Aug. 6, 1861	1	32
William H., farmer, had s. [ ], b. [ ], 1866	1	59
Zerviah, m. Daniel OSBORN, Nov. 21, 1755, by John Williams	LR3	263
PLATT, Abigail, b. Sharon, res. Sharon, d. July 19, 1866, ae 2 y.	1	129
Charles, laborer & Mary, had d. [ ], b. Aug. 30, 1857	1	12
Charles, collier, ae 41 & [ ] COOPER, ae 33, res. Kent, had d. [ ], b. Mar. 16, 1865	1	55
Charles cabinet maker, b. New Milford, res. Sharon, d. May 15, 1865, ae 77	1	128
Charles A., mechanic, ae 42 & Elizabeth, ae 38, res. Augusta, Ga., had d. [ ], b. Sept. 29, 1856	1	7
Elizabeth, b. Sharon, res. Augusta, Ga., d. Sept. 29, 1856, ae 38	1	110

302   BARBOUR COLLECTION

	Vol.	Page
PLATT (cont.)		
Eveline, m. Lewis ALLEN, b. of Sharon, Dec. 5, 1826, by Frederick Gridley	LR20	382
Henry J., farmer, res. Sharon, d. Mar. 2, 1864	1	124
Mary, housekeeper, b. Rhinebeck, N.Y., res. Sharon, d. May 16, 1867, ae 78	1	132
Sophia*, m. Benjamin LINES, Dec. 4, 1825, by George B. Andrews *(Arnold copy has "Sophia PRATT")	LR20	382
POLLOCK, Eveline, ae 18, b. N.Y. City, res. Mattewan, m. Henry R. CHAMBERLAIN, laborer, ae 23, of Sharon, July 7, 1858, by L. S. Hunt	1	70
POPE, Julius, s. Julius, colored & Harriet COLE, white, ae 23, b. Jan. 20, 1851	1	35-6
POST, Esther, of Canaan, m. Elizur BUTLER, of New Marlboro, Oct. 29, 1820, by David L. Perry	LR20	380
POTTER, Edwin, mechanic, ae 22 & Sarah L., ae 22, had d. [ ], b. Dec. 12, 1862	1	39
Edwin, teamster, ae 24 & Sarah L., ae 24, had d. [ ], b. Dec. 24, 1864	1	49
Richard P., laborer, ae 21, of Cornwall, m. Sarah L. LLOYD, ae 21, of Sharon, Jan. 1, 1862, by Rev. H. B. Mead	1	76
Simon, carpenter, ae 22, b. Kent, res. Sharon, m. Maggie HALSTED, ae 19, res. Sharon, Nov. 30, 1864, by Rev. Ira Ferris	1	83
POWEL, Elizabeth, of Oblong, m. Edward RICHMOND, Mar. 25, 1745	LR2	20
PRATT, Abraham, m. Betsey WINCHESTER, b. of Sharon, Sept. 11, 1831, by David L. Perry	LR20	384
Elizabeth, d. Peter & Mary, b. Dec. 12, 1748	LR2	23
Eunice, d. Peter & Mary, b. Apr. 29, 1750	LR6	127
Lucia, d. Peter & Phebe, b. Feb. 8, 1773	LR7	306
Lucy, 2nd d. Petter & Mary, b. Dec. 1, 1743	LR2	19
Luther, s. Peter & Phebe, b. Apr. 21, 1776	LR7	412
Mary, 1st d. Petter & Mary, b. Aug. 6, 1742	LR2	19
Mary, w. Peter, d. Dec. 10, 1755	LR3	410
Peter, Rev., m. Mrs. Mary METCALF, July 6, 1741	LR2	20
Peter, s. Peter & Mary, b. June 9, 1745	LR6	127
Peter, m. Phebe WRIGHT, of New Fairfield, Nov. 27, 1766, by Rev. Elisha Kent	LR6	91
Peter, s. Peter & Phebe, b. Jan. 15, 1771	LR6	127
Phebe, d. Peter & Phebe, b. Nov. 1, 1768, ae East Haddam	LR6	127
Sophia*, m. Benjamin LINES, Dec. 4, 1825, by George B. Andrews *("Sophia PLATT" in Van Alstyne's book)	LR20	382
Susanna, d. Jonathan & Abigail, b. Jan. 9, 1748/9	LR3	101
PRAY, Ebenezer H., of Orange Cty., N.Y., m. Catharine S. CHAMBERLAIN, of Sharon, Feb. 5, 1834, by Rev. Aaron Hunt	LR20	384
PRICE, Byron Nelson, s. Hiram, tailor, merchant, ae 49 & Lucinda, ae 45, b. Sept. 7, 1850	1	33-4

	Vol.	Page
PRIME, Harry, s. Ruth (colored), b. Feb. 28, 1802	LR12	285
John Aretus*, s. Benjamin & Marcy, b. Mar. 28, 1795		
*(Arnold Copy has "John Aretus **PRINCE**")	LR12	285
Ruth, colored, had s. Harry, b. Feb. 28, 1802	LR12	285
PRINCE*, John Aretus, s. Benjamin & Marcy, b. Mar. 28, 1795 *("**PRIME**" in Van Alstyne's book)"	LR12	285
PRINDLE, Anna, b. Sharon, res. Sharon, d. Mar. 24, 1858, ae 65	1	114
Asahel, farmer, b. New Haven, d. Aug. 27, 1864, ae 78	1	125
Charles Leonard, m. Sarah **LEWIS**, b. of Sharon, Jan. 25, 1821, by George Andrews	LR20	380
Hiram C., farmer, ae 41, b. Sharon, res. same, m. Julia A. **HANDLIN**, ae 24, b. Sharon, res. same, Jan. 11, 1865, by Rev. T. E. Vassar	1	84
Hiram O., farmer, ae 43 & Julia A. **HAMBLIN**, ae 27, had twin s. [ ], b.1 Nov. 6, 1866	1	59
Horace, farmer, ae 41 & Celia A., ae 28, had d. [ ], b. Dec. 1, 1866	1	59
Huldah A., m. Harry L. **BISSELL**, b. of Sharon, Aug. 30, 1847, by Rev. Stephen J. Stebbins	LR27	549
Julia, m. Joseph **LORD**, Oct. 9, 1839, by S. T. Carpenter	LR22	477
Julia, d. Samuel, farmer, ae 65 & Mary A., ae 38, b. Aug. 5, 1855	1	3
Mary, d. Amos & Hannah, b. Aug. 10, 1849	1	5-6
Ruth S., d. Samuel J. & Mary A., b. Feb. 7, 1849	1	1
Ruth S., d. Samuel J. & Mary A., b. Feb. 7, 1849	1	3-4
William, m. Julia Amanda **BEECHER**, b. of Sharon, Feb. 27, 1827, by Caleb P. Wilson	LR20	382
PROUT, Deborah, of Middletown, m. Jabez **GRISWOLD**, of Sharon, July 19, 1763, by Ebenezer Knibloe	LR6	91
Eliza Ann, m. John **WILSON**, b. of Sharon, Sept. 10, 1845, by Stephen M. Vail	LR22	481
John, laborer, ae 32 & Mary, ae 26, had s. [ ], b. Nov. 26, 1865	1	55
John J., laborer, ae 30 & Mary, ae 25, had s. [ ], b. June 16, 1863	1	43
Lewis, laborer, ae 28 & Elizabeth, ae 20, had d. [ ], b. Nov. 12, 1859	1	25
Lewis, laborer, ae 34 & Elizabeth, ae 26, had s. [ ], b. Jan. 11, 1866	1	63
Sally, m. Amasa **JACKSON**, Dec. 19, 1830, by Horatio Smith	LR20	383
-----, mechanic, had d. [ ], b. Jan. 6, 1864	1	46
PULVER, Emeline, d. Henry, laborer, ae 42 & Abby, ae 41, b. Aug. 8, 1856	1	7
QUARTERS, Louisa, ae 28, colored, b. Troy, N.Y., res. Amenia, N.Y., m. William **CUMMINGS**, colored, ae 26, b. Sharon, res. North East, N.Y., Nov. 25, 1859, by E. S. Stoddard, J.P.	1	72
QUITTERFIELD, Abner, m. Esther **DUNHAM**, Jan. 29, 1755, by John Williams	LR3	262

BARBOUR COLLECTION

	Vol.	Page
QUITTERFIELD (cont.)		
Lydia, m. Dea. Ebenezer **JACKSON**, Jan. 10, 1750/1, by John Williams	LR3	261
Lydia, m. Stephen **JACKSON**, Jan. 17, 1754, by John Williams	LR3	262
RANDALL, RANDAL, Alice, d. John & Lois, b. July 17, 1752, at Rochester	LR3	333
Amanda, of Sharon, m. Jacob S. **DAVIS**, of Poughkeepsie, N.Y., Dec. 29, 1836, by Rev. Fitch Reed, of the M. E. Ch.	LR22	474
David, s. John & Lois, b. Dec. 20, 1750, at Rochester	LR3	333
Elias, s. David & Jemema, b. Feb. 4, 1773	LR7	305
Hannah, d. John & Lois, b. Mar. 6, 1755	LR3	413
Job, s. John & Sarah, b. Oct. 4, 1760	LR5	104
John, s. John & Lois, b. June 24, 1758	LR4	320
John, m. Sarah **BATE**, Nov. 9, 1758, by John Williams	LR3	263
Rebecca, d. John & Lois, b. Aug. 7, 1753	LR3	333
Sarah, d. John & Sarah, b. Dec. 27, 1767	LR6	54
Seth, s. John & Sarah, b. Apr. 8, 1764	LR5	253
Solomon, s. John & Sarah, b. Mar. 16, 1766	LR6	54
Zilpah, d. John & Sarah, b. Nov. 30, 1758	LR4	320
[RANSOM], [see under **RYNSOM**]		
RAY, Elisha M., of Amenia, m. Ann **CHAPMAN**, of Sharon, Sept. 13, 1829, by Rev. Quietus Stewart	LR20	383
RAYMOND, Daniel, b. Mar. 28, 1717	LR3	380
Daniel, s. Daniel & Elizabeth, b. Dec. 9, 1747	LR3	380
Elizabeth, b. Dec. 6, 1716	LR3	380
John, s. Daniel & Elizabeth, b. Jan. 30, 1750	LR3	380
Joseph, s. Daniel & Elizabeth, b. Nov. 12, 1741	LR3	380
Paul, s. Daniel & Elizabeth, b. Nov. 15, 1744	LR3	380
William, s. Daniel & Elizabeth, b. May 18, 1753	LR3	380
READ, REED, REID, Abigail, housekeeper, ae 17, res. Sharon, m. William H. **LLOYD**, farmer, ae 21, res. Sharon, Oct. 14, 1855, by L. E. Lathrop	1	65
Amelia, colored, ae 18, b. Dutchess Co., N.Y., res. Sharon, m. Nelson **BUSH**, laborer, colored, ae 21, b. Dutchess Co., N.Y., res. North East, N.Y., June 28, 1866, by Rev. William Stevens	1	86
Angeline, b. Darien, res. Sharon, d. Sept. 28, 1850, ae 42	1	49
Baldwin, 2nd, farmer, ae 31 & Mary J., ae 29, had s. [ ], b. May 13, 1863	1	43
Charles W., farmer, ae 26, b. Salisbury, res. Sharon, m. Julia **BOSTWICK**, ae 19, of Sharon, Dec. 16, 1862, by Rev. H. B. Mead	1	77
Charles W., farmer, ae 30 & Julia A. **BOSTWICK**, ae 22, had d. [ ], b. Sept. 25, 1866	1	61
Chancey, physician, b. Salisbury, res. Sharon, d. Sept. 17, 1856, ae 45	1	110
Dayton, soldier, ae 20 & Amelia J., ae 20, had s. [ ], b. Apr. 26, 1864	1	47
Edgar, Jr., farmer, ae 29 & Sarah A., ae 27, had s. [ ], b. Dec. 25, 1863	1	45

	Vol.	Page

READ, REED, REID (cont.)

Edgar J., of Salisbury, m. Harriet E. **LYMAN**, of Sharon, Oct. 12, 1831, by David L. Perry — LR20, 384

Edgar J., farmer, ae 22, of Sharon, m. Sarah A. **BRYAN**, ae 20, of Sharon, Feb. 18, 1857, by Rev. David Gibson — 1, 68

Edmond L., of Wayne Co., Pa., m. Amanda **WADSWORTH**, of Lee, Mass., Apr. 29, 1835, by David L. Perry — LR22, 472

Edward, farmer, b. Amenia, N.Y., res. Sharon, wid., d. May [ ], 1862, ae 40 — 1, 119

Electa Ann, m. Daniel **PARSONS**, b. of Sharon, Sept. 15, 1828, by David L. Perry — LR20, 383

Elias B., merchant, ae 25, of Sharon, m. Miranda **CANDEE**, ae 18, b. Harwington, res. Sharon, Oct. 5, 1864, by Rev. D. D. T. McLaughlin — 1, 83

Eugene P., farmer, ae 23 & Sarah, ae 21, had s. [ ], b. Dec. 23, 1857 — 1, 13

Frederick A., of Salisbury, m. Caroline **COLE**, of Sharon, Feb. 6, 1833, by David L. Perry — LR20, 384

Harriet, m. Richard **SMITH**, b. of Sharon, Apr. 28, 1830, by David L. Perry — LR20, 383

Henry, of Amenia, N.Y., m. Harriet M. **BEECHER**, of Sharon, Nov. 4, 1835, by Rev. Lucius M. Purdy — LR22, 473

Horace, of Amenia, N.Y., m. Julia **CALKIN**, of Sharon, Sept. 28, 1826, by Phinehas Cook — LR20, 382

Isaac, m. 2nd w. Rebecca **SLAWSON**, Apr. 14, 1851 — 1, 45-6

Isaiah M., farmer, b. Salisbury, res. Salisbury, d. June 23, 1863, ae 87 — 1, 122

John, m. Mary **GAY**, May 31, 1750, by John Williams — LR3, 261

John S., of Wellington, O., m. Jerusha A. **BENEDICT**, of Sharon, May 4, 1835, by David L. Perry — LR22, 473

Josiah W., of Simsbury, m. Harriet S. **OLMSTEAD**, of Sharon, Mar. 12, 1821, by Samuell Roberts — LR20, 380

Lewis, m. Mary M. **STODDARD**, b. of Sharon, Apr. 30, 1834, by David L. Perry — LR20, 384

Marian, d. Edgar J., ae 42 & Hannah E., ae 37, b. Jan. 27, 1850 — 1, 17-18

Mary, of Sharon, m. John **PECK**, of Canaan, Jan. 24, 1754, by John Williams — LR3, 262

Mary, m. Nathaniel **CHURCH**, Jr., b. of Sharon, May 20, 1829, by Rev. David L. Perry — LR20, 383

Mary E., ae 17, of Sharon, m. Gilbert A. **BRYAN**, carpenter, ae 22, of Sharon, Mar. 13, 1861, by Rev. D. Lyman — 1, 75

Mary Eliza, housekeeper, res. Sharon, d. May [ ], 1863, ae 28 — 1, 122

Mary M., of Sharon, m. William C. **BOTSFORD**, of Salisbury, June 10, 1841, by G. Lawrence Brownell — LR22, 479

Samuel, s. Dr. Chauncey & Mary R., b. June 24, 1849 — 1, 1

Samuel, s. Dr. Chauncey & Mary R., b. June 24, 1849 — 1, 3-4

	Vol.	Page
READ, REED, REID (cont.)		
Truxton W., of Simsbury, m. Delia **JACKSON**, of Sharon, Oct. 3, 1822, by David L. Perry	LR20	381
William B., s. Elias B., merchant, ae 27 & Miranra O. **CANDEE**, ae 20, b. Apr. 14, 1866	1	62
-----, m. Ansel **MALLERY**, b. of Sharon, [ ], by George B. Andrews	LR20	382
READING, Thomas, laborer, ae 35 & Bridget, ae 30, had s. [ ], b. Nov. 21, 1860	1	29
William, b. Sharon, res. Sharon, d. [ ], 1862, ae 1	1	118
REXFORD, Arthur, d. Mar. 15, 1781, in the 80th y. of his age, from July last	LR7	297
Daniel, of Sharon, m. Hannah **HOPSON**, of Woodbury, Oct. 15, 1761, by Increase Moseley	LR4	130
Jemima, w. Arthur, d. Nov. 19, 1770, in the 70th y. of her age	LR7	297
John, m. Bette **SHOWERS**, Aug. 27, 1754, by John Williams	LR3	262
Jordan, s. Daniel & Hannah, b. Feb. 8, 1763	LR5	250
Jordan, s. Daniel & Hannah, d. July 11, 1765	LR5	151
Samuel, s. Daniel & Hannah, b. July 28, 1765	LR5	254
REYNOLDS, George, s. Horace, farmer, ae 36 & Ruby, ae 26, b. May 21, 1861	1	31
Horace, farmer, ae 33, of Sharon, m. Ruby Jane **HUNTER**, ae 23, of Sharon, Nov. 24, 1858, by R. D. Gardner	1	71
Martha, d. Milo, farmer & Mary Anne, b. Nov. 29, 1850	1	39-40
Martha, d. Horace, farmer, ae 32 & Ruby, ae 26, b. June 7, 1862	1	37
Mary, d. Horace, farmer, ae 34 & Ruby, ae 24, b. Aug. 24, 1859	1	23
RHINEHARDT, REINHARDT, Jacob, laborer, ae 34 & Eva, ae 30, had s. [ ], b. Nov 1, 1857	1	13
Henry, laborer, ae 32 & Loe, ae 33, had s. [ ], b. Mar. 4, 1860	1	26
Henry & Eve, had s. [ ], b. Feb. 16, 1862	1	35
Jacob, merchant, ae 41 & Eve, ae 39, had s. [ ], b. Jan. 3, 1862	1	35
Jacob, farmer, ae 39 & Eve, ae 36, had s. [ ], b. Nov. 11, 1863	1	45
Jacob, farmer, ae 42 & Eve, ae 39, had d. [ ], b. Apr. 9, 1866	1	58
Mary, d. Henry, blacksmith, ae 47 & Eve, ae 29, b. June 2, 1864	1	47
RHYMISS, William H., laborer, ae 21 & Harriet A., ae 20, b. Feb. 27, 1864	1	46
RICE, RYCE, RYSE, Damaris, d. Asa & Elizabeth, b. May 3, 1782	LR8	61
Deborah*, of Wallingford, m. Timothy **SAINT JOHN**, of Sharon, Jan. 26, 1757 *(Arnold Copy has "Deborah **RYLE**")	LR3	412

SHARON VITAL RECORDS 307

	Vol.	Page
RICE, RYCE, RYSE (cont.)		
Mehetabel*, m. Benjamin **YOUNGS**, b. of Sharon, July 4, 1771, by Rev. C. M. Smith *("Mehetabel ROYCE" in Van Alstyne's book)	LR6	91
Naomi, d. Asa & Anna, b. Aug. 15, 1770	LR7	304
RICHARDS, Lucina, b. Sharon, res. Sharon, d. Oct. 7, 1859, ae 70	1	115
Russell, of Goshen, m. Lusina **CARTWRIGHT**, of Sharon, Oct. 15, 1826, by Horatio Smith	LR20	382
RICHARDSON, Charlotte, of Sharon, m. William **DEAN**, of Cornwall, Nov. 13, 1822, by Walter Smith	LR20	381
RICHMOND, RICHMAN, Abigail, of Sharon, m. Milbury **VAN VOLKENBOUGH***, of Claverie, June 6, 1754, by John Williams *("VALKENBURGH" in Van Alstyne's book)	LR3	262
Benjamin, s. Edward & Elizabeth, b. Jan. 20, 1750/1	LR2	167
Edward, m. Elizabeth **POWEL**, of Oblong, Mar. 25, 1745	LR2	20
Elizabeth, d. Edward & Elizabeth, b. Apr. 24, 1747	LR2	23
Mary, m. John **CRIPPEN**, Aug. 10, 1741	LR2	20
Mary, w. Benjamin, d. Dec. 7, 1743	LR2	16
Priscilla, m. Jacob **BACON**, May 1, 1748, by John Williams	LR3	261
Zerviah, d. Beniamin & Mary, b. May 23, 1740	LR2	18
RILEY, RYLE, Caroline M., of Sharon, m. Newton E. **CLARK**, of Amenia, Dutchess Co., N.Y., Nov. 15, 1842, by Rev. Fitch Reed	LR22	470
Deborah*, of Wallingford, m. Timothy **SAINT JOHN**, of Sharon, Jan. 26, 1757 *("Deborah RYSE in Van Alstyne's book)	LR3	412
Emeline* M., m. Horace **WHITE**, b. of Sharon, Sept. 20, 1820, by David L. Perry *("Caroline" in printed record)	LR20	380
ROBB, Betsey, of Sharon, m. Thomas **PERRY**, of Salisbury, July 4, 1837, by Rev. Fitch Reed, of the M. E. Ch.	LR22	474
ROBERTS, ROBARTS, Abigail, d. William & Abigail, b. Apr. 22, 1767	LR7	304
Catharine E., of Sharon, m. William D. **HAMLIN**, of Utica, N.Y., Dec. 19, 1843, by Rev. F. Reed	LR22	467
Charles Henry, s. Virgil B. & Harriet R.P., b. Sept. 17, 1848	1	3-4
Elizabeth, d. William & Elizabeth, b. Oct. 6, 1778	LR7	413
Etthea* Elizabeth, m. George **COLE**, b. of Sharon, Feb. 12, 1840, by William K. Stopford *("Estha" in Van Alstyne's book)	LR22	478
F. B., farmer, ae 46 & Harriet R., ae 35, had child, b. June 24, 1851	1	35-6
Hector W., m. Harriet **CALKIN**, b. of Sharon, Oct. 30, 1820, by David L. Perry	LR20	380
James M., ae 31, b. Bloomfield, m. Eliza J. **JENKINS**, ae 28, b. Sharon, res. Bloomfield, Oct. 20, 1849, by Grove L. Brownell	1	27-28
Martha, m. James **TALMAG**, Feb. 13, 1740/1	LR2	20

BARBOUR COLLECTION

	Vol.	Page
ROBERTS, ROBARTS (cont.)		
Mary J., m. Simeon **SEARS**, b. of Sharon, Jan. 15, 1839, by Rev. William K. Stopford, of the M. E. Ch.	LR22	475
Minor, s. William & Abigail, b. Sept. 20, 1771	LR7	304
Samuel, Jr., m. Betsey **BRADLEY**, Jan. 14, 1839, by Rev. Aaron Hunt	LR20	383
Samuel, farmer, b. Sharon, res. Sharon, d. May 13, 1867, ae 73	1	132
Sarah, d. William, Jr. & Elizabeth, b. Feb. 25, 1780	LR7	299
Virgil B., m. Harriett **SNOW***, b. of Sharon, Feb. 12, 1839, by Rev. William R. Gould *("SWAN" in Van Alstyne's book)	LR22	475
William, m. Elizabeth **MARVIN**, Dec. 15, 1777	LR7	302
ROBINSON, ROBENSON, Abel, m. Elizabeth **HATFIELD**, Jan. 5, 1843, by Rev. S. T. Carpenter, of Ep. Ch.	LR22	471
-----, housekeeper, colored, b. Sharon, res. Sharon, d. Mar. 16, 1855, ae 34	1	108
ROCHESTER, Harriet, of Salisbury, m. Samuel **VICTORY**, of New Haven, Feb. 3, 1828, by Horatio Smith	LR20	383
ROCK, Edward, b. Sharon, res. Sharon, d. July 20, 1860, ae 8	1	116
ROCKWELL, Mary Ann, of Sharon, m. Aaron **HOLLEY**, of Lenox, Mass., June 13, 1826, by David L. Perry	LR20	382
ROGERS, Aaron, s. Lemuel & Hannah, b. Aug. 2, 1754	LR4	127
Ambrose S., of Cornwall, m. Cornelia E. **HAMLIN**, of Sharon, May 5, 1842, by G. Lawrence Brownell	LR22	470
Charity, m. Elijah **CHAPMAN**, Jr., Aug. 7, 1831, by Samuel E. Everitt	LR20	384
Eleanor, of Sharon, m. Stephen G. **GUERNSEY**, of Stanford, N.Y., Dec. 30, 1832, by Frederick Gridley	LR20	384
Francis H., of Stonington, m. Angeline E. **BENEDICT**, of Sharon, June 10, 1839, by Rev. William K. Stopford, of the M. E. Ch.	LR22	476
Hannah, d. Lemuel & Hannah, b. June 17, 1757	LR4	127
Henry, m. Sarah **BARLEY***, Nov. 15, 1842, by George Wheaton, J.P *("ROGERS" in Van Alstyne's book)	LR22	470
John C., of Cornwall, m. Betsey **HAMLIN**, of Sharon, Oct. 4, 1827, by David L. Perry	LR20	382
Sarah *, m. Henry **ROGERS**, Nov. 15, 1842, by George Wheaton, J.P. *(Arnold copy has "Sarah **BURLEY**")	LR22	470
Thomas, farmer, ae 33, b. Ireland, res. Sharon, m. [ ], housekeeper, ae 30, b. Ireland, res. Sharon, Sept. 14, 1855, by Peter Kelly	1	65
Thomas, laborer, ae 48 & Mary, ae 45, had d. [ ], b. Feb. 11, 1858	1	16
ROOT, David, of Cornwall, m. Mary E. **OWEN**, of Sharon, Jan. 8, 1846, by Stephen M. Vail	LR22	481
David, teamster, ae 29 & [ ], ae 27, had s. [ ], b. Nov. 14, 1855	1	4
Ira, furnace man, ae 34 & [ ], ae 26, had d. [ ], b. Jan. 24, 1855	1	2

	Vol.	Page
ROOT (cont.)		
Ira, furnace man, ae 39 & Mariaette, ae 27, had s. [ ], b. Jan. 6, 1859	1	21
Joanna, of Southington, m. Matthew **FULLER**, of Sharon, July 5, 1748	LR2	20
Jonathan, s. Simeon & Lydia, b. Aug. 20, 1758	LR5	104
Solomon, s. Simeon & Lydia, b. Mar. 23, 1757	LR5	104
William, s. Simeon & Lydia, b. May 15, 1760	LR5	104
-----, female, b. Sharon, res. Sharon, d. Feb. 28, 1855, ae 4 d.	1	108
RORABACK, ROORBACK, Christopher, m. Ada **OWEN**, b. of Sharon, Jan. 23, 1823, by David L. Perry	LR20	381
James*, laborer, ae 30 & Ruth, ae 24, had s. [ ], b. Nov. 10, 1857 *(Written "James **ROMBACK**")	1	13
James, laborer, ae 31 & Ruth, ae 28, had s. [ ], b. Sept. 15, 1859	1	23
Nathaniel, laborer, ae 38 & Betsey A., ae 31, had s. [ ], b. Nov. 1, 1866	1	61
ROSE, David M., of Amenia, m. Eliza Ann **GAY**, of Sharon, Jan. 27, 1825, by David L. Perry	LR20	382
ROURCK, Margarette, d. Michael, laborer, ae 24 & Martgarette, ae 22, b. Dec. 7, 1856	1	10
ROW, Willietmus, m. Hannah **WINEGAR**, July 2, 1751, by John Williams	LR3	261
ROWLEY, ROWLLE, Albert, of Sharon, m. Urania R. **WELCH**, of New Milford, Dec. 19, 1831, by David L. Perry	LR20	384
Albert, farmer, ae 50, res. Sharon, m. 2nd w. Harriet L. **ALLEN**, seamstress, ae 40, b. Sharon, res. New Milford, Aug. 20, 1855, by Isaac DeVoe	1	64
Albert R., farmer, ae 26 & Malvina L. **BURTON**, ae 24, had s. [ ], b. Sept. 5, 1864	1	48
Anne, d. Jonathan & Anne, b. Apr. 25, 1736	LR2	18
Anne, w. Jonathan, d. Sept. 6, 1741	LR2	16
Chauncy W., mechanic, res. Sharon, m. Phebe A. **BUTTOLPH**, res. Sharon, May 17, 1865, by Rev. William Stevens	1	85
Chloe M., m. Samuel P. **BRYANT**, Oct. 26, 1834, by Rev. Richard Wymond, of the M. E. Ch.	LR22	472
Demis, m. Amos **WELLER**, Jr., Oct. 22, 1776	LR7	302
Desiar, d. Jonathan & Anne, b. Dec. 2, 1731	LR2	18
Desire, of Kent, m. Jonathan **HOUGH**, of Sharon, Feb. 17, 1757, by John Ransom, of Kent	LR3	412
Ebenezer, b. Sharon, res. Sharon, d. Aug. 14, 1864, ae 81	1	125
Edward W., s. Charles H., farmer, ae 24 & Mary, ae 22, b. Nov. 25, 1860	1	29
Elisha, blind lisha, d. Jan. 15, 1850, ae 74	1	23-24
Eliza, m. George W. **OLMSTEAD**, b. of Sharon, Aug. 31, 1826, by Phinehas Cook	LR20	382
Eliz, m. Harriet **GIBBS**, b. of Sharon, Sept. 2, 1829, by Samuell Roberts	LR20	383

	Vol.	Page
ROWLEY, ROWLLE (cont.)		
Ella, b. Sharon, res. Sharon, single, d. Sept. 28., 1862, ae 60	1	120
Ellen, d. Ralph, mechanic, ae 24 & Malvina, ae 22, b. Apr. 14, 1862	1	36
Hattie M., teacher, ae 21, of Sharon, m. Gustavus A. **BEEBE**, moulder, ae 21, b. Alabama, res. Sharon, Oct. 28, 1863, by Rev. Ira Ferris	1	79
Huldah, d. Jonathan & Anne, b. Aug. 31, 1740	LR2	18
Huldah, m. Samuel **MUDGE**, Jr., Nov. 10, 1763	LR5	255
Jonathan, m. Anne **FALES***, Mar. 9, 1727 *("FULLER" in Van Alstyne's)	LR2	20
Jonathan, s. Jonathan & Anne, b. Nov. 18, 1729	LR2	18
Judah, s. Jonathan & Anne, b. Aug. 1, 1738	LR2	18
Levi, s. Jonathan & Anne, b. Dec. 16, 1733	LR2	18
Louisa A., of Sharon, m. George **COTRELL**, of Washington, Dutchess Co., N.Y., Dec. 31, 1838, by Rev. William K. Stopford, of the M. E. Ch.	LR22	476
Margarett D., d. C. H., farmer, ae 25 & Mary B.., ae 26, b. Oct. 9, 1862	1	38
Nathaniell, s. Moses, d. Jan. 6, 1741/2	LR2	16
Ralph, farmer, ae 28 & Malvina **BARTON**, ae 26, had s. [ ], b. Sept. 18, 1866	1	59
Sally Ann, m. Judson **BOSTWICK**, b. of Sharon, Apr. 12, 1843, by G. L. Brownell	LR22	466
Simeon, s. Jonathan & Anne, b. Apr. 28, 1728	LR2	18
Simeon, m. Jane **FULLER**, Mar. 14, 1751, by John Williams	LR3	261
Simeon, m. Christian* **HOWARD**, Oct. 3, 1755, by John Williams *("Christina")	LR3	263
ROWLIN, Hannah, m. David **SANFORD**, Feb. 27, 1781, by Daniel Griswold, J.P.	LR7	303
ROYCE, [see under RICE]		
RUD[D]*, Mehetabel, m. Jehiel **JACKSON**, b. of Sharon, July 8, 1760, by John Williams *(Arnold copy has "RUDE")	LR4	130
RUDE, Assa, d. July 2, 1740	LR2	16
Mehetabel*, m. Jehiel **JACKSON**, b. of Sharon, July 8, 1760, by John Williams *("Mehetabel RUD" in Van Alstyne's book)	LR4	130
RULOFSON, Isaac O., s. Isaac, mechanic, ae 36 & Mary E., ae 33, b. Mar. 25, 1863	1	42
RUSS, Jonathan, m. Submit **BRACE**, Jan. 3, 1776, by Rev. Mr. Smith	LR7	303
Jonathan, s. Jonathan & Submit, b. Oct. 30, 1783	LR8	61
RUSSELL, Ann V., b. Sharon, res. Sharon, d. July 11, 1863, ae 2	1	122
Henry, farmer, ae 43 & Maria, ae 21, had d. [ ], b. Oct. 31, 1862	1	39
Julia, ae 16, had illeg. s. [ ], b. Aug. 18, 1864	1	50
Sam[ue]l, stonecutter, b. Poughkeepsie, N.Y., res. Sharon, d. Sept. 12, 1865, ae 49	1	129

SHARON VITAL RECORDS

	Vol.	Page
RUST, Abel, s. Simeon & Sarah, b. Sept. 7, 1755	LR3	406
Harvey, of Cornwall, m. Phebe FOSTER, of Sharon, Nov. 23, 1838, by Rev. William K. Stopford, of the M.E. Ch.	LR22	475
Mary Jane, ae 17, b. Stamford, N.Y., res. Sharon, m. Warren SILVANIEL, laborer, ae 23, b. Copake, res. Salisbury, Sept. 15, 1859, by Rev. W. S. Stillwell	1	72
Zilpha, d. Simeon & Sarah, b. Mar. 8, 1760	LR4	130
Zilphina, d. Simeon & Sarah, b. Mar. 8, 1760	LR4	320
RYLE, [see under RILEY]		
RYNSON, George, Rev. of Toronto, Ca., m. Isabella D. STERLING, of Sharon, Sept. 21, 1852, by Rev. Ezra Jones, of Christ Ch.	LR27	546
RYNUS, John G., farmer, ae 40 & Mary, ae 39, had d. [ ], b. Oct. 15, 1858	1	19
SACKETT, Ambrose S., m. Lydia A. BALL, b. of Sharon, Sept. 3, 1843, by Rev. Almorin Ackley	LR22	467
Chloe, m. David ABEL, Nov. 30, 1778	LR7	303
Homer, of Warren, m. Flora SKIFF, of Sharon, Dec. 1, 1827, by Frederick Gridley	LR20	382
Norman A., of Ashland O., m. Julia JENKINS, of Sharon, Aug. 25, 1851, by Rev. Charles Rockwell	LR27	545
SAGE, Emily, m. [ ] BARNES, [ ], by Rev. S. T. Carpenter	LR22	466
ST. JOHN, A.M., res. Sharon, m. William E. MARSH, farmer, res. Sharon, Sept. 12, 1865, by Rev. J. V. Stryker	1	85
Abigail, m. Gibbs W. SKIFF, Jan. 1, 1834, by Frederick Gridley	LR20	384
Amos, d. Feb. 8, 1850, ae 8 m.	1	23-24
Amos J., s. Judson & Susan, b. June 6, 1849	1	1
Amos J., s. Judson & Susan G., b. June 6, 1849	1	3-4
Ann, d. Mark & Ann, b. Aug. 8, 1751	LR2	167
Austin, merchant, ae 22, b. Sharon, res. Kent, m. Almira CARTWRIGHT, ae 20, of Sharon, Sept. 14, 1858, by Gilbert Hubbell	1	70
Betsey Ann, of Ellsworth, m. Philander GELLITT, of Penn., Oct. 16, 1831, by David L. Perry	LR20	384
Caroline, ae 22, b. Columbia Co., N.Y., res. Sharon, m. Seymour DEAN, ae 23, of Sharon, [ ], by Rev. John Baldwin	1	29-30
Catharine, ae 21, of Sharon, m. Richard F. EVERETT, farmer, ae 26, b. Copake, res. Sharon, Nov. 26, 1857, by Rev. David Nash	1	68
Cytheria, res. Sharon, d. [ ], 1866, ae 5	1	129
Daniel, s. John & Sabra, b. Aug. 25, 1747	LR2	24
Daniel, s. Timothy & Deborah, b. Apr. 9, 1761	LR5	251
Daniel, m. Eliza Ann LOCKWOOD, b. of Sharon, Sept. 9, 1845, by Stephen M. Vail	LR22	481
David, s. Luke & Elizabeth, b. Dec. 14, 1751	LR3	101
Deborah, d. Timothy & Deborah, b. May 15, 1763	LR5	251

ST. JOHN (cont.)

	Vol.	Page
Dwight, farmer, ae 29 & Mary, ae 30, had s. [ ], b. Sept. 12, 1861	1	32
Dwight, farmer, ae 30 & Mary, ae 28, had d. [ ], b. Nov. 15, 1862	1	39
Elijah, s. Mark & Ann, b. Nov. 27, 1766	LR6	56
Elizabeth, d. Luke & Elizabeth, b. July 26, 1749	LR2	24
Elizabeth, m. Frances **EGGLESTON**, b. of Sharon, Sept. 11, 1839, by Mason Grosvenor	LR22	478
Elmore C., farmer, ae 22, res. Sharon, m. Harriet A. **WHITNEY**, ae 21, res. Sharon, Nov. 23, 1856, by David Nash	1	67
Eunice, d. John & Sabra, b. Apr. 7, 1758	LR3	380
Everitt, m. Mary **DUNBAR**, b. of Sharon, May 22, 1830, by Frederick Gridley	LR20	383
Ezra, s. Luke & Elizabeth, b. Jan. 2, 1746/7	LR2	24
Gideon, s. Luke & Elizabeth, b. Mar. 15, 1759	LR4	250
Hannah, m. Ebenezer* **SPRAGUE**, Feb. 20, 1745/6 *("Homer" in Van Alsltyne's book)	LR2	20
Hannah, m. Ebenezer **SPRAGUE**, Feb. 20, 1745/6, by John Williams	LR3	261
Hannah, d. Mark & Ann, b. Sept. 25, 1749	LR2	167
Harrison B., farmer, ae 23, of Sharon, m. Julia M. **LEVINESS**, ae 20, b. New York, res. Sharon, Feb. 18, 1864, by Rev. Ira Ferris	1	82
Harrison B., farmer, ae 22 & Julia M., ae 20, had s. [ ], b. Dec. 21, 1864	1	49
Henrietta D., ae 19, of Sharon, m. Charles **MOREY**, ae 21, of Sharon, Nov. 22, 1859, by Rev. C. W. Lockwood	1	73
Henry, farmer, ae 45 & [ ], ae 40, had d. [ ], b. Oct. [ ], 1859	1	24
Ida S., d. Sept. 17, 1848, ae 2 [yrs] 3 [mos.]	1	11-12
J. Dwight, farmer, had d. [ ], b. Aug. 19, 1864	1	51
Jemima, d. Ezra & Ann, b. Aug. 4, 1739	LR3	101
Jemima, m. Isaac **BENTON**, Oct. 30, 1755, by Rev. Cotton Mather Smith	LR3	263
Joel, s. Capt. John & Sabra, b. Dec. 1, 1765	LR6	126
John, m. Sabra **COLVER**, b. of Sharon, Nov. 5, 1746	LR2	20
John, s. John & Sabra, b. Aug. 10, 1761	LR5	106
John, s. Capt. John & Sabra, b. Aug. 10, 1761	LR6	126
John, s. Mark & Ann, b. Nov. 13, 1768, at Stockbridge	LR6	56
Justus, s. Mark & Ann, b. July 1, 1762	LR5	250
Lewis, m. Laura **CARTWRIGHT**, Nov. 3, 1834, by Rev. Chester William Turner, of the M. E. Ch.	LR22	472
Lucy, b. Sharon, res. Sharon, d. Nov. 28, 1860, ae 60	1	117
Mabel, d. John & Sabra, b. Dec. 31, 1758	LR4	130
Mabel, m. Walter **BURR**, Sept. 17, 1778	LR7	303
Mary, d. Ezra & Ann, b. June 26, 1734	LR3	101
Mary, d. Matthew, Jr. & Mary, b. Sept. 25, 1739	LR3	101
Mary, d. Mark & Anna, b. Jan. 14, 1755	LR3	416

SHARON VITAL RECORDS

	Vol.	Page
ST. JOHN (cont.)		
Mary Jr., m. Joshua **CHAFFEE**, July 2, 1755, by John Williams	LR3	262
Mary, d. Timothy & Deborah, b. Aug. 3, 1758	LR4	130
Matthew, s. Luke & Elizabeth, b. Aug. 7, 1755	LR4	128
Melissa, m. William **COWLES**, b. of Sharon, Nov. 20, 1822, by Pitkin Cowles	LR20	381
Mercy, m. John **PENOYER**, Mar. 30, 1749, by John Williams	LR3	261
Milton, of New York, m. Sarah **PARDEE**, of Sharon, Aug. 5, 1833, by David L. Perry	LR20	384
Naomi, d. John & Sabra, b. Oct. 31, 1749	LR3	380
Phebe, d. Ezra & Ann, b. Jan. 26, 1736/7	LR3	101
Phebe, m. Caleb **CURTICE**, Jr., Mar. 14, 1754	LR3	263
Pluma B., d. Henry & Almira, b. Dec. 31, 1849	1	7-8
Rachel, d. John & Sabra, b. Aug. 18, 1751	LR3	380
S. Cynthia, housekeeper, ae 24, res. Sharon, m. William **CHAPMAN**, farmer, ae 30, res. Sharon, Jan. 23, 1855, by Leonard E. Lathrop	1	64
Samuel, s. Mark & Ann, b. June 15, 1753	LR3	102
Sarah, d. John & Sabra, b. July 10, 1757	LR4	130
Sarah, m. Enoch **SLOSSON**, Aug. 9, 1757, by John Williams	LR3	263
Sarah, ae 20, of Sharon, m. George R. **COLE**, farmer, ae 23, of Sharon, Nov. 17, 1864, by Rev. J. V. Stryker	1	83
Seth B., m. Henrietta **DUNBAR**, Nov. 28, 1827, by Frederick Gridley	LR20	382
Silas, s. Capt. John & Sabra, b. Aug. 22, 1763	LR6	126
Silas, d. Oct. [ ], 1848, ae 76	1	11-12
Stephen, s. Mark & Ann, b. Mar. 6, 1757	LR4	128
Sybel, d. Mark & Ann, b. Oct. 13, 1764	LR6	56
Thaddeus, s. Mark & Ann, b. Dec. 23, 1747	LR2	24
Thomas, of Norwalk, m. Ann S. **BURGESS**, of Sharon, Nov. 18, 1832, by Frederick Gridley	LR20	384
Timothy, of Sharon, m. Deborah **RYLE***, of Wallingford, Jan. 26, 1757 *("RYSE" in Van Alstyne's book)	LR3	412
Zillah, d. Mark & Ann, b. Mar. 1, 1759	LR4	250
SALISBURY, Charles A., ae 36 & Augusta A., ae 30, had child b. June 6, 1850	1	17-18
Philip M., of Salisbury, m. Polly A. **HALL**, of Sharon, Feb. 25, 1837, by Rev. Fitch Reed, of the M. E. Ch.	LR22	474
SAND, James, s. Eli, laborer, ae 25 & Anne, ae 20, b. Apr. 14, 1851	1	31-2
SANFORD, Amos, s. [Amos & Mary], b. Feb. 1, 1774	LR7	411
Annise, d. [Amos & Mary], b. Feb. 19, 1770	LR7	411
Charles, b. Sharon, res. Salisbury, m. Polly Ann **WHITE**, b. Sharon, res. Salisbury, Mar. 7, 1850, by [ ]	1	27-28
Charles, farmer, ae 32 & Polly Ann, ae 35, had s. [ ], b. Dec. 22, 1860	1	30
David, m. Hannah **ROWLIN**, Feb. 27, 1781, by Daniel Griswold, J.P.	LR7	303
Ezra, s. Amos & Mary, b. Apr. 22, 1763, at New Town	LR7	411

	Vol.	Page
SANFORD (cont.)		
Gurdon, s. [Amos & Mary], b. Jan. 11, 1776	LR7	411
John, [s. Amos & Mary], b. Feb. 6, 1767	LR7	411
Mary A., housekeeper, b. Sharon, res. Sharon, d. Dec. 25, 1862, ae 27	1	121
Polly, [d. Amos & Mary], b. Jan. 31, 1772	LR7	411
Samuell, [s. Amos & Mary], b. Feb. 25, 1765	LR7	411
SARINER, Abraham U., m. Sarah W. **GOULD**, Feb. 16, 1842, by Rev. H. F. Pease, of the M. E. Ch.	LR22	481
SAUNDERS, Charles, b. Salisbury, res. Sharon, d. Dec. 12, 1862, ae 4	1	121
Edward, laborer, ae 23 & Sarah, ae 22, had s. [ ], b. Aug. 13, 1860	1	29
Willie, b. Sharon, res. Sharon, d. Dec. 22, 1862, ae 2	1	121
SAWYER, Marilla, of Sharon, m. Elisha **TRACY**, of Canaan, June 9, 1823, by Frederick Gridley	LR20	381
SAXTON, Gersham, m. Sarah **LAMB**, Aug. 16, 1745, by Rev. Peter Prat[t]	LR2	20
SCHARTY, Carl, blacksmith, ae 34 & Wilhelmina, ae 35, had d. [ ], b. Feb. 2, 1862	1	35
SCHERMAHORN, Catharine E., of Union, m. George L. **JOHNSON**, of New York, Jan. 18, 1846, by G. L. Brownell	LR22	481
SCOFIELD, Ann, housekeeper, b. Greenwich, res. Sharon, d. May 12, 1864, ae 74	1	124
SCOTT, Albert, ae 24, laborer, b. Copake, res. Sharon, m. Adaline **CHAPMAN**, ae 17, of Sharon, July 3, 1861, by Rev. W. H. Kirk	1	75
Albert, mechanic, ae 26 & Adaline, ae 19, had s. [ ], b. May 30, 1862	1	37
Isaac, m. Anna **FRISBE**, Oct. 31, 1753, by John Williams	LR3	262
SCOVEL, Daniel, of Dowingtown, Pa., m. Betsey E. **GRAY**, of Sharon, Aug. 30, 1838, by Mason Grosvenor	LR22	476
SCUDDER, Seth, m. Sarah **SQUIRE**, b. of Cornwall, June 3, 1765, by John Williams	LR5	255
SEARS, [see also **SHEARS**], Abigail, m. Alpheas **JEWETT**, Feb. 15, 1781, by Rev. C. M. Smith	LR7	303
Amelia F., twin with Julia M., d. Benjamin, farmer, ae 53 & Emily C., ae 31, b. Jan. 5, 1851	1	33-4
Cynthia L., b. Sharon, res. Sharon, d. Dec. 9, 1858, ae 56	1	114
John, s. John & Abigail, b. Dec. 16, 1848	1	1
John, s. John & Abigail, b. Dec. 16, 1848	1	3-4
John, Jr., farmer, ae 37, res. Sharon, m. Mary W. **JEWETT**, ae 24, res. Sharon, Sept. 16, 1856, by [ ] Jewett	1	67
Julia M., twin with Amelia F., d. Benjamin, farmer, ae 53 & Emily C., ae 31, b. Jan. 5, 1851	1	33-4
Mary E., d. Apr. 6, 1851, ae 3	1	49
Sarah A., of Sharon, m. David F. **ATWATER**, of Brooklyn, N.Y., Sept. 14, 1848, by G. L. Brownell	LR27	551
Simeon, m. Mary J. **ROBERTS**, b. of Sharon, Jan. 15, 1839, by Rev. William K. Stopford, of the M. E. Ch.	LR22	475

	Vol.	Page
SEARS (cont.)		
Stephen, d. Mar. 27, 1850, ae 22 ½ m.	1	23-24
Sybel B., of Sharon, m. Henry W. **HAMBLIN**, of East Bloomfield, N.Y., Oct. 5, 1841, by Grove L. Brownell	LR22	480
Vincent E., farmer, res. Sharon, m. Julia **JEWETT**, [ ], 1856, by [ ] Jewett	1	67
SEDGWICK, Callie, ae 21, of Sharon, m. William W. **KNIGHT**, physician, ae 28, b. Mass., res. Sharon, Sept. 5, 1861, by Rev. D. D. Tompkins McLaughlin, of the Cong. Ch.	1	75
Charles F., m. Betsey **SWAN**, b. of Sharon, Oct. 15, 1821, by David L. Perry	LR20	380
Cyrus S., s. Charles F., ae 55 & Betsey, ae 43, b. Nov. 29, 1849	1	17-18
Frederick, of Stratford, m. Caroline E. **SWAN**, of Sharon, Oct. 14, 1850, by Charles F. Seagraves, J.P.	LR27	545
Frederick, teacher, b. Lenox, Mass., res. Stratford, m. Caroline E. **SWAN**, ae 28, of Sharon, Oct. 14, 1850, by Charles F. Sedgwick	1	45-6
Mary G., ae 23, b. Sharon, res. Sharon, m. Virgil E. **BEACH**, merchant, ae 23, b. Litchfield, res. same, Nov. 7, 1865, by Rev. W. W. Andrews	1	85
SEELEY, **CELEY**, Caroline, ae 18, of Cornwall, m. Joseph **MARSHALL**, laborer, ae 24, b. Carmel, res. Cornwall, Sept. 28, 1860, by Eliakim S. Stoddard, J.P.	1	74
Emeline, m. David **KING**, Dec. 17, 1863, by William Stone	1	79
SENEGO, **SENIGO**, John, farmer, had s. [ ], b. July 1, 1857	1	12
John, mechanic, ae 28 & Elizabeth, ae 27, had d. [ ], b. Jan. 26, 1862	1	35
John, machinist, ae 45 & [ ], ae 34, had s. [ ], b. Apr. 22, 1866	1	62
SERKINS*, Eliza, m. Myron **OCKRO**, b. of Sharon, Feb. 28, 1841, by Rev. H. F. Pease, of the M. E. Ch. *("**JENKINS**" in Van Alstyne's book)	LR22	479
[SHAVILEER], [see under **SHEVALEER**]		
SHAW, Catharine F., d. Sept. 21, 1848, ae 6 y. 1 m.	1	11-12
Daniel, of North East, N.Y., m. Emeline **BERRY**, of Sharon, Oct. 24, 1841, by Rev. S. T. Carpenter	LR22	471
Daniel, of North East, N.Y., m. Emeline **BERRY**, of Sharon, Oct. 24, [probably 1841], by Rev. S. T. Carpenter, of the Epis. Ch.	LR22	480
SHEARS, [see also **SEARS**], Charles H., ae 28, b. Washington, N.Y., res. same, m. Martha L. **WHITE**, ae 24, of Sharon, Feb. 27, 1859, by Rev. John V. Stryker	1	72
Charles H., physician, ae 37 & Martha L., ae 34, had d. [ ], b. Feb. 19, 1866	1	58
Flora B., d. Charles H., physician, ae 36 & Martha L., ae 33, b. June 16, 1864	1	47

	Vol.	Page
SHEARS (cont.)		
Mary A., d. Alonzo G., minister, ae 40 & Sina, ae 41, b. June 24, 1851	1	31-2
SHELDON, Harvey*, of New Marlboro, Mass., m. Laura SPAULDING, of Sharon, Sept. 25, 1822 *(Arnold Copy has "Marcy")	LR20	331
Marcy*, of New Marlboro, Mass., m. Laura SPAULDING, of Sharon, Sept. 25, 1822 *("Harvey" in Van Alstyne's book)	LR20	381
SHEPARD, Samuel, m. Sarah COOK, Nov. 6, 1754, by John Williams	LR3	262
SHERWOOD, Welthee, d. Lemuel & Elizabeth, b. Dec. 22, 1774	LR7	308
SHEVALEER, Richard, m. Sarah COOK, b. of Oblong, Oct. 9, 1760, by John Williams	LR4	130
SHOWERS, Elizabeth, m. Elnythan GOODRICH, Jan. 1, 1739/40	LR2	20
Bette, m. John REXFORD, Aug. 27, 1754, by John Williams	LR3	262
SIBLEY, Chester, farmer, ae [ ] & Polly, ae 43, had s. [ ], b. May 16, 1863	1	43
Luther L., b. Sharon, res. Sharon, d. Sept. 1, 1864, ae 1	1	125
SICKMAN, Charles S., m. Ann LAKE, b. of Sharon, Mar. 7, 1850, by Rev. Lucius H. King	LR27	547
Henry, farmer, his w. [ ], b. Sharon, res. Sharon, d. Sept. [ ], 1858, ae 66	1	113
Jacob, m. Nancy E. ASHMAN, b. of Sharon, Apr. 19, 1851, by James Orr, J.P.	LR27	545
Jacob, laborer, ae 31 & [ ], ae 21, had s. [ ], b. May 1, 1858	1	19
Jacob H., farmer, ae 24, of Sharon, m. Nancy E. ASHMAN, ae 15, of Sharon, Apr. 19, 1851, by Rev. James Orr	1	47-8
SILVERNAIL, SILVANIEL, Silas, laborer, ae 35 & [ ], ae 30, b. May 14, 1861	1	31
Warren, laborer, ae 23, b. Copake, res. Salisbury, m. Mary Jane RUST, ae 17, b. Stamford, N.Y., res. Sharon, Sept. 15, 1859, by Rev. W. S. Stillwell	1	72
Warren, soldier, ae 26, b. Copake, N.Y., res. Salisbury, m. 2nd w. Ellen M. ALLEN, ae 19, of Sharon, Nov. 10, 1863, by Rev. J. V. Stryker	1	79
SIMMONS, [see also SIMONS], William, b. Sharon, res. Sharon, d. May 13, 1860, ae 6	1	116
SIMONS, SIMONDS [see also SIMMONS], Abel, s. David & Alice, b. Feb. 12, 1765	LR5	253
Abel, s. [David & Ellis], b. Feb. 12, 1765	LR7	413
Abigail, d. Theodore & Marcy, b. Feb. 10, 1763	LR5	252
Charles, of Salisbury, m. Jane Ann NICHOLS, of Sharon, Nov. 7, 1841, by Rev. H. T. Pease, of the M. E. Ch.	LR22	480
David, m. Alice ABEL, b. of Sharon, June 18, 1764	LR5	255
David, s. [David & Ellis], b. Dec. 30, 1776	LR7	413

SHARON VITAL RECORDS 317

	Vol.	Page
SIMONS, SIMONDS (cont.)		
Diantha, d. [David & Ellis], b. May 2, 1774	LR7	413
Ellis, d. [David & Ellis], b. Oct. 26, 1771	LR7	413
George, m. Laura CURTIS, b. of Sharon, July 11, 1839, by Mason Grosvenor	LR22	476
George, waiter, colored, b. Sharon, res. New York, d. July 10, 1856, ae 36	1	109
Hellen M., ae 20, of Sharon, m. Isaac W. DAVIS, colored, ae 22, b. Dutchess Co., N.Y., res. Sharon, Nov. 4, 1850, by Rev. Mr. Brownell	1	45-6
Henry, of Sharon, m. Sarah Ann HILL, of North East, N.Y., Nov. 25, 1835, by Rev. Lucius M. Purdy, of St. Paul's Ch.	LR22	473
Jacob, s. Theodore & Mercy, b. Oct. 29, 1769	LR7	306
John, s. Jacob, d. Apr. 7, 1760, ae 21 y.	LR5	151
John, s. Theodore & Mercy, b. Aug. 29, 1764	LR5	252
Jonathan, s. [Theodore & Mercy], b. Mar. 25, 1774	LR7	306
Lois, d. [David & Ellis], b. Nov. 23, 1769	LR7	413
Mary A., colored, ae 18, of Sharon, m. Philo J. **FRAZER**, colored, ae 42, b. Dutchess Co., N.Y., res. Sharon, Nov. 5, 1850, by Rev. Mr. Champton	1	45-6
Meriam, m. Jesse **MARVINE**, b. of Sharon, July 24, 1758	LR4	130
Ruth, d. [David & Ellis], b. Nov. 20, 1766	LR7	413
Samuel, s. [Theodore & Mercy], b. Jan. 1, 1772	LR7	306
Sarah, d. Theodore & Mercy, b. Aug. 2, 1761; d. same day	LR5	106
Sarah, d. Theodore & Mercy, b. Sept. 22, 1766	LR6	55
Theodore, m. Mercy **LEWIS**, b. of Sharon, Dec. 24, 1760	LR4	130
SIMPSON, Adeline, d. John, ae 30 & Adaline, ae 26, b. Jan. 7, 1856	1	5
SKEEL*, Betsey, m. John **GRAY**, b. of Sharon, Nov. 16, 1763 *(Arnold Copy has "STEEL")	LR5	255
SKIDMORE, Abel Booth, of New Town, m. Lucy Conroy **BERRY**, of Sharon, Nov. 5, 1828, by Rev. George B. Andrews	LR20	383
James Bennett, of New Town, m. Eliza **BERRY**, of Sharon, Dec. 19, 1820, by George B. Andrews	LR20	380
SKIFF, Abigail, d. [Benjamin & Susanna], b. Aug. 28, 1772	LR7	308
Abigail, d. Sharon, res. Sharon, d. Mar. 18, 1858, ae 72	1	114
Abner, s. Benjamin & Susanna, b. Mar. 9, 1768, at Martha's Vineyard	LR7	308
Arvin, s. John & Mary, b. Feb. 14, 1770	LR9	550
Asa, s. [John & Mary], b. Feb. 15, 1776	LR9	550
Benjamin, s. [Benjamin & Susanna], b. Sept. 22, 1779	LR10	143
Charlotte M., m. Oliver C. **ABEL**, b. of Sharon, Nov. 24, 1841, by Rev. H. F. Pease, of the M. E. Ch.	LR22	480
Elizabeth, d. [John & Mary], b. Sept. 1, 1778	LR9	550
Elmina, m. Joshua **EVERITT**, Feb. 12, 1834, by Frederick Gridley	LR20	384
Flora, of Sharon, m. Homer **SACKETT**, of Warren, Dec. 1, 1827, by Frederick Gridley	LR20	382

SKIFF (cont.)

	Vol.	Page
Frances S., s. Giles, farmer, ae 32 & Lucy M., ae 31, b. Oct. 5, 1866	1	61
George, m. Lois **FENN**, b. of Sharon, Nov. 28, 1824, by Frederick Gridley	LR20	382
Gibbs, s. [John & Mary], b. May 22, 1772	LR9	550
Gibbs W., m. Abigail **ST. JOHN**, of Sharon, Jan. 1, 1834, by Frederick Gridley	LR20	384
Giles, farmer, ae 25, of Kent, m. Lucy M. **SKIFF**, ae 24, of Sharon, Feb. 14, 1860, by Rev. D. Gardiner	1	73
Jane E., music teacher, ae 22, of Sharon, m. Ralph W. **PARMELEE**, mail carrier, ae 21, b. Cornwall, res. Sharon, Feb. 18, 1863, by Rev. H. B. Mead	1	78
John, s. [Benjamin & Susanna], b. Feb. 17, 1787	LR10	143
John, b. Sharon, res. Sharon, single, d. July 2, 1862, ae 18	1	120
Lucy M., ae 24, of Sharon, m. Giles **SKIFF**, farmer, ae 25, of Kent, Feb. 14, 1860, by Rev. D. Gardiner	1	73
Lydia, of Sharon, m. Luther B. **HART** (Rev.), of Cornwall, May 31, 1852, by Rev. J. T. Jones, of the Bap. Ch., New Milford	LR27	546
Mahola, b. Kent, res. Sharon, d. July 21, 1857, ae 68	1	112
Mary, m. Samuel **SKIFF**, Jan. 27, 1769	LR9	547
Mary, d. [John & Mary], b. Sept 23, 1774	LR9	550
Peter C., of Kent, m. Phebe Jane **TAINER**, of Sharon, June 22, 1847, by Rev. John W. Beecher, of Ellsworth	LR27	549
Polly, of Kent, m. William **CASE**, of Sharon, Dec. 24, 1823, by Frederick Gridley	LR20	381
Prudence, d. Benjamin & Susanna, b. July 4, 1770, at Martha's Vineyard	LR7	308
Rhoda, d. [Benjamin & Susanna], b. Sept. 11, 1791	LR10	143
Rhoda A., m. George W. **CHAFFEE**, b. of Sharon, Feb. 25, 1841, by Grove L. Brownell	LR22	479
Samuel, m. Mary **SKIFF**, Jan. 27, 1769	LR9	547
Samuell, s. [John & Mary], b. Sept. 21, 178[ ]	LR9	550
Samuel A., farmer, ae 28, b. Kent, res. Kent, m. [ ], teacher, ae 26, b. Sharon, res. Sharon, Mar. 28, 1866, by Rev. Arthur Goodenough	1	86
Seth, s. [Benjamin & Susanna], b. June 10, 1774	LR7	308
Seth, s. Benjamin & Susanna, b. June 11, 1774	LR10	143
Susan H., of Sharon, m. George H. **SWIFT**, of Cornwall, Nov. 29, 1843, by Rev. John W. Beecher, of Ellsworth	LR22	467
Susanna, d. [Benjamin & Susanna], b. Feb. 23, 1785	LR10	143
Walter, s. [Benjamin & Susanna], b. July 26, 1782	LR10	143
Walter, farmer, b. Sharon, res. Sharon, d. Oct. 31, 1856, ae 74	1	111

SKINNER, Catharine, housekeeper, b. Sharon, res. Sharon, d.

July 19, 1856, ae 72	1	110
Charles P., s. George R., farmer, ae 32 & Mary E., ae 23, b. June 22, 1830* *(Probably "1850")	1	17-18
Charles P., d. June 26, 1850, ae 40	1	23-24

SHARON VITAL RECORDS 319

	Vol.	Page
SKINNER (cont.)		
Charles P., farmer, d. Jan. 26, 1851, ae 4 d.	1	49
Cornelia A., d. George R. laborer, ae 39 & Mary E., ae 29, b. Jan. 23, 1856	1	5
David, m. Abigal **MUDG**, May 4, 1740	LR2	20
David, d. Aug. 12, 1740	LR2	16
Davied, s. Thomas, d. May 9, 1741	LR2	16
Davied, s. Nathaniell & Mary, b. May 25, 1741	LR2	18
David, s. Nathaniel, Jr., d. July 17, 1741	LR2	16
Ebenezer, s. Josiah & Sarah, b. Nov. 3, 1758	LR4	320
Ebenezer, s. Josiah & Sarah, d. Apr. 9, 1760	LR3	410
Elizabeth, d. Thomas & Elizabeth, d. Apr. 1, 1745	LR2	16
Elizabeth, d. Thomas & Elizabeth, b. Sept. 27, 1754	LR3	333
Eunice, m. Samuel **MUDG**, Apr. 13, 1740	LR2	20
George, shoemaker, b. Hartford, res. Sharon, d. Apr. 14, 1851, ae 71	1	49
George R., farmer, ae 44 & Mary E., ae 37, had s. [ ], b. Aug. 4, 1862	1	37
Helen P., d. Sept. 4, 1848, ae 2	1	9-10
Jesse, s. Thomas & Elizabeth, b. Mar. 24, 1750	LR2	24
Jonathan, s. Josiah & Sarah, b. Sept. 13, 1756	LR4	127
Jonathan, s. Josiah & Sarah, d. Apr. 6, 1760	LR3	410
Josiah, s. Thomas & Elizabeth, b. June 17, 1746	LR2	24
Josiah, m. Sarah **MUDGE**, b. of Sharon, Apr. 25, 1753	LR3	412
Josiah, s. Josiah & Sarah, b. July 25, 1754	LR4	127
Levi, s. Thomas & Elizabeth, b. Jan. 26, 1744	LR2	23
Mary, w. Nathaniel, d. Oct. 11, 1740	LR2	16
Miah*, s. Thomas & Elizabeth, b. Jan. 7, 1739/40 *("Mich" in Van Alstyne's book)	LR2	17
Nath, m. Content **FULLER**, Sept. 20, 1741	LR2	20
Nathaniel, s. Thomas & Elizabeth, b. May 26, 1752	LR3	333
Rachel, d. Thomas & Elizabeth, b. Feb. 5, 1743/4	LR2	19
Thomas, m. Elizabeth **MUDG**, Mar. 21, 1736	LR2	20
Thomas, s. Thomas & Elizabeth, b. Jan. 23, 1737/8	LR2	17
SLAUGHTER, Ephraim, m. Ruth **HORSFORD**, July 26, 1829, by Horatio Smith	LR20	383
SLITER, Garret, m. Anne **GOODRICH**, Sept. 26, 1754, by John Williams	LR3	262
SLOSSON, SLAWSON, David, twin with Jonathan, s. Elijah & Eleana, b. May 3, 1759	LR4	320
Elijah, m. Eleana* **GAY**, June 9, 1757 *("Eleanor" in Van Alstyne's)	LR4	130
Eliphalet, s. Elijah & Eleana, b. Oct. 27, 1760	LR5	104
Enoch, m. Sarah **ST. JOHN**, Aug. 9, 1757, by John Williams	LR3	263
James, s. Elijah & Eleana, b. June 8, 1767	LR6	54
John, s. Elijah & Eleana, b. Sept. 26, 1762	LR5	250
Jonathan, twin with David, s. Elijah & Eleana, b. May 3, 1759	LR4	320
Nathan, s. Elijah & Elena, b. Mar. 10, 1765	LR5	254
Rebecca, m. Isaac **REED**, Apr. 14, 1851	1	45-6

320 BARBOUR COLLECTION

	Vol.	Page
SLOVER, Chester C., soldier, b. Barrington, res. Sharon, d. Feb. 8, 1862, ae 20	1	119
Esther, m. Isaac UTTER, Apr. 15, 1821, by David L. Fuller	LR20	380
SMITH, Aaron, merchant & Mary, had s. [ ], b. Dec. 2, 1864	1	51
Aaron R., merchant, ae 32 & Mary L., ae 32, had s. [ ], b. Feb. 10, 1863	1	42
Albert, of New York, m. Priscilla HENNING, of Sharon, May 21, 1836, by Frederick Gridley	LR22	473
Albert, laborer, colored, ae 29 & Elizabeth, colored, ae 22, had s. [ ], b. Feb. 11, 1861	1	30
Amasa, farmer, b. New Milford, res. Sharon, d. June 15, 1858, ae 73	1	113
Amos, s. Thomas & Mary, b. Apr. 27, 1776	LR7	413
Ann, nurse, b. Amenia, N.Y., res. Sharon, d. Jan. 27, 1864, ae 63	1	125
Anna Maria, ae 18, b. Northbridge, Mass., res. Sharon, m. Charles H. HOTCHKISS, ae 21, b. Sharon, Oct. 21, 1857, by Rev. P. T. Holly	1	69
Anthony, laborer, ae 47 & Mary B., ae 36, had d. [ ], b. Feb. 22, 1864	1	47
Appleton Riley, s. Ransom &Lydia, b. Dec. 3, 1822	LR18	250
Catharine Estella, d. James M. & Lucy A., b. Dec. 16, 1851	1	39-40
Charles A., m. Harriet LEACH, b. of Sharon, Mar. 12, 1838, by Rev. Fitch Reed, of the M. E. Ch.	LR22	475
Charles A., mason, b. New Milford, res. Sharon, d. Aug. 16, 1863, ae 50	1	123
Charles Carroll, s. Ransom & Lydia, b. June 11, 1830	LR18	251
Charles H., d. June 4, 1849, ae 7 m.	1	9-10
Charles Henry, s. Charles H. & Fanny, b. Jan. 28, 1849	1	7-8
Daniel, s. John & Phebe, b. apr. 1, 1754	LR3	413
David, b. New Milford, res. Sharon, d. Apr. 24, 1850, ae 72	1	23-24
David, moulder, b. Sharon, res. Sharon, d. Apr. 7, 1864, ae 21	1	124
Dennis, of Watertown, m. Emily STEVENS, of Sharon, Feb. 21, 1843, by G. Lawrence Brownell	LR22	466
Elisha, s. James & Sarah, b. Mar. 11, 1737	LR2	17
Eliza, ofSharon, m. Alfred J. GLEASON, of Hallowell, Upper Canada, Aug. 25, 1822, by David L. Perry	LR20	381
Elizabeth, d. Rev. Cotton Mather & Temperance, b. June 23, 1759	LR4	250
Elizabeth, d. Rev. Cotton Mather & Temperance, b. June 28, 1759	LR5	105
Frances G., ae 21, of Sharon, m. Charles EMMONS, R.R. Conductor, ae 40, b. Sharon, res. Canaan, Sept. 6, 1858, by R. D. Gardiner	1	70
George H., mechanic, ae 24, b. Germany, res. Sharon, m. Mary McDONALD, ae 22, b. Ireland, res. Sharon, Nov. 27, 1862, by J. A. Couch	1	77

SHARON VITAL RECORDS   321

	Vol.	Page
SMITH (cont.)		
George H., blacksmith, ae 25 & Mary **McDONALD**, ae 24, had s. [ ], s. b. June 13, 1864	1	48
George H., s. Henry, mechanic, ae 25 & Kate, ae 20, b. Oct. 17, 1864	1	50
George H., had s. [, 1864]	1	47
George H., s. George H., blacksmith, ae 26 & Mary **McDONALD**, ae 25, b. Aug. 24, 1865	1	53
Gertrude, d. Robert W., gentleman, ae 39 & Gertrude, ae 36, b. Oct. 21, 1851	1	31-2
Gilbert Ransom, s. Ransom & Lydia, b. [ ] 25, 1825	LR18	250
Helen Livingstone, b. Red. Hook, N.Y., res. Sharon, d. May 10, 1867, ae 77	1	132
Henrietta, b. Mass., res. Sharon, d. Sept. 14, 1859, ae 1	1	115
Henry, d. Dec. 24, 1848, ae [ ]	1	11-12
James, s. James & Sarah, b. May 1, 1739	LR2	17
Jeames, s. Jeames & Sarah, b. Mar. 4, 174[ ]	LR2	19
James, s. James, d. Sept. 18, 1740	LR2	16
James M., b. Sharon, res. Sharon, d. Jan. 3, 1862, ae 16	1	118
Joel W., manufacturer, ae 40 & Dove, ae 35, had s. [ ], b. Oct. 21, 1859	1	24
John, m. Phebe **CHAPMAN**, May 1, 1753	LR3	412
John, s. John & Phebe, b. Mar. 16, 1756	LR4	128
John Noah*, s. Ransom & Lydia, b. Sept. 9, 1811 *(North" in Van Alstyne's book)	LR18	250
Juliana, d. Rev. Cotton Mather & Temperance, b. Feb. 12, 1761	LR5	105
Kezia, m. Josiah **HOLLISTER**, about Feb. last day, 1743/4, at Glastonbury, by Rev. Ashbel Woodbridge	LR2	20
Kezia, d. James & Sarah, b. Feb. 9, 1746	LR4	130
Leonard L., s. Aron R., merchant, ae 28 & Mary **LATHROP**, ae 29, b. Mar. 6, 1859	1	25
Margaret, m. James **BETTS**, Jr., Sept. 10, 1753, by John Williams	LR3	262
Mary, d. James & Sarah, b. June 23, 1752, at Nine Partners	LR4	130
Mary, d. Ransom & Lydia, b. Jan. 6, 1828	LR18	251
Mary, housekeeper, colored, b. Stanford, N.Y., res. Sharon, d. Jan. 23, 1863, ae 36	1	122
Nancy, d. Ransom & Lydia, b. Mar. 23, 1817	LR18	250
Nancy, of Sharon, m. Isaac **MARSH**, of Cornwall, Nov. 29, 1843, by Rev. Gad N. Smith	LR22	467
Oliver, s. James & Sarah, b. July 4, 1735	LR2	17
Paul, had negro, George, s. Genne, b. July 6, 1789	LR10	143
Platt, wagon maker, ae 30 & Ellen, ae 23, had s. [ ], b. Aug. 6, 1859	1	23
Rachal, of Nine Partners, m. Josiah **HOLLISTER**, of Sharon, June 26, 1761	LR4	130
Raimon, farmer, b. Goshen, res. Sharon, d. June 11, 1857, ae 75	1	112
Reuben, s. Samuel & Margaret, b. Jan. 12, 1753	LR3	413
Reuben H., s. Walter & Cleminda, b. May 17, 1849	1	5-6

	Vol.	Page
SMITH (cont.)		
Rhoda, of Salisbury, m. William **TICKNER**, Jr., of Sharon, Mar. 26, 1755	LR3	412
Richard, m. Harriet **REED**, b. of Sharon, Apr. 28, 1830, by David L. Perry	LR20	383
Richard, m. Lydia Ann **MOULTON**, Jan. 13, 1833, by David L. Perry	LR20	384
Richard, s. Aaron R., merchant, ae 30 & Mary O., ae 30, b. July 10, 1861	1	34
Richard, had female, (housekeeper), d. [ ], 1864	1	125
Rolla, of Mariah, N.Y., m. Mary Ann **BUNHAM**, of Sharon, Jan. 31, 1832, by David L. Perry	LR20	384
Samuell, Jr., m. Mary **JOHNS**, Jr., Jan. 5, 1748/9, by John Williams	LR3	261
Sarah, d. James & Sarah, b. Feb. 8, 1740/1	LR2	17
Sarah, J., ae 19, res. Cornwall, m. William H. **DUNBAR**, carpenter, ae 20, b. Mass., res. Sharon, July 2, 1863, by Rev. Ira Ferris	1	78
Silas, farmer, colored, ae 32 & [ ], ae 28, had s. [ ], b. Aug. 10, 1855	1	3
Silas, laborer, colored, ae 40 & Mary, colored, ae 26, had s. [ ], b. July 7, 1859	1	23
Sophia, m. [ ], Jan. 23, 1824, by David L. Perry	LR20	381
Stephen, s. Samuel & Margaret, b. June 26, 1749, at Nine Partners	LR3	413
Urania, b. New Milford, res. Sharon, d. May 1, 1850, ae 77	1	23-24
Walter, of Kent, m. Clarinda A. **BOLAND**, of Sharon, Nov. 10, 1842, by G. Lawrence Brownell	LR22	471
Washington, farmer, ae 42 & Mary Ann, ae 35, had d. [ ], b. Oct. 23, 1866	1	63
Whiting Perley, s. Whiting & Mary, b. Oct. 23, 1812	LR18	251
William H., mechanic, ae 23, b. Mass., res. Sharon, m. Catharine E. **COLE**, ae 19, of Sharon, Sept. 17, 1863, by Rev. H. B. Mead	1	79
William M., d. Aug. 28, 1848, ae 5	1	9-10
William M., farmer, b. Sharon, res. Sharon, d. Mar. 15, 1864, ae 78	1	124
Zubah, d. James & Sarah, b. Apr. 26, 1754, at Nine Partners	LR4	130
-----, b. Sharon, res. Sharon, d. Feb. 24, 1863, ae 2 wks.	1	122
-----, b. Sharon, res. Sharon, d. Dec. 2, 1864, ae 1 d.	1	126
SNOW*, Harriett, m. Virgil B. **ROBERTS**, b. of Sharon, Feb. 12, 1839, by Rev. William R. Gould *("**SWAN**" in Van Alstyne's book)	LR22	475
SOULES, SOLES, Eli, farmer, ae 30 & [ ], ae 26, had d. [ ], b. Jan. 5, 1855	1	2
Mary G., d. Elisher, farmer, ae 27 & Almira, ae 18, b. May 6, 1857	1	13
[SPAFFORD], SPAFORD, Abigail, m. John **WAY**, Dec. 27, 1750, by John Williams	LR3	261

SHARON VITAL RECORDS 323

	Vol.	Page
[SPAFFORD], SPAFORD (cont.)		
Lydia, of Windham, m. David **BARROWS**, of Sharon, Feb. 6, 1754, by Rev. Mr. White, of Windham	LR3	263
SPAULDING, Laura, of Sharon, m. Marcy* **SHELDON**, of New Marlboro, Mass., Sept. 25, 1822		
*("HARVEY" in Van Alstyne's book)	LR20	381
SPENCER, Alexander, Jr., m. Deborah **FRISBE**, Feb. 25, 1750	LR3	412
Alexander, 3rd, s. Alexander, Jr. & Deborah, b. July 8, 1755	LR3	415
Ephraim, 2nd, s. Alexander, Jr. & Deborah, b. June 8, 1753	LR3	415
Hezekiah, s. Alexander, Jr. & Deborah, b. Jan. 26, 1758	LR4	128
Leuce, m. Mica **MUDG**, Sept. 1, 1741	LR2	20
William, 1st, s. Alexander, Jr. & Deborah, b. Nov. 29, 1751	LR3	415
William B., m. Elsia **DYKEMAN**, b. of Sharon, Sept. 9, 1827, by Horatio Smith	LR20	382
SPERRY, Ira, of Alfred, Mass., m. Mary **DICKINSON***, of Sharon, Sept. 3, 1838, by Mason Grosvenor		
*("DIKEMAN" in Van Alstyne's)	LR22	476
SPRAGUE, Anna, d. Ebenezer & Hannah, b. Apr. 13, 1763	LR5	250
Ebenezer*, m. Hannah **ST. JOHN**, Feb. 20, 1745/6		
*("Homer" in Van Alstyne's)	LR2	20
Ebenezer, m. Hannah **ST. JOHN**, Feb. 20, 1745/6, by John Williams	LR3	261
Ebenezer, s. Ebenezer & Hannah, b. Jan. 18, 1753	LR3	102
Eirene, d. Ebenezer & Hannah, b. Aug. 3, 1768	LR6	127
Elijah, s. Ebenezer & Hannah, b. Dec. 25, 1758	LR4	320
Elizabeth, d. Ebenezer & Hannah, d. Nov. 28, 174[ ]	LR2	22
Elizabeth, d. Ebenezer & Elizabeth, b. Sept. 15, 1741	LR2	23
Elizabeth, w. Ebenezer, d. Feb. 28, 1744/5	LR2	22
Elizabeth, d. Ebenezer & Elizabeth, d. Apr. 27, 1746	LR2	22
Elizabeth, d. Ebenezer & Hannah, b. Mar. 26, 1747	LR2	24
Elizabeth, d. Jonathan & Lydia, b. Mar. 26, 1756	LR3	415
Hannah, d. Ebenezer & Hannah, b. Feb. 21, 1748/9	LR2	167
Hannah, m. Stephen **WOOD**, b. of Sharon, Mar. 2, 1769, by Rev. C. M. Smith	LR6	91
Herman M., of Talmage, O., m. Mary **CHAMBERLAIN**, of Sharon, Aug. 7, 1828, by David L. Perry	LR20	383
Huldah, d. Jonathan & Lydia, b. Jan. 26, 1759	LR4	130
John, Jr., m. Sarah **PAGE**, Dec. 31, 1747	LR2	20
John, s. Ebenezer & Hannah, b. Apr. 25, 1755	LR4	320
Jonathan, m. Lydia **BARROWS**, Feb. 13, 1745/6	LR2	20
Jonathan, s. Jonathan & Lydia, b. Apr. 9, 1766	LR6	56
Lucinda, d. Ebenezer & Hannah, b. Sept. 26, 1760	LR5	250
Lucye, m. Thomas **TRACY**, Feb. 28, 1754, by Mr. Scovil	LR3	263
Lydia, d. Jonathan & Lydia, b. Jan. 5, 1750 O. S.	LR5	250
Mary, d. Ebenezer & Hannah, b. Mar. 12, 1751	LR2	167
Miner, s. Ebenezer & Hannah, b. July 26, 1771	LR6	127
Parmenus, s. Thomas & Prudence, b. Oct. 16, 1781	LR7	307

	Vol.	Page
SPRAGUE (cont.)		
Patte*, d. [Jonathan & Sarah], b. Oct. 1, 1795 *("Polly" in printed records)	LR10	143
Prudence, d. [Thomas & Prudence], b. Jan. 7, 1779	LR7	298
Rachel, d. Ebenezer & Hannah, b. May 6, 1757	LR4	320
Rachel, d. Ebenezer & Hannah, d. Mar. 11, 1763, in the 6th y. of her age	LR5	151
Rachel, d. Thomas & Prudence, b. Oct. 7, 1769	LR6	125
Reuben, s. [Thomas & Prudence], b. Feb. 6, 1777	LR7	298
Sarah, d. Jonathan & Lydia, b. Mar. 14, 1754	LR3	415
Simeon, m. Elizabeth **EVERETT**, b. of Sharon, Oct. 8, 1767	LR5	255
Stephen, s. Thomas & Prudence, b. Oct. 24, 1771	LR7	298
Sybel, d. Jonathan & Lydia, b. Dec. 26, 1762	LR5	250
Thomas, s. Jonathan & Lydia, b. Feb. 24, 1746/7	LR2	24
Thomas, s. [Thomas & Prudence], b. Mar. 10, 1774	LR7	298
William, s. Simeon & Elizabeth, b. Mar. 27, 1769	LR6	125
Zilpah, d. Ebenezer & Hannah, b. June 17, 1766	LR6	127
SQUIRE, Elizabeth, m. Nathaniel **CURTICE**, b. of Sharon, Jan. 17, 1768	LR5	255
Sarah, m. Seth **SCUDDER**, b. of Cornwall, June 3, 1765, by John Williams	LR5	255
STANTON, Ann, ae 23, b. New York State, res. Sharon, m. Milo **NODINE**, farmer, ae 27, b. Kent, res. Sharon, June 29, 1851, by Joel Osborne	1	45-6
John P., b. Sharon, res. Sharon, single, d. Feb. 7, 1862, ae 23	1	119
Lydia, d. Jesse, ae 34 & Eliza, ae 37, b. July 17, 1850	1	19-20
STARCH, Adaline, colored, ae 24, b. Stamford, N.Y., res. Sharon, m. Charles **BREWSTER**, colored, ae 42, b. Kent, res. Sharon, Oct. 19, 1862, by Rev. John V. Stryker, of Christ Ch.	1	77
STARR, Abel R., m. Betsey **WESTON**, b. of Sharon, Nov. 2, 1820, by Frederick Gridley	LR20	380
Carolina E., colored, b. Sharon, res. Sharon, d. Nov. 16, 1862, ae 8 m.	1	121
Caroline, m. Charles **CAMBRIDGE**, b. of Sharon, Oct. 26, 1847, by Rev. Lewis Gunn	LR27	550
Caroline E., d. Lewis, laborer, colored, ae 35 & Mary, ae 34, b. May 5, 1862	1	37
Henry, ae 30, colored, of Sharon, m. Mary E. **NEWPORT**, ae 30, colored, of Sharon, Dec. 31, 1857, by Rev. David Nash	1	69
Robert W., s. Lewis, laborer, colored, ae 31 & Mary, white, ae 31, b. Sept. 9, 1858	1	19
Robert W., colored, b. Sharon, res. Sharon, d. Dec. 4, 1858, ae 2 m.	1	114
STEAD, Julia Ann, m. Buel **PECK**, b. of Cornwall, Nov. 7, 1826, by Horatio Smith	LR20	382
STEARNES, Hannah L., d. Orrin & Joannah (colored), b. May 23, 1850	1	19-20

SHARON VITAL RECORDS

	Vol.	Page
STEDMAN, Deliverance, d. Robert & Meriam, b. Oct. 11, 1764	LR5	254
Elezer, 1st, s. Robert & Prudence, b. Mar. 2, 1745	LR2	167
Eunice, d. Robert & Meriam, b. Jan. 24, 1765	LR5	254
Experience, m. Ephraim **GRISWOLD**, Nov. 6, 1746	LR2	20
John, s. Robert & Meriam, b. Feb. 4, 1758	LR4	130
Prudence, d. Robert & Prudence, b. Dec. 30, 1746	LR4	130
Robart, m. Prudence **ATHERTUN**, June 16, 1744	LR2	20
Sarah, d. Robert & Meriam, b. July 3, 1751	LR4	130
STEEL*, Betsey, m. John **GRAY**, b. of Sharon, Nov. 16, 1763 *("**SKEEL**" in Van Alstyne's)	LR5	255
STERLING, Alice, d. John C., laborer, ae 38 & Caroline W., ae 33, b. Jan. 24, 1862	1	35
Avis Canfield, of Sharon, m. Frederick Stearnes **BOZUE***, of Albany, N.Y., June 8, 1847, by Rev. Martin Moody, of Christ Ch. *("**BOGUE**")	LR27	549
Emma, b. Sharon, res. Sharon, d. July [ ], 1855, ae 24	1	108
Florence O., b. Sharon, res. Sharon, d. Sept. 29, 1862, ae 3	1	120
Isabella, housekeeper, b. Sharon, res. Sharon, d. July [ ], 1855, ae 72	1	108
Isabella D., of Sharon, m. Rev. George **RYNSOM**, of Toronto, Ca., Sept. 21, 1852, by Rev. Ezra Jones, of Christ Ch.	LR27	546
Mary J., ae 24, b. Kent, res. Sharon, m. Walter M. **PATTERSON**, lawyer, ae 29, b. New York, res. Ohio, May 10, 1864, by Rev. J. V. Stryker	1	82
STEVENS, STEPHENS, Emily, of Sharon, m. Dennis **SMITH**, of Watertown, Feb. 21, 1843, by G. Lawrence Brownell	LR22	466
Henry J., of Colchester, m. Susan **CAMBRAGE**, of Sharon, June 4, 1847, by Rev. John W. Beecher, of Ellsworth	LR27	549
STEWART, Cordelia J., m. William H. **CALKIN**, b. of Sharon, Apr. 2, 1844, by Rev. Fitch Reed	LR22	468
STILLWELL, William, M. E. Min., ae 45 & Lucinda, ae 39, had s. [ ], b. Feb. 7, 1859	1	21
STODDARD, Clarissa A., of Sharon, m. Charles **BOTSFORD**, of North East, Oct. 5, 1842, by G. L. Brownell	LR22	470
Eliakim S. Jr., lawyer, b. Sharon, res. Sharon, d. May 14, 1865, ae 41 yrs.	1	129
Mary M., m. Lewis **REED**, b. of Sharon, Apr. 30, 1834, by David L. Perry	LR20	384
Miranda, of Sharon, m. Alphonso **CANDEE**, of Harwinton, May 4, 1843, by G. Lawrence Brownell	LR22	466
Sally, b. Danbury, res. Sharon, d. [ ], ae 63	1	9-10
Sarah, m. Sylvanus **HANCHETT**, May 28, 1771	LR7	302
William P., s. E. S. & Elizabeth, b. Apr. 29, 1848	1	3-4
STONE, Cynthia M., m. David W. **DYKEMAN**, b. of Sharon, Aug. 3, 1848, by Rev. Lucius H. King	LR27	550

	Vol.	Page
STONE (cont.)		
Miranda, of Ellsworth, m. Lyman CLINTON, of Colebrook, Nov. 1, 1821, by Frederick Gridley	LR20	380
Rienza H., s. James A., farmer, ae 32 & Caroline M., ae 24, b. Oct. 7, 1850	1	31-2
Rienza H., d. James A., farmer, ae 32 & Caroline M., ae 24, b. Oct. 7, 1850	1	37-8
Timothy G., m. Jane A. FOWLER, Feb. 2, 1847, by Rev. John W. Beecher, of Ellsworth Soc.	LR27	549
STOUGHTON, Cecero, of Windsor, m. Lavinia ANGEVINE, of Sharon, May 3, 1827, by David L. Perry	LR20	382
STOVER, Electa P., b. Sharon, res. Sharon, d. Mar. 3, 1858, ae 47	1	114
Lovina, d. Orville, farmer, ae 34 & Electa, ae 38, res. Ellsworth, b. July 20, 1851	1	43-4
STREVER, George H., s. Orrin & Joanna (colored), b. Mar. 12, 1849	1	5-6
STRONG, Abigail, d. [David & Chloe], b. Sept. 22, 1765	LR7	411
Arelice*, d. [Joel & Eunice], b. Apr. 14, 1789 *("Arelia" in Van Alstyne's)	LR10	143
Elijah, [s. David &Chloe], b. Sept. 11, 1767	LR7	411
Elizabeth, m. Richard MARSH, b. of Sharon, Aug. 1, 1769, by C. M. Smith	LR6	91
Elizabeth, d. Josiah & Eleanor, b. Oct. 27, 1769	LR6	125
Eunice, w. Joel, d. Oct. 13, 1791	LR10	310
Hannah, of Sharon, m. Gurdon HOLLISTER, of Oblong, May 2, 1754, by John Williams	LR3	262
Hannah, d. Josiah & Eleanor, b. May 28, 1772	LR7	304
Joel, s. Josiah & Eleanor, b. Mar. 22, 1764	LR5	251
Joel, m. Eunice TICKNER, Aug. 27, 1781	LR10	309
Joseph, s. [David & Chloe], b. Oct. 25, 1763	LR7	411
Josiah, Jr., m. Eleanor WHITE, b. of Sharon, Apr 1, 1753	LR4	130
Josiah, s. Josiah, Jr. & Eleanor, b. June 17, 1758	LR4	129
Josiah B., of Windham, Green Co., N.Y., m. Mary A. PECK, of Ellsworth, Oct. 26, 1835, by Frederick Gridley	LR22	473
Lucy, d. Joel. & Eunice, b. Apr. 5, 1782	LR10	142
Lidia, d. Josiah & Eleanor, b. Feb. 23, 1776	LR7	412
Mary, [d. David & Chloe], b. June 16, 1769	LR7	411
Oliver, d. [sic] [Joel & Eunice], b. June 28, 1786	LR10	142
Oliver Fowler, s. Jonah & Allinor, b. Mar. 20, 1779	LR7	298
Pamela, d. [Joel & Eunice], b. Apr. 22, 1784	LR10	142
Rebecca, d. Capt. David & Chloe, b. Nov. 3, 1777	LR7	299
Sarah, d. Josiah & Eleanor, b. Apr. 14, 1761	LR5	106
Solomon, s. Elijah & Elizabeth, b. Sept. 10, 1758	LR4	129
Tabitha, of Salisbury, m. John TICKNER, of Sharon, Apr. 30, 1772, by C. M. Smith	LR7	302
STRYKER, Hannah M., b. Newburgh, N.Y., res. Sharon, d. Mar. 21, 1865, ae 63	1	128
Herbert, s. John V., minister, ae 30 & Anne, ae 28, b. Nov. [ ], 1858	1	15
Herbert V., b. Sharon, res. Sharon, d. Jan. 3, 1862, ae 3	1	118

	Vol.	Page
STRYKER (cont.)		
James, Judge, b. New York, res. Sharon, d. June 3, 1864, ae 72	1	124
John V., clergyman, ae 34 & Ann M., ae 32, had s. [ ], b. Feb. 8, 1863	1	42
STUART, Smith, farmer, b. Scipio., N.Y., res. Ellsworth, d. Mar. 12, 1851, ae 42	1	49
STUDLEY, Allen G., farmer, ae 36 & Harriet L., ae 32, had d. [ ], b. Dec. 4, 1855	1	4
Charles E., s. Allen G., farmer, ae 39 & Harriet S., ae 35, b. Aug. 29, 1858	1	18
Daniel, laborer, ae 20 & Hellen, ae 20, had d. [ ], b. Sept. 2, 1859	1	23
Daniel C., laborer, ae 21, of Sharon, m. Ellen G. **COLE**, ae 19, of Sharon, June 21, 1858, by M. S. Stillwell	1	70
George W., farmer, ae 23, b. Sharon, res. Sharon, m. Louisa S. **HALL**, ae 22, b. Sharon, res. Sharon, Mar. 21, 1867, by Rev. Edward L. Bray	1	88
Mary H., teacher, ae 25, b. Sharon, res. Sharon, m. Job S. **LOPER**, farmer, ae 25, b. Sharon, res. Sharon, Oct. 24, 1866, by Rev. William Stevens	1	86
Sarah C., m. Benjamin S. **HAMLIN**, b. of Sharon, Mar. 13, 1845, by G. L. Brownell	LR22	469
STURGES, Cornelia C., m. Stephen **COOK**, b. of Sharon, Dec. 8, 1824, by Frederick Gridley	LR20	382
Lewis B., m. Abigal **PARSON**, Apr. 17, 1823, by Frederick Gridley	LR20	381
SUMERS, Alvin, s. Asel & Jerusha, b. July 17, 1776	LR7	298
SURDAM, Trowbridge, m. Mary Ann **FULLER**, b. of Amenia, Oct. 12, 1828, by Rev. Aaron Hunt	LR20	383
SUTTON, Benjamin, of Sharon, m. Molle **JACOBS**, of Salisbury, Aug. 11, 1768	LR5	255
Benjamin, s. Benjamin & Molle, b. Apr. 29, 1769	LR6	125
Robert, s. Benjamin & Molle, b. Jan. 19, 1771	LR6	126
Roswell, s. Benjamin & Molle, b. Feb. 19, 1773	LR7	306
SWAIN, Isaac, s. John & Patience, b. May 1, 1745	LR3	415
Jacob, s. John & Patience, b. Aug. 26, 1749	LR3	415
James, m. Ann **WAY**, Aug. 2, 1753, by John Williams	LR3	262
John, d. May 13, 1755	LR3	410
SWAN, Betsey, m. Charles F. **SEDGWICK**, b. of Sharon, Oct. 15, 1821, by David L. Perry	LR20	380
Caroline E., ae 28, of Sharon, m. Frederick **SEDGWICK**, teacher, b. Lenox, Mass., res. Stratford, Oct. 14, 1850, by Charles F. Sedgwick	1	45-6
Caroline E., of Sharon, m. Frederick **SEDGWICK**, of Stratford, Oct. 14, 1850, by Charles F. Seagraves, J.P.	LR27	545
Harriett*, m. Virgil B. **ROBERTS**, b. of Sharon, Feb. 12, 1839, by Rev. William R. Gould *(Arnold copy has "Harriett **SNOW**")	LR22	475

	Vol.	Page
SWEET, Joshua, Rev. of Maryland, m. Julia Ann **BARRY**, of Sharon, May 28, 1848, by Rev. Martin Moodey, of Christ Ch.	LR27	550
Julia, b. Sharon, res. Sharon, d. Sept. 18, 1865, ae 37	1	128
SWETLAND, Mary, d. Rowland & Mary, b. Apr. 4, 174[ ]	LR2	19
Mary, m. Amos **THURSTON**, b. of Sharon, Nov. 15, 1764	LR5	255
William, s. Belden & Sally, b. July 26, 1789	LR10	142
SWIFT, Benjamin F., farmer, b. Warren, res. Sharon, d. Aug. 3, 1861, ae 67	1	118
Charles R., farmer, ae 30, b. Cornwall, res. Cornwall, m. Mary E. **EVERETT**, ae 28, b. Sharon, res. Sharon, May 14, 1865, by [ ]	1	85
Eleanor, of Sharon, m. Philo **LEWIS**, of Cornwall, Sept. 13, 1826, by Frederick Gridley	LR20	382
Elisha, farmer, b. Warren, res. Sharon, d. May 21, 1859, ae 61	1	115
Emma E., d. Sereno, farmer, ae 44 & [ ], ae 42, b. Oct. 28, 1865	1	53
Emma E., b. Sharon, res. Sharon, d. Oct. 31, 1865, ae 3 d.	1	128
George H., of Cornwall, m. Susan H. **SKIFF**, of Sharon, Nov. 29, 1843, by Rev. John W. Beecher, of Ellsworth	LR22	467
Hannah, b. Amenia, N.Y., res. Sharon, d. Nov. 30, 1858, ae 52	1	114
Rhoda, of Sharon, m. James **HUNTER**, of Plymouth, Oct. 18, 1837, by Rev. William Andrews, of South Cornwall	LR22	474
Sereno, farmer, ae 34 & Elizabeth E.P., ae 33, had s. [ ], b. Mar. 1, 1856	1	5
Sereno, s. Senero, farmer, ae 37 & Elizabeth W., ae 35, b. Mar. 4, 1858	1	16
TABOR, Mary Jane, d. Joseph, laborer, ae 29 & Mary, ae 28, b. June 19, 1858	1	17
TAINER, Phebe Jane, of Sharon, m. Peter C. **SKIFF**, of Kent, June 22, 1847, by Rev. John W. Beecher, of Ellsworth	LR27	549
TALMADGE, TALMAGE, TALMAG, TALMEG, Daniel, s. James & Martha, b. May 1, 1742	LR2	18
Hannah, d. James & Martha, b. Sept. 19, 1745	LR2	24
James, m. Martha **ROBARTS**, Feb. 13, 1740/1	LR2	20
Jeames, s. Jeames & Martha, b. Sept. 11, 1743	LR2	19
TANNER, Persia, d. Consider & Sylvia, b. Aug. 30, 1798	LR12	285
TAVER, Hiram, mail carrier, ae 40 & [ ], ae 36, had s. [ ], b. Oct. 20, 1855	1	3
TAYLOR, Daniel, of New Milford, m. Eunice **BUCK**, of Oblong, Feb. 14, 1758, by John Williams	LR3	263
John, farmer, & Katie, had s. [ ], b. July 4, 1857	1	12
John, laborer, ae 37 & Kate H., ae 33, had d. [ ], b. May 3, 1866	1	62
John B., laborer, ae 29 & Kate, ae 26, had d. [ ], b. Oct. 28, 1859	1	24

	Vol.	Page
TAYLOR (cont.)		
John B., farmer, ae 35 & Catharine, ae 29, had d. [ ], b. May 31, 1863	1	43
TEARY, Mary A., d. Charles, tailor, ae 42 & May, ae 22, b. Jan. 13, 1856	1	10
TENBERY, Joseph, laborer, ae 26, b. France, res. Sharon, m. Margaret **DENAIUX**, ae 24, b. France, res. Sharon, Aug. 6, 1856, by C. F. Sedgwick	1	66
THAW, Elizabeth A., ae 29, of Dover, m. David **DOTY**, laborer, ae 23, b. Salisbury, res. Sharon, May 12, 1859, by Rev. J. V. Stryker	1	73
THAYER, THAIR, Betsey, housekeeper, b. Derby, res. Sharon, d. Aug. 10, 1860, ae 80	1	117
Miles, laborer, ae 28 & Mary, ae 30, had d. [ ], b. May 10, 1858	1	20
Milo, farmer, b. Kent, res. Sharon, d. Mar. 10, 1866, ae 45 y.	1	129
THOMAS, Dorothy, m. Nathaniel **MORGAN**, b. of Sharon, Dec. 24, 1753, by Samuell Hutchinson, J.P.	LR7	302
Edward Keagan, s. Benjamin, laborer, ae 28 & Mary M. **KEAGAN**, ae 27, b. Aug. 10, 1858	1	18
James H., m. Harriet **EDGITT**, July 25, 1841, by L. W. Bissell, J.P.	LR22	479
William, farmer, ae 38 & [ ], ae 35, had d. [ ], b. Feb. 14, 1855	1	2
William, farmer, ae 48 & [ ], ae 45, had child, b. [ ], 1865	1	53
William R., m. Eunice **CUMMING**, May 2, 1841, by L. W. Bissell, J.P.	LR22	480
-----, male, b. Sharon, res. Sharon, d. Apr. 15, 1855	1	108
THORNTON, Asa, s. Thomas & Ruth, b. Jan. 14, 1754, at Oblong, N.Y.	LR4	127
THORPE, THORP, Abigail, d. [John & Abigail], b. Aug. 7, 1780	LR7	299
Bradford, collier, ae 36 & Fanny W., ae 30, had d. [ ], b. Apr. 10, 1865	1	56
Charles, s. [John & Abigail], b. Dec. 15, 1778	LR7	299
Mary, d. John & Abigail, b. July 28, 1777	LR7	299
THURSTON, THURSTIN, Aaron, s. Amos & Mary, b. Mar. 1, 1773	LR7	305
Amos, m. Mary **SWETLAND**, b. of Sharon, Nov. 15, 1764	LR5	255
Amos, s. Amos & Mary, b. Dec. 30, 1769	LR6	125
Daniel, m. Sarah **CURTICE**, b. of Sharon, Jan. 13, 1762	LR5	255
Daniel, s. Daniel & Sarah, b. Feb. 12, 1766	LR5	254
Eiri, s. [Amos & Mary], b. Oct. 26, 1781	LR8	62a
Emille, d. Amos & Mary, b. Aug. 11, 1779	LR8	62a
Jerusha, d. [Amos & Mary], b. Feb. 24, 1784	LR8	62a
Joel, m. Mariam **BLAKELEY**, b. of Nine Partners, Nov. 21, 1759, by John Williams	LR3	263
John, Jr., m. Sarah **PAINE**, b. of Nine Partners, Dec. 30, 1756, by John Williams	LR3	263

	Vol.	Page
THURSTON, THURSTIN (cont.)		
Lidia, d. Amos & Mary, b. May 4, 1775	LR7	412
Mary, d. Amos & Mary, b. Nov. 1, 1767	LR6	55
Meriam, d. Daniel & Sarah, b. Sept. 5, 1762	LR5	253
Rowland Swetland, s. Amos & Mary, b. Sept. 27, 1765	LR6	55
Sarah, d. Daniel & Sarah, b. Jan. 14, 1764	LR5	253
Sibbel, d. [Amos & Mary], b. Aug. 6, 1775 [sic]	LR7	412
TICKNOR, TICKNER, Abigal, d. William & Abigail, b. Mar. 11, 1728/9	LR2	18
Anna, d. John & Prudence, b. Oct. 10, 1760	LR5	105
Benajah, s. John & Prudence, b. Nov. 23, 1762	LR5	254
Benjamin, s. William, Jr. & Rhoda, b. July 23, 1758	LR4	320
David, s. William & Abigal, b. Feb. 23, 1740/1	LR2	18
David, s. John & Prudence, b. Sept. 2, 1765	LR5	254
Ebenezer, s. John & Tabitha, b. Aug. 25, 1785/6	LR9	550
Elijah, s. [John & Tabitha], b May 22, 1788	LR9	550
Elisha, s. John & Prudence, b. May 28, 1752	LR3	102
Elisha, s. John & Tabitha, b. Feb. 6, 1777	LR7	413
Eliza, housekeeper, b. Kent, res. Sharon, d. Nov. 1, 1855, ae 53	1	109
Eunice, d. John & Prudence, b. June 20, 1758	LR5	105
Eunice, m. Joel **STRONG**, Aug. 27, 1781	LR10	309
Hezekiah, s. William & Rhoda, b. Apr. 6, 1764	LR5	253
James, s. [John & Tabitha], b. Mar. 11, 1782	LR8	61
John, s. John & Prudence, b. May 7, 1750	LR2	167
John, of Sharon, m. Tabitha **STRONG**, of Salisbury, Apr. 30, 1772, by C. M. Smith	LR7	302
John, s. John & Tabitha, b. Jan. 12, 1774	LR7	306
John F., m. Abby C. **EVERETT**, b. of Sharon, Mar. 18, 1845, by John W. Beecher	LR22	469
Jonathan, s. William & Abigail, b. Mar. 28, 1732	LR2	18
Joseph, s. William, Jr. & Rhoda, b. Jan. 27, 1756	LR3	416
Mary, of Lebanon, m. Amos **BARROWS**, of Sharon, Oct. 14, 1748	LR3	412
Mary, d. John & Prudence, b. Apr. 3, 1754	LR3	414
Mehitable, d. William & Abigal, b. May 20, 1737	LR2	18
Milo, s. James & Abia, b. May 15, 17[ ]	LR9	550
Orinda J., ae 23, of Sharon, m. Daniel H. **BEACH**, ae 23, b. Burlin, res. Sharon, Jan. 1, 1857, by Rev. David Nash	1	68
Prudence, d. John & Prudence, b. Sept. 6, 1756	LR5	105
Prudence, had d. Betsey **BRACE**, b. Mar. 18, 1775	LR7	299
Sarah, d. William & Abigal, b. Jan. 30, 1735	LR2	18
Sarah C., ae 24, of Sharon, m. Walter A. **CARTWRIGHT**, farmer, ae 24, of Sharon, Oct. 23, 1860, by Rev. C. W. Lockwood	1	74
Stephen, s. John & Tabitha, b. Mar. 17, 1779	LR8	61
Stephen, b. Sharon, res. Sharon, d. Aug. 20, 1858, ae 79	1	114
William, s. William & Abigal, b. Apr. 7, 1730	LR2	18
William, Jr., of Sharon, m. Rhoda **SMITH**, of Salisbury, Mar. 26, 1755	LR3	412
William, s. William & Rhoda, b. June 4, 1761, at Canaan	LR5	253

SHARON VITAL RECORDS 331

	Vol.	Page
TOBEY, Reliance, Mrs., of Sharon, m. Miles **WASHBURN**, of Oblong, July 24, 1763, by John Williams	LR4	130
TOBIN, Darbey, laborer, ae 28 & Julia, ae 29, had d. [ ], b. July 10, 1864	1	47
TOWNSEND, Anna, d. William, liner, ae 32 & Amanda, ae 22, b. Nov. 22, 1861	1	34
Robert, m. Roxy **BRINTON**, of Salisbury, Jan. 24, 1830, by Samuell Roberts	LR20	383
William S., s. William P. F., tin smith, ae 35 & Amanda D., ae 24, b. Aug. 10, 1863	1	44
TOWSLEY, Betsey, of Sharon, m. Sylvanus **FULLER**, of Glastonbury, Sept. 7, 1823, by Horatio Smith	LR20	381
Sarah, of Salisbury, m. Benoni **GOOLD**, of Sharon, Oct. 29, 1749	LR3	263
TRACY, Ebenezer, s. Thomas & Lucy, b. Nov. 5, 1762	LR5	250
Elias, m. Caroline **CRANE**, of Salisbury, Sept. 12, 1822, by Samuel Rockwell	LR20	381
Elisha, of Canaan, m. Marilla **SAWYER**, of Sharon, June 9, 1823, by Frederick Gridley	LR20	381
Elizabeth, d. Thomas & Lucy, b. Jan. 20, 1755	LR3	333
Hannah, d. Thomas & Lucy, b. Feb. 25, 1765	LR6	54
Lucy, d. Thomas & Lucy, b. Apr. 25, 1767	LR6	54
Margaret, d. Thomas & Lucy, b. May 23, 1759	LR4	250
Thomas*, m. Lucye **SPRAGUE**, Feb. 28, 1754, by Mr. Scovil *("Thomas **FRARY**" in Van Alstyne's book)	LR3	263
TRAVER, Betsey, housekeeper, b. Mass., res. Sharon, d. Feb. 13, 1864, ae 81	1	124
Cordelia, ae 18, b. Sharon, m. Frederick **WHITE**, carpenter, ae 22, b. Canaan, res. Canaan, Oct. 20, 1856, by David Gibson	1	66
Mary E., ae 19, b. North East, N.Y., res. Sharon, m. Sanford B. **PALMER**, clerk, ae 22, b. Washington, N.Y., res. Sharon, Dec. 1, 1858, by W. S. Stillwell	1	71
Polly, m. Ebenezer **GARNSEY**, b. of Sharon, May 8, 1837, by Mason Grosvenor	LR22	474
William, laborer, ae 34, b. Pokeepsie, res. Sharon, m. Mary A. **GAFFIELD**, ae 23, b. Ireland, res. Sharon, Nov. 21, 1866, by Zalmon S. Hunt	1	87
TREADWAY, Betsey, had s. William Edwin **WILLIAMS**, b. Mar. 17, 1809	LR15	274
Betsey, res. Sharon, d. Jan. 7, 1865, ae 76	1	128
Charles, colored, ae 21, of Sharon, m. Betsey Ann **DOW**, colored, ae 19, Jan. 13, 1850, by Charles Payne	1	29-30
Euphenia, d. Charles H., laborer, colored, ae 33 & Betsey A., colored, ae 28, b. Nov. 18, 1862	1	40
Eveline, d. Charles H., laborer, colored, ae 26 & Betsey, ae 21, b. Apr. 29, 1855	1	4
George H., s. Charles H., laborer, colored, ae 24, & Betsey A., colored, ae 19, b. Aug. 12, 1853	1	1
Lyman, s. Charles H., laborer, colored, ae 28 & Betsey A., ae 23, b. Mar. 8, 1857	1	15

	Vol.	Page
TREADWAY (cont.)		
Mary E., d. Charles H., laborer, colored, ae 23 & Betsey R., colored, ae 18, b. Mar. 5, 1852	1	1
Sarah, d. Charles, colored, laborer, ae 22 & Betsey, colored, ae 20, b. Mar. 5, 1851	1	37-8
Timothy, s. Charles H., laborer, colored, ae 29 & Betsey Ann, ae 24, b. Aug. 22, 1858	1	20
Walter, s. Charles H., laborer, colored, ae 31 & Betsey A., ae 26, b. Nov. 12, 1859	1	20
-----, had s. [ ], b. Dec. [ ], 1863	1	45
TREAT, Dorotheus, s. Richard & Mary, b. Feb. 25, 1760	LR4	320
Prudence, m. James* MUDGE, Feb. 5, 1755 *("Jarvis" in Van Alstyne's book)	LR3	263
Richard, m. Mary HAMLEN, Jr., Mar. 13, 1755, by John Williams	LR3	262
Richard, s. Richard & Mary, b. Mar. 14, 1757	LR3	415
Ruth, d. Timothy & Ruth, b. Jan. 8, 1761	LR5	104
Thomas, s. Timothy & Ruth, b. Sept. 11, 1758	LR4	129
Timothy, m. Ruth HAMLEN, Mar. 13, 1755, by John Williams	LR3	262
Timothy, s. Timothy & Ruth, b. Apr. 5, 1756	LR3	415
TRESCOTT, Russell, of Sheffield, Mass., m. Polly HUNT, of Sharon, Sept. 5, 1826, by Frederick Gridley	LR20	382
TUBER, Joseph, laborer, ae 32 & Margaret, ae 27, had twins s. & d. [ ], b. June 2, 1858	1	19
TUPPER, Almira, m. Theron KENT, May 15, 1834, by Frederick Gridley	LR20	384
Chaunsey, m. Bernice WHITE, b. of Sharon, May 27, 1833, by Julius Field	LR20	384
TURNER, Emeline C., housekeeper, ae 31, res. Sharon, m. 2nd h. Davis BARNES, farmer, ae 48, b. So. Canaan, res. So. Canaan, June 26, 1855, by Clark Fuller	1	64
Phebe, ae 19, b. Salisbury, res. Sharon, m. David H. COLE, farmer, ae 36, of Sharon, Oct. 11, 1858, by W. S. Stillwell	1	71
TWITCHELL, Charles, of Naugatuck, m. Sarah LYMAN, of Sharon, Jan. 15, 1845, by G. L. Brownell	LR22	468
TWOMBLEY, John F., farmer, ae 30, b. Maine, res. N.Y. City, m. S. Cynthia CHAPMAN, ae 26, res. Sharon, Feb. 4, 1857, by Rev. L. E. Lathrop	1	68
TYLER, Abby, ae 19, b. Amenia, N.Y., res. Sharon, m. Henry EBERTS, ae 24, b. Germany, res. Sharon, Mar. 1, 1850, by James Orr, J.P.	1	29-30
Abigail, m. Ebenezer JACKSON, Jr., Feb. 2, 1744	LR3	412
Abigail, d. Bezaleel, Jr. & Sarah, b. Jan. 1, 1753	LR3	102
Abigail, m. Henry EBRIT, b. of Sharon, Mar. 3, 1850, by James Orr, J.P.	LR27	547
Amos, s. Bazaleel & Sarah, b. Mar. 6, 1769	LR7	304
Anna, m. George ASHMAN, Sept. 8, 1850, by James Orr, J.P.	LR27	547
Bezeleel, s. Bezeleel, Jr. & Sarah, b. Feb. 26, 1745/6	LR2	23

SHARON VITAL RECORDS 333

	Vol.	Page
TYLER (cont.)		
Charles, s. Bezaleel & Sarah, b. Mar. 5, 1762, in Ulster Cty., in a place called York Great Patent	LR5	252
Deborah, m. James **WARREN**, July 15, 1746	LR2	20
Elezabeth, d. Benjamin & Elizabeth, b. Nov. 10, 1745	LR2	167
Gideon, m. Deborah **FULLER**, Jan. 17, 1741/2	LR2	20
Gideon, s. Gideon & Deborah, b. July 6, 1743	LR2	19
Hannah, d. Bazellel & Sarah, b. June 14, 174[ ]	LR2	19
Jarod, s. Benjamin &Elizabeth, b. Dec. 29, 174[ ]	LR2	19
Laura, m. Samuel **BRAZEE**, b. of Sharon, July 26, 1840, by Rev. H. F. Pease, of the M. E. Ch.	LR22	477
Lois, m. William **WATTLE**, July 10, 1755, by John Williams	LR3	263
Mary, d. Bezaleel & Sarah, b. Mar. 8, 1764, in Dutchess Cty., & Philipses Precinth	LR5	252
Nathaniel, m. Mercy **MARVINE**, Jan. 14, 1754, by John Williams	LR3	262
Nathaniel, s. Bezaleel, Jr. & Sarah, b. Nov. 16, 1756	LR4	128
Paul, twin with Silas, s. Bezaleel, Jr. & Sarah, b. Aug. 28, 1749	LR2	24
Paul, s. Bazaleel, Jr. & Sarah, d. Jan. 17, 1750	LR3	410
Paul, s. Bazaleel, Jr. & Sarah, b. June 16, 1751	LR3	101
Rebecca, d. Bezaleel & Sarah, b. Oct. 6, 1765	LR7	304
Sally M., of Sharon, m. William A. **BEERS**, of North Adams, May 14, 1827, by David L. Perry	LR20	382
Sarah, d. Bezaleel, Jr. & Sarah, b. Dec. 21, 1747	LR2	24
Silas, twin with Paul, s. Bezaleel, Jr. & Sarah, b. Aug. 28, 1749	LR2	24
Timothy, s. Bazaleel, Jr. & Sarah, b. Jan. 21, 1755	LR3	406
Timothy, s. Bazaleel, Jr. & Sarah, b. Jan. 21, 1755	LR3	415
William, s. Bazaleel & Sarah, b. Apr. 26, 1758, at Oblong	LR4	130
Zerviah, d. Bezaleel & Sarah, b. May 3, 1767	LR7	304
ULRICH, Peter, laborer, ae 25, b. Germany, res. Sharon, m. Jennie **GREGOR**, ae 22, b. Germany, res. Amenia, Mar. 30, 1867, by Rev. William Stevens	1	88
UTTER, Isaac, m. Esther **SLOVER**, Apr. 15, 1821, by David L. Fuller	LR20	380
VAIL, William, of Cornwall, m. Mary E. **EMMONS**, of Sharon, Dec. 5, 1842, by John W. Beecher	LR22	471
VALLAME, William, m. Hannah **GATES**, b. of Oblong, Dec. 8, 1760, by John Williams	LR4	130
VAN ALSTYNE, VAN ALSYNE, VAN ALYSTINE,		
Elizabeth, res. North East, m. John C. **LOUCKS**, res. North East, Dec. 25, 1860, by Rev. G. Daniels	1	74
Lawrence, carpenter, ae 26, b. Amenia, N.Y., res. Sharon, m. Mary E. **EGGLESTON**, ae 22, b. Amenia, N.Y., res. Sharon, Oct. 4, 1864, by Rev. George R. Ferguson, of North East Centre, N.Y.	1	83
Milo, laborer, colored, ae 22, b. Salisbury, res. Sharon, m. Maria **HECTOR**, colored, ae 21, b. Amenia, N.Y., res. Sharon, Nov. 14, 1865, by W. M. Patterson	1	84
Willie, b. Sharon, res. Sharon, d. June 22, 1867, ae 15 m.	1	132

	Vol.	Page
VAN DEUSEN, VAN DEUSON, Jane, housekeeper, b. New York, res. Sharon, d. Nov. 16, 1863, ae 30	1	123
John, laborer, ae 30 & Jane, ae 26, had s. [ ], b. Sept. 17, 1859	1	23
John, laborer, ae 35 & Jane, ae 30, had s. [ ], b. Sept. 25, 1863	1	44
VAN DORE, Lorain, m. George **PARROTT**, Jan. 1, 1840, by Richard Smith, J.P.	LR22	478
Melessa, of Kent, m. Homer **HOLMES**, of Sharon (colored), Jan. 21, 1843, by Rev. S. G. Carpenter, of the Eph. Ch.	LR22	466
Sophronia, formerly of Kent, m. William **PARRETT**, of Sharon, Nov. 24, 1836, by Mason Grosvenor	LR22	473
VAN RENSSALEAR, VAN RANSSALEAR, Frank, clergyman, ae 36 & [ ], ae 33, had d. [ ], b. Jan. 17, 1862	1	35
Frank V., laborer, colored & Mary, had s. [ ], b. Jan. 9, 1858	1	15
Henry, colored, b. Sharon, res. Sharon, d. [ ], 1856, ae 4	1	109
William, s. Frank Van Renssalear & Mary **DUNBAR**, b. May 20, 1849, (colored)	1	3-4
VAN VLEET, William, of Amenia, N.Y., m. Harriet A. **CROSS**, of Cornwall, [ ], 1857	1	69
VAN VOLKENBOUGH, Milbury, of Claverie, m. Abigail **RICHMOND**, of Sharon, June 6, 1754, by Rev. John Williams	LR3	262
VICTORY, Samuel*, of New Haven, m. Laura **CALKIN**, of Sharon, Jan. 21, 1824, by Horatio Smith *(Arnold Copy has "Samuel H[ ]")	LR20	381
Samuel, of New Haven, m. Harriet **ROCHESTER**, of Salisbury, Feb. 3, 1828, by Horatio Smith	LR20	383
WADHAMS, William W., farmer, ae 24, b. Goshen, res. Goshen, m. Margaret A. **BULLER**, ae 22, b. Sharon, res. Sharon, Oct. 31, 1866, by Rev. Stephen Fenn	1	87
WADSWORTH, Amanda, of Lee, Mass., m. Edmond L. **REED**, of Wayne Co., Pa., Apr. 29, 1835, by David L. Perry	LR22	472
WAITE*, Augustus, of Bethlem, m. Dotha **GARNSEY**, of Sharon, May 10, 1846, by G. L. Brownell *("WATLE" in Van Astyne's book)	LR22	482
WALDO, Alfred, s. Cyprian & Hannah, b. Apr. 14, 1772	LR6	128
Bradford, s. Cyprian & Hannah, b. Dec. 30, 1773	LR7	306
David Ripley, s. [Cyprian & Hannah], b. July 24, 1778	LR7	301
Lidia, d. Cyprian & Hannah, b. Nov. 28, 1775	LR7	301
Ora, d. Cyprian & Hannah, b. Apr. 1, 1788	LR10	143
Zaccheas, s. [Cyprian & Hannah], b. Nov. 27, 1780	LR7	301
WALDREN, WALDRON, David M., s. Lockwood R., laborer, ae 33 & Margarett, ae 22, b. June 19, 1858	1	17
Edward, twin with William, s. Lockwood, farmer, ae 40 & Margaret, ae 31, b. Aug. 28, 1860	1	26

SHARON VITAL RECORDS

	Vol.	Page
WALDREN, WALDRON (cont.)		
Elmore, laborer, ae 23 & Ellen, ae 19, had d. [ ], b. Jan. 16, 1860	1	26
Elmore E., s. Elmore, soldier, ae 25 & Ellen, ae 22, b. Aug. 23, 1862	1	38
Henry L., s. Lockwood, laborer, ae 35 & Margaret, ae 34, b. May 9, 1862	1	37
John Daniel, s. Philip, farmer & Caroline, b. Mar. 9, 1851	1	39-40
Lockwood, ae 28, res. Sharon, m. Margaret **CASEY**, ae 22, b. Ireland, res. Sharon, Apr. 15, 1857, by Myron Harrison	1	68
Lockwood, farmer, b. Sharon, res. Sharon, d. Feb. 26, 1866, ae 37	1	131
Meriam, ae 19, res. Sharon, m. Charles **DRAKE**, ae 23, res. Sharon, Mar. [ ], 1849, by Rev. Tuzzell	1	15-16
Robert, s. Lockwood, farmer, ae 39 & [ ], ae 30, b. June 17, 1859	1	25
William, twin with Edward, s. Lockwood, farmer, ae 40 & Margaret, ae 31, b. Aug. 28, 1860	1	26
WALPORT, Daniel, s. Tobias & Mercy, b. Apr. 2, 1764	LR5	252
James, s. Tobias & Mercy, b. Jan. 10, 1760, in Oblong, York Gov.	LR5	252
John, s. Tobias & Mercy, b. Nov. 3, 1762	LR5	252
Jonathan, s. Tobias & Mercy, b. May 13, 1761	LR5	252
WALTER, James, of Amenia, N.Y., m. Lucy **BRADLEY**, of Sharon, Jan. 5, 1833, by David L. Perry	LR20	384
WALTIMIRE, Orlando P., farmer, ae 21, b. New York, res. Dutchess Co., N.Y., m. Carrie **BRASIE**, ae 18, b. New York, res. Sharon, Jan. 12, 1865, by Rev. Ira Ferris	1	84
WARD, Sally, m. Benjamin **KENT**, b. of Sharon, Dec. 3, 1832, by Frederick Gridley	LR20	384
WARDWELL, Almira, ae 26, b. Dutchess Co., N.Y., res. Sharon, m. Dwight **HOTCHKISS**, farmer, ae 26, b. Sharon, res. Sharon, Apr. [ ], 1865	1	85
WARNER, Abigail, d. Israel & Zerviah, b. July 14, 1769	LR7	305
Amasa, s. Israel & Lucy, b. Jan. 10, 1759, at Kent	LR7	307
Ann*, m. Joseph **DICKINSON**, Oct. 10, 1751, by John Williams *(Arnold Copy has "Ann **WARREN**")	LR3	261
Anna, d. Israel & Lucy, b. Feb. 28, 1765, at Richmond	LR7	305
Charles, s. Israel & Lucy, b. Nov. 27, 1761, at Tolland	LR7	305
Elijah, m. Betsey **BARLEY**, July 1, 1842, by Rev. S. T. Carpenter	LR22	471
Esther, Mrs., m. Philip **BUMP**, Dec. 3, 1754	LR3	412
John, of Windham, m. Priscilla **WOOD**, of Sharon, Feb. 28, 1762, by John Williams	LR4	130
Lois, d. Israel & Zerviah, b. Feb. 22, 1772	LR7	305
Lucy, d. Israel & Lucy, b. Aug. 8, 1767, at Nine Partners	LR7	305
Lyman, of Brookfield, m. Amanda **PECK**, of Sharon, Nov. 13, 1827, by George B. Andrews	LR20	383

WARNER (cont.)

	Vol.	Page
Sarah A., of Sharon, m. Frederick A. **BUEL**, of Litchfield, Feb. 10, 1841, by Rev. H. F. Pease, of the M. E. Ch.	LR22	479
Thomas, s. Israel & Zerviah, b. May 17, 1774	LR7	307
William, of New York State, m. Ruth M. **CHAPMAN**, of Sharon, Aug. 7, 1831, by Samuell E. Everett	LR20	384

WARREN*, Ann, m. Joseph **DICKINSON**, Oct. 10, 1751, by John Williams *("Ann **WARNER**" in Van Alstyne's book)

	Vol.	Page
	LR3	261
Cynthia, d. Nathaniell & Jemima, b. Sept 18, 1763	LR5	253
Eunice, d. Nehemiah & Anna, b. Mar. 7, 1757	LR3	416
James, m. Deborah **TYLER**, July 15, 1746	LR2	20
James, s. Nehemiah & Anna, b. Dec. 30, 1758	LR4	320
James, s. Nathaniell & Jemima, b. June 5, 1761	LR5	253
Jemima, d. Nathaniell & Jemima, b. May 6, 1749	LR5	253
John, s. Nath[anie]ll & Jemima, b. June 21, 1759	LR5	253
Lois, d. Nehemiah & Anna, b. Apr. 3, 1755	LR3	416
Nathaniel, m. Jemima **FULLER**, Nov. 10, 1748, by John Williams	LR3	261
Nathaniel, s. Nath[anie]ll & Jemima, b. Mar. 29, 1757	LR5	253
Nehemiah, m. Anna **FULLER**, Mar. 31, 1754, by John Williams	LR3	262
Rachel, d. Nathaniell & Jemima, b. July 26, 1751	LR5	253

WASHBURN, Joseph, m. Mary **WASHBURN**, May 14, 1752, by John Williams — LR3, 261

Mary, m. Joseph **WASHBURN**, May 14, 1752, by John Williams — LR3, 261

Miles, of Oblong, m. Mrs. Reliance **TOBEY**, of Sharon, July 24, 1763, by John Williams — LR4, 130

WATERBURY, Abigail, farming, b. Darien, res. Sharon, d. Nov. 28, 1850, ae 84 — 1, 49

Nancy, m. Clark P. **MARVIN***, b. of Sharon, Mar. 10, 1823, by David L. Perry *("MAXAM" in Van Alstyne's book) — LR20, 381

Ruhamah, of Sharon, m. Dennis **EGGLESTONE**, of Boston Corner, Dec. 12, 1826, by Phinehas Cook — LR20, 382

WATERMAN, Bethiah, m. Ephraim **LORD**, July 24, 1753, by John Williams — LR3, 262

Mary, m. Samuell **CHAPMAN**, Jr., July 28, 1748, by John Williams — LR3, 261

Philo, ae 27, b. Salisbury, res. Sharon, m. Morris **DUNBAR**, ae 46, b. Dover, res. Sharon, [ ], 1860 — 1, 74

Samuel, Jr., m. Sarah **CHAPMAN**, July 24, 1748, by John Williams — LR3, 261

WATROUS, WATEROUS, Maria, of Sharon, m. Charles **MARVIN**, of Albany, N.Y., Oct. 8, 1826, by David L. Perry — LR20, 382

Sarah, d. Jno & Lora, b. May 12, 1779 — LR7, 298

SHARON VITAL RECORDS 337

	Vol.	Page
WATSON, John L., soldier, colored, ae 27, b. Sharon, res. Cornwall, m. Harriet J. JACKSON, ae 26, b. Woodbury, res. same, Dec. 8, 1863, by E. S. Stoddard	1	79
Joseph, of New Milford, m. Elizabeth MARTIN, of Sharon, Jan. 2, 1843, by Rev. Fitch Reed, of the M. E. Ch.	LR22	471
WATTLES, WATLE, WATTLE, Augustus*, of Bethlem, m. Dotha GARNSEY, of Sharon, May 10, 1846, by G. L. Brownell *(Arnold Copy has "Augustus WAITE")	LR22	482
William, s. William & Lois, b. Mar. 14, 1757	LR4	127
William, m. Lois TYLER, July 10, 1755, by John Williams	LR3	263
WAY, Ann, m. James SWAIN, Aug. 2, 1753, by John Williams	LR3	262
Anne, 11th child George, b. Feb. 5, 1736	LR2	19
Dorces, 2nd child George, b. July 1, 171[ ]	LR2	18
Eles, m. Daniel CALKIN, Apr. 25, 1745	LR2	20
Eunice, 13th child George, b. Sept. 22, 1741	LR2	19
Eve*, 7th child George, b. Dec. 6, 1726 *("Elen" in Van Alstyne's book)	LR2	19
George, 12th child George, b. May 14, 1739	LR2	19
George, s. George, d. Oct. 16, 1741	LR2	16
George, s. John & Dorcas, b. Nov. 24, 1743	LR2	19
George, s. John & Dorcas, decd., d. Aug. 5, 1744/5	LR2	16
Hanah, 9th child George, b. Apr. 22, 1732	LR2	19
Ireney, 5th child George, b. Apr. 2, 17[ ]	LR2	18
John, 4th child, George, b. Jan. 28, 17[ ]	LR2	18
John, m. Dorcas BRUNSON, Dec. 27, 1742	LR2	20
John, m. Abigail SPAFORD, Dec. 27, 1750, by John Williams	LR3	261
Luce, 10th child George, b. July 15, 1734	LR2	19
Lidia, 6th child George, b. Jan. 5, 17[ ]	LR2	18
Lidea, 8th child George, b. July 25, 1729	LR2	19
Mary, 1st child of George, b. Aug. 9, 1715	LR2	18
Sarah, 3rd child George, b. Mar. 25, 17[ ]	LR2	18
WEAVER, William, s. Arland, b. Dec. 1, 1849	1	19-20
WEDGE, Abigail, d. Thomas & Mary, b. Feb. 7, 1778	LR7	298
Charlotte, d. Thomas & Mary, b. July 27, 1777	LR7	411
Deborah, d. Thomas & Mary, b. Feb. 3, 1780	LR7	298
Elizabeth WILLIAMS, illeg. dau. Of Mary, who m. Thomas WEDGE, b. Nov. 3, 1773	LR7	411
Mary, w. Thomas, had illeg. child Elizabeth WILLIAMS, b. Nov. 3, 1773	LR7	411
Mary, d. Thomas & Mary, b. Dec. 6, 1775	LR7	411
Thomas, s. Thomas & Mary, b. June 27, 1783	LR8	61
WEED, Abraham, farmer, b. Conn., res. Sharon, d. Feb. 21, 1864, ae 85	1	124
Aurora, b. Penningan, N.Y., res. Sharon, d. Apr. 3, 1849, ae 28	1	9-10

	Vol.	Page
WEED (cont.)		
Herman, mfg. of iron, ae 39 & Abby, ae 40, had s. [ ], b. Mar. 26, 1857	1	11
Hiram, m. Aurora G. **NORTON**, b. of Sharon, Feb. 20, 1844, by G. L. Brownell	LR22	468
Mary A., d. Award & Miraum, b. Aug. 10, 1848	1	5-6
WELCH, Harriet A., b. Sharon, res. Sharon, d. Apr. 30, 1862, ae 16	1	119
John, of Salisbury, m. Aurelia J. **WICKWIRE**, of Sharon, Feb. 1, 1849, by Rev. L. H. King	LR27	551
Roena, d. John, farmer, ae 28 & Aurelia, ae 19, b. Dec. 20, 1850	1	37-8
Urania R., of New Milford, m. Albert **ROWLEY**, of Sharon, Dec. 19, 1831, by David L. Perry	LR20	384
WELLER*, Amos, m. Meriam **GOODRICH**, Dec. 17, 1751, by John Williams *(Arnold Copy has "**WELLES**")	LR3	261
Amos, Jr., of Sharon, m. Demis **ROWLEY**, Oct. 22, 1776	LR7	302
WELLES, WELLS, Amos*, m. Meriam **GOODRICH**, Dec. 17, 1751, by John Williams *("Amos **WELLER**" in Van Alstyne's)	LR3	261
Caroline E., ae 18, b. Cornwall, res. Cornwall, m. Theodore **WHITCOMB**, laborer, ae 21, b. Kent, res. Sharon, Mar. 21, 1858, by David Nash	1	70
Charles W., s. Cebra, farmer, ae 50 & Frances, ae 26, b. Aug. 27, 1858	1	18
Hozia P., farmer, res. Sharon, d. Mar. 29, 1856, ae 62	1	109
Judson, had child s. b. [ ]	1	19-20
-----, b. Sharon, res. Sharon, married, d. [ ], 1862, ae 20	1	120
WENTWORTH, Henry J., founder, ae 40 & Cynthia, ae 40, had d. [ ], b. Nov. 17, 1856	1	8
WEST, James, m. Catharine **HATFIELD** (colored), Jan. 5, 1843, by Rev. S. T. Carpenter, of the Ep. Ch.	LR22	471
WESTON, Betsey, m. Abel R. **STUART**, b. of Sharon, Nov. 2, 1820, by Frederick Gridley	LR20	380
Marietta, ae 22, colored, of Sharon, m. Cumiah **MAY**, laborer, colored, ae 28, b. Washington, N.Y., res. Sharon, Jan. 12, 1859, by Charles F. Ledyard	1	72
Philena, m. John **HATFIELD**, b. of Sharon, Jan. 4, 1828, by Peter Bunce	LR20	383
Timothy, m. Mariah Ann **WRIGHT**, b. of Sharon, July 4, 1833, by Horatio Smith	LR20	384
WHEELER, Baruck Crosby, of North East, m. Caroline Eleanor **HOLLISTER**, of Sharon, Oct. 12, 1828, by Rev. George B. Andrews	LR20	383
Catharine M., of Sharon, m. Frederick R. **DEMING**, of Litchfield, Nov. 3, 1845, by G. L. Brownell	LR22	469
David, farmer, ae 19, b. New Milford, res. Sharon, m. Mary **HOLMES**, ae 15, of Sharon, June [ ], 1851, by Robert Grant	1	45-6

	Vol.	Page
WHEELER (cont.)		
Eliphalet, of Amenia Precinth, m. Abigail **COLE**, of Sharon, Nov. 10, 1767, by John Williams	LR5	255
Grant, s. Henry B., farmer, ae 36, & Emma **GIBBON**, ae 30, b. Oct. 15, 1864	1	48
Hellen E., of Sharon, m. Horace **CONCKLIN**, of North East, N.Y., Jan. 23, 1840, by William K. Stopford	LR22	478
Henry, farmer, ae 33 & Eunice, ae 27, had d. [ ], b. Nov. 25, 1862	1	39
Hiram, of North East, N.Y., m. Mary Ann **HOLLISTER**, of Sharon, Nov. 12, 1835, by Rev. Lucius M. Purdy	LR22	473
Jane L., of Sharon, m. William H. **KEELER**, of Union, N.Y., Sept. 9, 1833, by David L. Perry	LR20	384
John, s. Andrew, ae 33 & Sarah, ae 30, b. May 11, 1850	1	21-22
Mary Jane, ae 18, b. Cornwall, res. same, m. Franklin B. **CURTISS**, laborer, ae 20, b. Sheffield, Mass., res. same, Dec. 29, 1861, by Rev. H. B. Mead	1	76
Myron J., of North East, N.Y., m. Mary **HEATH**, of Sharon, Nov. 11, 1833, by David L. Perry	LR20	384
Norman E., m. Harriet L. **LAKE**, b. of Sharon, Oct. 21, 1845, by G. L. Brownell	LR22	469
Norman E., farmer, ae 40 & Harriet, ae 31, had d. [ ], b. Apr. 7, 1860	1	27
Norman E., farmer, ae 43 & Harriet, ae 32, had d. [ ], b. Oct. 20, 1862	1	38
Samuel, s. David, laborer, ae 24 & Mary, ae 25, b. Dec. 25, 1857	1	15
WHITCOMB, Polly, d. Robert & Eunice, b. Feb. 11, 1780	LR8	61
Theodore, laborer, ae 21, b. Kent, res. Sharon, m. Caroline E. **WELLS**, ae 18, b. Cornwall, res. Cornwall, Mar. 21, 1858, by David Nash	1	70
WHITE, Archelaus, s. Archelaus & Hannah, b. Mar. 17, 1760	LR5	106
Bernice, m. Chaunsey **TUPPER**, b. of Sharon, May 27, 1833, by Julius Field	LR20	384
Betsey, housekeeper, b. Canaan, res. Sharon, d. Mar. 11, 1861, ae 74	1	117
Chancey, farmer, ae 30, res. Sharon, m. Temperance **WOODWELL**, housekeeper, ae 21, res. Sharon, Oct. 1, 1855, by L. E. Lathrop	1	65
Edwin, b. Sharon, res. Sharon, d. Oct. 8, 1865, ae 2	1	128
Eleanor, m. Josiah **STRONG**, Jr., b. of Sharon, Apr. 1, 1753	LR4	130
Elizabeth, d. Michael, laborer, ae 32 & Winncfred, ae 29, b. Nov. 15, 1856	1	8
Elizabeth, d. Morgan, carpenter, ae 24 & Mary J., ae 20, b. Sept. 3, 1864	1	50
Frances B., twin with Frank B., s. Chauncey, farmer, ae 31 & Temperance B., ae 21, b. Sept. 7, 1856	1	7
Frank B., twin with Frances B., s. Chauncey, farmer, ae 31 & Temperance B., ae 21, b. Sept. 7, 1856	1	7

WHITE (cont.)

	Vol.	Page
Frederick, carpenter, ae 22, b. Canaan, res. Canaan, m. Cordelia **TRAVER**, ae 18, b. Sharon, Oct. 20, 1856, by David Gibson	1	66
George, s. John & Prudence, b. Dec. 1, 1756	LR4	127
George, ae 20, b. Ireland, res. Sharon, m. Mary **MYERS**, ae 20, b. Ireland, res. Sharon, Aug. 16, 1857, by Rev. Peter Kelley	1	68
Hannah, d. John & Prudence, b. Sept. 28, 1751	LR3	101
Harriet Belinda, d. Chester & Belinda, res. Batavia, N.Y., b. Oct. 1848	1	7-8
Henry K., farmer, ae 41 & Harriet, ae 35, had d. [ ], b. Oct. 29, 1862	1	39
Horace, m. Emeline* M. **RILEY**, b. of Sharon, Sept. 20, 1820, by David L. Perry *("Caroline" in printed record)	LR20	380
James, m. Abigail **WOOD**, Nov. 2, 1775	LR7	302
John, m. Prudence **CARRIER**, Mar. 28, 1751, by John Williams	LR3	261
John, s. John & Prudence, b. June 3, 1753	LR3	333
Lois, housekeeper, b. West Haven, res. Sharon, d. June 23, 1856, ae 61	1	109
Lorain, d. Stephen & Abigail, b. Nov. 27, 1783	LR8	62a
Margaret, d. Michael, ae 30 & Winne, ae 25, b. May 25, 1850	1	17-18
Maria Louisa, d. Charles, farmer, ae 30 & Rebecca, ae 26, b. Apr. 10, 1851	1	39-40
Mariah M., of Sharon, m. Daniel **MALLEING**, of Litchfield, Pa., Sept. 19, 1842, by Rev. Fitch Reed	LR22	470
Martha L., ae 24, of Sharon, m. Charles H. **SHEARS**, ae 28, b. Washington, N.Y., res. same, Feb. 27, 1859, by Rev. John V. Stryker	1	72
Mary, m. Peletiah **CHAPMAN**, May 10, 1750, by John Williams	LR3	261
Michael, furnance (?) man, ae 34, & [ ], ae 32, had d. [ ], b. May 17, 1855	1	4
Michael, had s. [ ], b. [ ], 1859	1	25
Michael, laborer, ae 48 & Winnefred, ae 40 had d. [ ], b. Sept. 7, 1863	1	44
Nathaniel T., farmer, ae 37 & Tamar, ae 32, had s. [ ], b. Oct. 12, 1860	1	29
Polly Ann, b. Sharon, res. Salisbury, m. Charles **SANFORD**, b. Sharon, res. Salisbury, Mar. 7, 1850	1	27-28
Sanford & Lucinda, had child, b. June 16, 1850	1	19-20
Sanford, farmer, ae 43 & [ ], ae 36, had s. [ ], b. Aug. 7, 1855	1	3
Sarah M., ae 18, of Sharon, m. James E. **DEAN**, farmer, ae 19, of Sharon, Sept. 24, 1861, by Rev. H. B. Mead	1	75
Timothy, s. John & Prudence, b. Dec. 1, 1756	LR4	127

	Vol.	Page
WHITE (cont.)		
William S., farmer, ae 22, of Sharon, m. Mary Jane **PARMELEE**, ae 24, of Sharon, Oct. 15, 1862, by Rev. H. B. Mead	1	77
WHITFORD, Albert, s. Joel, farmer, ae 35 & Mana, ae 33, b. May 14, 1857	1	14
Charles, b. Sharon, res. Sharon, d. June 9, 1855, ae 7	1	108
Charles L., s. Levi, blacksmith, ae 22 & Eliza J., ae 17, b. Feb. 3, [1850]	1	17-18
Flora, of Sharon, m. Hiram **McBERNEY**, farmer, of Sharon, Mar. 25, 1851, by Rev. Joel Osborne	1	47-8
Francis A., b. Sharon, res. Sharon, d. Mar. 29, 1866, ae 6 y.	1	129
Joel C & Ann, had s. [ ], b. June 5, 1849	1	7-8
John A., s. William, b. July 18, 1850	1	19-20
Levi, m. Eliza Jane **MOREHOUSE**, b. of Sharon, July 3, 1848, by G. L. Brownell	LR27	551
Levi, blacksmith, ae 32 & Jane, ae 27, had s. [ ], b. May 14, 1860	1	27
Lucy, m. Henry **LAMB**, Jan. 10, 1830, by Rev. Aaron Hunt	LR20	383
Maria, m. Elias **NODINE**, b. of Sharon, Dec. 30, 1822, by Frederick Gridley	LR20	381
Matthais, m. Rachel **PETTIT**, b. of Sharon Sept. 13, 1824, by David L. Perry	LR20	382
Polly, b. Sharon, res. Sharon, wid., d. Apr. 18, 1862, ae 72	1	119
Rufus H., s. Hawley & Mary, b. Feb. 13, 1848	1	1
Rufus H., s. Hawley & Mary, b. Feb. 13, 1849	1	3-4
William E., s. William & Sally A., b. Aug. 5, 1848	1	1
WHITNEY, Betsey A., housekeeper, ae 18, of Sharon, m. Joshua B. **CHAFFEE**, farmer, ae 28, of Sharon, Mar. 23, 1863, by Rev. C. W. Rowley	1	78
Harriet A., ae 21, res. Sharon, m. Elmore C. **ST. JOHN**, farmer, ae 22, res. Sharon, Nov. 23, 1856, by David Nash	1	67
Myron F., farmer, ae 24, of Sharon, m. Mary J. **LUCAS**, ae 23, of Sharon, Nov. 14, 1864, by Rev. Ira Ferris	1	83
Sheldon, of Sharon, m. Irena **ANTHONY**, of Kent, Feb. 23, 1834, by Frederick Gridley	LR20	384
William, m. Elizabeth **CHAPMAN**, June 28, 1753, by John Williams	LR3	262
WICKWIRE, Aurelia J., of Sharon, m. John **WELCH**, of Salisbury, Feb. 1, 1849, by Rev. L. H. King	LR27	551
Florinda, twin with Frances, d. Elijah J., farmer, ae 44 & Waitey, ae 42, b. Apr. 10, 1851	1	37-8
Frances, twin with Florinda, d. Elijah J., farmer, ae 44 & Waitey, ae 42, b. Apr. 10, 1851	1	37-8
WILBUR, WILBER, Almira T., of Sharon, m. Liberty C. **PALMER**, of Litchfield, Apr. 11, 1841, by G. Lawrence Brownell	LR22	479
David, shoemaker, b. R.I., res. Sharon, d. Aug. 4, 1851, ae 81	1	49

WILBUR, WILBER (cont.)

	Vol.	Page
James B., s. Thomas T., carpenter, ae 39 & Elizabeth, ae 36, b. Dec. 10, 1856	1	9
Mary E., teacher, b. Sharon, res. Sharon, d. Sept. 18, 1863, ae 16	1	123
Rutledge, of Amenia, N.Y., m. Betsey Ann MARCHANT, of Sharon, Nov. 21, 1833, by David L. Perry	LR20	384
Thomas T., m. Elizabeth KAERCHER, b. of Sharon, Jan. 5, 1842, by G. Lawrence Brownell	LR22	481

WILCOX, WILLCOX, WILCOCKS, Elizabeth, twin with

Mercy, d. Jno & Sarah, b. Nov. 27, 1774	LR7	308
Isaac, of Dover, N.Y., m. Caroline BARLEY, of Sharon, Apr. 25, 1847, by James Orr, J.P.	LR27	549
Mercy, twin with Elizabeth, d. Jno & Sarah, b. Nov. 27, 1774	LR7	308
Robert, farmer, had s. [ ], b. Nov. 19, 1861	1	33
Robert, farmer, ae 45 & [ ], ae 37, had s. [ ], b. Feb. 9, 1864	1	49
Roger, m. Abigail CURTICE, b. of Sharon, Oct. 23, 1766	LR5	255
Roger, s. Roger & Abigail, b. Nov. 29, 1767, at New Concord, supposed to be in the Province of New York	LR6	55

WILKINSON, Loeya, ae 19, b. Dutchess Co., N.Y., res. Sharon, m. James ACKLEY, farmer, ae 22, of Sharon, Nov. 23, 1850, by Rev. Mr. Adams   1   45-6

WILLARD, Juliaette, of Sharon, m. George A. CURTIS, of Seipico, N.Y., Sept. 9, 1852, by Henry Benton   LR27   546

WILLET, Gilbert, had negro Hagar, d. Phillis, b. Mar. 10, 1791   LR12   285

WILLIAMS, Alice, d. John & Alice, b. May 25, 1739, at Lebanon   LR2   23

Alice, m. Solomon HUTCHINSON, b. of Sharon, Nov. 16, 1757, by Mr. Smith	LR3	412
Ann, of Sharon, m. Pardon FRENCH, of Kent, Nov. 15, 1829, by Horatio Smith	LR20	383
Asahel, s. John & Margaret, b. Mar. 29, 1749	LR2	23
Charles H., s. Wait & Clarissa, b. Sept. 14, 1848	1	3-4
Charles H., clerk, b. England, res. Sharon, d. May 4, 1855, ae 15	1	108
Edwin, s. Allen, shoemaker, ae 41 & Lucretia, ae 28, b. Oct. 28, 1858	1	19
Electa, d. June 15, 1851, ae 25	1	49
Electa B., d. Henry, farmer, ae 38 & Calista, ae 30, b. Apr. 2, 1858	1	17
Elijah H., m. Almira MARTIN, b. of Sharon, May 27, 1827, by David L. Perry	LR20	382
Elizabeth, d. Mary, who married Thomas WEDGE, b. Nov. 3, 1773	LR7	411
Eunice, d. John & Alice, b. June 11, 1737, at Lebanon	LR2	23

	Vol.	Page
WILLIAMS (cont.)		
Eunice, m. David **HAMILTON**, Jr., b. of Sharon, Feb. 10, 1760, by John Williams	LR3	263
Eunice, d. William & Jerusha, b. Apr. 7, 1775	LR7	413
Frances D., ae 18, res. Sharon, m. Charles H. **GIILBERT**, ae 24, b. North East, Dec. 30, 1857, by Rev. David Gibson	1	68
George, laborer, ae 34 & Julia A., ae 23, had d. [ ], b. Sept. 23, 1863	1	44
George, laborer, ae 35 & Julia A. **CURTIS**, ae 25, had d. [ ], b. Jan. 2, 1866	1	58
George K., d. Jan. 1, 1850, ae 5	1	23-24
George Kelsey, d. Henry & Electa, b. Aug. 6, 1850	1	19-20
Hannah, d. John & Margarete, b. Jan. 29, 1754	LR3	102
Henry, m. Electa M. **GIBBS**, Nov. 4, 1844, by Stephen M. Vail	LR22	481
Ira, m. Melissa **CALKIN**	LR20	380
Jennie, b. Sharon, res. Sharon, d. Apr. 3, 1860, ae 2	1	116
Jennie C., d. Wait, butcher, ae 45 & Clarissa, ae 38, b. July 6, 1858	1	18
Jerusha, d. William & Jerusha, b. Sept. 16, 1771	LR6	127
John, s. John & Alice*, b. May 25, 1742, at Lebanon *("Margaret" in Van Alstyne's book)	LR2	23
John, Jr., s. John & Margaret, b. June 29, 1761, at New Haven, ae 19 y. the 6th of June	LR5	151
John, Col., d. Mar. 14, 1774, in the 68th y. of his age	LR7	297
John, s. [William & Jerusha], b. Oct. 14, 1777	LR7	413
John S., ae 40, b. Otis Co., res. Winchester, m. Elsie **EMMONS**, ae 32, b. Sharon, Jan. 1, 1857, by Rev. David Nash	1	68
Laura G., m. Ezra H. **BARTRAM**, b. of Sharon, Oct. 19, 1842, by Rev. Fitch Williams	LR22	470
Lewis F., s. Henry, farmer, ae 35 & Celesta W., ae 30, b. Apr. 4, 1856	1	5
Margaret*, d. John & Margaret, b. Mar. 6, 1752 *("d. of Luke & Elizabeth" in Van Alstyne's book)	LR3	101
Margaret, d. William & Jerusha, b. Nov. 22, 1779; d. Dec. 31, 1779	LR7	298
Mary, d. Wait, butcher, b. Apr. 11, 1851	1	35-6
Robert G., of New Hartford, m. Amelia T. **GOULD**, of Sharon, Nov. 21, 1837, by Mason Grosvenor	LR22	475
Samuel, s. John & Margaret, b. Dec. 23, 1758	LR4	130
Sarah, d. William & Jerusha, b. Apr. 1, 1773	LR7	305
Solomon, s. John & Margaret, b. Feb. 25, 1744/5; d. May 6, 1745	LR2	23
Solomon, s. John & Margaret, d. May 6, 1745	LR2	16
Wait, of Sharon, m. Clarissa **BRYAN**, of Sharon, Sept. 17, 1839, by Rev. William K. Stopford, of the M. E. Ch.	LR22	477
Wait, farmer, ae 38 & Clarissa, ae 35, had s. [ ], b. Oct. 9, 1855	1	3

	Vol.	Page
WILLIAMS (cont.)		
Wait, farmer, ae 45 & Clarissa, ae 39, had s. [ ], b. Jan. 30, 1860	1	26
Wait, farmer, ae 52 & Clarissa, ae 45, had d. [ ], b. Jan. 31, 1866	1	61
Weltheen, d. William & Jerusha, b. Feb. 1, 1784; d. [ ]	LR8	62a
Wealthean, d. William & Jerusha, b. May 30, 1785	LR8	62a
Wilbur, s. Henry, farmer, ae 43 & Calista A. **SMITH**, ae 36, b. May 30, 1864	1	47
William, s. John & Margaret, b. Apr. 14, 1846; d. same month 16th day	LR2	23
William, s. John & Margaret, b. Mar. 21, 1747	LR2	23
William, m. Jerusha **GILLET**, Jr., b. of Sharon, Apr. 12, 1770, by Rev. C. Mather Smith	LR6	91
William Edwin, s. Betsey **TREADWAY**, b. Mar. 17, 1809	LR15	274
WILLIAMSON, James, b. Sharon, res. Sharon, d. July 27, 1858, ae 5	1	113
John J., soldier, b. Amenia, N.Y., res. North East, N.Y., m. Henrietta **HITCHCOCK**, housekeeper, ae 21, of Sharon, Jan. 25, 1863, by Rev. J. V. Stryker	1	78
WILLISTON, Margaret, of Springfield, m. Abner **BAILEY**, of Lebanon, May 9, 1765, by Samuel Kent, J.P.	LR5	255
WILSON, John, m. Eliza Ann **PROUT**, b. of Sharon, Sept. 19, 1845, by Stephen M. Vail	LR22	481
John, b. Sharon, res. Sharon, d. Feb. 4, 1862, ae 4	1	118
Minnie B., d. James, laborer, ae [ ] & Sarah A., b. May 10, 1863	1	43
Nelson C., farmer, ae 24, b. North East, N.Y., res. North East, N.Y., m. Julia J. **GOODWIN**, ae 18, b. Sharon, res. Sharon, Mar. 6, 1867, by Rev. A. B. B. Bullions	1	88
Walter, s. Jacob & Sarah, b. Aug. 10, 1850	1	19-20
WINANS, David P., laborer, b. Claverick, res. Sharon, d. Aug. 26, 1856, ae 21	1	110
Elisha, farmer, ae 46 & [ ], ae 40, had s. [ ], b. July 24, 1855	1	3
WINCHER, George, machinist, ae 33 & Mary J. **BURCHELL**, ae 23, had d. [ ], b. Jan. 24, 1866	1	61
WINCHESTER, Betsey, m. Abraham **PRATT**, b. of Sharon, Sept. 11, 1831, by David L. Perry	LR20	384
WINEGAR, Hannah, m. Willietmus **ROW**, July 2, 1751, by John Williams	LR3	261
WING, Newton R., s. Jay, laborer, ae 40 & Sarah, ae 39, b. June 26, 1858	1	17
Walter, s. John J., ae 30 & Sarah, ae 26, b. July 18, 1851	1	33-4
Walter, b. Sharon, res. Sharon, d. Jan. 15, 1858, ae 6	1	113
WITHAM, Sarah E., b. Liberty, Mo., res. Sharon, d. June 12, 1862, ae 14	1	119
WOOD, Abigail, d. David & Dorothy, b. June 18, 1754	LR3	413
Abigail, m. James **WHITE**, Nov. 2, 1775	LR7	302

	Vol.	Page
WOOD (cont.)		
Barnabus, s. Abel & Thankfull, b. Feb. 20, 1743, in the Province of Mass. Bay	LR3	413
Benjamin, m. Sarah **PARDEE**, b. of Sharon, Nov. 16, 1768, by John Williams, J.P.	LR6	91
Benjamin, m. Ruth **HOPKINS**, b. of Nine Partners, Aug. 20, 1770, by John Williams, J.P.	LR6	91
David, s. Benjamin & Sarah, b. Apr. 18, 1769	LR6	127
Deborah, d. Abel & Thankfull, b. Mar. 1, 1745	LR3	413
Deborah, d. Abel & Thankfull, d. Sept. 14, 1745	LR3	410
Ebenezer, s. Elijah & Rachel, b. Oct. 26, 1767	LR6	55
Elijah, s. Abel & Thankfull, b. Dec. 23, 1737, in the Province of Mass. Bay	LR3	413
Elijah, s. David & Dorothy, b. Feb. 26, 1757	LR4	127
Enos, s. Benjamin & Sarah, b. Aug. 16, 1771	LR6	127
Ephraim, s. Abel & Thankfull, b. July 6, 1740, in the Province of Mass. Bay	LR3	413
Hannah, housekeeper, b. Uxbridge, Mass., res. Sharon, d. Feb. 23, 1861, ae 76	1	117
Joseph, shoemaker, b. Canaan, res. Ellsworth, d. Oct. 10, 1850, ae 69	1	49
Lydia, d. Abel & Thankfull, b. Apr. 9, 1756	LR3	415
Lydia, d. Abel & Thankfull, d. Oct. 16, 1756	LR3	410
Mary, d. Abel & Thankfull, b. Sept. 10, N.S. 1753	LR3	413
Nathan, s. David & Dorothy, b. Sept. 16, 1761	LR5	251
Olive, of Sharon, m. William **BROWN**, of New York State, Mar. 18, 1830, by Samuell Roberts	LR20	383
Phebe, d. Abel & Thankfull, b. Apr. 11, 1759	LR4	250
Priscilla, of Sharon, m. John **WARNER**, of Windham, Feb. 28, 1762, by John Williams	LR4	130
Rachel, d. Benjamin & Sarah, b. Nov. 30, 1773	LR7	306
Stephen, m. Hannah **SPRAGUE**, b. of Sharon, Mar. 2, 1769, by Rev. C. M. Smith	LR6	91
Thankfull, d. Abel & Thankfull, b. Sept. 10, 1748	LR3	413
WOODIN, Sarah L., teacher, ae 26, b. Warren, res. Warren, m. George **McBURNEY**, farmer, ae 44, b. Franklin Co., res. Sharon, Oct. 22, 1856, by David Nash	1	66
Thurza M., ae 22, b. Warren, res. Warren, m. Henry **CHAPMAN**, farmer, ae 22, res. Sharon, Nov. 20, 1856, by David Nash	1	67
WOODRUFF, Anna, seamstress, d. Dec. 6, 1850, ae 69	1	49
Betsey, m. Jay S. **CANFIELD**, b. of Sharon, May 21, 1837, by Mason Grosvenor	LR22	474
Clarinda, m. John B. **DENCH**, mechanic, Jan. 15, 1857, by Rev. Louis French	1	69
Cornelia, d. Sept. 14, 1848, ae 10	1	9-10
John, m. Caroline **KEELER**, b. of Sharon, Dec. 10, 1828, by Rev. G. B. Andrews	LR20	383
Ralph Henry, d. Aug. 25, 1848, ae 15 m.	1	9-10
Sidney, shoemaker, ae 50 & Harriet, ae 40, had s. [ ], b. Feb. 22, 1859	1	21

	Vol.	Page
WOODWARD, A. C. farmer, ae 57 & Ruth BEARDSLEY, ae 42, had d. [ ], b. Oct. 1, 1864	1	49
Abel, b. Watertown, res. Sharon, d. Mar. 5, 1849, ae 78	1	9-10
Abijah, m. Mary GOOLD, Jan. 31, 1748/9, by John Williams	LR3	261
Abijah, s. Abijah & Mary, b. Feb. 27, 1750	LR3	380
Alice W., d. Ralph K. & Caroline, b. Oct. 16, 1848	1	5-6
Alida, d. Ralph, farmer, ae 24 & Sarah, ae 21, b. Nov. 26, 1850	1	35-6
Amos, s. Samuel & Catharine, b. Jan. 5, 1851	1	43-4
Anna, d. Abijah & Mary, b. Apr. 26, 1753	LR3	380
Caroline B., d. Apr. 4, 1850, ae 42	1	23-24
David, farmer, b. Sharon, res. Sharon, d. [ ], 1860	1	117
David B., s. A. C., merchant, ae 49 & Ruth, ae 34, b. Sept. 29, 1856	1	7
Eliza, d. Apr. 6, 1850, ae 44	1	23-24
Emma M., ae 20, b. Sharon, res. same, m. Luther BROWN, farmer, ae 24, b. Salisbury, res. Sharon, Apr. 6, 1865, by Rev. Ira Ferris	1	84
Frederick, b. Sharon, res. Sharon, d. [ ], 1857, ae 2	1	112
George R., m. Sarah BOLAND, b. of Sharon, Apr. 24, 1839, by Mason Grosvenor	LR22	476
Harriet B., d. George R. & Sarah, b. Mar. 20, 1849	1	5-6
Harriet V., d. Aug. 22, 1851, ae 17 m.	1	49
Julia F., b. Sharon, res. Sharon, d. Dec. 10, 1862, ae 10	1	121
Louisa L., m. William R. PECK, Jan. 5, 1832, by Frederick Gridley	LR20	384
Lucy, d. June 9, 1851, ae 30	1	49
Martha A., b. Sharon, res. Sharon, single, d. Dec. 27, 1862	1	121
Mary, d. Abijah & Mary, b. Aug. 27, 1751	LR3	380
Mary, m. William H. BOLAND, Mar. 19, 1835, by Frederick Gridley. Int. Pub.	LR22	472
Ralph, m. Mrs. Mary L. EVERETT, b. of Sharon, Nov. 28, 1852, by William J. Alger	LR27	546
Ralph, farmer, ae 35 & Lucy, ae 33, had d. [ ], b. Apr. 1, 1860	1	27
Ralph K., farmer, ae 38 & Mary L., ae 36, had s. [ ], b. May 13, 1863	1	44
Ruth Emma, m. Freeman MILES*, b. of Sharon, Feb. 22, 1827, by Frederick Gridley *("Miles FREEMAN" in Van Alstyne's)	LR20	382
Samuel, farmer, had d. [ ], b. Feb. 16, 1860	1	26
Sarah, d. Abijah & Mary, b. Feb. 4, 1755	LR3	380
Sarah, b. Amenia, res. Sharon, d. Apr. 24, 1851, ae 21	1	49
Susan W., ae 23, of Sharon, m. Nathan H. JEWETT, farmer, ae 24, of Sharon, Dec. 10, 1863, by Rev. Ira Ferris	1	79
Timothy, s. Samuel, farmer, ae 48 & Catharine, ae 38, b. June 23, 1861	1	34

SHARON VITAL RECORDS

	Vol.	Page
WOODWELL, Temperance, housekeeper, ae 21, res. Sharon, m. Chancey WHITE, farmer, ae 30, res. Sharon, Oct. 1, 1855, by L. E. Lathrop	1	65
WRIGHT, Mariah Ann, m. Timothy WESTON, b. of Sharon, July 4, 1833, by Horatio Smith	LR20	384
Phebe, of New Fairfield, m. Peter PRATT, Nov. 27, 1766, by Rev. Elisha Kent	LR6	91
William, of Cornwall, m. Myraan MENSLEY, of Sharon, May 28, 1829, by Rev. Frederick Gridley	LR20	383
YALE, Benjamin Bordman, s. Waitstill & Olive, b. July 28, 1779	LR9	549
Metilda, d. [Waitstill & Olive], b. June 28, 1776	LR9	549
Sabara, d. [Waitstill & Olive], b. July 24, 1781	LR9	549
YEARG, Mary, ae 23, b. Jenassey, res. Sharon, m. Frederick BOSLER, laborer, ae 27, b. Jenassey, res. Sharon, Jan. 30, 1858, by E. S. Stoddard	1	70
YOUNG, YOUNGS, Aaron, s. Lemuel & Martha, b. Nov. 17, 1754	LR3	380
Aaron, m. Tamsen LUCE, b. of Sharon, May 27, 1778	LR7	302
Benjamin, m. Mehetabel RICE*, b. of Sharon, July 4, 1771, by Rev. C. M. Smith *("ROYCE", in Van Alstyne's book)	LR6	91
Betsey Ann, m. Joel St. John CHAFFEE, b. of Sharon, Apr. 11, 1827, by Frederick Gridley	LR20	382
Francis J., ae 20, b. Cornwall, res. Sharon, m. Lizzie HAYES, ae 21, b. New York State, res. Salisbury, Sept. 4, 1862, by Rev. D. D. Tompkins McLaughlin, of the Cong. Ch.	1	77
Ichabod, m. Martha HUNTLEY, Mar. 3, 1772, by Daniel Griswold	LR6	91
Jesse, s. [Aaron & Hannah], b. Nov. 14, 1785	LR8	62a
Jonathan Luce, s. Aaron & Hannah*, b. May 16, 1780 *("Tamsen"?)	LR8	62a
Lydia A., d. Marvin, ae 28 & Clemena, ae 24, b. May 11, 1850	1	21-22
Malissa, m. Daniel HULL, Jan. 18, 1843, by John W. Beecher	LR22	471
Martha, m. Hezekiah BROWN, b. of Sharon, May 3, 1764, by Rev. Mr. Smith	LR5	255
Marvin, of Kent, m. Mrs. Clinuma HOLCOMB, of Sharon, Dec. 19, 1847, by Rev. Erastus Doty, of Litchfield	LR27	548
Ralph Phelps, s. Aaron & Tamsen, b. Jan. 6, 1779	LR7	413
Rhoda, d. [Aaron & Hannah*}, b. May 20, 1782 *("Tamsen"?)	LR8	62a
Sarah, d. Lemuel & Martha, b. Oct. 29, 1763	LR6	55
Solomon, s. Lemuel & Martha, b. Dec. 26, 1760	LR5	106
Thomas Luce, s. [Aaron & Hannah*], b. Feb. 28, 1784 *("Tamsen"?)	LR8	62a
William, s. John & Elizabeth, b. June 22, 1788	LR10	142
ZINN, Jacob, farmer, ae 33 & Elizabeth, ae 31, had s. [ ], b. Jan. 10, 1864	1	46

	Vol.	Page
NO SURNAME, John, laborer, ae 35 & [ ], ae 33, had d.		
[ ], b. Nov. 10, 1859	1	24
Lucy J., d. Ruth Ann, ae 30, b. Mar. 26, 1864	1	51

www.ingramcontent.com/pod-product-compliance
Lightning Source LLC
Chambersburg PA
CBHW071233290426
44108CB00013B/1398